KB205451

거룩한 사랑과 은총

존 웨슬리의 신학

THE THEOLOGY OF JOHN WESLEY

케네스 콜린스 지음 | 이세형 옮김

kmc

THE THEOLOGY OF JOHN WESLEY
HOLY LOVE AND THE SHAPE OF GRACE

By Kenneth J. Collins

거룩한 사랑과 은총
존 웨슬리의 신학

1판 1쇄   2012년 4월 2일
1판 5쇄   2025년 1월 15일

케네스 콜린스 지음
이세형 옮김

발 행 인   김정석
편 집 인   김정수
펴 낸 곳   도서출판kmc
등록번호   제2-1607호
등록일자   1993년 9월 4일
 서울특별시 종로구 세종대로 149 감리회관 16층
 기독교대한감리회 도서출판kmc
 TEL. 02-399-2008 FAX. 02-399-4365
 www.kmcpress.co.kr
인   쇄   리더스커뮤니케이션

ISBN 978-89-8430-553-3 03230

값 30,000원

나는 지난 수년간 웨슬리 연구 영역에서 광범위한 대화를 할 수 있는 축복을 누렸다.

그중에서도 특별히 리처드 하이젠레이터(Richard P. Heitzenrater)와

허버트 맥고니글(Herbert McGonigle)과 나눈 유익한 대화에 감사한다.

"콜린스(Kenneth Collins)는 자신의 말로 웨슬리를 풀어 가는 탁월한 웨슬리 해석가이다. 이 책에서 그는 두 가지 면에서 새로운 지평을 열었다. 첫째는 웨슬리의 중심 주제를 교회의 역사와 신앙에 연결시킨 점이고, 둘째는 동일한 주제를 갖고서 현대의 상황과 대화를 시도한 점이다. 그 결과 오늘날 웨슬리와 웨슬리의 적합성을 논할 때 새로운 길잡이가 되고 있다."

• 윌리엄 아브라함(William J. Abraham) 남감리교대학교의 퍼킨스 신학교가 제공하는 알츠슐러
(Altshuler) 석좌교수이자 웨슬리 연구소의 앨버트 쿡 아우틀러(Albert Cook Outler) 기념 석좌교수

"기독교인의 신앙과 삶에 대해 웨슬리가 얼마나 깊고 넓게 이해하고 있는지를 탐구하는 콜린스는 현재와 미래를 위해 웨슬리 신학의 참신한 해석을 보여 준다. 각 장은 하나님의 거룩한 사랑과 그 사랑의 삶으로의 초청이라는 기본적인 웨슬리 신학 사상의 통찰로 가득 차 있다. 이 책은 실천적이고도 영감이 넘쳐나는 정보가 충분한 책이다."

• 찰스 유리고엔(Charles Yrigoyen Jr.) 미 연합감리교회 아키브와 역사위원회의 명예 사무총장

"이 책은 웨슬리 신학을 단순히 요약한 책이 아니다. 이 책에서 콜린스는 주밀하면서도 분석적인 시도를 통해 값없이 주시는 은총, '종의 믿음' 등과 같은 주제에 대해 웨슬리가 어떤 입장에 서 있었는지 명쾌하게 해설하고 있다. 또한 몇몇 간과되었던 주제들을 강조하면서 다른 웨슬리 사상과도 화해를 구하는 대화를 시도한다."

• 사무엘 파월(Samuel Powell) 포인트 로마 나사렛대학교의 종교와 철학 교수

"콜린스는 평생의 연구를 통해 웨슬리의 용어로, 그 시대의 역사적 정황에서, 당시 다양한 영향을 받았던 웨슬리 신학을 다층적이고 절충적이며 접속적인 방식으로 재조명한다. 최근 학문의 영향을 받아 체계적인 해석을 선호하는 콜린스는 기본 방향과 통합 원리가 되는 '거룩한 사랑'으로, 웨슬리 실천신학에 나타난 '거룩함과 은총'이라는 중심 주제를 설득력 있게 논증한다. 웨슬리의 원 자료들 속에 나타난 복잡성, 미묘한 구분, 용어가 갖는 의미의 차이들을 명쾌하게 설명하려는 콜린스의 불굴의 의지로 인해 이 책은 향후 오래도록 웨슬리 연구 영역에서 소중한 자원으로 남게 될 것이다."

• 필립 메도우스(Philip R. Meadows) 영국 클리프 대학의 박사 후 과정 원장

서론 | 존 웨슬리의 실천신학 : 거룩한 사랑의 신학

1장 | 거룩한 사랑의 하나님

---

1) 서론에 사용한 자료 중 일부는 내가 쓴 논문 "Rethinking the Systematic Nature of John Wesley's Theology," *Bulletin of the John Rylands University Library of Manchester* 86, nos. 2 and 3 (Summer and Autumn 2004): 309~30에서 허락을 받고 사용했다. 이 연구는 원래 존 웨슬리 탄생 300주년을 기념하여 2003년 6월 16일, 영국 맨체스터 대학교에서 "존 웨슬리: 생애와 명예와 유산"(*John Wesley: Life, Legend and Legacy*)이라는 주제로 열린 국제 학술 대회 기조 논문으로 발표한 것이다.

서론[1]

존 웨슬리의 실천신학 : 거룩한 사랑의 신학

감리교 최고의 역사학자 고 앨버트 아우틀러(Albert Outler)는 1961년, 웨슬리 전통을 되짚어 봐야 한다는 기본 물음을 제기하며 존 웨슬리를 신학자로서 재평가하라고 요청했다.[2] 그는 웨슬리가 위대한 신학자일 뿐더러 그의 신학 방법론과 주제가 현대 신학에 매우 적합하다고 주장하면서[3] 오늘을 사는 우리와 살아 있는 대화를 시도했다. 그러나 초기의 아우틀러는 감리교 전통에 대해 깊이 감사했음에도 불구하고 웨슬리를 학문적인 신학자들과 동급으로 두는 데에는 주저했다. 그래서 독자들에게 이렇게 주장했다. "웨슬리는 신학적 거인(titan)도 아니었고, 체계를 세운 이도 아니었으며, 신학자들 중의 신학자(theologian's theologian)도 아니었다. …기획과 의도에 있어서 웨슬리는 대중신학자(folk theologian)였다."[4]

1970년대까지도 아우틀러는 웨슬리를 여전히 대중신학자로 묘사했다. 웨슬리는 루터와 할레의 경건주의자들 같은 수준의 학문적 기초도 없었고, 칼빈과 녹스가 가졌던 정치적 기반도 없었다.[5] 실로 감리교 전통 밖에 있었던 역사신학자들은 웨슬리를 크게 주목하지 않았다. 18세기의 웨슬리가 "그 어떤 학파에 속하지도 않았고 또 학파를 세우지도 않았을 뿐 아니라 신학자들 중의 신학자가 아니었기 때문이다."[6] 1980년대에 들어서도 아우틀러는 여전히 웨슬리를 대중신학자로 표현했다. 그러나 이때에 아우틀러는 선교와 실

---

2) Albert C. Outler, "Towards a Re-Appraisal of John Wesley as a Theologian," in *The Wesleyan Theological Heritage*, eds. Thomas C. Oden and Leicester R. Longden (Grand Rapids, Mich.: Zondervan Publishing, 1991), 39~54.

3) Ibid., 40.

4) Ibid., 43. 이 기간 다른 학자들도 웨슬리를 신학자로 보기에는 무리라고 했다. Robert Brown, *John Wesley's Theology: The Principle of Its Vitality and Its Progressive Stages of Development* (London: E. Stock, 1965); Jean Orcibal, "The Theological Originality of John Wesley and Continental Spirituality," in *A History of the Methodist Church in Great Britain*, vol. 1, ed. R. E. Davies and E. G. Rupp (London: Epworth Press, 1965), 83~111.

5) Albert C. Outler, "The Place of Wesley in the Christian Tradition," in *Wesleyan Theological Heritage*, 75~95. "기독교 전통에서의 웨슬리의 위치(1·2)", 「세계의 신학」36·37(서울: 한국기독교연구소, 1997 가을·겨울).

6) Ibid., 77.

천을 강조하는 현대 교회에게 웨슬리의 신학 방법이 얼마나 적합한지 새롭게 눈 뜨게 되었다.

실천신학자 존 웨슬리

놀랍게도 웨슬리 자신은 우리가 즐겨 사용하는 '신학'(theology)이란 용어 대신 '다양한 형태의 신학'(various types of divinity)[7]이란 용어를 사용한다. 예컨대, 편지와 연설, 출판된 책 서문 등에서 '실천신학' '사색신학' '논쟁신학' '실증신학' '비교신학' '신비신학' 심지어는 '알기 쉬운 평이한 신학' 이란 말을 사용하여 전체 범위의 신학적 성찰을 다루고 있다. 이러한 용어 가운데서도 특히 '실천신학'이란 용어가 지배적이었다. 이 용어는 웨슬리가 편집한 「기독교 총서」(A Christian Library)를 소개하는, '꼭 읽어야 할 실천신학의 단편으로 발췌하고 요약한 것들'(Extracts and Abridgements of the Choicest Pieces of Practical Divinity)[8]이란 표현에서, 또한 많은 사랑을 받았던 「감리교인들의 찬송 선집」(A Collection of Hymns of the People Called Methodists)[9]에서 사용했다.

또 다른 경우에 웨슬리는 '실험신학'(experimental divinity)과 '실천신학'(practical divinity)이란 용어를 상호 교환하여 사용했는데, 경험이 웨슬리 신학에서 큰 역할을 하고 있음을 암시한다.[10] 그러나 감각경험에 기초한 실험적 인식은 적어도 몇 가지 점에서 로크의 개념들과는 구분되어야 한다. 왜냐하면 감각경험의 인식은 '객관적' 관찰자와 관련하여 공개적으로 입증될 수 없기 때문이다. 달리 말하면, 실험적 혹은 실천적 신학이란 참여적이고 구체적이다. 기독교 공동체의 정황에서 실천신학이란 (믿음을 통해 은총으로 말미암

7) Frank Baker, "Practical Divinity-John Wesley's Doctrinal Agenda for Methodism," *Wesleyan Theological Journal* 22, no. 1 (Spring 1987): 7.

8) John Wesley, *A Christian Library: Consisting of Extracts from, and Abridgments of, the Choicest Pieces of Practical Divinity Which Have Been Published in the English Tongue*, 50 vols. (Bristol: Farley, 1749~1755), ix.

9) Franz Hildebrandt and Oliver A. Beckerlegge, *The Works of John Wesley*, vol. 7, *A Collection of Hymns for the Use of the People Called Methodists* (Nashville: Abingdon Press, 1983).

10) Ibid., 7:74. 인간 중심의 관점에서 보면 이 내용이 오해될 수 없다 하더라도, 공동체에게 신뢰와 신실함을 요청하는, 거룩하고 초월적인 하나님에 대한 실천적이며 순수한 신앙생활의 표상에서 볼 때는 오해될 여지가 있다.

아) 성서의 진리를 내적 종교와 관련하여 실현하고 입증한다. 예컨대, 웨슬리는 실천신학이 "사람들 스스로가 성서의 진리를 시험할 수 있는"[11] 은총의 수단이라고 주장했다. 도널드 소슨(Donald Thorsen)이 적절하게 지적했듯이, 믿는 자들이 "경험적으로는 숨겨져 있지만 객관적으로 실재하는 실재"[12]와 접촉할 수 있기 때문에, 이러한 인식은 순수하게 심리학적이거나 주관적일 수 없다. 이렇게 이해했을 경우 은총의 열매인 믿음은 하나님의 신비와 현존을 수용하고 포용하는 눈과 귀가 된다. 다시 말하거니와 이 인식은 공적이고 개인적인 차원, 가슴과 머리의 차원, 인격적이고 사회적인 차원, 곧 모든 차원에서 기독교인 전체 삶의 차원에서의 인식이다.

그러므로 교부 신학자들과 마찬가지로 웨슬리의 이러한 신학적 접근은 결정적으로 성서의 내용에 기초한다. 예컨대, 성서의 진리는 개인의 삶과 공동체의 삶에서 그리스도를 닮아가는 것 속에서 실현되고 작용되어야 한다. 초기 프레더릭 맥도널드(Frederick McDonald)는 웨슬리가 "본질적으로 성서 신학자"[13]였다고 주장했다. 최근에 이르러 고인이 된 프랭크 베이커(Frank Baker)는 (캐롤라인 신학자들[Caroline divines]인 제러미 테일러[Jeremy Taylor]와 랜슬럿 앤드루스[Lancelot Andrews]가 큰 역할을 감당한) 영국 국교회 신학의 초기 모델들 가운데 천재인 옥스퍼드의 웨슬리가 실제로 죄론과 구원론의 전문가가 되어 "영혼의 치유"[14]를 아주 진지하게 다루었던 점을 주목하면서 웨슬리 실천신학 내용을 탐구했다.

또한 최근의 웨슬리 연구는 웨슬리의 실천신학이 '교회의 과제를 방향지우는 신학을 함'에 대한 방법을 생생하게 보여 주고 있다고 주장한다. 웨슬리 실천신학은 성서의 진리를 실현하며 가난한 사람들을 섬기는 일에 주목

---

11) Donald A. Thorsen, "Experimental Method in the Practical Theology of John Wesley," *Wesleyan Theological Journal* 24 (1989): 125. 도널드 소슨 또한 "웨슬리의 '실험적'이란 말은 단순히 실험이란 의미를 넘어 하나님의 성령에 대한 경험적 인식이나 증거를 뜻한다."고 지적한다.

12) Ibid., 127. 웨슬리의 인식론에 대해서는 Mitsuo Shimizu, "Epistemology in the Thought of John Wesley" (dissertation, Drew University, 1980); Laurence W. Wood, "Wesley's Epistemology," *Wesleyan Theological Journal* 10 (Spring 1975): 48~59를 참조할 것.

13) Frederick W. McDonald, "John Wesley the Theologian," *Methodist Recorder* 31 (1891): 255.

14) Baker, "Practical Divinity," 9. 또한 영국교회와 웨슬리의 관계를 다룬 베이커의 고전적 연구를 보려면, Frank Baker, *John Wesley and the Church of England* (Nashville: Abingdon Press, 1970)을 참조할 것.

한다. 그래서 수년 전 아우틀러는 웨슬리를 "당시 가장 중요한 영국 국교회 신학자"[15]였다고 평가했다. 그러나 우리는 이 말을 웨슬리가 조직 신학자였다거나 인간의 인식을 종합하고자 했다거나 혹은 철저하게 그리스도 안에서 인간의 지식의 통일을 보여 주었다는 말로 잘못 이해해서는 안 된다. 그보다는 설교, 예전, 신경, 절기문서, 일지, 편지에서 영국 국교회식으로 표현된 웨슬리의 실천신학은 결정적으로 인식론적이기보다는 구원론적인 성향을 보여 주고 있다. 거대한 사색적 체계 원리를 배제하고 있는 웨슬리의 주된 관심은 그의 「설교집」(Sermons on Several Occasions) 서문에 잘 나타나 있다.

나는 성서에서 발견한 바, 인간의 창작과는 구분되는 하나님의 관점에서 하늘 나라에 이르는 길을 다음 설교들 속에서 제시했다. 나는 진정한 성서적 경험 종교 외에 다른 것을 가감하지 않았다.[16]

사색신학자이기보다는 실천신학자였던 웨슬리는 시간과 영원, 현재 일과 장래 일에 대해 말한 다음 가장 작은 자에게까지 구원의 기쁜 소식을 전했다.

웨슬리 실천신학의 양식

존 웨슬리의 신학이 상관방법(method of correlation)[17]을 사용했던 폴 틸리히(Paul Tillich)와 신-인 상응의 패러다임(paradigm of divine/human correspondence)[18]을 사용했던 에밀 브루너(Emil Brunner)와 같이 거대한 체계 원리로 특징되지 않는다고는 해도, 그의 한정된 구원론 안에 예컨대, 웨슬리의 계속적인 실천신학에 대한 관심 범위에서 아우틀러가 말한 대로 모든 부차적 교리들의 중심을 이루는 중심 주제가 등장한다.[19] 좀 더 구체적으로 말

---

15) Albert C. Outler, *Theology in the Wesleyan Spirit* (Nashville: Discipleship Resources-Tidings, 1975, 「웨슬리 영성 안의 복음주의와 신학」, 전병희 옮김[한국신학연구소]), 1.
16) Albert C. Outler, ed., *The Works of John Wesley*, vols. 1~4. *Sermons* (Nashville: Abingdon Press, 1984~87), 1:106.
17) Paul Tillich, *Systematic Theology*, 3 vols. (Chicago: University of Chicago Press, 1963, 「조직신학 1~5」, 유장환 옮김[한들출판사]).
18) Emil Brunner, *Truth as Encounter* (Philadelphia: Westminster Press, 1943).
19) Albert C. Outler, "A New Future for Wesley Studies: An Agenda for 'Phase III,'" in *Wesleyan Theological Heritage*.

한다면 웨슬리의 구원론적 중심 주제는 시작과 과정이 구원의 순서라는 정황에서 전개된다. 따라서 웨슬리 실천신학의 중심 주제가 갖는 형식적 요소가 자세하게 논해지기 전에 웨슬리의 신학적 성찰이 갖는 양식, 곧 웨슬리 신학의 중심을 이루는 양식을 말하는 것이 더 중요하다.

여러 면에서 영국 국교회 신학자인 웨슬리는 신학적 성찰을 할 때 한쪽에 치우친 독서를 하지 않고 온건한 입장을 취한다. 말하자면 아우틀러의 말대로 펠라기우스주의의 낙관론과 아우구스티누스주의의 비관론에 대한 "제3의 대안"[20]을 제시하고자 했던 웨슬리는, 다양한 진리를 긴장 가운데 묶어내는 탁월함을 보여 줄 뿐 아니라 바로 이 다양성 때문에 그때나 지금이나 많은 웨슬리 신학자들을 당황스럽게 한다. 이런 배경 때문에 학자들은 자신의 렌즈를 통해 웨슬리를 해석해 내곤 했다. 예컨대, 셀(Cell)의 칼빈주의, 힐데브란트(Hildebrandt)의 루터교 경건주의, 럽(Rupp)의 청교도주의, 매덕스(Maddox)의 동방 교부의 렌즈 등이 그것이다.[21] 이 해석들은 각각 흥미롭고도 참여적인 성격을 갖고 있지만 웨슬리 실천신학 성찰의 요인이 되는 여러 신학적 전통을 넘어 단순히 여러 요인들의 '타자성' 말고는 다양성으로 안내하지 못하고 있다. 여러 모순된 진리들이 긴장 가운데 묶여 있는 다양하고도 절충적인 양식은 웨슬리 신학의 전체적인 특징인 바, 아우틀러는 이를 두고 "그 나름의 특별한 방법"[22]이라고 불렀다.

여러 면에서 특별하고 독특한 색깔을 드러내는 이 같은 양식의 신학적 성찰을 지녔던 웨슬리는 '접속적'(conjunctive)[23] 신학자라는 말로 표현될 수 있다. 그러므로 웨슬리 신학에 대한 가장 타당하고 설득력 있는 해석은 그 방법이 '이것도 저것도'(both and)이지 '이것이냐 저것이냐'(either-or)의 선택

---

20) Outler, *Theology in the Wesleyan Spirit*, 35.

21) George C. Cell, *The Rediscovery of John Wesley* (Lanham, Md.: University Press of America, 1984, 「존 웨슬레의 재발견」, 송흥국 옮김[대한기독교출판사]); Franz Hildebrandt, *From Luther to Wesley* (London: Lutterworth, 1951); Ernest Gordon Rupp, *Methodism in Relation to the Protestant Tradition* (London: Epworth Press, 1954); and Randy L. Maddox, *Responsible Grace: John Wesley's Practical Theology* (Nashville Kingswood Books, 1994).

22) Albert C. Outler, "John Wesley as a Theologian-Then as Now" in *Wesleyan Theological Heritage*, 58.

23) 개신교의 배경으로 웨슬리 신학을 읽어내는 것은 가톨릭의 배경으로 웨슬리 신학을 읽는 것보다 더 정확하다고 할 수 없다. 오히려 개신교와 가톨릭의 접속이며 긴장으로 보는 편이 그의 신학을 가장 잘 묘사한 것일 수 있다.

문제가 아니라는 점이다. 웨슬리가 심혈을 기울여 지켜 온 복잡한 신학적 종합은 그의 신학의 거대한 기획을 보여 주는 바, '거룩한 삶을 살기'에 견주어 '믿음으로만'을 명쾌하게 설명했다. 아우틀러는 이에 대해 이렇게 주장한다.

> 우리는 '믿음으로만'과 '거룩한 삶을 살기'를 하나로 묶어 내는 웨슬리의 독창적인 입장을 쉽게 간과한다. 위대한 복음 전도자 웨슬리는 '오직 믿음으로만'을 설교하면서 동시에 완전으로의 여정을 가르치고 이 땅에서 완전을 기대한다. 웨슬리를 비판하는 사람들은 이 움직임을 이상하게 생각하고 이 점이 바로 웨슬리의 일관성 없는 태도라고 지적한다. 그런데 실제 가장 웨슬리다운 독창성은 "제3의 대안"이라는 것이다.[24]

제3의 길의 표상인 웨슬리 신학의 또 다른 접속은 율법과 복음, 은총과 행위, 사랑을 입음으로서의 은총과 능력을 힘입음으로서의 은총, 칭의와 성화, 순간과 과정, 은총의 보편성(선행은총)과 은총의 제한적(구원하는) 실현, 하나님의 주도권과 인간의 응답, 최초의 칭의와 최종적 칭의이다. 웨슬리는 근대 신학에 비추어 볼 때 조직신학자라 할 수 없을 것이다. 그렇지만 그의 신학적 양식은 실천신학 영역에서는 탁월성을 보여 준다.

웨슬리 실천신학의 중심 주제

웨슬리의 신학 양식은 아주 중요하며 웨슬리의 신학적 성찰의 형식을 제시한다. 그러나 우리는 아우틀러의 주장대로 웨슬리의 신학 양식이 그 자체로 방법을 구성하지는 않는다고 생각한다. 그 이유는 먼저 신학 양식이 갖는 일반적 성격 때문인 바, 중심 주제를 충분히 설명하지 않기 때문이다. 예컨대, 중심 주제는 방법론적으로 훨씬 더 중요하며 여러 면에서 신학의 양식과는 구별될 수 있다. 특별히 중심 주제인 구원론적 동기는 다른 주요 교리들이 가장 잘 이해되도록 통합하는 역할을 감당한다. 이렇게 인식된 중심 주제

---

24) Outler, *Theology in the Wesleyan Spirit*, 71. 아우틀러는 웨슬리의 "제3의 대안" 내용을 탐구하면서 아주 흥미롭고 독창적이라고 평가한다. (예컨대, 고전적인 개신교 구원론에서 대부분의 요소는 빼고 원죄론을 견지하는 동시에 가톨릭의 제사장직과 치국을 다루지 않으면서 완전 교리를 접목시킨 점이 웨슬리의 독창적인 점이다.) Ibid., 33.

는 우리가 발전시켜야 하는 적절한 신학적 정황을 제공할 뿐 아니라 18세기의 다양한 상황에서 신학을 수행했던 웨슬리의 목회적 양식의 특성을 보여 준다.

아우틀러는 은총이 바로 웨슬리 신학의 중심 주제로서 웨슬리 사상의 초점이라고 주장했다.[25] 매덕스는 아우틀러의 연구를 약간 수정하여 '책임은총'(responsible grace)이 모든 것의 꽃이라고 주장했다.[26] 아우틀러와 매덕스는 전반적인 웨슬리 신학을 조명하고 있으며 충실하게 설명도 하고 있다. 그렇지만 나는 그들이 웨슬리의 중심 주제에 담긴 다양성과 풍요로움을 충분히 담아내지는 못하고 있다고 본다. 그 결과 그들은 웨슬리의 신학적 양식을 표현하지 못하고 있다. 달리 말해 은총을 다른 신학적 관심과 관계시키지 않고 웨슬리 신학의 동기나 중심 주제로 보는 것은, 18세기의 웨슬리 신학보다는 현대의 정황과 기호, 판단에 기초한 웨슬리 신학을 기술한 것이다.

거룩함과 은총의 중심 주제

최근 학문의 경향과는 반대로 나는 웨슬리 신학의 접속적인 풍치가 실제 그의 중심 주제나 기본적인 관심인 은총뿐 아니라 거룩함과 은총 안에 배어 있음을 제시하고자 한다. '거룩함'과 '믿음으로만'이라는 대조적인 특성 때문에 신학의 중심 주제로서 이 둘을 연관 짓는 일은 웨슬리 평생의 신학적 기획이었다. 또한 웨슬리의 실천신학 양식이 아주 광범위하게 나타난다. 거룩함과 은총의 중심 주제를 놓고 보더라도 이 둘은 각각 또 다른 접속으로 구성된다. 물론 이 접속이 자주 간과되기도 한다. 따라서 웨슬리가 자신의 저술에서 두루 사용하고 있는 '거룩함'이란 용어는 실제로는 요약한 표현으로서 거룩한/사랑의 접속과 긴장을 내포하고 있다. 마찬가지로 웨슬리는 중심 주제의 또 다른 축이 되는 은총을 독백적 방식뿐 아니라 값없이 주시는 은총과 협력은총의 긴장으로 나타나는 접속적 방식으로도 이해한다. 아래 도표가 웨슬리 실천신학의 중심 주제가 갖는 기본적이고도 본래적인 관계를 보여 준다.

---

25) Outler, "A New Future," 139~40.

26) Maddox, *Responsible Grace*.

거룩함	은총
거룩한/사랑	값없이 주시는 은총/협력(책임) 은총

거룩한 사랑으로서의 거룩함: 중심 주제의 처음 반쪽

웨슬리는 종종 기독교인의 삶의 목표나 목적을 기술하기 위해 '거룩함'이란 용어를 사용했다. 그러나 그의 저술에서 중요한 요점을 제시하는 부분에서는 이 용어를 거룩한 사랑의 요소들로 나누어 설명한다. 예를 들면, 히브리서 12장 14절("여러분은 모든 사람들과 화목하게 지내고 거룩함을 추구하십시오. 거룩해지지 않고서는 아무도 주님을 보지 못할 것입니다.")에서 발견한 진리를 변형하여 1745년, 존 스미스(John Smith)에게 보낸 편지에서 이렇게 주장한다. "하나님께서는 성령의 영감으로 먼저 거룩한 사랑으로 역사할 것입니다. 만일 이 거룩한 사랑이 없다면 아무도 영광에 이를 수 없을 것입니다."[27] 웨슬리는 "믿음으로 말미암은 칭의"(Justification by Faith)라는 설교에서 도덕법이 어떻게 믿음으로 세워지는지 언급하면서 도덕법은 "하나님과 이웃의 거룩한 사랑, 사랑의 법"[28]외에 다른 것이 아니라고 말했다. 또한 구속의 과정에서 믿음의 역동적인 역할을 말하면서 믿음이야말로 "인간의 본래 창조된 거룩한 사랑을 회복케 하는 거대한 수단"이라고 지적한다. "믿음은 우리 마음에 궁극이 되는 사랑의 법을 새롭게 세우게 한다."[29] "거룩한 사랑"이라는 웨슬리의 표현은 다른 여러 곳에서 인용되고 있다.[30]

웨슬리가 '거룩함'이란 말로 거룩한 사랑을 뜻하고자 하였다면, 거룩함을 사랑이란 말과 관련해서 의미를 밝혀낼 뿐 아니라 사랑이 거룩함과 관련해서 어떤 의미인지를 밝히는 것이 중요하다. 웨슬리의 접속의 처음 부분에 대

---

27) Frank Baker, ed., *The Works of John Wesley*, vol. 26, *Letters* II (New York: Oxford University Press, 1982), 182.

28) Outler, *Sermons*, 1:194, 「웨슬리 설교전집 1」[대한기독교서회].

29) Ibid., 2:40-41.

30) Outler, *Sermons*, 1:312; 1:413; 2:43; 2:47; 2:334; 또한 Thomas Jackson, ed., *The Works of John Wesley*, 14 vols. (Grand Rapids, MI: Baker Book House, 1978), 11:368을 참조할 것.

해서 토마스 오드(Thomas Oord)와 마이클 로달(Michael Lodahl)은 "거룩함을 담고 있는 고전적인 용어들 즉, '기독교인의 완전,' '온전한 성화,' '제2의 축복,' '성령의 세례' 등은 결코 많은 사람들의 마음을 사로잡지 못했다."[31]고 주장한다. 이러한 관점에서 본다면, 앞의 두 학자는 거룩함이라는 전통 용어를 다시 생각함으로써 새로운 방식으로 "우리 마음과 생각을 사로잡는"[32] 기독교 메시지의 핵심을 나타내고자 했다. 거룩함과 관련하여 웨슬리의 용어가 갖는 주밀한 상황화는 분명 다음 세대와 여러 지역에 요청되는 일이다. 그러나 이렇게 가치 있는 기획에서 오드와 로달은 본질적으로 거룩함에 대한 정의로 끝내 버린다. 때문에 나는 오드와 로달이 이 문제와 관련해 웨슬리 고유의 생각을 적절하게 담아내지 못했다고 생각한다. 웨슬리는 단순성과 순수성이 "기독교인의 거룩함의 본질"[33]이라고 생각했지만, 오드와 로달은 이러한 웨슬리의 이해가 정적이고 충분히 관계적이지 않다는 이유로 거부했던 것이다. 대신에 이들은 "사랑이 거룩함의 마음"[34]이라고 즐겨 주장했다.

웨슬리 신학에서 거룩함은 사랑과 밀접하게 연결되어 있다. 그러나 거룩함과 사랑은 오드와 로달이 제시하듯 실제로 동일한 것은 아니다. 만일 이 두 용어가 동일하다면 사랑(거룩함)이 사랑과 동일하다는 동어반복으로 끝나게 된다. 그러나 거룩함은 실제 '사랑'이란 용어를 단순히 언급하는 데서 끝나지 않으며, '거룩한 사랑'이란 구절의 어떤 것이다. 더구나 거룩함은 믿는 자들이 하나님의 사랑을 완전히 인간적인 것으로 오해하는 잘못을 피해 가게 한다. 사실 웨슬리는 '거룩함'과 '사랑'을 다른 부류에 속하는 용어로 이해한다. 예컨대, 거룩함이란 관계의 질을 표현하는 간접적인 관계성을 뜻하고, 사랑은 직접적인 관계성을 뜻한다. 그러므로 웨슬리가 거룩함을 순수함으로 보는 것은 사랑의 관계들이 갖는 온전함과 아름다움을 보여 주는 질적인 뜻을 나타낸다. 웨슬리는 "거룩함이란 숨겨진 영광이고, 영광은 드러난

---

31) Thomas Jay Oord and Michael Lodahl, *Relational Holiness: Responding to the Call of Love* (Kansas City, Mo.: Beacon Hill Press, 2005), 25.
32) Ibid., 30.
33) John Telford, ed., *The Letters of the Rev. John Wesley, A.M.*, 8 vols. (London: Epworth Press, 1931), 5:238.
34) Ibid., 5:127.

거룩함"[35]이라고 말한다.

더 나아가 '거룩함'이란 용어가 갖는 묘사적이고 한계를 뛰어넘는 계시적 힘이 독특한 방식으로 빛을 발하면서 사랑으로 열매 맺지 않는다면, 예수 그리스도 안에 나타난, 특히 십자가에서 가장 겸비한 형식으로 나타난 하나님의 사랑은 염두에 없게 된다. 다시 말하지만, 웨슬리의 이해처럼 거룩함의 질적인 독특함이 없다면, 그렇게 이해된 사랑은 자기-의지나 인간의 정서가 인식한 사랑이거나 인간 이성이 선하고 받아들일 만하다고 판단한 사랑일 것이다. '거룩함'과 '사랑'이란 용어를 동어 반복적이고 애매모호하게 사용함으로써 최근의 웨슬리 연구는 웨슬리가 직접 구분해서 사용했던 두 용어의 접속과 긴장을 읽어낼 수 없게 하였다.

'거룩함'이란 용어에 대한 최근 연구는 '세속적인'(profane)이란 용어의 반대 의미임을 보여 준다. 그러므로 거룩함이란 순수함을 지키기 위한 분리의 운동을 수반한다. 이러한 이해는 포용을 선호하는 현대인들의 귀에는 거슬리는 부분이다. 그러나 20세기의 스위스 변증신학자 브루너는 이 분리의 개념을 자신의 글에서 다음과 같이 표현했다. "그러므로 하나님의 거룩함은 절대적인 본성의 차이일 뿐 아니라 활동적인 자기-분화이며 하나님 스스로 다른 존재와 구별된 전적 타자임을 주장하는 하나님의 의지가 담긴 에너지이다."[36] 최근에 리처드 테일러(Richard Taylor)는 같은 내용을 이렇게 표현했다. "하나님의 거룩함은 강렬하여 거룩하지 못함을 참지 못한다."[37] 그러나 사랑으로 말하자면, 사랑이란 관계와 참여의 운동이요 최고의 경지에서는 연합의 운동이다. 다시 말해, 사랑은 밖을 향하고, 포용적이며 포괄적이다. 사랑이란 "자기로부터 나와 밖을 향하는(goes-out-of-oneself) 운동이며 아래에 있는 존재자들을 향해 허리를 굽히는 운동이다. 예컨대, 사랑이란 하나님의 자기-수여이며 자기-소통이다."[38] 결국 웨슬리와 브루너, 테일러 등이

---

35) John Wesley, *Explanatory Notes Upon the New Testament* (Salem, Ohio: Schmul Publishing, n.d.), 667.

36) Emil Brunner, *The Christian Doctrine of God*, trans. Olive Wyon (Philadelphia: Westminster Press, 1949), 160.

37) Richard S. Taylor, *Exploring Christian Holiness: The Theological Formulation* (Kansas City, Mo.: Beacon Hill Press, 1985), 16.

38) Brunner, *Christian Doctrine of God*, 187.

말했듯이 '거룩한 사랑' 이란 단순하고 직접적인 표현이 아니라 순수함을 위해서는 분리의 개념으로 표현되고 사랑을 위해서는 연합의 개념으로 표현되는 접속을 내포하고 있다. 순수함과 연합은 긴장 가운데 묶여야 하는 것이지 이것을 위해 저것을 간과해서는 안 되는 것이다. 따라서 웨슬리를 가장 정확하게 요약하는 용어와 문구는 '사랑' 이 아니라 '거룩한 사랑' 이다.

더 나아가 거룩함이 사랑을 암시하듯이, 사랑 또한 거룩함을 암시한다. 웨슬리는 "참된 기독교인의 거룩함은 그 기반에 하나님의 사랑이 없이는 존재할 수 없다."[39]고 하였다. 그러므로 "성령의 증거 I"(The Witness of the Spirit, I) 이라는 설교에서 "우리가 거룩하기 전에" 먼저 우리가 하나님을 사랑해야 한다고 주장한다. "왜냐하면 하나님을 사랑하는 것이 모든 거룩함의 뿌리이기 때문이다."[40] 거룩함과 밀접하게 연결되어 있으면서 거룩함에 형식을 제공하는 하나님의 사랑은, 인간의 마음에 심겨져 있어서 성령의 은혜로운 활동을 통해 믿는 자들의 공동체 가운데 나타난다. 곧 믿는 자들은 "모든 거룩한 욕망, 모든 하나님의 성정과 하늘의 성정으로 안내된다."[41] 웨슬리는 성령으로 말미암아 "사람들의 마음에 있던 하나님의 사랑을 널리 비추며 인류의 사랑을 비춘다."[42]고 주장한다.

웨슬리 실천신학에서 사랑과 거룩함은 거의 변증법적인 형식으로 밀접하게 연결되어 있어서, (법정의) 칭의와 (참여적인) 성화의 구분과 같은 구조들은 때로 사랑과 거룩함과 칭의 사이의 본래 관계를 분별치 못하게 한다. 예를 들면, 웨슬리는 모든 거룩함의 뿌리가 되는 "영원한 하나님의 사랑은[43] '용서의 하나님' 신앙에서만 나올 수 있다"[44]고 생각한다. 법정의 주제인 의롭게 하시는 (칭의) 은총은 다른 것보다도 "그리스도께서 내 죄를 위해 죽었고 나를 사랑했으며 나를 위해 자신을 내어주었음을 확실히 신뢰하고 확신하는 것"[45]이다. 웨슬리는 "나를 사랑하였고 나를 위해 자신을 내어준 그리스도를

39) Jackson, *Works*, 8:290.
40) Outler, *Sermons*, 1:274, 「웨슬리 설교전집 1」[대한기독교서회].
41) Ibid., 1:236.
42) Ibid., 1:262.
43) Jackson, *Wesley's Works*, 8:290.
44) Ibid.
45) Outler, *Sermons*, 1:194.

통해 하나님을 신뢰하는 것 말고"[46] 무엇이 의롭게 하며 구원을 주는 믿음이냐고 묻는다. 진정 웨슬리는 자신의 글에서 계속해서 하나님의 사랑과 칭의를 함께 묶어내고 있다. 그는 "그리스도께서 나를 사랑하였고 나를 위해 자신을 내어주었다는 하나님의 확신이나 확신이 의롭게 하는 믿음의 참 본질이며 본질적인 것"[47]이라고 주장했다. 간단히 말해 하나님의 사랑이 거룩함의 근거인 것처럼 하나님의 사랑이 칭의의 근거이다.

그러나 거룩함(혹은 칭의)이 교제와 연합을 추구하는, 밖을 향한 하나님의 사랑과 상관없다고 이해한다면, 쉽게 아주 굳어 버린 인간의 종교로 전락할 수 있다. 그 결과 순수함을 지키기 위한 분리는 소외와 무관심을 조장할 것이고, 지극히 높으신 하나님의 의지의 표현인 하나님의 거룩한 율법은 규칙과 규범, 문화적 금기로 나타날 것이며, 하나님과 이웃 사랑인 교제와 공동체의 이상은 자기-집중과 영적인 자아도취에 빠지게 될 것이다. 다시 말하지만, 거룩함이 없는 사랑은 부드럽고 어린아이처럼 소원만 아뢰는 자기-탐닉이다. 그러나 사랑이 없는 거룩함은 재만 남기는 불이다. 그러므로 거룩함과 은총이라는 웨슬리의 중심 주제의 처음 반쪽에 해당하는 거룩함은, 그 자체를 거룩한 사랑의 접속으로 이해할 때 그 의미를 가장 잘 이해한 것이 된다. 거룩한 사랑으로서의 거룩함은 바로 하나님의 본성뿐 아니라 진지한 기독교인의 삶을 적절하게 표현할 수 있는 예술적 균형이다.

율법과 은총

거룩함과 은총이라는 웨슬리의 중심 주제는 잘 정리된 율법과 은총이라는 부차적 접속에서 세분화된다. 율법과 은총의 접속은 종교개혁 때부터 서방 신학의 큰 관심거리가 되었다. 그러므로 역사적으로 정확하고도 기술적으로 웨슬리 신학을 해석하기 위해서는, 전반적인 웨슬리의 신학적 관심과 목회적 책임의 범주 안에서 은총과 관계된 도덕법의 영향을 탐구해야 한다. 이 탐구에서 웨슬리가 사회적으로 어떤 위치에 있었는지는 아주 중요하다. 웨슬리가 이해한 도덕법을 탐구해 보면 그가 사용한 여러 근거들이 주로 웨

---

46) Jackson, *Wesley's Works*, 10:223.
47) Telford, *Letters*, 3:222.

슬리가 속했던 영국 국교회 전통과 관계가 있음을 발견할 수 있다. 존 노리스(John Norris)와 존 스미스 같은 케임브리지 플라톤주의자들은 웨슬리로 하여금 도덕법에 대해 성찰하도록 했고 플라톤의 감각에서 도덕법을 "하나의 영원한 정신의 복사 … 지극히 높으신 분의 드러난 아름다움"[48]으로 생각하게 했다.

더 나아가 웨슬리는 하나님의 은총을 균형을 잃은 채 도덕법의 조명과 안내를 받지 않고 열광적이며 반-율법적인 방식으로 선포하는 개신교 '복음 설교자들'이 특히 문제가 된다고 생각했다. 이 비판을 래빙턴 주교(Bishop Lavington)가 들었더라면 크게 놀랐을 것이다. 이렇게 이해된 은총은 '모든 피조물의 존속하는 존재'[49] 형식이 결핍된 무정형이 되어 자기-충동적 혹은 '열광적인' 개념이나 수행을 지지할 수 있게 될 것이다. 이러한 보이지 않는 오류를 교정하기 위해 웨슬리는 은총을 '규범화된 은총'이라고 주장했다. 달리 말하면, 은총은 가치 판단의 규범적인 상황에서 자라 꽃을 피며, 어떤 면에서 단체 차원에서 여러 공동체의 노예적인 민족 중심성과 계급 종족주의뿐 아니라 인간의 의지와 욕망을 넘어서는 기준인 하나님의 도덕법의 빛에 의해 조명된다. 예컨대, 접속의 또 다른 반쪽이 없다면, 은총의 중심 주제는 추정, 자기-의지, 감상 혹은 웨슬리가 그토록 한탄했던 율법폐기론에 빠지게 될 것이다. 웨슬리는 자신의 설교자들이 이런 신학적 오류에 빠지지 않도록 1751년, 도덕법에 기초한 지침을 만들었던 바, 죄인들을 확신시키는 주도적 도구가 되었다.[50] 그러므로 은총이나 복음이 율법의 내용이기 때문에 율법을 설교하는 것이 불필요하다고 주장하는 사람들에게 웨슬리는 이렇게 대답했다. "우리는 이 주장에 전적으로 반대한다. 복음은 인간에게 죄를 확신시키는 율법의 처음 목표에 답을 제시하지 못한다. …하나님의 일반적인 방식

---

48) Outler, *Sermons*, 2:10.

49) Ibid., 2:10

50) Jackson, *Wesley's Works*, 11:486. 그럼에도 불구하고 하나님은 율법을 통해 공포뿐 아니라 위로를 줄 수 있다. 1761년 1월 철야예배를 평가하며 웨슬리는 이렇게 기록했다. "나는 처음부터 끝까지 율법을 설교했지만 많은 이들은 여전히 위로를 받았다. 하나님은 당신 자신을 기쁘게 하는 수단을 통해 마음에 두려움이나 위로를 줄 수 있다." W. Reginald Ward and Richard P. Heitzenrater, eds., *The Works of John Wesley*, vols. 18~23, *Journals and Diaries I~VI* (Nashville: Abingdon Press, 1988~95), 21:301.

은 율법으로 죄인들의 죄를 선고한다."[51]

　1744년 제1차 감리교 연회에서 웨슬리는 동료들에게 모든 자리에서 그리스도를 설교하며, "믿는 자들과 믿지 않는 모든 이들에게 복음뿐 아니라 율법을 선포하라."[52]고 권면했다. 그러므로 이 권면에서 보듯이 도덕법은 죄인들의 죄를 깨닫게 하고 믿는 자들이 그리스도 안에 거하도록 하는 데 큰 가치를 지닌다. 예컨대, 웨슬리는 칼빈이 그랬던 것처럼 율법의 예방의 역할을 강조할 뿐 아니라[53] 루터가 그랬던 것처럼 율법의 고발의 역할도 강조했다.[54] 칼빈은 믿는 자들을 그리스도 안에 살아 있게 하였고, 루터는 죄인들을 그리스도께 안내하였다.

　따라서 웨슬리는 받아들임의 조건으로서가 아니라 하나님의 풍요로운 은총 안에 계속 살아가기 위해 도덕법으로 말미암은, 하나님을 향한 순종이 실천적인 기독교인의 삶에 요청된다고 주장했다.[55] 또한 웨슬리는 도덕법의 예방적 사용을 공식적으로 전개했던 바, 다음 주장에서 이 사실이 분명하게 나타난다. "율법과 그리스도는 나를 다른 타자에게 지속적으로 보낸다. 율법은 그리스도에게 그리스도는 율법에게로 나를 보낸다."[56] 간단히 말해 도덕법으로 말미암은, 하나님을 향한 순종이 기독교인의 삶을 세우는 것이 아니라 그 믿음의 열매가 의롭게 하고 새롭게 한다. 예컨대, 웨슬리는 믿음이 도덕법을 통해 하나님을 향한 순종과 사랑과 자비의 사역을 불러오지 못한다

---

51) Outler, *Sermons*, 2:22. 죄를 자각하지 못한 죄인들에게 복음만을 전하는 오류를 언급하는 웨슬리의 자료를 보려면, Frank Baker, ed., *The Works of John Wesley*, vol. 26, *Letters II* (New York: Oxford University Press, 1982), 418, 483, 485~87을 참조할 것.

52) Jackson, *Wesley's Works*, 8:318.

53) John Calvin, *Calvin: Institutes of the Christian Religion*, ed. John T McNeill, trans. Ford Lewis Battles, 2 vols. (Philadelphia: Westminster Press, 1960), 1:360 (Book II, Chapter VII, Section 12).

54) Martin Luther, *Luther's Works*, vol. 26, *Lectures on Galatians*, 1535, *Chapters 1~4*, ed. Jaroslav Jan Pelikan, Hilton C. Oswald, and Helmut T. Lehman (St. Louis, Mo.: Concordia Publishing, 1999), 309. 루터의 도덕법에 대한 평가를 웨슬리가 비판한 내용을 보려면, Jerry L. Walls, "John Wesley's Critique of Martin Luther," *Methodist History* 20, no. 1 (October 1981): 29~41을 참조할 것.

55) 이 같은 구분은 1770년 연회 회의록에서 볼 수 있듯이, 웨슬리를 도덕주의자로 고발하며 폄훼했던 칼빈주의자들에 대한 웨슬리의 대답에 분명하게 나타난다. 웨슬리는 물음에 답하여 "(하나님을 향한 순종은) 얻음의 조건이 아니라 하나님의 사랑 안에 계속 거하기 위한 것"이라고 하였다. Telford, *Letters*, 5:259.

56) Outler, *Sermons*, 2:18. 웨슬리에게 모든 율법의 사용은 신학적이었다. 그러므로 루터와 칼빈의 신학에서 나타나는 율법의 정치적 사용은 웨슬리의 율법의 기능에서는 나타나지 않는다.

면, 그 믿음은 죽은 믿음일 뿐 하나님과 이웃을 위해 움직이는 살아있는 믿음이 아니라고 생각했다. 다시 정리하면, 웨슬리의 실천신학을 구성하는 것은 거룩함과 은총의 보다 넓은 중심 주제를 반영하는 율법과 은총이다. 진정 율법과 은총의 접속은 웨슬리 신학의 구성이 갖는 적절성을 보여 주고 있다.

은총: 중심 주제의 다른 반쪽

웨슬리 신학의 역동적이며 복잡한 중심 주제는 물론 거룩함(그리고 도덕법)뿐 아니라 은총도 포함한다. 거룩함이 거룩한/사랑의 접속으로 설명되었듯이 은총 또한 아래 도표에서 보듯이 웨슬리 신학에서 여러 중요 접속들의 요약이다.

은총의 접속

값없이 주시는 은총	협력은총(책임은총)
하나님 홀로의 사역	신/인 협력 (신-인 협력론)
은총을 입음을 강조	능력을 힘입음을 강조
수혜	응답
순간	과정
개신교 전통	가톨릭 전통

하나님 홀로의 사역과 신-인 협력론

학자들은 종종 좀 더 넓은 범위에서 아르미니우스주의의 범주에 속하는 웨슬리 실천신학은, 하나님과 인간이 구속의 과정에서 함께 일하는 협력은총의 중요성을 강조한다고 주장했다. 최근의 웨슬리 신학은 이러한 은총의 의미를 표현하기 위해 춤의 이미지를 사용한다.[57] 하나님의 주도권을 강조하면서 이 같은 협력의 이미지가 웨슬리 신학의 어떤 면을 탐구하는 데 도움이 되기는 하지만, 은총에 대한 웨슬리의 전반적인 이해를 완전하게 표상하지는 않는다. 그러므로 협력은총이 웨슬리의 신학적 양식을 기술하고 있다고 할 수는 없다. 예컨대, 웨슬리는 "우리 자신의 구원을 이룸"(On Working Out Our Own Salvation)이라는 설교에서는 은총을 협력적인 것으로 보지만,

---

57) Oord and Lodahl, *Relational Holiness*, 138; and Maddox, *Responsible Grace*, 152.

"값없이 주시는 은총"(Free Grace)이라는 설교에서는 아주 접속적인 방식으로 하나님의 은총을 지칭했고, 실재적인 의미에서는 하나님 홀로의 사역으로 생각했다. "은총은 그 자체로 은총의 수혜자의 선한 행위나 의에 의존하지 않았다. 곧 수혜자의 행위나 존재에 의존하지 않았다."58) 여기서 영국 종교개혁의 개신교 유산과 모라비안들과 독일 경건주의자들의 통찰이 웨슬리 신학에 흘러 들어와 균형을 이루었다. 분명 하나님의 유일한 활동으로서의 은총 때문에 협력과 과정을 중시하는 신-인 협력적 혹은 '가톨릭' 모델은 철저한 방식으로 인식할 수 없었다. 그러나 웨슬리는 아주 분명하게 선언했다. "우리는 의롭게 하고 거룩하게 하며 영화롭게 하는 것이 하나님 홀로의 사역임을 인정한다. 또한 이 세 가지가 구원의 전체를 파악한다고 인정한다."59) 그 결과 웨슬리의 신학을 좀 더 정확하게 이해하게 되면 하나님의 활동과 인간의 활동을 포함하는 신-인 협력의 패러다임은, 인간의 모든 활동과 상관없이 하나님의 유일한 활동을 강조하는 개신교의 주장이 동일하게 강조되는, 좀 더 넓은 접속으로 파악되어야 한다.

은혜를 입음과 능력을 힘입음

은총에 대한 웨슬리의 광의의 개념 안에서 찾을 수 있는 두 번째 접속은 '하나님의 은혜를 입음과 하나님의 능력을 힘입음' 이라는 주제이다. 웨슬리는 먼저 은총을 하나님의 '값없이 주시는 사랑' (undeserved favor)으로 생각했다. "하나님께서 인간에게 베푸신 모든 축복은 하나님의 은총, 풍요, 사랑이다. 곧 하나님께서 값없이 주시는 사랑이며 온전히 받을 가치가 없는 사람에게 베푸시는 사랑이다."60) 이렇게 이해하고 보면, 지극히 높으신 하나님은 인간에게 빚을 진 분이 아니고 선한 의지와 사랑을 모든 피조물에게 물 붓듯 부으시는 분이다. 사실 아우틀러가 지적하였듯이 "영적 통찰력과 하나님의 은총이 그저 주어졌다고 보는 웨슬리의 생각은 펠라기우스와 다르며 아르미니우스와 에피코피우스와도 다르다."61) 예컨대, 어떤 의미에서 하나님의 은

---

58) Outler, Sermons, 3:545.
59) Jackson, Wesley's Works, 10:230.
60) Outler, Sermons, 1:117.

총은 완전히 인식되거나 응답되기 전에 이미 현존한다. 그러므로 선행은총은 하나님의 사랑을 암시할 뿐 아니라 은총이 선물임을 강조한다.

더구나 웨슬리는 하나님의 생명에 참여하고 이를 통해 능력을 힘입는 것을 강조했던 가톨릭 전통(영국 국교회, 로마, 그리스)[62] 자료들을 심도 있게 읽었다. 이를 통해 웨슬리는 지금까지와는 달리 은총을, 우리가 하나님의 길을 가게 하는 "성령의 능력"[63]으로 이해했다. 이런 상황에서 은총은 놀라운 능력이며, 성령의 현존으로 인해 믿는 자들에게 임하는 전능한 하나님의 구원의 힘이다. 아우틀러가 웨슬리의 「설교집」 서문에 지적하였듯이 웨슬리 신학의 "'보편적 내용'은 참여라는 주제이다. 여기서 참여는 모든 생명이 은총이며 모든 은총은 성령으로 인해 그리스도로부터 온다는 개념이다."[64] 따라서 웨슬리는 은총이란 놀라운 하나님의 사랑으로 죄인들에게 의롭다 함을 선포하는 것일 뿐 아니라 실제로 거룩함으로 죄인들의 마음을 변화시키고, 도움을 주며, 새롭게 한다고 주장한다.

신학자들이 웨슬리 실천신학의 통합적 구조인 은총을 두 가지 의미로 파악할 경우, 종종 법정의/치유의 축에 기초해 설명했다.[65] 이 구조에서 하나님의 사랑으로서의 은총은 기본적으로 칭의의/법정의 주제와 상응하고, 하나님의 힘 있게 하는 능력으로서의 은총은 신생과 온전한 성화와 같은 참여적 주제에 상응한다. 그러나 넓은 의미에서 이 구조는 웨슬리 실천신학이 갖는 복잡한 특성과 미묘함을 정확하게 기술하지 않는다. 이 점에 대해서는 5

---

61) Albert C. Outler, "The Wesleyan Quadrilateral in John Wesley" ("웨슬리의 4가지 신학적 기준", 「세계의 신학」(1996년 여름), in *The Wesleyan Theological Heritage: Essays of Albert C. Outler*, ed. Thomas C. Oden and Leicester R. Longden (Grand Rapids, Mich.: Zondervan Publishing, 1991), 34.

62) Outler, *Sermons*, 1:98.

63) Ibid., 1:260.

64) Ibid. 1:99. 믿는 자들의 삶 가운데 나타난 성령의 역할에 대한 웨슬리의 평가를 보려면, Albert C. Outler, "A Focus of the Holy Spirit: Spirit and Spirituality in John Wesley," in *Wesleyan Theological Heritage*, 159~74; and Arvest N. Lawson, *John Wesley and the Holy Spirit* (New York: Vantage Press, 1996)을 참조할 것.

65) 매덕스는 이렇게 설명한다. "법정의 해석에 초점을 둔 서방 신학자들은 하나님의 은총을 주로 용서(혹은 사랑을 베풂)나 공로에 상관없이 인간의 죄책감을 그리스도를 통해 용서하는 것으로 이해했다. 반면에 동방 신학자들은 하나님께 참여하는 것을 통해 주어지는, 인간의 타락한 본성을 치유할 수 있는 능력으로 생각한다." Maddox, *Responsible Grace*, 84. 그러나 많은 독일 경건주의자들과 모라비안 교도들 역시 참여적인 주제를 강조했다.

장과 6장에서 좀 더 자세하게 설명할 것이다. 예를 들면, 젊은 모라비안 지도 자였던 피터 뵐러(Peter Böhler)는 웨슬리에게 영국 국교회의 기본적인 가르침을 다시 일러 주었다. 예컨대, 뵐러는 칭의가 하나님의 넘치는 사랑을 표상하며 믿음을 통해 은총으로 말미암아 받는다고 하였다. 그러나 잘 알려지지 않은 사실은 뵐러는 웨슬리에게 '참여적' 주제이긴 하지만 신생 또한 지극히 높으신 하나님의 넘치는 사랑이며 믿음을 통해 은총에 의해서 받는다고 하였다. 달리 말하면, 신생(과 온전한 성화)은 순수하고도 완전한 선물이며, 이 선물을 믿는 자들에게 아낌없이 부어 주시는 거룩한 사랑의 하나님의 사랑을 표상한다. 웨슬리는 조지아 선교사로 일하는 동안 규칙과 결단, 성실을 통해 거룩한 삶을 살고자 하였다. 그 후 선교를 마치고 돌아온 웨슬리는 신생뿐 아니라 칭의가 은총이 넘치는 하나님의 은혜이며 믿음으로만 받는다고 한 모리비안 교도의 가르침을 "새로운 복음"[66]으로 간주했다.

수혜와 응답

신학에서 패러다임(paradigm)이란 때때로 여러 신학적 요소들을 평가하는 배타적 방식으로서의 거대담론으로 기능할 수 있다. 이 경우 웨슬리의 신학을 절충신학으로 해석하는 학자들은 웨슬리의 실천신학이 가톨릭이나 개신교의 어떤 특정 유형에 딱 들어맞는 것이 아님을 발견하게 된다. 그러나 과거와 오늘날까지도 웨슬리 신학은 대체로 신-인 협력적 모델로 여겨 왔다. 예를 들면, 고인이 된 윌리엄 캐넌(William Cannon)은 "웨슬리가 구원을 신-인 협력적으로 기술한다."고 지적했다. "웨슬리에게 구원은 하나님과 인간 존재의 협력의 결과이다."[67] 최근에는 매덕스가 신-인 협력적 협동이 신생을 받는 데 필연적이라고 주장했다. "웨슬리는 신생이 일어날 때 인간의 능력에 은총이 넘치는 새로움의 변화를 가져오는 것은 회복된 용서의 관계(칭의)를 주시는 하나님을 향한 우리의 응답이라고 주장했다."[68] 매덕스는 책임

---

66) Ward and Heitzenrater, *Journals and Diaries*, 18:248. 은총의 선물인 신생 또한 경건주의 문학에서 강력한 주제였다.
67) William R. Cannon, "Methodism-Our Theology," *Asbury Seminary Journal* 40, no. 2 (Winter 1985): 6.
68) Maddox, *Responsible Grace*, 170.

은총이 하나님의 주도권에 강조점을 두는 데 반해, 협력은총은 하나님의 주도권을 수행한다고 하여 이 둘을 구분하였다. 그러나 협력 모델은 종교개혁으로부터 얻은 통찰로서 웨슬리 신학의 전체 범위에 속했지만 하나님 홀로의 활동에 여지를 주지는 않았다.

가톨릭의 협력 패러다임과 개신교의 협력 패러다임을 종합했던 웨슬리는, 구속의 과정에서 하나님의 주도권에 응답하는 것의 중요성을 주장했을 뿐 아니라 주를 섬기고 하나님 홀로 주시는 선물을 받는 것의 가치를 강조할 수 있었다. 예컨대, 믿는 자들은 응답하기 전에 먼저 받아야 한다. (결정적인지는 모르지만 질적으로 구분된 칭의, 신생 혹은 온전한 성화 은총인) 이 수혜는 인간의 '활동'이 아니고 수동적 의미의 개방성이다. 여기서 개방성은 선험적인 협력이 아니라 그리스도의 공로로만 주어진 선물을 받기 위해서 (모든 결정론을 거부하는) 자유 안에서 인격의 온전함을 견지한다. 이처럼 웨슬리 신학이 갖는 치밀한 균형은 실제적인 의미에서 웨슬리의 제3의 대안 중 하나를 표상한다. 예컨대, 은총은 제네바나 로마(혹은 콘스탄티노플)에 의해서 배타적으로 이해되어서는 안 되고 이 둘로 이해되어야 한다.

순간과 과정

전체적으로 웨슬리 실천신학에서 특별히 웨슬리의 이해나 은총의 시간적 차원은 종종 연대기적 방식으로 탐구된다. 웨슬리의 수사학, 특히 그의 언어 사용을 주밀하게 살펴보면 웨슬리 신학의 시간적 차원은 구원론적 방식, 예컨대, 믿음과 활동의 보다 큰 주제에 대한 성찰로 이해되어야 한다. 실로 웨슬리의 구원의 순서(ordo salutis)[69]의 순간적 요소들은 하나님의 사랑으로서

---

69) 나는 한때 사용했던 구원의 길(via salutis)이란 용어를 사용하는 대신 아우틀러의 구원의 순서(ordo salutis)라는 용어를 사용한다. 구원의 길이란 용어를 사용했던 몇몇 현대 신학자들은 과정(점진주의)에 너무 개방적이어서 은총의 실현을 충분히 강조하지 않았다. 또한 구원의 길이란 용어는 웨슬리의 구원의 순서가 갖는 실제 구조, 예컨대, 거부할 수 없는 두 초점의 해석의 실마리가 되는 연속성과 일관성을 담아내지 못한다. 결국 "성서적 구원의 길"(The Scripture Way of Salvation)이란 설교 제목이 보여 주듯이 웨슬리 스스로 구원의 길이란 용어를 사용했다는 주장은 오해에서 비롯된 것이며, "길"이란 용어가 갖는 두 가지 의미를 분별하지 못하게 한다. 그러므로 여기 중요한 설교 제목에서 웨슬리는 구원의 현실적인 여정을 언급하는 것이 아니라 구원의 권위와 현실화하는 방법을 강조하고 있다. 결국 성서적 길은 (전통적이며 합리적인 등등) 다른 길과 반대된다는 의미가 이 안에 담겨 있다. 이 주제에 대한 자세한 내용을 보려면, Kenneth J. Collins, *The Scripture Way of Salvation: The Heart of John Wesley's Theology* (Nashville: Abingdon Press, 1997), 185~90을 참조할 것.

의 은총뿐 아니라 죄를 용서하고 거룩하게 하는 분은 인간이 아니고 전능하신 분이라는 결정적 진리를 강조하는 기본 수단이다. 다시 말하지만, 시간적 요소들은 구원론적 역할을 보여 줄 뿐 아니라 하나님의 은혜로운 활동을 강조한다. 그러므로 "성서적 구원의 길"이란 설교에서 웨슬리가 유비적으로 사용하는 용어를 관찰해 보면, (온전한 성화와 관련한) 시간적 요소들로 믿음과 행위의 관계를 표현한다. 웨슬리의 주장을 살펴보자.

> 이로써 여러분은 그것(구원)을 믿음에 의해서 추구하는지 아니면 행위에 의해서 추구하는지를 알 수 있습니다. 만일 행위로써 추구한다면, 여러분은 거룩하게 되기 전에 먼저 무엇인가 하기를 원할 것입니다. 여러분은 "나는 먼저 이러저러한 존재가 되어야 한다거나 아니면 이러저러한 행동을 해야 한다."고 생각합니다. 이렇게 생각했다면, 여러분은 오늘까지 구원을 행위로써 추구하고 있는 것입니다. 그러나 여러분이 구원을 믿음으로 추구한다면, 여러분은 지금 이 모습 이대로 구원을 기대할 수 있습니다. 지금 이 모습 이대로 구원을 추구한다면, **지금** 구원을 기대하는 셈이 됩니다.[70]

물론 이것은 웨슬리의 구원론 해석들 중에서 구원의 법정 차원(칭의나 용서)을 순간과 동일시하고 치유의 차원(성화)을 단순히 과정적인 것과 일치시키는 광의의 해석이다. 실로 웨슬리의 구원론은 이 범주가 허용할 수 있는 것보다 훨씬 복잡하다. 넓게 이해한다면, 성화는 과정과 순간의 특성을 갖는다. 왜냐하면 (온전한 성화와 같이) 신생은 그 이전과 이후의 과정을 포함할 뿐 아니라 웨슬리 말대로라면 "신생의 처음 순간을 가져야 하기 때문이다."[71] 이러한 구원론적 순간은 연대기적 방식으로 신생의 순간적인 실현을 강조할 뿐 아니라 실제적인 의미에서 하나님 홀로의 활동이며, 좀 더 중요하게는 구

---

70) Outler, *Sermons*, 2:169. "믿는 자들의 회개"(The Repentance of Believers)라는 설교에서 웨슬리는 믿는 자의 삶에 있어 마음의 순결의 현실화나 실현과 관련하여 온전한 성화의 순간적인 면이 아주 중요하다고 생각한다. 그는 "만일 두 번째 변화가 없다면, 칭의 이후 순간적인 구원이 없다면, (아무도 거부하지 못하는 점진적 행위인) 하나님의 점진적인 활동만이 존재한다면, 우리는 죽을 때까지 죄 가운데 남아 있거나 남아 있는 것으로 만족해야 한다."고 주장한다. Outler, *Sermons*, 1:346, 「웨슬리 설교전집 1」[대한기독교서회].

71) Telford, *Letters*, 4:332.

원론적 방식에서 이 은총의 넘쳐 남을 강조한다. 간단히 말해, 가톨릭 패러다임이 온전한 성화에 이르는 과정을 조명할 수 있다면, 구원의 현실화와 실현의 순간을 강조하는 개신교 패러다임은 온전한 성화 그 자체를 조명한다. 바로 이러한 의미들이 종합하여 웨슬리의 특성을 나타낸다.

앞에서 살펴보았듯이, 지금쯤 조지 셀(George Croft Cell)의 주장은 정확한 표현이 아님이 분명히 밝혀졌을 것이다. 셀은 이렇게 말한 바 있다 "웨슬리가 재구성한 기독교인의 삶의 윤리는 개신교의 은총의 윤리와 가톨릭의 거룩함의 윤리가 종합하여 빚어낸 독창적이면서도 독특한 윤리이다."[72] 왜냐하면 웨슬리는 개신교 (값없이 주시는) 은총 개념과 가톨릭 (협력적이며 책임적인) 은총 개념을 포용할 뿐 아니라, 거룩함에 대해서도 다양하게 이해했다. 예컨대, 웨슬리는 거룩한 사랑을 동방과 서방 교부들의 가톨릭 근거에서 이해했을 뿐 아니라, 영국 국교회와 독일 경건주의자들의 개신교 근거에서 이해했다. 이처럼 교회 전통 자료들의 복잡하고도 주밀한 사용에 대해서는 앞으로 자세하게 다룰 것이다.

책의 흐름

오늘날 우리에게 적합한 웨슬리 신학을 탐구할 때, 우리는 이 책 본문과 신학 전통에 기초한 역사적 자료를 고려해야 하며, 또한 해석자들이 자신의 독특한 사회적 위치를 이야기로 표현하기 위해 이들 요소들을 어떻게 사용했는지 주밀하게 살펴야 한다. 그러므로 이 상황에서 역사문헌학이란 웨슬리의 신학적 담론을 탐구하는 데 다양한 길이 있음을 의미하며, 그렇기 때문에 우리는 18세기 세계와 21세기 세계의 상황에서 웨슬리 자신의 신학적 목소리가 분명하고 선명하게 나타나도록 그 해석의 차이에 주목해야 한다.

이러한 관점에서 우리는 오늘날 존 웨슬리 신학의 핵심에 이를 수 있는 해석학적 구조를 제시하려 한다. 이 구조는 배타적이지 않고 세 개의 다른 세계를 포용하는 포괄적 구조이다. 1차 세계는 본문의 세계이다. 예컨대, 편지, 일지, 일기, 찬송, 신학 논문등과 같이 18세기 상황에서 웨슬리 자신이 썼던 글들이다. 여기서 역사가와 신학자의 과제는 저등비평을 통해 본문을 확인

---

72) Cell, *Rediscovery of John Wesley*, 347.

할 뿐 아니라 문헌비평을 통해 용어, 동기, 주제, 수사학 등에 주목해야 한다. 더구나 1차 세계에서 웨슬리가 말한 것이 웨슬리가 읽었던 것보다 훨씬 중요할 수 있다.

역사비평에 해당하는 2차 세계는 웨슬리 자신의 신학적 성찰에 들어와 있는 전통적이며 역사적인 자료들을 탐구한다. 여기서 동방의 교부들, 청교도들, 케임브리지 플라톤주의자들, 캐롤라인 신학자들, 모라비안 교도들, 독일 경건주의자들과 웨슬리가 속했던 영국 국교회 교인들의 글 모두가 탐구 대상 자료이다. 2차 세계는 하이젠레이터의 말대로 "아리송한 웨슬리 씨" (elusive Mr. Wesley)를 분명하게 밝히는 데 아주 중요하다. 그러나 해석자들은 웨슬리 신학을 해석하는 기본 내용이 웨슬리의 신학적 상황이 아니라 웨슬리가 선호했던 신학적 전통과 관계된 것이라고 주장함으로써 2차 세계를 비껴갈 수 있다. 달리 말하면, 참여적 유형을 통해 볼 때 유용한 해석의 틀은 실제로 웨슬리의 다양하고도 지혜로운 전통의 적용이 만나는 초점 그 자체가 된다.

3차 세계는 신학적 비평과 관계한다. 이는 본래적이고도 필연적인 해석의 관심이 되는 웨슬리 신학의 사회적이고 역사적인 위치를 고려할 뿐 아니라 18세기와 21세기의 시간적 차이를 극복하고자 한다. 분명코 웨슬리의 모든 생각과 가르침을, 하나의 예를 든다면 아이들과 관련한 교육을 해석의 과정 없이, 우리의 현 시대에 그대로 적용할 수는 없다. 실제적인 의미에서 우리는 웨슬리의 인간학과는 다른 이해를 가진 현장에 살고 있다. 예를 들면, 사회과학의 통찰에 기초한 신학적 비평은 이 차이를 이해 가능하도록 설명해 준다.

이 맥락에서, 웨슬리의 원 자료를 강조하는 처음 두 세계는 다음 몇 장의 내용을 구성할 것이다. 매 장을 구성할 때마다 나는 웨슬리 자신이 좋아하는 용어들을 사용하면서 중요한 주제와 동기를 살피고 난 후 이에 기초해서 드러나게 되는 연속성을 살필 것이다. 또한 '오늘과 내일' 이란 제목으로 제3세계를 주목해 볼 것인 바, 18세기 웨슬리 신학이 현대의 관심에 적용 가능한지 살펴볼 것이다. 결국 옛것을 인정하고, 새것을 염두에 두며, 과거에 신실하고, 현재를 주목하는 존 웨슬리의 신학을 주밀하게 진개할 것이다. 이로써 나는 이 연구가 적절한 도구가 되어 웨슬리 신학과 연관이 있어 보이는 모든 전통들을 새롭고도 신선한 방법으로 적용해 봄으로써 그가 우리에게 남긴 풍요로운 신학적 유산을 살피고자 한다. 또한 이 연구를 통해 젊은 사람과 나이든 사람, 부자와 가난한 사람, 가까이 있는 사람과 멀리 흩어져 있는 사람 등 감리교인이라 불리는 모든 사람들이 다시 한 번 '이 땅 전역에 성서적 거룩함'[73]을 전파하는 데 능력과 용기를 힘입기를 진지하게 기대한다.

---

73) Jackson, Wesley's Works, 8:299.

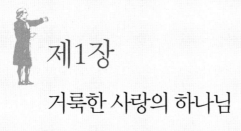

제1장
거룩한 사랑의 하나님

만물이 함께 노래하는 당신의 사랑을 찬양합니다.
당신의 한없는 은총의 영광과 편만한 사랑을 찬양합니다.

Albert C. Outler, ed., *The Works of John Wesley.*
The Sermons (Nashville: Abingdon Press, 1984), 3:560, "보편적 구속"(Universal Redemption)

신론을 탐구하다 보면 웨슬리가 종종 '하나님'이란 말을 애매모호하게 사용한 것은 분명한 사실이다.[1] 때때로 웨슬리는 자신의 글에서 전체 신성(神性)을 하나님으로 표현했다. 특별히 신적 존재의 본성과 속성 등을 기술할 때 그리하였다. 또 다른 한편으로는 하나님을 아버지로 바꾸어서 사용한다. 특별히 지극히 높으신 하나님의 사역을 언급할 때 그리하였다. 따라서 이번 장에서 나는 신성과 하나님 아버지의 구분을 다룸으로써 기독교의 하나님에 대한 웨슬리의 이해를 더욱 분명하게 하고자 한다.

하나님의 인격적이며 본질적인 속성들

웨슬리의 신론을 탐구할 때 우리는 지극히 높으신 하나님(아버지)의 인격과 사역을 구분한다. 예컨대, 사랑, 거룩함, 영원성, 편재성, 전지성, 전능성 등 같은 하나님의 인격적이며 본질적인 속성들과 선, 지혜, 정의 같은 창조와 통치에서의 역할을 다루는 하나님의 사역을 따로 탐구한다. 그러나 이런 특성을 말하기 전에 웨슬리는 영국 교회의 종교 강령을 따라 "하나님은 몸이나 지체를 가지지 않는 영이라고 주장한다."[2]는 점을 기억하는 것이 중요하다. 요한복음 2장 24절을 해석하는 다른 자료에서 웨슬리는 다시금 "하나님은 몸에서 멀지 않을 뿐 아니라 몸의 속성으로서 영이시며 영적 온전함으로 가득한 영"[3]이라고 강조한다. 그러므로 이런 상황에서 (몸이나 지체를 가지지 않은) 하나님의 미분화된 단순성이 고백되고 있고 영으로 이해된 하나님과 관련하여 공간적 경계가 결핍된 초월성이 고백되고 있다.

거룩한 사랑

밀드리드 윈쿠프(Mildred Bangs Wynkoop)는 「사랑의 신학」(*A Theology of*

---

1) Randy L. Maddox, *Responsible Grace: John Wesley's Practical Theology* (Nashville: Kingswood Books, 1994), 48.

2) John Wesley, *The Sunday Service of the Methodists* (London: William Strahan, 1784), 306.

3) John Wesley, *Explanatory Notes Upon the New Testament* (Salem, Ohio: Schmul Publishing, 1975), 223.

Love)이라는 책을 출판했는데, 여기서 하나님의 사랑이 웨슬리 연구의 핵심이어야 한다고 정확하게 이해했다.[4] 웨슬리는 자신의 입장에서 "사랑은 사랑의 대양인 하나님 안에서 영원부터 존재한다."[5]고 주장했을 뿐 아니라 사랑은 "하나님의 모든 완전의 영역에 행복한 영광을 비추는, 하나님의 애정이 넘치는 통치의 속성"[6]이라고 했다. 웨슬리는 노년에 이르러 친구인 엘리자베스 리치(Elizabeth Ritchie)와 대화하면서 하나님의 사랑은 인간이 가질 수 있는 지고의 열망과 영광이라고 표현했다. "하나님을 찬양할지어다. …우리는 하늘이나 땅에서 사랑의 하나님 외에 사랑보다 더 깊고 더 좋은 것은 존재하지 않는다고 생각한다."[7]

또한 웨슬리는 1743년 펴낸 「이성과 경건의 사람들에게 던지는 진지한 호소」(Earnest Appeal to Men of Reason and Religion)에서 영국의 지성인 비평가들을 향해 결국 메소디스트 종교는 "여러분이 진정으로 원한 것"[8], 곧 사랑에 대한 것이라고 선포했다. 그러나 그때나 지금이나 문제는 너무도 많은 사람들이 하나님의 애정이 넘치는 속성에 자신들의 생각과 욕망, 선호를 덧붙임으로써 하나님의 사랑을 오해한다는 점이다. 이렇게 하나님의 사랑에 인간의 생각을 덧칠해 버리면 신적 존재에 대해 아주 감상적이며 비현실적인 입장에 서게 된다. 그 결과 하나님은 손자와 손녀들을 만족시키기 위해 이들의 뜻을 들어주고 관대하게 대해 주는 나이 많은 친절한 조부모의 모습을 띠게 된다. 웨슬리는 당시 이러한 오류를 피하기 위해 하나님의 사랑과 다른 통치의 속성, 예컨대, 거룩함과 연결시키고자 노력했다. 그래서 "하나님은 모든 악의 영향과는 무한한 거리가 있다."고 조심스럽게 표현했다. 또한 "하나님은 빛이시며 '그분 안에 결코 어둠이 없으시다.'"[9]고 말했으며, 창조 세계의

---

4) Mildred Bangs Wynkoop. *A Theology of Love* (Kansas City, Mo.: Beacon Hill Press, 1972).

5) Albert C. Outler, ed., *The Works of John Wesley*, vols. 1~4, *Sermons* (Nashville: Abingdon Press, 1984~87), 2:39.

6) Wesley, *NT Notes*, 637 (요일 4:8).

7) John Telford, ed., *The Letters of the Rev. John Wesley*, A.M, 8 vols. (London: Epworth Press, 1931), 6:136.

8) Gerald R. Cragg, ed., *The Works of John Wesley*, vol. 11, *The Appeals to Men of Reason and Religion* (Nashville: Abingdon Press, 1989), 63.

9) Outler, *Sermons*, 4:62.

질서와 광대함을 찬양하면서 이 모든 것이 하나님의 아름다움과 초월성, 거룩함을 노래한다고 고백했다. 웨슬리의 글을 보자.

> 높은 하늘은 하나님의 지극히 높으심과 하나님과 우리 사이에 놓인 무한한 거리를 생각나게 한다. 밝고 깨끗한 하늘은 하나님의 힘과 완전한 거룩함을 생각나게 한다. 광대한 하늘과 지구를 뒤덮는 하늘의 힘은 하나님의 광대하심과 보편적인 섭리를 생각나게 한다.[10]

그러므로 웨슬리에게 하나님의 사랑은 애착이 아니며 하나님의 거룩함은 추상이 아니다. 오히려 하나님의 거룩함은 우리 모두에게 하나님의 완전함을 일러주는 하나님의 속성, 곧 사랑의 속성이다. 다른 말로 하면, 오턴 윌리(H. Orton Wiley)가 웨슬리의 사역을 성찰하면서 당시에 지적했듯이, 넓이와 깊이 때문에 거룩함은 "여러 속성 가운데 하나가 아니라 보다 깊고 심오한 의미에서 하나님의 본질적인 본성"[11]에 속한다. 거룩함은 그 자체로 "하나님의 모든 속성이 지닌 도덕적 특성이다."[12] 거룩함이란 지극히 높으신 분 홀로에게 특별히 속하는 구분된 특성이며 "하나님의 존재를 다른 모든 존재의 형태들과 구분한다."[13]

여기서 웨슬리의 독특한 공헌은 하나님의 사랑과 거룩함을 서로 관계하는 것으로, 때로는 심지어 긴장 관계 속에 있는 것으로 본다는 점이다. 예컨대, 웨슬리는 한편으론 우리와 하나님 사이에 있는 무한한 거리를 하나님의 거룩함으로 생각한다. 이때 거룩함은 분리하고 구분하는 거룩함이다. 다른 한편으론 소통이 가능함, 사랑의 타자–지향성, 타자의 포용을 강조한다. 서론에서 밝혔듯이, 거룩함은 거리를 만들어 낸다. 신적 존재의 두 서술어인 거룩함과 사랑은 거룩함으로 세상으로부터 '불러내어' '따로 세움'을 입었을

---

10) John Wesley, *Explanatory Notes Upon the Old Testament,* 3 vols. (Salem, Ohio: Schmul Publishing, 1975), 1:4.

11) H. Orton Wiley, *Christian Theology,* vol. I (Kansas City, Mo.: Beacon Hill Press, 1940~1943), 369.

12) Richard S. Taylor, *Exploring Christian Holiness: The Theological Formulation* (Kansas City, Mo.: Beacon Hill Press, 1985), 14.

13) Emil Brunner, *The Christian Doctrine of God: Dogmatics,* trans. Olive Wyon, 3 vols. (Philadelphia: Westminster Press, 1949), 1:158.

뿐 아니라, 사랑과 선교 안에서 다시 세계 속으로 들어가도록 초청받은 사람들과 교회를 향한 하나님의 뜻의 표현이고 요약이다.

더구나 하나님의 거룩함이 하나님의 사랑을 간과한 채 강조된다면, 영원한 하나님은 영원히 모든 피조물들과 관계를 갖지 못할 것이고 교제나 연합도 불가능하게 될 것이다. 그러므로 웨슬리는 거룩함이 하나님의 사랑으로 이해되어야 한다고 주장했다. 하나님의 사랑은 자발적으로 밖을 향하는 운동이며, 허리를 굽히는 사랑이고, 관계를 만들며, 접촉하고 교제하는 사랑이다. 웨슬리에 따르면, 사랑으로 인식되는 하나님의 독특한 거룩함은, 다양한 인간의 사랑과 욕망과는 구분되며 성령으로 말미암아 소통된다.

이 말은 거룩함이 하나님의 영광과 존재를 가리키는 하나님의 독특한 표징일 뿐 아니라 은총으로 소통되지 않고서는 결코 인간의 속성이나 인간의 힘으로 다다를 수 있는 영역이 아니라는 의미이다. 웨슬리는 자신의 저술에서 거룩함과 사랑이라는 두 운동을 하나로 묶어 낸다. 때문에 웨슬리가 하나님의 은총을 증언할 때 즐겨 사용하는 방법 중 하나인, 세상에 남긴 하나님의 지문이란 성도들의 마음에 거룩한 사랑이 새겨진 것을 뜻한다. 이를 설명하기 위해 그는 출애굽기 26장 1절에 대한 주석에서 이 두 요소를 하나로 묶어 내고 있다.

그러므로 그리스도의 교회는 여럿이지만 하나이며 거룩한 사랑 안에 성령의 연합으로 완전히 하나가 되어 주님 안에서 하나의 거룩한 성전으로 자라간다. 이 성전이 아주 좁고 협소하지만, 복음이 선포되어야 할 교회는 처소를 넓게 하고 커튼을 걷어 내도록 요청받고 있다.[14]

또 다른 곳에서 웨슬리는 우리가 거룩한 사랑의 하나님을 인식했다면 전능자에게 어떤 태도로 마음을 드려야 하는지 탐구한다. "우리가 하나님께 드려야 할 희생제물은 마음의 산 희생제물일 것입니다. 거룩한 사랑의 불길로 그리스도를 통해 하나님께 지속적으로 제물을 드립시다."[15] 다시 말하지만,

---

14) Wesley, *OT Notes*, 1:288~89.

15) Thomas Jackson, ed., *The Works of John Wesley*, 14 vols. (Grand Rapids, Mich.: Baker Book House, 1978), 11:368. Outler, *Sermons*, 1:413.

거룩한 사랑의 표징이 하나님의 특성을 표현하기 때문에, 웨슬리는 자연스럽게 거룩하신 하나님과 완전한 연합에 들어가려면 거룩한 사랑이 필요하다고 강조한다. "하나님은 먼저 자신의 성령의 영감으로 우리 마음에 거룩한 사랑을 허락할 것입니다. 이 거룩한 사랑이 없이는 누구도 영광에 들어갈 수 없습니다."[16] 그러므로 가장 기본적인 의미에서 웨슬리의 신론은 거룩함이 없는 사랑을 논하지 않고 사랑 없는 거룩함을 논하지도 않는다. 그의 신론은 아주 탁월한 방식으로 거룩함과 사랑을 함께 논한다.

영원성

웨슬리는 이전에도 계셨고 지금도 계시며 앞으로도 계실 영원한 하나님은 야훼라는 하나님의 이름과 밀접하게 관계한다고 주장한다. '나는 스스로 있는 자'이고 알파와 오메가이며 처음과 마지막이다.[17] 예컨대, 하나님은 그 본질이 존재해야 하고 또 존재하는 분이다. 그러므로 하나님은 자신의 독특한 존재를 위해 어떤 다른 존재나 실체에 의존하지 않는다. 웨슬리는 이러한 독특한 하나님의 존재를 과거의 영원성(*a parte ante*)과 미래의 영원성(*a parte post*)[18]을 구분함으로써 증명할 수 없는 진리로 생각했다.[19] 웨슬리는 "하나님 홀로 과거의 영원성과 미래의 영원성의 의미에서 '… 영원히 거한다.'"고 주장한다. "위대한 창조자 홀로 '영원부터 영원까지 거하신다.'"[20] 거룩한 사랑은 시작이 없었고 끝도 없을 것이다.

---

16) Jackson, *Wesley's Works*, 12:71. 웨슬리의 하나님에 대한 이해와 이런 하나님에 대한 인식에 성도들에게 미친 변화를 통합하여 "거룩한 사랑"을 언급한 다른 자료를 보려면, Outler, *Sermons*, 1:194; 1:312; 2:40~41, 43; 2:47; 2:334를 참조할 것.

17) Outler, *Sermons*, 1:580~81. 동일한 설교에서 웨슬리는 주기도문에 나오는 6개 탄원기도 가운데 "이름이 거룩히 여김을 받으시오며"라는 첫 번째 탄원을 다룬다. 여기서 "하나님의 이름은 인간이 경험하는 하나님 자신과 하나님의 본성을 뜻한다. 그러므로 하나님의 이름은 하나님의 존재와 더불어 하나님의 모든 속성들 혹은 완전함을 뜻한다."(1:580~81).

18) Outler, *Sermons*, 2:358. 웨슬리가 과거의 영원성과 미래의 영원성을 구분한 것에 대한 자료를 보려면 특별히 각주 1번을 참조할 것.

19) William R. Cannon. *The Theology of John Wesley, with Special Reference to the Doctrine of Justification* (Lanham, Md.: University Press of America, 1984, 『웨슬레 신학』, 남기철 옮김[기독교대한감리회 교육국]), 161.

20) Ibid., 2:359.

앞서 기술했듯이 하나님만이 영원성의 두 의미를 포함한다는 말은 본질적으로 이해하면 천사들과 인간 또한 영원할 수 있다는 개념을 배제하지 않는 기본 진리이다. 이를 설명하기 위해 웨슬리는 시작이 없는 기간과 끝이 없는 기간을 구분하고는, 이에 기초하여 시작이 없는 기간은 하나님께만 속하고 끝이 없는 기간은 피조물들에게도 적용된다고 주장한다. 웨슬리의 변론을 들어보자.

> (끝이 없는 기간)은 위대한 창조자에게만 속한 속성이 아니다. 하나님은 무수히 많은 피조물들이 끝이 없는 기간에 참여하는 것을 은총 가운데 기뻐했다. 하나님은 천사들, 대천사들, 하늘에 있는 성도들뿐 아니라 … 흙으로 지은 집에 거하는 이 땅의 거주자들에게도 끝이 없는 기간을 허락하였다.[21]

웨슬리의 해석의 시각에서 보면 '시작이 없는 기간'의 영원성은 다른 존재와 공유될 수 없는, 특별히 하나님을 기술하는 것처럼 보인다. 사실 웨슬리는 이 독특한 특성을 '물질은 영원한가?'와 같은 철학적 질문들을 판단하는 표준이나 규범으로 사용한다. "물질이 과거의 영원성을 갖는다고 생각하는 과거와 현재의 철학자가 있다면 이는 무모한 사유"라고 주장했던 것이다. "어떤 것도 영원부터 존재하지 않았다. 만일 있다면 하나님이어야 한다."[22] 달리 말해 이스라엘의 거룩한 하나님 외에 그 어떤 존재나 사물이 과거의 영원성을 갖고 있다면 하나님은 여럿이 될 것이고 그 결과 유일신론은 폐기되어야 할 것이라고 보았다. 간단히 말해 "두 하나님이나 두 영원"[23]은 존재할 수 없다.

---

21) Ibid., 2:361.
22) Ibid. 이 문제와 관련해 웨슬리의 입장과 구분되는, '과정신학'의 해석이 로달의 글 속에서 발견된다. "하나님은 하나님과 더불어 일하는 어떤 세계를 언제나 갖고 있었다. 말하자면 '이미 주어진 것으로서' 하나님께 '도래하는' 어떤 세계가 있었다." Michael Lodahl, *God of Nature and of Grace: Reading the World in a Wesleyan Way* (Nashville: Kingswood Books, 2003), 101.
23) Outler, *Sermons*, 2:362. 많은 초기의 그리스 철학자들, 특히 파르메니데스(Parmenides)와 데모크리도스(Democritus), 레우기포스(Leucippus) 같은 후기 원자론자들은, 물질이 창조된 것이 아니기 때문에 영원하다고 주장했다. Frederick Copleston, *A History of Philosophy*, vol. 1, *Greece and Rome* (Garden City, N.Y.: Image Books, 1985), 47~53, 72 ff.

편재성

하나님의 또 다른 주요 속성인 하나님의 편재성을 다루면서 웨슬리는 하나님이 시간의 제약을 받지 않는 것과 마찬가지로 공간의 제약을 받지 않는다고 생각했다. "하나님은 무한한 기간을 거쳐 존재하는 것처럼, 무한한 공간을 거쳐 존재한다."[24] 웨슬리는 예레미야 23장 24절("제 아무리 은밀한 곳에 숨는다고 하여도, 그는 내 눈에서 벗어날 수 없다. 나 주의 말이다. 내가 하늘과 땅 어디에나 있는 줄을 모르느냐?")을 주석하면서 "창조의 경계 밖이든 안이든 하나님이 존재하지 않는 구석은 없다."[25]고 주장한다. 말하자면 "하나님은 어디든 활동하기 때문에"[26] 하나님은 어디든 존재하듯이, 모든 곳에서의 활동은 모든 곳에서의 존재를 뜻한다.

웨슬리는 하나님께서 창조 안에 내재하기 때문에 만물 속에 존재한다고 분명하게 가르쳤다. 그러나 거룩한 하나님께서 아주 중요한 방식으로 우주를 여전히 초월해 있다고 주장함으로써 범신론에 빠지는 것을 피해 갔다. 따라서 웨슬리는 무한한 공간이 "신성의 감각중추"(sensorium of Deity)[27]라고 주장한 아이작 뉴턴(Isaac Newton, 1642~1727)의 주장을 따르고자 했다. 그러나 공간이 하나님의 존재에 경계를 정한다든지 우주는 지극히 높은 하나님의 '몸'이라는 개념에는 반대 입장을 표명했다. 이러한 상황에서 웨슬리는 하나님의 내재성과 초월성을 함께 적절히 주장했고, 둘 중 어떤 하나를 배제한 채 다른 하나를 주장하지 않았다. 예컨대, 초월성을 간과한 채 내재성을 강조하다 보면 범신론에 빠지게 되고, 내재성을 간과한 채 초월성을 강조하다 보면 둘이 나뉘어져 하나님이 인식되지 않거나 인식되지 않은 채 남겨지게 된다.

---

24) Outler, *Sermons*, 4:61.

25) Ibid., 4:42. 하나님의 편재성 개념을 주장하기 위해 웨슬리는 "모든 존재는 하나님으로 가득하다." (*Iovis omnis plena*, 44)라고 주장했던 고대 학자를 인용한다. 아우틀러는 여기 사용된 라틴어 구절이 로마 시인 베르길리우스(Virgil 70~19 B.C.)가 쓴 *Eclogues*에 나타나고 있기 때문에 바로 베르길리우스의 것이라고 추정한다. 그러나 이 구절의 원래 자료는 베르길리우스보다 훨씬 고대로 올라간다. 많은 경우 로마의 작가들은 그리스 작품에서 인용했으며, 이 구절은 특히 서방 철학의 아버지라고 불리는 탈레스(Thales, 624~547 B.C.)를 인용했다. 탈레스의 글을 단편적으로 묶어 놓은 자료로는 J. Burnet, trans., *Early Greek Philosophy* (London: A. & C. Black, 1920), 136~39를 참조할 것.

26) Outler, *Sermons*, 4:42.

웨슬리는 설교와 논문, 편지 등에서 하나님의 편재성과 같은 중요한 신학적 문제는 사색적, 추상적, 개념적 차원에 단순히 남겨 놓으려 하지 않았다. 대신에 거룩한 사랑의 하나님과 동행하고 있는 사람들을 돕기 위한 통찰을 얻고자 하였고, 실천적인 차원에서 영적이며 도덕적인 적용을 전개하고자 하였다. 예를 들어 웨슬리는 "하나님의 편재성"이라는 자신의 설교에서 다음과 같이 주장했다.

> 당신의 종이나 거룩한 어떤 사람이 당신 옆에 서 있다고 상상해 보십시오. 그들 앞에서 당신은 말이나 행실이 조심스럽게 되지 않던가요? 그런데 이번에는 거룩한 사람이나 하나님의 천사가 아니고 '영원부터 존재하는' 거룩한 그분 하나님 자신이 여러분의 마음과 혀와 손을 매 순간 감찰하고 계심을 인식한다면 여러분은 얼마나 더 조심스러워야 할까요? 하나님은 스스로 해 아래 당신이 생각하고 말하고 행한 모든 것을 드러낼 것입니다.[28]

그런 다음 개인적이고 친밀감 있는 방식으로 다음과 같이 묻는다. "만일 하나님께서 당신 침대 곁에 계시고 당신 여정에 동행하시면서 모든 길을 들여다보고 계시다고 믿는다면, 당신이 생각할 때 하나님의 뜻을 거스르는, 가장 작은 일이나 말이나 생각조차도 하지 않도록 조심하지 않겠습니까?"[29]

전지성

웨슬리는 하나님의 여러 본질적인 속성들이 서로를 포함한다고 주장한다. 일례를 들면 하나님의 전지성을 "하나님의 편재성의 분명하고도 필연적인

---

27) Ibid., 2:570. John C. English, "John Wesley and Isaac Newton's 'System of the World,' " The Proceedings of the Wesley Historical Society 48 (October 1991): 69~86.

28) Outler, Sermons, 4:46. 하나님의 편재성에 대한 또 다른 자료를 보려면, Outler, Sermons, 2:569와 3:9을 참조할 것.

29) Ibid., 4:46.

30) Ibid., 4:62. 웨슬리는 기본적인 하나님의 속성의 여러 의미를 통해 탐구하면서 이성의 역할을 크게 강조한다. 이성의 전체적인 역할을 탐구한 두 연구로는 Gerald R. Cragg, The Church in the Age of Reason, 1648~1789 (Grand Rapids, Mich.: William B. Ferdmans, 1960)와 B. E. Jones, "Reason and Religion Joined; the Place of Reason in Wesley's Thought," London Quarterly & Holborn Review 189 (April 1964): 110-13이 있다.

결과"[30]로 생각한다. 달리 말하면, "하나님께서 우주의 모든 영역에 현존한다면, 존재하는 모든 것이나 그곳에서 행해지고 있는 모든 것을 알 수밖에 없다."[31] 더 나아가 그는 노년에 작성한 "하나님의 섭리에 대해서"(On Divine Providence)라는 설교에서 편재성과 전지성의 관계를 다시금 논하고 있다. "전재한 하나님은 자신이 만든 모든 존재의 속성을 세밀히 보고 안다. 하나님은 서로 영향을 미칠 수 있는 모든 연결망과 기원, 관계와 방법을 안다."[32] 간단히 말해서, 공간의 의미로 하나님의 무한성(과 초월성)을 말할 때 하나님의 전지성이라는 개념이 생겨난다. 어디든 존재하는 영원한 하나님은 모든 곳에서 일어나고 있는 모든 것을 안다.

그러나 웨슬리는 하나님의 전지 교리를 장소(편재성)뿐 아니라 시간(영원성) 개념과 연관시켜 설명한다. "주 하나님께서는 전체 시간 혹은 (시간은 단지 영원성의 작은 조각에 불과하기 때문에) 온전한 영원성에 언제나 현존해 있기 때문에,"[33] 모든 것을 아시며 어떤 것도 하나님의 인식의 범위 밖에 존재할 수 없다. 좀 더 철학적인 차원에서 아우구스티누스가 말했던 것을 따라 웨슬리는 과거건 미래건 모든 시간은 하나님께는 "영원한 지금"[34]이라고 주장한다. 그 결과 아주 자연스럽게 다음과 같은 적용이 뒤따른다. 한순간에 모든 것을 인식하고 영원한 지금 안에 모든 것을 인식하는 하나님은 모든 것을 아시는 하나님이다.

선한 목회자였던 웨슬리는 편재성의 경우와 마찬가지로 하나님의 전지성이 가져올 수 있는 불편함까지 포함하여 인간의 삶에 미치는 도덕적이며 영적인 결과를 생각했다. "당신은 하나님의 전지성과 편재성에 어떻게 반응하는가? 인간은 아담이 '하나님의 눈을 피하려 했듯이' 모든 것을 보시는 하나님보다는 눈먼 우상을 섬기려 할 것이다."[35] 그러므로 편재성과 전지성은 하

---

31) Outler, *Sermons*, 4:62.
32) Ibid., 2:539. 하나님을 세계 내 순수 작인으로 생각한 연구로는 Ted A. Campbell, "John Wesley and Conyers Middleton on Divine Intervention in History," *Church History* 55, no. 1 (March 1986): 39~49를 참조할 것.
33) Outler, *Sermons*, 2:417.
34) Ibid., 2:420.
35) Jackson, *Wesley's Works*, 9:452. (인간이 거룩한 하나님의 빛에서 어떻게 드러나는가에 따라) 숨음과 드러남, 어둠과 빛을 주제로 웨슬리가 저술에서 전개한다. Roderick Thomas Leupp, "The Art of God: Light and Darkness in the Thought of John Wesley" (dissertation, Drew University, 1985).

나님을 아는 지식의 진리뿐 아니라 거룩하고 영광스런 하나님의 면전에서 인간이 갖는 책임의 중요성을 강조한다.

전능성

마지막으로 웨슬리는 하나님의 편재성과 관련한 마지막 본질적 속성인 전능성을 탐구하면서 "하나님의 편재성의 부정은 마찬가지로 전능성의 부정을 의미한다. 하나님의 편재성에 경계를 정하는 것은 마찬가지로 하나님의 전능성에도 경계를 정하는 것이다."[36]라고 주장한다. 웨슬리는 다른 글에서 하나님께서 "전재할 뿐 아니라 전능하다. 하나님은 그의 현존뿐 아니라 능력에 있어서도 한계가 없다. 하나님은 '능력 있는 팔과 강한 손과 높은 오른 손을 갖고 계시다.'"[37]고 선언한다. 그러나 영원한 하나님의 능력에 한계가 없다는 말이 무슨 의미인가? 이 진리가 자연적이고 영적인 영역과 관련하여 어떻게 본래적 의미로 해석될까?

이 물음들에 답하기 위해서는 먼저 18세기에 몸(물질)과 정신(영)의 관계를 어떻게 보았는지 염두에 두어야 한다. 이보다 앞선 17세기에는 갈릴레오(Galileo Galilei, 1564~1642)가 모든 실재를 설명하기 위한 기본적인 패러다임으로 운동 가운데 있는 물질의 개념을 사용했다. 세계관의 변화를 감지했던 데카르트(René Descartes, 1596~1650)는 갈릴레오의 발견을 인정하면서도 다른 한편으론 여러 종교의 통찰들을 견지하고자 했다. 달리 말하면, 데카르트의 이분법적인 몸/정신의 구분은 한편으로는 새로이 등장한 사실들의 세계에서 종교의 가치를 지키려는 변증적 시도로 해석될 수 있다. 데카르트는 정신과 몸이 다른 것(res cogitans, 연장된 존재 res extensa)이라고 해도 몸의 발견이 정신의 발견과 모순될 수 없다고 보았다.

이처럼 데카르트가 이분법적인 분리를 한 결과 물질은 완전히 자기-동력이 부족한 비활성적인 것으로 여겨졌다. 데카르트는 하나님께서 물질세계를

---

36) Outler, *Sermons*, 4:44.
37) Ibid., 4:62. 오든(Thomas C. Oden)은 하나님의 전능성은 문자 그대로 하나님께서 무슨 일이든 할 수 있다는 의미가 아니라고 지적한다. 오히려 "전능성은 하나님께서 하나님의 성품에 맞는 모든 일을 할 수 있는 하나님의 완전한 능력으로 정의될 수 있다." Thomas C. Oden, *The Living God: Systematic Theology*, vol. 1 (San Francisco: Harper & Row, 1987), 75.

창조하고 난 후 그 안에 운동을 불어넣고는 조용히 물질의 세계를 빠져나왔다고 보았다. 웨슬리는 하나님께서 물질세계로부터 퇴거했다는 이신론적 개념은 거부했지만, 18세기로 전해 내려온 데카르트의 처음 전제들을 받아들여 하나님의 전능성에 끼친 영향을 다음과 같이 성찰했다.

> 하나님의 이름은 하나님 자신입니다. …따라서 속성이든 완전함이든 하나님의 이름은 그의 존재와 함께 더불어 하나님의 영원성 … 하나님의 전능성을 의미합니다. …하나님은 실로 물질세계 안에 거하는 유일한 작인입니다. 모든 물질은 본질적으로 살아 있지 않고 활동적이지도 않으며 하나님의 손이 움직이는 대로만 움직입니다. 하나님은 보이는 피조물과 보이지 않는 피조물 속에 있는 활동의 샘입니다. 따라서 피조물은 하나님의 전능한 힘의 계속된 유입과 작인이 없이는 활동할 수도 없고 존재할 수 없습니다.38)

이 인용구 마지막에 표현된 "전능한 힘의 계속된 유입과 작인"은 자연적 질서와 관련해서 웨슬리 자신의 입장과 데카르트의 입장의 차이를 보여 주고 있다. 적어도 웨슬리는 창조자의 전능성을 인식하는 바, 창조가 창조의 시작뿐 아니라 계속적인 과정에서도 하나님의 능력에 의존되어 있기 때문이다. 분명 하나님이 초월적이지만 하나님의 전능함은 세계와 깊이 관계하고 있다. 그러므로 여기서 태엽을 감고는 거리를 두고 시계가 돌아가는 것을 지켜보는 식의 이신론은 거부된다. 하나님은 계속해서 능력 있게 활동하는 분이다. 더구나 초월적 존재이신 하나님이 세계를 유지시키지 않는다면 세계와 그 안에 존재하는 모든 것들은 무(無)로 붕괴되어 버릴 것이다. 데카르트는 하나님을 하늘에 올려놓았고, 웨슬리는 거룩하신 하나님을 다시금 땅으로 초대했던 것이다.

웨슬리가 하나님의 전능성을 자연으로부터 퇴거시키지 않은 증거는, 1756년 윌리엄 로(William Law)에게 보낸 편지에 나타나 있다. 웨슬리는 로가 앞서 발행한 「기도의 영」(The Spirit of Prayer)이란 책에 대해 아주 비판적이었다. 그리고 한때 자기의 영적 스승이었던 로에게 다음과 같이 물음을 던졌다.

---

38) Outler, *Sermons*, 1:580~81.

하나님께서는 황소나 돌을 가지고 합리적 철학자나 아브라함의 자녀로 만드실 수 없을까요? 또한 사람이나 지렁이를 가지고 하늘의 천사로 만드실 수 없을까요? 만일 그럴 수 없다면 하나님의 전능성이란 가련한 것 아닐까요? 하나님이 그렇게 만들기를 원하느냐 원치 않느냐는 다른 문제입니다. 그러나 하나님께서 이 일을 하실 수 없다면 어떻게 하늘에 있는 것, 땅에 있는 것, 바다에 있는 것, 모든 깊은 곳에 있는 것들이 하나님을 찬양한다고 할 수 있을까요? 선생께서는 이토록 참혹한 철학에 잡혀 계시니 하나님의 전능한 능력을 부인하는 것입니다.[39]

그 후 웨슬리는 1774년 당시 과학적 논증에 잡혀 모든 인간의 감각은 뇌의 움직임에 따라 결정론적으로 움직인다고 주장한 하틀리 박사(Dr. Hartley)와 논쟁을 벌였다. 결정론에 크게 반발하며 과학적 환원주의를 거부했던 것이다. 대신 하나님의 전능성이 인간의 자유를 보증한다고 호소했다. 예를 들면, 웨슬리는 "필연에 대한 사유들"(Thoughts Upon Necessity)이라는 글에서 이렇게 선언한다.

이제 하나님이 존재한다면, 그분은 자신이 만든 모든 피조물을 다스릴 힘을 가질 수밖에 없다. 물질과 영의 세계, 우리의 몸과 영에 대해서도 같은 힘을 가지고 있어야 한다. 그러면 하나님을 향한 모든 뇌의 진동이나 그 진동으로 나타나는 모든 자연적 결과는 무엇인가? 진동, 감각, 성찰, 판단, 열정, 활동이 가장 강력한 모양으로 자연스럽게 연결되어 있다면, 하나님이 원하는 때에 또한 원한다면 그 연결을 부술 수는 없는 것일까? 하나님께서 어느 정도 진동과 감각, 감각과 성찰, 성찰과 판단, 판단과 열정이나 행동의 관계를 잘라 내거나 지연시킬 수는 없는 것일까? 우리는 하나님께서 원하신다면 이것을 할 수 있는 것을 보지 못한다면, 하나님의 전능성의 개념을 가질 수 없다.[40]

---

39) Jackson, *Wesley's Works*, 9:480. 웨슬리가 로와 나눈 대화를 돌아보면서 전능성의 문제를 언급하고 있다. "이제 기독교와 이신론의 논쟁이 중요한 문제이다." Jackson, *Wesley's Works*, 9:480.
40) Ibid., 10:473. 다시 한 번 웨슬리와는 달리, "엄격하게 말해 전능성이란 하나님께서 모든 힘을 행사하고 피조물은 아무런 힘도 행사하지 않는 것"을 의미한다고 보는 입장에 대해 찾아보려면, Lodahl, *God of Nature*, 96을 참조할 것.

하나님의 전능성에 대한 관대한 이해는 특별히 구원을 가져오는 믿음, 회심, 새 창조의 기적과 초자연적 은총을 생각할 때, 곧 초월적 영역에 대한 웨슬리의 주장에서도 분명하게 나타난다. 예를 들면, 존 스미스에게 보낸 편지에서 웨슬리는 이렇게 지적한다.

"죄인들이 이 거룩함으로 회심하는 것은 결코 기적이 아니라"는 것은 실로 새로운 교리이다. 나에게는 정말로 새로운 교리이다. 이런 교리를 나는 이전에 들어본 적이 없다. 개신교주의자들로부터도, 교황주의자들로부터도 들은 바가 없다. 나는 기적이 하나님의 초자연적인 힘으로 이루어지는 전능의 역사라고 생각한다. 이제 죄인들이 이 거룩함으로 회심하는 것이 기적이 아니라면, 나는 기적이 무엇인지 말할 수 없다.[41]

웨슬리는 「이성과 경건의 사람들에게 던지는 진지한 호소」(Earnest Appeal to Men of Reason and Religion)라는 책에서 다시금 하나님의 값없이 주시는 은총과 전능성을 구속이란 말로, 또한 몇몇 감리교인들에게는 놀라움으로 다가올 수 있는 방식으로 강조한다.

만일 당신이 "믿음을 갖는 것이 그렇게 행복하다고 생각하는 모든 사람들이 왜 이 믿음을 가지지 않는가? 왜 이들이 순간적으로 믿지 않는가?"라고 묻는다면, 우리는 성서의 가설에 기초해 대답한다. "믿음은 하나님의 선물이다." 아무도 그냥 믿을 수 없다. 믿음이란 전능의 사역이다. 믿음은 무덤에 놓인 몸을 일으키고 죽은 영혼을 살리는 힘을 갖는다. 믿음은 새 창조이다. 누구도 영혼을 새롭게 창조할 수 없지만 하늘과 땅을 지으신 그분은 하실 수 있다.[42]

웨슬리가 하나님의 전능성을 충분히 이해하고 있음에도 불구하고 그의 글들을 살펴보면, 하나님은 모든 인간 존재를 거룩한 사랑을 위해 창조된 존재로 보고 인간에게 자유와 작인을 허락하는 방식으로 창조하였다. 달리 말

---

41) Jackson, *Wesley' s Works*, 12:101.
42) Cragg, *Appeals*, 11: 47~48.

하면, 웨슬리는 "하나님께서 모든 능력을 행하고 … 피조물은 아무런 능력도 행하지 않는다."[43]는 의미의 전능 개념을 거부했다. 하나님의 역할을 모든 창조의 통치자로 보는 견해에 대해서는 다음에 좀 더 자세하게 다룰 것이다.

본질적인 속성들과 예정

하나님의 본질적인 속성들, 특별히 전능성을 살펴보면, 우리는 웨슬리가 예정과 선택을 하나님의 독특한 활동으로 이해했음을 알 수 있다. 로마서 8장 29, 30절("하나님께서는 미리 아신 사람들을 … 또한 예정하셨습니다.")을 해설하면서,[44] 먼저 하나님의 예정을 인과율로 기술해서는 안 되고, 여러 구원의 가지들이 서로서로 계속해서 뒤따라오는 질서로 기술해야 한다고 지적한다.[45] 달리 말하면, 하나님의 예정은 "하나님께서 일하시는 방법이다."[46]

사도 바울이 자세하게 전개하는 구원의 순서에서, 웨슬리는 하나님의 전지성에 큰 무게를 둔다. "하나님은 모든 나라에서 믿음을 갖게 될 사람들을 미리 아신다."[47] 첫 단계를 구성하는 하나님의 예지는 결정론적이거나 강제적이지 아니하고 탐구적이다. "우리는 하나님께서 그들을 아시기 때문에 그들이 존재한다고 생각해서는 안 된다. 결코 그런 것이 아니다. 하나님께서는 그들이 존재하기 때문에 그들을 아신다고 생각해야 한다."[48] 실제로 웨슬리는 이렇게 말하는 것을 신-인 동형론적이라고 보았다. "왜냐하면 본질적으로 말해 하나님께서는 예지(豫知, foreknowledge)나 후지(後知, after-knowledge) 같은 것은 존재하지 않기 때문이다. 하나님은 언제나 영원히 지금으로 현존한다."[49] 달리 말하면, 모든 사건은 하나님의 전지성에 있는 그대로 개방된다.

하나님의 예지는 결정론적인 것이 아니라는 성서적 진리의 중요한 결론

---

43) Lodahl, *God of Nature*, 96.
44) Outler, *Sermons*, 2:415.
45) Ibid., 2:416.
46) Ibid.
47) Ibid., 2:417. 당시 칼빈주의자들과 신학적 논쟁을 벌인 웨슬리를 다룬 글 중에 참고할 만한 자료로는 Herbert McGonigle, *Sufficient Saving Grace: John Wesley's Evangelical Arminianism* (Carlisle, Cumbria, UK: Paternoster Publishing, 2001)을 참조할 것.
48) Outler, *Sermons*, 2:417.
49) Ibid.

가운데 하나는, 인간에게 은총으로 말미암아 자유가 주어졌다는 것이다. 이 자유는 거룩한 하나님의 시각에서 바라볼 때 인격의 온전함의 의미를 강조하면서 오해가 없도록 조심스럽게 이해되어야 한다. 웨슬리는 원죄로 약해졌다가 은총으로 회복한 자유는 인간이 보상과 벌의 결과에 대해 '말할 수 있게 하고' '설명할 수 있게 한다.'고 보았다. 다시 말한다면, 은총으로 회복된 자유가 없다면, 인간은 선이나 악을 행할 수 없는 해나 달처럼 될 것이다.[50] 다음 장에서 예증하겠지만, 더 나아가 이 회복의 은총은 본래에는 구원에 앞서 오기 때문에 그 의미로 본다면 '선행적'이라고 할 수 있다. 그러나 이 은총은 웨슬리가 때때로 주장했듯이, 모든 후행하는 선택을 위해서가 아니라 지속적인 의존을 암시하는 현재의 실재를 위해서만 방임적 자유(아무것이나 하는 자유)를 불러온다. 예컨대, 초기 상황에서 선행은총은 '응답-할 수 있음'이라는 보다 제한된 자유, 곧 하나님의 더 깊은 은총을 받을 수 있는 자유(선행은총의 더 깊은 차원)를 갖는다. 달리 말하면, 여기서 강조한 것은 인간이나 (도덕주의로 쉽게 안내될 수 있는) 인간의 '능력'이 아니라 하나님의 효능적 은총이다. 곧 인간의 능력을 강조한 것이 아니라 은혜 위에 은혜에 개방하게 될 때 사람들이 받을 수 있는 하나님의 사랑을 강조한 것이다.

바울이 제시한 질서에서 두 번째 단계는 하나님께서 미리 아신 자들을 아들의 형상을 따라 살도록 미리 예정했다는 사실이다. 웨슬리는 이 성서적 진리를 은총으로 어느 정도 회복한 인간의 자유를 짓밟는 결정론적 해석을 하지 않고, "영원부터 영원까지 그의 사랑하는 아들을 믿는 모든 사람들이 아들의 형상을 따라 살도록 하나님께서 정했다."[51]고 이해한다. 달리 말하면, 하나님의 전지성과 예지는 예정의 본래 의미를 이해하게 한다. 그러므로 "바꿀 수 없고, 뒤집을 수 없으며, 저항할 수 없는 하나님의 명령"[52]은 지극히 높으신 하나님께서 선택받은 자들만 구원의 은총을 주시고 버림받은 사람들로부터는 거두어들이라는 의미가 아니라, "믿는 자들이 구원을 받고 저주를 받

---

50) Ibid.

51) Ibid., 2:418.

52) Ibid. 또한 그 당시 칼빈주의자들이 이해했던 예정에 대한 웨슬리의 성찰을 탐구하려면, Allan Coppedge, *John Wesley in Theological Debate* (Wilmore, Ky.: Wesley Heritage Press, 1988)를 참고할 것.

지 않을 것"[53]이라는 의미이다. 그러므로 선택은 무조건적인 것이 아니라 조건적이며, 예수 그리스도를 믿는 믿음을 가지라고 요청한다.

부르심을 입은 이들을 의롭게 할 뿐 아니라 하나님께 미리 정하신 자들을 부르는 것은 바울이 제시한 세 번째 단계와 네 번째 단계이다. 그러나 이 상황에서 웨슬리가 사용한 '칭의'의 의미는 사도 바울의 저술에서보다 폭넓은 의미로 사용되고 있는 게 분명하다. 그 결과 웨슬리의 칭의는 법정의 용서 의미뿐 아니라 신생의 다른 사역, 곧 신생과 관계된 거룩하게 하는 사역을 담고 있다. 다른 말로 하면, '칭의'라는 말은 이 상황에서 특별한 의미로 사용되는 바, "그리스도께서 우리를 바르게 하거나 의롭게 하거나 … '우리를 거룩하게 한다.'"[54] 그러나 웨슬리는 바울 사도가 칭의와 초기 성화를 혼합시킴으로써 초기 성화가 칭의의 기초가 되었다고 한다거나, 될 수 있다고 주장하지 않는다. 이와는 반대로, 다소 구원의 생략된 질서에서 '칭의'라는 용어는 칭의와 신생이라는 두 구분된 사역의 간략한 형식이며 요약이고 일반화된 용어이다. 어쨌든 이 질서의 마지막 단계에서 "그가 의롭다 하신 자들을 영화롭게 하였다."[55] 달리 말하면, "우리가 '성도의 유업을 받을 자가 되도록 하신'"[56] 하나님은 우리에게 "창세 전에 우리를 위해 예비한 하나님 나라"[57]를 준다.

웨슬리가 살던 당시만 해도 몇몇 칼빈주의자들은 하나님께서 선택된 자들만을 선택했고 저주를 받은 자들은 적극적으로 저버리지 않았다고 주장하면서 예정에 대한 가르침을 부드럽게 전하려고 했다. 그러나 웨슬리는 언제나 이 논증을 책임을 회피하는 것이라고 생각하여 "선택이란 저버릴 수밖에 없는 것"[58]이라고 대답했다. 예컨대, "하나님께서 지나쳐 버린 사람은 저버

---

53) Outler, *Sermons*, 2:418.

54) Ibid.

55) Ibid. 찰스 웨슬리는 선택과 예정에 대해 그의 형 존 웨슬리와 비슷한 주장을 하고 있다. 몇몇 학자들은 찰스의 찬송 "보편적 구속"(Universal Redemption)은 존 웨슬리의 설교 "값없이 주시는 은총"(Free Grace)을 위해 작곡한 것이라고 주장한다. Outler, *Sermons*, 3:559, n. 94. John Roger Tyson, "God's Everlasting Love: Charles Wesley and the Predestinarian Controversy," *Evangelical Journal* 3, no. 2 (Fall 1985): 47~62.

56) Outler, *Sermons*, 2:418.

57) Ibid.

58) Jackson, *Wesley's Works*, 10:207.

린 것이나 매한가지다."[59] 칼빈주의자들은 이러한 웨슬리의 비평에 대해 응답하면서 논쟁을 더 발전시켜 갔다. 이들은 전능하신 하나님께서 (저버린) 죄인들을 바로 넘어감으로써 이들이 하나님의 정의의 범례가 되게 하였다고 주장했다. 그렇지만 웨슬리는 이러한 변명마저 거부했다. 그리고는 "하나님의 말씀에서 이런 가르침을 찾을 수 없다."고 지적했다.[60]

그러므로 아르미니우스주의자인 웨슬리와 "만세반석 열리니"(Rock of Ages)란 찬송시 저자 톱레이디(Augustus Toplady) 같은 칼빈주의자의 기본적인 차이는 앞서 말했듯이, 웨슬리는 반복해서 선택이 무조건적인 것이 아니라 조건적이라고 주장한다는 점이다. 예컨대, 예수 그리스도를 믿는 자만이 구원을 받게 될 것이다. 톱레이디는 조건적인 선택과 행위에 의한 구원의 차이를 구분할 수 없었다. 조건적인 선택에 인간의 참여가 어느 정도 요구된다고 보았기 때문이다. 때로 웨슬리는 이런 톱레이디의 입장에 큰 좌절을 경험했다. 특히 톱레이디가 웨슬리는 행위에 의한 구원을 가르치고 있다고 고발하고 나섰을 때 크게 실망했다. 웨슬리는 톱레이디의 가르침을 다음과 같이 요약했다. "요약하면 이렇다. 20명 중 1명이 선택되었고 19명이 버림받았다고 하자. 선택된 자는 구원을 받을 것이고 그들이 원하는 바를 할 것이다. 버림받은 자는 저주를 받을 것이고 그들이 할 수 있는 것을 할 것이다."[61] 그러면 왜 어떤 사람들은 버림을 받게 된 것인가? 웨슬리는 버림받은 것은 하나님의 예지 때문이 아니며, 하나님의 무조건적인 명령 때문도 아니고, 심지어는 죄인들에게 그들이 필요한 은총을 주고자 하는 하나님의 불가사의한 뜻이 전달이 안 되어서도 아니라고 주장한다. 오히려 몇몇 죄인들이 버림을 받은 것은, 자신이 말한 대로, "저들이 구원 받기를 원치 않기 때문이다."[62] 달리 말하면, 저들은 완강하게 은총이 주어진 것을 거부하며, 생명을 얻기 위해 구원자에게 나아오려 하지 않기 때문이다.[63]

---

59) Ibid.

60) Ibid., 10:217.

61) Ibid., 10:370. 예정에 대한 톱레이디(Toplady)의 관점을 좀 더 정확하게 평가하려면, W. C. G. Proctor, "Toplady on Predestination," Churchman: Journal of Anglican Theology 77 (1963): 30~37 을 참조할 것.

62) Outler, Sermons, 3:554.

63) Ibid.

1739년 "값없이 주시는 은총"(Free Grace)이란 설교를 펴냈던 초기에 칼빈주의자들과 논쟁을 계속하면서, 또한 1770년대 첨예한 논쟁의 시기를 거치면서 웨슬리는 스스로 이 논쟁이 필연적이긴 하지만 불행한 것이라고 생각했다. 정확하건 정확하지 않건, 웨슬리가 중요하게 생각한 것은 복음의 온전함, 거룩한 사랑의 실재, 하나님의 성품이었다. 실로 동시대의 몇몇 사람들이 주장했듯이 예정 교리는 "하나님의 궁극적인 명령인 거룩함을 파괴하는 경향이 있다."[64]고 생각했다. 다시 말하지만, 예정 교리의 가르침은 "선한 행위에 대한 우리의 열망을 파괴하는 경향이 있을 뿐더러,"[65] "배고픈 자를 먹이고, 벗은 자에게 옷을 입히는 것과 같은 구체적인 사랑의 행위를 하려는 강력한 동기를 잘라 버린다."[66]

마찬가지로 본질적인 의미로 이해했는지 모르지만, 예정 교리는 쉽게 하나님과 인간의 사랑을 간과할 수 있다. 한편으로 보면 예정 교리는 영광스러운 하나님을 선하고 악한 모든 사건의 작인이 되게 한다는 점에서 하나님의 사랑을 훼손한다. 죄의 문제와 관련해서, 웨슬리는 웨스트민스터 회의(the Westminster Assembly of Divines)가 "시간의 영역에서 일어나는 모든 일은 영원부터 결정되어 바꿀 수 없는 것이다."[67]라고 주장했다고 이해했다. 수잔나 자신도 아들 웨슬리에게 성서에 덧붙인 이러한 결정론적 철학을 처음부터 주의하라고 일렀다.

> 엄격한 칼빈주의자들이 주장하는 예정 교리는 아주 충격적이며 정말 혐오스럽다. 왜냐하면 가장 거룩하신 하나님을 죄의 주인으로 직접 몰아가기 때문이다. 그러므로 나는 네가 잘 생각해서 정확하게 예정 교리를 반대해 주었으면 좋겠다. 그 이유는 예정 교리가 하나님의 정의와 선하심에 부합되지 않기 때문이다. 이 교리는 인간이 죄를 지을 수밖에 없는 육체적이거나 도덕적인 필연을 전제하고

---

64) Ibid., 3:548.
65) Ibid., 3:550. 웨슬리의 아르미니우스주의가 영국의 부흥운동에 끼친 영향을 연구한 것으로는 Emmanuel D. Mbennah and J. M. Vorster, "The Influence of Arminian Conception of Predestination on the 18th-Century Wesleyan Revival," *Studia Historiae Ecclesiasticae* 24, no. 1 (1998): 161~87을 참조할 것.
66) Outler, *Sermons*, 3:550~51.
67) Jackson, *Wesley's Works*, 10:459.

있고 인간이 죄를 지은 것에 대해서는 벌을 받아야 한다고 가르친다.[68]

웨슬리는 폐부를 찌르는 수잔나의 가르침에 전적으로 동감했다. 그래서 자신의 설교 "값없이 주시는 은총"에서 예정 교리를 신성모독이라고 언급했다. "예정 교리는 가장 거룩하신 하나님을 거짓되고 잔인하며 불의한 악마보다도 더 악한 자로 표상한다."[69] 다시 말하지만, 구원받기 위해 필요한 은총을 거룩한 하나님께서 주시기를 거부한다면, 어떻게 하나님이 버림받은 자들에게 선하고 사랑이 넘치는 하나님일 수 있겠는가?[70] 웨슬리는 묻는다. "이러한 사랑이라면 너희의 피를 냉혈이 되게 하지 않겠는가?"[71] 그리스도와 관련해서 웨슬리는 이렇게 주장한다.

> 이 예정 교리는 '의로우신 예수 그리스도' 우리의 찬양을 받으시는 주님을 … 위선자요, 사람들을 속이는 자요, 조금도 성실성이 없는 자로 만든다. 왜냐하면 그는 모든 사람이 구원 받기를 원하는 것처럼 말하고 있기 때문이다. 그러므로 모든 사람이 구원 받아야 함을 원치 않는다고 말하는 것은 예수가 위선자요 거짓 말쟁이라고 하는 것이다.[72]

성서를 좀 더 주밀하고 민감하게 살펴보면, 부드러운 사랑이 본성인, 은혜가 넘치는 사랑을 지닌 하나님께서는 모든 사람들이 진리의 지식으로 나아와 구원 받기를 열망한다. "하나님께서 세상을 이처럼 사랑하셔서 외아들을 주셨으니, 이는 그를 믿는 사람마다 멸망하지 않고 영생을 얻게 하려는 것이다"(요 3:16). 거룩한 사랑의 하나님은 하나님의 성품을 떠나 다른 일을 하실 수 없다. 심지어는 순수하게 주어진 은총을 거부할 만큼 자유를 지닌 인간이 하나님의 선한 뜻을 팽개칠 때조차 하나님은 다른 일을 하실 수 없다.

---

68) Frank Baker, ed., *The Works of John Wesley*, vols. 25~26. *Letters I~II* (New York: Oxford University Press, 1982), 25:179.
69) Outler, *Sermons*, 3:555.
70) Jackson, *Wesley's Works*, 10:229.
71) Ibid.
72) Outler, *Sermons*, 3:554~55.

하나님/아버지의 사역

웨슬리는 창조와 보전, 통치라는 하나님의 사역이 앞서 논의한 하나님의 속성들과 밀접하게 관계된다고 보았다. 실로 세상의 창조는 흘러넘치는 풍요로운 하나님의 사랑으로부터 나온 것이다. 이 빛나는 사랑 때문에 인간은 악을 볼 수 없을 만큼 순수한 눈을 가진 하나님과 관계하도록 부름 받았다. 믿음과 사랑의 기원을 생각하면서 웨슬리는 이렇게 설명한다.

> 그러므로 일반적인 의미에서건 특별한 의미에서건 세상의 기초가 세워지기 전, 믿음을 위한 자리는 없었다. 그러나 사랑의 자리는 있었다. 사랑은 영원부터 사랑의 대양인 하나님 안에 존재하였다. 사랑은 창조의 순간부터 모든 하나님의 자녀들 안에 자리하였다. 하나님의 자녀들은 은혜가 넘치는 창조자로부터 존재하도록, 사랑하도록 은총을 입었다.[73]

또한 웨슬리는 사랑을 창조의 근거요 이유라고 생각했을 뿐 아니라 사랑이 인간의 창조에 뒤따라오는 것이 아니라고 생각했다. 사랑이란 과정이나 발달 단계로서 그 존재를 갖기 위해 시간을 필요로 하는 것이 아니고 처음부터 거기에 있었다. 웨슬리는 이렇게 진술한다.

> 빛과 열은 태양을 창조하고 나타나는 것이 아니라 태양의 창조와 더불어 존재하기 시작했다. 그래서 태양이 존재한 순간 빛이 비추었다. 마찬가지로 영적인 빛과 열인 지식과 사랑도 인간을 창조하고 나서 뒤따라오는 것이 아니다. 이들은 인간의 창조와 함께 존재하기 시작했다. 인간이 존재한 순간 인간은 인식하고 사랑했다.[74]

이러한 시각에서 볼 때, 창조자요 통치자로 하나님의 사역을 전개하는 다

---

73) Outler, Sermons, 2:39. 현대 여러 해석가들과는 다른 방식으로 캅(John Cobb)은 웨슬리 신학에 나타난 도덕법의 중요한 역할을 정확하게 분별했다. John B. Cobb Jr., Grace and Responsibility: A Wesleyan Theology for Today (Nashville: Abingdon Press, 1995, 「은총과 책임」, 심광섭 옮김[기독교대한감리회 홍보출판국]), 115~35.
74) Jackson, Wesley's Works, 9:346.

음 내용들은 어떻게 하나님의 사역이 하나님의 존재와 성품으로 이해되어야 하는지를 보여 줄 것이다.

창조자

창조와 관련해서 웨슬리는 때로 신성의 사역으로 언급했고, 또 다른 경우에는 특별히 아버지의 역할을 강조했다. 그러므로 (주기도문을 시작하는 구절인) 마태복음 6장 9절을 주석하면서, 아버지를 "모두에게 선하시고 은혜로우신 분, 우리의 창조자, 우리의 보존자, 우리 주님의 아버지, 주님 안에 있는 우리의 아버지 … 우주의 아버지, 천사들과 인간의 아버지로 지칭했다."[75] 그러나 태어나지 않은 분은(창조자 하나님) 관계도 없는 단자로 창조한 것이 아니고 말씀을 선포함으로써 아들을 통해 창조한다. 이러한 이해를 바탕으로 웨슬리에게 로고스란 "아버지께서 영원부터 출생하였거나 말씀하신 말씀이며, 그 말씀으로 아버지는 말하면서 만물을 창조한다."[76] 그러므로 말씀된 말씀의 능력은 창조 질서 안에서 나타난다. 창조는 말씀하는 행위이며 만물을 존재케 한다. 다시 말하지만, 말씀의 창조적 능력은 생명과 존재를 풍성하게 낳는다. 흥미롭게도 이 능력은 복음의 약속으로 옷 입고 구원으로 이끌 것이다.

18세기 여러 동료들과 마찬가지로 웨슬리는 하나님께서 무로부터 창조했다고 주장했다. 주 하나님은 "자신의 전능하신 말씀으로 말미암아 무로부터 존재하는 전체 우주를 불러냈다."[77] 웨슬리는 영원의 개념을 본질적인 신성으로 이해했다. 따라서 하나님께서 무로부터 창조했음을 부인하는 것은 하나님과 다른 어떤 것이 언제나 존재했고, 그 존재를 위해 어떤 것에 의존하는

---

75) Wesley, *NT Notes*, 25 (마 6:9). 영국국교회의 39개 종교 강령 또한 아래에 계시된 대로 창조와 보존으로 하나님의 역할을 전개했다. "오직 한 분 살아계시며 참된 하나님이 존재한다. 하나님은 영원하며 몸이나 지체나 감정이 없으시고, 무한한 힘과 지혜와 선을 지니고 계시며, 보이는 것과 보이지 않는 모든 것의 조성자이며 보존자이다. …" Philip Schaff, *The Creeds of Christendom*, vol. 3. (Grand Rapids, Mich.: Baker Book House, 1983), 487.

76) Wesley, *NT Notes*, 212 (요 1:1).

77) Outler, *Sermons*, 2:537. 웨슬리의 견해와 거리가 있는 로달은 과정신학의 맥락에서 "하나님은 무와 가까운 것(next to nothing)으로부터 세상을 창조했다."고 생각한다. 이 주장을 정당화하기 위해서 로달은 과정신학자들이 "우리의 현재 경험은 지금까지의 경험 방식을 직시할 수 있는 근본적인 단서라고 주장한다."는 점을 지적한다. 하나님과 함께 창조의 사역을 하는 세계가 언제나 거기 있었다. 하나님께서 함께 일해야 하는 어떤 것이 거기에 언제나 주어져 있었다. Lodahl, *God of Nature*, 88~89.

것이 아니라 독립적으로 존재하는 어떤 것이 있었음을 인정하는 것이다. 웨슬리는 이 생각은 분명 불가능하다고 보았다. 왜냐하면 앞서 말했듯이 영원이 '둘'일 수 없기 때문이다. 영원성은 (특별히 과거의 영원성[a parte ante]의 의미에서) 하나님께서 만드신 것이다. 그러므로 주 하나님 말고는 아무도 영원성을 가질 수 없다. 하나님께서 존재하지 않았던 것을 무로부터 가져와 모든 것을 창조한다는 것은 하나님이 선하시고 지혜로움을 분명하게 보여 주고 있는 것이다. 간단히 말해 하나님의 활동은 하나님의 존재를 보여 준다.

웨슬리는 하나님을 창조자로 고백함으로써 존재하는 것은 우연이나 "냉혹한 필연"(inexorable necessity)[78]으로 생기는 것이 아니라 전능하신 하나님의 목적에서 비롯되었으며, 하나님은 "모든 존재의 원인이며 주님"[79]이라고 생각했다. 달리 말하면, 지극히 높으신 하나님은 세상에 존재하는 "모든 인간과 동물, 식물을 내신 자이고, 우주의 원초적 운동(primum mobile)이며 모든 운동의 샘이다."[80] 이처럼 질서가 있고 목적이 담긴 창조는 두 종류로 이루어져 있다. 하나는 눈에 보이지 않는 영역의 창조이고 다른 하나는 눈에 보이는 영역의 창조다. 웨슬리는 이렇게 설명한다.

눈으로 봄으로써 우리는 땅의 표면에서부터 별들의 영역에 이르기까지 보이는 세계를 인식한다. 그러나 전체 우주와 비교해 볼 때 우리가 볼 수 있는 세계란 '창조의 작은 조각'에 지나지 않는다. 우리가 가진 불완전한 감각 때문에 창조의 또 다른 영역인 보이지 않는 세계는 우리의 머리로는 그 거리와 영역을 볼 수 없다. 우리는 우주의 공허함에 직면해 있다.[81]

---

78) Jackson, *Wesley's Works*, 10:70.
79) Ibid. 더닝(H. Ray Dunning)은 "하나님께서 모든 존재의 유일한 근거"라는 점을 전개한다. H. Ray Dunning, *Grace, Faith and Holiness: A Wesleyan Systematic Theology* (Kansas City, Mo.: Beacon Hill Press, 1988), 241.
80) Jackson, *Wesley's Works*, 9:335.
81) Outler, *Sermons*, 4:50. 이 설교에서 웨슬리는 영적인(보이지 않는) 것과 물질적인(보이는) 것의 관계를 말하면서 도덕적 적용을 시도한다. "나는 하나님의 이름으로 묻습니다. 무슨 기준으로 여러분은 존재하는 것들의 가치를 판단합니까? 보이는 세계에 의해서입니까? 아니면 보이지 않는 세계에 의해서입니까? 한 예를 들어보겠습니다. 여러분의 아들이 거룩한 구두 수선공이 되는 것과 세속적인 주인이 되는 것 중에 어느 편이 최상이라고 판단합니까? 여러분의 딸이 하나님의 딸이 되어 걸어 다니는 것과 악마의 자녀가 되어 마차를 타고 다니는 것 중에 어느 편이 가장 적합해 보입니까?" Outler, *Sermons*, 4:55~56.

이 상황에서 웨슬리는 물리적인 우주를 염두에 두는 바, 그 크기와 거리 때문에 인간의 감각으로 우주 전체를 인식할 수 없다고 보았다. 그러나 다른 방식으로 '보이지 않는 창조'란 용어를 사용했다. 이 용어를 사용함으로써 창조된 모든 존재가 물리적 몸을 갖는 것은 아니라고 강조했다. 물론 여기서 웨슬리는 지성적인 영의 존재로서 창조자와 인간을 섬기는 천사를 생각하고 있다. "이들은 모두가 영들이고 우리와 같이 혈육을 지닌 물질적인 … 존재들이 아니다. 만일 몸이 있다면 우리 몸과 같은 세상의 몸이 아니고 불이나 불꽃같은 아주 세밀한 실체이다."[82] 인간을 향한 천사들의 봉사는 무엇보다도 의심과 어려움을 제거하고, 어둡고 모호한 세계에 빛을 비추며, 거룩함의 진리를 확신시키고, 위장된 악을 경고하며, 고상하고 선한 것을 분명하고 강한 빛 속에 두는 일이다.[83] 그러므로 웨슬리는 "우리가 인간을 보고 저들의 말을 듣고 있는 동안에도 천사들은 보이지 않는 곳에서 수없이 구원의 상속자들을 섬긴다."[84]고 주장한다.

이해와 감성, 자유로 옷 입은 천사들의 창조는[85] 다시 한 번 창조자의 선함을 보여 줄 뿐 아니라 웨슬리가 존재의 질서로 언급하듯이 창조에 일정한 질서가 있음을 보여 주고 있다. 웨슬리는 "가장 낮은 지점에서 가장 높은 지점에 이르기까지, 땅이나 물의 가장 체계화되지 않은 분자에서 대 천사장 미가엘에 이르기까지 존재의 질서가 존재한다."[86]고 주장한다. 다시 말하지만, 플라톤과 이후 케임브리지 플라톤주의자들로부터 용어를 빌려와 사용한 웨슬리는 "지고의 존재로부터 가장 낮은 존재에 이르기까지, 하나님의 보좌로부터 존재자들에 연결된 … 황금의 존재의 질서가 존재한다."[87]고 주장했다.

---

82) Outler, Sermons, 3:6. 이 맥락에서 웨슬리는 헤시오드(Hesiod)를 인용하여 "수백만의 눈에 보이지 않는 영적 피조물이 이 땅을 걸어 다니고 있다."고 주장한다. Outler, Sermons, 3:5을 참조할 것.

83) Ibid., 3:11.

84) Ibid., 3:14. E. Gordon Rupp, Principalities and Powers (London: Epworth Press, 1952).

85) Outler, Sermons, 3:17~18. 그 이유는 천사들이 처음부터 자유나 자기-결정의 능력으로 옷 입고 있어서 악으로 타락하거나 왜곡될 수도 있기 때문이다.

86) Ibid., 3:16.

87) Ibid., 2:396~97. 힌슨(Hynson)은 웨슬리가 세계를 "말이 아니라 하나님에 대한 그림들로 우리에게 하나님을 선포하는, 하나의 거대한 그릇에 비유했다."고 주장한다. "하나님에 대한 그림들은 유한하기는 하지만 창조자의 유비들이며, 하나님의 미광을 보여 준다." Leon O. Hynson, To Reform the Nation: Theological Foundations of Wesley's Ethics (Grand Rapids, Mich.: Zondervan Publishing, 1984, 「웨슬리의 윤리사상」, 이희숙 옮김[전망사]), 66.

이 존재의 질서에는 창조자의 다양한 기획들이 가득 채워져 있다. 웨슬리는 "창조의 사역은 하나가 또 다른 하나를 낳을 뿐 아니라 덜 탁월했던 것으로부터 좀 더 탁월한 것으로 진보해 갔다."[88]고 주장한다. 이처럼 느리지만 점차 복잡하고 탁월한 것으로의 진보를 가져오는 발전적인 질서의 양식은 하나님의 존재를 드러내는 단서인 바, 웨슬리의 창세기 주석에 잘 나타나고 있다.

> 그러므로 하나님은 6일 동안 세상을 만들었다. 우리는 하나님께서 한순간에 세상을 창조할 수 있다고 생각한다. 그러나 하나님은 6일 동안 세상을 창조했다. 하나님은 스스로 자유로운 작인으로서 자신의 방식으로 자신이 정한 때에 자신의 일을 할 수 있다. 하나님은 우리에게 자신의 지혜와 능력과 선함을 주셔서 우리가 하나님의 일을 더 분명하게 이어가도록 하실 수 있다.[89]

이처럼 점진적이면서도 느린 창조의 발전은 엄격한 위계적 질서의 방식으로 이해되어서는 안 된다. 특별히 이것이 동물의 영역에 해가 된다면 더욱 그렇다. 웨슬리는 동물을 살아 계신 하나님의 손으로 빚은 피조물로 보았고, 이런 맥락에서 "모든 존재의 아버지인 하나님은 가장 작은 미물조차도 섬세하게 돌본다."[90]고 주석하였다. 그럼에도 불구하고, 모든 면에서 기본적인 평등성이 존재의 종들 사이에 존재한다는 의미는 아니었다. 웨슬리의 설명을 보자.

> 그러나 나는 감히 하나님께서 동물과 하나님의 자녀를 동일하게 대한다고 생각하지 않는다. 나는 모든 존재의 주이신 하나님께서 영웅이 멸망하거나 참새가 떨어지는 것을 동일한 눈으로 바라본다고 생각하지 않는다. 결코 그렇지 않다. 동물과 인간을 동일하게 바라본다는 주장은 눈부시게 아름다운 표현이다. 그러나 이것은 절대적으로 거짓이다. 왜냐하면 진리와 끝없는 은총을 지닌 사랑으로 자신이 지은 모든 피조물을 다스린다 할지라도, 하나님은 자기의 사랑하는 피조

---

88) Wesley, *OT Notes*, 1:6.
89) Ibid., 1:9.
90) Outler, *Sermons*, 2:447. 캅(John Cobb)은 "웨슬리주의자들은 오늘날 창조의 온전함을 주창하는 세계교회협의회의 고백과 신학을 주도하고 있다." 고 지적한다. Cobb, *Grace and Responsibility*, 55.

물 인간을 특별히 즐겨 축복하시기 때문이다.[91]

웨슬리는 자신의 글에서 세계가 6,000년의 역사를 갖고 있다고 여러 곳에 언급했다. 예를 들면, "인간의 타락에 대해서"(On the Fall of Man)라는 설교에서 인간의 전체 역사에 타락이 미친 영향을 고찰하는바, 이렇게 묻고 있다. "누가 6,000여 년 동안의 역사에서 아담과 그 후예들에게 내린 이 형벌을 피할 수 있으랴?"[92] 또 다른 곳에서는 악한 천사들이 창조 이후 가져다준 많은 경험을 설명하면서 이렇게 주장한다. "이들의 미묘함이 얼마나 엄청난가! 6,000년 넘도록 이 경험이 자라오지 않았던가!"[93] 여러 면에서 18세기 인물인 웨슬리는 아막(Armagh)의 대 주교였던 제임스 우셔(James Ussher)의 계산법을 따랐던 것 같다. 우셔는 「구약과 신약의 연대기」(Annals of the Old and New Testament)라는 자신의 책에서 창조가 기원전 4004년에 일어난 일이라고 못 박았다. 웨슬리는 분명 자신의 입장을 조금 수정했던 것 같다. 그러나 여기서 문제는 18세기를 살았던 웨슬리는 우주가 실제로 얼마나 큰지 거리가 시간으로 측정되는 곳이 어디인지 이해할 수 없었다. 그러나 젊었을 때 영국으로 이주한 독일 천문학자 윌리엄 허셀(Sir William Herschel) 경도 「하늘의 구도」(On the Construction of the Heavens)라는 책에서 당시 전체 우주라고 여겼던 은하수의 크기를 3차원의 광도를 지닌 정도의 작은 크기로 생각했다.

또한 주 하나님께서 만물을 창조하였듯이 거룩한 하나님은 만물을 보존한다. 웨슬리는 이렇게 주석한다. "하나님은 존재하는 만물의 창조자일 뿐아니라 보존자이다. '하나님은 모든 만물을 자신의 능력의 말씀으로 곧 그의 강력한 말씀으로 지탱한다.'"[94] 이렇게 이해한다면, 창조의 보존과 유지는 선과 지혜로 특징되는 자연의 지속적인 활동이 된다. 웨슬리는 이 점을 좀더 자세하게 설명한다. "'우리의 아버지' 우리의 보존자는 … 매일 매일 그가 준 생명을 유지한다. 우리는 지금 매 순간 그분의 계속적인 사랑으로 생

---

91) Outler, *Sermons*, 2:447. 웨슬리는 물론 동물에게 특별한 돌봄과 애정을 보여 주었다. Thomas Ferrier Hulme, *John Wesley and His Horse* (London: Epworth Press, 1933).

92) Outler, *Sermons*, 2:407.

93) Ibid., 3:13. Jackson, *Wesley's Works*, 9:324.

94) Outler, *Sermons*, 2:538. 하나님을 보존자로 보는 또 다른 자료로는 Outler, *Sermons*, 2:539; 4:71; Wesley, *Sunday Service*, 306; Wesley, *NT Notes*, 25 (마 6:9)를 참조할 것.

명과 숨과 만물을 받는다."[95] 하나님은 선하셔서 "모든 피조물의 다양한 본성에 따라 복지를 제공하며 보존한다."[96] 하나님은 지혜로우셔서 "모든 피조물의 '관계, 연결, 의존'을 돌보신다. 이를 통해 하나님은 존재하는 것들의 체계를 구성하며 전체 우주를 형성한다."[97]

주권자

웨슬리는 창조자로서의 하나님의 역할은 통치자로서의 역할과는 구분되어야 한다고 가르쳤다. 그 이유는 각각의 사역에 상응하는 속성들은 섞이거나 혼동되어서는 안 되기 때문이다. 창조자이신 전능자 하나님은 주권자이며 자유로운 분이다. 통치자로서 지극히 높으신 하나님은 "고발하는 정의나 … 신성한 정의"[98]없이 행동한다. 다시 말하자면, 창조자인 하나님은 하나님의 주권적인 뜻에 따라 만물을 내었다. 누구도 이 선택과 판단을 제약하지 않았다. 분명, "여기서 정의는 자리도 없고 자리를 가질 수도 없다."[99] 그러면 이 상황에서 창조와 자연의 관점에서 보면, 주권은 기본적으로 하나님의 자유로 이해된다. 그러나 이차적이고 구원론적인 의미에서, 다음 장에서 좀더 자세하게 탐구하게 될 구속의 관점에서 보면, 주권은 또한 하나님의 자유로도 이해될 수 있다. 이제 창조의 관점에서 하나님의 주권을 살펴보자. 웨슬리는 "하나님의 주권에 대한 사유들"(Thoughts Upon God's Sovereignty)이란 글에서 다음과 같이 하나님의 자유를 요약했다. "하나님은 적절하다고 생각되는 시간에 창조를 시작했다. 우주의 기간을 결정했고, 광대한 공간에 우주의 자리를 지정했으며, 우주의 요소들뿐 아니라 별들의 수를 고정시켰고, 피조물들이 살 지구를 창조했으며, 이해와 자유와 뜻을 지닌 체화된 영으로서 인간

---

95) Outler, *Sermons*, 1:578.
96) Ibid., 3:91.
97) Ibid. 창조의 선함, 죄를 통한 창조의 타락, 은총을 통한 회복을 연결한 연구로는 Kenneth J. Collins, "The New Creation as a Multivalent Theme in John Wesley's Theology," *Wesleyan Theological Journal* 37, no. 2 (Fall 2002): 77~102를 참조할 것.
98) Jackson, *Wesley's Works*, 10:363. 정의에 따라 하나님이 활동해야 한다는 '제약'은 결코 웨슬리의 전체 논증에서 제약으로 주어지지 않는다. 달리 말하자면, 하나님의 뜻(정의의 기준)이 곧 하나님이기 때문에 이러한 '제약'은 실제로는 완전한 자유이며, 하나님의 존재와 본성에 따라 행동하는 자유이다.
99) Ibid., 10:361.

을 만들었고, 모든 나라가 등장하는 때를 정했으며, 각양 새들이 살게 될 시간과 공간과 환경을 조성했고, 약하건 강하건 존재하는 각각의 존재에서 몸을 입혔으며, 마지막에는 인간에게 다양한 정도의 이해와 지식을 주었다.[100]

거룩한 하나님과의 관계를 위해 인간에게 주어진 자유를 견지했던 웨슬리는 웨스트민스터 고백이 고백하는 정도로 하나님의 주권을 주장할 수도 없었다. 웨스트민스터 고백은 "영원부터 하나님께서 지나가는 모든 것을 결정했다."[101]고 고백한다. 다시 한 번 말하지만 창조와 관련된 자유와 주권은 구원에 속한 것과 혼돈되어서는 안 된다. 좀 더 전문적인 용어로 말한다면, 창조에 있어서 하나님의 절대 자유와 능력(*potentia absoluta*)과 하나님이 실제 창조한 (하나님의 형상을 반영하고 있는) 인간에게 여지를 주는 어떤 의미에서 제약된 자유와 능력(*potentia ordinata*)은 구분되어야 한다.

통치자

웨슬리는 그의 저서 여러 곳에서 아버지 하나님의 사역을 창조자와 통치자의 사역이라고 언급했다. 우리가 방금 살폈듯이 첫 번째 역할인 창조자의 역할은 하나님의 선하신 뜻을 따라 만물을 창조할 하나님의 자유와 주권을 강조한다. 그러나 두 번째 역할인 통치자의 역할은 자유와 주권이 아니라 정의와 사랑을 강조한다. "그러므로 하나님께서 상을 주거나 벌을 주는 자인 통치자로 활동할 때, 하나님은 자신의 유일한 뜻과 기분에 따라 주권자로서 활동하지 않고, 변치 않는 정의에 따라 만물의 공정한 심판자로서 활동하며 다스린다."[102] 통치자로서 하나님은 하나님의 본성 자체인 거룩함에 따라 변치 않고 활동할 것이다. 그러므로 이 거룩함 안에서 인간은 자유롭고 책임 있는 도덕적 존재로 창조되었다. 하나님의 자유가 통치자의 역할을 제시한다고 해서 하나님의 자유를 통치자의 역할과 관계시키는 것은 공정하지 못하고 일관성이 없을 뿐 아니라 하나님의 존재와 성품, 목적에 따라 우리 각자가 의무를 다하지도 못하게 한다. 이렇게 되면 간단히 말해 거룩한 사랑은

100) Ibid., 10:361~62. 하나님의 주권을 구성하는 다른 요소들을 보려면, Jackson, *Wesley's Works*, 10:235를 참조할 것.
101) Ibid., 10:260.
102) Ibid., 10:362.

완전히 인식되지도 않을 것이고 악은 정확하게 인정되지도 않을 것이다.

도덕법

그러나 웨슬리가 창조자와 통치자의 역할을 관계시켰던 한 가지 방법은 도덕법과 관련해서였다. 하나님은 "영원히 거하는 높고 거룩한 하나님으로 타락할 수 없는 분이다."[103] 창조자 하나님은 물리적인 세계를 창조했고, 전능자 하나님은 인간 안에 "하나님 본성 곧 영원한 정신의 투영"[104]인 도덕법에 따라 도덕적이고 영적인 질서를 부여했다. 달리 말하면, 하나님은 자유로이 거룩함과 사랑으로 신적 존재의 인격적 속성들을 드러내는 세계를 창조하기로 선택했다. 그러므로 거룩하고 정의롭고 선하신 도덕법이 창조된 도덕적 영적 질서의 본성으로 자리하게 되었다. 웨슬리의 설명을 들어보자. "다른 관점에서 보면 하나님의 법은 지고한 불변의 이성이며 변경될 수 없는 정직함이다. 또한 하나님의 법은 창조된 만물 안에 영존한다."[105] 다시 말하자면, 옳고 그름의 변할 수 없는 규칙인 도덕법은 "만물의 본성과 생존, 그리고 존재자들의 서로를 향한 본질적 관계의 표현"[106]이라고 보았다. 때문에 도덕법은 창조된 질서 안에 분명하게 나타난다. 또한 하나님의 형상과 모양으로 창조된 존재들은 이 도덕적 영역이나 차원을 분별할 수 있다.

고대 그리스인들은 (플라톤의 대화편 유티프로[Euthyphro]를 참조할 것) 웨슬리 당시 던졌던 동일한 질문을 생각했다. 예컨대, "그러므로 하나님께서 원하시기 때문에 사물이 올바른 것인가? 아니면 사물이 올바르기 때문에 하나님에 원하시는 것인가?"[107] 어떤 의미에서 웨슬리는 이 진술이 잘못된 방향으로 흐를 수 있다고 생각했다. 왜냐하면 두 질문이 하나님과 하나님의 뜻을

---

103) Outler, *Sermons*, 2:9. 도덕법에 대한 웨슬리의 성찰에 기독교 플라톤주의자들이 끼친 영향을 연구한 자료로는 Kenneth J. Collins, "John Wesley's Theology of Law" (dissertation, Drew University, 1984)를 참조할 것.

104) Outler, *Sermons*, 2:10.

105) Ibid.

106) Ibid., 2:13. 객관적이고 초월적인 질서에 호소하고 있는 이러한 웨슬리의 입장은 다원적 사회 구성을 지향하면서 (거대 담론으로 치부되는) 도덕법(그리고 자연법)의 보편성을 해체하는 포스트모던 이해와 대비되는 바, 포스트모던 사회에서 다원적 사회 구성의 각각은 참된 것으로 간주된다. 법과 다른 문제들에 대한 포스트모던 입장을 보려면, Stanley J. Grenz, *A Primer on Postmodernism* (Grand Rapids, Mich.: William B. Eerdmands, 1996), 39~56을 참조할 것.

107) Outler, *Sermons*, 2:12.

모두 담고 있는데 오히려 이 둘을 구분하여 양극화시키는 것으로 나타날 수 있기 때문이다. 그러므로 하나님의 뜻과 하나님이 구별되는 것처럼 생각하는 어려움이 있지만 "이 둘을 나누지 않으면 이내 어려움은 사라질 것이다." [108]라고 설명한다. 달리 말하면, 하나님은 도덕법의 원인일 뿐 아니라 도덕법은 하나님의 뜻의 적절한 표현으로 하나님의 존재와 분리되지 않고 일치되어야 한다. 그러므로 하나님의 뜻의 표현이요 거룩한 사랑의 법인 도덕법은 흔들리지 않고 계속된다. 도덕법은 영원한 정신의 모상이고 피조물과 그 안에 있는 관계를 통해 주어진 것이기 때문에, 도덕에 대한 관상은 언제나 하나님의 뜻으로 알려지고 조명된 요소들, 곧 정의와 자비를 생각하게 할 뿐 아니라 인격적이며 본질적인 하나님의 본성의 항구성을 생각하게 한다. 이 입장에서 볼 때 웨슬리는 "도덕법의 냉정함과 하나님의 본성의 불변성"[109]을 주장한다는 점에서 당시 여러 신학자들과 맥을 같이하고 있다.

섭리적 수여자

세계의 통치자인 주 하나님은 창조의 세계를 통치한다. (해나 달과 같은) 생명이 없는 존재들보다는 피조물을 돌보는 것을 하나님의 통치로 생각하는 웨슬리는, 그 의미를 완전하게 설명하기 위해 '섭리'라는 용어를 사용했다. 그래서 하나님의 창조 세계의 돌봄은 기독교인들의 소원이 아니라 성서의 엄연한 가르침이라고 선언했다.[110] 또한 때때로 하나님의 속성과 세계를 향한 하나님의 돌봄의 관계를 제시했다. 웨슬리는 "어디든 존재하는 하나님은 자신이 창조한 모든 존재의 속성을 알고 있으며 창조된 존재들이 서로에게 어떻게 영향을 미치는지 그 모든 방법을 알고 있다."[111]고 주장한다. 이뿐 아

---

108) Ibid., 2:13.

109) William R. Cannon, *The Theology of John Wesley, with Special Reference to the Doctrine of Justification* (Lanham, Md.: University Press of America, 1984), 174.

110) Outler, *Sermons*, 2:536. 아우틀러는 섭리 교리에 대한 웨슬리의 이해는 후커(Hooker), 피어슨(Pearson), 우서(Ussher), 윌킨스(Wilkins) 같은 영국국교회 학자들의 초기 연구에 기초한다고 주장한다. Outler, *Sermons*, 2:534.

111) Ibid., 2:539. 웨슬리가 기술한 하나님의 인식은 피조물들의 자유에 기초한 인식과 대비된다. 따라서 철학자들이 말하는 중도 인식이라는 것과 대비된다. Barry E. Bryant, "Molina, Arminius, Plaifere, Goad, and Wesley on Human Free-Will, Divine Omniscience, and Middle Knowledge," *Wesleyan Theological Journal* 27 (Spring-Fall 1992): 93~103.

니라 하나님은 "하늘에 떠 있는 별들과 혜성들과 행성들이 땅에 거하는 피조물들에게 어떤 영향을 미치는지 알고 있으며, 짐승, 새, 물고기, 파충류, 곤충 등 땅에 거하는 모든 동물들을 알고 있고 … 모든 인간의 마음과 생각을 알고 이해한다."[112]

그러나 웨슬리와 신학적으로 생각이 달랐던 이들은 선하신 하나님께서 일반적인 방식으로 창조에 관심을 가진다는 점은 인정하지만, 모든 것을 창조한 지고의 존재인 하나님께서 통치자로서 개인과 사회의 작고 사소하고 일상적인 문제까지 관심을 가진다는 특별 섭리의 개념은 인정하려 하지 않았다. 실로 18세기 주도적인 사상가들 특히 존 호키스워스(John Hawkesworth)는 특별 섭리가 아니라 일반 섭리를 주장했다. 존 톨랜드(John Toland)의 「신비롭지 않은 기독교」(Christianity Not Mysterious, 1696)와 틴달의 「창조만큼이나 오래된 기독교」(Christianity as Old as Creation, 1730) 같은 이신론적 고전을 읽었던 당시 사상가들은, 하나님께서 기본적인 법칙과 원리를 따라 세상이 돌아가도록 창조했다는 입장을 내놓았고, 이 주장에 기초하여 하나님께서 삶의 세세한 차원에서 개체 존재들을 향해 섭리적인 돌봄과 관심으로 사랑한다는 특별 섭리의 개념을 거부했다.

웨슬리는 노년에 이신론자들의 주장을 곱씹어 보았다. 이때 이미 그는 복음의 부흥을 통해 자신의 삶에서 특별한 돌봄을 여러 차례 경험한 터였고, 몇 차례 군중들에게 공격을 받은 적도 있었다. 1786년 출판된 "하나님의 섭리에 대해서"(On Divine Providence)는 자신의 설교에서 첫 번째로, 특별한 섭리를 거절하는 것은 성서에 위배된다고 주장했다. "우리의 작은 일조차도 위대한 창조자와 통치자의 사랑의 돌보심 아래 있다."[113]고 보았던 것이다. 두 번째로, 이러한 입장은 분명 하나님의 자유와 활동을 반박함으로써 일반적 자연 법칙 외에 기적의 형식으로 나타나는 예외를 허용하지 않는다고 보았다.[114]

---

112) Outler, *Sermons*, 2:539.
113) Ibid., 2:544. 웨슬리는 하나님의 특별 섭리를 믿으면 영적 고요함이 따라온다고 보았다. 그는 마태복음 6장 31절을 이렇게 주석했다. "그러므로 우리는 불필요하고 유익도 없으며 해를 가져오는 돌봄에 빠지지 않을 것이다. 내일에 대한 염려와 낙담으로 현재를 더 악화시키는 일은 하지 않을 것이다. 오히려 우리의 필요를 아시고, 육체뿐 아니라 생명을 주시며, 옷뿐 아니라 몸을 주신 하늘의 아버지 안에서 온전한 쉼을 누릴 것이다." John Wesley, *NT Notes*, 28 (마 6:31).
114) Outler, *Sermons*, 2:546.

분명한 것은, 이 일반적 법칙을 세울 때 웨슬리는 하나님께서는 "자연의 법을 지연시키든가 아니면 능력 있는 천사를 동원하여 자신이 원하는 때에 사랑하는 사람들을 위한 예외를 만들 수도 있다."[115]고 주장했다. 세 번째로, 특별 섭리를 배제하는 일반 섭리의 개념은 혼용되고 궁극적으로는 모순된 개념이라고 주장한다. 웨슬리의 이유는 이렇다.

여러분은 "일반 섭리는 인정하지만 특별 섭리는 부인한다."고 말한다. 특별 섭리를 배제한 일반 섭리가 있기는 한 것인가? 모든 일반 섭리는 당연히 여러 특별 섭리들로 이루어진 것 아닌가? 일반 섭리를 말하면서 그렇지 않은 경우가 있는가? ⋯ 특별 섭리를 배제한 일반 섭리가 있다면 어떤 것인지 보여 주어라. 합리적인 사람이라면 이토록 어설프고 자기 모순적인 엉터리 이론을 영원히 거부할 것이다.[116]

토머스 크레인(Thomas Crane)의 「하나님의 섭리」(A Prospect of Divine Providence)[117]를 읽었던 웨슬리는, 강력함과 돌봄을 증대시키는 삼중적 원으로 특별 섭리를 보았다. 따라서 바깥 원은 "기독교 세계뿐 아니라 ⋯ 무슬림 세계와 ⋯ 다른 이방인 세계 모두를"[118] 포함한다. 두 번째 좀 작은 원은 기독교인이라 불리는, "그리스도를 믿는다고 고백한"[119] 모든 사람들을 포함

---

115) Ibid.

116) Ibid., 2:546~48. 웨슬리는 또한 1781년 7월 그의 일지에서 특별 섭리를 이렇게 주장한다. "특별 섭리론(특별 섭리가 아니고는 어떤 것도 섭리가 아니다)은 영국에서 절대적으로 시대정신이 아닌 것이 사실이다. 사려 깊은 학자라면 독자들의 호응을 얻기 위해 글을 쓸 수도 있다. 그러나 나는 그렇게 하는 것이 진정한 사려 깊음이라고 생각하지 않겠다. 왜냐하면 그렇게 할 경우 오늘날까지도 영국에 살고 있는 다수의 셀틱 사람들(Britons)이 일정한 주장을 위해 성서를 사용하는 것처럼, 얻는 것보다 잃는 것이 많을 것이기 때문이다. W. Reginald Ward and Richard P. Heitzenrater, eds., The Works of John Wesley, vols. 18~23, Journals and Diaries I~VI (Nashville: Abingdon Press, 1988~95), 23:214.

117) Outler, Sermons, 2:541, n. 30.

118) Ibid., 2:542. 웨슬리는 무슬림들이 그리스도를 받아들이지 않는 이유가 이름뿐인 기독교인들 때문이라고 보았다. 웨슬리의 진술은 이렇다. "그러므로 엄청난 장애가 기독교인의 삶으로부터 제거되고 있다. 말하자면 무슬림들이 다른 눈을 가지고 기독교인들을 바라볼 것이고, 이들의 말에 귀를 기울일 것이다. 이제 기독교인들의 말이 하나님의 기운으로 옷 입게 될 것이고 성령의 증거를 얻게 될 것이다." Outler, Sermons, 2:495.

119) Ibid. 2:543.

한다. 마지막 세 번째 원은 가장 안쪽에 위치한 것으로 참된 기독교인들만을 포함한다. "이들은 형식뿐 아니라 영과 진리로 하나님을 예배한다."[120] 그러므로 섭리적 돌봄은 그리스도를 믿고 신뢰하는 깊이에 따라 등급이 매겨진다.

많은 영적인 선물과 심지어는 몇몇 심리적 선물은 하나님을 사랑하는 섭리적 돌봄을 아는 것, 곧 사랑과 은총에 기인한다. 확신이 축적되어 건강하게 된 하나님의 자녀들은 거룩하고 능력 있는 통치자가 그들을 깊이 돌보심을 알아 자신들의 불행과 좌절을 뚫고 나가게 된다. 불행이 있다할지라도 세계는 무질서와 돌발적인 일들이 혼란스럽게 일어나는 곳이 아니다. 궁극적으로 축복이 되는 하나님의 은총이 넘치는 뜻은, 자신의 존재의 중심에 지극히 높으신 하나님을 사랑하는 사람들의 삶이 좌절로 끝나게 하지 않을 것이다. "당신이 하늘과 땅을 지으신 창조자와 통치자의 돌봄 아래 있다면, 하늘이나 땅에 있는 어떤 것이 당신을 해할 수 있겠는가?" 웨슬리는 다시금 이렇게 선포한다. "모든 땅과 지옥, 생명이 있는 피조물과 생명이 없는 피조물 모두가 당신을 대항해 일어선다 할지라도, 하나님이 당신 편에 있다면 아무도 당신을 해할 수 없다. 하나님의 은총이 넘치는 친절함이 '방패로서' 당신을 덮을 것인즉!"[121]

속성들에 대한 요약

거룩함과 사랑의 상관관계인 상황에서 전능한 하나님을 거룩한 사랑의 하나님으로 이해함으로써 웨슬리는 자연스럽게 하나님의 존재를 긴장이나 접속으로 기술했다. 달리 말하면, 이것이 웨슬리가 견지하는 가장 기본적인 신학적 성향이다. (율법과 은총, 믿음과 거룩한 삶 같이) 실천신학에 나타난 또 다른 접속들은 탁월하면서도 규범적인 하나님의 성품과 존재에 대한 신실한 성찰임이 틀림없다. 실로 거룩한 사랑은 초월(분리)과 내재(연합)를 구분하여 웨슬리의 신성을 이해하게 한다. 이 긴장이 하나님/아버지의 역할을 (정의와 거룩한 도덕적 법에 따른) 통치자와 (선과 지혜와 은총)에 의한 창조자로서 보게 한다. 이렇게 이해될 경우 웨슬리의 구원론에서 분명하게 드러난 율법과 은

---

120) Ibid. 웨슬리 구원론을 온전히 이해하기 위해 요청되는 참된 기독교의 동기를 찾아보려면, Kenneth J. Collins, *A Real Christian: The Life of John Wesley* (Nashville: Abingdon Press, 1999, 「진정한 그리스도인: 존 웨슬리의 생애」, 박창훈 옮김[서울신학대학교 출판부), 161을 참조할 것.

총의 생생한 접속은, 하나님의 존재와 목적을 드러내는 보다 큰 접속으로 인식되어야 한다. 그러므로 웨슬리 실천신학에서 주밀하게 전

웨슬리 신학에 나타난 두 주요 접속들

1. 거룩함(거룩한 사랑)과 은총
2. 율법과 은총

개된, 거룩한 사랑과 은총의 기본적인 신학적 성향에 주의를 기울인다면 우리는 하나님의 미와 선뿐 아니라 하나님의 사랑과 은총, 거룩함으로 창조된 모든 존재들의 경외와 가능성을 볼 수 있다. 마지막으로 이는 웨슬리 신학을 불필요한 철학적 추상과 사색의 함정에 빠지지 않게 한다. 왜냐하면 거룩하신 하나님은 지혜롭고 선하며 공의롭고 영원하며 편재하고 전지하며 전능한 거룩한 사랑의 하나님이기 때문이다.

오늘과 내일: 우주론의 최근 동향들

웨슬리는 「창조에 나타난 하나님의 지혜에 대한 탐구: 자연철학 개요」(A Survey of the Wisdom of God in the Creation: Or a Compendium of Natural Philosophy)의 출판에서 보여 주듯이 물리과학 특히 천문학에 지대한 관심을 갖고 있었다. 래이(Ray), 더햄(Derham), 뉴엔티트(Nieuentyt), 마더(Mather)의 책을 읽었던[122] 웨슬리는 라틴어에서 번역된 부데우스(Johann Franz Buddeus, 1667~1729) 책을 참조했다. 코부르크(Coburg), 할레(Halle), 예나(Jena)와 같은 곳에서 교수직을 갖고 있었던 부데우스는 돌출적이면서도 탁월했던 스타일로 알려진, 독일 루터교회의 재능 있는 신학자였다. 그러나 웨슬리는 부데우스의 연구를 무조건 사용하지는 않았다. 그는 "모든 장과 거의 모든 항을 축소시키거나 더하거나 변경하였다."[123] 그렇게 하여 웨슬리는 실제적인 의미에서 「자연철학 개요」를 자신의 책으로 만들었다. 웨슬리가 이 책을 출판한 전체적인 목적은 창조자 하나님을 영화롭게 하는 데 있었다. 달리 말하면, "게으르고 황량한 호기심을 즐기기 위해 이 책을 쓴 것이 아니라 하나님의

---

121) Outler, *Sermons*, 2:548.

122) Jackson, *Wesley's Works*, 14:300.

123) Ibid., 14:30. 흥미로운 사실은 웨슬리가 독자들에게 자신이 부데우스(Buddeus)의 책을 사용했음에도 불구하고 연구가 구조화되고 나누어지는 방식을 위해 더햄(Derham)의 계획을 통합했음을 알려 주고 있다는 점이다. Ibid.

능력과 지혜와 선이라는 보이지 않는 영역을 기술하기 위해서였다."[124]

웨슬리는 「자연철학 개요」에서 성서의 해석과 과학의 발견으로 나누어 진리를 표현하고자 했다. 예컨대, 몇몇 성서 구절들이 지구의 움직임에 대해 알려진 내용과 모순됨을 지적하면서 성서와 과학에는 중요한 차이가 있다고 생각했다. "성서는 철학이나 천문학의 가르침을 주려는 것이 아니다. 따라서 철학이나 천문학의 문자적인 표현을 성서에서 찾으려 해서는 안 된다."[125]고 보았던 것이다. 이렇게 정리를 한 웨슬리는 당시 과학이 발견한 것들을 자유로이 사용하여 창조된 존재들의 경외와 영광을 성찰했다.

웨슬리는 (오늘날 우리가 과학이라 부르는) 자연철학에 흥분을 가라앉히지 않은 채 어린아이의 경탄으로 다가갔던 것 같다. 1703년 뉴턴(Isaac Newton, 1642~1727)은 왕립협회 회장으로 선출되었다. 이보다 앞서 1687년에 뉴턴은 「자연철학의 수학적 원리」(Philosophiae Naturalis Principia Mathematica)를 출판하여 당시 물리학계에 혁명을 이루었다. 갈릴레오의 연구에 기초하여 그는 본질적으로 움직이는 물체에 대한 과학을 다시 쓰면서 처음으로 혜성들이 궤도를 이탈하지 않게 하는 것은 지구에 작동하고 있는 중력이라고 이해했다. 이때 핼리(Edmund Halley)는 1705년에 뉴턴의 통찰 가운데 세 가지 운동법칙을 적용하여 1682년에 나타났던 혜성이 76년의 순환을 완성하고 1758년에 되돌아올 것이라고 정확히 예견했다. 핼리는 이 사실을 보지 못하고 죽었다. 또한 조지 3세 왕이 왕립 천문학자로 임명한 윌리엄 허셀(William Herschel)은 태양이 헤라클레스(Hercules) 별자리를 향해 움직인다고 결론 내렸다. 그래서 그는 둘이 짝을 이루는 이중성(double stars, 二重星)의 목록을 출판했고 행성 천왕성(Uranus)을 발견했다. 웨슬리는 허셀의 「하늘의 구도」(On the Construction of the Heavens)라는 책을 읽고 은하수의 모양을 생각했다. 거기다가 더햄(William Derham)은 웨슬리가 차터하우스에 있었던 1714년 「천체신학」(Astro-theology)을 출판했다. 이 책은 천문학으로부터 하나님에 대한 관상으로 옮겨 간 것으로 웨슬리가 가장 영향을 많이 받은 책이었다.

무엇보다도 웨슬리는 「자연철학 개요」를 다시 편집하여 당시의 과학적 지

---

124) Ibid., 14:300.
125) John Wesley, *A Survey of the Wisdom of God in the Creation: A Compendium of Natural Philosophy*, (Lancaster, Pa.: William Hamilton, 1810), vol. 2, section 139.

식을 가질 수 있었다. 실제로 당시 다른 종교인들과는 달리 (지금 기준으로 보면 턱없이 작게 판단한 것이지만) 우주의 크기를 당시 과학자들의 주장에 따라 팽창하는 우주를 받아들임으로써, 지구 너머에 있을 또 다른 세계의 가능성을 생각했던 것이다. 웨슬리의 변론을 들어보자.

> 우리가 살고 있는 태양계가 수없이 많은 체계 가운데 하나일 뿐이라는 주장은 이제 훨씬 설득력 있고 합리적인 추론으로 보인다. 우주는 무한히 확장되어 있고 무수히 많은 세계들로 펼쳐져 있다. 창조자의 주권은 비교적 왜소하고 고독한 세계나 체계에 제약되지 않는다. 오히려 창조자의 주권은 지혜만큼이나 광대하고 그 능력만큼이나 무한하다.[126]

더 나아가 웨슬리는 「자연철학 개요」에서 거룩한 하나님은 "하나의 별에 붙어 있는 조그만 행성에 지나지 않는, 작고 흩어져 나가는 우리의 거처 지구뿐 아니라"[127] 전체 우주의 주님이라고 주장한다. 코페르니쿠스(Copernicus)의 발견을 온전히 받아들였던 것이다. 코페르니쿠스는 「천체의 혁명」(On the Revolutions of the Heavenly Spheres)이란 책에서 지구가 아니라 태양이 태양계의 중심이라고 주장했다.[128] 달리 말하면, 웨슬리는 가톨릭 종교 재판소에서 했던 것처럼 기독교 신앙의 온전함과 진리를 아리스토텔레스와 프톨레마이오스의 입장과 연결시키지 않았다.[129] 웨슬리의 우주관은 광대했고, 자신의

126) Ibid., vol. 2, section 112.
127) Ibid., vol. 2, section 134. 최근의 두 과학자(한 사람은 고생물학자이고 또 다른 사람은 천문학자임)는 우주가 여러 은하수들과 수십억의 별들로 이루어져 있지만 실제로 생명은 여러 행성에 드물게 존재한다고 주장한다. Peter Ward and Donald Brownlee, Rare Earth: Why Complex Life Is Uncommon in the Universe (London: Springer Verlag, 2003). 더구나 소통의 문제도 있다. 그러므로 지성적인 생물체가 존재한다 해도 우주의 크기와 시공 안에서 빛의 속도가 갖는 한계를 생각해 보면 생물체들이 접촉하는 일은 실제 불가능하다. 거기다가 (빛의 속도로 팽창해 갈 수 있는) 우주 자체의 계속적인 팽창은 이 소통의 문제를 더욱 어렵게 한다. Steve Nadis, "Will Dark Energy Steal the Stars?" Astronomy (November 2004): 100~105.
128) Wesley, Survey of the Wisdom of God in the Creation, vol. 2, section 110. 여기서 웨슬리는 이렇게 주장한다. "이 점에서 태양이 움직이지 않는 고정된 중심이고 다른 행성들이 그 주위를 돈다고 주장한 코페르니쿠스의 체계가 일반적으로 받아들여진다."
129) 베네치아와 바티칸에서 행해진 종교재판들에 대한 연구를 찾아보려면, Michael White, The Pope and the Heretic: The True Story of Giordano Bruno, the Man Who Dared to Defy the Roman Inquisition (New York: HarperCollins, 2002)을 참조할 것.

기독교 신앙에 비추어 우주를 창조한 하나님은 우주보다 더 크고 광대했다.

호기심이 많았던 웨슬리는 갈릴레오의 이전 연구와 함께 코페르니쿠스의 이론을 받아들이고 있었던 것을 보면 당시 일고 있었던 최초의 혁명적인 우주론을 잘 알고 있었음을 보여 준다. 또 다른 우주론에서의 두 혁명은 20세기나 되어 일어난다. 예를 들면, 1924년 변호사였다가 천문학자가 된 에드윈 허블(Edwin Hubble)은 은하수 너머 다른 은하들이 존재한다는 것을 발견했다. 웨슬리 당시 허셸이 성운으로 여겼던 것은 은하로 판명됐다. 그 후 5년이 지난 1929년 윌슨 관측소(Mount Wilson Observatory)에서 일하던 허블은 우주가 고정되어 있지 않고 실제로 확장하고 있다는, 더 놀라운 결론을 내놓았다. 이는 아인슈타인의 생각조차 넘어서는 것이었다. 허블의 헌신적인 노력을 통해 멀리 떨어져 있는 은하수들이 내는 빛은 붉은 색으로 변해 가는 바, 이는 은하수들이 관측지인 지구로부터 멀리 떨어져 나가고 있음을 의미한다는 것을 발견했다. 거기다가 은하수들이 더 멀리 떨어져 나갈수록 이들은 더 빠르게 움직여 간다는 의미라는 것을 알게 되었고, 따라서 모든 은하수들이 멀리멀리 움직여 나간다는 결론에 이르렀다.

허블의 연구에 토대를 둔 천문학자들은 만일 우주가 시간을 두고 실제로 확장해 간다고 했을 경우 시간을 뒤로 돌려 생각해 볼 때, 이전의 우주는 크기가 지금보다 훨씬 작았을 테고 밀도는 훨씬 강했을 것임을 알게 되었다. 1920년대 이미 프리드만(Alexander Friedman)과 르메트르(Abbe Geroges Lemaitre)는 빅뱅에 해당하는 이론을 내놓았고, 1940년대 가모브(George Gamow)가 현대적으로 체계를 세웠다. 특이점으로부터 시작해 우주가 팽창한다는 것은 (시계를 뒤로 돌렸을 경우) "우아한 삭은 우주의 개념"[130]을 날려 버린다. 실로 우주는 정확한 시작을 갖고 있고 처음 1초 안에 나누어진 여러 순간들은 그 결정적인 차이가 지속된다는 것과 처음으로 우주의 확장의 원인을 파악하려는 도전에 직면하게 되었다.[131] 간단히 말해 시공간은 왜 시작된 것인가?

---

130) Charles Seife, *Alpha and Omega: The Search for the Beginning and End of the Universe* (New York: Penguin Books, 2003), 32.

131) 허블의 우주 망원경이 갖는 중요 과제 중 하나는 우주가 얼마나 빠르게 팽창하고 있는지를 결정하는 일이다. Ibid., 53.

과학자들은 시간의 최소 단위 이전, 예컨대, 십의 마이너스 43승 이전의 기간인 플랑크 시간에 무슨 일이 일어났는지 명확하게 규명하지 못하고 있다. 여기서 과학자들은, (예를 들면 아인슈타인의 일반상대성원리) 별과 은하수와 같은 큰 규모로 우주를 이해하도록 도왔던 고전 물리학자들은 양자역학 이론으로도 잡아낼 수 없는 특이점에 가까운 아주 작은 세계를 설명해 낼 수 없다. 전자기, (몇몇 방사능의 형식 그리고 아원자적 분자들 사이의 상호작용을 구성하는) 약력, (쿼크와 같은 소립자들을 묶는) 강력, 중력 이렇게 중요한 네 가지 물리적 힘 가운데 셋이 양자물리학 이론으로 설명이 되지만, 중력은 양자물리학으로 설명이 되지 않으며 여전히 수수께끼로 남겨져 있다. 그러나 이 네 가지 힘 모두가 통합된 이론으로 양자적 실재에 의해 설명될 때만이 우주의 신비가 풀릴 것이다. 그러나 케임브리지 대학에서 수학 교수로 있는 저명한 호킹(Stephen Hawking)은 초기 우주의 요소 가운데 팽창률과 같이 여러 요소가 정확하게 배열되어서 맨 처음 우주가 등장하게 된 것 같다는 주장을 멈추지 않았다. 호킹의 설명을 들어보자.

> 만일 빅뱅 후 일 초 동안의 우주의 팽창률이 1000억분의 1만큼 작았더라면, 우주는 현재 크기에 다다르기 전에 붕괴되었을 것이다. 다른 한편, 만일 팽창이 한순간 똑같은 정도로 컸더라면, 우주는 너무 커져서 지금쯤은 완전히 공이 되었을 것이다.[132]

이러한 관찰을 통해 호킹은 "만일 우주가 팽창한다면, 왜 시작이 있어야만 하는지 물리적인 이유가 있을 것"이라고 생각했다. "여기서 우리는 여전히 하나님께서 빅뱅의 순간에 우주를 창조하였다고 생각할 수 있다."[133]

웨슬리가 알지 못하는 물리학과 우주론의 또 다른 주요 혁명은 (그 요인이 허블 상수라고 알려진) 우주의 팽창률과 이 팽창률이 갖는 의미와 관계하는 바, 그 의미의 적용에 따라 여러 사유의 줄기가 나타나게 되었다. 최근에 이르러서야 과학자들은 중력의 제동력 때문에 우주의 크기의 팽창률이 서서히 느

---

132) Stephen W. Hawking, *The Theory of Everything: The Origin and Fate of the Universe* (Beverly Hills, Calif.: New Millennium Press, 2002), 104.
133) Ibid., 15.

려진다고 생각했다. 그러나 1998년 몇몇 천문학자들이 초신성의 폭발을 연구하다가 실제로 우주의 폭발 속도가 증가하고 있음을 발견하게 되었다. 이제는 거의 고정된 이론이 되어 버린 허블 상수와 함께 우주는 '평평하며' 영원히 팽창해야 한다. 과학자들은 '암흑 에너지'로 알려진 어떤 힘이 이 팽창 속도를 가속화시키는 원인이라고 추측한다. 그러므로 우주의 운명은 (빅뱅의 반대가 되는) 대 수축(a big crunch)이 아니며 불의 소멸도 아니다. 오히려 점점 팽창하고 있는 우주는 노쇠하게 되고 더욱 차가운 상태가 되어 결국은 죽게 될 것이다.

이 세 가지 혁명의 관점에서 현대 과학자들과 우주론자들은 기본적인 모델 둘을 제시하여 우주의 기원을 설명하고자 한다. 첫 번째는 빅뱅 이론의 모델에서 출발하는 호킹의 모델인데, 특이점 곧 시공의 시작이 전혀 존재하지 않는다는 이론이다. 우주의 시공의 차원은 유한하지만 경계가 없다. 마치 크기에서는 한계가 있지만 시작점이나 끝점이 없는 것과 같다. 호킹의 설명을 들어보자.

> 시공의 범위가 유한할 수 있다. 그러나 경계나 가장자리를 구성했던 특이점이 없다. 시-공은 두 개 이상의 차원을 지닌 지구 표면과 같다. 지구 표면은 범위가 유한하지만 경계나 가장자리를 가지지 않는다.[134]

이 모델에 기초해 보면 창조의 순간도 없고 창조자가 창조할 순간도 없다. 왜냐하면 우주는 자기-포용적이기 때문이다. 간단히 말해 고대 그리스인들이 이미 오래 전에 주장했듯이 우주는 언제나 거기 존재했었다. 그러니 다른 과학자들은 이렇게 생각하지 않았다. 왜냐하면 호킹의 모델이 질서 정연하게 작동하기 위해서는 호킹은 상상의 시간 개념에 호소해야 하기 때문이다.

빅뱅의 통찰에 의존하고 있는 둘째 모델은, 우주가 양자의 파동이나 또 다

---

134) Stephen W. Hawking, *A Brief History of Time: From the Big Bang to Black Holes* (New York: Bantam Books, 1988, 「시간의 역사」, 김동광 옮김[까치]), 135~36. 흥미롭게도 호킹은 바티칸에서 예수회가 조직한, 우주론에 대한 학술회의에 참석했을 때 교황이 "빅뱅 이론에 문제를 제기하지 마라. 왜냐하면 창조의 순간이 있었고 따라서 하나님의 창조가 있었다."라고 참석자들에게 주문하고 있음을 지적하고 있다. 호킹은 시작도 없고 창조의 순간도 없을 수 있다고 자신이 주장했던 사실을 교황이 몰라서 기뻐했다. Ibid., 116.

른 우주로부터의 블랙홀에서 생겨났다고 생각한다. 양자의 진동을 지배하고 있는 하이젠베르크의 불확정성 원리는 빈 공간이 '양자의 규칙이 정한 시간 한계 내에서'[135] 나타났다가 사라지는 에너지 묶음들로 살아 있다고 가리킨다. 아직 밝혀지지 않은 어떤 이유 때문에 한 묶음의 에너지가 떨어져 나와 급속히 팽창했고 현재의 우주가 되었다. 또 다른 가능성에 대해 존 그리빈(John Gribbin)은 "우주의 모든 블랙홀은 또 다른 우주로 이어지는 통로이며 우리의 우주는 다른 우주의 블랙홀이 붕괴되어 광대한 시공 안에 거품으로 이루어진 우주들이 무한의 대양을 만들어 내면서 형성되었을 수 있다."[136]고 주장한다. 이러한 이해를 토대로 프리드 애덤스(Fred Adams)와 다른 학자들은 호수의 거품들과 같이 여러 우주들이 존재하는 '하나의 우주'가 아니라 '다 우주'를 주장한다. 애덤스의 설명을 들어보자.

> 그러나 물리학 법칙들을 통해 우리 우주의 탄생을 설명할 수 있다면, 동일한 법칙들은 동일한 기제를 통해 전체적으로 수많은 우주의 탄생을 설명할 수 있다. 다른 조그만 조각의 시공이 존재를 시작함으로 탄생된 다른 우주들은 진화를 계속할 것이고 우리 우주와 결코 만나지 않을 것이다.[137]

이러한 최근의 과학에서, 우리가 태양계로부터 은하수로, 은하수로부터 성단으로, 성단으로부터 성운으로, 성운으로부터 초 은하집단들로, 그리고 계속해서 복합계 초 은하집단들 혹은 초 은하 울타리 등으로 움직여 가면서 현기증 날 정도의 우주의 크기를 파악해 가게 됨에 따라 우주의 구조가 변하게 된다. 다우주를 궁극적 기준으로 삼아 우주를 호수 안에 있는 하나의 거품으로 볼 것인가? 아니면 호수조차도 보다 큰 구조의 일부분에 지나지 않는다고 볼 것인가?

만일 오늘날 웨슬리가 살아 있다면 우주론에 관심을 가졌던 그는 최근의 모델들에 대해 무엇이라 대응했을까? 세계는 창조자의 말씀으로부터 존재

---

135) John Gribbin, *Almost Everyone's Guide to Science* (New Haven: Yale University Press, 1999), 213.

136) Ibid., 215.

137) Fred Adams, *Our Living Multiverse* (New York: Pi Press, 2004), 64~65.

하게 되었다고 주장했던, 영국의 사제 웨슬리는 유신론자로서 우주(시공)에 특이점의 여지가 없고 때문에 시작도 없고 창조자도 필요하지 않다고 주장한 호킹의 이론을 받아들일 수 없었을 것이다. 그러나 특별히「자연철학 개요」에 나타난 사상에 기초해 볼 때 웨슬리가 빅뱅 이론을 포용할 수 있을 뿐 아니라 양자 파동이나 블랙홀 같은 최근의 표현들을 받아들였을지도 모른다는 주장은 결코 과장이 아니다. 예컨대, 이러한 과학적 이론의 발전은 창조자가 모든 존재를 창조했다는 것을 표현하는 방법이며 과정으로 비쳐질 수 있다. 그러므로 우주가 지금까지 우리가 생각했던 것보다 더 크고 경외로운 것이라면 그 우주를 창조한 분도 그렇게 우리가 생각했던 것보다 더 크고 경외로운 분이라는 것이 웨슬리의 생각이다.

그러나 자신의 전제와 가정에 기초할 때 웨슬리는 하나님의 실재를 고려하지 않는 자연주의적 설명을 받아들일 수 없었다. 그 이유는 쿼크, 경입자(lepton), 글루온(gluon, 쿼크 간의 상호작용을 매개하는 입자), 광자(photon), 보손(boson, 스핀이 정수(整數)인 소립자·복합 입자) 배후에 창조된 존재자들을 통해 하나님의 생명의 아름다움과 경외감을 전하기 위해 거룩한 사랑으로 만물을 창조한 창조자, 하나님의 성령, 하나님의 말씀이 존재하기 때문이다.

제2장

거룩한 사랑으로 창조되었으나
본성상 타락한 인간

주님께서 베일을 벗기기까지
불신앙에 갇혀 신음하며
알 수 없는 신을 맹목적으로 섬깁니다.
말로 표현할 수 없는 은총을 베푸사
주님의 이름을 내 마음에 새기시고
주님의 사랑을 드러내소서.

Franz Hildebrandt and Oliver A. Beckerlegge, *The Works of John Wesley.*
A Collection of Hymns for the Use of the People Called Methodists (Nashville: Abingdon
Press, 1983, 「웨슬리 찬송시선집」, 나형석 옮김[kmc]), Hymn #114, 7:225.

하나님의 선하심과 지혜로우심은 빛나는 태양으로부터 자라는 식물에 이르기까지, 요동치는 혜성으로부터 어린아이의 조용한 울음에 이르기까지, 하나님이 만드신 피조물 안에 나타났다. 웨슬리는 이 창조된 질서가 하나님의 자유와 주권적 활동을 나타낸다고 주장한다. 예컨대, 지극히 높으신 이가 하나님의 형상으로 인간을 창조할 때, 영원하신 하나님은 인간을 조성하기 전 어떤 사람으로부터 허락을 받고 한 것이 아니었다. 그 이유는 아주 기본적인 관계와 상호 책임이 나타나기 전에 주권적인 창조 활동이 요구되기 때문이다. 웨슬리 신학을 논할 때 다른 곳에서도 논한 것처럼 값없이 넘치도록 부으시는 하나님의 은총의 역사인 하나님 홀로의 활동이 책임을 논하기에 앞서 먼저 요구되는 조건이다. 간단히 말해서 하나님과 인간의 관계 배후에 순전하고도 온전한 존재의 선물이 있다.

복잡한 존재로 창조된 인간

웨슬리가 어떤 의미에서 창조의 절정인 인간의 창조를 생각했을 때 염두에 둔 것은 인간 존재의 단순성이 아니고 복잡성이었다. 우선 남자와 여자는 우연적 존재로서 창조된 질서에 뿌리를 둔다. 몸을 가진 인간은 육체의 요소로 구성되며 형성된다. 고대 사상가 엠페도클레스(Empedocles)의 사상을 부활시킨 웨슬리는 인간은 "흙, 물, 공기, 불 네 요소로 구성된 이상한 복합물"[1]이라고 주장했다. 더 나아가 그는 "인간이 흙의 분자로 이루어진 흙의 일부이며 이 분자들이 어떻게 엮이는지는 모른다."[2]고 하였다. 말하자면 인간은 자연에 뿌리를 두고 있을 뿐 아니라 자연의 제약을 받는다고 보았다.

웨슬리는 인간 존재의 물리적 본성을 간과하지는 않았지만 그렇다고 해서 물리적 본성이 인간의 본질을 구성할 수 있는 것은 아니라고 주장했다. 웨슬리의 설명은 이렇다.

---

1) Albert C. Outler, ed., *The Works of John Wesley*, vols. 1~4, *Sermons* (Nashville: Abingdon Press, 1984~87), 4:21.
2) Ibid., 4:20.

먼저 인간이 차지하는 부피와 관련해서 인간이 무엇인지 생각해 보자. 대영제국의 모든 주민과 비교했을 경우 개인 한 사람은 어떤가? 비교해 보면 한 개인은 무와 가깝다. 팔백만 혹은 천만의 사람과 한 사람을 비교해 보면 생각할 수조차 없을 정도로 보잘것없는 것이다. "끝도 없는 대양 한가운데 사라지는 물방울 하나"3)라고나 할까?

현대 과학자들은 인간의 몸을 구성하고 있는 화학적 요소들의 가치를 따져 물으면서 인간이 얼마나 보잘것없는지 환원론적인 입장을 제시하곤 했다. 마찬가지로 몇몇 물리학자들과 천문학자들은 우주의 광대함과 크기를 말하면서 인간이 얼마나 보잘것없는지를 상기시키려 했다. 그러나 이들은 우주의 광대함조차도 인간의 지성으로 사유를 시작한다는 사실을 잊고 있었다. 캐논(William Cannon)이 지적했듯이 당시 웨슬리는 인간이 지닌 경외와 영광을 간과한 두 기본적인 오류에 빠지지 않았다. "웨슬리는 물리적 질서와 지성적 질서뿐 아니라 영적 질서에서도 인간의 자리가 얼마나 중요한지를 정확하게 기술했다."4)

다음으로, 웨슬리는 복합적인 피조물인 인간이 몸뿐 아니라 영을 가진 존재로 창조되었다고 보았다. 인간은 흙으로 지은 집일 뿐 아니라 영원히 죽지 않는 영이라고 생각했다. "… 인간은 타락할 수 없는 영광의 하나님 형상으로서 전체 지구와 태양과 달과 별들을 모두 합한 물질로 이루어진 전체 창조 세계에 비교될 수 없는 무한히 가치가 있는 영이다."5) 그리고 "영과 물질로 합성된 … 인간은 영과 물질이 연합하는 동안 둘 중 하나만 활동하는 것이 아니고 함께 활동해야 한다는 원법(original law)에 의해 제정되었다."6)고 기록한다. '사유 원칙'(데카르트의 사유적 영역, Descartes'res cogitans)의 구분을 인정함에도 불구하고 영혼과 몸의 경계에 대해서는 다소 불확실했던 웨슬리는 이 원리가 일반적으로 뇌와 관계하는지 아니면 특별히 송과선의 갑상선

---

3) Ibid., 3:456.
4) William R. Cannon, *The Theology of John Wesley, with Special Reference to the Doctrine of Justification* (Lanham, Md.: University Press of America, 1984), 179.
5) Outler, *Sermons*, 3:460.
6) Ibid., 4:296.

과 관계하는지 확신이 없었다. 그러나 철학적으로 말해서 독립적이고도 지속적인 영혼의 실재를 긍정함으로써 인간이 단순히 몸(이며 몸으로부터 일어나는 여러 상태들)이라는 물질적 입장을 피했다. "단언컨대 나는 몸과는 구분된 어떤 것이며 내 몸이 그 안에 필연적으로 포함된 것은 아님이 분명해 보인다."[7] 몸을 입은 영으로서의 인간은 창조 질서에 뿌리를 두고 있고 시공의 제약을 받고 있다. 그러나 영이 "하나님의 형상 곧 영광의 하나님의 타락할 수 없는 형상으로 창조된"[8] 불멸의 영이기 때문에 영은 수많은 방식, 예컨대, 지성적 삶의 형식 요인에 참여함으로써, 도덕적 차원을 지각함으로써, 그리고 경배와 예배를 통해 하나님을 영화롭게 함으로써, 물리적 몸의 존재가 갖는 제약들을 초월할 수 있다. 웨슬리는 "인간의 영은 보이는 세계의 어떤 영역보다도 더 높은 질서에 속하며 탁월한 본성으로 이루어졌을 뿐 아니라 해체나 부식하지 않고 지속한다."[9]고 생각했다.

하나님의 형상

창세기 처음 몇 장을 성찰하면서 웨슬리는 아담과 하와가 하나님의 형상으로 창조되었다는 것과 함께 이들의 영적인 본성과 초월성을 탐구했다. 가장 일반적인 의미에서 하나님의 형상(imago Dei)은 거룩한 사랑의 상징인 관계적 방식으로 이해되어야 한다. 웨슬리의 연구에 따르면, "하나님은 사랑이다. 따라서 창조할 때 인간은 사랑으로 가득했다. 사랑이 인간의 모든 성정과 사유, 말과 행동의 유일한 원리이다."[10]라고 기록한다. 다른 말로 하면 아담과 하와의 욕망뿐 아니라 생각과 뜻은 모두가 가장 높은 이상인 하나님께 기원을 두고 있었다. 지극히 높으신 이와 고유한 관계를 갖고 있었던 아담과 하와는 고요한 평화와 은총, 순수함의 열매를 바르게 향유했다.

---

7) Ibid., 4:23. 웨슬리는 미래에 부활의 때에 몸과 영혼이 다시 한 번 연합하게 될 것임을 덧붙인다. "현재 상태에서 나는 의심할 바 없이 영혼과 몸으로 구성되어 있다. 그리고 부활 후 영원의 세계에서 나는 다시금 그렇게 될 것이다." Ibid.
8) Ibid., 3:460.
9) Ibid. 웨슬리는 영혼이 몸을 구성하고 있는 네 요소(흙, 물, 공기, 불)로 이루어진다고 생각하지 않는다. 자기-운동의 기본적인 요소를 결하고 있는 네 요소는 다른 본성에 속한다. Outler, *Sermons*, 4:22.
10) Ibid., 2:188.

또한 웨슬리는 "사랑이 바로 하나님의 형상이다. 예컨대, 사랑은 하나님의 영광이 빛나는 것이다."[11]라고 주장한다. 더구나 "사랑으로 인간은 하나님의 형상으로 창조되었을 뿐 아니라 어떤 의미에서 하나님과 하나이다."[12] 물론 이러한

하나님의 삼중적 형상
자연적 형상
정치적 형상
도덕적 형상

사랑의 연합은 존재와 관련하여 하나님과 인간을 구분하지 않는다는 의미에서 존재론적이지 않다. 오히려 사랑의 연합은 각 사람의 독특함을 무너뜨리지 않고 작은 영역에 이르기까지 관계하기에 관계의 선함, 진실 됨, 온전함을 강조한다. 웨슬리가 말했듯이, "하나님이 사랑임으로 사랑 안에서 인간은 하나님 안에 거하고 하나님은 인간 안에 거한다."[13]

웨슬리는 하나님의 형상을 세 영역으로 나누어 좀 더 세밀하게 탐구했다. 먼저 자연적 형상은 자기-운동의 원리를 포함하며 "영혼의 영적 본성과 불멸성으로 구성된다."[14] 하나님이 영이듯이 인간도 영이다. "하나님은 아담을 감각이나 지성이 없는 그저 물질로만 만들지 않았다. 아담은 (물질적 그릇에 담겨 있지만) 하나님과 같이 하나의 영이다."[15] 더 나아가 인간의 삶을 특징짓는 비물질적 원리나 영적 본성에 이해와 의지, 자유가 부여된다.

자연적 형상의 첫 번째인 이해에 대해서 웨슬리는 "절대적인 기준에서든 … 다른 것과 비교를 통해서든 거짓과 진실을 분별하는 능력"[16]이라고 주장한다. 이러한 인간의 인식능력은 어떤 면에서 하나님의 인식능력과 구분될 수 있다. 인간의 인식능력이 필연적으로 추론이나 시간의 과정에 따라 발전해 가는 시간성의 제약을 받는 반면, 하나님의 인식능력은 그 파악이 순간적

---

11) Ibid., 4:355.

12) Ibid.

13) Ibid., 1:184. 인간에 대한 웨슬리의 균형 잡힌 평가를 보려면 Seung-An Im, "John Wesley's Theological Anthropology: A Dialectic Tension between the Latin Western Patristic Tradition(Augustine) and the Greek Eastern Patristic Tradition(Gregory of Nyssa)" (dissertation, Drew University, 1994)를 참조할 것. 또한 Hiroaki Matsumoto, "John Wesley's Understanding of Man," *Wesleyan Quarterly Review* 4 (1967):83~102를 참조할 것.

14) Thomas Jackson, ed., *The Works of John Wesley*, 14 vols. (Grand Rapids, Mich.: Baker Book House, 1978), 9:381.

15) Outler, *Sermons*, 2:409.

16) Ibid., 4:293.

이다. 그러나 웨슬리는 인간의 이해가 하나님의 이해와 구분될 수는 있지만 "본래 피조물은 피조물로서 완전하게 모든 사물을 분명하게 파악할 수 있고 오류 없이 진리에 따라 판단할 수 있다."[17]고 보았다.

의지에 대해서 웨슬리는 감성과 열정, 기질의 별자리를 염두에 둔다. 이들 모두는 창조 시에 지고로 선하신 하나님을 향하고 있었다. 웨슬리는 아담의 의지는 "어떤 잘못된 편견도 없었고 모든 열정과 감성이 오류가 없는 이해의 안내를 받아 오직 선한 것만을 포용하며 안정적이고도 일관되게 정상이었다."[18]고 말한다. 여기서 웨슬리가 '감성들'(affections, 감성을 다양한 방식으로 발휘하는 의지)이란 복수 형식을 사용하고 있지만, 어떤 면에서 창조 시 인간의 감성은 하나뿐이었다고 주장한다. 예컨대, "인간은 하나님의 속성인 사랑이었다. 사랑이 인간 영혼의 모든 영역을 가득 채우고 어떤 경쟁도 없이 인간을 차지하였다."[19] 달리 말하면, 아담과 하와의 이해가 바로 진리를 향하듯이 의지 또한 고유하게 하나님의 사랑의 선함을 향한다.

만일 마지막 선물인 자유가 이해와 의지의 은 사에 더해지지 않는다면, 이해와 의지는 쓸모없는 것이 될 것이다. 자유가 없는 아담은 "흙 한 줌이나 대리석 덩어리가 창조주를 예배할 수 없는 것처럼 하나님을 예배할 수 없을 것이다." 그

자연적 형상의 요소들
이해
의지
자유

리되면 "아담은 생명도 없는 피조물의 일부로서 악이나 덕을 분별할 수 없을 것이다."[20] 따라서 하나님의 자연적 형상으로 인간을 창조할 때 지극히 높으신 하나님은 계약적 관계가 가능한 진정한 동역자를 원했을 뿐 아니라 자유 안에서 일어나고 커 갈 수 있는, 하나님의 거룩한 사랑 속에서 자신의 완전함과 목적을 발견하게 될 존재를 원했다. 선과 목적한 바를 선택할 수 있는 도

---

18) Ibid. 클래퍼(Clapper)는 '대상들'을 파악하는 기질과 성향, 감성의 복합으로 의지를 인식한다. Gregory S. Clapper, *John Wesley on Religious Affections: His Views on Experience and Emotion and Their Role in the Christian Life and Theology* (Metuchen, N.J.: Scarecrow Press, 1989). 기질을 분별할 수 있는 통로로서 주관성, 소명, 불러냄을 강조하는 패러다임을 찾아보려면 Kenneth J. Collins, "John Wesley's Topography of the Heart: Dispositions, Tempers and Affections," *Methodist History* 36, no. 3 (April 1998): 162~75를 참조할 것.

19) Outler, *Sermons,* 4:294.

20) Ibid., 2:439.

덕적이며 영적인 자유가 없었더라면, 아담과 하와는 "목재처럼 덕이나 거룩함을 행할 수 없었을 것이다."[21] 또한 이처럼 자유가 사랑과 행복 속에서 생겼지만, 동시에 하나님의 진리와 선함에서 벗어나 오용될 수도 있다. 웨슬리는 "인간이 냉담하게 처음 상태를 유지하거나 바꿀 수 있다."고 주장한다. "인간은 스스로 원하는 것을 했다. 인간은 선택의 순간에 만물 안에서 하나님을 선택해야만 했다."[22]

자연적 형상에 대한 웨슬리의 이해가 대체로 관계적이긴 해도, 때때로 그 요소가 은총에 기초한 능력으로 보이는 면이 있다. 예를 들면 순수 관계적 패러다임에서는 의지와 자유의 요소들이 하나님과 인간의 관계 자체로 체계화 될 것이다. 따라서 지극히 높으신 하나님은 피조물의 삶 안에 현존하는 것을 통해 자유와 의지의 모양과 방향을 결정하게 될 것이다. 그러나 웨슬리의 관점에서 보면 이해나 이성의 선물이 질서를 부여하는 역할을 감당한다. 아래 글에서 그 증거를 볼 수 있다.

> 아담의 의지는 어떤 잘못된 편견도 없었고 모든 열정과 감성이 오류가 없는 이해의 안내를 받아 안정적이고도 일관되게 정상이었다. 본래적 선의 정도에 맞게 오직 선한 것 곧 온전히 선한 것만을 포용했다. 마찬가지로 아담의 자유는 그의 이해의 안내를 받아 온전하게 선택하기도 하고 거부하기도 했다.[23]

하나님의 형상 가운데 두 번째는 정치적 형상이다. 정치적 형상은 인간이 서로가 또 하나님과 관계될 뿐 아니라 자연 자체에, 또한 다른 피조물과도 관계되어 있음을 보여 주고 있다.[24] 웨슬리는 창세기에 나오는 언어를 사용하여 정치적 형상의 특성을 정의하고 설명하면서 인간에게 "바다의 고기와 공

---

21) Ibid., 2:410.
22) Ibid., 4:295.
23) Ibid., 2:439. 하나님의 자연적 형상의 일부인 이해의 역할에 대한 웨슬리의 입장과 북미 감리교회에서 활동하는 매덕스의 설명을 비교해 보라. Randy, L. Maddox, "Holiness of Heart and Life: Lessons from North American Methodism," *The Asbury Theological Journal* 50, no. 2 (Fall 1995): 151~72.
24) 더닝(Dunning)은 하나님의 형상이 하나님, 다른 인간, 땅, 자신과의 관계라는 4중적 관계를 갖는다고 주장한다. H. Ray Dunning, *Reflecting the Divine Image: Christian Ethics in Wesleyan Perspective* (Downers Grove, Ill: InterVarsity Press, 1998), 45.

중의 새와 땅 위에서 살아 움직이는 모든 생물을 다스릴 수 있는 권한"[25]이 있음을 주목했다. "원죄론"(*The Doctrine of Original Sin*)이라는 논문에서 웨슬리는 인간을 "모든 창조 세계의 주인"[26]으로 표현했다. 이처럼 인간의 탁월한 위치는 자연스럽게 지배와 통치를 가리킨다. 단언컨대 웨슬리는 창조 안에 정립된 질서와 건강한 관계를 탐구하면서 다음과 같이 기술한다. "인간은 하나님 다음으로 땅을 다스리며 창조 세계의 왕자이고 통치자이다."[27] 따라서 1장에서 살펴보았듯이 하나님 홀로 통치자이지만 지고의 존재인 하나님은 자기의 특권을 배타적으로 행사하지 않고 은혜를 베풀어 인간에게 창조 세계를 다스리는 권한을 나누고 행사하도록 허락했다. 여기서 인간은 어떤 면에서 다른 피조물들과 구분되어 일종의 위계질서가 세워진다. 달리 말하면 통치자로서 인간은 홀로 다스리지 않고 지명된 2인자로서 통치한다.

그러나 창조 질서에서 인간의 지위는 지배와 권위 혹은 이로 인한 위계질서의 입장이 아니라 하나님의 넘치는 은총의 중재라는 입장에서 바라볼 수 있다. 웨슬리에 따르면 인간은 창조 세계를 위해서 선택된 하나님의 축복의 큰 통로이다. 그러므로 어떤 의미에서 인간은 동물 세계의 총체적인 상황에 책임이 있다.[28] 그러므로 이것은 다른 피조물들을 대할 때 적합한 관계의 중요성을 망각하고 도구적 방식으로 취급하는 군림의 지배(a rule 'over')가 아니라, 보다 큰 하나님의 선을 가진(with) 또한 그 선을 위한(for) 지배이다. 간단히 말하면, 진정한 제2의 통차자요 공동의 지배자인 인간은 제1의 통치자인 하나님이 원치 않는 방식으로 다른 피조물을 대할 수 없다. 그러므로 성서가 말하는 지배는 일방적이거나 관심을 주지 않는 지배가 아니라 함께하는 지배이다. 인간과 다른 피조물의 관계가 갖는 본래의 성격을 웨슬리는 이렇게 기술한다.

낙원에서 하나님의 축복이 인간을 통해 다른 피조물에게로 흘러갔고, 인간은 창조자와 전체 창조 세계를 소통하는 위대한 통로였다. 그러나 인간이 하나님의

---

25) Outler, *Sermons*, 2:440.
26) Jackson, *Wesley's Works*, 9:355.
27) Outler, *Sermons*, 2:440.
28) Ibid.

축복을 전달할 수 없게 되었을 때 하나님과 창조 세계의 소통이 단절될 수밖에 없었다.[29]

또한 주목할 것은 하나님께서 인간을 통해 창조 세계를 축복하기로 선택했을 뿐 아니라 "인간을 통해 인간을 돕는 것이 하나님의 기쁨이었음"[30]을 웨슬리가 인정하고 있었다는 점이다. 따라서 하나님의 은총은 종종 인간의 얼굴을 하고 나타난다.

마지막으로 도덕적 형상은 하나님의 형상 가운데 인간이 창조된 것은 일반 사랑뿐 아니라 거룩한 사랑이었다는 결정적 진리를 밝혀 준다. 에베소서 4장 24절과 골로새서 3장 10절을 사용하여 웨슬리는 인간의 창조된 상태와 진정한 경건의 본질이란 입장에서 도덕적 형상을 전개하고 있다. "하나님을 따라 참된 의로움과 거룩함으로 지으심을 받은 새사람을 입으십시오." 원죄에 대한 논문에서 웨슬리는 이렇게 진술한다.

모든 논쟁이 있음에도 불구하고 정직하고 편견이 없는 독자가 에베소서 4장 24절과 골로새서 3장 10절의 두 구절을 함께 생각해 보면 그 의미가 분명하게 드러난다. 새사람 혹은 마음에 있는 진정한 경건의 원리는 하나님께서 자신의 도덕적 형상을 따라 창조했다. 도덕적 형상이란 인간이 처음 창조될 때 의와 진정한 거룩함으로 창조된 형상이다.[31]

도덕적 형상을 탐구하기 위해 '의와 진정한 거룩함'이란 용어를 사용하는 것을 넘어 웨슬리는 종종 인간이 창조되었을 때 본래의 영광스러운 상태를 표현하기 위해 '보편적 의'(universal righteousness)와 '타락할 수 없는 영광의 하나님의 모양'(an incorruptible picture of the God of glory)이라는 표현을 사용했

---

29) Ibid., 2:442.
30) Ibid., 3:349. 웨슬리는 이 설교에서 보상과 영광을 구분하여 공로로 얻는 구원과 값없이 주시는 구원을 구분하는 데 적용한다. "이 점에서 하나님은 인간을 동역자로 존중한다. 여기서 보상은 우리가 이루는 구원이고 영광은 하나님께 공로를 돌리는 구원이다." Ibid.
31) Jackson, *Wesley's Works*, 9:346~47. "새로운 탄생"(The New Birth, in Outler, *Sermons*, 2:188), "인간의 타락"(On the Fall of Man, ibid., 2:411), "그리스도가 오신 목적"(The End of Christ's Coming, ibid., 2:475), "완전"(On Perfection, ibid., 3:75)과 같은 설교에서 웨슬리는 의와 진정한 거룩함 곧 하나님의 사랑이란 용어로 하나님의 형상을 탐구한다.

다.32) 그러므로 웨슬리는 하나님의 형상의 세 요소를 제시하면서 도덕적 형상을 주요 형상으로 생각했다. 예를 들면 1760년에 쓴 "신생"(The New Birth)이란 설교에서 웨슬리는 "하나님께서 자신의 형상으로 인간을 창조했지만 … 주로 하나님의 도덕적 형상으로 창조했다."33)고 하였다.

웨슬리는 자신의 전체적인 신학에 하나님의 도덕적 형상이 관계되어 있음을 알고는 다음 세 가지 이유로 도덕적 형상을 주목했다. 첫째, 도덕적 형상은 인간과 다른 창조의 영역을 구분하게 한다. 들의 들짐승들과는 달리 인간은 하나님을 (인식할 수) 있고, 신령과 진정으로 지극히 높으신 이를 예배할 수 있으며, 마음으로는 거룩한 존재에 어울리는 거룩한 사랑의 성품으로 충만할 수 있다. 웨슬리는 이렇게 설명한다.

> 인간과 야수를 가르는 것이 무엇인가? 이들이 서로 건널 수 없는 경계선이 무엇인가? 그것은 이성이 아니었다. 뜻이 모호한 이성이란 말 말고 우리가 평범하게 쓰는 이해라는 말로 바꿔 사용해보자. 야수가 이해를 갖고 있다는 것을 누가 부인할 수 있는가? … 그러나 이것은 어떤가? 인간은 하나님을 인식할 수 있지만 다른 피조물들은 그럴 수 없다. 우리는 다른 피조물들이 어느 정도나 하나님을 인식하고 사랑하고 복종하는지 알 길이 없다. 이것이 바로 인간과 야수가 서로 넘어설 수 없는 구체적인 차이이다.34)

둘째, 도덕적 형상이 중요한 것은 죄의 가능성을 위한 상황이기 때문이다.

---

32) Jackson, *Wesley's Works*, 9:355; Outler, *Sermons*, 4:354, 4:30.
33) Outler, *Sermons*, 2:188. 웨슬리는 1725년 아 켐피스, 테일러, 로의 글을 읽는 것을 시작으로 평생 거룩한 삶을 추구하면서 하나님의 도덕적 형상의 중요성을 보여 주었다. "마음의 할례"(The Circumcision of the Heart, 1733), "기독교인의 완전"(Christian Perfection, 1741), "성서적 구원의 길"(The Scripture Way of Salvation, 1765), "보다 탁월한 길"(The More Excellent Way, 1787) 등의 설교 또한 하나님의 도덕적 형상의 중요성을 강조하고 있다. 웨슬리는 여러 곳에서 하나님의 도덕적 형상의 회복과 구원을 관련시키고 있다.
34) Ibid., 2:441. 이 설교에서 웨슬리가 죄인들을 묘사하는 방법을 주목해 보는 것 또한 매우 흥미 있는 일이다. "하나님을 인식하지 않고, 사랑하거나 향유하지 않는 사람은, 또한 이 일에 관심을 갖지 않는 사람은 사실 인간의 본성을 포기하고 스스로 들짐승이 되기로 한 것입니다." Outler, *Sermons*, 2:449~50.

웨슬리는 "왜 세상에 죄가 존재하는 것입니까?"라고 묻고는 "그것은 인간이 하나님의 형상으로 창조되었기 때문입니다."[35]라고 답했다. 달리 말하면 도덕적 형상이 죄의 파괴적인 결과를 통해 곡해되고 왜곡될 수 있는 하나님과의 관계를 표현하고 있다. 이렇게 이해될 때 도덕적 형상과 이에 수반되는 자유는 인간의 영화나 타락(debasement)의 가능성을 예시한다. 이런 면에서 웨슬리가 도덕적 형상을 주요 형상으로 표현한 것은 놀랄 일이 아니다.

셋째, 하나님의 도덕적 형상은 도덕법과 밀접하게 관계된다. 도덕법은 1장에서 기술했듯이 "영원히 거하는 높고 거룩한 분의 타락할 수 없는 형상"[36]뿐 아니라 창조된 인간의 본성을 표현한다. 창조의 순간에 하나님의 은총과 도덕법이 명백하고도 풍요롭게 현존했다. 웨슬리의 설명을 들어보자.

> 마찬가지로 하나님께서 때가 되어 새로운 지성적 존재들의 질서를 만들었을 때에 … 자유와 지성을 가진 피조물에게 하나님의 처음 난 자녀들(천사들)에게 주었던 동일한 법을 주었습니다. 이 법은 돌 판이나 타락할 수 있는 존재에 새기지 않았습니다. 진정 하나님께서는 그의 손가락으로 이 법을 사람의 심령에 새겼습니다. 사람과 천사의 가장 깊은 영에 새겼습니다. 이 법은 저 멀리 있거나 이해하기 어렵도록 만들어지지 않았습니다. 이 법은 언제나 가까이 있어 하늘의 태양처럼 밝게 빛나고 있습니다.[37]

따라서 도덕법은 하나님의 형상의 본질, 곧 의와 거룩함에 달린 중요한 창문으로서 하나님의 본성과 본래 창조된 인간의 본성의 유사성을 보여 주고 있다. 이처럼 한편으로는 "영원한 정신의 복사본이요 신성의 사본"[38]이면서 또 다른 한편으로는 "인간의 본성과 시원이 같은"[39] 도덕법에 대한 이중적 조명은 분명한 인간 본성이 존재함을 보여 줄 뿐 아니라,[40] 하나님의 은총이

---

35) Ibid., 2:400. 웨슬리는 이 설교에서 죄의 가능성과 하나님의 자연적 형상 특별히 이해와 의지, 자유와 관련해서 설명하고 있는 것으로 보인다. 그러나 웨슬리는 선이나 악을 선택할 수 있는 능력, 곧 도덕적 형상으로 특징되는 요소를 강조하고 있다.

36) Ibid., 2:9.

37) Ibid., 2:7.

38) Ibid., 2:10.

39) Ibid., 2:7.

창조에서조차 결코 독립적이 아니라 언제나 도덕법의 규범적 가치로써 인식됨을 보여 준다. 웨슬리에게 도덕법은 하나님과 인간의 관계의 기반이 아니다. 그럼에도 불구하고 도덕법은 하나님과 인간의 온전한 관계를 표현하는 표준이고 은총과 의(와 죄)의 존재 이유를 드러내는 표준이다.

또한 하나님의 도덕적 형상으로 인간이 창조된 것이 은총에 의한 것일 뿐 도덕법에 의한 것이 아니라고 인식한다면, 이때 은총은 무정형이 되어 도덕법이 적절하게 표현하는 하나님의 생각을 담은 고유한 형식을 갖지 못하게 된다. 웨슬리의 구원론에서 은총은 언제나 '규범화된' 은총으로 평가 가능한 상황에서 생겨 꽃을 피우게 된다. 따라서 은총은 하나님의 도덕법으로 조명되며 적어도 어떤 면에서는 인간을 초월하는 표준이다. 웨슬리는 다시 한 번 아담의 순결한 상태를 상기하면서 이렇게 주장한다. "아담의 의는 그의 영혼의 능력과 힘이 도덕법에 일치한 의였다."[41] 그러므로 인간의 본래적 의는 "보편적이고 자연스러운 것이었지만, 변화 가능한 것이었다."[42] 때문에 하나님의 형상을 구성하는 도덕법과 은총 중에서 도덕법이 없는 은총은, 웨슬리가 그토록 분명하게 한탄했던, 추정과 자기-의지, 자기-기만과 반-율법주의에 쉽게 빠져들 수 있다.

최근 평가에서 웨슬리의 실천신학이 갖는 탁월성은 나누어진 것을 함께 묶어 낸다는 점이다. 예컨대, 최근의 평가는 하나님과 인간의 관계를 향해 열려 있는 도덕법의 규범적 요소들을 최소화하거나 직접 거부하기 위해서 창조와 구속의 관계적 성격에 호소한다. 이러한 몰이해 속에서 도덕법은 '정적'이라고 생각되는 반면, 하나님과의 관계는 '역동적'이라고 생각된다. 그러나 이것은 웨슬리 신학의 규범적이고도 규정적인 요소들이 남긴 결과를 갖고, 또한 이들의 평가에서 이들 요소들이 신-인 관계의 통합적인 부분으로

---

40) 웨슬리는 자연법에 의지하고 있는데 "노예 제도에 대한 생각들"(*Thoughts Upon Slavery*)라는 글에서는 십계명이 자연법의 표현이라고 주장하면서 도덕법과 자연법을 관계시키고 있다. 이 글에서 웨슬리는 자유가 모든 인간의 권리라고 주장한다. 왜냐하면 자유란 자연법에 기초한 권리이기 때문이다. 뿐만 아니라 웨슬리의 다음과 같은 표현들은 아퀴나스를 생각나게 한다. 인간의 법(긍정법)은 "만물의 본성을 바꿀 수 없다. …만 개의 법이 있다 할지라도, 옳은 것은 옳은 것이고 잘못된 것은 여전히 잘못된 것이다." Thomas Aquinas, *Summa Theologica, Prima Secundae* (I~II), questions 94~95; Jackson, *Wesley's Works*, 11:70,79.

41) Jackson, *Wesley's Works*, 9:434.

42) Ibid., 9:435.

비쳐지지 않는다는 결과를 갖고 사태를 잘못 추정한 것이다. 실로 웨슬리는 도덕법이 올곧은 정직으로서의 거룩함의 특성을 표현할 뿐 아니라, 창조되었고 지금도 창조되고 있는 만물의 지속적인 생존을 나타낸다고 주장한다. 따라서 한편으로 도덕법은 기본적인 거룩함을 엮어 낼 뿐 아니라 다른 한편으로는 건강한 관계를 엮어 낸다.

인간의 타락

하나님께서 인간을 향해 은혜로우시며 선하시다면, 또한 명시된 대로 인간의 부족한 것이 선의 형상으로 창조되었다면, 어떻게 악이 세상에 들어왔는가? 웨슬리는 이 중요한 물음에 대해 먼저 인간을 예로 들어 대답하지 않고 이사야 14장 12절 이하에서 타락한 천사로 등장하는 루시퍼를 예로 들어 대답한다.[43] 예를 들면 웨슬리는 "그리스도가 오신 목적"(The End of Christ's Coming)이란 설교에서 이렇게 설명한다.

> 악은 '아침의 아들, 루시퍼'로부터 왔습니다. 예컨대, 악은 '악마의 사역'이었습니다. 사도들은 "악마는 처음부터 죄를 지었다."라고 말합니다. 말하자면 악마는 우주 안에 있는 최초의 죄인이었습니다. 자기에게 주어진 자유를 오용하여 악을 창조 세계에 들여온 처음 존재였습니다.[44]

이뿐 아니라 웨슬리는 악이 악마(devil)에게서 시작되었고[45] 이후에는 사탄(Satan)에게서 시작되었다고 주장한다.[46] 분명한 것은 웨슬리는 악마와 사탄의 이름을 구분하지 않았다는 점이다. 악마와 사탄 모두가 악의 동일한 근거를 뜻하는 것처럼 보인다.

---

43) 개념사적 접근에 기초하여 악마론을 탁월하게 연구한 것으로는 Jeffrey Burton Russell, *Lucifer: The Devil in the Middle Ages* (Ithaca, N.Y.: Cornell University Press, 1984, 「루시퍼: 중세의 악마」, 김영범 옮김(르네상스))가 있다.

44) Outler, *Sermons*, 2:476.

45) Ibid.

46) Ibid., 2:477. Henry D. Rack, "Doctors, Demons and Early Methodist Healing," in *The Church and Healing*, ed. W. J. Sheils (Oxford: The Ecclesiastical History Society, 1982), 137~52. 이 연구는 인간의 치유로써 악마의 실재를 탐구한다.

이미 체계화된 교회 전통을 따라 웨슬리는 교만이란 이름으로 루시퍼의 죄의 본질을 인식한다.[47] "제1 대천사장 루시퍼는 처음에 자기 스스로를 너무 높이 생각하려는 자기-유혹에 빠지지는 않았다 할지라도, 자연스럽게 유혹에 자기를 내주었다. 먼저는 교만에 내주고 다음으로는 자기-의지에 내주었다."[48] 이렇게 이해된 사탄의 악은 선행 원인이 부족하기 때문에 비합리적인 것처럼 보인다. 사탄의 악은 선과 자유가 왜곡된 상황에서 나타난다. 그러나 웨슬리는 몇 가지 중요한 입장에서 인간의 타락과 루시퍼의 타락을 구분했다. 예컨대, 인간의 타락은 활동적이고 외향적인 악의 힘의 유혹에 넘어간 경우라면, 루시퍼의 타락은 온전히 선한 창조에도 불구하고 타락한 경우이다. 웨슬리는 악마는 "스스로 유혹에 빠진 것"(self-tempted)이고[49] 인간은 스스로 유혹에 빠진 것이 아니라고 주장한다.

악의 근거와 기원에 대한 이러한 해석의 차이는 각각의 경우 악의 본질이나 뿌리에 대한 평가가 달라지게 한다. 사탄의 자기-유혹이 교만에서 일어난다면, 아담과 하와의 불신앙, 하나님을 신뢰하지 못함, 깨어진 거룩한 사랑의 관계는 외부의 유혹에서 일어난다. 따라서 웨슬리가 자신의 글에서 하와의 타락을 기술하면서 사탄은 물건을 싸는 호일과 같이 진실과 거짓을 섞어 버린다고 말한다. 그래서 "불신앙이 교만을 낳았고 … 교만은 자기-의지를 낳았다."[50] 여기서도 웨슬리는 불신앙을 근본적인 요인으로 보고 이렇게 선언한다. "바로 여기서, 곧 불신앙에서 죄가 시작되었다. 사도가 증언하는 것처럼 '여인이 속임을 당했고, 거짓을 믿고는 하나님의 말씀보다 악마의 말을 더 신뢰했다."[51] 「신약성서 주석」(Notes Upon the New Testament)에서 웨슬리는 히브리서 3장 12절을 주석하며 이렇게 주장한다. "불신앙은 일만 악의 아

---

47) Matthew Bassten, *Pride According to Gregory the Great: A Study of the Moralia* (New York: Edwin Mellen Press, 1986).

48) Outler, *Sermons*, 2:476.

49) Ibid.

50) Ibid., 2:477.

51) Ibid., 2:402~3. 창세기의 이야기에 나오는 대로 웨슬리는 인간의 악의 시작이 하와에게 있다고 생각했다. 그렇지만 웨슬리는 하와와는 다른 방식으로 죄를 지은 아담에게 더 큰 책임이 있다고 보았다. 그래서 하와가 속임을 당하고 교묘한 꾀에 넘어갔지만 아담은 그렇지 않았다고 주장한다. 여자와는 달리 남자는 '눈을 열어'(with his eyes open) 자기-의식적이며 고의적인 죄를 범했다. Ibid., 2:403.

버지다. 불신앙의 본질은 우리의 생명과 거룩함과 행복의 근원이 되는 살아
계신 하나님을 떠나는 것이다."[52]

루시퍼와 인간에게 돌려지는 다른 악의 기원은 다음과 같이 요약될 수 있다.

사탄의 악
자기-유혹 → 교만 → 자기-의지 → 악한 기질과 감성

인간의 악
외부의 유혹 → 불신앙 → 교만 → 자기-의지 → 악한 기질과 감성

그러므로 웨슬리에게 인간의 죄의 본성 곧 환원할 수 없는 본질은, 종종
잘못 생각하는 것처럼, 교만이 아니라 하나님과 인간의 관계가 왜곡된 불신
앙이다. 그러므로 소외에서 일어나는, 하나님에 대한 신앙의 부족이 교만과
자기-의지라는, 후행하는 악의 진정한 기반이다. 때문에 웨슬리는 「신약성
서 주석」에서 불신앙을 "모든 죄의 집합"[53]이라고 기술한다. 달리 말하면, 소
외와 불신앙으로부터 교만과 자기-의지가 나오고, 소외와 불신앙으로부터
모든 악한 기질이 나타난다. 웨슬리의 이런 평가가 옳은가에 대해서는 '인간
의 악함'의 문제에 대해 기술한 해법 속에 잘 나타난다. "사탄이 불신앙을 옮
겨 줌으로써 하와 안에 활동을 시작했듯이, 하나님의 아들은 우리가 그분을
믿게 하심으로 인간 안에 활동을 시작했다."[54]

타락의 결과

지극히 높으신 이를 저항하고 죄로 타락함으로써 인간은 여러 해로운 일
을 경험하게 되었다. 몸과 영혼으로 구성된 복합적 존재인 아담과 하와는 육
체적이며 영적인 죄의 결과를 경험했다. 먼저 육체적인 죄에 대해 말한다면,

---

52) John Wesley, *Explanatory Notes Upon the New Testament* (Salem, Ohio: Schmul Publishing,
   1975), 570(히 3:12). 아울러 눅 15:12과 요 16:9의 주석도 참조하라. 웨슬리는 얍 4:6을 주석하면서
   '교만은 모든 부적절한 감성의 뿌리'라고 주장하지만, 이전 입장에서 떠나 이렇게 주장한 것이 아
   니다. 왜냐하면 웨슬리가 말하는 불신앙은 훨씬 더 많고 근본적이다. 야고보서 주석에서조차 웨슬
   리는 '모든 부절적한 감성'을 낳는 교만의 배후에 불신앙이 있다고 주장한다. 달리 말하면, 교만은
   준-궁극적이고 (많은 악의 뿌리가 되지만) 궁극적이지 않다.
53) Ibid., 260.
54) Outler, *Sermons*, 2:480~81.

"이전에는 고통과 죽음이 없었던 몸에 선과 악을 알게 된 후 죽음이 임하게 되었다."[55] 다시 말하면 타락 이전에는 인간이 자유롭게 창조자로부터 생명을 공급받았지만, 하나님과의 관계가 깨어진 지금은 죽음이 지배하게 되었고 그 결과 몸은 "썩고 죽게 되었다."[56] 이러한 몸의 변화가 자연에서 어떻게 일어났는지 웨슬리는 거의 묻지 않았지만 한 번 이렇게 지적한 바 있다. "인간의 몸 안에 자연의 몸으로는 죽음의 씨앗이 심겨져 있다는 사실을 깨달을 때에 비로소 인간은 타락할 수 없고 죽을 수 없는 영원한 존재라는 것을 깨달을 수 있다."[57] 어떻든 죽음의 힘이 너무 커서 웨슬리는 이를 왕국과 비교하여 이렇게 기술했다.

> 죽음이 통치하였다. 죽음의 나라가 얼마나 크고 광대한가! 우리는 죽음이 정복한 왕의 수만큼 그렇게 많은 신하를 거느리고 있는 왕을 찾을 수 없다. 죽음은 아담이 그랬듯이 인격으로는 전혀 죄를 범한 일이 없는 어린아이들을 지배했고, 아담처럼 표현법(an express law)에 반하는 죄를 범한 적이 없는 사람들도 지배했다.[58]

후에 죄는 육체와 영적인 죽음뿐 아니라 "아픔, 병, 불경건한 격정과 기질, 전체적인 불편함"[59]을 가져왔다. 호레이스(Horace)를 인용하여 웨슬리는 이렇게 주장한다.

> 인간이 창조주에게 불순종하여 선악과를 따 먹은 후 그때까지는 전혀 알려지지 않았던 새로운 악의 군대가 반역한 인간과 다른 피조물들에게 침투해 들어와

---

55) Ibid., 4:297. 여기서 웨슬리의 사상을 분명히 하기 위해 가변성의 개념을 이해해야 할 필요가 있어 보인다. 왜냐하면 뭔가가 정말 불멸하는 것이라면 그것은 결코 죽을 수 없기 때문이다. 그러나 웨슬리는 아담이 죽을 수 없는 존재로 창조되었지만 가변적이라고 주장하여 이 문제를 해결한다. 예컨대, 몸의 불멸성은 죄를 통해 상실될 수 있었다.

56) Ibid., 1:185.

57) Ibid., 4:165. 캅(John Cobb)은 이 점에 대해 웨슬리와 견해를 달리한다. 그는 "죄성이 보편적으로 주어진 상황이란 것을 이해한다 해도 오늘날 인간과 동물이 경험하는 육체의 죽음이 죄의 결과라는 데에 동의할 사람은 거의 없다."라고 주장한다. John B. Cobb, Jr., *Grace and Responsibility: A Wesleyan Theology for Today* (Nashville: Abingdon Press, 1995), 82.

58) Wesley, *NT Notes*, 375 (롬 5:14)

59) Outler, *Sermons*, 2:423.

이 땅 위에 퍼져 나갔다(*macies et nova febrium Terris incubuit cohors*).[60]

그 결과 죄의 삯인 죽음은 "아담의 처음 죄에 대한 벌"이었다.[61] 웨슬리는 진정 죽음이란 "은총이 아니라 벌"[62]이라고 주석한다.

둘째, 영적인 타락의 결과는 육체적인 타락의 결과보다 더 끔찍한 것으로 나타난다. 특별히 웨슬리는 "아담이 … 자기와 후손에게 고통과 해산의 수고, 슬픔뿐 아니라 시간적이며 영적이고 영원한 (하나님의 은총이 없이) 죽음을 가져왔다."[63]고 주석한다. 이뿐 아니라 영적인 죽음의 주제가 다음 문장에서처럼 웨슬리의 구원론에 나타난다. "아담이 선악과를 따 먹은 순간 죽게되었다. 그의 영혼이 죽어 하나님을 떠나게 되었고, 영혼이 떠난 몸이 죽은 것 같이 하나님을 떠난 영혼은 더 이상 생명을 가질 수 없게 되었다."[64] 다시 말하자면, "죄를 짓는 순간 하나님의 은총에 의한 인간의 본래적인 의와 하나님과의 연합을 잃게 되었기 때문에 아담은 영적으로 '죄 안에서 죽게 되었다.' 이로써 그의 영혼은 하나님께 죽게 되었다. …"[65] 그러나 육체적이며 영적인 죽음이 죄의 열매라면 어떻게 앞서 말했던 웨슬리의 영혼 불멸의 개념을 이해해야 할까?

초기에 쓴 "하나님의 형상"이라는 설교에서 (아우틀러에 따르면 이 설교는 웨슬리가 "대학 강단에서 행한 설교"[66]중 처음 설교라고 함) 웨슬리는 이 중요한 물음에 대답을 제시하면서 이렇게 쓰고 있다. 아담의 타락 때문에 육체가 죽게 되었고 "영혼은 죽을 수 없는 것을 빼고는 그 힘을 발휘하는데, 변화를 경험하였다."[67] 달리 말하면, 웨슬리는 여기서 영혼이 죽게 되었을 뿐 아니라 지속적으로 존재한다고 주장한다. 이는 분명 모순이 아닐 수 없다. 그러나

---

60) Ibid., 2:398. 웨슬리는 호레이스가 쓴 문구를 이렇게 번역한다. "황폐케 하는 질병과 새로운 역병이 지구를 휩쓸었다." Outler, *Sermons*, 2:398, n. 44. 또한 "인간의 타락"(On the Fall of Man)이란 설교에서 웨슬리는 이 주제를 갖고 이렇게 주석한다. "죄가 나타난 후 즉시 고통이 따랐다. 아담이 순수함을 상실했을 때 행복을 상실했다." Outler, *Sermons*, 2:403.

61) Jackson, *Wesley's Works*, 9:256.

62) Ibid., 9:259. 동일한 논문에서 웨슬리는 "죽음은 죄의 삯이요 이 죄의 벌로부터 어떤 인간도 자유롭다고 할 수 없다."고 주장한다. Ibid., 9:368.

63) Ibid., 9:291.

64) Outler, *Sermons*, 1:185.

65) Jackson, *Wesley's Works*, 9:402.

66) Outler, *Sermons*, 4:290.

만일 웨슬리의 설교에 내포된 개념들이 후에 나온 설교 "믿음으로 말미암은 칭의"와 관계가 있다고 드러난다면 두 설교에서 자세하게 설명하고 있는 영혼의 죽음은 은유적으로 설명되어야 한다. 예컨대, 영혼은 하나님의 생명으로부터 떨어져 나왔다는 의미에서 죽은 것이다. 그렇지만 영혼은 계속 존재한다.[68] 웨슬리는 "영원성"(On Eternity)이라는 후기 설교에서 이전 해석과 연속성을 담지하면서 이 해석이 정확했음을 보여 준다. "실로 (애벌레의) 몸은 나비가 되기 전에 부서지지만 그 영혼은 결코 죽지 않는다. 고대의 한 작가가 말했듯이 하나님께서는 '자신의 영원한 형상'을 따라 인간의 영혼을 지으셨다."[69] 다시 말하지만 영혼의 불멸은 죄에 직면해서도 여전히 유효하다.

영혼의 근거인 하나님의 생명과 분리되고 창조자와 피조물의 관계를 깨트린 아담은 자연히 창조될 때 받은 하나님의 은총을 상실했다.[70] 하나님은 더 이상 인간을 용납하지 않았고, 인간은 더 이상 자유로운 모습으로 지극히 높으신 이의 풍요로운 축복을 향유하지 않았다. 은총의 상실과 더불어 하나님의 형상도 상실하게 되었고 인간은 진정으로 저주받은 상태에 남겨지게 되었다. 웨슬리의 주장을 보자.

인간이 의지를 가지고 하나님에 대해 배반함으로 "죄가 세상에 들어왔습니다." 이로 말미암아 하나님의 은총뿐만 아니라 하나님의 형상, 모든 덕과 의와 참된 거룩함을 빼앗겼습니다. 부분적으로는 악마의 형상에 빠져 교만과 악의 모든 악한 기질에 빠졌고, 부분적으로는 짐승의 형상에 빠져 짐승의 격정과 비천한 욕망의 지배에 놓이게 되었습니다.[71]

---

67) Ibid., 4:298, 「웨슬리 설교전집 4」[대한기독교서회]. 여러 면에서 웨슬리는 자기가 훈련시킨 설교자들의 사역이 개인주의적인 의미에서가 아니라 인격적이며 법적인 방식으로 영혼을 구원하는 사역을 전개한다고 보았다. Harold G. Fiddick, "The Care of Souls: John Wesley on the Preacher's Work and Ways," *Methodist Recorder* 73, no. 3 (1932): 9.

68) Outler, *Sermons*, 1:185. 또한 "신생"(The New Birth)이란 설교에서 웨슬리는 영혼의 죽음을 하나님의 생명으로부터의 분리로 해석한다. Outler, *Sermons*, 2:189~90, 「웨슬리 설교전집 3」[대한기독교서회].

69) Ibid., 2:361, 「웨슬리 설교전집 6」[대한기독교서회]. 웨슬리는 여기서 모든 영이 불멸성을 옷 입고 있다고 주장한다. 달리 말하면, 심지어 동물들의 본질이나 마음도 어떤 의미에서 존재하기를 계속한다. ibid., 2:361.

70) Ibid., 2:452.

71) Ibid., 2:423. 또한 "부정의 신비"(The Mystery of Iniquity)를 참조할 것. ibid., 2:452.

하나님의 형상을 상실한 아담과 관련한 웨슬리의 가르침을 이해하기 위해서는 앞서 요약한 자연적, 정치적, 도덕적 형상이라는 세 차원에서 논의하는 것이 최상이다. 먼저 처음 차원인 자연적 형상이 타락으로 크게 망가지기는 했지만 완전히 지워지지는 않았다. 예를 들면, 아담의 이해는 작용하기는 했지만 혼돈과 오류 상태에 있었다. 예컨대, "거짓을 진리로 여겼고, 진리를 거짓으로 여겼다. 오류는 무지로 이어졌고 증폭시켰다."[72] 더 나아가 왜 이처럼 오류로 범벅된 삶이 현실이 되었는지 대답하기 위해 웨슬리는 고린도전서 13장 12절에 나오는 바울의 어두워진 거울을 고상하게 변형시켜 점점 희미해져 가는 유리의 형상을 사용했다. "이상할 것도 없습니다. 유리가 깨끗하지 않을 뿐 아니라 어둡고 칙칙하고 희미하게 되어 거울의 많은 부분이 투명성을 잃게 되었습니다."[73] 또한 아담과 하와의 혼돈과 지속적인 거짓은, 리처드 테일러(Richard Taylor)가 '위대한 허상'(The Great Delusion)이라 불렀던 바, "자유가 율법으로 파괴되어 우리의 자유가 율법으로부터 도피한 상태에 있게 되었다고 상상하는"[74] 어리석음이다.

마찬가지로 아담의 의지는 슬픔, 분노, 미움, 두려움, 수치와 같은 악마의 격정에 사로잡혀 타락하게 된 결과[75] 의지의 안내자인 이해가 맹목적이 되어 많은 피해를 입히게 된다.[76] 타락의 깊이가 커서 "신성의 빛과 생명의 향유인 사랑 자체까지도 고통이 된다."[77] 그럼에도 불구하고 이해와 마찬가지로 의지는 완전히 파괴되지 않았다. 의지는 곡해되고 품격이 떨어진 형식으로 남게 되었다. 예컨대, 의지는 더 이상 의지의 최고 목표요 목적이며 가장 고매한 목적이 되는 거룩한 사랑의 하나님을 향하지 않게 되었다. 대신에 우상의 욕망과 감성의 홍수에 휩쓸려 계속해서 준-궁극적인 것을 궁극적인 것으로 받아들였다.

---

72) Ibid., 4:298. 이해의 회복은 하나님의 실재와 관련하여 올바른 인지와 판단 능력의 갱신을 수반한다. Don Marselle Moore, "Immediate Perceptual Knowledge of God: A Study in the Epistemology of John Wesley" (thesis, Syracuse University, 1993).

73) Outler, *Sermons*, 4:298.

74) Richard S. Taylor, *Exploring Christian Holiness: The Theological Formulation* (Kansas City, Mo.: Beacon Hill Press, 1985).

75) Outler, *Sermons*, 4:298.

76) Ibid.

77) Ibid.

웨슬리가 이해의 타락과 의지의 타락의 관계를 분별하였듯이 (여러 덕을 지닌) 의지와 자유의 관계에서도 유사한 관계를 보았다. "하나님의 형상"(On the Image of God)이란 설교에서 웨슬리는 이렇게 설명한다.

> 자유는 덕과 함께 사라졌습니다. 자유는 전권을 가진 주인이 되는 대신 무자비한 폭군 아래 놓였습니다. 덕의 주인이 악의 노예가 된 것입니다. 뜻하지 않게 피조물은 공허를 좇아갔고, 지배는 이제 부득이하게 되었으며, 황금으로 된 홀은 쇠막대기로 변했습니다. 이전에는 사랑의 띠가 아담을 둘러싸 하늘을 향하게 했습니다. 그리고 그가 원한다면 이 땅을 향해 사랑을 베풀 수도 있었습니다. 그러나 지금 아담은 이 땅의 쇠사슬에 묶여 눈을 들어 하늘을 볼 수조차 없습니다.[78]

이제 품격이 떨어진 의지의 타락으로 자유는 덕과 함께 사라졌다. "자유는 전권을 가진 주인이 되는 대신 무자비한 폭군 아래 놓였습니다. 덕의 주인이 악의 노예가 된 것입니다."[79]

예상했듯이 정치적 형상도 인간의 타락으로 말미암아 크게 모호하게 되었다. 웨슬리는 "인간이 창조자와 전체 짐승 세계 사이의 소통의 통로였지만 이러한 축복을 수행할 수 없게 되었을 때 당연히 창조자와 짐승 세계의 소통이 단절되었음"[80]을 주목한다. 분명코 인간이 하나님으로부터 온 은총과 선물의 중재자가 되어 다른 피조물의 축복이 되는 대신 이제는 저주가 되었다. 웨슬리는 선언한다. "아담이 하나님을 배반함으로써 자신뿐 아니라 자기와 친밀하게 관계된 전체 피조물을 저버리게 되어 무질서와 비참함, 죽음에 빠지게 되었습니다."[81] 웨슬리는 이 주제를 인생 후기에 펴낸 설교에서 자세하게 발전시켰다.

---

78) Ibid., 4:298~99. 같은 설교에서 웨슬리는 타락 이전에 아담의 자유가 완전했다고 주장한다. "아담은 완전한 자유를 갖고 창조자나 창조 세계를 향유했다." ibid., 4:295.

79) Ibid., 4:298~99.

80) Ibid., 2:442. "악한 천사들"(Of Evil Angels)이란 설교에서 웨슬리는 창조 세계에 특별한 위계질서가 있음을 암시적으로 보여 준다. "다른 것 위에 먼저 하나가 등장하고, 이어서 여러 질서의 계층을 지닌 무기질과 식물이 나타난다. 그리고는 곤충, 파충류, 어류, 조류, 야생동물, 인간, 천사로 이어진다." Outler, *Sermons*, 3:16, 「웨슬리 설교전집 6」[대한기독교서회].

인간이 하나님을 향한 사랑의 순종 곧 완전을 잃어버렸듯이, 짐승들도 인간을 향한 사랑의 순종 곧 완전을 잃어버렸습니다. 많은 짐승이 인간을 떠나갔고 증오에 찬 인간의 현존을 피했습니다. 대부분의 짐승은 인간에게 대놓고 저항하며 자기들이 힘이 있을 때는 인간을 파괴합니다. 다만 우리가 보통 가축이라고 부르는 몇몇 짐승만이 본래의 성정을 갖고서 하나님의 자비하심으로 인간을 여전히 사랑하며 복종합니다.[82]

다른 식으로 말하면, 웨슬리는 무생물의 세계와는 달리 바다의 고래로부터 가장 작은 진드기에 이르는 전체 생명 세계가 이러한 '허상'의 노예가 되었다고 주장한다.[83]

웨슬리는 도덕적 형상이 지고의 존재의 의와 거룩함을 반영하는 하나님의 주요 형상이기 때문에, 관계에 있어서 가장 큰 분열이 하나님의 형상을 회복함으로써 해결되어야 하고 하나님의 형상이 무엇인지 찾아야 한다고 주장한다. 예를 들면, 한편으로 웨슬리는 자연적이고 정치적인 형상이 부분적으로 오염되었거나 상실되었고, 또 다른 한편으로 도덕적 형상은 완전히 상실되었다고 주장한다. 그는 이렇게 설명한다. "하나님의 생명은 인간의 영혼에서 사라졌습니다. 인간에게서 영광이 떠났습니다. 인간은 하나님의 전체적인 도덕적 형상, 의, 참된 거룩함을 상실했습니다. 인간은 거룩하지 않으며 행복하지 않습니다. 죄로 가득 찼고 죄책과 고통을 주는 두려움으로 가득 찼습니다."[84]

하나님의 도덕적 형상을 상실한 아담은 부분적으로는 교만, 악의, 다른 악

---

81) Ibid., 2:399. 아담의 타락과 이로 인해 인류와 동물 왕국에 미치는 영향을 다룬 웨슬리의 교리에 대해 현대 신학자들이 내리는 평가를 보려면 Charles W. Carter, "Man, the Crown of Divine Creation," in A Contemporary Wesleyan Theology, 2 vols., ed. Charles W. Carter (Grand Rapids, Mich.: Francis Asbury Press, 1983, 「현대 웨슬리 신학」, 박은규. 서인선. 김영선 외 옮김[대한기독교서회]), 1:220 ff를 참조할 것.

82) Outler, Sermons, 2:443.

83) Ibid., 2:508.

84) Ibid., 2:477. 브라이언트(Bryant)는 "웨슬리가 악의 기원이 (사탄, 루시퍼 등등) 피조물들의 최초의 지향에 있다고 보는, 악에 대한 신화론적 설명을 견지하는 것처럼 보인다."고 주장한다. Barry E. Bryant, "John Wesley on the Origins of Evil," Wesleyan Theological Journal 30, no. 1 (Spring 1995): 131.

한 성정이라는 "악마의 형상"에 빠졌고,[85] 또 "부분적으로는 짐승의 형상에 빠져"[86] 짐승의 격정과 타락의 욕망에 떨어지게 되었다. 그러므로 아담이 갖게 된 하나님과의 왜곡된 관계는 거룩함과 사랑이 자리했던 그의 마음의 성정과 모든 사유와 활동을 향해 기본적인 성향과 기질을 함께 구성했던 성정에 영향을 미쳤다.[87] 달리 말하면, 모든 삶과 거룩함의 원천이 되는 하나님과의 관계에서 일어난 변화는 필연적으로 기질적인 변화를 가져왔다. 이제 악마의 형상이 하나님의 형상을 대신하게 되었고, 어둠의 지배가 빛의 지배를 대신하게 되었다. 웨슬리는 "타락한 이해와 의지의 노예가 된 결과 인간이 완전할 때 흘러 넘쳤던 행복이 뒤집어지게 되었습니다."[88]라고 기술한다. 간단히 말해 아담과 하와는 행복하지 않았다. 그 이유는 이들이 거룩하지 않았기 때문이었다. 아담과 하와의 마음은 비열함이 지배하게 되었고, 고통을 주는 감성으로 넘치게 되었다. 그리고 이들의 순결함이 상실되었다.[89]

원죄

아담과 하와에게 일어난 변화가 어떻게 모든 인류에게 영향을 미쳤는지 성찰하면서, 타락과는 구분된 원죄 교리가 교회의 사유 속에, 특히 아우구스티누스의 작품 속에 등장하게 되었다.[90] 간단히 말해, 교회 전통은 타락으로 말미암아 인간에게 들어온 육체적이며 영적인 유전으로 원죄교리를 받아들였다. 그러므로 전통교리는 인간의 현재 상태를 기술하는 데 '육체' '타고난 죄' 혹은 '육체의 본성'과 같은 문구들을 사용했다. 원죄교리에 대한 고전적 표현은 다음의 영국국교회 39개 조항(Anglican Thirty-nine Articles)에 잘 나타나 있다.

원죄는 펠라기우스주의자들이 헛되이 논하는 것처럼 아담 이후에 나타나는

---

85) Outler, *Sermons*, 2:423.

86) Ibid.

87) 특별히 거룩한 사랑과 관련하여 기질, 감성, 성향에 대한 웨슬리의 이해를 연구한 것을 보려면 Gregory S. Clapper, *John Wesley on Religious Affections: His Views on Experience and Emotion and Their Role in the Christian Life and Theology* (Metuchen, N.J.: Scarecrow Press, 1989)를 참조할 것.

88) Outler, *Sermons*, 4:299.

89) Ibid., 4:154.

90) 이 교리를 설명할 때 인용되는 성서 본문들로는 창 3장, 롬 5:12~21, 그리고 시 51:5를 포함한다.

것이 아니라 아담의 후손들에게 생긴 모든 인간의 본성의 불완전함과 타락이다. 그 결과 인간은 본래의 의로움으로부터 멀리 떠나게 되었고 본성은 악한 경향을 띄게 되었다. 육은 언제나 영을 위배했고 이로 인해 이 세상에 태어난 모든 인간 안에 하나님의 진노와 저주가 임하게 되었다.[91]

그러나 웨슬리는 이 종교 강령을 미국에 있는 감리교인들을 위해 「주일 예배」(Sunday Service)라는 소책자에서 다시 편집해 펴내게 되었는데, 이때 "하나님의 진노와 저주가 임하게 되었다"라는 마지막 구절을 생략했다.[92] 이처럼 편집상의 변화는 원죄교리에 대한 웨슬리의 강조가 죄책감이 아니라 어떻게 이해되든 타락한 본성이 후손에 전달되는 것임을 보여 준다.[93] 타락한 본성의 전달은 위-마카리우스(Pseudo-Macarius)와 같은 초기 동방교부들과 후기 로마가톨릭교도들이 강조했던 바였다.[94] 실로 로버트 벨라민(Robert Bellarmine, 1542~1621)은 자신이 쓴 가톨릭 내 종교개혁(counterreformation)에 대한 저술에서 하나의 전통을 만들어 내었던 바, 로마가톨릭은 원죄를 주로 성화 은총의 상실과 이에 따른 타락으로 해석했다.[95] 웨슬리는 이 전통을 잘 알고 있었던 듯싶다. 어떤 경우든 웨슬리에게 원죄교리는 대단히 중요했고 1756년에는 그동안 썼던 어떤 논문보다도 큰 분량으로 "원죄 교리: 성서, 이성, 경험에 비추어"(The Doctrine of Original Sin: According to Scripture, Reason, and Experience)라는 논문집을 내놓았다. 이 논문집은 존 테일러(Dr. John Taylor)가 같은 제목으로 앞서 펴낸 논문에 대한 응답이었다. 반박성 성격을

---

91) Philip Schaff, The Creeds of Christendom, vol. 3 (Grand Rapids, Mich.: Baker Book House, 1983), 492-93. 나는 여기서 독자들이 쉽게 읽을 수 있도록 미 개정판을 사용했다. 1571년 영국판과 비교했을 때 본문의 의미가 살아 있다.

92) John Wesley, John Wesley's Sunday Service of the Methodists in North America (Nashville: Quarterly Review, 1984), 309.

93) 웨슬리는 종교 강령 II의 내용을 유지하고 있기 때문에 유전된 죄책의 문제를 완전히 버리지 않았다고 본다. 내용을 부분적으로 인용하면 이렇다. "(아들의) 아버지와 우리를 화해시켰고, 원죄뿐 아니라 인간의 현실적인 죄를 때문에 희생이 되었다." Schaff, Creeds, 3:807.

94) 마카리우스(Macarius)의 죄론을 다룬 것으로는 Mark T. Kurowski, "The First Step toward Grace: John Wesley's Use of the Spiritual Homilies of Macarius the Great," Methodist History 36, no. 2 (January 1998): 113-24를 참조할 것.

95) Robert Bellarmine, Disputationes De Controversiis Christianae Fidei Adversus Hujus Temporis Haereticos, 3 vols. (Ingolstadt: 1586~93).

띠었던 웨슬리의 신학적 글은 대단히 비판적이었던 바, 다음에 인용한 1758년 톱레이디(Augustus Toplady)에게 보낸 편지에 이 사실이 잘 나타나 있다.

> 테일러 박사가 마호메트만큼이나 기독교에 상처를 주었기 때문에 나는 진정으로 누구도 믿지 않는다. 이처럼 악영향을 미친 것은 주로 원죄를 다룬 테일러의 책들이다. 이는 여러 성직자들과 샘물이라 할 수 있는 영국, 스코틀랜드, 네덜란드, 독일에 있는 대학들에게 퍼진 독이었다.[96]

테일러의 논문이 웨슬리에게 특히 문제가 되었던 것은 계몽주의시기에 쓰인 논문으로서는 적합하지 않았을 뿐 아니라, 논문 전체를 통해 인간에 대해 지나치게 낙관적으로 기술하고 있었기 때문이었다. 예컨대, 교회 안에서 진정한 사회화뿐 아니라 절제가 있는 이성과 건전한 교육이 강조되었다. 그러나 아우틀러에 따르면 1750년대 말 웨슬리는 이미 "전적 타락을 말하는 라틴 전통과 죄를 질병으로 보았던 동방정교회 입장의 종합"[97]을 추구하고 있었다. 달리 말하면, 웨슬리는 카르타고 공의회(the Council of Carthage, 418)와 제2 오렌지 공의회(the Second Council of Orange, 529)의 전통을 따랐고, 원죄의 내용이 타락에 있지 않고 모방(imitation)에 있다고 보았던 펠라기우스의 입장과 거리를 두었다.

여러모로 테일러와 당시 이신론자들과 스스로를 구분했던 웨슬리는 무슨 이유나 변명에서건 이렇게 중요한 원죄교리를 부인하는 사람들은 "여전히 이단자들일 뿐"[98]이라고 선언했다. 더 나아가 그는 "사람이 본성상 모든 방식의 악으로 가득한 것인가?"라는 질문을 성서적 기독교와 이방 종교를 구분하는 실제적인 원칙으로 생각했다.[99] 자신의 입지를 더욱 강화하기 위해

---

96) John Telford, ed., *The Letters of John Wesley*, A.M., 8 vols. (London: Epworth Press, 1931), 4:48.

97) Outler, *Sermons*, 2:171.

98) Ibid., 2:183. 웨슬리가 설교하면서 육체적 본성을 표현하기 위해 사용했던 "완전한 타락"(total corruption), "선은 하나도 없고"(empty of all good), "모든 악한 것으로 가득한"(filled with all manner of evil) 등과 같은 용어는 호레이스(Horace)와 세네카(Seneca) 같은 고전적 이방 인간학에 대해 비판하고 있음을 보여 준다. Burton Raffel, trans., *The Essential Horace: Odes, Epodes, Satires and Epistles* (New York: North Point Publishing, 1983); and Seneca, *Moral Essay*, 3 vols. (Cambridge, Mass.: Harvard University Press, 1935), vol. 1.

웨슬리는 신앙의 유비(analogy of faith)에 호소했고, 교회의 중요하고 근본적인 성서적 교리 세 가지는 "원죄, 믿음으로 말미암은 칭의, 이에 따른 거룩함"[100]이라고 주장했다. 웨슬리가 테일러에게 던졌던 질문의 요지는 이렇게 요약할 수 있다.

　　당신은 내적 경건의 원인에 해를 끼치고 하나님의 내적 왕국을 파괴하느라 수고하며, 모든 참된 영적 예배의 샘물을 짜내어, 경건의 폐허 위에 도덕을 증진하고 있는 것입니까? 최근에 발전시킨 기획대로라면 당신은 디디고 설 수 있는 입지가 없도록 원시적이고 성서적인 기독교를 뒤집는 것입니까? 인간이 회개하고 스스로를 인식할 수 있는 여지는 있습니까?[101]

이 글에서 볼 수 있듯 웨슬리의 이러한 관점은 구원론적 관심에서 비롯된 것이 분명하다. 달리 말하면, 이신론과 18세기 합리적 종교처럼 원죄를 반박하거나 원죄에 대해 미온적 태도를 취할 경우 원죄의 해법인 신생이 상실되거나 잘못 이해될 수 있다. 이는 웨슬리의 다음과 같은 주장에서 분명하게 나타난다. "그러므로 신생의 기반은 인간 본성의 전적 타락이다."[102] 사실 믿음으로 말미암은 칭의와 마음과 삶의 거룩함(신앙의 유비)과 더불어 원죄의 교리는 웨슬리에게 너무도 결정적이어서 종교의 본질이라고 생각했다.[103] 예를 들면 원죄교리의 논문집 서문에서 웨슬리는 이렇게 주장한다. "그러므로 우리가 인간이 본성상 어리석고 죄가 많아 '하나님의 영광에 이르지 못했다'는 기반을 치워 버린다면 기독교 체계가 단번에 무너지는 것이다."[104]

---

99) Outler, Sermons, 2:183. 웨슬리는 그의 생애 전체를 통해 원죄론을 지속적으로 생각한다. 예를 들면, 1759년에 쓴 그의 설교 "원죄"와 당시로부터 29년 전에 쓰인 "하나님의 형상"을 비교해 보라. "하나님의 형상"에서 웨슬리는 "인간이 본성상 타락하지 않았다면, 질병을 전제한 모든 치유 방법에 기초를 두고 세워진 유대교와 기독교 모든 종교가 헛된 것이다."라고 쓰고 있는 바, 그 연속성이 놀랍다.

100) Jackson, Wesley's Works, 12:264. Wesley, NT Notes, 397(롬 12:6); W. Reginald Ward and Richard P. Heitzenrater, eds,, The Works of John Wesley, vols. 18~23, Journals and Diaries I~IV (Nashville: Abingdon Press, 1988~95) vol. 21; and Jackson, Wesley's Works, 14:253.

101) Jackson, Wesley's Works, 9:432.

102) Outler, Sermons, 2:190.

103) Ward and Heitzenrater, Journals and Diaries, 21:456.

104) Jackson, Wesley's Works, 9:194.

어떻게 원죄가 전해지는가?

웨슬리는 어떻게 원죄가 아담과 하와로부터 시작하여 온 인류에게 전해지는가에 대해 생각할 때는 철저하게 잘 정리된 아우구스티누스의 전통을 따랐다. 말하자면 자신의 가르침을 전개하면서 창세기 3장 1절 이하, 시편 51편 5절, 로마서 5장 12절~21절과 같이 히포의 감독 아우구스티누스가 인용했던 성서 본문을 동일하게 인용했다.[105] 아우구스티누스와 마찬가지로 웨슬리는 시편 51편 5절을 시편 기자에게만이 아니라 온 인류 전체에 적용한다. "이제 우리 모두는 악으로 형성되었고 우리의 어머니들이 우리를 죄 가운데 잉태했습니다. 우리의 본성은 힘과 능력에 있어서 온전히 타락했습니다."[106] 다시 말한다면, 아담은 "아담 스스로가 그런 것처럼 죄가 가득하여 불결하고, 약하여 죽을 수밖에 없는 비천한 자신의 형상을 따라 아들을 출생하였다. 자신과 같이 몸과 영혼을 가진 한 인간으로서 뿐 아니라 죄책과 역겨움과 퇴보와 타락한 인간으로 출생하였다."[107]

원죄 교리의 중심 구절인 창세기 구절에 대해 웨슬리는 아담의 유전을 예로 들어 설명하면서 아담의 형상과 하나님의 형상을 대비시키고 있다.

아담이 자신의 형상으로 아들을 낳았다는 우울하지만 중요한 진리는 강조해서 반복하는 다음 문구로 인해 독자에게 강한 인상으로 다가온다. 예컨대, 앞 구절에서 언급한 "하나님의 형상"과 반대되는 것으로 "자신의 형상을 따라"를 사용하고 있는데, 이 표현은 분명 아담이 창조된 상태와 셋이 출생한 상태가 차이가 있음을 드러내기 위해서이다.[108]

따라서 하나님과의 관계에서 불신앙과 교만, 저항은 아담이 부여받은 하나님의 형상을 손상시킬 뿐 아니라, 아직도 하나님의 형상을 반영하고 있지만 어떤 의미에서는 아담의 타락한 형상을 드러내면서 후손에게 이어지고 있다.

이런 맥락에서 볼 때 웨슬리는 아담이 인간의 대표자로서 "그가 한 일의

105) Augustine, "On the Grace of Christ and on Original Sin," in *Basic Writings of Saint Augustine*, vol. 1, ed. Whitney J. Oates (New York: Random House, 1948), 583~657.

106) Outler, *Sermons*, 2:242.

107) John Wesley, *Explanatory Notes Upon the Old Testament*, 3 vols. (Bristol: William Pine, 1765), 2:1703.

108) Jackson, *Wesley's Works*, 9:291~92.

결과가 자신 안에서 그치지 않고 그가 대표하고 있는 모든 인류에게 영향을 미쳤다."[109]고 생각했다. 달리 말하면, 아담은 "공인이었고, 연방정부 지도자였으며, 법적 대표자"[110]였다. 실로 아담을 연방정부 지도자요 인류 대표로 보는 입장은 로마서 5장 12절과 5장 19절에 대한 웨슬리의 주석에서 분명히 나타난다. 예를 들면, 로마서 5장 12절을 이렇게 주석하고 있다. "하와가 아니라 인류의 대표로서 언급한 한 사람 아담으로 말미암아 죄 곧 실제적인 죄와 죄의 결과와 죄의 본성과 죽음이 세상에 들어왔다."[111] 그리고 로마서 5장 19절에서는 이렇게 주장한다. "한 사람의 불순종으로 여러 사람 곧 모든 인간이 죄인이 되었다. 처음 사람 곧 모든 인간의 머리요 대표인 아담의 몸으로 죄인이 되었다."[112]

앞의 마지막 구절은 아담의 죄의 유전으로부터 아무도 예외가 될 수 없음을 예증하고 있다. 어린아이를 포함하여 모든 사람이 죄로 인해 파괴되었다. 웨슬리는 "아이들이 하나님 앞에서 순결하지 않으며, 고통을 당하고 고통을 당할 만하다."[113]고 주장한다. 어린아이들이 죄와 연루되어 있고 순결을 상실한 것은 웨슬리에게 논리적으로 분명한 사실이었다. 아이들은 이들의 선조가 그랬던 것처럼 죄의 결과인 고통과 죽음을 경험했다. "하나님은 어린아이들이 순결한 것이 아니라 아담의 죄의 죄의식과 관계한다고 생각한다." 웨슬리의 논리는 이렇다. "만일 그렇지 않다면 죄로 인해 받게 된 벌인 죽음이 아이들에게 임할 수 없을 것이다."[114] 그럼에도 불구하고 더닝(Dunning)은 "결코 이 죄의식 … 영원한 형벌에 빠지는 것과 관계하지 않는다."[115]고 지적한다. 달리 말하면 그 누구도 어떤 유전된 죄의식과 자신의 죄의식의 결

---

109) Ibid., 9:333. 웨슬리의 원죄론에 대한 탁월한 연구로는 Craig Alan Blaising, "John Wesley's Doctrine of Original Sin" (thesis, Dallas Theological Seminary, 1979)을 참조할 것.
110) Jackson, Wesley's Works, 9:404.
111) Wesley, NT Notes, 375. 또한 롬 5:19에 대한 웨슬리의 주석을 참조할 것.
112) Ibid., 376. 연방 지도자로서의 아담에 대한 부가적인 설명을 듣기 위해서는 웨슬리의 원죄에 대한 논문을 참조할 것. Jackson, Wesley's Works, 9:333, 403, 404, 412, 418.
113) Jackson, Wesley's Works, 9:318. 현대의 이해로는 받아들이기 힘들지만, 웨슬리는 가나안 아이들이 죽임을 당한 것은 그들의 죄 때문이라고 이해한다. "(가나안의) 아이들이 죽은 것은 원죄 때문이었습니다. 그렇지 않다면 하나님께서 마음대로 죽인 것입니다." Wesley, OT Notes, 1:721.
114) Jackson, Wesley's Works, 9:316.
115) H. Ray Dunning, Grace, Faith and Holiness (Kansas City, Mo.: Beacon Hill Press, 1988), 298.

과 때문에 상실되지는 않는다는 것이다. 웨슬리는 "하나님께서는 자녀들이 '선조들의 죄 때문에 죽지 않을 것이다.' 결코 영원히 죽지 않을 것이다. 내 생각으로는 이전에도 또 앞으로도 누구든 아담의 죄로 인해서 영원히 죽지 않을 것이다."116)라고 주장한다. 왜 그럴까? 먼저 웨슬리는 다음 장 주제인 그리스도의 구원 사역은 어떤 점에서 아이들에게까지 침투해 들어간 아담의 죄의식을 덮어 버리기에 충분하다고 확신했다. "여자에게서 난 모든 사람은 말로 표현할 수 없는 은총의 수혜자들일 수 있다. 이전에도 또한 지금도 자신의 선택 외에는 실패자가 될 수 없다."117)

이런 저런 웨슬리의 용어 사용을 분석한 하랄드 린드스트룀(Harald Lindstrom)은 아담과 인간과의 관계에 대한 웨슬리의 평가는 특별히 칼빈의 성약설(聖約設, federalism)과 유사하다고 보았다.118) 스웨덴 신학자인 린드스트룀은 "아담을 인류의 조상이면서 대표"119)로 소개한다. 대체로 이러한 주장이 정확하다. 그러나 웨슬리가 아담을 "대표"와 "연방 지도자"로 표현하긴 했어도, 또한 웨슬리 자신의 사유가 이러한 용어로 잘 설명이 됨에도 불구하고 웨슬리는 이 용어 사용을 고집하지 않았음을 염두에 둘 필요가 있다. 웨슬리는 "대표나 연방 지도자가 성서의 용어가 아니기 때문에 이들 용어를 고집할 가치가 없다."120)고 설명한다.

더구나 웨슬리는 먼저 타락으로서의 죄가 얼마나 정확하게 모든 인간과 소통되는지에 대해 알거나 주목할 필요가 없다고 주장했음에도 불구하고121) ("만일 당신이 어떻게 어떤 결정적인 방법으로 죄가 번식되는지, 또 어떻게 죄가 아

---

116) Jackson, *Wesley's Works*, 9:315.
117) Outler, *Sermons*, 2:434. 또한 Harald Lindström,, *Wesley and Sanctification* (Nappanee, Ind.: Francis Asbury Press, 1996,「웨슬리와 성화」, 전종옥 옮김[기독교대한감리회 홍보출판국]), 36을 참조할 것.
118) 그럼에도 불구하고 많은 칼빈주의자들은 웨슬리처럼 영혼 출생론자들(traducianists)이 아니라 영혼 창조론자들(creationists)이었다. 예컨대, 칼빈주의자들은 하나님이 각각의 몸을 위해 새로운 영혼을 창조한다고 믿었다.
119) Lindström,, *Wesley and Sanctification*, 29.
120) Jackson, *Wesley's Works*, 9:332. 웨슬리가 아담의 죄가 모든 인간에게 전가되었다고 주장하는 구절을 보려면, Jackson, *Wesley's Works*, 9:335를 참조할 것.
121) 로버트슨 박사(Dr. Robertson)에게 보낸 웨슬리의 편지를 참조할 것. 이 편지에서 웨슬리는 원죄가 어떻게 전가되었는지 "나는 알지도 못하고 알고 싶은 생각도 없다."고 외친다. Telford, *Letters*, 3:107.

버지로부터 아들에게로 전달되는지 묻는다면, 단호히 나는 알 수 없노라고 대답한다.")[122], 워드(Ward)와 하이젠레이터(Heitzenrater)는 웨슬리가 1762년 울너(Henry Woolnor)의 「영혼의 참 기원」(The True Original of the Soule)을 읽은 후에 영혼 출생론(traducianism)의 입장을 갖게 되었다고 지적한다. 말하자면 웨슬리는 "(아담의) 후손들의 몸뿐 아니라 영혼도 우리의 처음 아버지로부터 온 것"[123]으로 후손들에게 계속해서 이어졌다고 주장했던 것이다. 달리 말하면 인간은 아담 안에서 아담과 더불어 타락했기 때문에 타락한 존재로서의 출산이 필연적으로 타락한 영혼을 전달해 준다.

그러나 웨슬리는 아우구스티누스와는 달리 출산의 과정 자체와 죄를 너무 밀접하게 연결시키려 하지 않았다. 한 예로, "만일 자연 출산이 처음 조상으로부터 후손들에게 죄 된 본성을 전달해 주는 수단이라면 출산 자체가 죄가 되고 불법적인 것"이라는 주장에 응답하여 웨슬리는 "나는 이 주장에 반대한다. 우리는 죄로 오염된 본성을 자녀들에게 전달할 수는 있다. 하지만 그렇게 하는 것이 죄를 범하는 것은 아니다."[124]라고 하였다.

원죄의 결과

인간이 갖는 죄 된 본성의 정확한 모습을 찾기 위해서 웨슬리는 무엇보다도 우리가 "영성과 하나님의 법의 범주를 알도록 공부해야 한다."고 제안한다. 왜냐하면 이것이 "우리가 우리 스스로를 볼 수 있는 거울이기 때문이다."[125] 이렇게 되면 도덕법은 인간의 마음의 죄를 드러내고 하나님의 형상이 타락되었음을 노출시킴으로써 원죄나 타고난 죄가 보다 치명적인 결과를 가져

---

122) Jackson, Wesley's Works, 9:335.
123) Ward and Heitzenrater, Journals and Diaries, 21:350. 또한 Ward and Heitzenrater의 각주 60번을 참조할 것. 각주 내용은 이렇다. "'영혼이 선조에게서 나온 것이다.' 곧 창조자로부터 직접 온 것이 아니다. 이 입장은 영혼창조설(creationism)과 반대되는 것으로 영혼 출생론(traducianism)이라 한다. 처음에 웨슬리는 머뭇거리긴 했어도 히 12:9에 대한 주석(1755)과 원죄교리(1757)에서 영혼 창조설을 지지했다. 그러나 「영혼의 참 기원」(The True Original of the Soul)을 읽고는 영혼 출생설을 따르게 되었다. 그 결과 히 12:9에 대한 주석을 개정했다."
124) Jackson, Welsey's Works, 9:282. 그러면 이런 판단은 하나님의 자녀들이 거룩함과 사랑으로 특징되는 정당한 성의 관계를 가질 수 있음을 의미한다. 정당한 성의 관계는 행위 자체로 파괴되지 않고 "생육하고 빈성하라"(창 1:22)는 창조자의 분명한 뜻뿐 아니라 하나님의 선한 선물로 받아들여질 수 있다.
125) Jackson, Wesley's Works, 9:464.

올 것임을 암시한다.

웨슬리는 여러 저술에서 아담이 인간에게 유산으로 넘겨준 '영적 유산'을 탐구했다. 예를 들면, 웨슬리는 1759년에 쓴 "원죄"(Original Sin)란 설교에서 자연적인 상태에 있는 인간, 곧 하나님의 은총의 도움을 받지 않은 상태의 인간을 언급한다. 그리고 이전에 다윗 왕이 그랬던 것처럼 "모든 남자와 여자가 진리와 거룩함을 '떠나갔기 때문에 의인은 없으며 한 사람도 없다.'"[126]고 주장했다. 웨슬리는 다시금 이사야 선지자의 글을 인용하여 이렇게 덧붙인다. "온 머리가 병이 들었고, 온 마음이 휘청거린다. 발바닥에서부터 머리의 정수리까지 성한 곳이 하나도 없다."[127]

구약성서의 구절들을 인용하는 것을 넘어 웨슬리는 현재 인간의 병든 상태를 보다 완전하게 기술하고 있는 요한1서의 구절들을 빌려와 그의 설교 구조를 균형 있게 한다.[128] 무엇보다도, 인간은 이 세상에 불신앙으로 특징되는 무신론자들로 태어났다. "우리는 본성상 하나님을 알지 못하며 면식도 없습니다."[129] 달리 말하면 은총에서 떠난 우리의 자연적인 이해는 하나님의 인식에 이르지 못한다. "하나님을 알지 못하는 우리는 하나님을 사랑할 수 없습니다. 왜냐하면 우리가 알지 못하는 것을 사랑할 수 없기 때문입니다."[130]

하나님을 알고 사랑하는 것으로부터 소외되고 고립 속에 갇힌 인간은, 즉시 삶의 의미의 중심에 자신들을 놓고 또 예배함으로써 일종의 우상에 빠지게 되었다. 웨슬리는 "우리가 하나님에게만 돌려져야 할 존귀를 우리 스스로에게 돌리게 될 때 스스로를 예배하는 것"[131]이라고 지적한다. 다시 말하거니와 그는 "세상에 태어난 모든 인간이 잎이 무성한 우상숭배자"[132]라고 경탄해 한다. 그리고 원죄에 대한 논문에서 이 개념을 보다 충분하게 발전시킨다.

---

126) Outler, *Sermons*, 2:176, 「웨슬리 설교전집 3」[대한기독교서회].
127) Ibid. 웨슬리는 이 구절이 원래는 '하나님의 특별한 백성'과 관계됨을 지적한다. 그러면서 "분명코 이단자들이 더 좋은 조건에 있는 것은 아니라."고 덧붙인다. Outler, *Sermons*, 2:176.
128) Outler, *Sermons*, 1:177~82; 4:154; 1:212.
129) Ibid., 2:177.
130) Ibid., 2:178. 나는 이 문장에서 협력적 결합을 참고하기 위해 마침표의 위치를 바꾸었다.
131) Ibid., 2:179.

몇몇 사람이 "잘 달린다."해도 이들은 여전히 길에서 벗어나 있다. 이들은 결코 바른 목표를 향하고 있지 않다. 이들이 어느 곳으로 움직이든 자기의 세계를 넘어 움직일 수 없다. 이들은 스스로를 찾고 스스로를 위해 행동한다. 이들의 행동이 어디서 나왔건 자연적 행동, 시민의 행동, 종교적 행동 모두는 죽음의 바다 속으로 달려 그 안에 합류한다.[133]

두 번째로, 무신론과 우상숭배는 교만으로부터 일어난다. 이들은 자기-영광으로 이어지고 따라서 인간은 "스스로를 마땅히 생각해야 할 것보다 더 높은 것으로 생각하거나 그들이 얻지 못했음에도 불구하고 마치 영광스런 무엇인가를 얻은 것처럼 생각한다."[134] 정말 죄와 기만의 힘으로 지탱된 자기-흡수(self-absorption)의 힘이 하나님의 은총이 아니고서는 무너질 수 없다. 따라서 콜린 윌리엄스(Colin Williams)가 지적했듯이, 웨슬리의 자기-만곡(自己-彎曲, self-curvature)으로서의 죄 개념은 루터의 스스로를 향해 뒤틀려진 자기(cor incurvatum in se) 개념과 비슷하다.[135]

아담이 물려준 유산 가운데 세 번째는 자기-의지이다. 웨슬리는 "교만은 우리 모두가 본성상 죄의식을 갖는 유일한 우상숭배가 아니다."라고 주장한다. "사탄은 우리 마음에 자기-의지로 자신의 형상을 심어 놓았다."[136] 사실 웨슬리는 사탄적인 자기-의지의 배경에 반대하여 인간의 현재 자기-의지를 탐구한다. 그리고 정확하지는 않지만 전통적으로 루시퍼와 관계가 있다고 믿는 이사야 14장 13절을 인용한다.[137] 웨슬리의 진술을 살펴보자.

---

132) Ibid. 웨슬리는 인간이 현재 상태에서 빠져 있는 죄의 심연을 기술하기 위해 다른 곳에서 발견된 동일한 요소를 이 설교에서도 사용한다. 예컨대, "인간이 겉으로 드러나는 방식은 다르지만(의심할 바 없이 다른 방식이 천 개는 된다), 하나님과 원수 됨, 무신론, 교만, 자기-의지, 우상숭배와 같이 내면의 뿌리에서는 '인간의 마음과 모든 자연적 인간의 마음이 어쩔 수 없이 악하다.'" Outler, *Sermons*, 4:155.

133) Jackson, *Wesley's Works*, 9:456.

134) Outler, *Sermons*, 4:154. 나는 인용을 위해 구문을 수정했다.

135) Colin Williams, *John Wesley's Theology Today* (Nashville: Abingdon Press, 1960, 「존 웨슬리의 신학」, 이계준 옮김(전망사), 50. 알트하우스(Paul Althaus)는 자기-만곡은 루터의 경우 의지의 노예로 이해될 수 있다고 본다. "우리는 우리의 의지에 반하여 죄를 지은 것이 아니라 우리의 의지를 따라 죄를 짓는다." Paul Althaus, *The Theology of Martin Luther* (Philadelphia: Fortress Press, 1966, 「마르틴 루터의 신학」, 구영철 옮김(성광문화사)), 156.

136) Outler, *Sermons*, 2:179.

사탄은 하늘로부터 쫓겨나기 전 "나는 북극의 양편에 앉을 것이다."라고 말했다. 나는 창조자의 의지가 아니라 나 자신의 의지와 쾌락을 좇아 행하리라. 세상에 난 모든 사람 또한 사탄과 동일하게 말한다. 그리고 이것은 천 가지나 예를 들어 말할 수 있다.[138]

여기까지 무신론, 교만, 자기 의지의 형식으로 나타난 원죄는 사탄의 악을 반영한다. 그러나 웨슬리는 "다음 단계에서 우리는 아담이 죄의식조차 느끼지 않는 우상숭배에 빠진다. 예컨대, 세상의 사랑에 빠진다."[139]고 말했다. 요한1서 2장 16절을 주석하면서 '육체의 정욕' '안목의 정욕' '이생의 자랑'이라는 세 요인으로 원죄의 네 번째 단면을 전개한다.

그러므로 불신앙(무신론), 교만, 자기-의지, 세상의 사랑은 모든 면에서 인간이 아담과 하와로부터 물려받은 유산이다. 다시 말하면, 웨슬리는 아담이 하나님의 도덕적 형상을 상실하게 되어 자연적 형상과 정치적 형상이 아주 희미하게 된 이후 이 유산은 그 후손에게 이어지게 되었다고 주장한다. 그는 질문한다. "나머지 인류가 그 존재를 물려받고 있는 조상들의 죄가 얼마나 멀리 미치고 있는가?" "우리는 이 범주에 어떤 경계를 정할 수 있을까?"[140]

전적 타락

하나님의 은총이 없다면 현재 인간의 영적 상태는 어둡고 황량하다고 기술하는 것이 적절하다. 분명 웨슬리는 자신의 원죄교리에서 인간에게 던져진 도덕적이며 영적인 심연을 표현하기 위해 '최상의 부정'을 사용한다. 웨슬리의 표현을 보자.

인간은 본성상 모든 악으로 가득한가? 그에게 선은 하나도 없는가? 그는 전적으로 타락했는가? 인간의 영혼은 전적으로 타락했는가? 아니면 본문 말씀대

---

137) 이 주제로 러셀(Jeffrey Burton Russell)은 "루시퍼를 사탄과 동일시하는 초기 기독교 자료는 터툴리안(Tertullian, c. 170~220)이 쓴 '마르시온에 반박하여' (*Against Marcion*)란 글이다."라고 기록한다. Russell, *Darkness*, 43.

138) Outler, *Sermons*, 2:179.

139) Ibid.

140) Ibid., 1:665.

로 "인간의 마음에 있는 생각의 상상이 영원히(continually) 악한 것인가?" 이것을 인정하라. 그리하면 여러분은 아직 기독교인이다. 그러나 이를 거부한다면 여러분은 한낱 이단에 불과하다.[141]

웨슬리는 다른 문헌에서도 전적 타락의 주제를 계속해서 다루면서 강조하고 있다. 예를 들면, "하나님 나라에 이르는 길"(Way to the Kingdom)에서 "여러분은 모든 능력, 영혼의 능력이 타락했고, 전적으로 타락하여 모든 기반이 정도에서 떠났다."[142]라고 논평했다. "인간의 마음의 기만"(The Deceitfulness of the Human Heart)이란 설교에서도 "인간 마음의 사유의 모든 상상이 악하고 악할 뿐이며 계속해서 악하다."[143]고 하였다. 더 나아가 동일한 설교에서 인간이 그 조건을 바꿀 수 없다고 강조한다. "모든 인간의 마음에서 불경건과 불의의 값이 영혼 속에 너무 깊이 강력하게 뿌리내려 있기 때문에 전능한 은총만이 이를 치유할 수 있다."[144]

마찬가지로 18세기의 이성에 기초한 사유를 했던 많은 학자들이 사용하기를 꺼려했던 전적 타락이란 용어를 웨슬리의 다른 글에서도 찾아볼 수 있다. 예를 들면, 「신약성서 주석」(Notes Upon the New Testament)에서는 인간 본성이 타락한 결과 인간의 모든 직능에서 그리스도가 필요함을 탐구한다. 웨슬리의 설명을 보자.

우리는 본성상 하나님과 떨어져 있고 소외되어 있어서 그분께 자유로이 나아갈 수 없다. 그러므로 우리는 중재자와 중보자를 원한다. 곧 제사장이신 그리스도를 원한다. 이것이 하나님과의 관계에서 우리의 모습이다. 그리고 우리 자신과 관련해서는 하나님과 하나님의 것들에 대해 완전히 어둡고 눈이 멀었으며 무지한 것을 본다. 지금 여기서 우리는 예언자이신 그리스도께서 우리의 생각을 밝혀 전체적인 하나님의 뜻을 가르쳐 주시기를 원한다. 또한 우리는 우리 안에 탐욕과

---

141) Ibid., 2:183~84.
142) Ibid., 1:225.
143) Ibid., 4:154~55, 「웨슬리 설교전집 7」[대한기독교서회]. 타락에 대한 주제를 더 보려면, 특히 현대의 사회적 정치적 상황에서 어떻게 작용되는지 살펴보고 싶다면, Mary Elizabeth Moore, "Poverty, Human Depravity, and Prevenient Grace," Quarterly Review 16 (Winter 1996): 343~60을 참조할 것.
144) Outler, Sermons, 4:156.

정욕을 이상하게 잘못 사용한 것을 본다. 우리는 왕이신 예수 그리스도께서 오셔서 우리 마음을 통치하고 주님께 우리의 탐욕과 정욕을 내려놓기를 원한다.[145]

또한 웨슬리는 원죄에 대한 논문에서 "본래적 의로움의 결핍"(a want of original righteousness)과 "죄로의 본성적 성향"(natural propensity to sin)이란 말로 인간 본성의 타락을 표현한다. 이 맥락에서 타락이란 (아우구스티누스 신학에서 등장하는 것처럼) 선의 결핍이나 부족뿐 아니라 죄와 불순종을 향한 인간의 마음의 기질을 쉽게 발휘하게 하는 적극적인 힘이다.[146] 또 다른 글들에서 웨슬리는 은총을 떠난 원죄의 깊이와 넓이를 기술하기 위해, (1) "불법과 죄로 죽은,"[147] (2) "불경건과 불의,"[148] (3) "절망적으로 악한,"[149] (4) "지속되는 악,"[150] (5) "전적 타락과 부패"[151] 같은 문구들을 사용하고 있다.

물론 앞서 인용된 용어는 종교개혁자 루터와 칼빈이 원죄를 논할 때 사용했던 용어를 생각나게 한다. 루터는 「로마서 강해」(Lectures on Romans)에서 원죄는 "모든 올곧음의 상실 ⋯ 악을 향하는 경향, 선을 싫어하고, 빛과 지혜를 경시하며, 오류와 어둠을 좋아하는 것"[152]이라고 주장했다. 또한 에라스무스(Erasmus)의 가르침과 반대 입장에서 쓴 "의지의 노예"(The Bondage of

---

145) Wesley, *NT Notes*, 11 (마 1:16).
146) Jackson, *Wesley's Works*, 9:407. 그러나 웨슬리는 전적 타락이 "무관심한 본성"(an indifferent nature)의 것들이란 말로 인간의 자유를 폄훼하지 않고 오히려 우리의 자유를 하나님의 의로움을 위해 사용하도록 한다. 웨슬리의 *Remarks on a Defence of Aspasio Vindicated* in Jackson, *Wesley's Works*, 10:350을 참조할 것. 이 논문에서 "전적 타락"에 대한 다른 자료를 보려면, Jackson, *Wesley's Works*, 9:197, 237, 273을 참조할 것.
147) Outler, *Sermons*, 4:31.
148) Ibid., 4:156. 이 문구를 머리말로 해서 웨슬리는 이렇게 기술한다. "그러므로 모든 인간의 자녀의 마음속에는 고갈되지 않는 불경건과 불의함이 깊고도 강하게 뿌리를 내리고 있어서 전능한 은총 말고는 이를 치유할 수 없다." Outler, *Sermons*, 4:156.
149) Ibid., 4:155. 웨슬리는 이렇게 주장한다. "인간의 마음은 ⋯ 절망적으로 악하다. 그렇다고 이것이 특정한 죄들(악한 나무에서 나온 잎사귀 혹은 열매들)을 의미하는 것이 아니라 모든 악의 일반적인 뿌리를 의미한다." Outler, *Sermons*, 4:155.
150) Jackson, *Wesley's Works*, 9:197. 1739년 7월 31일 일지에서 웨슬리는 이렇게 쓰고 있다. "악이 지속하는 자연적인 상태에서 우리의 모든 기질과 행동이 이어진다." Ward and Heitzenrater, *Journals and Diaries*, 19:84.
151) Wesley, *NT Notes*, 377 (롬 6:6).
152) Martin Luther, *Luther's Works*, ed. Hilton C. Oswald, vol. 25, *Lectures on 롬* (St. Louis, Mo.: Concordia Publishing, 1972), 167~68.

the Will)라는 논문에서도 동일한 주장을 강조했다. 마찬가지로 칼빈도 「기독교 강요」(*Institutes*)에서 "바울은 타락이 부분적으로만 현존하지 않고 영혼의 모든 영역이 불순하거나 죽을 병으로 감염되었다는 것을 가르치면서 모든 의심에서 벗어났다."[153]고 선언했다. 게다가 이 제네바의 종교개혁자는 "우리의 본성은 선이 결핍되어 있고 텅 비어 있을 뿐 아니라 악과 악한 열매가 가득하여 분주하다."[154]고 주장했다.

보다 현대적인 평가를 하고 있는 셸은 20세기 초에 웨슬리가 실로 "사도 바울, 아우구스티누스, 루터, 칼빈이 걸어간 발자취를 따르고 있다."[155]고 주장했다. 같은 내용으로 캐논도 아르미니우스 계열 신학자인 웨슬리가 "인간이 본성상 전혀 의로움이 결핍되어 있으며 하나님의 심판과 진노에 놓여 있다고 주장했던 칼빈과 루터와 아우구스티누스의 길을 따라갔다."[156]고 주장했다. 윌리엄스(Colin Williams)도 근본적인 교리인 원죄교리에 대한 웨슬리의 접근이 본질적으로 서방 전통을 따랐고 "루터와 칼빈의 사상과 밀접하게 평행구조"[157]를 갖고 있다고 보았다. 이들의 원죄교리 이해를 수용했던 테일러(Richard Taylor)는 두 가지 주요 통찰로 이렇게 결론을 내린다.

아르미니우스(Jacob Arminius)와 웨슬리(John Wesley)는 다음 두 가지 이유에서 철저히 아우구스티누스 계열의 사람이라고 할 수 있다. 첫째, 인류는 아담의 죄의 결과 보편적으로 타락했다. 둘째, 선을 원하는 인간의 능력이 약해져서 인간이 돌이켜 구원을 받기 전에 먼저 하나님의 은총의 역사를 요구해야 한다.[158]

---

153) John Calvin, *Institutes of the Christian Religion*, ed. John T. McNeill, 2 vols. (Philadelphia: Westminster Press), 1:253.
154) Ibid., 1:252.
155) George Croft Cell, *The Rediscovery of John Wesley* (New York: Henry Holt, 1934), 275.
156) William Ragsdale Cannon, *The Theology of John Wesley* (New York: Abingdon-Cokesbury Press, 1946), 200. 또한 Cell, *Rediscovery of John Wesley*, 246도 참조할 것.
157) Williams, *John Wesley's Theology Today*, 51. 린드스트룀은 자신의 입장에서 개혁자의 입장을 분별하였다. Harald Lindström,, *Wesley and Sanctification: A Study in the Doctrine of Salvation* (Grand Rapids, Mich.: Francis Asbury Press, 1982), 20.
158) Taylor, *Exploring Christian Holiness*, 20.

서방 전통과는 달리 동방 교부들은 "전적 타락"이라는 용어를 거의 사용하지 않았다. 동방 교부들은 아담과 하와가 뒤따라오는 은총에 응답할 수 없을 정도로 타락한 것은 아니었다고 주장했다. 이 전통을 따르고 있는 매덕스의 설명을 들어보자.

> 동방 신학자들은 타락이 모든 은총이나 그리스도 안에서 하나님이 제공한 회복된 은총에 대해 응답할 수 있는 상호 책임을 우리에게서 빼앗아 간 것이 아니라고 주장했다. 예컨대, 동방 기독교 전통은 신-인 상호 작용 안에 상호-협력은 타락 이후에도 남아 있다고 고백한다.[159]

다시 말하면, "타락은 우리가 죄로 향하게 하지만, 그렇다고 하나님의 치유의 선물에 협력할 수 없을 정도는 아니다."[160]

웨슬리와 동방 신학자들의 신학은 "인간이 은총을 받고 응답할 수 있도록 선물을 받았다."는 유사한 결론(place)에 이른다. 그러나 이들의 유사한 구원론적 입장은 다른 시기와 다른 통로를 통해 이룩한 결론이다. 분명 웨슬리는 모든 은총에서 떠나 인간이 원죄로 인한 완전한 타락을 주장했기 때문에, 하나님이 먼저 주도권을 갖는 은총(선행은총에 대한 강조)으로 활동해야 했을 뿐 아니라, 어떤 책임이나 협력이 이루어질 수 있기 전 죄와 타락의 결과를 걷어내기 위해 회복을 가져오는 은총의 주권적 원인으로 활동해야 했다고 주장했다. 간단히 말해서, 많은 동방 신학자들에게 타락은 적절한 자리에서 응답할 수 있는 가능성을 남겨 놓는다. 그러나 아우구스티누스의 전통을 따랐던 웨슬리와 같은 이들은 하나님께서 먼저 주권적으로 선행은총을 통해 이전에 향유했던 관계를 어느 정도 인간에게 회복시켜 주지 않는다면 타락한 결과가 너무 커서 구원의 길을 따라 응답할 수 있는 가능성은 전혀 없다고 보았다.

---

159) Randy L. Maddox, *Responsible Grace: John Wesley's Practical Theology* (Nashville: Kingswood Books, 1994), 66.
160) Ibid., 74.

선행은총

웨슬리는 원죄에 대해 어떤 동방 교부들과는 다르게 이해하고 있었던 반면, 은총에 대해서는 아우구스티누스와 16세기 종교개혁자들과 다르게 이해하고 있었다. 웨슬리와 서방 신학자들은 전적 타락과 좀 더 친밀한 탐색을 강조한 점에서 큰 유사성이 있지만 은총의 개념 이해에서는 중요한 차이가 있다. 예를 들면 웨슬리가 전적 타락이란 용어를 사용할 때 전혀 하나님의 은총이 없는 '자연인'을 의미하고 있음을 염두에 둘 필요가 있다. "이 모든 것으로부터 우리는 하나님의 은총의 도움을 받지 않은 자연 상태에 있는 인간을 배운다." 웨슬리는 "'인간의 모든 사유의 상상이' 아직도 '악하고 오직 악하며,' 지속적으로 악하다."[161]고 기술하고 있다. 그러나 이러한 인간이 실제로 존재하는가? 웨슬리에 따르면 그렇지 않다. "우리 자신의 구원을 이룸"(On Working Out Our Own Salvation)이라는 설교에서 그는 이렇게 진술한다.

> 인간의 모든 영혼이 본성상 죄 안에서 죽었음을 인정하는데 어느 것으로도 설명이 되지 않는다. 이렇게 약한 본성의 상태로 있는 인간은 없으며, 성령을 소멸하지 않고는 하나님의 은총에서 완전히 떠난 인간은 없다. 살아 있는 인간 중에 저속하게 말해 자연적 양심이 전혀 없는 인간은 없다. 그러나 이것을 자연적인 것이라 하지 않고 좀 더 정확히 말해 "선행은총"이라고 한다.[162]

다시금 같은 설교에서 선행은총의 중심 본문이 되는 요한복음 1장 9절을 이용하여 이렇게 덧붙인다. "모든 사람은 조만간 혹은 약간은 세상에 난 모든 사람들을 비추는 어느 정도의 빛과 가냘픈 빛줄기를 갖고 있다."[163] 엄프리 리(Umphrey Lee)는 웨슬리에게 "자연인"(natural man)이란 실제 남자와 여자와는 상응하지 않는 논리적 추상이었다고 정확하게 지적했다. 그는 "이 세계에서 인간은 자연인이면서 또한 하나님의 선행은총으로 존재한다."[164]고

---

161) Outler, *Sermons*, 2:176.
162) Outler, *Sermons*, 3:207.
163) Ibid.

기술했다. 그러나 '논리적 추상'이란 문구를 사용함으로써 리는 후기의 웨슬리가 인간이 본래부터 무능하다는 생각을 버린 것이 아니라고 제시하고 있다.165) 오히려 웨슬리는 하나님의 은총에 인간이 계속해서 의존하고 있을 뿐 아니라 원죄의 영향이 여전히 존재함에도 불구하고 결코 전적인 것은 아니라고 주장했다. 예컨대, 인간은 하나님의 회복하는 현존 때문에 어느 정도 빛을 갖고 있고 그 빛은 그리스도라고 주장했다.166)

영국 국교회의 신사적 태도로 웨슬리는 성서와 전통에 호소함으로써 자신의 선행은총 교리를 지지했다. 예컨대, 근거자료로서 요한복음("그 빛이 세상에 오셨으니, 모든 사람을 비추는 참 빛이시다"[요 1:9])과 영국 국교회 39개 종교 강령을 사용했다. 그러나 구체적인 기독교 자료 사용이 결코 은총의 범주를 제한하지는 않았다. 따라서 웨슬리는 예수 그리스도의 구원 사역에 기초한 선행은총은 성령의 사역을 통해 기독교인과 비기독교인 모두에게 적용된다고 주장했다.167) "모든 인간이 약간은 인간의 부름 이전에 선행은총을 갖는다."168)고 선언한 것이다. 다시 말하면, 선행은총은 지리와 문화에 제약을 받지 않고 "모든 인간에게 값없이 주어지며," 인간의 능력과 공로에 기초하

---

164) Umphrey Lee, *John Wesley and Modern Religion* (Nashville: Cokesbury Press, 1936), 124~25. 또 주목할 일은 웨슬리가 "자연인"과 "자연 상태"(natural state)라는 두 용어를 구분하여 다른 의미로 사용했다는 점이다. 이 차이를 간과하지 못한 학자들은 웨슬리 연구에서 많은 혼돈에 빠지게 된다. 한편 "원죄"라는 설교에서는 자연 상태를 하나님의 은총에서 떠난 것으로 묘사하고 있다. 그러나 위에서 밝혔듯이, 하나님의 선행은총을 받지 않은 인간은 존재하지 않기 때문에 하나님의 은총을 떠난 자연 상태로서의 인간은 존재하지 않는다. 다른 한편, 1742년 찰스의 "너희 잠자는 자여 일어나라"(Awake, Thou That Sleepest)라는 설교와 1746년 존의 설교 "노예의 영과 양자의 영"(The Spirit of Bondage and of Adoption)에 등장하는 "자연인"과 "자연 상태"라는 문구는 이론적 구성의 존재들이 아니고 실재하는 혈육의 인간을 의미한다. Outler, *Sermons*, 1:142; 1:266.

165) Maddox, *Responsible Grace*, 91.

166) 이 주제에 대해 하인슨(Hynson)은 이렇게 지적한다. "'궁핍(deprivation) 곧 [타락(depravity)]'으로 설명되는 결핍신학(privation theology)은 죄/박멸(sin/eradication)의 근거를 요청하지 않는다. 죄의 문제의 핵심은 결핍이다. 그리고 그 결핍의 결과가 타락이다. 구원을 통한 해결은 죄를 뿌리 뽑는 것이 아니라 성령의 충만함이다." Leon O. Hynson, "Original Sin as Privation: An Inquiry into a Theology of Sin and Sanctification," *Wesleyan Theological Journal* 22, no. 2 (Fall 1987): 78.

167) "선한 청지기"(The Good Steward)라는 설교에서 웨슬리는 다음에 게시된 대로 하나님의 은총과 성령을 관계시킨다. "마지막으로 모든 사람은 성령의 능력인 하나님의 은총에 의지한다. 이 은총이 없이는 축복이 아니라 저주를 받을 것이다. 성령의 역사인 하나님의 은총만이 우리 가운데 역사함으로 우리가 하나님 눈에 받아들여지게 된다." Outler, *Sermons*, 2:286, 「웨슬리 설교전집 7」[대한기독교서회].

168) Outler, *Sermons*, 3:207.

지 않고 "누구에게나 값없이 주시는 은총이다."[169] 선행은총은 배타적이 아니라 포용적이며, 공로에 의해서가 아니라 값없이 주어진 은총이다. 더욱 정확히 말하면 웨슬리의 다음 글에서 분명하게 나타나듯이 처음 은총의 희미한 빛은 구원으로 안내하는 입구이다.

> 구원은 보통 하나님을 기쁘게 하려는 처음 소원, 하나님의 뜻에 관심을 갖는 처음 빛, 하나님께 죄를 범했다는 처음 잠깐의 확신을 포함하는 (아주 정확하게 말한다면) "선행은총"이라는 것으로 시작한다. 이는 생명을 향한 움직임, 어느 정도의 구원, 하나님과 하나님의 것을 전혀 지각하지 못하는 맹목적이고도 느낌이 없는 마음으로부터 구원이 시작됨을 의미한다.[170]

좀 더 자세하게 선행은총의 유익을 평가하기 전에 먼저 웨슬리의 글 속에서 선행은총의 이중적 사용을 찾아냈던 아우틀러의 분별을 살피는 편이 더 큰 도움이 될 것이다. 선행은총의 첫 번째 의미는 좁은 의미로 이해한 것인데, 칭의은총(justifying grace)과 성화 은총(sanctifying grace) **이전의** 모든 은총을 의미한다.[171] 이 용례는 16세기와 17세기 영국에서 칼빈주의자들과 아르미니우스주의자들 사이의 열띤 논쟁에서 나왔다. 일례를 든다면, 당시 아르미니우스주의자들은 원죄 교리가 무조건적 선택으로 이해된 예정을 필요로 한다는 칼빈주의자의 결론을 피하기 위해 첫 번째 의미인 선행은총 개념에 의지했다.[172] 이 상황에서 선행이란 (그리스도의 사역의 결과) 죄인들을 책임적이게 하는 전체적인 죄인의 조명뿐 아니라 성령의 사역으로 일어난 죄에

---

169) Ibid., 3:545~52.

170) Ibid., 3:203~4.

171) 웨슬리의 설교 "양심"(On Conscience)의 서론에 대해 아우틀러가 주해한 것을 참조할 것. Ibid., 2:479.

172) Williams, *John Wesley's Theology Today*, 44. 무어만(Moorman)은 "당시 찰스 왕 시절 캐롤라인 신학자들(the Caroline Divines, 찰스 1세와 2세가 통치하던 시절 영국 교회에서 활동했던 신학자들을 말함. 찰스[Charles]의 라틴어 이름 카롤루스[Carolus]에서 연유되었다. -옮긴이 주)은 로마가톨릭과 제네바 종교개혁의 양극을 피해 가고자 했다."고 주장한다. "그러나 이들이 추구했던 중도(*Via Media*) 입장은 '최소공분모'(lowest common denominator)인 타협이 아니라 원시 기독교의 단순성과 순수함을 회복하려는 진정한 시도였다. J. R. H. Moorman, *A History of the Church of England* (Wilton, Conn.: Morehouse-Barlow, 1976, 「잉글랜드 교회사(상, 하)」, 김진만 옮김[성공회대학교 신학연구소]), 234.

대한 확신을 포함한다. 그러므로 아우틀러는 웨슬리가 이 전통에 호소함으로써 "인간의 오류와 인간의 가능성에 관한 펠라기우스의 낙관론과 아우구스티누스의 비관론을 넘어 제3의 대안을 추구했다."[173]고 보았다.

두 번째 의미는 광의의 의미에서 이해한 것인데, 죄를 깨닫게 하는 은총, 칭의은총, 신생은총, 혹은 성화은총과 같이 모든 은총 안에서의 인간의 응답 뿐 아니라 하나님의 선행적 활동을 강조하는 모든 은총을 선행은총으로 본다.[174] 선행은총은 초기 동방과 서방 기독교에서 뿐 아니라 후기 영국 국교회의 자료에서도 나타난다. 예를 들면 역사적인 영국 국교회 39개 종교 강령 10조는 이렇게 선언한다.

> 아담이 타락한 이후 인간의 조건은 자신의 자연적인 힘과 선행으로 말미암아 신앙과 하나님의 부르심으로 스스로 돌이켜 준비할 수 없었다. 그러므로 우리는 우리를 앞서 가시는(preventing) 그리스도에 의한 하나님의 은총이 아니고서는 하나님이 기뻐하시고 받으실 만한 선한 일을 행할 힘을 갖고 있지 않다. 선행은 총으로 말미암아 우리는 선한 뜻을 갖게 되고 이 선한 뜻이 우리와 더불어 역사 한다.[175]

모든 은총과 관련하여 하나님의 우선성이라는 광의로 인식된 선행은총은 종교 강령 10조가 선언하듯이 신-인 협력, 곧 진정으로 '함께하는 활동'이라는 문제를 제기한다. 그러나 "우리 자신의 구원을 이룸"(On Working Out Our Own Salvation)이란 설교에서 가장 잘 표현된 신-인 협력은 조심스럽게 이해되어야 한다. 한 예로, 만일 광의로 협력의 배경에서 선행은총이 모든 신-인 활동의 배타적인 패러다임이라면 웨슬리 신학은 신-인 협력의 개념을 넘어설 수 없는 것으로 잘못 생각될 수 있다. 이 관점을 지지하는 신학자들은 신-

---

173) Albert C. Outler, *Theology in the Wesleyan Spirit* (Nashville: Discipleship Resources, 1975), 35.

174) Albert C. Outler, "John Wesley's Interests in the Early Fathers of the Church," in *The Wesleyan Theological Heritage: Essays of Albert C. Outler*, ed. Thomas C. Oden and Leicester R. Longden (Grand Rapids, Mich.: Zondervan Publishing, 1991), 105; Outler, "A Focus of the Holy Spirit: Spirit and Spirituality in John Wesley (존 웨슬리의 성령론과 영성 이해, 「세계의 신학」(1996년 봄)," in ibid., 165.

175) Schaff, *Creeds*, 3:493~94.

인 협력 패러다임이 신-인이 함께 협력하지만 우선성은 하나님께 있다는 생각을 편하게 한다. 그러나 본질상 하나님의 우선성 개념만으로는 하나님의 은총에 대한 웨슬리의 이해를 다 담아낼 수 없다. 단순히 '가톨릭'이나 '동방'의 전통을 담아내고 있는 전체적인 신-인 협력적 패러다임의 신-인 역할은 웨슬리 신학의 접속적 성격을 충분히 혹은 적절하게 표현하지 못한다. 오히려 정확히 읽어 보면 하나님의 활동과 인간의 활동을 포함하고 있는 신-인 협력적 패러다임은 인간의 공로 없이 하나님의 활동만(sola gratia, sola fide)을 강조하는 개신교(바울)의 입장이 동일하게 받아들여지는 좀 더 큰 접속에서 다루어져야 한다. 상호-협력적 은총뿐 아니라 상호 협력적 은총과 값없이 주시는 은총의 접속에서 다루어져야 한다. 결국 넓은 의미의 선행은총은 이 두 배경으로부터 이해되어야 한다. 왜냐하면 값없이 주시는 은총 또한 하나님의 활동의 우선성을 조명하고 있기 때문이다.

더구나 웨슬리가 자신의 글에서 "선행은총"이란 용어를 사용할 경우 넓은 의미의 선행을 의미하는 것이 아니고 위에서 정의되었듯이 좁은 의미의 선행을 의미하기 때문이다.[176] 말하자면 선행은총은 앞서 오는 것으로 스스로를 넘어 구속적 은총을 지칭한다. 엄밀히 말하면 하나님의 칭의은총과 신생의 능력을 지칭한다. 그러므로 모든 은총에서 하나님의 주도권이 중요함에도 불구하고, "선행은총"이란 용어를 좁은 의미로 해석함으로써, 우리는 선행은총, 죄를 깨닫게 하는 은총, 칭의은총, 성화은총, 영화은총의 구분을 통해 나타나는 것처럼, 믿는 자들의 성장과 발전, 질적인 차이, 존재의 변화에 집중할 수 있다. 간단히 말하면, 좁은 의미에서 선행은총은, 지극히 높으신 이로부터 오는 축복임에도 불구하고 엄밀히 말해 우리를 거룩하게 하지 않는다.

선행은총의 혜택

웨슬리는 자신의 글에서 타락이 가져다준 끔찍한 결과를 완화하는 선행은총으로 말미암아 인간에게 가져다준 다섯 가지 혜택을 지적한다.[177]

---

176) Outler, *Sermons*, 2:156~57; 3:203~4; 3:482.
177) 이 혜택을 철저히 논의한 것을 보려면, Charles Allen Rogers, "The Concept of Prevenient Grace in the Theology of John Wesley" (Ph. D. dissertation, Duke University, 1967), 196을 참조할 것. 그러나 로서스는 네 가지 혜택을 말했고, 내가 다섯 번째 범주로 "악의 제약"을 더했다.

먼저, 로마서 1장 19절에 대한 주석에서 웨슬리는 (전능성, 영원성과 같이) 하나님의 속성이란 형식으로 표현된 기본적인 하나님에 대한 인식이, 성령의 선행적 역사로서 모든 인간에게 나타났다고 주장한다. 다시 말하거니와, 인간은 모든 은총에서 떠나 하나님을 알지 못하는 자연적 상태에 남겨지지 않으며, 하나님에 대한 인식이 아무리 희미하고 미약하다 하더라도 모든 사람들은 적어도 어느 정도는 하나님에 대한 이해를 갖는다고 주장한다. 「신약성서 주석」(Notes Upon the New Testament)에서 웨슬리는 이렇게 설명한다. "하나님에 대해 인식되어야 하는 것은 필연적으로 인식되어야 하는 큰 원칙들 안에 나타난다. 왜냐하면 하나님께서 세상에 있는 모든 인간을 깨우치는 빛으로 말미암아 이 원칙들은 하나님에 대해 인식되어야 하는 것을 보여 주었기 때문이다."[178] 이 인식은 특별계시와 상관없는 보편계시이기 때문에 어떤 학자들은 이 인식이 자연신학(theologia naturalis)의 기초를 이룬다고 주장한다.[179] 그러나 또 다른 학자들은 자연신학이 나타나는 듯 보이지만 은총과 상관없이 일어나는 것이 아니라고 서둘러 주장한다. 이때 은총은 이성과 이성의 힘을 축하하는 가운데 인식될 수도 있고 인식되지 않을 수도 있는 은총이다.

둘째, 하나님의 은총이 없는 인간은 영적으로 죽은 것이기 때문에 창조 시에 마음에 새겨져 하나님의 형상으로 표현된 하나님의 거룩한 법을 이해할 수도 없고 이해하려 하지도 않는다. 그럼에도 불구하고 웨슬리는 타락 후에 하나님은 인간을 이처럼 완전히 절망스런 상태에 남겨 두지 않고 하나님의 도덕법에 대한 인식을 인간의 마음에 새겨 주어서 길을 열어 보였다. 웨슬리의 주장을 보자.

그러나 머지않아 인간은 하나님께 저항하였고 이 은혜로운 법을 지키지 않음으로써 이를 자신의 마음에서 지워 버렸다. …그러나 하나님께서는 자신이 지으

---

178) John Wesley, *NT Notes*, 363.
179) M. Elton Hendricks, "John Wesley and Natural Theology [Prevenient Grace]," *Wesleyan Theological Journal* 18, no. 2 (Fall 1983): 12. 또한 헨드릭스(Hendricks)는 "버틀러 감독(Bishop Butler)의 자연신학을 웨슬리가 인정한 것은 교훈적인 것으로 다른 증거가 없는 상황에서 웨슬리를 자연신학자로 볼 수 있는 반증이 된다." ibid., 12.

신 창조를 못 본 채 하지 않으시고 사랑하시는 아들을 통해 인간과 화해하셨고 어둡고 죄로 가득 찬 인간의 마음에 법을 다시 새겨 주심으로 길을 열어 보였다.[180]

셋째, 1744년에 쓴 "필연에 대한 사유"(Thoughts Upon Necessity)에서 웨슬리는 양심의 궁극적 기원은 자연이나 사회가 아니라 전능자 하나님이라고 밝힌다. "거부할 수 없는 것은 하나님께서 모든 인간 안에 인간의 격정과 행동을 인정하거나 정죄하는 내면의 심판자로서 양심을 주었다는 것이다."[181] 1765년에 출판된 "성서적 구원의 길"(The Scripture Way of Salvation)이란 설교에서 웨슬리는 양심의 활동을 특별히 선행은총과 동일시했다. 또한 "성서적 구원의 길"보다 20여 년 후에 선포된 "양심"(On Conscience)이라는 설교에서 많은 경험을 거친 웨슬리는, 어떤 의미에서는 양심이 보편적인 것으로 나타나기 때문에 자연적인 것으로 보일지 모르지만 엄밀히 말하면 "자연적인 것이 아니라 자연스런 성품을 넘어서는 하나님의 초자연적 선물"[182]이라고 여전히 주장한다.

선행은총의 혜택
1) 하나님의 속성에 대한 기본 지식
2) 도덕법에 대한 각인
3) 양심
4) 은혜로이 회복된 자유의지의 측정
5) 악함의 제약

넷째, 웨슬리는 여러 면에서 개신교 종교개혁자들과 유사한 원죄교리를 가르쳤기 때문에 인간이 자연적 자유의지를 소유하고 있음을 분명하게 부인했다.[183] 달리 말하면, 은총이 없는 인간은 쇠 덩어리일 뿐이다. 그러나 동방정교회와 마찬가지로 로마가톨릭은 자유의지가 타락으로 말미암아 약화되었음에도 불구하고 앞서 지적했듯이 소멸되거나 상실되지는 않았다고 주장

---

180) Outler, *Sermons*, 2:7. 또한 웨슬리의 「예정론 성찰」(*Predestination Calmly Considered*)을 참조할 것. 이 글에서 웨슬리는 "먼저 하나님은 선과 악에 대한 일반적인 인식으로 이해의 빛을 밝게 해 주었고 인간이 이 빛에 반하여 행동할 때는 다른 견책을 더하였다."고 기술하고 있다. Jackson, *Wesley's Works*, 9:233.

181) Jackson, *Wesley's Works*, 10:473.

182) Outler, *Sermons*, 3:105.

183) Jackson, *Wesley's Works*, 10:229.

했다.[184] 사실 마르세유(Marseilles)에 두 개의 수도원을 세우고 「수도원 강요」 (Institutes)를 저술하여 베네딕트회의 규칙(Benedictine Rule)에 영향을 끼쳤던 카시아누스(John Cassian)는 아우구스티누스 입장과 펠라기우스 입장 사이의 타협점을 찾으려 했다. 재능이 많았던 수도사 카시아누스는 모든 사람들이 타락한 결과 죄가 가득함에도 불구하고 의지가 약해졌을 뿐이지 전적으로 타락하지는 않았다고 주장했다. 따라서 인간은 은총에 협력할 만큼 충분히 자유롭다. 그러므로 윌리는 이러한 입장을 견지했던 가톨릭 전통이 "그 믿음 체계에 있어서 반-펠라기우스적"[185]이라고 평가되어야 한다고 보았다. 실로 자유와 협력적 은총에 대한 카시아누스의 가르침은 수정된 아우구스티누스의 은총론에 빠졌다는 이유로 529년에 열린 오렌지 종교회의(Synod of Orange)에서 정죄를 받았다. 그러나 웨슬리가 한편으론 로마가톨릭의 전통을 따르고 또 다른 한편으론 비텐베르크와 제네바의 종교개혁 전통을 따름으로써 반-펠라기우스주의와 (도덕적 책임 등을 배제한) 결정론(determinism)으로부터 자신의 신학을 구별하게 한 것은, 구원론적으로 말해 성령에 의한 회복이 없이는 자유롭지 못한 모든 사람들에게 상당한 정도의 자유의지가 (그리스도의 사역에 기초하고 있는) 성령에 의해 초자연적으로 회복된다는 고백이었다. 예를 들면, 웨슬리는 1752년에 쓴 "예정론 성찰"(Predestination Calmly Considered)에서 이렇게 주장했다.

그러나 나는 이 범위까지 자유의지를 다루지 않는다. 예컨대, (내가 의미하는 바는 도덕적인 것들로 자유의지를 다루는 것이 아니다.) 나는 자유의지를 인류의 현재 상태에서 이해하지 않는다. 다만 나는 "세상의 모든 인간을 깨우치는" 초자연적 빛과 함께 모든 인간에게 초자연적으로 회복된 어느 정도의 자유의지가 있음을 주장한다.[186]

---

184) H. Orton Wiley, Christian Theology (Kansas City, Mo.: Beacon Hill Press, 1940~1943), 2:104. 이 상황에서 와일리(Wiley)는 주로 트렌트 공의회가 고백한 가톨릭(Tridentine Catholicism)의 가르침을 염두에 두고 있었다.
185) Ibid. 와일리는 반-펠라기우스주의가 두 극단의 중도를 추구했다고 보았다. "반-펠라기우스주의자들은 타락한 의지 안에 구원의 여정을 시작할 수 있는 충분한 힘이 남겨져 있지만 구원을 완성할 만큼의 힘은 아니라고 주장했다. 구원은 은총으로 완성되어야 한다." Ibid., 103.
186) Jackson, Wesley's Works, 10:29~30.

또한 1772년 "힐 씨의 논평에 대한 입장"(*Remarks on Mr. Hill's Review*)라는 글에서 웨슬리는 자유의지의 주제를 다루면서 지혜로운 균형을 제시한다. "우리 둘(웨슬리와 플레처)은 인간의 의지가 본성상 악을 향해서만 자유롭다고 일관되게 주장한다. 그러나 우리 둘은 모든 인간이 은총으로 말미암아 인간에게 회복된 어느 정도의 자유의지가 있다고 생각한다."[187]

선행은총에 대해 깊이 연구한 찰스 로저스(Charles Rogers)는 은총을 순수하고 완전하게 (값없이) 주신 선물(개신교 관점)로 생각하지 않고 포괄적이고 상호 협력적 패러다임(가톨릭 관점)으로 생각하고 웨슬리의 자유의지를 읽으려고 했던 해석자들을 경계한다.

> 사람들은 쉽게 무비판적으로 자유의지에 대한 웨슬리의 진술을 받아들였다. 웨슬리는 자유의지를 아직 새롭게 태어나지 않은 인간이 선행은총을 통해 은총이 주어질 때 그 은총에 응답할 수 있고 은총이 회개하게 하고 신앙을 받아들이도록 할 때 은총과 적극적으로 상호 협력할 수 있는 의미로 적절하게 이해했다. 따라서 우리 앞에 놓인 과제는 이 해석이 갖는 부 적절성을 예증하는 일이다.[188]

간단히 말해 웨슬리는 다시 한 번 "은총의 주권적인 원인성은 유지하되 하나님의 결정론은 피해 가는 제3의 대안"[189]을 추구했다.

이 외에 아우틀러가 정확히 간파했듯이 선행은총의 현존으로서 은혜로이 회복된 자유의지에 대한 웨슬리의 탁월한 이해는, 결정적으로 자신의 신학과 아르미니우스(Jacob Arminius)의 신학을 분리하는 결과를 가져왔다. 예를 들어, 아우틀러에 따르면 "아르미니우스는 은총이 선행적으로 수어지기 전

---

187) Ibid., 10:392. 이 글과 함께 "하나님의 주권에 대한 사유"(Thoughts Upon God's Sovereignty)를 참조할 것. Ibid., 10:362. "감리교 종교 강령"(*The Methodist Articles of Religion*) 8항에는 이렇게 쓰여 있다. "타락 이후 인간의 조건은 자신의 자연적인 힘과 노력으로 스스로 신앙과 하나님의 부르심을 향해 나아갈 수 없고 준비할 수도 없다. 그러므로 우리는 우리가 선한 의지를 갖도록 앞서 부르시고 우리가 그 선한 의지를 가지게 될 때 우리와 함께 역사하는 그리스도에 의한 하나님의 은총이 없이는 하나님이 기뻐하시고 받으실 만한 선행을 행할 능력을 갖고 있지 못하다." Schaff, *Creeds*, 3:809.
188) Charles A. Rogers, "The Concept of Prevenient Grace in the Theology of John Wesley" (dissertation, Duke University, 1967), 17.
189) Ibid., 91~92.

에 인간은 하나님께 돌아갈 의지를 갖고 있었다고 주장한 반면, 웨슬리는 성령의 선행적 활동으로 말미암아 우리가 선한 것을 향해 움직여지고 영감을 얻게 된다."[190]고 주장했다. 웨슬리와 메소디스트 설교자들이 모든 선을 하나님의 은총에 돌리고 자연적 자유의지와 공로를 부인하는 이 같은 통찰은, 1745년의 메소디스트 연회에서 '칼빈주의의 경계'에까지 갔던 웨슬리의 주장을 뒷받침해 주고 있다.[191]

다섯째, 하나님의 속성의 제한된 인식으로, 도덕법의 이해로, 양심의 능력으로, 그리고 초월적으로 회복된 어느 정도의 자유의지로 표현된 선행은총은 인간의 악함을 제한하고 인간의 사악함을 제약하는, 선행하는 사례들과 구분될 수 있는 누적 효과를 갖는다. 이에 대해 웨슬리는 "산상수훈 강론 3" (Sermon on the Mount, Discourse the Third)에서 하나님의 아들과 딸들을 향한 미움과 관련하여, 선행은총(과 섭리)이 인간의 악에 영향을 미치고 있는 것을 '감속효과'(the braking effect)라고 기술했다. 웨슬리의 기술을 살펴보자.

"너희가 세상에 속하였다면, 세상은 자기에게 속한 이들을 사랑할 것이다. 그러나 너희는 세상에 속하지 않은 고로(⋯) 세상이 너희를 미워한다." (선행은총이나 하나님의 특별한 섭리로 어떤 기대가 이루어질 것인지는 제쳐 놓고라도) 세상은 진정 마음으로부터 하나님을 미워했던 것처럼 너희를 미워한다.[192]

또한 웨슬리는 로마서 1장 24절을 주석하면서 하나님께서 완고하고 폐역한 자들과 우상숭배에 남겨져 있는 자들에게 "자신의 억제하는 은총"을 베풀지 않는다고 지적한다.[193]

분명 선행은총에 대한 다섯 번째 개념은 여러 면에서 루터의 창조와 보존

190) Outler, *Sermons*, 2:157, n. 3.
191) Jackson, *Wesley's Works*, 8:285. 셀의 책 「웨슬리의 재발견」(*The Rediscovery of John Wesley*)은 웨슬리 신학이 여러 결정적인 면에서 칼빈 신학과 유사하다는 논지를 가장 잘 설파한 것으로 알려져 있다. George C. Cell, *The Rediscovery of John Wesley*(Lanham, Md.: University Press of America, 1984).
192) Outler, *Sermons*, 1:526, 「웨슬리 설교전집 2」[대한기독교서회].
193) Wesley, *NT Notes*, 364.

의 질서 개념과 유사하고 20세기 본회퍼의 위임(mandates)개념과 유사하다. 달리 말하면 여기서 하나님의 은총은 적어도 하나님을 염두에 두지 않고 교회를 개의치 않은 사람들의 세계에서조차 적어도 어느 정도까지는 인간의 악을 제어한다. 그러나 불행하게도 웨슬리는 이 영역에서 자신의 은총의 개념을 충분하게 발전시키지 않았다.

웨슬리가 은총과 율법, 죄에 대한 교리들을 앞서 탐구했던 것에 기초하여 다음과 같이 요약할 수 있다.

먼저, 앞서 탐구했듯이 하나님의 은총이 없이는 존재할 수 없는 선행은총의 다섯 차원은 은혜로운 회복의 영을 통해 죄인들을 구원으로 부르시는 하나님의 선행적 활동과는 구분될 수 있다.[194] 한편으로는 새롭게 태어난 능력이 있고 다른 한편으로는 이 새로워진 능력으로 하나님의 부르심을 듣는다. 웨슬리는 선행은총이 이 두 의미를 다 갖고 있다고 이해했다.

둘째, 웨슬리의 원죄교리는 전적 타락 개념의 근간을 이루고 있기 때문에, 논리적으로는 "저항할 수 없는 은총"(irresistible grace)이 웨슬리의 구원의 순서의 어떤 지점에서 작용해야 한다.[195] 이러한 입장은 저항할 수 없는 은총이 칼빈주의자들에게 더 어울린다고 생각해 온 감리교 신학자들에게는 의외일 수밖에 없다. 그럼에도 불구하고 웨슬리에 따르면 자연적 상태의 인간은 주어진 은총을 받아들이거나 거부할 자유를 갖고 있지 않기 때문에 선물로서의 은총 자체가 은혜롭고도 저항할 수 없이 회복되어야 한다. 달리 말하면, 선행은총이 은총으로 회복된 능력이란 점에서 저항할 수 없는 것임을 부인한다면 이는 곧 웨슬리가 전적 타락을 주장했음을 부인하는 셈이다. 그러나 이 배경에서 '저항할 수 없음'이란 저항될 수 있는 능력으로의 부름이나 서곡이 아니라, 책임적인 인격과 상호 책임의 능력을 회복하는 것을 뜻한다.

'저항할 수 없는 은총'에 대한 웨슬리의 이해에 반하여 두 반대가 종종 일어난다. 첫 번째 거부는, 구원론적으로 말해 인격이 이미 살아 있다는 주장이다. 따라서 회복과 구속의 보다 큰 구속을 위해 결정론적 방식으로 하나님의

---

194) 이 구분은 *Responsible Grace*에서 매덕스가 한 것이다. Randy Maddox, *Responsible Grace*, 89.
195) 웨슬리에게는 원죄에 수반된 상실이 도덕적 형상과 관련해서는 전적 타락과 관계하며 자연적 형상과 관련해서는 하나님 앞에서(*coram Deo*) 구원이란 차원에서 자유의 결핍과 관계한다. Outler, *Sermons*, 4:298.

은총이 자아를 지배한다. 마찬가지로 두 번째 거부는, 전적 타락을 (아직 회복되지 않은 책임성의 개념과 맞물려) 미묘하게 반박하거나 다시 새롭게 정의한 것으로, 말을 걸 수 있는 인격이 이미 존재한다는 주장이다. 그러므로 이렇게 해석된 자아는 여러 능력을 갖는다. 그러나 여기 두 거부는 웨슬리의 선행은총 개념을 잘못 이해한 데서 비롯된다. 그 결과 웨슬리의 전적 타락 개념을 진지하게 받아들일 수 없었고 선행은총에 따른 갱신 이전부터 상호 책임적인 인격의 실재를 전제한다. 그러나 선행은총의 회복된 능력이 실제로 자아가 반응할 수 있게 함으로써 자아를 구성한다는 것을 인정하고 또 동시에 웨슬리의 전적 타락을 받아들인다면, 값없이 주시는 은총은 앞서 제시한 대로 하나님 홀로의 사역으로 저항할 수 없는 것일 수밖에 없다. 웨슬리는 원죄의 결과 심각하게 파괴된 책임적인 인격과 상호 책임성의 요소들을 선행은총이 앞서 회복한다고 주장한다.[196] 해석의 두 패러다임을 나타내는 아래 도표는 이러한 차이를 보여 주고 있다.

서방(아르미니안) 패러다임

타락 → 원죄(전적 타락) → 선행은총 → 값없이 주시는 은총으로 말미암아 회복된, 주고받을 수 있는 상호 책임성과 자유 → 상호-협력적 은총

동방 패러다임

타락 → 원죄(전적 타락이 아님) → 상호 책임성과 반응할 수 있는 자유에 의한 은총이 방해받지 않은 상태로 남겨져 있음 → 상호-협력적 은총

다시 말하지만, 선행은총의 '저항할 수 없음'은 인격이 지배를 당한다는 의미가 아니다. 혹은 활동적이고 상호 책임적인 자아가 이미 존재하고 있어서 단순히 활동할 수 있는 능력이 제공된다는 의미도 아니다. 오히려 선행은총은, 정확히 말해 역량을 회복함으로써 부분적으로 응답할 수 있는 자아가 되도록, 필연적이며 '선-행'이란 용어가 보여 주듯 앞서 존재한다는 의미이다. 간단히 말해서 구원의 과정의 시작에는 협력 은총(이 시점에서는 불가능함)

---

196) 웨슬리 신학의 신비 가운데 하나는 은총이 없이 전적으로 타락한 자아와 관계한다. 자유, 양심, 상호 책임이 결핍된 자아는 구원론적으로 말해서 주체성과 작인을 가지지 못한다.

이 아니라 하나님 홀로의 활동인, 값없이 주시는 은총이 필요하다.[197]

더 나아가 어떤 의미에서 선행은총을 일종의 값없이 주시는 은총으로 이 해하는 것은, 칼빈과 마찬가지로 웨슬리도 사랑의 하나님의 순수한 은혜, 온전한 자비, 필연적 주도권을 강조했음을 예증해 주고 있다. 그러므로 몇몇 중요한 교리에서 칼빈 신학의 이해와 맥을 같이하는 웨슬리의 가르침은 허풍이 아니다. 그러나 칼빈주의와 웨슬리주의의 주요 차이 중 하나는 '구원의 순서 가운데 어느 시점에서 저항할 수 없는 은총이 일어나는가?' 하는 문제이다. 칼빈은 성화은총이 저항할 수 없는 은총이라고 본 반면, 웨슬리는 선행은총이 "인간의 요청을 기다리지 않는"[198] 저항할 수 없는 은총이라고 보았다.

마지막으로, 유럽의 종교개혁자들과 웨슬리 모두 전적 타락 교리에 동의했지만, 이들의 기본적인 신학적 틀이 은총에 대한 다른 개념으로 인해 구분된다는 점을 분명히 할 필요가 있다. 웨슬리는 선행은총론을 통해 전적 타락, 은총에 의한 구원, 인간의 책임, 만인구원이란 네 주제를 어떤 모순도 없이 통합한다. 그러나 칼빈과 루터의 신학은 단지 처음 두 주제만을 통합하고, 예정과 선택교리는 왜 모든 인간이 구원받지 못하는가를 설명한다.

오늘과 내일: 자아에 대한 최근 논의들

비록 웨슬리가 자신의 인간학적 견해를 전개할 때 철학적 의미를 발전시키지 않았음에도 불구하고 웨슬리의 가르침 속에서 그 철학적 의미를 추론

---

197) 선행은총, 칭의은총, 전적인 성화은총에서 은총을 설명하기 위해 사용된, 주권적이고 값없이 주시는 은총은 몇몇 신학에 나타나는 것처럼 하나님의 강제적이거나 결정론적인 활동이 아니라 인간의 활동과는 무관한 하나님 홀로의 활동으로서 배타적이며 지배적인 신-인 협력적 패러다임과는 대비를 이룬다. 웨슬리는 냐냐(이것이냐 저것이냐, either/or)의 사유가 아니라 도도(이것도 저것도, both/and)의 사유를 한다.

198) Outler, Sermons, 3:207. 웨슬리는 (좁은 의미의) 선행은총이 '삶을 향한 어떤 경향, 구원의 어떤 정도, 맹목적이고 감정이 없는 마음으로부터의 구원의 시작'을 포함하고 있지만, 구원이 아직 확신은총과 성화은총에 의해 수행되지 않았기 때문에 거룩함의 시작을 뜻하지는 않는다고 보았다. 달리 말하면, 어떤 의미에서 마음이 하나님의 은혜에 응답하기는 했지만 아직 죄의 지배 아래 있다. 사실 1747년 연회록은 이 문제를 다루고 있는 바, "인간은 선행은총을 갖고 있어서 본성과 습관에 있어서 (넉넉한 의미로 말한다면) 여러 선한 성정과 무흠한 삶을 살 수 있지만, 믿음과 하나님의 사랑은 갖지 않았다."고 결정했다. 그러나 믿음이나 하나님의 사랑이 없다면 거룩함은 실현되지 않는다. Outler, Sermons, 3:203~4; Jackson, Wesley's Works, 8:293; Wesley, NT Notes, 366; Telford, Letters, 6:239.

해 볼 수는 있다. 예를 들면, 선행은총으로 일어나게 되는 중요한 회복과 함께 웨슬리의 전적 타락 교리는, 초월적 자아가 존재하지만 초월적 자아가 은총으로 회복된 화려한 능력과 (강력하게 연관되어 있음에도) 완전히 동일시되지 않고 구별되어야 함을 암시한다. 웨슬리의 입장에서 설명한다면, 자아는 타자의 목소리를 들으면서, 심지어는 성령의 부르심을 통해서 양심을 갖게 된다. 달리 말하면 양심은 어떤 의미에서 양심을 통해 설명되는 자아로부터 분화될 수 있다. 예컨대, 은총으로 회복된 선행은총의 자유는 자아의 갱신을 통해 자아가 응답할 수 있게 하지만, 이 자유가 독립되고 구분된 실재가 아니라 설명 가능한 방식으로 거룩한 사랑의 하나님과 관계된 자아를 기술하고 있기 때문에 자아로부터 구분될 수 있다.

그러나 이 같은 자아의 이해는 통합되고 통일된 주체의 개념이 "현실적인 현상의 반영이 아니라 계몽주의의 합리성과 중산층의 개인주의에 대한 담론의 산물"[199]로 비춰지는 포스트모던의 배경에서 어려움을 맞고 있다. 피터 버거(Peter L. Berger)와 토마스 루크만(Thomas Luckman)의 통찰에서 볼 때, 여러 문화 이론가들은 자아가 사회적으로 구성되며 현실적으로 여러 공적 담론의 기능이라고 주장한다.[200] 예컨대, 사적 언어가 존재하지 않듯이 사적으로 통합된 언어도 존재하지 않는다. 사적으로 구성된 자아는 근본적으로 사회 안의 거미줄처럼 배열된 여러 담론에 자리하며 의존한다. 따라서 이들 담론과 사회적 실재가 없다면 분명한 정체성이 나타나지 않는다. 버니스 마틴(Bernice Martin)은 "나는 스스로를 계급, 성, 세대, 교회의 산물인 사회적 구성으로 경험한다."[201]고 주장한다. 그런데 (계몽주의로부터 시작된) 전통적인 자아 개념이나 상식 개념에 상응하지 않는 포스트모던의 정체성은 이상하리만치 자아-추구에 열광적이다. 실로 포스트모던의 사람들은 공허를 채우기 위해 "패러다임이 담긴 이야기의 담지자인 사회적 집단 속에 공동으로 참여하

---

199) Bernice Martin, "The Wisdom of the Social Sciences: The Self, Society and Popular Culture in a Postmodern Age," in *Where Shall Wisdom Be Found: Wisdom in the Bible, the Church and the Contemporary World,* ed. Stephen C. Barton (Edinburgh: T&T Clark, 1999), 219.

200) Peter L Berger and Thomas Luckman, *The Social Construction of Reality* (Garden City, N.Y.: Anchor Books, 1966, 「지식 형성의 사회학」, 박충선 옮김[기린원]), 173~84.

201) Martin, "Wisdom of the Social Sciences," 225.

고 있는 타자와의 관계 속에서 정체성을 추구"[202]한다.

"인간은 중심이 없는 신념과 욕망의 그물망이며 언어와 의견이 역사적 상황에 따라 결정된다."[203]는 리처드 로티(Richard Rorty)의 주장 배후에는 문제가 될 수 있는 형이상학과 인식론과 관련하여 여러 가설이 놓여 있다. 예측된, 사회적으로 정위된 다양한 해석에 기초하고 있는 로티의 연구는, 하나님의 죽음과 관련해서는 프리드리히 니체(Friedrich Nietzsche)의 허무주의를 따르고, 공허하고 죽은 것처럼 보이는 자아와 관련해서는 사회적이며 역사적인 해석 방법을 적용한다. 같은 맥락에서 미셸 푸코(Michel Foucault)는 "인간이란 최근 자료가 만들어 낸 작품"[204]이라고 주장했다. 예컨대, 인간이란 "바닷가의 모래 위에 그린 얼굴처럼 지워질 수 있는"[205] 작품이다.

(영성과 관련한 글에서 '거짓 자아'[false self]라는 개념을 사용했던) 토마스 머튼(Thomas Merton)의 영성을 꼼꼼히 연구했던 로버트 웹스터(Robert Webster)는 포스트모던 사상가들에게서 발견된, 하나님과 자아에 대한 허무주의적 해석을 열거했다. 그는 초기 급진적 경험론자들과 오늘날 포스트모던 해체주의자들의 공격으로 데카르트의 하나님이 해체됨으로써 데카르트의 사유하는 존재가 기반을 잃게 되었다고 주장한다. 달리 말하면, "데카르트의 '나는 생각한다'(cogito)는 하나님이 계셔야 유지될 수 있다. 그러나 하나님의 개념과 과학적 탐구의 기본적인 원리 안에 하나님을 위치시키는 것과 혼합시킴으로써 자아는 굴절되고 지식은 환상에 빠지게 된다."[206] 결국 하나님과 인간 자아의 죽음은 역설적이게도 복잡한 인간의 실재가 하나님의 존재를 반영하고 있음을 주장하게 한다. 달리 말하면, 방법론적으로 말해서 하나님의 존재와 관련해 빠진 것은 인간과 관련해서도 빠진 것이 된다. 곧 인간의 운명은 하

---

202) Stanley J. Grenz, "The *Imago Dei* and the Dissipation of the Self," *Dialog: A Journal of Theology* 38, no. 3 (Summer 1999): 186.

203) Richard Rorty, "The Priority of Democracy to Philosophy," in *The Virginia Statute for Religious Freedom*, ed. Merrill D. Peterson and Robert C. Vaughan (New York: Cambridge University Press, 1988), 269.

204) Michel Foucault, *The Order of Things: An Archaeology of the Human Sciences* (New York: Random House, 1970, 「말과 사물」, 이광래 옮김[민음사]), 387.

205) Ibid.

206) Robert Webster, "Thomas Merton and the Textuality of the Self: An Experiment in Postmodern Spirituality," *The Journal of Religion* 78, no. 3 (July 1998): 387.

나님의 운명이 된다. 그러므로 각각의 '죽음'은 다른 것보다도 (제한된 범위에서) 사용된 방법론의 기능이 될 수 있다.

분명 포스트모더니즘이 '인간을 이해함'에 있어서 근대를 넘어선다고 주장하지만, 20세기 초 논리실증주의자들(특히 쉴리크[Schlick], 카르넵[Carnap])과 스키너(B. F. Skinner)와 같은 급진적 과학 경험론자들은 한편으론 환원주의를 견지하고, 다른 한편으론 인간이 단지 행동의 저장소이기 때문에 일반과학 특히 환경과학으로 온전하게 설명할 수 있다고 주장하는 방법론적 주도권 싸움을 계속하고 있다. 스키너는 "인간은 개 이상이다. 그러나 개처럼 인간도 과학적 분석의 범주 안에 존재한다."207)고 주장한다. 마찬가지로 사회적 자리, 시간성, 공동체의 이야기에서 포스트모던으로의 전향은 사회적으로 구성된 환경에 자아의 죽음에서나 생길 수 있는 지나친 역할을 부여했다. 바버라 소코(Barbara J. Socor)는 이렇게 설명한다.

> 자아는 안정된 본래의 존재가 아니고 의미와 일관되게 접속하고 참여함으로써 일어나는 이야기이다. 그렇지 않다면 분리된 개체 사건들이다. 존재론적 혹은 인식론적 우선성을 주장하는 부동의 인격적 자아라는 개념은 그 자체가 포스트모던 허구이다.208)

실증주의든 해체주의적 포스트모더니즘이든 각각의 경우 방법론적으로 간과한 것은, 자아가 참여하고 자아의 생명의 기원이 되는 초월의 실재이다. 이처럼 (소통 가능하고, 자유로우며, 상호 책임적)인 초월적 차원은, 웨슬리의 자아이해에 결정적인 것으로 나타나며, 자아에 대한 실증주의적 비판이 방법론적으로 아주 정확했음을 보여 준다. 그러나 모든 포스트모던 이론들이 좀더 광범위한 해체의 기획에 동참하고 있다고 볼 수는 없다. 사실 길(Jerry Gill)은 잘 연구된 그의 책 「중재된 초월」(Mediated Transcendence)에서 구성적 모델과 여러 유용한 방법을 제시함으로써 전체적인 인간 경험을 이해할 때 필

---

207) B. F. Skinner, *Beyond Freedom and Dignity* (New York: Bantam Books, 1971, 「자유와 존엄을 넘어서」, 정명진 옮김[부글북스]), 192.

208) Barbara J. Socor, "The Self and Its Constructions: A Narrative Faith in the Postmodern World," *The Journal of Pastoral Counseling* 32 (1997): 2.

수적인 초월의 실재를 근대성과 다른 차원에서 주장할 수 있다고 보았다.[209]

길과 다른 학자들의 연구를 보면 어떤 단일한 인지(흄을 상상해 보라)나 그 인지를 내는 배경과 완전히 일치할 수 없는 초월적 자아의 개념은 오류 없이 나타날 수 있다. 달리 말하면, 하나님의 존재와 같이 인지를 갖고, 양심의 가책을 느끼며, 타자 지향(other-directedness)을 사랑하는 초월적 자아는 실증주의나 해체적 포스트모더니즘의 방법론으로 증명되거나 증명될 수 있는 실재다. 그러므로 좀 더 광의의 인간학적 물음과 관련하여 말한다면, 초월적 자아가 더 이상 하나의 유용한 패러다임이나 선택이 아닌 것처럼 주장하는 것은 포스트모던 허풍에 불과하다.

칸트의 통찰에서 볼 때 역사를 통해 나타난 다양한 인간 경험의 질서를 위해서라면 적어도 우리는 초월적 자아를 긍정할 수 있다. 달리 말해서 사회적으로 추론할 경우 자아는 각기 다른 경험의 나열이 아니라 부분의 총합보다 큰 전체이다. 또 환원론적 방법에 비추어 볼 경우 구분되지 않는 '더 크다' 라는 말은 초월적 자아를 완전히 계시하지는 않더라도 간접적으로 조명해 줄 수 있다. 그렇다 하더라도 초월적 자아를 위한 어떤 객관적 증명은 실제로 적합하지 않다. 달리 말하면 만질 수 없는 초월적 자아의 실재로서의 영혼은 – 어떤 방식으로 증명될 수는 없다 하더라도 – 사유와 언어, 행위, 몸으로 만질 수 있는 실재를 통해 중재되고 인식될 수 있다. 또한 이 초월적 자아는 개인의 몸과 집단적인 사회적 배경이라는 구체적인 실체를 통해 인식될 수 있다. 그러나 동시에 "초월적 자아는 이런 구체적인 실체의 설명으로 환원될 수 없다."[210] 예컨대 초월적 자아의 개념은 신비로운 요소가 있어서 시간의 역사 속에서는 단지 부분적이고 간접적으로만 나타날 수 있다.

비록 웨슬리는 '초월적 자아' 라는 구체적 용어를 사용하지는 않았지만 선행은총으로 능력이 회복됨으로써 할 수 있고 ("하나님께서 일하시니 우리도 일할 수 있다.") 책임적일 수 있다는 ("하나님께서 일하시니 우리도 일해야 한다.")[211] 가르침을 통해 그의 책 여러 곳에서 초월적 자아를 예시하고 있다.

---

209) Jerry H. Gill, *Mediated Transcendence: A Postmodern Reflection* (Macon, Ga.: Mercer University Press, 1989), 3.
210) Ibid.
211) Outler, *Sermons*, 3:206, 208.

예컨대, 선행은총의 회복된 능력이 응답할 수 있는(response-able) 자아에서 일어나지만, 그 동일한 능력이 자아를 완전하게 구성하지는 않는다. 또한 웨슬리는 구원의 실체가 거룩함과 사랑으로 특징되는 하나님과 온전한 관계를 맺기 위해 소외와 불신앙을 극복한다고 주장했다. 그러나 웨슬리는 몇몇 포스트모던 주장과는 반대로 구원의 실체란 결코 순수하고 단순한 관계의 문제만은 아니라고 보았다. 왜냐하면 거기에는 하나님과 인간의 상응에서 중요한 '누구'가 언제나 존재하기 때문이다. 달리 말하면, 신적인 본질인 하나님의 '누구'는 '무'(nothing)나 '공'(void)이 아닌 것처럼, 인간의 '누구' 또한 비어 있는 것이 아니다. 왜냐하면 인간의 '누구'는 신적 존재의 인상을 갖고 있기 때문이다. 바로 초월적이고 신비로운 신적 '누구'에 대한 이해, 곧 그분의 형상과 모양으로 인간이 창조되었다는 이해가, 바로 하나님에 대한 인식과 우리 자신에 대한 인식이라는 구원의 시작을 특징짓는다.212)

212) John T. McNeill, ed., *Calvin: Institutes of the Christian Religion*, 2 vols., The Library of Christian Classics (Philadelphia: Westminster Press, 1960), 1:35 (Book One, Chapter One, Section One).

제3장

예수 그리스도 : 계시된 거룩한 사랑의 하나님

시간이 끝나게 될 때
영원히 아버지와 함께 보좌에 앉으실
영광의 면류관을 쓰신 하나님 아들을 맞으라!

Albert C. Outler, ed., *The Works of John Wesley.*
The Sermons(Nashville: Abingdon Press, 1984), 2:360.

하나님의 거룩함과 사랑은 영원히 빛을 발한다. 예수 그리스도의 생애와 사역에 기초된 지극히 높으신 이의 선행적 활동은 시간과 문화, 공간의 제약을 받지 않는다. 오히려 메시아의 강림이 있기 전에 살았던 사람들이나 오늘날 그리스도의 이름을 들어본 적이 없는 사람들조차 하나님의 선행적 활동을 이미 풍요롭게 향유하고 있다. 실재적인 의미에서 갈릴리 출신 유대인이었던 나사렛 예수는 구원 역사의 중심에 위치한다. 예컨대, 많은 백성과 나라들이 예수가 오시기를 기대했을 뿐 아니라 예수가 오심으로 지혜와 은총으로 성장했다.

웨슬리의 거룩한 사랑의 신학은 자연스럽게 그 성찰과 의도와 목회에서 그리스도가 중심임을 드러낸다. 실로 웨슬리의 실천신학은 그리스도론 (Christology)에 기초한다. 말하자면 창조 질서, 구원의 빛, 도래하는 하나님의 통치 이 모두는 그리스도의 은총과 탁월함을 나타내는 중요한 창이다. 바로 웨슬리 신학의 그리스도론의 자료가 넓게 퍼져 있기 때문에 이 책에서는 명증성과 질서를 위해 그리스도의 인격과 사역에 따라 그리스도론을 전개하고자 한다. 따라서 순서에 따라 예언자, 제사장, 왕으로서의 목회뿐 아니라 그리스도의 두 본성(신-인), 그리스도의 오심의 의미(수육), 십자가에서의 죽음 (구속)을 다룰 것이다.[1] 결국 모든 단계에서 웨슬리 신학이 그리스도론에 깊이 뿌리하고 있음을 분명히 해야 하는 이유는, 웨슬리의 사상이 죄와 인간의 필요에 대해 진지할 뿐 아니라 충분하신 '하나님의 은총'과 '예비하심'을 강조하고 있기 때문이다.

그리스도의 인격

그리스도의 '인격'이란 용어는 카파도키아 교부들(니사의 그레고리우스, 바실 대제, 나지안주스의 그레고리우스)의 작품에서 나타나듯이 초대 교회의 성찰

---

1) 데쉬너(Deschner)는 당시 웨슬리가 그리스도의 인격, 두 상태, 세 직무라는 개신교 정통의 맥을 따라 그리스도론을 구성했다고 지적했다. John Deschner, *Wesley's Christology: An Interpretation* (Dallas: Southern Methodist University Press, 1985).

에서 비롯된다. 고대 신앙 공동체가 인격(위격, *hypostasis*)이란 용어로서 의도했던 바는 자율과 개인주의를 강조한 현대 개념과는 구분된다. 고대 신앙 공동체는 아리우스의 추론에 반대하여 그리스도(말씀 혹은 육을 입은 로고스)와 하나님(아버지)의 관계를 성서가 어떻게 이해하고 있는지 분명히 하였다.

카파도키아 교부들은 '인격'의 의미를 설명하는 것을 자신들에게 주어진 신학적 과제로 받아들였다. 따라서 아버지와 아들, 출생한 자와 출생하지 않은 자의 관계를 주목했다. 관계로 이해된 인격은 분리되거나 자기-만족으로 완결 된 하나의 '개체'가 아니라 과정 중에 있는 '타자'와의 관계를 표상한다. 그러므로 그리스도의 인격을 바르게 설명하려면 그리스도는 하나님(아버지)과 인간의 관계로 이해되어야 했다. 예컨대, 하나님의 아들인 로고스로서 그리스도는 홀로 존재하는 것이 아니라 영원히 아버지로부터 출생한 독생자로서 존재를 갖는다. (육을 입은 로고스인) 인간의 아들 그리스도는 인간의 공동체에 구속적 표현으로 관계한다. 다시 말하면, 육을 입은 로고스인 그리스도의 인격은 하나님(아버지)과 관계하며 인간과 관계한다. 바로 이런 이유에서 웨슬리는 종종 '한 인격과 두 본성'이란 제목으로 그리스도의 이중적 관계를 탐구했다.

하나님의 본성

초기 교회의 전통을 따랐던 웨슬리는 그리스도의 한 인격이 하나님과 인간의 두 본성 안에 존재한다고 주장했다. 웨슬리의 글에 나타난 '하나님의 본성'이란 용어를 살펴보면 특별히 니카이아와 콘스탄티노플과 같은 고대 에큐메니컬 회의의 용어를 사용하고 있음을 볼 수 있다. 예를 들면 노년에 쓴 "영적 예배"(Spiritual Worship)라는 설교에서 웨슬리는 영감을 받은 신약성서 저자들이 지극히 높으신 하나님의 모든 칭호와 속성, 특별히 영원성을 그리스도에게 부여했다고 지적한다.[2] 웨슬리는 1장에서 상당히 자세하게 기술한 '과거의 영원성'과 '미래의 영원성'(*a parte post*)을 구분함으로써 아들의 영원성을 탐구했다. 앞선 논의를 회상해 보더라도 창조된 존재가 아니라 하

---

2) Albert C. Outler, ed., *The Works of John Wesley*, vols, 1~4, *Sermons* (Nashville: Abingdon Press, 1984~87, 「웨슬리 설교전집 5」[대한기독교서회],), 3:90.

나님 홀로 영원한 과거의 영원성이다. 따라서 영원성은 독특한 하나님의 특성이다. 웨슬리에 따르면 아들은 이토록 영원하기 때문에 예수 그리스도는 진실로 온전하게 하나님이다. 그러므로 우리는 그리스도를 "하나님의 아들, 빛 중의 빛, 참 하나님 중의 참 하나님 곧 영광에 있어서 아버지와 동등하며 그 광대하심이 아버지와 함께 영원하다."[3]라고 단언하는 데 주저할 필요가 없다.

또한 웨슬리가 '무슨 권위를 갖고서 예수께서 산상수훈을 설교했는가?'라는 물음을 제기하면서, 예수의 권위는 모세, 아브라함, 선지자들이나 다른 창조된 존재들의 권위와는 구분되어야 한다고 보았다. 이렇게 이해하고 보면 "예수의 권위는 인간의 권위를 넘어서며 피조물이 갖는 권위를 넘어선다. 예수의 권위는 모든 것의 창조자의 권위임을 말한다." 웨슬리는 감격하여 선포한다. "하나님, 하나님의 권위이다! 그렇다. 존재들의 존재, 야훼, 자존자, 지고자, 모든 것을 넘어 존재하며 영원히 축복이신 하나님의 권위이다."[4] 하나님의 여러 명칭을 사용하여 특별히 존재됨을 강조함으로써 본질적으로 예수 그리스도와 아버지가 동일하다는 것을 축하했던 것이다. 그는 "만일 우리 주님이 직무나 자리로서만 하나님이고 신적 본질의 일치와 아버지가 갖는 신성에 있어서 동일하지 않다면, 아버지에게 돌려야 할 명예를 아들에게도 동일하게 돌릴 수 없다."[5]고 생각했다. 더 나아가 웨슬리는 자신이 속했던 영국 국교회의 가르침에 동의했다. 역사적인 국교회 39개 종교 강령 2항은 "참되며 영원한 하나님 아버지의 말씀이신 아들은 아버지와 하나의 실체(이다)."[6]라고 선언한다. 따라서 아들이 아버지와 (동일한 실체)임을 주장하는 모든 자료를 근거로 웨슬리는 (아들이 아버지와 동일하지 않다고 주장하는) 종속론에 대해서도 거부한다. 또한 1789년에 펴낸 설교 "육체를 따라 그리스도를 아는 것"(On Knowing Christ after the Flesh)에서는 아리우스주의, 저등 그리스

3) Ibid., 3:91.

4) Ibid., 1:474.

5) John Wesley, *Explanatory Notes Upon New Testament* (Salem, Ohio: Schmul Publishing, 1975), 226.

6) John Wesley, *Sunday Service of the Methodists in North America* (Nashville: United Methodist Publishing House, 1984, 「웨슬리 설교전집 7」[대한기독교서회]), 306.

도론들(low Christologies), 특별히 소키니우스주의(Socinianism)를 반박한다.[7]

웨슬리가 그리스도와 하나님/아버지의 본질적인 동등성을 주장하는 두 방식은 '하나님의 (독생하신) 아들'과 '하나님의 말씀'이란 칭호를 통해서이다. 웨슬리는 "어느 로마 가톨릭 교도에게 보내는 편지"(*A Letter to a Roman Catholic*)라는 탁월한 그의 그리스도론적 논문에서 하나님의 독생하신 아들을 탐구한다. 이 탐구를 통해 웨슬리가 사용하는 용어들이 니카이아와 콘스탄티노플의 색조로 되살아난다. "나는 그리스도께서 하나님의 본래적이고 자연적인 아들이며, 참 하나님의 참 하나님임을 믿습니다. 그리스도는 모든 만물 위에 절대적이며 지고의 보편적인 통치를 하는 만유의 주님입니다."[8] 웨슬리는 「신약성서 주석」에서 누가복음 22장 70절을 주석하면서 '하나님의 아들'이란 칭호가 메시아를 뜻하는 칭호뿐 아니라 직접적인 방식으로 그리스도의 신성을 강조하는 칭호라고 보았다. "하나님의 아들과 인간의 아들이라는 이 둘의 칭호는 메시아의 칭호였다. 하나님의 아들은 신성으로부터 취해졌으며 인간의 아들은 인성으로부터 취해졌다."[9]

'하나님의 말씀'이라는 두 번째 칭호를 통해서 웨슬리는 하나님/아버지와 아들의 역동적인 관계를 분별했다. 예컨대, 아들이 "아버지께서 영원으로부터 낳거나 말씀하신 말씀"[10]을 환기시키시고 부르시며 말씀하시는 지극히 높으신 이의 능력이라고 보았다. 이렇게 이해하고 보면 '하나님의 말씀하심'은 시간적인 것이 아니라 영원하며 존재와 관계 둘 다를 지칭한다. 달리 말하면, 하나님의 말씀은 영원히 아버지께서 말씀하신 것이고, 말씀이 존재하지 않았던 때가 없었다. 또한 요한복음 서언(요 1:1)을 주석하면서 "말씀이 아버지의 품 안에 존재하며 아버지를 선언했던 아버지의 독생자"[11]임을 보았다. 웨슬리에 따르면 지극히 높으신 이가 말씀하신 말씀으로서, 아버지와 더

---

7) Outler, *Sermons*, 4:99~100. 소키니우스(Lelio Sozzini, 1525~62)와 파우스토(Fausto, 1539~1604)가 전개한 소키니우스주의는 예수가 하나님의 계시이지만 하나님이 한 인간은 아니라고 가르쳤다. 어떤 학자들은 이 운동에서 일신론(Unitarianism)의 초기 흐름을 본다. A. J. McLachlan, *Socinianism in Seventeenth-Century England* (London: Oxford University Press, 1951).
8) Thomas Jackson, ed., *The Works of John Wesley*, 14 vols. (Grand Rapids, Mich.: Baker Book House, 1978), 10:81.
9) Wesley, *NT Notes*, 203 (눅 22: 70).
10) Ibid., 212.
11) Ibid.

붙어 존재하는 여기 선포된 말씀은 "아버지와 아들이 본질에 있어 일치하듯이 영원한 성향을 갖는다."[12] 간단히 말해서, "하나님 외에 어떤 것도 존재를 가지지 않았기 때문에 말씀은 하나님하고만 함께 하였다."[13]

하나님/아버지께서 아들을 낳고 말씀을 선포했음에도 불구하고 아들은 또한 세상의 창조에 밀접하게 관여했다. 아들은 "'참 하나님'이고 모든 만물의 유일한 원인이며 창조자"[14]이자 "우주 안에 존재하는 모든 움직임의 '주인'"[15]이다. 더 나아가 웨슬리는 "만물이 말씀으로 만들어지기 시작할 때, 예컨대, 하늘과 땅의, 태초에 창조된 존재의 전체 구조에서 말씀은 어떤 시작도 없이 존재했다."[16]고 말한다. 이러한 배경에서 창조 시 아들의 역할은 단순히 하나님/아버지께서 아들을 통해 창조했다는 도구적인 역할만은 아니라는 점을 주목해야 한다. 오히려 웨슬리는 "우리는 하나님의 아들이 '이것이 너의 영역이다. 이것이 바로 너의 경계이다. 세계여!'라고 말했음을 의심할 수 없다."[17]고 주장했다. 좀 더 직접적으로 말한다면, 하나님의 독생자께서 "빛이 있으라."[18]라는 창세기의 말씀을 선포했다는 것이다.

아들은 세계와 많은 피조물을 창조하는 데에 밀접하게 참여했을 뿐 아니라 "'참 하나님'으로서 만물의 지지자이기도 하다."[19] 예컨대, 아들은 그의 권능의 말씀으로 만물을 유지하며 "동일한 말씀으로 만물을 무로부터 창조했다."[20] 마찬가지로 하나님의 아들은 '만물의 보존자'[21]이다. 우주에서 모

---

12) Ibid. 신학적 성찰을 통해 목회적 통찰을 분별하고자 했던 웨슬리는 회개하지 않은 죄인들과 관련해서 "하나님의 독생자의 이름을 '믿지 않는 죄'가 깊고 무거움"을 보았다. "놀라운 구원을 간과한 죄를 내가 어찌 피해갈꼬!" Outler, *Sermons*, 1:478.

13) Wesley, *NT Notes*, 212.

14) Outler, *Sermons*, 3:91.

15) Ibid., 3:92.

16) Wesley, *NT Notes*, 212 (요 1:1). 그리스도론과 윤리의 관계를 보려면, Jonathan Sinclair Carey, "Wesley, Methodism and the Unitarians," *Faith and Freedom: A Journal of Progressive Religion* 45 (Autumn 1992): 102~12를 참조할 것.

17) Outler, *Sermons*, 3:457.

18) Ibid., 2:478.

19) Ibid., 3:91.

20) Ibid. 하나님/아버지의 역할과 관련해서 무로부터의(ex nihilo) 창조를 의심의 눈으로 바라보는 입장들은 웨슬리 신학을 해석하는 데 또 다른 어려움에 직면하게 한다. 왜냐하면 웨슬리는 아들도 또한 무로부터 세상을 내는 데 창조적 역할을 감당하고 있다고 주장했기 때문이다. Michael Lodahl, *God of Nature and of Grace: Reading the World in a Wesleyan Way* (Nashville: Kingswood Books, 2003), 78~86.

든 움직임의 주인일 뿐 아니라,[22] "인간이 소유한 모든 생명의 샘이며 … 살아 있는 모든 것의 생명이다." "영적 예배"(Spiritual Worship)라는 설교에서 웨슬리는 이를 구체적으로 설명한다.

아들은 피조물들의 존재를 유지시켜 줄 뿐 아니라 이들의 본성에 맞게 넉넉히 존재하도록 보존한다. 그는 자신의 의지에 따라 피조물들이 하나의 존재 체계를 구성하고, 하나의 전체 우주를 형성할 수 있도록 이들의 관계와 연결, 의존을 보존한다.[23]

'창조자, 주인, 지지자, 보존자'라는 네 역할은 세상이 존재하고 세워진 질서를 유지하는 데 필요한 감독과 적극적인 돌봄을 강조한다. 여기서 웨슬리의 말을 빌린다면, 아들은 '전체 창조와 창조의 모든 부분의 주님이며 운행자'[24]이다. 웨슬리는 아들의 통치를 아주 중요하게 보았다. 아들은 창조된 '만물의 통치자'[25]이며 아들의 통치는 아버지의 통치와 마찬가지로 인간을 향한 '섭리적 통치'[26]를 포함한다. 사실 하나님/아버지의 사역과 관련하여 "하나님의 섭리"(On Divine Providence)라는 설교에서 나타나는 섭리의 세 축은, 초기 그리스도론적 설교인 "영적 예배"(Spiritual Worship)[27]에서도 나타난다. 그러므로 섭리의 뜻과 돌봄 역시 아들의 사역의 일부가 된다.

---

21) Outler, *Sermons*, 3:91. 그리스도의 창조와 지지, 보존의 활동을 살펴보려면, Deschner, *Wesley's Christology*, 65~68을 참조할 것.
22) Outler, *Sermons*, 3:92.
23) Ibid., 3:91. 이렇게 계속되는 보존의 활동은 창조 시 세워진 건강한 관계들인 도덕법을 따를 뿐 아니라 이 보존이 '아들의 의지를 따라' 이루어지기 때문에 하나님의 주권을 반영한다.
24) Ibid., 3:93.
25) Ibid. 통치자로서의 아들의 사역에 대한 또 다른 자료를 보려면, "계속되는 성만찬의 의무"(The Duty of Constant Communion)를 참조할 것. 이 설교에서 웨슬리는 "우리의 중재자요 통치자인 하나님이 … 우리에게 선포한다. 하나님의 명령에 순종하는 이들은 영원히 행복할 것이요, 순종하지 않는 자들은 영원히 비참할 것이다. 이 명령 가운데 하나가 '나를 기념하여 이를 행하라.'이다." Ibid., 3:431, 「웨슬리 설교전집 6」[대한기독교서회].
26) Ibid., 3:94.
27) Ibid., 2:542~43. "하나님의 섭리"(On Divine Providence)라는 설교와 비교해 보라. 또한 웨슬리가 "영적 예배"라는 설교에서 섭리의 가장 깊은 내면의 축을 언급할 때 이것이 뜻하는 바는, '그리스도의 보이지 않는 교회와 이 땅의 구석구석으로 번져 나간 참된 모든 기독교인들'(3:94)을 의미한다. 웨슬리는 장년이 되어서도 약간 수정하여 이 구분을 반복 사용하고 있다.

또한 웨슬리는 자신의 신학적 의미와 방향이 담긴 신적 칭호를 아들에게 붙인다. 따라서 참 하나님으로서의 아들은 '사도신경에서 엄숙히 선언하듯이 만물의 목적'이라고 주장한다. "모든 만물이 그의 것이며 그를 통해서 존재하고 그에게 속한다. '그의 것'이란 말은 창조자를 뜻하고, '그를 통해서'란 말은 지탱자(Sustainer)요 보존자(Preserver)임을 뜻하며, '그에게'라는 말은 모든 만물의 궁극적 목적이 됨을 뜻한다."[28] 단순히 말해서 창조의 기원에서부터 만물의 완성에 이르기까지 하나님의 아들은 인간이 지향하는 목적으로서 완전한 사랑과 존재이다.

궁극적으로 하나님의 아들은 "모든 인간의 구원자"[29]이다. 하나님의 참 말씀이신 예수 그리스도는 죄와 그 권세로부터, 궁극적으로는 죄의 존재로부터 인간을 구원함으로써 어떤 것으로도 뛰어넘을 수 없고 필적할 수 없는 자유 가운데로 우리를 안내한다. 용서와 새로운 생명으로 신앙인들을 중재하는 구원자의 역할이 하나님 아들의 유일한 중심 역할이라고 알려져 왔다. 실제로 최근의 몇몇 신학적 경향에 따르면 하나님의 세 위격은 때로 이러한 구분에 따라 나누어진다. 예컨대, 아버지는 창조자이며 아들은 구원자이고 성령은 거룩하게 하는 자이다. 그러나 이제 이러한 관점은 분명 웨슬리의 그리스도론(혹은 웨슬리의 신론과 성령론)을 적절하게 표현하지 못하고 있다. 예컨대, 웨슬리는 하나님의 아들이 구원자이면서 창조자요, 주인이며, 지탱자이자 보존자이고 통치자이며 궁극이라는 표현으로 적절하고도 정확하게 묘사된다고 주장한다. 달리 말하면 그 어떤 기능도 아버지에게만 혹은 아들이나 성령에게만 속하지는 않는다. 대신 우리는 각각의 역할이 의미하는 해석을 웨슬리 신학에서 만나게 된다. 이 영역에 대해서 초기 교회는 아버지와 아들과 성령의 세 위격이 상호적으로 서로에게 침투하며 서로 관계한다는 생각을 표현하기 위해 페리코레시스(perichoresis)라는 용어를 사용했다. 혼돈 없이 순수하게 침투한 상태로 서로-안에 있는 존재를 상정할 때 위격들의 역할이 상호 침투한다고 주장하는 것은 놀랄 일이 아니다. 웨슬리는 이러한 고대의 지혜를 소중한 것으로 이해했다.

---

28) Ibid., 3:94~95. 그리스도께서 궁극 혹은 목적(telos)이 되기 때문에 살전 3:11을 주석하면서 아버지뿐 아니라 아들에게도 직접 기도할 수 있다고 가르친다. Wesley, NT Notes, 528.
29) Outler, Sermons, 3:93.

인간의 본성

거룩한 사랑의 하나님은 타자 지향적이며, 밖을 향해 표현되고, 연합을 목적으로 삼기 때문에 하나님의 말씀이 인간이 되어 본래적으로 말하면 구원에 필요한 조건을 만들어 낸다. 웨슬리는 하나님의 형체로부터 (종의 형체인) 겸비한 인간의 형체로 나아가는 아래로의 움직임인, 육을 입은 말씀은 하나님의 사랑을 놀라운 방법으로 대변하고 있다고 주장한다. "하나님의 독생자께서 우리를 사랑하신 놀라운 사랑! 영원한 신성인 스스로를 비우신 사랑! 세상이 창조되기 전 아버지와 함께했던 그 영광을 버리시고 스스로 종의 형체를 입은 사랑! 아! 놀라워라."[30]

다른 관점에서 보면, 영광스런 형체를 비워 겸비한 순수 인간의 형체로 내려와 어떤 의미에서 하나님과 인간을 잇는 말씀은, 웨슬리가 이해했듯이 기독교 신학에서 초월과 내재 사이의 기본적인 긴장을 보여 주고 있다. 달리 말하면 인간의 형체를 입은 말씀의 수육은 조명을 수반할 뿐 아니라 ("참 빛 곧 세상에 와서 각 사람에게 비추는 빛이 있었나니,"[31] 요 1:9), 독특한 기독교적 계시 이해 속에서 지극히 높으신 분이 별이 빛나는 하늘에 저기 초월적으로 냉담하게 떨어져 있지 않음을 보여 주고 있다. 하나님은 저기 높은 곳에 계시지 않고 여기로 오신다. 이 은총의 움직임으로 거룩하신 하나님은 지금 우리와 함께하시는 임마누엘이 된다. 따라서 웨슬리에 따르면, 하늘을 열고 우리를 부르시는 하나님은 또한 교제와 연합으로 우리 가운데 오시는 하나님이다.

하나님의 말씀이 내려온 이야기는 겸비한 모양으로, 특별

> 여섯째 달에 천사 가브리엘이 하나님의 보내심을 받아 갈릴리 나사렛이란 동네에 가서 다윗의 자손 요셉이라 하는 사람과 약혼한 처녀에게 이르니. 그 처녀의 이름은 마리아라 그에게 들어가 이르되 은혜를 받은 자여 평안할지어다 주께서 너와 함께 하시도다 하니(눅 1:26~28).

---

30) Ibid., 2:428. 웨슬리는 우리 가운데 내려온 예수의 비움을 다음과 같이 표현한다. "하나님의 독생자께서 우리를 사랑하신 놀라운 사랑! 영원한 신성인 스스로를 비우신 사랑! 세상이 창조되기 전 아버지와 함께했던 그 영광을 버리시고 '스스로 종의 형체를 입어 인간으로 오신 사랑!' 그것도 모자라 '십자가의 죽으심으로 죽기까지 복종하신' 그 사랑! 아! 놀라워라." Outler, *Sermons*, 2:428.

31) Wesley, *NT Notes*, 213 (요 1:9).

히 1세기 이스라엘의 젊은 유대 여인과 남편의 이야기로 연결된다. 웨슬리는 가난하고 겸비한 마리아가 요셉이 아니라 "마리아를 감싸고 있는 지극히 높으신 이의 능력"[32]으로 임신했다고 가르쳤다. 이 배경을 주목해 보면 동정녀 탄생과 하나님의 관여가 서로를 암시하며 강하게 연결되어 있다. 달리 말하면, 웨슬리가 말했듯이 마리아가 "성령이 홀로 역사하시는"[33] 독특한 방식으로 임신했기 때문에 예수의 탄생에서 인간 아버지의 일반적인 역할이 배제된다. 그러므로 웨슬리는 동정녀 탄생 교리가 그리스의 잔재가 있는 교회의 성 윤리를 표현하고 있는 것이 아니라고 주장한다. 오히려 동정녀 탄생 교리는 예수의 탄생에 하나님이 참여하고 있음을 보여 준다. 달리 말하면 성령께서 마리아의 임신을 가능케 했다는 것 외에 다른 의미가 없다.

여러 면에서 웨슬리는 마리아가 영원히 동정녀임을 주장함으로써 영국 국교회와 로마가톨릭의 전통을 따랐다. 그래서 그리스도의 탄생 이후까지도 마리아가 "순수하고 흠 없는 동정녀로 계속 남아 있었다."[34]고 생각했던 것이다. 이러한 주장은 웨슬리로 하여금 신약성서에 나타난 관련 구절들을 억지 주석하게 만들었다. 특히 마태복음 13장 55, 56절을 주석하면서 어려움을 경험했다. "이는 그 목수의 아들이 아니냐? 그 어머니는 마리아, 그 형제들은 야고보, 요셉, 시몬, 유다라 하지 않느냐? 그 누이들은 다 우리와 함께 있지 아니하냐?" 그러나 주석의 어려움에서 빠져 나가기 위해 웨슬리는 제름(Jerome)이 했던 해석을 의지했고 영국 국교회의 해석을 빌려 사용했다. 이 구절에 대해 웨슬리는 "그리스도의 형제들이란 우리의 일가친척이다. 이들

---

32) Outler, *Sermons*, 2:479.

33) Jackson, *Wesley's Works*, 10:81.

34) Ibid. 여러 면에서 마리아가 영원히 동정녀가 된다는 생각은 성서적 기반이 약하다. 사실 성서는 그리스도의 형제(와 자매[마 13:56])에 대한 논의에서 아주 솔직하다. 특히 야고보, 요셉, 시몬에 대한 논의가 그렇다. 마 12:46, 마 13:55, 요 7:3~5를 참조할 것. 그럼에도 불구하고 때로 사람들은 마 12:46에 나오는 형제들이 그리스도의 혈육의 형제들이 아니고 그냥 좋은 친구들이라고 주장한다. 그러나 본문을 읽고 해석해 보면 "누가 나의 어머니이며 형제들인가?"라는 예수의 질문을 피해 가는 주장이다. 물론 이 본문을 보면 마리아와 예수의 형제들처럼 혈육 관계를 가진 이들과 가족 관계가 아닌 자들이 대비되고 있다. 그러나 가족이 아닌 사람들이 주인공으로 하나님의 뜻을 행하고 있기 때문에 그리스도의 '가족'으로 받아들여지고 있다. 또한 마리아가 영원히 동정녀라는 생각도 위장된 것이다. 왜냐하면 마리아의 동정녀론은 지나치게 마리아의 위치를 높여 놓았고, 결국 1854년 로마가톨릭교회가 마리아의 순결한 임신을 선언하는 본격적인 마리아론의 등장의 배경이 되었기 때문이다.

은 클레오파스(Cleophas)나 알페우스(Alpheus)의 부인이요 동정녀 마리아의 자매 마리아의 아들들이었다."[35]고 기록한다. 달리 말하면 이들의 어머니 마리아는 예수의 어머니 마리아가 아니라 예수의 이모였다. 따라서 야고보, 시몬, 유다는 예수의 형제들이 아니라 이종 사촌들이었다. 오늘날까지도 몇몇 학자들이 따르고 있는 이 주석은 마태복음 12장 46절과 요한복음 7장 3절의 주석에도 반복하여 나타나는 바, 다른 곳에서 강조된 그의 개신교 신학을 의심하게 하는 대목이다.[36]

웨슬리는 비록 그리스도께서 동정녀로부터 탄생되었다고 주장하지만, 분명 마리아와 '그녀의 실체'를 너무 밀접하게 동일화하는 것에 난색을 표했다. 그가 여러 차례 읽었을 것으로 생각되는 종교 강령 39개 조항 가운데 2항을 살펴보자.

> 참 하나님이고 영원한 하나님 곧 아버지의 영원하심으로부터 출생하고 아버지와 동일 실체인 아버지의 말씀이신 아들은 거룩한 동정녀의 자궁에서 마리아의 실체인 인간의 본성을 취하였다. 그래서 신성과 인성이라는 두 개의 온전하고도 완전한 본성이 결코 나누어지지 않는 한 인격 안에 참여하였다.[37]

그러나 문제는 미국 감리교인들이 사용하기 위해 펴낸 「주일 예배」(Sunday Service)라는 책자에서 웨슬리는 「메소디스트 종교 강령」(Methodist Articles)을 정리하며 이 조항을 다시 썼는데, 마리아와 관련하여 '마리아의 실체'라는 문구를 삭제하고 '아버지'라는 용어로 대신했다. 이로써 그리스도께서 '아버지와 실체가 하나인' 하나님과 동일 실체였다고 주장했던 것이다. 그러면서 인성과 관련한 병행 주장을 생략했다. 어떤 이유에서건 웨슬리는 분명 그리스도께서 마리아와 실체가 하나라는 것을 주장하려 하지 않았다. 그러나 자신의 종교 강령을 펴내면서 "참 하나님이며 참 인간인 한 분 그리

---

35) Wesley, *NT Notes*, 51.
36) 데쉬너(Deschner)는 웨슬리가 '마리아를 보통 믿는 자들의 자리에 둠으로써' 동정녀 숭배를 거부했다고 보았다. Deschner, *Wesley's Christology*, 264. 또한 눅 1:47에 대한 웨슬리의 주석을 참조할 것. Wesley, *NT Notes*, 143.
37) Philip Schaff, *The Creeds of Christendom*, vol. 3 (Grand Rapids, Mich.: Baker Book House, 1983), 488.

스도 안에 신성과 인성이라는 두 개의 온전하고도 완전한 본성이 결코 나누어지지 않는 한 인격 안에 참여했다."[38]고 주장했다.

웨슬리가 이그나티우스(Ignatius)의 서신들을 자신이 편집한 「기독교 총서」에 넣어 발행했을 때 또 다른 문제들이 나타나게 된다. 편집하는 과정에서 "육으로는 다윗의 혈통으로"[39] 예수가 태어났다는 것을 의미하는 구절들을 삭제했기 때문이다. 또한 그리스도의 '애칭'(fondling expressions)을 피하려 하면서 같은 문제가 발생한다. 그러나 토마스 아 켐피스(Thomas à Kempis) 같은 영성 작가들 글에서 발견되는 애칭은 허용했다.[40] 좀 더 구체적으로 말하면, 웨슬리는 '사랑하는 주님'(Dear Lord)과 '사랑하는 구원자'(Dear Savior)라는 문구들은 예외를 허용했다. 동생 찰스 웨슬리도 "여러 찬송가에서 같은 표현(애칭)"[41]을 사용했음을 주지했던 것이다.

흥미롭게도 웨슬리가 애칭 사용을 거부한 합리적인 이유는 그리스도의 인성을 지나치게 강조하는 것에 대한 거부감이 있었기 때문이었다. 일례로 그는 일반적이고 감성적인 언어의 사용이 "육체를 따라 그리스도를 아는 것"[42]을 구성한다고 생각했다. 애칭은 "통치자 주님께 돌려져야 할 잔잔한 존경"[43]을 누그러뜨릴 뿐 아니라 "감히 움직일 수도 없는 무언의 경외"를 느끼지도 못하게 한다."[44] 달리 말해, 감성적 언어가 그리스도의 신성을 깊이 생각하지 못하게 한다고 보았던 셈이다. 따라서 웨슬리는 "무엇보다도 우리는 아버지를 명예롭게 하듯이 아들을 명예롭게 해야 한다."[45]고 외쳤다. 이

38) Ibid.
39) Randy L. Maddox, *Responsible Grace: John Wesley's Practical Theology* (Nashville: Kingswood Books, 1994), 116.
40) Outler, *Sermons*, 4:105.
41) Ibid., 4:102. 또한 웨슬리는 "'육체를 따라 그리스도를 아는 것,' '그리스도를 그저 소박한 한 남자로 여기는 것' 과 같은 용어를 개인적으로 또 공공의 자리에서 사용하는 것이 무관심해도 되는, 그렇게 중요한 것이 아니라고 생각하지 말라."고 덧붙였다. Outler, *Sermons*, 4:104. Maddox, *Responsible Grace*, 116. 매덕스는 "웨슬리가 단성론의 경계에 서 있다고 주장한다." Ibid., 117.
42) Outler, *Sermons*, 4:104.
43) Ibid.
44) Ibid.. 웨슬리는 "육체를 따라 그리스도를 아는 것" 이란 설교에서도 이 문제를 예민하게 다루고 있다. "나는 우리의 거룩한 주님을 노래하는 모든 찬송시에서 이처럼 애칭적 표현을 피하고 '그 영광이 아버지와 동일하고, 그 능력이 아버지와 동일하게 영원하다.'는 표현을, 곧 지극히 높으신 이에게 사용하는 표현을 그리스도께 사용하려고 했다." Outler, *Sermons*, 4:101~2.
45) Ibid., 4:106.

표현 말고는 "하늘과 땅의 위대한 주님"[46] 다르게 표현할 길이 없다.

웨슬리의 저술에 그리스도의 인성을 경시하는 것처럼 보이는 자료들이 있고, 때문에 단성론으로 흐르는 경향이 있음에도 불구하고, 웨슬리의 그리스도론은 (한 인격 안에 두

> 단성론 : 그리스도께서 오직 하나의 본성만을 갖고 있다는 입장(monos는 '단일한'이란 의미이고 physis는 '본성'이란 의미). 단성론은 그리스도의 인성을 약화시키는 바, 네스토리우스에 반대했던 알렉산드리아의 키릴루스에게서 극단적으로 나타난다.

본성을 공식화했던) 칼케돈 공의회가 정한 정통과 맥을 같이한다고 할 수 있다.[47] 물론 웨슬리는 그리스도의 인성을 온전히 고백하는 데 주저했던 것은 사실이다. 데쉬너는 "웨슬리가 기독교인의 삶과 예배를 위해 그리스도의 신성을 진지하게 받아들였다 할지라도 웨슬리의 그리스도론을 가현설적이라고 평가하는 것은 너무 지나치다."[48]고 주장한다. 웨슬리는 신성을 강조하기 위해 그리스도를 존중하고 이름을 명예롭게 했지만 그에게 그리스도는 참 하나님이며 참 인간이었다.

그리스도의 사역

웨슬리가 신성을 강조하는 그리스도론을 펼쳤음에도 불구하고 그의 설교를 들었던 사람들 중에는 아주 인간적인 방식으로 평가하여 그리스도를 육체를 따라 알고자 했던 이들이 있었다. 우리가 주목해야 하는, 여기 가난한 옛적 유대인 나사렛 예수는 누구인가? 예수는 다른 사람과 무엇이 다른가? 어떻게 예수가 사랑과 자비와 거룩함에 있어서 이스라엘의 거룩하고 영원한 하나님의 계시일 수 있는가? 달리 말하면 어떻게 예수가 그리스도인인가? 이 물음들에 대한 대답은 특별히 예언자, 제사장, 왕이라는 직무로 나사렛 예수의 사역을 논한 웨슬리의 가르침에서 찾을 수 있다. 예컨대, 예수의 인격은 생각을 불러일으키는 활동을 통해 계시되며, 예수의 정체성은 은총과 힘이

---

46) Ibid., 4:102.
47) Deschner, *Wesley's Christology*, 30.
48) Ibid., 28. 데쉬너는 여전히 그리스도의 인성에 대한 웨슬리의 평가에 대해 의심을 품고 있다. 그는 "웨슬리 사상의 배경 어디엔가 수육이 인성의 고백을 담고 있다는 생각을 진지하게 받아들이는 것과 같은, 인성에 대한 결정적인 입장이 있어야 한다."고 평가한다. Deschner, *Wesley's Christology*, 31~32.

넘치는 예수의 행동 속에서 벗겨진다.

예언자

마태복음 1장 16절을 주석하면서 웨슬리는 교회가 예수의 삶과 목회의 빛에서 예수에게 붙여 주었던 그리스어 '그리스도'와 히브리어 '메시아'라는 용어가 기름부음을 받은 칭호 곧 "예언자, 제사장, 왕의 역할"[49]을 내포하고 있음을 보았다. 웨슬리는 첫 번째 예언자의 역할에 대해서 말씀이 "우리의 생각을 깨우치고"[50] "하나님의 전체 뜻을 드러내기 위해서"[51] 그리스도 안에 수육했다고 지속적으로 강조했다. 마찬가지로 그리스도는 '위대한 법의 수여자'였으며 "새로운 종교를 세상에 소개한 것이 아니고"[52] 새벽별이 하나님의 영광을 노래할 때 "처음부터 존재했던 동일한 법을 세상에 소개한 것이다."[53]

이렇게 그리스도를 법의 수여자로 고백하는 것은 웨슬리 당시 몇몇 개신교 교인들에게는 놀라운 일이었다. 왜냐하면 당시 개신교 교인들이 율법과 복음의 변증에서 율법의 진지함과 규범적인 힘을 은총의 이름으로 폐기

그리스도의 세 가지 직무
예언자
제사장
왕

하고 복음을 '자유'로 여겼기 때문이다. 웨슬리는 이러한 신학적 판단을 은총의 이름으로 하나님의 드러난 뜻을 간과한 것으로, 잘못된 가르침이며 오류라고 생각했다. 웨슬리에게 율법과 복음의 긴장은 옛 계약과 새 계약의 구분을 뜻하는 것이 아니었다. 이 둘이 구분될 경우 복음은 모세의 십계명과 긴장관계에 놓이거나 최악의 경우 현실적으로 반대에 놓이게 된다. 그래서 옛 계약과 새 계약 모두 하나님의 은총이 넘치는 계약이라고 보았다. 시기에 찬 개신교 교인들이 종종 구약에 이름을 잘못 붙여 '행위의 계약'(a covenant

---

49) Wesley, *NT Notes*, 11.
50) Ibid.
51) Jackson, *Wesley's Works*, 10:81.
52) Outler, *Sermons*, 1:470. 그리스도, 도덕법, (보편적으로 주어진) 선행은총의 관계를 탐구하려면, Kenneth J. Collins, "John Wesley's Theology of Law" (dissertation, Drew University, 1984), 91~96 을 참조할 것.
53) Outler, *Sermons*, 1:470.

of works)이라 칭한 것은 아직 죄를 짓기 전 아담과 하와에게 주어진 계약이었다. 이를 설명하기 위해 웨슬리는 이렇게 쓰고 있다. "하나님은 그리스도를 통해 (이전뿐 아니라 유대의 통치 기간과 하나님이 육체로 자기를 드러낸 이후) 모든 세대의 사람들과 은총의 계약을 세웠다. 바울은 낙원에서 아담과 맺은 행위의 계약에 반대하여 은총의 계약을 가르쳤다."54)

실제적인 의미에서 이스라엘의 메시아인 그리스도는 계약과 계약 사이의 연속체이다. 특별히 구약의 도덕법과 신약의 도덕법 사이의 연속체이다. 다시금 웨슬리는 하나님의 아들이 "모세의 십계명의 수여자"55)일뿐 아니라 '법의 위대한 입안자'56)라고 보았다. 예를 들면 「신약성서 주석」에서 사도행전 7장 35절을 주석하며 이렇게 설명한다. "그러므로 하나님의 아들은 야훼의 인도 아래 모세에게 법을 전해 주었고 중재직과 관련해서는 여기서 계약의 천사로 소개되고 있다."57) 사실 웨슬리는 도덕법과 그리스도를 아주 강하게 연결시킴으로써 아들과 아버지의 관계를 특징짓는 그리스도론적 술어들을 놀라울 정도로 도덕법과 관계시킨다. "율법의 기원, 본성, 속성, 그리고 사용"(The Original, Nature, Properties, and Use of the Law)이란 설교에서는 이렇게 말한다. "어떤 의미에서 하나님의 마음이 우리에게 드러났다. 어떤 의미에서 사도신경이 아들에 대해 말한 것을 이 법에 적용할 수 있다. 그것은 하나님의 영광의 '분출' 혹은 '터져 나옴'이며 '하나님의 인격이 드러난 형상'이다."58) 이와 같은 설교에서 웨슬리는 또한 도덕법을 "영원한 아버지의 가장 사랑스런 자녀, 가장 빛나는 아버지의 본질적인 지혜의 발산, 지극히 높으신 이의 눈에 보이는 아름다움"59)으로 묘사한다. 아우틀러가 정확하게 지적했

54) Ibid., 1:202~3.
55) Deschner, *Wesley's Christology*, 101.
56) Outler, *Sermons*, 1:553. 웨슬리가 자신의 그리스도론에서 정리한 첨언 부분을 참고할 것. 아들이 창조에 참여했듯이 아버지와 함께 아들도 '(십계명)법의 수여자'이다.
57) Wesley, *NT Notes*, 294 (행 7:35).
58) Outler, *Sermons*, 2:9, 「웨슬리 설교전집 2」[대한기독교서회], 도덕법은 하나님의 존재를 표현하는 것으로서 하나님의 주요 속성인 하나님의 사랑의 적절한 표현이다. 윌슨(Charles Wilson)은 "웨슬리 신학에 나타난 사랑과 율법의 상관관계"(The Correlation of Love and Law in the Theology of John Wesley, Ann Arbor. Mich.: University Microfilms International, 1959, 99~115)라는 논문에서 의미 있는 '접속'으로 사랑과 율법의 관계를 탐구한다.
59) Outler, *Sermons*, 2:10.

듯이[60] 골로새서 여러 곳에서 그리스도론적 용어들이 터져 나오게 하는 도덕법에 대한 표현들은, 당시 데쉬너로 하여금 "그리스도께서 아버지의 독생자인가?"[61]라는 물음을 묻게 만들었다. 비록 이 상황에서 그리고 이와 비슷한 상황들에서 그리스도와 도덕법의 특성이 아주 비슷하기에 도덕법을 높이 평가했지만, 웨슬리는 여전히 하나님의 영원한 독생자인 그리스도의 존재와 창조 질서에 기초하여 태초에 생겨난 도덕법의 형식 사이를 분명하게 구분했다.[62] 다시 말하자면, 도덕법은 보이는 형식을 입은 하나님의 덕이요 지혜이다. 그래서 이러한 덕과 지혜가 "영원부터 창조되지 않은 정신이었던 진리와 선의 원 개념들"[63]임을 결단코 부인하지 않았다. 오히려 천사와 인간 모두에게 납득할 만한 진리의 온전한 패러다임인 율법에 대해 이렇게 설명했다. 진리와 선이라는 영원한 요소들이 시간 안에 특별한 형식을 입고 나타났다. 따라서 도덕법은 이 영원한 요소들을 포함하며 "창조되거나 창조되었던 만물의 영원한 생존"[64]을 적절하게 표현했다.

또한 데쉬너가 주목했듯이 율법의 역사에서 "웨슬리는 그리스도론적 기반을 찾으려 하지 않았기 때문에,"[65] 산상수훈에서와 같이 만물의 본성과 관계를 드러내게 될 때 "그리스도는 다만 스스로가 창조하신 것을 계시하고 있었다."[66] 그러므로 그리스도의 예언자 역할은 특히 관계의 적절함으로 도덕법을 창조자의 분명한 뜻으로뿐 아니라, 여러 관계들 안에 믿는 자들이 영원히 선한 의지의 지고의 목적인 하나님의 사랑과 거룩함에 이르도록, 만물에 질서를 준 통치자의 뜻의 표현으로 설명하는 것이다. 다시 말하면 예언자로서의 그리스도는 서방 개신교 신학의 접속적 표현인 율법과 복음, 웨슬리의 특성화된 접속적 표현인 거룩함과 사랑의 선생이다.

---

60) Ibid., n. 28. 아우틀러는 이 구절을 해석하면서 이 배경 속에 나오는 율법의 특성과 골로새서에 나오는 그리스도론적 은유를 비교해 보라고 독자들을 초청한다.

61) Deschner, *Wesley's Christology*, 107.

62) 데쉬너는 "웨슬리가 그리스도론의 근거에서 이 제안을 분명 반대할 것이며 도덕법은 출생의 질서가 아니라 창조 질서에 근거한다고 주장할 것이다."라고 했다. Deschner, *Wesley's Christology*, 107.

63) Outler, *Sermons*, 2:9~10.

64) Ibid., 2:10. 웨슬리 신학을 역동적으로 성찰하게 하는 율법과 은총을 탐구하려면, John H. Tyson, "The Interdependence of Law and Grace in John Wesley's Teaching and Preaching" (dissertation, University of Edinburgh, 1991)을 참조할 것.

65) Deschner, *Wesley's Christology*, 102.

66) Ibid.

제사장

앞 장에서 다룬 것처럼 웨슬리는 인간의 죄를 아주 진지하게 다뤘다. 그에 따르면 죄 때문에 생겨난 불신앙과 소외, 교만은 단순히 인간의 노력이나 계획으로 극복될 수 없었다. 달리 말하면 죄 된 인간은 인간 스스로가 문제이기 때문에 죄로 야기된 문제를 치유할 수 없었다. 다른 정통 신앙인들과 마찬가지로 웨슬리도 구원의 첫 요인은 누구도 하나님께 직접적으로 나아가지 못한다는 것을 뜻한다고 생각했다. 왜곡시키고 속이며 깜짝 놀라게 하는 힘으로 죄가 영향을 미치기 때문에, 지극히 높으신 이와 갖는 바른 관계는 중재자의 사역을 통해서만 다시 세워질 수 있었다. 하나님과 인간 사이를 잇는 중재자의 사역이 너무도 중요하기에 웨슬리는 "중재자를 통하지 않는 사람은 하나님을 만날 수 없다."[67]고 주장했다. 그러기에 "인간과 하나님을 화해시키기 위해, 그리고 우리의 전체적인 구원의 사건을 이루기 위해 하나님과 인간 사이에 계신 중재자가 없다면 우리는 하나님이 계심을 향유할 수 없다."[68]

하나님-인간을 중재하는 그리스도의 제사장 역할은 그 독특한 인격과 본성에 대한 이해를 반영하고 있기 때문에 독특하다. 달리 말하면 하나님의 본질에 이르지 못한다면 그 어떤 존재도 제사장의 사역을 이룰 수 없다. "그리스도의 제사장 역할은 성인과 천사와 같은 여타 중재자들과 차이가 있다. 가톨릭교도들은 옛날 이교도들이 많은 중재자들을 세웠듯이 성인과 천사를 세워 우상처럼 섬긴다."[69] 영국 아르미니우스주의자였던 웨슬리는 그 인격이 참 하나님이면서 참 인간인 그리스도가 인간의 대표자인 둘째 아담으로서 "모든 이의 중재자"(the Mediator of all)[70]라고 보았다.

---

67) Wesley, *NT Notes*, 540 (딤전 2:5). 그리스도의 사역 가운데 하나님과 인간의 중재자로서의 사역은 에밀 브루너의 글 속에 잘 나타난다. Emil Brunner, *The Mediator*, trans. Olive Wyon (Philadelphia: Westminster Press, 1947).

68) Wesley, *NT Notes*, 540 (딤전 2:5).

69) Ibid., 540. 웨슬리는 또한 중재자인 그리스도께서 "만물 안에서 아버지의 뜻을 따라 활동한다."고 주장했다. 그러나 이내 "만물도 또한 동일한 신성으로 이루어져 있다고 추론할 수는 없다."고 했다. Wesley, *NT Notes*, 430 (고전 11:3).

70) Wesley, *NT Notes*, 540 (딤전 2:1).

구속

죄에 대한 구속은 제사장인 중재자가 자신의 희생을 통해 이룬 일 가운데 일부이다. 웨슬리에 따르면 죄에 대한 구속의 사역은 이사야의 고난당하는 종의 형상으로 나타나는 바, 골고다에서 완성되고 최고로 표현된다. 실로 신약성서 저자들의 입장에서 보면, 그리스도의 희생적 죽음이 너무도 결정적이기 때문에 복음서 기자들은 복음서 내용 가운데 많은 분량을 예수의 생애 마지막 24시간을 다루는 데 할애하고 있다.

기독교 신앙의 상징인 십자가는 유대인과 그리스인에게 걸림돌이었던 피와 먼지와 수치로 가득했다. 웨슬리가 활동했던 18세기의 상황에서 헌팅턴 경(Lord Huntington)은 구속이나 십자가의 필요를 보지 못했다. 대신에 "성서적인 도덕의 체계"[71]만으로 충분하다고 생각했다. 그러나 웨슬리는 원죄와 마찬가지로 구속이 "이신론과 기독교를 근본적으로 구분하는 접점"[72]이라고 주장했다. 아우틀러가 간파했듯이, 웨슬리는 "철학자들이 역사적인 구원의 순서를 폐기하고 인간의 노력으로 이룰 수 있는 구원의 복음을 선포하고 있다."[73]고 보았다. 인생 후기에 철학자들의 계속되는 오해에 좌절을 경험했던 그는 또 이렇게 선포했다. "기독교 교리의 체계 안에서 구속의 교리보다 더 위대한 결과를 가진 것은 없다."[74] 그리고 이런 맥락에서 1782년, 설교자의 "주된 항구적 과제는 십자가에 달리신 '예수 그리스도를 설교하는 것'"[75]이라고 자신을 따르던 설교자들에게 권고했던 것이다.

---

71) Jackson, *Wesley's Works*, 6:297~98.
72) Ibid. 동생 찰스에게 보낸 편지에서 웨슬리는 "아일랜드에 있는 설교자들에게 한 가지 말하려 한다. 나는 데이비스(Mark Davis)가 더 많은 재치와 겸비함을 가지게 되었다고 생각한다. 그러나 이신론자인 데이비스가 아직도 구속에 대해 적절한 이해를 했다고 생각하지는 않는다. John Telford, ed., *The Letters of John Wesley, A.M.*, 8 vols. (London: Epworth Press, 1931), 4:281.
73) 아우틀러의 서론적인 주석을 참조할 것. Outler, *Sermons*, 4:149.
74) Jackson, *Wesley's Works*, 6:297. "구속을 포기하라. 그러면 이신론자들이 우리에게 동의할 것이다." Jackson, *Wesley's Works*, 6:297~98. 또한 하나님께서 우리를 용서하기 위해 치른 값비싼 은총을 분명히 하기 위해 웨슬리가 구속의 교리를 중심 교리로 주장했다고 생각하는 윌리엄스의 해석을 참조할 것. Colin Williams, *John Wesley's Theology Today* (Nashville: Abingdon Press, 1960).
75) Jackson, *Wesley's Works*, 11:155. "인간이란 무엇인가?"라는 설교에서 웨슬리는 인간에 대해 사색하고 생각한다. "수백만의 다른 세상이 있다고 하자. 그렇지만 하나님은 자신의 무한한 지혜의 심연 속에서 왜 수천 혹은 수백만의 다른 세상에 우선하여, 우리가 살고 있는 이 세상에 자비를 보이실 만큼 선하신지 그 이유를 보여 줄 수 있다." Outler, *Sermons*, 3:461.

구속에 대한 수많은 이론들이 교회 역사를 통해 표면에 떠올랐다. 이 이론들 중 몇몇은 웨슬리 자신의 가르침을 깨우치는 데 도움을 주었다. 예컨대, 이레니우스(Irenaeus)와 알렉산드리아의 클레멘스(Clement of Alexandria) 같은 몇몇 초대 교회 교부들은 예시된 그리스도께서 인류를 악마의 포로로부터 자유하게 하려고 보상으로 죽임을 당했다는 은유를 발전시켰다. 오리게네스(Origen)는 이 은유와 더불어 그리스도가 제공한 보상은 하나님께 지불되지 않고 악마에게 지불되었다고 주장함으로써 후기 학자들 간에 논쟁의 불씨가 되었다. 이후 신학자들은 악마에게 빚진 것이 없고 따라서 갚아야 할 것도 없다고 주장했다.

웨슬리의 경우는 오리게네스처럼 극단으로 치우치지는 않았다. 그럼에도 불구하고 그리스도께서 죽으심으로 우리를 위해 보상했다고 분명하게 가르쳤다. 'λύτρον'이란 용어와 그 의미에 대한 성서적 가르침을 전개하면서 보상이 누구에게 지불되어야 하는지에 초점을 맞추지 않았다. 오히려 디모데전서 2장 6절을 주석하면서 그리스도의 죽음의 충분함을 논했던 부분에서 나타나듯이 보상의 보편성을 강조했다. "영혼이 있는 자마다 이러한 보상을 필요로 했다."[76] 젊은 시절 웨슬리는 조지 휫필드(George Whitefield)와 함께 이러한 보상의 보편성을 주장했다는 것은 놀라운 일이 아니다. 1739년 펴낸 "값없이 주시는 은총"이란 설교에서는 "그리스도께서 '모든 이를 위해 스스로를 내어주었다.' '그는 모든 사람을 위해 죽음을 감당하였다.'"[77]라고 선언했다. 또한 구약의 자료에 기초하여 자신의 입장을 분명히 밝혔는데, 특히 아들 이삭을 제물로 바치려는 아브라함의 모습을 빌려와 "하늘이나 땅에서 번제물을 위한 양을 아무도 찾지 못했을 때,"[78] 하나님께서 주도권을 갖고서 구속이란 위대한 희생을 제공했다고 주장했다.

단순한 보상 이론을 넘어 그리스도의 사역에 대한 웨슬리의 여러 성찰을

---

76) Wesley, *NT Notes*, 540 (딤전 2:6).

77) Outler, *Sermons*, 3:553. 웨슬리의 보상이론에 대한 2차 자료를 원한다면, H. Orton Wiley, *Christian Theology*, vol. 2 (Kansas City, Mo.: Beacon Hill Press, 1940~43), 225 그리고 Thomas C. Oden, *John Wesley's Scriptural Christianity: A Plain Exposition of His Teaching on Christian Doctrine* (Grand Rapids, Mich.: Zondervan Publishing, 1994), 187을 참조할 것.

78) John Wesley, *Explanatory Notes Upon the Old Testament*, 3 vols. (Salem, Ohio: Schmul Publishing, 1975), 1:85.

조명하는 구속 이론은 기본적인 만족 개념으로 귀속된다. 만족 개념은 보상 개념으로서, 특별히 보상을 하나님의 정의로 표현하는 개념으로 발전한 것이다. 「공동 기도서」(The Book of Common Prayer)에 나타나 있듯이 당시 교회의 교리적 형식에 의지했던 웨슬리는, "타락한 인간을 향한 하나님의 사랑"(God's Love to Fallen Man)이란 설교에서 "그러나 우리는 '자신의 몸이 나무에 달리심으로' '전체 세계의 죄를 위해 자기 몸을 내어준 헌신과 희생, 만족을 이룬' 그분을 사랑할 수 없었다."[79]고 설교했다. 이 설교 내용과, 상당히 자세하게 「공동 기도서」를 따랐던 웨슬리의 「주일 예배」(Sunday Service)에 나오는 용어를 비교해 보자.

> 전능하신 하나님, 우리의 하늘 아버지께서 우리를 구속하기 위해 자신의 독생자 예수 그리스도를 십자가 위에서 죽게 함으로써 (스스로를 제물로 드림으로써), 전체 세계의 죄를 위해 완전하고 온전하며 충분한 희생과 헌신, 만족을 이루었다.[80]

이 배경에서 본 웨슬리의 사상은 영국 국교회의 자료를 인용하는 데서 나타나듯이, 11세기 고전인 안셀무스의 「왜 하나님께서 인간이 되었는가?」(Cur Deus Homo)[81]를 상기시킨다. 중세 캔터베리(Canterbury) 대주교의 '만족설'의 핵심은 다음과 같이 요약된다.

1. 인간은 죄에 대해 만족을 시켜야 하지만 그럴 수 없다. (의무, 그러나 그럴 수 없음)
2. 하나님은 죄에 대해 만족을 시킬 수는 있지만 그래서는 안 된다. (그럴 수 있지만 의무는 없음)
3. 오직 신/인 만이 죄에 대해 만족을 시킬 수도 있고 만족을 시켜야 한다. (그럴 수 있고 의무가 있음)[82]

---

79) Outler, Sermons, 2:427, 「웨슬리 설교전집 5」[대한기독교서회]. 또한 웨슬리의 설교 가운데 "영적 예배"(Spiritual Worship), in Outler, Sermons, 3:93, 「웨슬리 설교전집 5」[대한기독교서회], 그리고 "그리스도가 오신 목적"(The End of Christ's Coming), in Outler, Sermons, 2:480, 「웨슬리 설교전집 5」[대한기독교서회]를 참조할 것.

80) John Wesley, The Sunday Service of Methodists (London: William Strahan, 1784), 135~36.

81) William R. Cannon, The Theology of John Wesley, with Special Reference to the Doctrine of Justification (Lanham, Md.: University Press of America, 1984), 안셀무스, 「인간이 되신 하나님」, 이은재 옮김[한들출판사], 208

웨슬리는 자신의 글 속에서 첫 번째 전제를 상당히 자세하게 탐구한다. 안셀무스와 비슷한 방식으로 인간이 자신의 죄를 해결할 능력을 갖고 있지 않다고 주장한다. 인간은 "하나님의 진노를 달래 줄"[83] 능력이 전혀 없다. 또한 자신의 글을 통해 어째서 온전한 순종조차도 조그만 과거 죄에 대해 만족을 줄 수 없었는지 설명했다. 왜냐하면 온전한 순종은 어쨌든 거룩한 사랑의 하나님께 '빚을 지고 있기' 때문이다. "산상수훈 강론 1"에서는 그 이유를 이렇게 설명한다.

> 인간은 어떻게 자신이 빚진 것을 갚을 수 있을까요? 이 순간부터 인간이 하나님의 모든 명령에 가장 완전한 순종을 해야 한다면, 이것은 과거의 불순종 곧 죄에 대해 어떤 보상도 되지 않을 것이다. 예컨대, 인간이 이 순간부터 영원토록 하나님께 모든 봉사를 해야 한다고 생각해 보라.[84]

1756년 윌리엄 로(William Law)에게 보낸 편지에서 웨슬리가 물었던 물음들 역시 안셀무스의 전통에 서 있다. "인간이 지불할 수 없는 하나님의 부채를 떠안은 것 아닙니까? 그럼에도 불구하고 하나님께서 그 부채를 여전히 고집할 권한이 있는 것 아닙니까?"[85] 이 표현들은 린드스트룀이 이런 결론을 내리도록 했다. "정통 교리가 말하는 만족은 (웨슬리의) 구속에 대한 견해에서 지배적인 개념처럼 보일 것이다. …합법적인 질서와 사법적인 체계가 통치원리로 등장한다."[86] 데쉬너 역시 "웨슬리가 속죄에 대해 생각할 때 승리가 아니라 만족을 강조한다고 주장한다."[87]

---

82) 나는 콜러란(Joseph M. Colleran)으로부터 여기 소개한 삼단논법을 빌려 왔다. Joseph M. Colleran, trans., *Cur Deus Homo* (Albany, N.Y.: Magi Books), 27.

83) Outler, *Sermons*, 1:228. 여기서 나는 문맥을 생각해서 현재형 '달래 주다'(appease)를 현재분사형 '달래줄'(appeasing)로 바꾸었다.

84) Ibid., 1:478. "저주받은 악인에게 전하는 말씀"(A Word to a Condemned Malefactor)이라는 설교에서 웨슬리는 이렇게 설교한다. "너희가 이제 죄를 떠나 앞으로의 삶에서 흠 없는 삶을 살 수 있다 한들 과거의 삶을 구원할 수는 없다. 결코 그럴 수 없다. 너희가 천년 동안 천사처럼 산다 할지라도 그것이 죄를 속죄할 수는 없다. 오히려 너희는 이렇게 살 수도 없고 죄를 떠날 수도 없으며 죄가 너희를 지배한다." Jackson, *Wesley's Works*, 11:180.

85) Telford, *Letters*, 3:352.

86) Harald Lindström, *Wesley and Sanctification: A Study in the Doctrine of Salvation* (Nappanee, Ind.: Francis Asbury Press, 1996), 61.

만족의 개념이 그리스도의 속죄 사역에 대한 웨슬리의 이해와 통합되어야 하는 것은 분명하지만 어떻게 이해되어야 하는지는 분명하지 않다. 달리 말하면, 어떤 방식으로 그리스도께서 보상하고 하나님의 정의를 만족시켜 주는가? 그리스도의 가르침을 통해 죄 된 인간을 조명함으로써, 하나님의 사랑을 보여 줌으로써, 그리스도의 희생적인 삶을 제시함으로써 가능한가? 아니면 인간을 대신함으로써, 인간이 되어 죄 된 인간이 짊어져야 할 형벌을 받음으로써 가능한가? 이 모든 것들이 가능하다. 그러나 우리는 안셀무스의 만족설과 웨슬리의 만족설을 구분해야 웨슬리의 사려 깊은 판단에 이를 수 있다. 예컨대, 안셀무스는 그리스도의 희생이 죄인에게 전가된 공로(merit)를 보장한다고 주장했다. 반면 웨슬리는 주로 개신교 종교 개혁자들의 전통을 따라 만족이란 기껏해야 행복대속으로 여긴다고 주장했다.[88] 달리 말하면, 웨슬리는 그리스도께서 보상을 하고 죄 된 인간의 자리에 서 있음으로써, 인간의 한 사람으로 간주함으로써, 그래서 결국은 죄의 삯인 형벌을 받음으로써, 하나님의 정의를 만족시킨다고 주장한다. "원죄 교리" 논문에서 밝힌 웨슬리의 주장을 보자.

그리스도께서 지신 모든 고난은 우리 죄 때문이었다. 그리스도의 고난은 우리 죄에 대한 형벌의 결과였다. 우리에게 평화를 주기 위해 치러야 할 벌, 곧 '우리에게 평화를 주기 위한 징벌'이 '그 분 위에' '내려졌다.' 그리고 자발적으로 그 형벌에 순응했다. '그분이 채찍에 맞음으로 우리가 나음을 입었다.' 그리스도께서 값을 치름으로써 우리에게 용서와 성화와 최후의 구원을 선물로 주었다. 모든 징벌은 우리의 잘못에 대한 대가(代價)이다. 그리스도께서 받은 징벌은 그리스도의 죄가 아니라 우리의 죄 때문이다. 법을 어긴 피조물들과 법의 수여자가 서로 화해해야 한다. 이를 위해 "주님께서 우리 모두의 죄를 자신에게 담당시켰다." 곧 우리의 죄로 인한 형벌을 담당하였다.[89]

---

87) Deschner, *Wesley's Christology*, 121. 웨슬리는 그리스도께서 지옥에 내려갔다는 개념을 거부했다. 따라서 자신의 "25개 종교 강령"에서 이 개념을 생략했다. 데쉬너는 이 점을 정확하게 지적했다. Ibid., 50~51.

88) H. Orton Wiley, *Christian Theology*, vol. 2 (Kansas City, Mo.: Beacon Hill Press, 1940~43), 242.

89) Jackson, *Wesley's Works*, 9:412.

이 맥락에서 웨슬리에 대한 2차 문헌이 구속에 대한 웨슬리의 만족 이론을 형벌 대속으로 이해하는 것은 놀랄 일이 아니다. 예를 들어 토머스 랭포드(Thomas Langford)는 "웨슬리로부터 리처드 왓슨(Richard Watson)에 이르기까지 하나님의 정의를 만족시키기 위해 우리를 대신한 예수의 죽음은, 같은 기간 종교개혁 신학에서와 마찬가지로 감리교 신학에서도 중심 주제가 되었다고 보았다."[90] 또한 데쉬너는 "웨슬리의 구속에서 그리스도는 형벌 대속을 수행한 것"[91]이라고 교회에 가르쳤다. 윌리엄스도 "웨슬리에게 형벌 대속설은 중심 가르침"[92]이라고 지적했고, 린드스트룀 역시 같은 의견을 견지했다.[93] 더닝(Dunning)은 웨슬리의 구속론에 대한 이들의 묘사적인 판단에 동의는 했지만 린드스트룀과는 다른 방식으로 '웨슬리의 전체적인 신학에서 형벌 대속의 입장이 적합한가?' 라는 문제를 제기한다. "예수가 인간의 죄를 담당한다는 개념은 전혀 신약성서와 맞지 않는다."고 주장한 것이다. "신약성서가 사용하는 언어는 '고통'이지 '형벌'이 아니다."[94] 더닝은 논지를 분명히 하기 위해 다음과 같이 덧붙여 설명한다. "웨슬리가 이 점을 인식하지 못하고 그의 다른 영역에서 성서를 건강하게 사용했던 것과 불일치를 보이다니 참으로 안타까운 일이다."[95]

그러나 우리는 구속을 형벌 대속적인 의미로 해석하는 웨슬리의 선언이 그의 전체 신학에 적합할 뿐 아니라 실제로 지표가 됨을 알게 될 것이다. 예컨대, 웨슬리의 형벌 대속설은 정의와 자비, 사랑이라는 계속되는 주제 안에서, 하나님의 거룩함과 사랑을 축하하는 접속 신학의 여러 주제들을, 긴장이 있긴 하지만 하나로 묶어낸다. 이 점을 분명히 하기 위해 우리는 객관적 요

---

90) Thomas Langford, *Methodist Theology* (Peterborough, England: Epworth Press, 1998), 59.
91) Deshner, *Wesley's Christology*, 26. 나사렛 계열 학자로 알려진 테일러(Richard Taylor)도 형벌 대속의 입장을 견지하면서 그로티우스(Grotius)의 통치적 입장을 부적절하다고 평가한다. "만일 그리스도의 피가 기본적으로 본성상 형벌에 대한 것을 죄인에게 부과하는 도덕적이며 합법적인 요구를 만족시키는 수단이 아니라, 도덕적 통치를 지탱하기 위해 죄에 대한 하나님의 진노를 선포하는 수단에 불과하다면, 그리스도의 죽음과 구약 사이의 조정이 무너지게 된다." Richard S. Taylor, *God's Integrity and the Cross* (Nappanee, Ind.: Francis Asbury Press, 1999), 96.
92) Williams, *John Wesley's Theology Today*, 83.
93) Harald Lindström, *Wesley and Sanctification: A Study in the Doctrine of Salvation* (Grand Rapids, Mich.: Francis Asbury Press, 1982), 73.
94) H. Ray Dunning, *Grace, Faith and Holiness* (Kansas City, Mo.: Beacon Hill Press, 1988), 372~73.
95) Ibid.

인(하나님을 향한 관계)과 주관적 요인(인간을 향한 관계)에 초점을 맞춤으로써, 웨슬리의 정교하고도 색조 있는 구속 개념에 대한 탐구를 계속해 나갈 것이다. 더 나아가 이 두 요인을 발전시켜 웨슬리의 구속에 대한 평가의 중요한 단서가 되는, 은총의 분화(시원적 은총, 수용은총, 반응적 은총)의 배경을 반박해 볼 생각이다.

객관적 요인들

웨슬리의 형벌 대속설의 객관적인 면은 안셀무스와 웨슬리가 정확하게 인식했던 대로, 인간이 스스로를 구속할 수 없는 상황에서 하나님께서 우리를 위해 행한 사역과 관계된다. 말 그대로 그리스도 안에 나타난 하나님의 구속 사역은 지극히 높으신 분의 주권적 행위를 나타내는 바, 거룩하신 분을 창조자와 통치자의 역할을 넘어 이제 구원자로 인식하게 한다. 인간의 어쩔 수 없는 상황에서 이 시원적인 은총과 사역은 다시 한 번 본래 하나님과 인간이 맺었던 그 관계를 회복시키고, 또한 하나님의 입장에서 (거룩함과 정의와 도덕법을 진지하게 생각하는) 화해, 즉 '하나-됨'(at-one-ment)을 이루기 위해, 무엇이 필요한지 관심을 가진다. 독특한 인격과 존재인 그리스도만이 신/인 관계를 중재하기 때문에, 말하자면 그리스도 안에 신-인이 함께 참여한다. 하나님의 편에서 보면, "바로 하나님의 진노가 인간을 죽음 아래로 떨어뜨렸다."[96] 이 주제와 관련하여 웨슬리와 비슷한 입장을 보였던 브루너는 "인간은 죄로 인해 하나님과의 본래 관계에서 떨어져 나와 위험과 재앙과 비참한 상황에 처하게 됐다고 주장했다."[97] 한편 윌리엄스는 속죄의 객관적인 요인들을 하나님의 진노와 연결시키면서 이렇게 주장했다. "웨슬리는 속죄에서 '객관적인' 어떤 일이 일어났으며 … 그리스도께서 죽으심으로 하나님의 진노를 만족시킨 것이 우리 죄를 용서받을 수 있는 유일한 근거가 된다고 주장했다."[98]

---

96) Deschner, *Wesley's Christology*, 71.

97) Emil Brunner, *The Christian Doctrine of Creation and Redemption* (Philadelphia: Westminster Press, 1949), 286.

98) Williams, *John Wesley's Theology Today*, 79. 윌리엄스는 웨슬리의 속죄론이 자신이 말하는 "은총의 낙관론"(optimism of grace)의 객관적 기초가 된다고 주장했다. Ibid., 88. 또한 Lindström, *Wesley and Sanctification*, 68~69를 참조할 것.

비록 웨슬리 신학에 대한 현대 신학자들의 몇몇 평가가 일반적인 형벌 대속이나 구체적인 하나님의 진노를 인정하기 어렵게 하지만, 웨슬리에게는 분명 이것이 문제가 되지 않았다. 형벌 대속에 대해서는 바로 저항적인 죄인 때문에 그리스도께서 죽었다는 입장을 지속적으로 견지했다. 웨슬리는 이사야 53장의 고난 받는 종과 그리스도와의 관계를 제시하며, 골고다에서 하나님의 어린양이 "형벌을 받음으로 우리가 하나님과 평화와 화해를 얻었다."[99]고 밝힌다. "원죄 교리" 논문에서는 "그가 받은 고통은 우리 죄가 가져온 형벌이었고, '우리에게 평화를 주고자 받은 징벌'이었다고 선언한다."[100] 비록 이사야서 주석에서 인간의 죄가 그리스도에게 짐을 지게 했다고는 하지만, 웨슬리는 당시 동료들과는 달리 "하나님이 그리스도의 모든 고난의 '주요 원인'"[101]이라고 주장한다. 사도 바울이 말한 대로, "하나님이 죄를 알지도 못하신 그리스도에게 우리 죄를 대신 지우신 것은 우리가 그리스도 안에서 하나님에게 의롭다는 인정을 받도록 하기 위해서이다."(고후 5:21)

놀랍게도 진노의 두 번째 주제와 관련한 용어가 웨슬리 글에서 300번 이상 등장한다. 하나님의 사랑이 모든 진노를 내쫓는다는 생각을 가진 사람들에게는 더욱 놀랄 일이지만, 웨슬리는 실제로 하나님의 진노라는 용어로서, 메소디스트의 발흥과 정체성, 목적을 순서에 따라 열거했다. 예를 들면, 1743년에 그는 이렇게 기록한다.

> 1739년 말, 자신들의 죄를 깊이 자각한 것으로 보이는 여덟 혹은 열 명의 사람이 런던에 머물던 내게 와서는 구원의 열망을 토로했다. 이들은 다음 날 두세 사람을 더 합류하여, 내가 저들과 함께 기도하기를 열망했고 저들의 생각을 지배하고 있었던, 도래할 진노로부터 어떻게 피할 수 있는지 알고 싶어 했다.[102]

---

99) Wesley, *OT Notes*, 3:2086.

100) Jackson, *Wesley's Works*, 9:412. 테일러(Taylor)에 따르면 신약성서는 그리스도의 죽음을 형사상의 죽임으로 강조한다. 이는 골고다의 그리스도께서 죄에 대한 형벌을 짊어진 것으로, "인간에게 부당하게 지운 것이고 하나님께는 정당하게 지운 것"이었다. Taylor, *God's Integrity*, 67.

101) Wesley, *OT Notes*, 3:2087.

102) Rupert E. Davies, ed., *The Works of John Wesley*, vol. 9, *The Methodist Societies, I: History, Nature and Design* (Nashville: Abingdon Press, 1989), 69. 또한 Outler, *Sermons*, 3:580~81; 4:78과 Frank Baker, ed., *The Works of John Wesley*, vol. 26, *Letters* II (New York: Oxford University Press, 1982), 125를 참조할 것.

다시 말하지만, "성서에서 다른 무엇보다도 죄에 대한 하나님의 진노와 형벌이 시간적으로 영원히, 가장 자주 등장하며 가장 빈번하게 표현된다."[103]고 보았던 것이다.

웨슬리는 진노를 '인간의 의지로 지은 죄에 대한 합법적이며, 정의롭고, 거룩하며, 선한 하나님의 대답'[104]이라고 생각했다. 데쉬너는 웨슬리를 정확하게 해석하면서 신/인 상관관계의 온전함을 대변하는 관계적 요소들을 요약했다. 하나님의 진노는 도덕법에서 표현되었듯이, 하나님의 생각을 온전히 고려한다는 점에서 합법적이며, 아주 작은 악까지도 묵인하지 않고 지속적이고도 단호하게 반대한다는 점에서 정의롭다. 진정 웨슬리는 "하나님께서 진노하거나 분을 낼 수 있다는 사실을 거부하는 … 사람은 하나님의 정의 또한 거부하는 것"[105]이라고 지적했다. 린드스트룀이 주목한 것처럼, "하나님의 사랑이 하나님의 자비와 관계하듯이 (하나님의) 진노는 하나님의 정의와 관계한다."[106] 달리 말하면, 진노는 하나님의 거룩함으로 이해되어야 한다. 분명 하나님의 거룩함이 갖고 있는 그 순수함과 아름다움, 하나님의 거룩함이 일으키는 경외감의 온전함과 능력은 죄인 안에서, 불을 사이에 둔 거리와 두려움을 만들어낸다. 그러므로 죄 된 인간은 거룩한 하나님을 저항한다. 브루너가 관찰했듯이, "성서는 이 '저항'을 '하나님의 진노'라고 부른다."[107] 마지막으로 진노가 완고하게 지속되는 악의 힘에 대한 하나님의 응전을 뜻한다는 점에서 선한 것이다. 그러나 이 진리는 하나님의 사랑과 하나님의 거룩함을 나눌 때 분명해진다. 바로 이때 진노는 하나님의 목적과 사랑과는 다른, 완전히 '악한' 어떤 것으로 비쳐질 것이다. 그러나 앞서 밝혔듯이, 거룩함으로부터 분리된 '사랑'은 감상적이고 상상 속의 (일종의 소원을 비는) 값싼

---

103) Telford, *Letters*, 3:345.

104) Deschner, *Wesley's Christology*, 150.

105) Telford, *Letters*, 3:246. 또한 Wesley, *NT Notes*, 458 (고후 5:21)을 참조할 것. 여기서 웨슬리는 "의를 전혀 알지 못하고, 내적으로든 외적으로든 죄 안에 있어서, 하나님의 정의와 상관없었던 우리는 죄 때문에 하나님의 속죄를 받지 못하는 가운데 있었다."고 주석했다.

106) Lindström, *Wesley and Sanctification*, 69.

107) Brunner, *Christian Doctrine of Creation*, 118. 페닝턴(Chester A. Pennington)은 구원론적으로 말해 웨슬리의 신학과 브루너의 신학은 괄목할 만한 유사성이 있다고 주장했다. Chester A. Pennington, "The Essentially Wesleyan Form of the Doctrine of Redemption in the Writings of Emil Brunner" (dissertation, Drew University, 1948).

사랑이다. 왜냐하면 이런 사랑은 바로 사랑의 이름으로 계속해서 악을 허용하여 악에 대해 이상할 만큼 관대하기 때문이다. 웨슬리는 학교 강단이나 교회 설교단에서 이 입장을 강론하는 목사들을 일러 단호하게 "약속을 남발하는 사람들"108)이라고 불렀다. 예를 들면, "복음을 전하는 목사들에 대한 생각들"(Thoughts Concerning Gospel Ministers)이란 글에서 웨슬리는 이렇게 경고한다.

> 율법의 끔찍함을 증거하지 않고 약속만을 말하며, '모든 불경건과 불의를 반대하는, 하늘로부터 계시된 하나님의 진노를 슬쩍 넘어가고, 상처를 입지 않은 사람들을 치유하고자 하며 약속을 남발하는 자들은' 결코 복음을 전하는 목사들이 아니다.109)

그때나 지금이나 하나님의 진노를 바르게 이해하고 거룩한 사랑의 적합한 표현으로 보고자 할 때 만나게 되는 어려움은 분노의 문제이다. 그러나 웨슬리는 하나님의 분노와 인간의 진노를 혼동하는 신인동형론적인 오류를 범하지 않았다. 예를 들면 인간의 분노는 종종 거룩하지 않은 미움과 보복적인 격정에 빠진, 거칠고 생생한 복수심이다. 그러나 하나님의 분노는 인간의 분노와 다르다. 결론적으로 말해 웨슬리는 자신의 독자들에게 지극히 높으신 하나님의 진노는 인간의 분노와 혼동하지 말아야 하며, 더욱 중요한 것은 "여전히 부드럽고 감싸는' 110) 하나님의 사랑을 빼고 이해해서는 안 된다고 경고한다. 1778년 메리 비섭(Mary Bishop)에게 보내는 편지를 보면 몇 가지 주의를 당부하면서 하나님의 진노를 인정하고 있다. 웨슬리의 설명을 들어보자.

> 그러나 하나님께서 분노하지 않았더라면 결코 화해를 이룰 수 없었을 것이다.

---

108) Jackson, Wesley's Works, 10:456.
109) Ibid. 웨슬리는 어머니 수잔나에게 보내는 편지에서, 인간의 진노와 하나님의 진노를 분명하게 구분했다. "모든 경우에 두 가지 규칙을 준수하는 것이 저의 원칙입니다. 첫째, '하나님의 진노'나 인간의 '괴로움'이 하나님의 의를 드러내지 않고 있음을 알기에 저는 온유함의 정신으로 저의 모든 충고를 시작하고 지속하고 끝맺습니다." Telford, Letters, 1:138.
110) Wesley, NT Notes, 637.

로(Mr. Law)는 이를 인정함으로써 속죄의 근간을 흔들게 되어 이신론자들을 쉽게 개종시킬 수 없었다. 그러므로 나는 로처럼 잘못된 개념을 옮길 수도 있기 때문에 하나님을 '진노로 가득한 존재'(a wrathful Being)라고 칭하지 않는다. 오히려 나는 하나님께서 모든 인간에게 분노했지만 자기 아들을 죽게 하여 인간과 화해를 이루었다고 굳게 믿는다. 따라서 그분의 사랑하는 아들을 믿기까지 하나님께서 내게 분노했다고 생각한다. 그러나 하나님의 분노가 하나님의 자비를 뒤집지는 않는다. 하나님은 자비로울 뿐 아니라 정의롭다.[111]

따라서 웨슬리는 하나님의 진노는 (인간의 분노와 비교했을 때) "유비적인 의미로만"[112] 인식되어야 한다고 주장한다.

웨슬리 당시의 상황보다는 21세기 서구의 상황을 더 반영하고 있는 하나님의 진노와 관련한 두 번째 어려움은, 원칙적으로 죄인을 희생으로 보는 심리요법적 구원의 모델과 관계한다. 심리요법적으로 이해할 경우, 그렇게 된 것에 대한 어느 정도의 책임을 의식하는데도 불구하고 죄인은 죄의 질병에 걸려 위대한 의사가 건강과 온전함을 회복시켜 주기까지 병상에 누워 있게 된다. 웨슬리의 구원론이 부분적으로는 심리요법적 모델에 기초하여 설명될 수 있다. 그러나 웨슬리는 죄인을 결코 희생자가 아니라 범법자로 보았다. 곧 살아 계신 하나님을 떠나 타고난 죄의 성향을 적극적으로 키워갈 뿐 아니라, 거룩한 사랑의 하나님께 열정적으로 반대하고 저항하는 사람으로 보았다. 앞 장에서 이미 밝혔듯이, 심지어는 어린아이까지도 '죄인 됨'에서 예외일 수 없다. 웨슬리는 "어린아이가 하나님 앞에서 순수한 것이 아니다. 그러므로 아이들도 고난을 경험하며 그 고난에는 이유가 있다."[113]고 말한다.

웨슬리 자신이 하나님의 진노를 인정하는 데 어려움이 없었고 악에 대해

---

111) Telford, *Letters*, 6:298.
112) Wesley, *NT Notes*, 374 (롬 5:9). 이 상황에서 웨슬리는 이렇게 주장한다. "진노란 인간의 감정이 아닌가? 이 인간의 감정이 어떻게 하나님 안에 존재할 수 있는가? 우리는 이 물음에 대해 다른 물음을 던져서 대답할 수 있다. 예컨대, 사랑은 인간의 감정이 아닌가? 이 인간의 감정이 어떻게 하나님 안에 존재할 수 있는가? 이 물음에 직접적으로 대답한다면, 인간 안에 있는 진노와 사랑은 인간의 감정이다. 그러나 하나님 안에 있는 진노와 사랑은 하나님 안에 있기에 인간의 감정이 아니다. 그러므로 영성가들은 하나님의 진노와 사랑을 오직 유비적으로만 표현한다."
113) Jackson, *Wesley's Works*, 9:318.

확고하면서도 단호한 반대 입장에서 하나님의 거룩한 사랑의 빛으로 하나님의 진노를 이해했기 때문에, 자연스러우면서도 주저함이 없이 *ίλασμός* (힐라스모스, 요일 2:2)를 보상보다는 속죄로 해석했다. 예컨대, 웨슬리의 용어를 사용해서 표현한다면, 그리스도의 사역은 "하나님의 진노를 달래는 속죄의 희생"[114]이었다. 영국 국교회의 39개 조항의 용어를 ("단 한 번 그리스도께서 제물이 되심으로 전 세계의 모든 죄를 위한 완전한 구원, 속죄, 만족이 되었다. …", 조항 31) 사용하고 있는 웨슬리는, 다시금 구약의 이미지로 돌아가 그리스도와 계약의 방주의 자비를 연결한다. 속죄를 품고 있는 계약의 방주의 자비는 "일종의 위대한 속죄를 이루신 그리스도"(a type of Christ the great *propitiation*)였다.[115] 다시 말하면, "위대한 속죄를 이루신 그리스도로 말미암아 화해가 이루어진다. …그리스도는 하나님의 진노와 우리 사이를 중재한다. 우리는 그리스도를 통해 하나님의 은총을 입은 자가 된다."[116] 실로 웨슬리에게 속죄 개념은 아주 중요하다. 때문에 이렇게 주장한다. "그러나 누군가 가르치듯이 우리의 범죄로 하나님께서 진노하지 않았다면 속죄가 필요 없다. 또한 속죄가 필요 없다면, 그리스도께서 헛되이 죽은 것이다."[117]

그런데 웨슬리의 형벌 보상 입장은 그의 해석의 논리가 필연적으로 보편론을 요구하기 때문에 무조건적 선택을 요구한다는 점에서 또한 반대에 부딪혔다.[118] 그러나 신–인만이 죄를 구속할 수 있고 그리스도께서 "전 세계의 죄를 위해 완전하고 온전하며 충분한 희생과 만족"[119]을 드렸기 때문에, 앞서 살폈듯이 보편성의 개념은 객관성을 고려한다면 고유한 웨슬리의 입장의 일부가 된다. 그럼에도 불구하고 그리스도의 구속 사역이 칭의의 형식적 원

---

114) Wesley, *NT Notes*, 631 (요일 2:2). 당시 웨슬리가 강조했듯이, "속죄란 상처 입은 분의 진노를 달래는 것이고 상처 입힌 자의 죄를 속죄하는 것이다." Wiley, *Christian Theology*, 2:229.

115) Wesley, *OT Notes*, 1:206.

116) Ibid., 1:331~32.

117) Wesley, *NT Notes*, 370 (롬 3:25). 웨슬리는 '속죄'라는 용어를 설교에서 두루 사용할 뿐 아니라 "예정론 성찰"(Predestination Calmly Considered)이란 논문에서도 이 용어를 사용했다. Jackson, *Wesley's Works*, 10:225; "그리스도의 전가된 의에 대한 생각들," Jackson, *Wesley's Works*, 10:313; "Some Remarks on Mr. Hill's 'Farrago Double-Distilled,'" Jackson, *Wesley's Works*, 10:425.

118) Wiley, *Christian Theology*, 2:246.

119) Outler, *Sermons*, 1:186.

인(*formal cause* 과거 죄의 용서)이 아니라 공로적 원인(*meritorious cause*)임을 주목해야 한다. 예컨대, 구속은 모든 사람의 용서의 기반이 된다. 칼빈주의 자와 대비시켜 웨슬리의 입장을 설명하는 아우틀러는 형식적 원인을 '예정과 불가항력적 은총에 상관된 입장'으로, 공로적 원인을 "선행은총, 자유의 지, '보편적 구원'을 허용하는"[120] 입장으로 기술했다. 달리 말하면, 웨슬리는 그리스도의 구속 사역이 모든 사람들이 죄를 용서받는 데에 보편적 기초가 된다고 주장한다. 이는 모든 사람들이 구원을 받을 수 있지만 필연적으로 모든 사람들이 구원받는 것은 아니라는 의미에서 보편주의이다. 예컨대, [그리스도의 구속사역으로 인해] 모든 사람들은 이미 충분하게 죄의 용서를 받을 준비가 되었다. 이런 의미에서 보편성은 웨슬리의 형벌 보상설의 입장을 보여 준다.

중재의 구속적 사역을 통해 모든 인간의 필요가 충분히 준비되었다는 이 입장은, 광의로 이해된 선도은총(*initiating grace*) 혹은 선행은총을 강조한다. 죄로 가득한 인간은 가장 작은 죄조차 구속할 수 있는 능력이 없는 반면, 하나님은 자유와 주권을 갖고 활동하시고 신/인이신 중재자의 희생을 통해 값없이 주시는 넘치는 은총으로 세상과 화해를 이룬다. 우리가 객관적 요소라 불렀던, 관계의 하나님 지향적인 측면에서 보면, 구속은 예수께서 십자가에서 "다 이루었도다."(요 19:30)라고 외쳤듯이 이미 완성된 것이다. 다시 한 번 영국 국교회의 종교 강령에 나오는 말을 사용한다면, 그리스도의 희생은 "원죄와 자범죄 모두에 대한, 곧 세계의 모든 죄에 대한 완전한 구속이며 속죄이고 만족이다."[121] 아르미니우스주의자인 웨슬리는 완전에 대해서도 이런 식으로 이해했다. 그러므로 테일러가 주석했듯이 "모든 속죄 이론은 모든 죄를 용서할 만큼(extensive to all sin) 넓지 못하며 모든 죄에 적용될 만큼(intensive for all sin) 깊지 못한 단점을 갖는다."[122]

---

120) Ibid., 1:445. 이 설교가 분명하게 보여 주듯, 그리스도의 인간적인 의는 내적이며 외적으로 또한 능동적이며 수동적으로, 믿는 순간 믿는 자들에게 전가된다. 칼빈주의자들과 아르미니우스주의자들도 이 점에는 동의한다. 칼빈주의와 아르미니우스주의의 성서적이며 철학적인 평가를 보려면, Jerry L. Walls and Joseph Dongell, *Why I Am Not a Calvinist* (Downers Grove, Ill.: InterVarsity Press, 2004)를 참조할 것.

121) Schaff, *Creeds*, 3:507.

122) Richard S. Taylor, *Exploring Christian Holiness: The Theological Formulation* (Kansas City, Mo.: Beacon Hill Press, 1985), 107.

주관적 요인들

하나님께서 죄인들이 인식하기도 전에 이미 예수 그리스도 안에서 활동했음에도 불구하고, 주관적인 마음을 변화시키는 인간적 차원에서 볼 때, 하나님과 인간의 화해인 속죄는 속죄의 은총을 받기까지 일어나지 않을 것이다. 예컨대, 선도은총은 은총을 받음으로써 이루어져야 한다. 그리고 하나님으로부터 받은 이 두 선물을 구분한 것은, 조지아 주에서 나눴던 스팡겐베르크(August Spangenberg)와 웨슬리의 대화에 나타난다. 예를 들면 1736년 2월, 모라비안 지도자였던 스팡겐베르크는 아주 직설적으로 웨슬리에게 물었다. "예수 그리스도를 아십니까?" 이 물음에 대해 웨슬리는 "나는 예수 그리스도께서 세상의 구주이심을 압니다."라고 대답했다. 그러자 스팡겐베르크는 재차 단호하게 물었다. "알아요. …제가 묻는 것은 '당신은 예수 그리스도께서 당신을 구원하셨음을 아느냐?' 하는 것입니다."[123]

세상의 구주로 그리스도를 아는 것과 그분이 특별히 (루터가 말한 대로 나를 위하여, *pro me*) 당신을 구원했음을 아는 것의 차이는, 적어도 어떤 의미에서는 (하나님과 중재자 홀로의 사역인) 선도은총과 (하나님의 사역이면서 또한 [은총으로 회복된] 인간의 자유와 은총이 받아들여지는 수용을 포함하는) 수용은총(receiving grace)의 차이를 보여 준다. 다시 말하지만, 웨슬리의 구속론에서 객관적 요인으로부터 주관적 요인으로 옮겨 가게 될 때 비로소 죄인들이 의롭다 함(과 확신)을 얻게 된다. 죄인들은 죄인들 자신의 의에 의해서가 아니라 거의 수동적인 태도로, 있는 그대로 은혜를 선물로 받아들임으로써 의롭다 함을 얻는다. 그러므로 인격의 온전함이 존중되고, 은총을 받을 자유가 고백됨에도 불구하고 여기서 우선성은 하나님의 활동에 모아진다. 웨슬리의 친구 중에 칼빈주의자들은 구속에 대한 결정론적인 이해에 빠져 웨슬리가 견지했던 인격의 온전함과 은총을 받을 인간의 자유를 반박했다. 웨슬리는 하나님의 선물에 속하는 자유와 조건들 사이를 구분함으로써 선도은총과 수용은총, 하나님의 행위와 인간의 행위 배후에 있는 개념들을 탐구했다. 웨슬리의 주장을 보자.

---

123) W. Reginald Ward and Richard P. Heitzenrater, eds., *The Works of John Wesley*, vols. 18~23, *Journals and Diaries I~VI* (Nashville: Abingdon Press, 1988~95), 146.

"그러면 하나님께서 특별한 조항이나 조건 없이 그 은총을 값없이 주실 수 있는가?" 물론 하나님은 주실 수 있다. 누군가 당신에게 얼마만큼의 돈을 조건 없이 줄 수 있다. 그러나 당신이 손을 펴서 받아야 받을 수 있다. 그러므로 "우리가 은총으로 값없이 의롭다 함을 얻었다고 하는 것과 어떤 조항이나 조건에 기초해서 은총을 받았다고 말하는 것은 모순이 아니다."[124]

따라서 웨슬리를 제대로 이해한다면 구원의 처음 움직임으로 선도은총과 수용은총이 그 특징이며, 그 후 감사와 감사의 기도로부터 응답은총이 나온다고 보았다. 그러나 수용은총을, 저항할 수 없이 회복된 선행은총의 능력처럼 군주적 방식으로 이해하건, 용서와 칭의의 선물을 받기 위해 최소한 손을 뻗는 인간의 활동을 인정하는 방식으로 이해하건, 응답은총 이전에 수용은총이 있어야 한다.

그러나 웨슬리에 따르면 하나님은 이보다 더 은총이 넘치시는 분이다. 왜냐하면 구속의 주체적인 면 배후에는 진심으로 축복하고자 하는 하나님의 사랑이 있기 때문이다. 그리스도께서 종의 형체로 육을 입고 내려온 자기 비움의 운동은 피 흘린 십자가 위에서 완성되고 완전해진다. 웨슬리는 십자가의 죽으심을 "굴욕과 순종이 가장 분명하게 드러난 자리"[125]로 묘사한다. 거부와 수치를 품은 그리스도는 모든 죄인을 향한 거룩한 하나님의 의로운 심판에 자신을 철저하게 내줄 뿐 아니라, 참고 승리하여 결국에는 하나님이 되신 사랑을 보여 준다. 웨슬리는 묻는다. 이 사랑을 보여 준 후에도, '죄와 허물로 죽었던'[126] 인간을 향한 하나님의 자애로운 사랑을 의심할 수 있는가?

웨슬리는 다시 한 번 아담과 그리스도의 관계를 들으면서 믿는 자들 안에 생긴 하나님의 사랑을 강조했다. 그의 생각은 이렇다. 만일 아담이 죄를 짓지 않았더라면, 우리는 하나님께서 우리 모두를 위해 아들을 높인 것과 같은 사랑으로 하나님을 사랑할 수 없었을 것이다.[127] "우리가 하나님의 아들을 '아버지의 영광의 빛' 으로 '하나님의 인격의 드러난 모상' 으로 사랑했을 것

124) Jackson, *Wesley's Works*, 10:309.
125) Outler, *Sermons*, 3:202.
126) Ibid., 3:461.
127) Outler, *Sermons*, 2:427.

이다. 그러나 우리는 '나무에 매달린 자신의 몸에 우리의 죄를 지닌 분'으로 는 사랑할 수 없었을 것이다."[128] 이처럼 라틴어로 *Felix Culpa*'로 표기되는 아담과 하와의 '복된 죄'(happy fault)는 그리스도의 오심과 그분의 구속적 죽 음을 필요로 하였고, 그 결과 더 크고 위대한 선이 원죄로부터 나오게 되었 다. 그리스도가 아니었다면 결코 가능한 일이 아니었다. 달리 말하면, 타락 이 없었더라면 "인간을 향한 하나님의 놀라운 사랑은 결코 존재하지 않았을 것이다. 이 사랑은 모든 세대를 통해 하나님의 자녀들이 고백한 최고의 기쁨 이고 사랑이며 감사였다."[129] 아담이 타락하지 않았더라면, 믿는 자들은 하 나님을 창조자와 보존자, 통치자로 사랑할 수는 있어도 구원자로 사랑할 수 는 없었을 것이다. 따라서 믿는 자들은 "아담이 타락함으로 오히려 타락하지 않았을 경우보다 더 큰 거룩함과 행복"을 얻을 수 있게 되었다.[130]

앞서 설명했듯이, 비록 웨슬리가 그리스도의 구속을 '하나님의 자녀들에 게 최고의 기쁨과 사랑과 감사를 준 것'으로 비쳤음에도 불구하고, 또한 수 용은총의 중요성을 효과적으로 조명하여, 말하자면 인간을 향한 그리스도의 사역의 주관적 차원을 강조했음에도 불구하고, 웨슬리의 입장은 아벨라르 (Abelard)의 도덕 감화설과는 구분되어야 한다. 중세 신학자 아벨라르는 자신 의 「로마서 주석」(*Commentary on Romans*)에서 구속의 주관적인 면을 발전시 켰다. 그러나 아벨라르의 도덕 감화설에 기초한 사랑은 웨슬리가 말한 '십자 가 위에서의 자기 비움'에 뿌리를 두지 않는다. 아벨라르는 로마서 3장 19~26절을 주석하면서[131], 하나님의 사랑은 골고다와 상관없이 다른 방법들

---

128) Ibid.
129) Ibid., 2:411. 바티칸 제2 공의회에서 예전이 바뀌기 이전 고난주간 토요일에 드린 미사에서 *O felix culpa quae talem et tantum meruit habere redemptrorm*이란 구절이 사용되었다. 여기 라틴 어 표현을 번역하면 "오 복된 죄여. 그 보상으로 그토록 위대하고 그토록 선하신 구원자를 받았도 다."라는 의미이다. 복된 죄는 밀턴(Milton)의 「실낙원」(*Paradise Lost*)에서도 만나볼 수 있다. "오 무한히 선하며, 광대하게 선한 이시여! 악으로부터 이 모든 선이 나오는도다. 오 놀라워라. 악이 선으로 바뀌고 처음 창조 때보다도 더 좋은 선이 나오는도다." John Milton, *Paradise Lost*(New York: Penguin Books, 2003), lines 466-78.
130) Outler, *Sermons*, 2:425. 웨슬리는 이 사유의 철학적 의미를 탐구하지 않는다. 예컨대, 가장 크고 놀라운 하나님의 사랑에 대한 표현이 나타나기 위해서 악이 필연적이란 말인가? 하나님은 타락을 의존하지 않고는 높고 깊은 사랑을 드러낼 수 없는 것인가?
131) Peter Abelard and Rolf Peppermüller, *Expositio in Epistolam Ad Romanos = Romerbriefkommentar* (Freiburg im Breisgau; New York: Herder, 2000), 56.

로도 나타날 수 있다고 덧붙여 설명했다. 그러나 웨슬리는 가장 낮고 깊은 곳, 가장 천한 곳에서 하나님의 겸비하고 희생이 넘치는 사랑이 빛을 발한다고 주장한다. 죄인의 자리로 오셔서 이들의 심판을 짊어지고 수치를 담당한 이 사랑은 도대체 어떤 사랑이란 말인가! 이렇게 이해하고 보면 사랑과 십자가는 우연히 관계되는 것이 아니라 필연적으로 관계된다. 이 둘은 함께 하나님의 겸비하고 희생이 넘치는 거룩한 사랑을 반영한다.

왕

멸시와 거부를 당하고 십자가에 달리신 그리스도는 살아 계신 하나님의 아들로서 그의 부활의 능력으로 말미암아 계시된다. 이 영광스런 사역에서 지극히 높으신 하나님은 "그리스도를 무덤에서 일으키심으로"(고전 15:17), 속죄가 충분하다고 증언한다.[132] 또한 부활은 심판을 가져오는 재림의 봉인이며 선포이다. "이것은 하나님이 정해 놓은 사람을 통해 세상을 정의로 심판할 날을 정하시고, 그분을 죽은 사람들 가운데서 다시 살리셔서 모든 사람에게 믿을 만한 증거를 주셨기 때문이다"(행 17:31).[133]

죽기까지 복종하여 십자가 위에서 죽으신 그리스도는 통치를 위임받아 그리스도의 삼 중직 가운데 마지막인 왕으로서 만국을 심판하고 통치하신다. 그러므로 웨슬리가 그리스도의 왕의 직임이 갖는 첫째 주요 역할, 곧 "그가 피로 산 모든 사람들에게 법을 주시는 분으로"[134] 탐구할 때, 그는 구원자인 그리스도께서 다스리고 영원한 권위를 가질 것임을 보여 줄 뿐 아니라 율법을 갖고 일하는 그리스도의 사역이 예언자 직에서 끝나는 것이 아님을 보여 준다. 왕이시요 부활하신 그리스도는 구원받은 사람들에게, 곧 하나님의 생명의 은혜로운 현존으로 변화를 받은 사람들에게 (말씀의 내용인) 율법을 준다.

"믿는 자들에게 은총으로 하나님의 형상을 회복시키는"[135] 왕의 직임의

---

132) Deschner, *Wesley's Christology*, 54.

133) Ibid., 54. 부활이 그리스도가 하나님의 아들임을 증언한다는 웨슬리의 주장은 롬 1:4에 나오는 사도 바울의 가르침에 기초한다. "거룩한 영으로는 죽은 사람들 가운데서 부활하여 능력으로 하나님의 아들임이 인정되신 우리 주 예수 그리스도이십니다." Wesley, *NT Notes*, 360 (롬 1:4).

134) Outler, *Sermons*, 2:38.

135) Ibid.

두 번째 역할은, 먼저는 중생의 구원의 은총을 제시하고 그럼으로써 사법적인 주제인 용서와 참여적인 주제인 갱신을 연결한다. 그 결과 몇몇 해석이 제시하는 것처럼 이 두 주제는 주제의 기본이 되는 그리스도의 구속 사역과 나누어지지 않는다. 앞서 살펴봤듯이 분명 웨슬리는 속죄의 사법적 차원을 강조했다. 하지만 독일 경건주의 전통을 대표하고 있던 조지아 주의 잘즈부르크 신도회(Salzburgers)와 영국의 모라비안 교도들로부터 죽음이 용서뿐 아니라 생명으로 인도하며 사법적인 주제인 용서와 참여적인 주제인 갱신 모두가 골고다에 뿌리를 두고 있다는 가르침을 받아들였다.[136] 따라서 베드로전서 2장 24절에 대한 주석에서는 믿는 자들이 "죄의식과 그 능력으로부터 전적으로 구원받았다."고 주장했다. "실로 죄의식에 대한 속죄가 없다면, 우리는 그 능력으로부터도 구원받을 수 없을 것이다."[137] 간단히 말해서, 십자가 없이는 부활이 없으며, 십자가 없이는 중생도 없고, 먼저 제사장의 직임이 없으면 왕의 직임도 없다고 할 수 있다.

이러한 맥락에서 보면, "웨슬리는 우리가 그리스도 안에서 용서를 받은 것이지 거룩하게 된 것이 아니라고 본다"는 데쉬너의 주장은 어떤 면에서 정확하지가 않다. 왜냐하면 그의 주장은 사법적 용서와 참여적 용서를 첨예하게 나눌 뿐 아니라 그리스도의 구속 사역을 거룩함과 (용서와 마찬가지로 순수하고 완전한 선물인) 갱신을 위한 은총의 기반으로 보지 않기 때문이다. 한편 웨슬리는 신생의 문지방을 건너는 죄인들이 스스로 거룩할 수 없으며 그리스도 안에서만 거룩할 수 있다고 인식한다. 그리스도 안에서 거룩하게 됨을 받아들이게 될 때 그 거룩함은 실현된 거룩함이 될 것이라는 점에서 우리는 데쉬너와 생각이 같다. 그러나 처음 순간 스스로 거룩함을 가질 수 없는, 믿는 자 안에 질적인 변화가 생긴다. 예컨대, 순수하게 실현된 거룩함은 결코

---

136) 독일 경건주의가 웨슬리에게 미친 영향에 대한 연구를 참조하려면, Ole E. Borgen, "John Wesley and Early Swedish Pietism: Carl Magnus Wrangel and Johan Hinric Liden," *Methodist History* 38, no. 2 (January 2000): 82~103; Frederick Dryer, "John Wesley: Ein Englisher Pietist," *Methodist History* 40, no. 2 (January 2002): 71~84; J. Steven O'Malley, "Pietistic Influence on John Wesley: Wesley and Gerhard Tersteegen," *Wesleyan Theological Journal* 31, no. 2 (Fall 1996): 48~70; and Kenneth J. Collins, "The Influence of Early German Pietism on John Wesley [Arndt and Francke]," *The Covenant Quarterly* 48 (November 1990): 23~42를 참조할 것.

137) Wesley, *NT Notes*, 613 (벧전 2:24).

모든 거룩함의 샘인 성령으로 말미암아 그리스도 안에 거함이 없이는 이루어질 수 없다. 따라서 그리스도의 구속 사역이 아니고서는 스스로 용서받을 수 없는 죄인들이 죄의 용서(칭의)를 받아야 하는 것처럼, 본래 거룩함도 없고 선도하는 성화은총과도 상관이 없는 죄인들은 중생과 생명의 그리스도의 성령 임재를 은총으로 경험해야 한다.

이런 맥락 안에서 우리는 사도 바울이 갈라디아서 2장 20절 하반부에서 중생과 십자가를 연결한 것에 주목한다. 여기서 사도 바울은 "이제는 내가 사는 것이 아니라 내 속에 그리스도께서 살아 계십니다. 지금 나를 사랑하시고 나를 위해 죽으신 하나님의 아들을 믿는 믿음으로 살고 있습니다."라고 선언한다. 웨슬리 자신도 예리함을 갖고 칭의와 중생, 사법적 용서와 참여적 용서를 연결한다. "그러면 내적 성화는 언제 시작되는가? 우리가 의롭다 함을 받는 순간이다. 이때에 모든 덕의 씨앗이 영혼에 심겨진다."[138] 달리 말하면, 거룩함으로 시작된 성화는 선물로서, 그리스도의 구속 사역으로 약속되었고, 부활한 생명 안에 생겨나서, 왕권을 수행함으로 힘을 얻어 간다. 분명 용서와 마찬가지로 거룩함의 시작은 협력적 은총이나 신-인 협력적 모델의 상황이 아니라, 하나님의 행위와 주도권이 정확하게 강조되고 인정되는, 값 없이 주시는 은총과 죄인들이 스스로 용서하거나 거룩하게 할 수 없다는 '어쩔 수 없음'의 상황에서 이해되어야 한다. 간단히 말해서 죄인들에게 용서와 갱신은 자신들에게서 오지 않는다. 용서와 갱신을 위해 죄인들은 빈손으로 나와야 한다.

왕이신 그리스도의 세 번째 역할은, "모든 믿는 마음을 다스려 '만물을 그에게 복종케 하고,' 모든 죄를 몰아내며, '영원한 의를 불러오는 것이다.'"[139] 이제 우리가 수용은총에 속하는 거룩함의 시작과 수용은총과 응답은총에 속하는 계속적인 성화의 과정을 구분한다면, 데쉬너의 초기 주장이 정확하면서도 요점을 파악한 것이 된다. 예컨대, 웨슬리는 초기의 성화은총이 칭의와 용서와 더불어 값없이 주어진 것이지, 율법을 완성할 때 능동적인 그리스도

---

138) Jackson, *Wesley's Works*, 8:285.
139) Outler, *Sermons*, 2:38. 이 상황에서 인간의 마음을 다스리는 그리스도의 통치는, 만물을 자기 발 아래 두는 메시아의 미래 종말론적 통치의 일부임을 주목하라. 우리 마음을 통치하지 않는 그리스도의 종말론적 통치란 없다.

의 순종이 믿는 자에게 완성된 것이 아니라고 말한다. 데쉬너가 지적했듯이 "그 완성은 그리스도의 성령에 의해 믿는 자 안에 역사함으로써 이루어질 것이다."[140] 사실 웨슬리가 "주 우리의 의로움"(The Lord Our Righteousness)[141]이란 설교에서 크랜머(Cranmer)의 "구원에 대한 설교"(Homily on Salvation)를 인용했을 때, 율법을 완성하는 그리스도에 대한 모든 언급이 생략되었다. 다음 문장에서 그 예가 나타난다. "그리스도께서 우리를 위해 자신의 삶 안에 율법을 완성했다. 그러므로 우리의 부족했던 연약함이 그리스도의 (의로움)으로 채워진다면, 그리스도 안에서 또한 그리스도로 말미암아 모든 기독교인은 율법의 완성이라 불릴 수 있다."[142]

그러므로 웨슬리는 율법의 완성을 속죄와 칭의로부터 분리했다. 린드스트룀은 웨슬리가 율법의 완성을 "성화와 관계시켰다."[143]고 보았다. 비록 선행은총이 처음 시작되는 시점부터 응답은총은 그 역할을 감당함에도 불구하고, 기독교인의 삶의 시작이 되는 초기 성화은총에 이르러서야 드러나게 된다. 왜냐하면 성도들의 응답은 거룩하고 승리에 찬 사랑이 마음에 싹틈으로써(imparted) 처음으로 시작되기 때문이다. 달리 말하면, 웨슬리는 승리의 동기가 그리스도의 제사장 사역, 곧 그리스도가 우리를 위해 하신 일(칭의)과 관계되는 것이 아니라 그리스도의 왕의 사역, 곧 그리스도가 우리 안에 구원자와 거룩케 하는 자로서 하신 일(성화)과 관계된다고 보았다.[144] 웨슬리는 감격하여 소리쳤다. "우리는 우리 마음에 왕으로 오셔서 통치하며 만물을 그분에게 복종시키는 그리스도를 원한다. …"[145] "우리는 '그리스도를 찬미하며' '그분의 은총의 모든 영광을 그리스도께 돌리고' '그리스도를 온전한 그

140) Deschner, *Wesley's Christology*, 174.

141) Outler, *Sermons*, 1:456. 「웨슬리 설교전집 2」[대한기독교서회].

142) Albert C. Outler, *John Wesley. The Library of Protestant Thought* (New York: Oxford University Press, 1964), 126. 그러나 웨슬리는 아우틀러의 편집 판에 포함시켰던 이 자료를 포함시키지 않았다. 웨슬리는 이 자료를 발췌해서 곧 하나의 요약된 교리로 출판했다. 더구나 이것을 처음 출판할 때 다음 문장이 포함되어 있었다. "그리스도께서 우리를 위해 죽으심으로 우리의 죄 값(ransom)을 지불하였다." Outler, *John Wesley*, 126, no. 10.

143) Lindström, *Wesley and Sanctification*, 75. 나는 맥락을 맞추기 위해 시제를 바꾸었다.

144) Deschner, *Wesley's Christology*, 72.

145) Wesley, *NT Notes*, 11. 웨슬리가 그리스도의 내적인 마음의 치리와 관련해 (설교할 때) 좋아하는 성서 본문 가운데 하나는 롬 14:17이다. "하나님의 나라는 먹는 일과 마시는 일이 아니라 성령님 안에서 누리는 의와 평화와 기쁨입니다."

리스도 온전한 구원자'로 만들며 '그분의 머리에 면류관을 씌우기 위해' 여기에 모였다."146)

이러한 그리스도의 왕의 역할에 대한 입장은, 믿는 자들의 삶이 바르도록 예방하며 또 그 바른 길을 비춰 주는 능력인 도덕법을 위해 중요하고도 지속적인 역할을 제공할 뿐 아니라, 그리스도가 오셔서 심판하며 거리낌 없이 통치하게 되듯이 십자가147)와 인간의 마음을 계속 변화시켜 가는 교회의 삶에서 죄와 죽음과 지옥과 사탄을 정복하는 승리의 주제를 보여 준다. 그러므로 믿는 자의 마음에 역사하는 성화의 사역이 중요하다. 성화의 사역에서 은총이 강조되고 그리스도가 지배한다. 때문에 웨슬리는 은총과 그리스도가 없이는 종말론적 완성을 기대할 수 없다고 보았다. 달리 말하면, 그리스도가 만물을 그 발아래 정복하고 완전히 죄를 몰아냄으로써 교회의 소원이 이루어지게 하며 완전한 왕의 역할인 영원한 의가 다스리게 한다.

오늘과 내일: 코란이 전하는 그리스도

오늘날 이슬람은 세계 주요 종교 가운데 하나로서 중동과 동남아시아에 걸쳐 십억 여명이나 그 추종자를 갖고 있을 뿐 아니라 기독교에 이어 두 번째로 큰 신도 수를 갖고 있다. 일반적으로 알려진 잘못된 편견과는 반대로, 이 상황은 21세기에서도 계속될 전망이며 2050년이 이르게 되면 "무슬림 수가 세계적으로 기독교인 수의 2/3가량이 될 것"148)으로 추산되고 있다.

코란의 내용인 무함마드가 받은 계시와 역사적인 인물 무함마드는 많은 사람에게 흡인력을 갖는 무슬림 신앙을 이해하는 데 결정적이다. 17세기 아라비아에서 신들의 이름으로 치러지는 전쟁을 경험한 후에 예언자로 알려진 무함마드는 이렇게 질문한다. 어째서 자기 백성은 한 분 진정한 신을 예배하지 않았는가? 왜 이 백성에게 신은 예언자를 보내지 않았는가? 유대인들에

---

146) Outler, *Sermons*, 1:352.
147) 십자가에서 죽기까지 할 정도로 철저한 그리스도의 순종이 죄와 죽음과 지옥과 사탄을 정복한다. 그러나 데쉬너는 웨슬리가 어떻게 그리스도가 이 승리를 얻었는지에 대해서는 더 이상 설명하지 않았다고 주장했다. 따라서 우리의 주장은 주로 마 27:52, 53, 엡 4:8, 고전 15:26, 히 2:14에 대한 웨슬리의 해석을 참조하여 내린 결론이다. Deschner, *Wesley's Christology*, 121.
148) Philip Jenkins, *The Next Christendom: The Coming of Global Christianity* (New York: Oxford University Press, 2002,「신의 미래」, 김신권·최요한 옮김[도마의 길]), 5.

게는 모세와 율법이 있고, 기독교인들에게는 예수와 복음서가 있다. 그런데 아랍 사람들을 위해서는 무엇이 존재하는가?

무함마드와 그를 따르던 사람들이 복음서에 대해 어떤 지식을 갖고 있었는지 평가하기란 어렵다. 왜냐하면 9세기나 되어서야 복음서가 아랍어로 번역되었기 때문이다.[149] 더구나 복음서가 번역되었을 때 무슬림들은 복음서를 읽지 않았고 오히려 이전 수세기 동안 복음서가 원 계시를 왜곡시켰다고 교육 받아왔다. 사실 이슬람 신앙에 따르면 예언자 무함마드의 종교는 "구약과 신약에 담긴 유대교와 기독교 메시지를 수정하고 완성한 것"[150]이었다. 그러나 예언자가 실제 기독교를 접하게 된 것은 단성론자들, 네스토리우스주의자들, 멜카이 정교회원들과 만나거나 구전을 통해서였다. 그러나 이들은 당시 아랍지역에서 체계화된 교회를 갖고 있지 않았기 때문에 기독교를 대표한다고 볼 수 없다.[151]

어쨌든 무슬림 전통에 따르면 무함마드는 610년 가브리엘 천사로부터 계시를 받기 시작했다. 이 처음 계시가 바로 코란경 96장 1절에서 5절 내용이다.[152] 그 후 2년여의 잠적기를 거친 다음 예언자는 다시 한 번 조명을 받은 후 계속해서 쉬지 않고 632년에 죽기까지 계시를 받았다. 그 결과 22년에 걸쳐 114장 6천 절 이상으로 구성된 이슬람 책이 나타나게 되었다. 코란경의 장은 길이에 따라 배열되는데 가장 긴 장은 맨 앞에 배열하고 가장 짧은 장은 맨 나중에 배열했다. 그래서 맨 마지막 장은 두세 절 정도의 길이로 마감하고 있다. 글의 진행에 박진감이 떨어지기 때문에 내용을 파악해 가기 위해서는 시간과 인물, 장소를 주의 깊게 살펴야 한다. 말 그대로 코란경은 서양인들에게 수수께끼와 같다. 예를 들면, 대명사들이 앞에 가리키는 명사가 없이도 등장한다.[153] 정말로 코란을 읽다 보면 여러 반복을 만나고 서로 연결되지 않는 잠언 내용을 읽는 것과 같다.

149) F. E. Peters, "Jesus in Islam," in *Jesus Then and Now: Images of Jesus in History and Christology*, ed. Marvin Meyer and Charles Hughes (Harrisburg, Pa.: Trinity Press International, 2001), 270.

150) Roelf S. Kuitse, "Christology in the Qur'an," *Missiology: An International Review* 20, no. 3 (July 1992): 355.

151) Ibid., 356.

152) John L. Esposito, *The Oxford Dictionary of Islam* (New York: Oxford University Press, 2003), 256.

153) Peters, "Jesus in Islam," 263.

무슬림의 관점에서 보면 코란경은 신의 말씀이고 궁극적인 신의 계시이다. 기독교인의 수육 이해와 비슷한 방식으로 무슬림들은 자신들이 신성시하는 책을 하늘로부터 무함마드가 받아쓴 것으로, 위로부터 내려왔다고 생각한다. 달리 말해 코란경은 "인간 역사에 신이 참여한 것"[154]이다. 포터힝햄(Foterhingham)이 설명하는 대로, "예수와 비교해야 할 대상은 무함마드가 아니고 코란경이다."[155] 분명 이슬람/기독교 사상사를 보면 계시는 계시와 비교되어야 하는 바, 무함마드가 아니라 코란경이 그리스도와 병행 구조를 갖는다고 할 수 있다. 간단히 말해, "코란경과 무함마드의 관계는 예수와 기독교인의 관계이다."[156] 테베(Tebbe)는 책과 책을 비교하는 대신 계시와 계시를 비교하는 것이 "반박과 대결 국면에 처해 있는 타 종교를 향해 개방적일 수 있다."[157]고 보았다.

그러나 최근 소수이긴 하지만 몇몇 학자들은 코란경과 그리스도의 병행은 두 가지 방법에서 어려움이 있다고 주장한다. 첫째, 기독교인도 무슬림도 아닌 제3자 입장에서 보면, "기독교의 성서는 신이 말씀한 것을 직접 구술했다고 보는 코란경의 당당한 주장과 비교해 미온적인 것처럼"[158] 보인다. 그러나 이 주장은 다소 객관성이 떨어진다. 왜냐하면 기독교 근본주의자들도 (이들을 기독교적 입장이라고 보기는 어렵지만) 무슬림 친구들과 마찬가지로 성서를 하나님께서 직접 말씀하신 것을 구술한 것이라고 믿기 때문이다. 둘째, 환원주의에 빠지는 어려움이다. 예컨대, 그리스도와 코란경을 비교할 때 어쩔 수 없이 메시아는 "하나님의 계시가 된다. 이렇게 되면 수육을 강조하게 되고 그 결과 속죄교리가 희석된다."[159]

154) Mona Siddiqui, "The Image of Christ in Islam: Scripture and Sentiment," in *Images of Christ Ancient and Modern*, ed. Stanley E. Porter, Michael A. Hayes, and David Tombs (Sheffield, England: Sheffield Academic Press, 1997), 160.

155) David Fotheringham, "Jesus and Islam: Communicating Our Understanding," *St. Mark's Review* 179 (Spring 1999): 20.

156) James A. Tebbe, "Comparing Christ and the Qur'an: A Brief Theological History and Assessment of Liabilities," *International Review of Mission* 88, no. 351 (October 1999): 414.

157) Ibid., 418.

158) Ibid., 419. Hans Küng's discussion of the Qur'an in *Christianity and the World Religions: Paths to Dialogue with Islam, Hinduism, and Buddhism* (Garden City, N.Y.: Doubleday, 1986), 110~12.

159) Tebbe, "Comparing Christ and the Qur'an," 420~21.

물론 우리의 현재 관심은 코란에 나타난 그리스도를 평가하는 것이다. 예컨대, 코란이 말하는, 암묵적이며 명시적인 그리스도론을 평가하는 것이다. 말하자면 무슬림들이 그렇게도 소중하게 여기는 코란경에 예수는 어떻게 그려지고 있는가? 수천 절에 이르는 코란경에 예수라는 고유 이름(아랍어로는 이사(*'Isa*)라고 함)은 25번 밖에 나오지 않는다.[160] 그리고 10여 곳에서 예수를 메시아 혹은 마리아의 아들이라 표기하고 있다.[161] 그러니 신약성서의 매 장마다 예수의 이름이 등장하는 것과 비교한다면 코란경에 언급된 예수의 이름에 대한 언급은 아주 미미하다 할 수 있다.[162] 놀라운 것은 코란경에서는 예수보다는 예수의 어머니 마리아에 대해 더 많이 언급한다는 점이다. 사실 코란경은 신약성서보다 마리아에 대해 더 많은 자료를 포함하고 있다. 그럼에도 예수는 코란경에서 아주 중요한 인물이다. 존경을 표하는 여러 칭호들이 예수를 증언하기 위해 사용된다. 마리아의 아들, 메시아(*Masih*), 하나님으로부터 온 영, 축복을 받은 이(*mubarak*), 메신저(*rasul*), 종(*'abd*), 예언자(*nabi*), 하나님의 말씀[163] 등이다. 그럼에도 무슬림들이 사용한 예수의 칭호의 의미는 기독교인들이 사용하는 의미와 동일하지 않다. 이 점에 대해서는 곧 분명하게 밝혀질 것이다.

코란경은 구원 역사의 흐름과 연속성에 주목하진 않았지만 예수를 예언자들의 대열에 넣고 있다. 예를 들면 코란경 2장에서 "우리는 신을 믿는다. 우리에게 계시된 신은 아브라함, 이스마엘, 이삭, 야곱과 열두 지파들에게 계시되었고, 모세와 예수와 다른 예언자들에게 이들의 주님으로 계시되었다."[164] 이런 맥락에서 예수는 여러 예언자들 중 하나다. 다음 구절이 이 사실을 분명하게 보여 준다. "우리는 예언자들을 구분하지 않는다. 우리는 다만 신께 복종할 뿐이다."[165] 분명 코란경은 예언자들 중 예수보다는 무함마드를 선호한다. 그러므로 예수는 "노아와 아브라함, 모세 그리고 무함마드로 이어

160) Siddiqui, "Image of Christ," 162.
161) Ibid.
162) James A. Beverley, *Christ and Islam: Understanding the Faith of the Muslims* (Joplin, Mo.: College Press, 1997), 57.
163) Kuitse, "Christology in the Qur'an," 361.
164) N. J. Dawood, ed., *The Koran* (London: Penguin Books, 1990), 23 (Sura 2:136).
165) Ibid., 5 (Sura 33:7; 42:13).

지는"166) 종교를 세우기 위해 보냄을 받은 것이다. 이렇게 이해한다면, 예수가 아니라 무함마드가 예언 운동의 절정이며, 코란경과 신약의 관계는 기독교인이 신약과 구약의 관계를 이해하는 방식과 비슷하게 된다. 말하자면, 코란경은 계시의 완성이고 완전이다. 곧 알라 외에 다른 신이 없으며 무함마드는 알라의 예언자이다.

그러나 코란경을 처음부터 끝까지 다 읽어 본 사람이라면 무슬림의 입장에서 보더라도 예수가 어느 정도 특별하다는 인상을 지울 수가 없다. 예를 들면 마리아의 아들은 기적을 베푸는 사람, 진흙으로 빚은 새를 살아 있는 새들이 되게 한 사람(3장 49절)으로 표현하기도 하고, (아마도 유리하는 부족들에 의해 구전으로 전해진) 야고보와 도마의 유아기 복음에167) 나오는 동방 기독교 세계의 출처를 둔 예수에 대한 이야기를 소개하고 있을 뿐 아니라, 예수의 탄생을 신약성서의 증언처럼 동정녀로부터 독특한 방식으로 탄생했다고 소개하고 있다.

예수는 코란경에서 존경받는 예언자로 묘사되어 있다. 그러나 궁극적인 예언자는 아니다. 동정녀에게서 탄생도 하고 기적을 베풀지만 중요한 기적을 베풀지는 않는다. 좀 더 깊이 코란경에 나오는 예수에 대한 구절들을 탐구해 보면, 코란경에 나타난 그리스도론에 어려움이 드러나기 시작하는데, 누군가 말했듯이 "이중 거리 두기"(double distancing)168) 같은 것이다. 다른 말로 하면, 코란경은 예수에게서 십자가를 '제

이슬람의 다섯 기둥

1. 하나님 이외에는 숭배 받을 존재가 없으며, 무함마드는 하나님의 마지막 예언자라는 사실을 인정하는 것(the shahadah).
2. 하루 다섯 번 의무 예배를 드리는 것(salat).
3. 의무 희사금을 내는 것(zakah).
4. 단식(siyyam).
5. 정해진 시간에 평생에 최소한 한 번 메카로 순례를 다녀오는 것(hajj).

Thomas W. Lippman, *Understanding Islam: An Introduction to the Muslim World* (New York: Penguin Books, 1995), 6~32

---

166) Neal Robinson, *Christ in Islam and Christianity* (Albany, N.Y.: State University of New York Press, 1991), 5.
167) Peters, "Jesus in Islam," 266.
168) Fotheringham, "Jesus and Islam," 23.

거하듯이' 예수에게서 신성을 '제거한다.' 이 제거로 코란경은 아리우스와 다른 학자들이 했던 방식으로 그리스도의 신성을 거부하는 내용으로 채워진다. "불신자들은 '마리아의 아들 메시아가 신'이라고 선언한다."[169] 그리고 알라에 대해 이렇게 기록한다. "알라는 하늘과 땅의 창조자이다. 알라가 배우자가 없는데 어찌 아들이 있을 수 있겠는가?"[170] 기독교/무슬림의 관계를 어렵게 하는 코란경의 구절이 또 있다. "'사랑의 주님께서 한 아들을 낳았다'고 하는 자들은 요망한 거짓을 설교하고 있다. 이 가르침에 하늘이 갈라지고, 땅이 갑자기 나누어지며, 산들이 부서질 것이다."[171] 다시 말하자면, "알라는 스스로 아들을 출생하는 것을 금했다."[172] 이 구절은 궁극적으로 적절한 질문을 던지게 한다. 하나님 아버지께는 아들이 있는가? 그렇지 않은가? 코란경은 이 물음에 신은 아들이 없다고 대답한다. 만일에 신에게 아들이 있다면 코란경의 이 주장과 화해하기 어렵게 된다.

게다가 코란경은 예수 그리스도에게서 십자가를 제거한다. 십자가 사건은 복음서가 증언하고 있고 타키투스(Tacitus)의 자료에도 언급되어 있는 역사적 사건이다. 그러나 수세기가 지난 후 등장한 코란경은 (복음서의 절정을 이루는) 이 사건을 다음과 같은 이유로 반박했다. "우리는 신의 사도, 마리아의 아들 예수, 메시아를 죽이지 않았다. 저들도 예수를 죽이지 않았고 십자가에 못 박지 않았다. 그러나 저들은 예수를 죽였다고 생각했다."[173] 어째서 그렇게도 많은 증거가 있는데 예수를 십자가에서 제거하였는가? 무엇보다도 무슬림의 입장에서 보면, 참 예언자는 무함마드처럼 성공적인 사람이어야 한다. 적과 싸워 승리해야 하고 패배를 당해서는 안 된다. 때문에 예언자들은 성복하는 선사들이거나 지노자들이어야 한다. 따라서 알라는 참 예언사

169) Dawood, *The Koran*, 81 (Sura 5:17)

170) Ibid., 102 (Sura 6:101).

171) Ibid., 219 (Sura 19:88). 코란경은 또한 유대인들이 에스라에게 특별한 칭호를 부여했던 것을 모방하고 있다. "유대인들은 에스라가 하나님의 아들이라고 말한다. 반면 기독교인들은 메시아가 하나님의 아들이라고 말한다. 이렇게 주장함으로써 저들은 이교도의 신앙을 가르치고 있다. 신께서 이들을 혼돈케 하신 것인가! 아, 얼마나 왜곡된 가르침인가!' 136 (Sura 9:29~30).

172) Ibid., 216 (Sura 19:35).

173) Ibid., 76 (Sura 4:157). 퀴체는 이렇게 덧붙인다. "십자가를 거부하는 이유는 전능한 알라가 자기의 메신저들에게 십자가의 죽음과 같은 수치스런 죽음을 죽게 할 수 없다는 생각 때문이다." Kuitse, "Christology in the Qur'an," 360.

가 증오와 굴욕 가득한 죽음을 당하게 할 수 없다. 왜냐하면 동정과 사랑이 넘치는 알라는 자신을 섬기는 자들에게 더 많은 존귀와 더 좋은 대우를 베풀어 주기 때문이다. 이처럼 코란경은 기독교 신앙의 결정적인 (여기서 결정적이라는 영어 표현 crucial은 십자가 cross에 그 어원의 기원을 두고 있다) 영역을 제거하고 있다. 이 점에 대해 한스 큉(Hans Küng)은 루터 당시 영광의 신학(theologia gloriae)을 연상케 한다고 말한다. 영광의 신학은 고통과 조롱, 수치와 죽음을 통해서 하나님이 현존할 수 있고 계시될 수 있다는 개념을 거부한다.174) 그러나 그리스도가 어둠의 영역으로부터 제거될 때, 바로 이 어둠의 영역이 인간을 지배하게 된다.

이처럼 기독교의 기본적인 증언을 흔드는 '이중 거리 두기' 상황에서, 무슬림과 기독교인이 이 중심 주제를 논의한다면 둘의 관계는 쉽지 않아 보인다. 기독교의 교회 일치를 향한 접근은 대화를 할 때 논쟁이 되지도 않고 본질적이지도 않은 주제에 초점을 맞추어 첫째, 법과 통치에 기초한 신앙의 사회학적 차원들 둘째, 종교간 결혼을 해야 하는 상황에서 공동체의 관계들 셋째, 기독교와 무슬림 신앙이 공통으로 실시하고 있는 금식과 구제 같은 은총의 수단에 대한 물음들처럼 서로 자극이 되지 않는 문제들만을 다루어 왔다.175)

웨슬리는 이슬람에 대해 대담하게 솔직하고도 신랄한 비판을 서슴지 않았다.176) 그럼에도 '무슬림과 기독교인 대화' 라는 주제에 대해 웨슬리는 주로 무슬림의 행동이 아니라 기독교인의 행위의 부적절함에 초점을 맞추었다. 일례를 들면, 웨슬리는 진정한 기독교인과 이름뿐인 기독교인을 구분하면서, 이름뿐인 기독교인들은 그리스도의 이름을 부여 받았으나 신앙의 수행으로 보면 무슬림들에게 추천할 만한 사람들이 못 된다고 비판했다.177) 실

---

174) Küng, Christianity and the World Religions, 94.

175) Stephen J. Moloney, "On-Going Muslim-Christian Dialogue," in Muslims and Christians, Muslims and Jews: A Common Past, a Hopeful Future, ed. Marilyn Robinson Waldman (Columbus, Ohio: The Islamic Foundation of Central Ohio, 1992), 108.

176) 예를 들면, 웨슬리는 어떤 계기에 다음과 같이 자신의 의견을 피력했다. "무함마드를 따르는 사람들은 다른 이교들보다 조금 위에 있는 사람들이다. …그러나 실제로 인간의 참 종교라는 면에서는 여전히 이교도에 속한다." Outler, Sermons, 2:486.

177) Davies, Methodist Societies, 9:226.

로 무슬림들이 복음을 바로 듣지 못하도록 방해하는 '거대한 걸림돌'은 다름 아닌 "기독교인들의 삶"[178]이라고 주장했던 것이다. 자연스럽게 웨슬리는 이 점과 관련해 영국 국교회를 비판했다. 먼저, 영국 국교회가 오늘날 동방 정교회로 알려진, 당시 그리스 교회의 오명을 유지하며 너무 근거리에 있었 던 점을 비판했다. 웨슬리의 비판을 좀 길게 인용하겠다.

> 우리는 이제 기독교의 세계로 나아가야 한다. …오랫동안 그리스 교회에 자리 했던 총체적이고 야만적인 무지, 깊고 어리석은 미신, 맹목적이고 지독한 열정, 끝없이 추구하는 공허한 말의 울림과 투쟁, 거의 사라져 버린 진정한 종교, 이런 것들이 기독교의 이름을 가치 없게 하여 무슬림들에게 복음을 전할 수 없게 하는 넘을 수 없는 걸림돌이 되고 있다.[179]

무엇보다도 웨슬리는 동방 교회의 성상 사용이 무슬림 공동체와 대화를 시도하기도 전에 대화를 망칠 수 있음을 명민하게 알고 있었다. 7세기 무함 마드가 생존했던 때로부터 지금에 이르기까지 무슬림들은 유대인들과 마찬 가지로 신을 위한 성상이나 이미지 사용을 계속해서 거부했다. 그 이유는 인 간이 만든 상들이 유일신 신앙을 부술 수 있기 때문이다. 그러나 무슬림 공 동체와는 달리 웨슬리는 모든 상을 반대하는 '성상파괴주의자'는 아니었다. 그럼에도 성상의 사용이 기독교인의 삶과 그 증언에 중대한 위험이 될 수 있 음을 알고 있었다.

웨슬리는 자주 인용되지는 않지만 주밀하게 연구한 그의 논문 "기독교인 의 이미지 예배의 기원"(The Origin of Image Worship Among Christians)에서 성 상의 사용에 대한 문제를 다루고 있다. 그는 먼저 왜 교회가 이미지들을 교 회에 들여왔는지 그 이유를 설명한다. 예컨대, 교회에서 이미지를 사용한 기 본적인 이유는, "사람들의 책"[180]의 기능으로, 무지한 사람들을 깨우치기 위 해서였다. 이렇게 함으로써 복음을 눈으로 보고 깨닫게 했다. 흥미로운 사실 은 웨슬리는 고대 교회가 사용한 상을 상형문자와 연결하여 그림이나 상이

---

178) Outler, *Sermons*, 2:495.
179) Jackson, *Wesley's Works*, 9:216~17.
180) Ibid., 10:175.

신앙을 일깨우고 독특한 내용을 전해 주는 언어의 기능을 한다고 보았다. 그러면서도 한편으론, 본래 선한 의도로 사용한 것들이 "기독교인들의 영혼의 덫"[181]이 되었다고 주장한다. 사제들은 "처음에는 교화를 위한 기념비로 제작되었다가 미신의 도구가 된"[182] 이미지들 앞에서 절하고 무릎을 꿇고 있다고 비판했다. 웨슬리는 타락해 간 과정을 연대기적으로 다음과 같이 기술한다.

> 그러나 그 과정이 이렇다. 사제들이 처음에는 눈짓만 했다. 그러다가 이 상들에게 예를 갖추고, 예를 갖춘 다음에는 스스로가 자기가 갖춘 예를 명예롭게 지켜야 한다고 생각했다. 그리고 마침내 강단에서 미신을 설교하게 되었고 참 신앙을 가진 사람들에게 총체적인 우상숭배를 강요하게 되었다.[183]

또한 웨슬리는 교회 역사에 나타난 "많은 교회의 질서"가[184] "이미지 숭배의 악함과 어리석음에 대해 설교하고 가르쳤다."[185]고 지적한다. 그러나 이미지와 성상을 옹호하는 신학자들은 존경을 표하는 것(*douleia*)과 하나님께만 돌리는 예배(*latria*)를 구분하면서 자연스럽게 이미지들이 결코 (혹은 아주 드물게 숭배되거나) 숭배된 것이 아니라고 주장했다. 그러나 이런 주장에도 불구하고 이 구분은 오히려 일반 사람들로 하여금 미묘한 우상숭배에 빠져들게 만들었다. 웨슬리의 논문은 다음과 같이 그 요점을 정확하게 지적해 준다.

---

181) Ibid.
182) Ibid.
183) Ibid. 동방정교회 전통이 성상 사용을 주장하는 것에 대해 알아보려면, St. Theodore the Studite, *On the Holy Icons*, trans. Catherine P. Roth (Crestwood, N.Y.: St. Valdimir's Seminary Press, 2010)를 참조할 것. 수육론으로 성상 사용을 정당화하는 것은 실제로는 겉만 그럴듯한 '인격'에서 '사물'로 옮겨 놓은, 미묘하면서도 눈에 띄지 않는, 내용 없는 논증일 뿐이다. 그러나 좋은 의미에서 본다면 성서에 충분한 증거 자료를 갖고 있는 수육론은 적어도 교회가 대상에 심겨진 신성이 아니라 바로 그리스도의 인격의 신성을 이해할 수 있게 해 준다.
184) Jackson, *Wesley's Works*, 10:176.
185) Ibid. 감리교 신학자 가운데 성상을 정경의 일부로 보려는 주장을 살펴보려면, William J. Abraham, *Canon and Criterion in Christian Theology* (New York: Oxford University Press, 1998), 75~76을 참조할 것.

성서와 이성에 대치되는 잘못된 삶이 교회에서 발견된다. 이처럼 혐오스런 삶을 사는 기독교인들의 삶은 무슬림과 유대인, 이교도들의 코에 역겨운 냄새가 된다.[186]

성상과 이미지를 목회적인 생각을 갖고 제한하여 사용하라고 권장하는 웨슬리는, 어떤 것을 본떠 우상을 만들지 말라는 제2계명을 상기시키면서, "우리의 진정한 예배는 상상의 능력이 아니라 믿음의 능력으로 지배되어야 한다."[187]고 말했다.

그러므로 무슬림과 기독교인의 진지한 대화가 그리스도의 신성과 십자가와 관련해 어려운 난관에 부딪혀 있는 상황에서 부적절한 성상과 이미지를 계속 사용하여 문제를 더 복잡하게 할 필요는 없다. 왜냐하면 성상과 이미지 사용을 오늘날 권장할 이유가 없기 때문이다. 이런 면에서 본다면, 복음을 위해 모든 사람의 종이 되어야 한다는 바울의 가르침과 선교적 명령에 주의를 기울일 필요가 있다. 따라서 장애와 걸림돌은 다른 사람들을 위해서, 그리스도가 피 값으로 산 (무슬림을 포함) 모든 사람들의 축복과 교화를 위해서 제거되어야 한다.

---

186) Jackson, *Wesley's Works*, 10:177.
187) John Wesley, *OT Notes*, 1:79.

제4장
성령: 거룩한 사랑의 하나님의 현존

내가 떠나가면
보혜사 성령이 오셔서
참회하는 죄인의 마음에 좌정하사
영원히 사랑하는 거처로 삼으실 것이다.

John Lawson, *The Wesley Hymns as a Guide to Scriptural Teaching*
(Grand Rapids, Mich.: Francis Asbury Press, 1987), 75.

웨슬리는 창세기 1장 2절을 주석하면서 성령을 최초의 동자(the first mover)로 언급함으로써 창조 안에 나타난 성령의 일반적인 역할을 분명하게 인정했다. 그럼에도 불구하고 주로 구속과 관련해서 하나님의 성령의 활동을 탐구했다. 예를 들어, 윌리엄스(Colin Williams)는 성령의 사역 가운데 하나가 아들의 중재 없이 '세계 내에서 역사하는 것'이지만, "성령의 주된 사역은 믿는 자들 안에서 이루어진다."[1]고 하였다. 웨슬리는 성령의 사역이 과거의 실재일 뿐 아니라 현재의 실재로서 나타나는 그리스도의 현존인 계시와 직접 관계한다고 보았다. 달리 말하면, 성령은 타자 지향적이며 역사적 그리스도를 증언함으로써 은총과 은택 안에 살아 계신 그리스도의 인격적 현존을 현실이 되게 한다. 다른 말로 하면, 성령은 믿는 자들을 자연과 이성, 종교적 상상력의 한계에 홀로 남겨 두지 않는다. 오히려 십자가 사건과 다른 영적 진리를 묵상하는 중에 믿는 자들은 성령으로 말미암아 때때로 미묘하고 신비한 타자를 만난다. 진정한 현존인 성령은 믿는 자들로 하여금 그리스도를 영화롭게 하고 인간이 표현할 수 없는 방식으로 진리를 깨닫게 한다.

구속의 통치자

리커구스 스타키(Lycurgus M. Starkey)가 지적하듯이 그리스도의 사역을 완성하는 성령은 "구속의 작인이거나 통치자이다."[2] 성령은 지배하는 힘이 아주 크다. 웨슬리는 "이성과 경건의 사람들에게 던지는 호소"라는 자신의 논문에서 "선한 생각, 말, 행위 등 전체 구원의 사역은 하나님의 성령의 역사로 완성된다."[3]고 주장한다. 또한 정통을 따르는 것은 아주 중요하지만 그것으로 충분하지는 않다고 본다. 왜냐하면 기독교 신앙은 올바른 가르침 이상을

1) Colin Williams, *John Wesley's Theology Today* (Nashville: Abingdon Press, 1960), 98.
2) Lycurgus M. Starkey, *The Work of the Holy Spirit: A Study in Wesleyan Theology* (Nashville: Abingdon Press, 1962, 「웨슬리의 성령신학」, 김덕순 옮김(도서출판 은성)), 26.
3) Gerald R. Cragg, ed., *The Works of John Wesley*, vol. 11, *The Appeals to Men of Reason and Religion* (Nashville: Abingdon Press, 1989), 108.

포함하며, 특별한 존재 곧 성령 안에서의 삶을 포함하기 때문이다. 그러므로 모든 인간은 구원에 이르는 믿음을 갖기 위해 "성령을 받아야 한다."[4] 웨슬리는 18세기 자신의 부흥운동 내내 이 점을 강조하며 억압당한 사람들에게 희망을 주었다. 지속적인 성령의 구속적 사역은 곧 필요하다. 때문에 로버트 쿠쉬먼(Robert E. Cushman)은 성령의 구속 사역이 "웨슬리의 실험 신학의 첫째 원리"[5]라고 주장했다.

성령의 사역을 소개하면서 웨슬리는 빛에 대한 언어를 사용한다. 구속은 어떤 면에서 예수 그리스도가 세상의 빛이라는 진리를 밝히는 과정이다. 따라서 저항적이고 자기-중심적 죄가 가져다준 어둠은 성령의 현존으로 말미암아 양심과 어느 정도 회복된 도덕법 같은 선행은총 안에서 부서져 나간다. 웨슬리가 말하는 것처럼, 플라톤의 동굴의 신비를 생각나게 하는 방식으로, 성령은 "우리의 이해의 눈을 열어 어둠으로부터 놀라운 빛으로 안내한다."[6] 진리의 영인 성령은 그리스도의 진리를 다른 사람들에게 전한다.

죄를 깨닫게 하는 은총

선행은총은 성령의 주권적이며 회복적인 사역을 통해(앞서 2장에서 이 점을 이미 전개했다.) 타락했음에도 불구하고 인간을 깨우고 불러서 하나님의 은총을 받을 수 있도록 응답하게 하고 자유롭게 한다. 그러나 완고한 죄인은 선행은총의 시작이 되는 영역들, 특별히 양심을 거스를 수 있다. 달리 말하면, 웨슬리는 성령의 조명과 계시의 사역이 그리스도론적으로 이루어질 수 있지만, 불행히도 신비로운 방식으로 빛보다 어둠을 더 사랑하는 사람들은 이를 거부할 수도 있다고 주장한다. "자연인은 경건치 않고 경건치 않은 것을 좋아하며 '성령을 저항한다.'"[7]

성령은 확신을 주고, 생각나게 하며, 가르치는 회개의 과정에서 주도적이고 감독하는 역할을 감당한다. 심지어 죄로 가득한 영혼을 적극적으로 찾아

---

4) Ibid.
5) Robert E. Cushman, *John Wesley's Experimental Divinity* (Nashville: Kingswood Books, 1989), 43.
6) Albert C. Outler, ed., *The Works of John Wesley*, vols. 1~4, *Sermons* (Nashville: Abingdon Press, 1984~87), 2:427.
7) Thomas Jackson, ed., *The Works of John Wesley*, 14 vols. (Grand Rapids, Mich.: Zondervan Publishing, 1978), 9:455.

나서기까지 한다. 게다가 영적인 차원에서 성령의 지혜로움과 인간의 어리
석음을 대조시키면서, 인간의 어리석음은 성령으로 극복되어야 한다고 웨슬
리는 주장한다. 사실 찰스와 존은 회개하지 않는 죄인들을 가리켜, 거룩하신
하나님 앞에서 자신들의 조건에 대해 게으르고 감각도 없으며 무지하여 잠
자는 자들이라고 언급했다. 찰스는 "잠자는 자여 일어나라"(Awake, Thou That
Sleepest)는 자신의 설교에서 이렇게 선포한다. "질병이 가득함에도 불구하고
스스로는 온전하며 건강하다고 생각한다. 비참함과 철갑에 묶여 있으면서도
행복하고 자유롭다고 생각한다. 이들은 스스로 '평안하다. 평안하다.' 라고
말하지만 '무장한 강한 군대 마귀' 는 이들의 영혼을 완전히 먹어 버렸다."[8]
존도 "노예의 영과 양자의 영"(The Spirit of Bondage and of Adoption)이란 설교
에서 이렇게 선포한다. "끔찍한 섭리에 의해서건 성령의 일깨우시는 말씀에
의해서건, 하나님은 어둠과 죽음의 그늘에서 잠자는 자의 마음을 만지신다.
그리고 이들이 잠에서 깨어난다."[9] 다시금 성령께서 우리를 깨우시고 "모든
것을 생각나게 하며"[10] "우리의 이해의 눈"[11]을 열어 주고 "하나님을 기쁘시
게 하는 일에 필요한 모든 지식"[12]을 알려 준다. 달리 말하면, 깨우치는 것과
그리스도의 빛은 짝을 이루어 함께 간다.

도덕법

어떤 의미에서 웨슬리는 도덕법을 선행은총의 결과로 이해한다. 성령은

---

8) Outler, *Sermons*, 1:143.
9) Ibid., 1:255. 「웨슬리 설교전집 1」[대한기독교서회]. 웨슬리는 다음 주석에서 나타나듯이 '죄의 확신' 이
란 주제에 대해 극적인 용어를 사용한다. "그러나 전능자 하나님의 성령이 세상에서 아직도 하나님 없
이 살아가는 자의 마음을 깨워 강퍅한 마음을 부수고 모든 것을 새롭게 하신다. 의의 태양이 나타나 그
의 영혼을 비추며 예수 그리스도의 얼굴에 나타난 하나님의 영광의 빛을 보여 주신다." Ibid., 4:172.
10) Ibid., 4:123.
11) Ibid., 2:427.
12) Ibid., 2:410. 웨슬리는 조명이 중요하지만 본래의 기독교 믿음의 빛과 혼돈되어서는 안 된다고 본
다. 다음에 이 주장이 잘 나타나 있다. "나 역시 성령께서 우리가 하나님의 말씀 안에서, 특히 구원
의 복음의 방식 안에서 특별한 빛과 영광을 인식할 수 있게 한다고 생각한다. 그러나 구원을 가져오
는 믿음이 본래 '이 빛과 영광'에 동의하는지에 대해 의구심이 있다. 오히려 믿음이란 '하나님께서
계시된 진리에 (우리가 말씀을 간직한다면) 대한 동의가 아닐까? 아니면 보다 특별하게는 '하나님
께서 세상과 자신을 화해시키는 그리스도 안에 계시다'는 신적인 확신이 아닐까?' W. Reginald
Ward and Richard P. Heitzenrater, eds., *The Works of John Wesley*, vols. 18~23, *Journals and
Diaries I~VI* (Nashville: Abingdon Press, 1988~95), 22:203.

깨어난 양심 안에서 역사를 계속하게 하며, 거룩한 사랑의 하나님을 향해 죄인들이 적극적으로 저항하지는 않는지 양심을 내적으로 살피게 한다. 그러므로 죄인들이 마음에 간직할 수 있는 하나님의 형식, 곧 하나님의 마음의 사본인 도덕법은 하나님의 의와 정의의 통로를 드러내기 위해서 양심에 빛을 비취는 말씀과 성령의 결합 안에서 사용된다. "전능자 하나님의 성령이 세상에서 아직도 하나님 없이 살아가는 자의 마음을 깨워 강퍅한 마음을 부수고 모든 것을 새롭게 하신다."[13] 여기서 "의의 태양이 나타나 그의 영혼을 비추며 예수 그리스도의 얼굴에 나타난 하나님의 영광의 빛을 보여 주신다."[14]

그래서 웨슬리는 하나님의 자녀들에게 구원을 가져오는 믿음이 "주로 들음에 의해서이지만 때때로 '읽음'에 의해서도 도래한다."[15]고 주장한다. 성령은 복음의 약속일 뿐 아니라 도덕법인 말씀을 통해 도래한다는 것이다. 그래서 어떤 학자들은 말씀을 듣고 회개와 믿음에 경도되어 죄를 용서받게 될 때, 진정한 신/인 협력 혹은 신/인 협동이 일어난다고 쉽게 생각한다. 그러나 웨슬리는 이 생각에 동의하지 않는다. "결코 그렇지 않다. 왜냐하면 인간의 편에서 회개와 믿음으로 인도되는 과정에서는 신-인 협력적일 수 있지만, 죄를 용서받는 일은 하나님 홀로 하시는 일이기 때문이다."[16] 용서는 어떤 경우에도 인간의 일이 아니다. (또한 협력에 기반을 두고 주어지는 것도 아니다). 그러므로 용서는 순수하고도 완전한 선물로 받는 것이어야 한다.

그러나 웨슬리의 실천신학에서 성령의 확신의 사역은 죄인을 회개하게 하는 데서 끝나지 않는다. 진심으로 회개하여 의롭다 함을 얻게 하고 자범죄뿐 아니라 타고난 죄(inbred sin)를 확신하게 하지만, 여전히 성령은 모든 색욕과 욕망을 포함한 육체적 본성이 여전히 믿는 자의 삶 안에 남아 있음을 고통스럽게 인식하도록 한다. 이와 같은 죄를 깨닫게 하는 은총의 두 번째 사

---

13) Outler, *Sermons*, 4:172.

14) Ibid.

15) John Wesley, *Explanatory Notes Upon the New Testament* (Salem, Ohio: Schmul Publishing, 1975), 271.

16) Ibid., 288.

17) Wesley, *NT Notes*, 15 (마 3:8). 웨슬리는 이 구절을 주석하면서 두 종류의 회개를 구분한다. "회개는 법적인 회개와 복음적 회개 이렇게 두 종류가 있다. 법적 회개는 죄에 대한 철저한 확신이고, 복음적 회개는 온전한 죄가 온전한 거룩함으로 바뀌는 마음의 변화 (그 결과 삶의 변화)이다."

역을 웨슬리는 "복음적 회개"(evangelical repentance)[17]라 부른다. 복음적 회개에서 다시금 도덕법이 주도적 역할을 한다. 이 점에서 복음적 회개는 칭의에 앞서 오는 법적 회개와 유사하기도 하고 구분되기도 한다. 복음적 회개가 자기-인식과 조명을 수반한다는 점에서 법적 회개와 유사하다. 예컨대, 모든 것이 믿는 자의 마음에 온전한 것은 아니다. 어떤 형식으로든 죄와 죄의 어두움이 여전히 현존하고 있다. 그러나 복음적 회개는 육체적인 본성과 원죄를 완전히 확신한다는 점에서 법적 회개와 구분된다. 여기서 "원죄가 지배하지는 않더라도 여전히 남아 있다."[18] 이때에 성령의 죄를 깨닫게 하는 은총과 조명 은총이 현존한다. 그러므로 모든 것이 한 번에 완성되지 않는다. "성령은 다시금 우리 마음에 말씀하심으로써, 두 번째 또 다시 '청결하라'고 말씀하심으로써 비로소 우리 주님을 기쁘시게 한다."[19]

거룩한 사랑인 성령의 현존

웨슬리는 필연적이지만 고통을 수반하는 확신의 사역을 통해 성령은 "우리로 하여금 성령의 내적인 왕국을 준비하게 한다."[20]고 주장한다. 따라서 마음과 마음의 성정과 열망은 사랑으로 변화를 경험한다. 신생의 순간 본성이 변화하게 될 때, 성령이 새로운 방식으로 마음에 거하게 된다. 웨슬리는 이 변화의 현존을 로마서 5장 5절을 빌려 표현한다. "하나님이 우리에게 주신 성령으로 우리 마음에 그분의 사랑을 부어 주었다."[21] 하나님은 자녀의 마음을 새롭게 함으로써 만물을 새롭게 한다.

캅이 지적하는 대로 성령은 "이미 언제나 인격의 구성 요소로서"[22] "우리가 그분 안에서 살고 움직이며 존재함에도"(행 17:28) 불구하고, 중생 시에 독

---

18) Outler, *Sermons*, 1:327.

19) Ibid., 1:346.

20) Ibid., 4:34. 웨슬리는 "사탄의 전략들"(Satan's Devices)이란 설교에서 구속의 시작은 더 큰 사역이 도래해야 함을 분명히 하고 있다고 지적한다. "내면의 하나님 나라는 '회개하고 복음을 믿는' 모든 사람들의 마음에 자리하며 '성령 안에서 누리는 의와 평화와 기쁨이다.' 우리가 예수를 믿는 순간 그리스도 안에 갓 태어난 모든 하나님의 자녀들은 우리가 하나님 나라의 시민으로 지음 받았음을 안다. 그러나 이는 성령의 처음 열매들일 뿐, 아직 수확을 거두는 단계는 아니다." Outler, *Sermons*, 2:139. 「웨슬리 설교전집 3」[대한기독교서회].

21) Ibid., 1:162.

22) John B. Cobb, Jr., *Grace and Responsibility: A Wesleyan Theology for Today* (Nashville: Abingdon Press, 1995), 47.

특한 방식으로 마음에 자리한다. 그 이유는 물론 성령이 변화했기 때문이 아니라 믿는 자가 변화를 경험했기 때문이다. 달리 말하면, 동일한 성령께서 어떤 사람에게는 구원론적 조건에 따라 죄의식과 확신을 불러일으키고 같은 성령이 다른 사람에게는 '아바 아버지'라 부르게 한다. 분명코 여러 효과적인 은총 가운데 신생의 순간 마음에 임하는 성령의 임재는, 점진적인 변화가 아니라 믿는 자들이 이전에는 결코 이루지 못했던 거룩함과 같은 변화된 본성을 가져온다.

웨슬리는 실천신학에서 두 가지 방식으로 거룩함을 수반한다고 강조한다. 첫째, 구원의 순서는 '칭의'와 '중생'이라는 한 축과 '온전한 성화'라는 또 다른 축으로 이루어진, 기독교인 삶의 질적인 두 개의 변화를 갖는다. 둘째, 칭의 이전에 이루어지는 행위들, 칭의를 수반하는 중생, 칭의와 중생 이후에 나타나는 행위들 사이를 구분한다. 칭의 이전의 행위들은 하나님의 선행은총과 관계되기 때문에 어떤 의미에서 선하다고 할 수 있지만, 본질적으로는 아직 선한 것은 아니다. 그러나 칭의와 중생 이후에 나타나는 행위들은 어떻게 보든 선하다. 왜냐하면 이 행위들이 바로 최초의 하나님의 성화은총이기 때문이다.

웨슬리는 젊은 시절 테일러(Taylor), 아 켐피스(Thomas à Kempis), 로(William Law)를 읽으면서 하나님과 이웃을 사랑하는 것이 기독교 복음의 전부라고 배웠다. 웨슬리 신학에서 종교의 목적이나 목표는 사랑에 집중되고 있다. "아무리 많은 의견을 갖고 있다고 해도 사랑이 없다면 진리에서 얼마나 먼가? 우리는 진리에 대한 지식이 없이 죽어도 아브라함의 품에 안길 수 있다. 그러나 사랑이 없이 죽는다면 그 많은 지식이 무슨 소용이 있단 말인가?"[23] 성 마리아 교회에서 교수들과 학생들 앞에서 행한, 옥스퍼드 대학에서의 마지막 설교에서 웨슬리는 "사랑이 없다면 모든 학문은 화려한 무지요 뽐내는 어리석음이며 영의 탄식일 뿐"[24]이라고 선포했다.

중생은총의 결과 마음에 어떤 종류의 사랑이 심겨졌는지 자세하게 살펴

---

23) Outler, *Sermons*, 1:107.
24) Ibid., 1:176. 이 당시 웨슬리가 도덕법과 관련해서 하나님의 사랑에 주목했던 점을 살펴보려면, Charles Randall Wilson, *The Correlation of Love and Law in the Theology of John Wesley* (Ann Arbor, Mich.: University Microfilms International, 1959)를 참조할 것.

는 것은, 웨슬리의 지속적이면서도 중심이 되는 접속들 중 하나인 거룩한 사랑을 생각하는 여정의 시작이다. 웨슬리는 "무한하고 영원한 하나님의 성령이 … 우리 안에 있는 모든 거룩함의 직접적인 원인"[25]이라고 고백한다. 때문에 거룩함이란 인간적인 가능성이 결코 아니다. 따라서 교육적이든 도덕적이든 노력했다고 해서 거룩해질 수는 없다. 사실 웨슬리는 "성령의 임재로인해 나타나는 거룩함으로의 갱신을 죽은 자를 일으켜 세우는 것과 동일한능력이라고 보았다."[26] 이는 기독교 신앙을 특정 도덕성이나 공중도덕으로잘못 이해했던 사람들은 결코 생각할 수 없는 진리였다. 따라서 웨슬리가 말하는 구속적 사랑의 거룩함은 믿음을 통해 은총으로 말미암아 은혜로이 받게 되는 하나님의 속성으로서 모든 인간적인 덕목과 구분된다. 다시 말하자면, 초월적이며 영감이 넘치는 하나님의 생명은 성령의 역사를 받아들인 영혼과 소통한다. 또한 거룩한 사랑의 변혁과 하나님의 형상의 갱신은 믿는 자들이 새로운 방식으로 하나님의 영광과 아름다움을 보여 주면서 미적인 차원을 수반하기도 한다.

웨슬리는 성령에 의한 내적 변화가 감리교인들에게 임하기를 소원하면서이렇게 탄식했다. "감리교인들에게 나타나는 가장 일반적인 오류는 너무 종교의 외적인 면에 머물러 있다는 것이다. 우리는 지속적으로 하나님 나라가우리 안에 존재한다는 것을 망각하고 있다. 우리의 근본적인 원칙은 우리가내적인 거룩함을 경험하면서 믿음으로 구원받는다는 사실이다."[27] 모라비안과 할레의 독일 경건주의로부터 영향을 받은 웨슬리는 하나님의 나라가 인간 마음의 깊이에 있다고 보았다. 예를 들어 누가복음 17장 21절을 주석하면서 웨슬리는 이렇게 주장했다. "하나님의 나라를 저기 미래에서 찾지 마라. 하나님의 나라는 지금 여러분 가운데 있다. 하나님의 나라가 임하였고, 모든믿는 자들의 마음에 현존한다. 하나님의 나라는 영적 왕국이며 내적 원리이다. 하나님의 나라는 마음 안에 존재한다."[28] 웨슬리는 자신의 독특한 이 주제를 요한복음 3장 16절을 해석하면서도 계속 강조하고 있다.

25) Jackson, *Wesley's Works*, 10:82.

26) Frank Baker, ed., *The Works of John Wesley*, vols. 25~26, *Letters I~II* (New York: Oxford University Press, 1980~82), 26:200.

27) John Telford, ed., *The Letters of John Wesley, A.M.*, 8 vols. (London: Epworth Press, 1931), 5:289.

당신이 다시 태어나지 않는다면 하나님 나라에 대한 지식을 가질 수 없을 것이다. 다시 태어나지 않는다면 내적이거나 영광스런 하나님의 나라를 볼 수 없고 경험할 수 없으며 향유할 수 없다. 이 엄숙한 구절에서 우리 주님은 어떤 외적인 고백, 예전적 의식, 출신의 특권도 메시아 왕국의 축복에 보증이 될 수 없음을 보여 준다. 하나님의 나라를 보기 위해서는 온전한 삶의 변화뿐 아니라 마음의 변화가 필요하다.[29]

웨슬리는 여기서 하나님 나라의 공동체적이며 공공의 차원을 부인하지 않는다. 그리고 소박하게 하나님 나라의 공동체적 차원들이 성령에 의해 생겨난 개인의 거룩한 성정과 사랑에 뿌리를 두어야 한다고 주장하고 있다.

마음의 성정이나 기질에 초점을 둠으로써 웨슬리는 성숙한 기독교인이 되기 위해 필요한 덕을 함양할 뿐만 아니라 마음의 거룩함을 성장시키라고 강조할 수 있었다. 믿는 자들이 죄를 짓고 새롭게 회개하는, 곧 일어선 후 또 넘어지는 일을 반복하지 않기를 바랐던 웨슬리는, 마음의 기질을 그 본래 목적에 맞게 드러내 주는 성령의 사역이 거룩한 성정을 흔들리지도 않고 지속되는 습관이 되게 한다고 주장했다. 이렇게 이해할 때 하나님 나라는 그가 지적하듯이, "우리 마음에 좌정하사 의와 평화와 기쁨을 채우시는"[30] 성령의 거룩한 초기 현존으로 인해 우리 마음에 세워진다. 달리 말하면, 하나님 나라는 믿는 자들 가운데 거하면서 기질적 변화를 가져오는 하나님의 현존이다. 웨슬리는 "하늘이 (개인의 신앙의 정도에 따라) 영혼 안에 열려지기 때문에 하나님의 현존을 하나님의 나라라고 보았다."[31] 또한 자연스럽게 행복과 거룩함을 자신의 실천신학 안에서 접목시켰다. 이런 맥락에서 종교가 "내적 원리

---

28) Wesley, *NT Notes*, 188 (눅 17:21). 할레 경건주의가 웨슬리에게 미친 영향을 다룬 탁월한 연구로는, Sung-Duk Lee, *Der Deutsche Pietismus Und John Wesley* (Giessen: Brunnen Verlag, 2003)와 Kenneth J. Collins, "The Influence of Early German Pietism on John Wesley (Arndt and Francke)," *The Covenant Quarterly* 48 (November 1990): 23~42를 참조할 것.

29) Wesley, *NT Notes*, 218 (요 3:16).

30) Outler, *Sermons*, 1:224.

31) Ibid. 웨슬리의 인간학이 서방의 요소와 동방의 요소를 갖는다고 보는 '접속적' 성격을 연구한 자료를 보려면, Seung-An Im, "John Wesley's Theological Anthropology: A Dialectic Tension between the Latin Western Patristic Tradition (Augustine) and the Greek Eastern Patristic Tradition (Gregory of Nyssa)" (dissertation, Drew University, 1994)를 참조할 것.

이고, 그리스도 안에 있는 마음이며, 의와 참 거룩함으로 하나님의 형상을 따르는 영혼의 갱신"[32]이라고 강조한다. 그래서 자신의 입장을 분명하게 밝힌 다음 "이 같은 역사가 성령의 역사가 아니고서는 결코 우리 안에 일어날 수 없다."[33]고 덧붙인다.

성령의 은사와 열매

18세기 내내 웨슬리와 감리교인들은 성령의 은사를 지나치게 강조한다는 비난을 받았다. (병 고침, 기적을 행함, 예언함, 영의 분별, 방언을 말하고 통역하기 등과 같은) 특별 은사와 (확신의 말, 설득, 지식, 믿음, 부드러운 말과 같은) 일반 은사를 구분한 웨슬리는, 성 미카엘 교회 교구목사였던 다운즈(Downes)에게 보내는 편지에서 "나는 모든 참된 기독교인들에게 공통으로 주어지는 성령의 은사 외에 '성령의 특별 은사'와 '성령의 다른 영향과 작용'을 온전히 거부한다."[34]고 주장했다. 또한 반대자들과 상관없이 특별 은사와 일반 은사의 구분이 갖는 가치를 주장하면서 교회가 오늘날 열광주의라 부르는 "광신을 부추기는 것을 멈추라."[35]고 하였다.

웨슬리는 성령의 특별 은사가 초대교회에 주어졌으며 이로써 "하나님은 유대인이 아니라 기독교인들이 자신의 백성이 되는 것을 인정했다."[36]고 생각했다. 예컨대, 구원의 길이 예수 그리스도를 통해서만 흐른다는 가르침을 입증해야 했던 "사도 시대의 상황이 기적의 은사를 요청했지만 이는 이내 사

---

32) Rupert E. Davies, *The Works of John Wesley*, vol. 9, *The Methodist Societies: History, Nature, and Design* (Nashville: Abingdon Press, 1989), 527.

33) Ibid. 다시 말한다면, 웨슬리는 "종교란 (그들이 상상하듯이) 부정적이거나 외연적인 것 예컨대, 악한 일을 하지 않거나 선한 것을 행하는 행위 안에 있는 것이 아니라 마음의 성정 안에, 곧 옳은 말과 행위를 하면서 하나님과 인간을 향해 갖는 마음의 올바른 기질 안에 있다." Davies, *Methodist Societies*, 9:284. 괄호에 있는 강조는 필자가 한 것임.

34) Jackson, *Wesley's Works*, 9:98.

35) Ibid., 8:79.

36) Ibid., 8:85. 이 주장은 반유대주의의 정서가 아니라 예수 그리스도 외에는 아무도 아버지께로 갈 수 없다는 기독교 가르침의 고백이다. 웨슬리의 일지는 이 점을 분명히 보여 준다. 그는 유대인을 사랑했고 조지아 선교 시에는 스페인에서 온 유대인들과 소통하려고 스페인어를 배우기도 했다. John C. English, "John Wesley and His 'Jewish Parishioners': Jewish-Christian Relationships in Savannah, Georgia, 1736~1737," *Methodist History* 36, no. 4 (July 1998): 220~27.

37) Jackson, *Wesley's Works*, 8:79.

라지게 되었다"[37]고 주장했다. 그러므로 이 관점에서 볼 때, 교회가 몬타누스주의자들을 정죄하고 콘스탄티누스가 소개한 공식적인 기독교의 발흥이 의도하지 않은 방향으로 나갔던 2, 3세기 동안, 특별 은사는 교회에서 품위 없는 것으로 전락했다. 그 이유는 (이단의 가르침을 반대하는 보루로서) 목회의 지위를 강조하면서 상대적으로 은사를 간과했을 뿐 아니라 경건의 모양은 있으나 경건의 능력은 상실된 당시 기독교인들의 "세속성" 때문이었다.[38]

또한 성령의 특별 은사와 관련해 '호기심과 불필요한 의문'을 피하고자 했던 웨슬리는 종종 논의의 초점을 성령의 일반적인 열매로 옮겨가곤 했다. 성령의 일반적인 열매는 "확신하는 바, 세대를 초월해 언제나 있어 왔고"[39] 앞으로도 생명력이 있으며, 성서적인 기독교의 중요한 징표가 될 것이라고 말했다. 성령께서 직접 우리가 하나님의 자녀임을 증언한다고 주장하는 웨슬리는, 성령의 열매가 바로 이러한 성령의 증거가 가져온 결과라고 보았다. "성령의 증거의 직접적인 결과는 '성령의 열매' 곧 '사랑, 기쁨, 평화, 오래 참음, 온유, 양선'이다."[40] 이 요소들은 사도 바울이 밝힌, 갈라디아서 5장 19~25절에 나오는 '육체의 열매들'과 '성령의 열매들'의 대비를 보여 줄 뿐 아니라, 성령의 능력은 믿는 자들에게 믿음을 통해 육체를 십자가에 못 박음으로 모든 외적인 의를 완성할 수 있게 하며 그리스도가 가신 길을 걷게 한다. 웨슬리는 모든 은총을 "그리스도 안에 있는 마음"[41]이란 표현 속에 집약시킨다.

여기에 덧붙여, 눈에 보이지 않지만 역사하고 있음을 경험할 수 있는 성령의 열매는 성령께서 "실제로 사랑으로 역사하는 것이며 성령의 인도함을 받은 믿는 자들 안에 있는 성정"[42]이라고 밝힌다. 실로 성령의 열매가 "모든 참

---

38) 흥미롭게도 웨슬리는 사도시대 동안 방언을 말하는 은사는 (현대 기독교인들은 종종 '기도 용어'로 다르게 사용한다) "그때까지만 해도 알려지지 않았던 순간적인 방언의 지식이었다. 일단 어떤 사람이 방언 은사를 받게 되면, 적절하다고 생각하는 때에 특별한 기적이 없이도 말할 수 있었다."라고 밝힌다. Wesley, *NT Notes*, 280, 439 (고전 14:27).

39) Outler, *Sermons*, 1:161.

40) Ibid., 1:286. Michael E. Lodahl, "'The Witness of the Spirit': Questions of Clarification for Wesley's Doctrine of Assurance," *Wesleyan Theological Journal* 23, nos. 1 and 2 (Spring-Fall 1988): 188~97.

41) Outler, *Sermons*, 1:160.

42) Ibid., 3:77.

된 기독교인의 분명한 특권"[43]이라고 상기시키면서 의와 사랑, 기쁨과 평화 같은 은총들이 기독교인들에게 공통으로 나타나야 한다고 주장한다. 예컨대, "참 종교는 외적인 형식에 있는 것이 아니라 의, 마음에 새겨진 하나님의 형상, 모든 이해를 뛰어넘는 하나님과 인간의 사랑, 성령 안에서 누리는 기쁨이다."[44] 웨슬리 당시 어떤 사람들은 믿는 자들에게 "사랑, 기쁨, 화평, 여타 다른 성령의 열매 등을 기분이나 감정으로 생각하지 말라."[45]고 충고했다. 이들은 웨슬리가 성령의 열매를 기분이나 감정으로 본다면 도리에 어긋난다고 생각한 것이다. 왜냐하면 성령의 열매란 성령을 따라 살게 되면 자연스럽게 따라오는 것이지 기분이나 감정이 아니기 때문이다.

성령의 확신

웨슬리는 성령의 열매, 거리낌 없는 양심, 하나님의 뜻의 표현인 도덕법을 지키는 것, 이 모두가 우리 자신의 영의 증거 혹은 간접적인 증거라고 보았다. 믿는 자의 삶을 특징짓는 확신은 고유한 기독교인 의 믿음의 증거로부터 나온다. 그러므로 "성령의 열매를 가진 사람은 하나님의 자녀이며 … 나도 성령의 열매를 갖고 있다. 그래서 나는 이성적으로 하나님의 자녀라고 결론 내린다."[46]고 자기 생각을 전개했다. 그리고 다시 "분석해 보면 이렇게 결론할 수 있다. (거리낌 없는 양심, 믿음, 소망, 사랑, 그리스도의 계명 지키기, 성령의 열매 등과 같은) 표증이 있는 사람들은 하나님의 자녀이다. 우리에게 표증이 있다. 그러므로 우리는 하나님의 자녀들이다."[47]라고 부연했다.

웨슬리의 확신의 교리에서 간접적인 증언이 중요하다고는 하나 이 증언이 웨슬리의 모든 가르침은 아니다. "그러나 이 모든 것은 합리적인 증거이다. 예컨대, 우리의 이성이나 이해에 기초한 '우리 영의 증거' 이다."[48] 따라

---

43) Telford, *Letters*, 4:117. 진정한 기독교의 동기와 웨슬리 신학이 갖는 중요성을 탐구하려면, Kenneth J. Collins, "Real Christianity as Integrating Theme in Wesley's Soteriology: The Critique of a Modern Myth," *The Asbury Theological Journal* 51, no. 2 (Fall 1996): 15~45를 참조할 것.

44) Wesley, *NT Notes*, 575.

45) Ward and Heitzenrater, *Journals and Diaries*, 22:406.

46) Outler, *Sermons*, 1:288.

47) Ibid., 1:272.

48) Ibid.

서 간접적인 증언에만 의지한다면, 기독교인의 입지를 행위나 합리적 증거에 두는 형식주의 혹은 자기 정당화의 위험에 빠지게 될 것이다. 하지만 웨슬리는 그렇게 되도록 허락하지 않는다. 그는 합리적인 증거를 넘어서는 증언이 있다고 주장한다.

> 내가 '성령의 증거'라고 말한 것은 영혼의 내적 각인을 두고 하는 말이다. 하나님의 성령은 순간적이고 직접적으로 나의 영에게 내가 하나님의 자녀이며, 예수 그리스도가 나를 사랑하여 나를 위해 자신을 내어주었고, 나의 모든 죄가 사해져 하나님과 화해했다고 증언한다.[49]

로마서 8장 16절의 진리를 반영하고 있는, 우리 영혼을 향한 성령의 직접적인 증거는, 많은 사람들이 이 사실을 알지 못한다고 하더라도, 하나님의 자녀들이 지녀야 하는 공통의 특권이다.

18세기 계몽주의 시대에 성령의 직접적인 증거를 주장했던 웨슬리는, 조사이어 터커(Josiah Tucker)와 조지프 트랩(Joseph Trapp) 같은 많은 비평가들로부터 광신주의라는 비판을 받았다. 사실 웨슬리를 열성적으로 반대했던 찰스 휘틀리(Charles Wheatly)는 런던의 바울 대성당 강단에 서서 감리교인들은 "휴거를 믿는 광신자들"[50]이라고 목소리를 높였다. 크래그(Cragg)가 지적한 대로, "18세기 사람들은 아직 열정적인 복음 전도자를 환영할 만큼 관대한 마음이 없었기 때문에 웨슬리를 비웃고 학대했다."[51] 그러나 욕설에 가까운 가장 심한 비판은 엑세터 주교였던 래빙턴(Lavington)이 쓴 「감리교인들과 교황주의자들의 광신주의 비교」(Enthusiasm of Methodists and Papists Compared)라는 책에서 등장했다. 웨슬리는 이 책에 대해 "광신주의의 본질"

---

49) Ibid., 1:287. 웨슬리는 성령의 간접적인 증언 너머 직접적인 증언이 있다고 주장했다. 이것이 "갈라디아서에서 더 진전되어 병행 구조를 이루고 있는 로마서 8장 16절의 분명한 의미이다 … 성령이 우리 영과 함께 우리가 하나님의 자녀라는 사실을 증거한다." Outler, *Sermons*, 1:296.

50) Ibid., 2:45. 광신주의를 내용으로 한 자료로는 다음을 참조하면 좋다. Ronald Arburthnott Knox, *Enthusiasm: A Chapter in the History with Special Reference to the Xvii and Xviii Centuries* (Oxford: Clarendon Press, 1950); Umphrey Lee, *Historical Backgrounds of Early Methodist Enthusiasm* (New York: AMS Press, 1931); and W. Stanley Johnson, "John Wesley's Concept of Enthusiasm," *Kardia* 3 (1988): 27~38.

51) Cragg, *Appeals*, 11:5.

(The Nature of Enthusiasm)이란 설교를 통해 곧바로 응답했다. 여기서 그는 진정한 의미의 광신주의는 우리에게 부족한 은사와 은총을 갖고자 하는 열망이며 은총의 수단을 빌리지 않고 종교의 목적이나 목표를 얻고자 하는 열망이라고 주장했다. 자기를 비판하는 사람들이 잘못 이해하고 있다고 판단하여 이들을 향해 직접 응대하기보다는 당시의 이름뿐인 기독교가 현실적인 광신주의라고 주장했다. 따라서 "그러므로 너희는 세계가 언제나 그래 왔고 앞으로도 그렇게 되기를 소원하는 순수하고 거룩한 종교, 진정한 의미의 광신주의 안에서 매일 매일 성장해 가기를 기대하라. 그러나 현실적인 광신주의, 곧 이름뿐인 기독교로부터 구원 받은 사람들에게 진정한 의미의 광신주의는 하나님의 지혜이며 능력"[52]이라고 기록한다.

그러나 이들 말고도 또 다른 도전이 있었다. 예컨대, 로마 가톨릭과 동방정교회는 성령의 직접적인 증거에서 나타나는 확신의 위로를 결코 강조한 적이 없다. 대신 이들은 믿는 자들을 성만찬, 교회의 질서, 언제나 위로를 담을 수 있는 구속의 담지자인 거룩한 사회에 속해 있다는 인식으로 안내했다. 사실 트렌트 공의회는 성령의 직접적인 증언이 기독교 신앙의 본질일 수 없다고 주장했다. 웨슬리는 "트렌트 공의회가 만일 누군가가 신뢰나 용서의 확신을 믿음의 본질적인 것으로 주장한다면 저주를 받을 것이라고 선언했다."[53]는 데에 주목한다. 스타키는 동방정교회 또한 "성령을 거룩한 시간과 공간, 전통과 성례전에 한정시킴으로써 … 성령론을 창조적으로 발전시키지 못했다."[54]고 주장한다. 이처럼 성령을 제도 속에 가두는 것을 아우틀러는 성령의 길들이기라 표현했는데, 그 기원은 "마구스(Simon Magus)로부터 시작되었고 성령을 제도적 교회와 너무 밀접하게 연결시키는 경향이 있었다."[55]

---

52) Outler, Sermons, 2:60.

53) Jackson, Wesley's Works, 8:23. 또한 H. Ray Dunning, Grace, Faith and Holiness (Kansas City, Mo.: Beacon Hill Press, 1988), 442; William R. Cannon, "The Holy Spirit in Vatican II and in the Writings of Wesley," Religion in Life 37 (1968): 440~53을 참조할 것.

54) Starkey, Work of the Holy Spirit, 142. 웨슬리 또한 그를 따르는 설교자인 햄프슨(Hampson)이 "최근에 믿는 자들로부터 직접적이며 순간적인 성령의 증거를 발견하지 못했다"고 한 말을 전해 주고 있다. Telford, Letters, 5:8.

55) Albert C. Outler, "A Focus of the Holy Spirit: Spirit and Spirituality in John Wesley," in The Wesleyan Theological Heritage: Essays of Albert C. Outler, ed. Thomas C. Oden and Leicester R. Longden (Grand Rapids, Mich.: Zondervan Publishing, 1991), 163.

그러나 웨슬리는 확신의 교리, 특히 직접적인 증언은 기독교 신앙에 아주 중요하기 때문에 "하나님께서 감리교인들에게 이 증언을 모든 인류에게 전하도록 한 것"[56]이라고 여겼고, 이 직접적인 증언이 바로 고유한 기독교 신앙의 중요한 요인이라고 생각했다. "그러므로 이 증거를 부인하는 사람은 결국 믿음으로 인한 칭의를 부인하는 자이다."[57] 그러나 오늘날까지도 많은 사람들은 18세기 감리회 운동의 교리적 주요 강조점은 온전한 성화였다고 생각한다. 물론 18세기 감리회 운동은 온전한 성화를 강조했다. 그러나 우리는 웨슬리가 이성의 시대에 온전한 성화만큼이나 성령의 직접적인 증거를 주목했다는 점을 염두에 두어야 한다. 그는 성서적 기독교는 자기-준거적 이성 (self-referential reason)의 한계를 넘어 믿음과 소망, 사랑이라는 신학적 덕목을 제공한다고 주장한다. 다시 말하면, 고유한 기독교 신앙은 올바른 교리의 가르침을 넘어서며 단순히 머리로만 하는 개념의 훈련을 넘어선다. 오히려 성령이 인간의 심령에 현존함으로 거룩한 사랑의 인격적 연합을 이루게 한다.

확신이 갖는 미묘한 차이

웨슬리의 기독교인 확신의 교리는 다른 가르침보다 많은 수정을 거쳤다. 그러므로 그의 확신의 교리를 살피는 것은 웨슬리의 전체적인 역동적 실천 신학을 살피는 중요한 창이다. 예를 들어 설명한다면, 웨슬리가 영국 모라비안 교도들의 영향을 받고 있을 때에는 칭의의 믿음과 충분한 확신을 거의 동일하게 보았다.[58] 그러나 1739년경, 믿음의 등급과 확신의 등급이 있으며 하나님의 자녀는 의심과 두려움이 혼재된 칭의의 믿음을 수행할 수 있음을 깨닫기 시작했다.[59] 그럼에도 불구하고, 앞서 인용된 내용으로부터 나온 두 번

---

56) Outler, *Sermons*, 1:285.

57) Ibid., 1:292. 맥고니글은 초기 감리회 운동 안에 나타난 성령이란 용어의 중요성을 보여 준다. Herbert McGonigle, "Pneumatological Nomenclature in Early Methodism," *Wesleyan Theological Journal* 8 (1973): 61~72.

58) Richard P. Heitzenrater, "Great Expectations: Aldersgate and the Evidence of Genuine Christianity," in *Aldersgate Reconsidered*, ed. Randy L. Maddox (Nashville: Kingswood Books, 1990), 88~91.

59) Ibid., 89.

째 문제는 웨슬리가 새롭게 제시한 구분에서 고유한 기독교 신앙(진정한 기독교)의 기준을 폄훼하거나 폐기했는지의 물음이었다.

이 물음에 대한 대답은 물론 예라고 해야 한다. 그 이유는 웨슬리가 분명하게 두 가지 점에서 이전의 오류를 수정했기 때문이다. 첫째, 하이젠레이터에 따르면 영국의 모라비안들은 "본질적으로 회심과 완전을 동일시하는"[60] 새로운 구원관을 제시했다. 그러나 때로 웨슬리는 죄의식과 능력, 존재의 이름으로 자유와 죄를 구분함으로써 모라비안들의 입장에 반대하였다.[61] 간단히 말해 구속이나 최초의 성화가 죄의식(칭의)과 죄의 능력(중생)으로부터는 자유롭지만, 그 존재(온전한 성화)로부터 자유롭지는 않다고 보았다. 달리 말하면, 육체적 본성이나 타고난 죄(inbred sin)는 하나님의 자녀에게 여전히 남겨진다는 것이다.

둘째, 웨슬리는 완전한 확신과 칭의를 가져오는 믿음을 연관시켰던 초기 입장을 수정했다.[62] 실로 야외 설교를 시작한 지 채 1년도 안 되어 믿음으로 말미암은 칭의 교리를 완전한 확신이 아니라 어느 정도의 확신으로 인식했다.[63] 그러나 때때로 의심과 두려움을 동반하기도 하는, 이 수정된 확신이 진정한 기독교를 구성하는 구속에 필연적인 확신일까? 예를 들면, 1744년 6월 1일에 베넷(John Bennet)에게 보낸 편지에서 웨슬리는 기독교인의 표를 가지지 않은 사람은 기독교인이 아니며, "내가 하나님의 자녀라고 내 영에게 증언하는 하나님의 성령의 증거를 가진 사람이 진정한 기독교인"[64]이라고 주장한다. 마찬가지로, 1744년 제1차 메소디스트 연회 참석자들은 "모든 참 기독교인들은 하나님의 사랑의 확신을 내포하는 믿음을 갖는다."[65]고 주장

---

60) Ibid., 68~69.

61) Outler, *Sermons*, 1:314 ff.

62) 1739년 4월 29일에 쓴 "값없이 주시는 은총"(Free Grace)이란 설교에서 웨슬리는 "믿음의 확신이 모든 의심과 두려움을 내어 쫓는다."고 주장한다. 그러나 하이젠레이터가 정확하게 지적하고 있듯이 그해 말 이런 주장을 내려놓는다. Outler, *Sermons*, 3:550. Heitzenrater, "Great Expectations," 81.

63) 1738년 6월, 웨슬리는 아주 작은 정도의 참 믿음만 있어도 의심이 있을 수 없으며, 의심을 느꼈다면 그것은 믿음이 약해서가 아니라 아예 믿음이 없어서라고 주장하는 "편지 한 통을 받고는 몹시 당혹감을 느꼈다." 웨슬리는 마음의 안정을 얻고자 즉시 성서를 펴서 고전 3:1 이하를 읽었다. Ward and Heitzenrater, *Journals and Diaries*, 18:254.

64) Baker, *Letters*, 26:108.

65) Jackson, *Wesley's Works*, 8:276. 1744년 연회가 표제 성서 구절로 삼은 것은 롬 8:15, 엡 4:32, 고후 13:5; 히 8:10, 요일 4:10,19였다.

했다. 그러나 1745년 연회에서는 같은 질문이 제기되었고 그에 대한 대답은 약간 수정되어 제시되었다. 웨슬리는 그 회의 내용을 이렇게 적고 있다.

> 질문 1. 하나님의 용서하시는 사랑이 하나님의 사랑을 받은 우리에게 절대적으로 필요한가? 아니면 어떤 예외가 있을 수 있는가?
> 대 답. 우리는 감히 다른 예외가 있을 수 없다고 생각한다.
> 질문 2. 하나님의 용서하시는 사랑은 내적이며 외적인 거룩함에 필연적인가?
> 대 답. 우리는 그렇다고 생각하는 편이다.[66]

마찬가지로, 1747년 연회록에는, 예외적인 경우는 있지만, 어느 정도의 확신이 언제나 칭의를 가져오는 믿음을 수반할 수 있는 것은 아니라고 기록되어 있다. 그러나 연회는 "몇몇 특수한 상황에 일반 교리를 근거지우는 것은 위험하다."[67]고 보았다. 또한 1745년의 연회와 마찬가지로 1747년 연회도 결국 예외의 경우를 인정했지만, 그 의미를 분명히 하면서 다음과 같이 주장했다. "그러나 우리가 아는 바는 그리스도가 (성령으로 말미암아) 저들 안에 나타나지 않았다면, 이들은 아직 기독교 신앙인이 아니다."[68] 사실 1745년에 많은 변화가 있었지만, 웨슬리는 여전히 확신이 진정한 기독교 신앙의 요소라고 가르쳤다. 같은 해 존 스미스에게 보낸 편지에 이 내용이 분명하게 나타난다.

> "누구도 평화와 기쁨과 사랑으로 마음을 뜨겁게 하는 성령의 영감이 없다면 진정한 기독교인이 될 수 없습니다." 이것이 내가 진정으로 강조하고자 하는 요

---

66) Ibid., 8:282. 웨슬리의 확신 교리에 대한 자료를 보려면, Mark A. Noll, "John Wesley and the Doctrine of Assurance," *Bibliotheca Sacra* 132 (April-June 1975): 161~77; Michael E. Lodahl, "'The Witness of the Spirit': Questions of Clarification for Wesley's Doctrine of Assurance," *Wesleyan Theological Journal* 23, nos. 1 and 2 (Spring-Fall 1988): 188~97; and Arthur S. Yates, *The Doctrine of Assurance: With Special Reference to John Wesley* (London: Epworth Press, 1952).

67) Jackson, *Wesley's Works*, 8:293. 최근 감리교회의 확신 교리와 관련해서 Geoffrey Wainwright, "The Assurance of Faith: A Methodist Approach to the Question Raised by the Roman Catholic Doctrine of Infallibility," *One in Christ: A Catholic Ecumenical Review* 22, no. 1 (1986): 44~61을 참조할 것.

68) Jackson, *Wesley's Works*, 8:293.

점입니다. 나는 이것이 기독교의 참 기반이라고 생각합니다.[69]

더 나아가 1747년 스미스에게 보내는 편지에서 이 점을 다시 한 번 강조하면서 이렇게 주장했다. "이것이 이전에 내가 '인지할 수 있는 영감'(perceptible inspiration)이라고 말했던 바이다. '모든 기독교 신앙인은 자신이 하나님의 자녀라는, 인지할 수 있는 하나님의 성령의 증거를 갖고 있습니다.'"[70]

이와 같은 증거들을 볼 때, 1745년 이후에도 웨슬리는 여전히 죄를 용서받았다는 확신을 온전히 본래 기독교의 신앙(the proper Christian faith)이라고 보았다. 1747년 연회가 끝나고 한 달 후에 동생 찰스에게 쓴 공개편지에서 자신의 확신 교리를 이렇게 요약했다. "1) 명시적 확신이 있다. 2) 이는 진정한 기독교인의 일반적 유산이다. 3) 본래 기독교 신앙이란 마음을 정결케 하고 세상을 정복하는 신앙이다."[71] 달리 말하면, 웨슬리가 믿음으로 말미암은 칭의와 확신을 관계시킨 점에 예외가 있다고 본 것은 정확하다 할 수 있지만, 성령의 증거가 부족한 믿음을 진정한 본래의 기독교와 동일시한 것은 정확하다 할 수 없다.

1755년, 리처드 톰프슨(Richard Thompson)과 교환한 서신에서 웨슬리는 자신의 확신 교리를 두 가지 면에서 분명히 정리했다. 우선, 악마의 자녀와 하나님의 자녀 사이에 중간 지대가 있다고 주장했다. 자신의 죄가 용서받았다는 확신이 없는 사람들도 믿음이 어느 정도는 있다. 때문에 주의 만찬에 참여하도록 허락할 수 있다.[72] 반면에 기독교인의 믿음에서 확신의 중요성은

---

69) Baker, *Letters,* 26:182.

70) Ibid., 26:246. 앞서 스미스에게 보낸 편지에서, 웨슬리는 "하나님으로부터 나서 죄를 짓지 아니한 사람은 그의 행위가 '하늘에 계신 우리 아버지시여.'라고 증언한다. 이들이 하나님의 자녀라고 이들의 영에게 증언하는 분은 바로 성령 그 자신이다."라고 주장했다. Ibid., 26:232.

71) Ibid., 26:254~55. 웨슬리의 확신과 진정한 기독교 교리는 "사도들은 오순절 이후에야 본래의 기독교 신앙을 갖게 되었다."고 주장하게 했다. 이 같은 결론은 사도들이 그리스도 부활 이전에 '진정한 기독교인'이었고 오순절은 이들의 온전한 성화를 보여 준다고 주장하는 성결파 신학자들의 입장을 뒤집고 있다. Jackson, *Wesley's Works,* 8:291. 웨슬리는 행 1:5를 주석하면서 온전히 성화를 이룬 사람들뿐 아니라 진정한 믿음의 사람들은 성령으로 세례를 받았다고 했다. "너희는 성령으로 세례를 받을 것이다. - 마찬가지로 모든 진정한 믿음의 사람들도 세상 끝까지 성령으로 세례를 받는다." Wesley, *NT Notes,* 275.

계속 강조했다. "여전히 나는 마음을 정결케 하는 본래의 기독교 믿음은 이러한 확신을 포함한다고 생각합니다."[73] 이 편지에서 확신과 관련해 "처음 몇 세기 동안 기독교 전체 교회는 확신을 향유했습니다."[74]라고 쓰면서 다시 이렇게 강조했다. "만일 확신이 무너졌거나 아주 숨어 버렸다면 나는 기독교 신앙을 가졌다고 말할 수 없습니다."[75] 1765년에 펴낸 "성서적 구원의 길"이란 요약 설교에서 실제로 웨슬리는 구원을 가져오는 믿음과 확신을 유지하는 것을 연결시켰다. "분명 구원을 가져오는 믿음은 확신을 포함합니다. … '그리스도는 나를 사랑하셨고, 나를 위해 자신을 내어주셨습니다.'"[76]

다음 해 웨슬리는 톰슨에게 편지를 보내 이 주제와 관련해 몇 가지 예외를 분명히 밝혔다. 1756년 2월 18일 톰슨에게 보낸 편지에서 1745년과 47년의 연회를 상기시키면서, 우리는 칭의의 상태에 있지만 확신이 부족할 수 있다고 인정했다. 이 같은 주장은 앞서 말했듯이 예외적인 경우였다. 웨슬리는 편지에서 "자신의 죄가 용서 받았다는 분명한 확신이 없는 사람도 칭의의 상태에 있을 수 있을까요?"라고 묻고는 "내 생각에는 그런 경우가 몇몇 있지요!"[77]라고 답했다. 그러나 그 이유에 대해서는 한참 후에나 설명했다. 바로 1768년 러더포스 박사(Dr. Rutherforth)에게 보내는 편지에서 웨슬리는 이렇게 기록한다.

---

72) Baker, *Letters*, 26:575. 그러나 웨슬리는 몇 년 후 1759년에 쓴 편지에서 모두 아니면 아무것도 아니라는 식의 표현으로 슬쩍 빠져나가고 있다. "아직도 분투하고 있나요? 이름뿐인 기독교인이 되든지 아니면 온전한 기독교인이 되려고 분투하고 있나요? 진정 여러분은 모두 아니면 아무것도 아니어야 합니다. 성인이 되든지 아니면 악마가 되는 것입니다. 죄에 탁월하든지 아니면 거룩함에 탁월해야 합니다." Telford, *Letters*, 4:52.

73) Baker, *Letters*, 26:575.

74) Ibid.

75) Ibid.

76) Outler, *Sermons*, 2:161. 이 상황은 자신의 신앙을 표현할 때 '나를 위하여'(*pro me*)라고 했던 루터를 연상케 한다. 웨슬리는 확신을 (완전한 믿음의 확신, 완전한 소망의 확신 등과 같이) 다양하게 분류했다. Telford, *Letters*, 2:385, 3:161; Wesley, *NT Notes*, 575, 632, 638; Jackson, *Wesley's Works*, 9:32; Davies, *Methodist Societies*, 9:375~76.

77) Telford, *Letters*, 3:163. 그러나 이 예외가 진정한 기독교와 확신이 연관되어 있다는 웨슬리의 입장을 무너뜨리지는 못했다. 한 달이 지난 1756년 3월, 웨슬리는 다시 톰슨에게 편지를 썼다. "나는 일반적으로 모든 기독교인은 하나님과 화해를 이루었다는 하나님께서 주신 확신을 갖고 있다고 믿는 바이오." Telford, *Letters*, 3:174. 1756년 2월 6일 톰슨에게 보낸 편지도 함께 참조할 것.

그러나 (확신과 칭의의 관계가 갖는) 일반 규칙에 예외가 없다고 하지는 않겠습니다. 누군가 하나님의 은총을 입었지만 온종일 슬픔으로 지낼 수 있습니다. 그러나 나는 이것이 몸의 불균형이나 복음의 약속에 대한 무지 때문이라고 보지는 않습니다.[78]

종종 혼동되고 있는 두 이슈를 여기서 분별할 필요가 있다. 첫째, 노년의 웨슬리는 종의 믿음과 그 수용을 자신의 죄가 용서받았다는 확신과 아직도 혼동하고 있었다. 왜냐하면 '노예의 영' 아래 있는 존재 곧 엄밀히 말해, 종은 의롭다 하는 신앙이 부족하기 때문이다. 1781년에 쓴 토머스 대븐포트 (Thomas Davenport)에게 보낸 편지에서 웨슬리는, 두려움의 영으로 고통 받아 온 신사에게 "당신은 노예의 영을 받았군요! 노예의 영은 양자의 영에 앞서 오지 않던가요? 목표가 멀지 않은 곳에 있군요. …눈을 드십시오! 의롭다 함을 받을 수 있는 고지가 바로 저기입니다!"[79]라고 권면했다. 이 충고는 노예의 영에 사로잡힌 사람들은 분명 칭의의 믿음이 부족함을 보여 주고 있다. 몇 년이 지나서 "믿음의 발견들"(On the Discoveries of Faith)이란 설교에서는 노예의 영과 종의 믿음을 구체적으로 연결했는데, 종의 믿음은 죄의 용서를 받아야 한다고 강조한다. "가능한 모든 수단을 통해 '믿음에서 믿음으로 이르도록,' 종의 믿음에서 아들의 믿음에 이르도록, 두려움에 이르는 노예의 영에서 어린아이와 같은 사랑의 영에 이르도록 권면하십시오."[80]

그렇다면 1746년에 쓴 "노예의 영과 양자의 영"이란 설교에서 말하는 노예의 영(이후에는 노예의 영과 종의 믿음을 동일시했음)의 특성은 무엇인가? 노

78) Ibid., 5:358.
79) Ibid., 6:95.
80) Outler, Sermons, 4:35~36, 「웨슬리 설교전집 7」[대한기독교서회]. 웨슬리는 이 설교에서 종의 믿음과 연결됐던 '두려움에 이르는 노예의 영'을 칭의와 받아들임으로부터 구분했다. 따라서 "노예의 영과 양자의 영"이란 설교에서는 종교적인 삶에서의 신실성(sincerity)과 받아들임(acceptance)을 혼동하지 않았다. 다음에 소개되는 인용에서 이 사실이 분명히 나타나고 있다. "사람은 (자연의 상태에 있든 율법의 상태에 있든 혹은 복음의 상태에 있든) 모든 경우에 신실할 수 있습니다. 예컨대, '양자의 영'을 가졌을뿐 아니라 '두려움에 이르는 노예의 영'을 가졌을 때에도 신실할 수 있습니다. 물론 두려움이나 사랑이 없는 순간에도 신실할 수 있습니다. 분명 신실한 유대인이나 기독교인만 있는 것이 아니라 신실한 이방인도 있습니다. 상황이 이러하다면 신실하다고 해서 하나님께 받아들여졌다고 할 수 없습니다." Outler, Sermons, 1:263, 「웨슬리 설교전집 1」[대한기독교서회].

예의 영 아래 있는 사람들은 슬픔과 회환을 느낀다. 죽음과 악마, 인간됨을 두려워한다. 또한 죄의 사슬을 끊고 싶어 하지만 그럴 수 있는 능력이 없다. 이들의 절망의 외침은 바울의 표현 속에 잘 나타난다. "오호라 나는 곤고한 사람이로다. 누가 나를 이 사망의 몸에서 구원할 것인가?"[81] 사실 이 설교에서 웨슬리는 '율법 아래 있는 사람의 전체적인 분투'를 노예의 영, 예컨대, 로마서 7장에 나오는 영적이고 심리학적인 역동성과 구체적으로 동일시한다.[82] 좀 더 정확히 말한다면, 앞서 인용한 특성들을 진정한 기독교인의 특성이라고 보지 않았다. 진정한 기독교인은 기본적으로 그리스도를 믿어 "더 이상 죄의 지배를 받지 않는"[83] 사람이라고 정의했던 것이다.

둘째, 웨슬리는 예외적인 경우에 의롭다 함을 얻고 중생을 얻어 (하나님의 자녀가 된) 사람들이 무지나 몸의 무질서 때문에 자신의 죄가 용서 받았다는 확신이 부족할 수 있다고 보았다.[84] 이 말은 웨슬리가 적어도 두 가지 방식으로 종의 믿음을 정의했음을 의미한다. 먼저, 그의 글에서 자주 등장하는 바, 광의의 의미에서 종의 믿음은 종의 믿음에 상응하는 것으로 칭의와 중생, 확신을 포함하지 않는다. 그 다음으론, 웨슬리의 글에 거의 등장하지 않는 바, 협의의 의미에서 종의 믿음은 앞서 언급한 바대로 예외적인 경우인데, 칭의와 중생은 포함하지만 확신은 포함하지 않는 경우이다. 흥미로운 것은 두 번째 의미에서의 종의 믿음은 칭의와 중생을 포함하고 있기 때문에 분명 기독교의 (구원하는) 믿음이다. 그러나 웨슬리는 여전히 이 믿음이 확신이 부족하기 때문에 고유한 기독교 믿음으로 생각하지 않았다.

---

81) Ibid., 1:258.
82) Ibid. 하나님의 종들이 깨어나지만 이때 보는 것은 사랑의 하나님이 아니라 진노의 하나님이다. 그러므로 깨어남(awakening)과 신생(regeneration 혹은 회심 conversion)을 혼동하지 않는 것이 중요하다.
83) Baker, Letters, 25:575. 웨슬리는 결국 "믿는 자들 안에 있는 죄"(On Sin in Believers)라는 설교에서 보여 주듯이 죄책감(칭의), 능력(중생), 존재(온전한 성화)를 구분했다. 그러나 여전히 그리스도 안에서는 어린아이라 할지라도 죄의 권세로부터 자유롭다고 주장했다. Outler, Sermons, 1:314 ff, 「웨슬리 설교전집 7」[대한기독교서회].
84) 웨슬리는 1768년, 러더포스 박사에게 다음과 같은 편지를 보냈다. "그러므로 저는 수년 동안 '받아들임'의 의식을 '의롭다 함을 얻는 믿음'의 내용이라 생각하지 않았습니다." Telford, Letters, 5:359. Starkey, Work of the Holy Spirit, 68~69.

웨슬리의 확신 교리는 아래와 같이 세 단위로 나누어 요약할 수 있다.

하나님 자녀의 믿음 (진정한 기독교)	종의 믿음 (광의의 의미)	종의 믿음 (협의의 의미)
양자의 영	노예의 영	노예의 영이 아닌
증거가 있다(성령)	증거가 부족하다	증거가 부족하다
의롭다 함을 얻었고 하나님께로 남	의롭다 함을 얻지 못했고 하나님께로 남	의롭다 함을 얻었고 하나님께로 남
성령의 증거가 있음	죄로 인해 증거가 부족함 (많은 사람; 일반적임)	무지나 몸의 무질서로 인해 증거가 부족함 (소수의 사람; 예외의 경우)

따라서 1771년 경, 웨슬리는 염려와 두려움이 없는 온전한 확신과 염려와 두려움이 남아 있는 최초의 확신을 구분했다.[85] 종의 믿음과 그 받아들임의 정도를 좀 더 깊이 인식했던 것이다. 그리고 예외의 경우, 복음의 약속에 대한 무지나 몸의 무질서로 인해 확신은 부족하지만 의롭게 될 수 있다고 보았다. 그럼에도 불구하고, 노후에 웨슬리는 확신과 본래의 (진정한) 기독교 믿음을 동일시했다. 예를 든다면 1787년 1월에는 "나를 위해 자신을 내어주신 그리스도를 믿는 것이 기독교인의 믿음"[86]이라 하였고 그 후 일 년이 지나서는 다시금 종의 믿음과 아들의 믿음을 명확하게 구분했을 뿐 아니라 확신이 본래의 기독교 믿음의 온전한 내용이라고 주장했다. 그 이유에 대해서는 그의 설교 "믿음에 대해서"(On Faith)에서 다음과 같이 밝히고 있다.

그러므로 자녀의 믿음은 본래 하나님께서 직접 주신 확신입니다. 이 확신으로 말미암아 하나님의 모든 자녀들은 "나는 나를 사랑했고 나를 위해 자신을 내어준 하나님의 아들을 믿음으로 말미암아 내가 지금 누리는 생명을 산다."고 증언할 수 있게 되었습니다. 그런즉 이 확신을 가진 자들은 누구든지 "성령께서 그가

---

85) 웨슬리의 온전한 확신교리에 대한 두 중요한 문헌 자료로는 Outler, *Sermons*, 3:549, 4:36이 있다.

86) Telford, *Letters*, 7:361~62. 웨슬리가 비범한 영감을 고집한다고 주장한 플루리(Fleury) 씨에게 답장을 보내면서 웨슬리는 성령의 증거(확신)가 기독교인 믿음에 결정적이라고 보았다. "저는 진정한 모든 기독교인들에게 공통적인 것, 예컨대, 이것 말고는 기독교인이 될 수 없는 영감 외에 다른 영감을 말한 적이 없습니다." Davies, *Methodist Societies*, 9:392.

하나님의 자녀인 것을 증거하는 바를 자신의 영으로 증거합니다."[87]

더 중요한 것은 1788년 멜빌 혼(Melville Home)에게 보낸 편지에서 확신과 온전한 믿음의 구원을 일치시키거나 강조하고 있다. 이 편지에서 웨슬리는 확신이 부족한 하나님의 종들은 오늘날 일반적으로 생각하는 것처럼 확신이 부족하다 하여 정죄를 받는 것이 아니라고 하였다. 오히려 "우리가 언제나 그랬듯이 확신을 설교하는 것은 확신이 하나님의 자녀들의 보편적 특권이기 때문"[88]이라고 말했다.

온전한 믿음의 확신

은혜 위에 은혜를 입은 사람들을 생각하면서 웨슬리는 '온전한 믿음의 확신'이란 말을 사용하여 온전한 성화에 이르는 성령의 증거를 표현하고자 했다. 여기서 말하는 확신은 질적으로 구분되는 것으로, 마음이 사랑 안에서 완전해졌기 때문에 모든 의심이나 두려움과 상관이 없는 확신이었다. 요한 1서의 저자가 설명하는 대로, "사랑에는 두려움이 없습니다. 완전한 사랑은 오히려 두려움을 내쫓습니다. 두려움은 벌 받을 일을 생각할 때 생깁니다. 그러므로 두려워하고 있다면 아직 사랑을 완성하지 못했다는 증거입니다"(요일 4:18). 웨슬리는 이 구절을 변용해 확신의 다른 차원들을 표현했다. "자연인은 두려움도 없고 사랑도 없습니다. 죄에 대한 자각을 한 사람은 사랑은 없고 두려움이 있습니다. 그리스도 안에서 어린아이인 사람은 사랑과 두려움이 공존합니다. 그러나 그리스도 안에서 장성한 사람(아버지)은 두려움은 없고 사랑이 있습니다."[89] 절대적인 믿음의 확신이 의심과 두려움을 내어 쫓지만, 이 확신은 "미래의 확신이 아니고 다만 현재의 확신입니다."[90] 예컨대,

---

87) Outler, *Sermons*, 3:497~98, 「웨슬리 설교전집 7」[대한기독교서회]. 웨슬리가 말하는 '온전한 확신'의 의미를 살펴보려면, Wesley, *NT Notes*, 638; Outler, *Sermons*, 3:549, 4:36; Ward and Heitzenrater, *Journals and Diaries*, 22:436을 참조할 것.

88) Robert Southey, *The Life of John Wesley* (New York: W. B. Gilley, 1820), 1:258. 웨슬리가 주장하듯이 확신이 하나님의 자녀들의 보편적 특권이라면, 신생 이후에 의심과 두려움을 동반한 확신이 따라온다는 것은 가능해 보이지 않는다.

89) Wesley, *NT Notes*, 638 (요일 4:18). 또한 Outler, *Sermons*, 4:37을 참조할 것.

90) Outler, *Sermons*, 3:550.

믿음의 확신은 미래의 가능성에 속한 것이 아니라 현재의 실재에 속한다.

전문 용어에 대한 물음

온전한 성화와 관련하여 성령의 역할을 다룬 웨슬리의 글들은 마음의 정결보다는 확신에 속한 문제에 초점을 맞추고 있다. 그렇다면 웨슬리가 성령의 사역을 기술할 때 오순절의 용어를 사용했는가? 말하자면, 몇몇 저술가들이 지적하듯이 '성령의 세례'와 온전한 성화를 거의 동일시했는가?

웨슬리는 믿는 자의 삶에서 역사한 성령의 사역을 기술할 때 '성령을 받음'과 '성령이 충만함', '성령으로 세례를 받음'이라는 세 가지 기본적인 표현을 사용했다. 먼저, '성령을 받음'이란 표현을 사용할 때 기독교인의 완전에만 한정시키지 않았다. 때문에 1770년 벤슨(Joseph Benson)에게 보낸 편지에서 웨슬리는 이렇게 주의하도록 일렀다.

> 만일 저희가 (사랑 안에 완전해짐)을 '성령을 받음'으로 표현하고자 한다면, 그럴 수 있을 것입니다. 그러나 이런 의미에서 이 구절은 성서적이지도 않고 본래적이지도 않습니다. 왜냐하면 사람들이 의롭다 함을 받을 때 모두가 성령을 받았기 때문입니다. 성령을 받을 때에 하나님은 "아들의 영을 믿는 이들의 마음에 보내어 아바 아버지라 부르게 하셨습니다."[91]

마찬가지로, 웨슬리는 '성령이 충만함'이라는 두 번째 구절을 교차 가능한 방식으로 사용했다. 예컨대, 어떤 때는 이 구절을 신생을 뜻하는 것으로 사용했고, 또 어떤 때는 온전한 성화를 뜻하는 것으로 사용했다. 따라서 이 구절을 은총의 2차 사역에 한정해 사용하지 않았다. "이성과 경건의 사람들에게 던지는 호소"라는 논문에서는 일반적인 기독교인들에 대해 기술하며 이렇게 주장했다. "나는 기독교인들이 기적을 일으키기 위해 성령을 받아야 한다고 주장하지 않는다. 분명 우리가 '성령을 받고' '성령이 충만해야 하는 까닭'은 성령의 열매를 충만히 맺기 위해서이다."[92] 다시금 1744년 옥스퍼

---

91) Telford, *Letters,* 5:215.
92) Jackson, *Wesley' s Works,* 8:107.

드 대학교에서 행한 "성서적 기독교"(Scriptural Christianity)라는 설교에서 "모든 기독교인은 성령으로 충만해야 합니다."[93]라고 피력했다. 이 말은 "성령이 충만하지 않은 사람은 누구든 기독교인이 아니라는"[94] 의미이다. 또한 2년 후에 기록한 "성령의 처음 열매들"(The First-fruits of the Spirit)이란 설교에서는 그리스도 안에 있는 모든 이들, 곧 모든 기독교인을 의미하기 위해 '성령이 충만한'이란 문구를 사용한다. 웨슬리는 "'그리스도 안에 속하며' '그리스도 안에 거하는' 이들은 실로 '성령을 좇아 걷는 사람들'"[95]이라고 주석한다. 여기서 다시금 그의 용어 사용에 분명한 경계가 없음을 보게 된다.

그럼에도 불구하고 공정함과 정확함을 기하기 위해 웨슬리가 때로는 '성령 충만'이란 용어를 '사랑으로 완전한 사람들'과 연관시켜 사용하고 있음을 상기할 필요가 있다. 따라서 1771년 벤슨(Joseph Benson)에게 보낸 편지에서 웨슬리는 이렇게 쓰고 있다. "그리스도 안에 태어나 어린아이가 된 사람은 … 때때로 증거를 갖고 있습니다. 젊은이가 되어서도 그 증거는 계속됩니다. 나는 사랑으로 완전한 사람이나 성령이 충만한 사람은 진정으로 아버지라 불릴 만하다고 믿습니다."[96] 그는 '성령 충만'이란 용어를 온전한 성화를 말하기 위해 사용했지만, 그렇다고 온전한 성화만을 의미하기 위해 말한 것은 아니다.

오히려 '성령으로 세례를 받음'이란 표현을 온전한 성화와 밀접하게 관련시켰다고 예상해 볼 수 있다. 그러나 여기서도 그 관계가 역시 명증하지 않다. "너희는 … 성령으로 세례를 받을 것"이라는 사도행전 1장 5절에 대해 웨

---

93) William Arnett, "The Role of the Holy Spirit in Entire Sanctification in the Writings of John Wesley," *Wesleyan Theological Journal* 14, no. 2 (Fall 1979): 23. 아넷은 이 문제와 관련하여 온전한 성화를 성령의 충만함과 관련시키는 웨슬리와 다른 견해를 갖고 있음에도 불구하고 허심탄회하게 이 내용을 인용한다.

94) Ibid. 웨슬리는 같은 회중을 향해 "그러므로 무엇보다 탁월한 것은 모두가 성령으로 충만하여 (시대를 초월해 어느 누구를 막론하고 모든 기독교인의 본질인) '그리스도의 마음'을 주는 것이며 '사랑과 희락과 화평과 오래 참음과 온유와 양선 등 성령의 거룩한 열매를 맺고 사랑으로 견디는 것'이라고 선포했다. Outler, *Sermons*, 1:160을 참조할 것.

95) Outler, *Sermons*, 1:236~37. 다시금 아넷은 이 구절이 자신의 입장과 다르다는 것을 알고는 이렇게 주장한다. "설교 말미에 웨슬리는 '하나님의 자녀들'이 여전히 '타락한 본성'이나 '내적인 죄'에 머물러 있다고 지적합니다. 문제는 '어떻게 기독교인이 성령 충만하다고 하면서 내적인 죄에 머물러 있을 수 있는가'입니다. 아마도 웨슬리는 이들이 온전히 성화되지는 않았다고 생각했던 것 같습니다." Arnett, "The Roll of the Holy Spirit," 23.

96) Telford, *Letters*, 5:229.

슬리는 "그러므로 모든 참된 믿음의 사람들은 세상 끝까지 성령으로 세례를 받을 것"[97]이라고 주석했다. 그는 하나님의 자녀들이 받은 은사와 은총에 대해 조심스럽게 언급하면서 그리스도의 피로 의롭게 되고 하나님께로부터 난 하나님의 사람들은 성령의 사역을 풍요롭게 향유함을 잘 알고 있었다. 예컨대, 다른 것을 위해 간과될 필요가 없는 영적 상태에 대해 잘 알고 있었다. 그러므로 후기 감리교에서는 '성령의 세례'와 '기독교인의 완전'이 강력하게 연결되었지만, 감리교의 아버지인 웨슬리 자신의 글에서는 이 점이 분명하지 않았다.[98]

이렇게 많은 자료에도 불구하고, 몇몇 학자들은 반대 입장을 견지했다. 고 조지 터너(the late George Turner)는 웨슬리가 "기독교인의 완전과 성령의 세례를 동일시했던 플레처의 마지막 '점검'을 뒷받침하고 있다."[99]고 지적한다. 오스왈트는 자신의 입장에서 볼 때 "성서의 가르침 전반에 거의 직관적인 감각을 갖고 있었던 웨슬리 스스로가 찰스와 플레처의 사상에 영향을 미쳤다."[100]고 주장했다. 보다 최근에 우드(Wood)는 웨슬리가 플레처의 입장이 곧 자신의 입장으로 읽혀질 수 있도록 허락했다고 주장했다.[101] 그러나 웨슬리의 사상은 플레처(나 그의 형제)의 사랑과 혼돈되어서는 안 된다. 웨슬리가 플레처의 점검을 승인했다는 것이 플레처 사상의 모든 영역을 승인했다는 뜻은 아니다. 이 점의 중요성을 인식하기 위해서는 1770년대 칼빈주의

---

97) Wesley, *NT Notes*, 393.

98) 웨슬리가 특별히 성령과 관계된 용어를 거의 배타적인 방식으로 온전한 성화와 관련하여 사용했을 뿐 아니라, 신학적으로 말해서 플레처(John Fletcher)가 웨슬리의 '옹호자'이며 '지정된 계승자'라는 주장에 대해 살펴보려면, Laurence W. Wood, *The Meaning of Pentecost in Early Methodism: Rediscovering John Fletcher as John Wesley's Vindicator and Designated Successor* (Lanham, Md.: Scarecrow Press, 2002)를 참조할 것.

99) George Allen Turner, "The Baptism of the Holy Spirit in the Wesleyan Tradition," *Wesleyan Theological Journal* 14, no. 1. (Spring 1979): 67.

100) John N. Oswalt, "John Wesley and the Old Testament Concept of the Holy Spirit," *Religion in Life* 48 (Autumn 1979): 284.

101) Wood, *Meaning of Pentecost*, 76. 리온(Robert Lyon)은 터너, 오스왈트, 우드와는 다른 견해를 갖고 있다. "오순절 이후로 모든 믿음의 사람들은 회심과 더불어 충만한 가운데 약속한 성령을 받는다. 성서는 성령을 받고, 성령으로 세례를 받으며, 성령으로 충만하게 되는 것을 구분하지 않는다. 이와는 반대로 사도행전은 이들이 상호 교환적으로 사용될 수 있음을 보여 준다." Robert Lyon, "Baptism and Spirit-Baptism in the New Testament," *Wesleyan Theological Journal* 14, no. 1 (Spring 1979): 24.

자들과 벌인 논쟁을 상기할 필요가 있다. 힐(Hill) 형제는 웨슬리의 「기독교총서」에서 표현된 몇몇 가르침들은 일관성이 없다고 비판했다. 그러나 웨슬리는 이 비판에 응답하면서, 책으로 나온 내용과 자신의 사상을 구분하여 설명했다. 이와 동일한 비판이 현재 상황에서도 적용된다.

이보다 우리의 관점에서 더 중요한 것은 웨슬리의 용어 사용에 대한 문자적 분석에 따르면, 웨슬리는 온전한 성화에서 성령의 역할을 기술하기 위해 독특한 오순절의 용어를 사용하지 않았다는 점이다. 죄의 확신이든 씻김이든 아니면 확신이든, 일반적으로 중생과 온전한 성화라는 완전히 다른 사역을 설명할 때 동일한 용어를 사용했다. 다음에 발췌한 문장에서 웨슬리의 '병행을 이루는' 용어를 주목해 보라.

우리가 믿음으로 의롭다 함을 얻듯이, 믿음으로 거룩하게 된다.[102]

그러므로 성령의 증거가 없이는 누구도 칭의와 온전한 성화를 이룰 수 있다고 믿어서는 안 된다.[103]

질문 16. 그러나 당신이 타고난 타락으로부터 거룩하게 되어 구원받았음을 어떻게 아는가?
대   답. 내가 의롭다 함을 얻었다고 아는 것 외에 다른 방법으로 거룩하게 되어 구원받았음을 알 수 없습니다.[104]

---

102) Outler, *Sermons*, 2:163. 여기서 웨슬리는 인식되든 인식되지 않든 어느 시점에서 예시되고 현실화될 수 있는 은총으로 받아들임으로써 온전한 성화와 칭의를 구체적으로 연결한다. 그러나 킹은 "전체적이고 순간적인 성화라는 현대의 관점에 반대하여, 성령세례의 결과는 인간이 하나님의 정결과 협력하는 과정적 삶을 통해 이루어질 수 있다고 주장한다." 그러나 점진적이고 과정적 변화는 정도의 차이를 보여 주기 때문에, 온전한 성화의 변화는 질적인 변화를 진지하게 다룰 수 없다. 또한 과정적 변화가 실제로 정도의 차이가 아니라고 한다면, 나타나는 질적 차이는 그 드러나는 시점이 있어야 한다. 따라서 킹은 다른 학자들과 마찬가지로 온전한 성화를 다루지 않고 성화의 과정만을 다룬다. 성화의 과정은 웨슬리 신학의 중요한 요소이긴 하지만 웨슬리 신학의 전체를 구성하는 것은 아니다. Rob King, "Eastern Patristic Spirit-Christology for Contemporary Wesleyan Faith Practice," *Wesleyan Theological Journal* 38, no. 2 (Fall 2003): 114.
103) Jackson, *Wesley's Works*, 11:402.
104) Ibid., 11:420.

또한 칭의와 온전한 성화에서 성령의 다른 역할은 웨슬리의 용어가 아니라, 그 용어가 적용되고 되새김질 되는, 구원의 순서라는 신학적 상황에 나타난다. 그러므로 믿는 자의 온전한 성화를 증언할 때 성령의 다른 역할은 칭의에 대한 성령의 증거가 아니라, 칭의 이후 믿는 자들이 은총 안에서 성장함을 뜻하는 구원론적 간격으로 이해되어야 한다. 그러므로 웨슬리의 자료를 본래적으로 이해할 수 있는 해석학적 단서는, 후기 미국의 감리교 전통이 아니라 웨슬리 자신이 사용했던 용어나 좀 더 광범위한 상황, 예컨대, 성령의 역할과 관련하여 광범위한 유사성을 보여 주는 중생과 온전한 성화의 병행 구조에서 찾아야 한다.105) 이 병행 구조에서만 웨슬리의 성령의 교리, 확신의 교리 혹은 이 교리들과 관련된 모든 교리가 본래적으로 이해될 것이다.

온전한 소망의 확신

놀랍게도 믿음의 완전한 확신이 종종 기독교인의 완전과 관계하지만 웨슬리의 실천신학에서 최고의 확신은 아니다. 성서의 증거를 성찰하다가 웨슬리는 또 다른 증거, 곧 온전한 소망의 확신을 제시했다. 이 둘을 대비시켜 본다면, 믿음의 온전한 확신이 현재의 용서와 관계한다면 소망의 온전한 확신은 미래의 영광과 관계한다. 다시 말하면, 믿음의 온전한 확신은 의심이나 두려움이 없는 현재의 용서에 대한 온전한 확신이고, 소망의 온전한 확신은 "주께서 하늘의 구름 타고 오심을 이미 보았듯이 그가 영광 가운데 다스리시는 것을 의심하지 않는 확신이다."106) 또한 웨슬리는 소망의 온전한 확신을 성령의 은총과 은사로 독특하게 이해한다. "하나님께서는 우리에게 '소망의 온전한 확신을 주심으로' 약속의 성령으로 우리를 인 치신다. 하나님의 모든 약속을 받는다는 확신이 의심의 가능성을 배격한다."107)

구원의 순서의 최고 단계에 이르면 웨슬리의 실천신학은 (창조교리에서와 마찬가지로) 다시 한 번 하나님의 은사가 선험적인 협력에 기반을 둔, 온전히

---

105) 이 입장에서 우리는 온전한 성화를, 타고난 죄의 마음을 정결케 하고 사랑으로 채우는, 영적 성화에 앞서 일어나는 순간적인 사건으로 봄으로써 그 중요성을 축소시키지 않는다. '오순절의' 입장은 중생의 가치를 폄훼하여 죄의식과 죄의 권세로부터 자유하고 성령 안에 살아가는 하나님의 자녀의 영광스런 상태를 경시하는 위험이 있다.

106) Outler, *Sermons*, 4:37.

107) Jackson, *Wesley's Works*, 11:424.

성화된 사람들에 의해서가 아니라 하나님의 의지와 목적에 따라 주어지는 하나님의 완전한 자유를 강조한다. 분명, 웨슬리는 사랑으로 완전한 사람들은 소망의 확신을("이는 완전한 사랑의 본질적인 것도 아니며, 완전한 사랑과 분리될 수도 있다.)[108] 가지며, 좀 더 중요하게는 하나님의 자유와 감찰하는 의지를 강조하는 방식으로 끝까지 견디는 이러한 은혜가 몇몇 사람들에게, 특별히 사랑으로 완전하지도 않았던 그림쇼(Grimshaw) 씨에게 임했다고 주장했다.[109] 따라서 다시 한 번 말하지만 웨슬리의 신학은 신인 상호 협력으로만 읽혔던 전통을 넘어선다. 그의 정교한 신학적 사유는 신-인 협력적 입장을 넘어 거룩한 사랑의 하나님의 선성과 자유, 풍요로움을 강조한다.

확신 (중생)	믿음의 온전한 확신 (온전한 성화)	소망의 온전한 확신 (중생이나 온전한 성화)
어느 정도의 확신. 때때로 의심이나 두려움이 있음.	지금 하나님의 은총 안에 있다는 분명한 확신. 모든 의심과 두려움이 없음.	궁극적 구원으로 모든 의심과 두려움이 없음.

더 나아가 은사의 최고 단계에 이르면, 웨슬리 신학은 이전에 사람들이 상상했던 것보다도 더, 웨슬리가 비판했던 칼빈주의자들의 신학처럼 보이기 시작한다. 특별히 '미래의 견인'(future perseverance)이라는 말로 온전한 소망의 확신을 탐구할 때 그렇게 보인다. 그러므로 히브리서 6장 11절을 주석하면서 웨슬리는 다음과 같이 지적한다. "소망의 온전한 확신은 … 하나님의 인내의 은총과 영원한 영광과 같은 정도의 (성령의 직접적인 영감으로 영혼 안에 역사하는) 하나님의 증거이다."[110] 그럼에도 불구하고, 웨슬리는 소망의 온전한 확신을 죄에 대한 보장이라고 왜곡시키려 했던 이 가르침이 지닌 율법 폐기론적인 오류를 피해 가고자 했다. 따라서 로(Hester Ann Roe)에게 보낸 편지에서, 웨슬리는 소망의 온전한 확신을 가진 사람들은 '모든 의심과

---

108) Ibid., 13:61.
109) Ibid. 웨슬리 신학에서 '소망의 온전한 확신'의 의미를 광범위하게 논의한 자료를 보려면, Yates, *Doctrine of Assurance*, 128~32를 참조할 것. 여기서 가장 기본적인 차이는 "믿음의 온전한 확신이 현재의 용서와 관계한다면 소망의 온전한 확신은 미래의 영광과 관계한다."는 표현 속에 잘 나타나 있다.(130)
110) Wesley, *NT Notes*, 575 (히 6:11).

의심에 대한 두려움을 물리치고 하나님의 영광을 향유할 것'이라는 자신의 가르침과 "성인은 누구라도 은총으로부터 떨어지지 않을 것"[111]이라는 의견을 분명하게 구분했다. 달리 말하면, 죄의 권세나 지배에 굴복하게 되면 구름에 가려져 "하나님과 지속적으로 분리되기 때문에 온전한 소망의 확신이 더 이상 존속할 수 없다."[112] 그러므로 이 확신은 지속적인 거룩함과 조화를 이룬다. 때문에 소망의 확신은 흔들릴 수 있다. 더구나 젊은 제자에게 보낸 편지에서 이미 몇 가지 조건을 제시한 바 있는데, 이 가르침은 거룩한 사랑의 가르침인 구원의 참 목적을 손상시키지 않는다.

당신의 관심은 현재의 순간이고, 당신의 과제는 오늘을 사는 것이다. 모든 의미에서 내일 일은 내일 염려하라. 사실 소망의 온전한 확신은 우리의 최후 구원에 대한 모든 의심을 내쫓는다. 그렇다고 소망의 온전한 확신이 계속해서 우리를 하나님과 밀접하게 동행하게 할 수 없다. 소망의 온전한 확신이 미래 행동의 확신을 포함하지는 않는다. 성서에서 나는 이를 증거하는 단어를 찾지 못했다.[113]

그러므로 웨슬리는 소망의 온전한 확신을 일종의 인내하는 은총(과 영혼에 큰 위로를 가져오는 은총)이라고 주장했다. 그러나 거룩함에 대한 계속적인 관심 때문에 하나님의 뜻에 충분히 주목하지 않는 추정적이며 오도된 확신과 (이 개념은 당시 민속 종교에서 찾아볼 수 있다) 소망의 온전한 확신을 구분했다.

은총의 지각
우리 자신의 영의 증거는 무엇보다도 성령의 열매와 마찬가지로 결과이고, 성령의 직적접인 증거는 우리 영의 증거보다 순간적이며 결과이기보다는 원인이기 때문에, 웨슬리의 실천신학에서 믿는 자들은 적어도 어떤 의미에서 은사를 넘어 은사의 수여자를 알 수 있어야 한다고 생각하는 것처럼 보

---

111) Jackson, *Wesley's Works*, 13:81.
112) Ibid. 웨슬리는 기독교인 삶의 거의 모든 발전 단계에서 율법폐기론의 가능성에 관심을 가졌다. Earl P. Crow, "Wesley and Antinomianism," *Duke Divinity School Bulletin* 31 (Winter 1966): 10~19.
113) Jackson, *Wesley's Works*, 12:442.

인다. 그렇지 않다면 도대체 왜 직접적인 증거를 주장한단 말인가?

어쨌든, 경험론에 기울어 있던 시대에서 (예를 들면, *Concerning Human Understanding*, 「인간 지성론」, 추영현 옮김[동서문화사]이라는 로크의 책이 1690년 출판됐고, *An Enquiry Concerning Human Understanding*, 「인간의 이해력에 관한 탐구」, 김혜숙 옮김[지만지]이란 흄의 논문은 1748년 출판됐다.), 웨슬리는 어떻게 성령의 역사가 인지될 수 있는지에 대한 보다 온건한 물음을 던졌다. 성령의 사역이 "감각 느낌이나 감각 인지"[114], 달리 말하면 자연적인 오감을 통해 인지될 수 있다는 개념을 거부하고 믿음의 능력을 통해 작용하는 영적 감각을 주장했다. 이 영적 감각을 통해 은총의 지고의 실재들이 인식될 수 있다고 보았다. "이성과 경건의 사람들에게 던지는 호소"라는 논문에서는 이렇게 설명하고 있다.

당신은 경험적으로 들을 귀와 보는 눈이 있어야 한다. 그러나 몸의 감각이 보이는 것들을 위해 존재하듯이 '보이지 않는 것들의 증거'를 위해, 보이지 않는 세계에 이르는 길이 되기 위해, 영적 존재를 분별하기 위해, 외적인 '눈이 보지 못하고 귀가 듣지 못하는' 것에 대한 개념들을 갖기 위해 혈육의 기관에 의존하지 않는, 영혼 안에 열려진 새로운 층의 감각이 있어야 한다.[115]

1759년 다운즈(Mr. Downes)에게 보낸 편지에서 웨슬리는 "마음에 인지 가능한"[116] 은총과 자연적 감각으로 분별이 가능한 감각적 존재들 간의 유비를 사용하여, 렉스 매튜(Rex D. Matthews)가 주장하듯이, 다시 한 번 인간 지식에 대한 자신의 기본적인 생각은 경험주의에 기초하고 있음을 보여 주고 있다.[117] 여러 면에서 은총이 넘치는 은사인 이 지식은 믿는 자들이 '우리 마음에 비추는 의의 태양의 빛'과 "우리 자신의 재지가 반짝이는 빛"[118]을 분별할 수 있게 한다. 또한 그는 특히 성령의 직접적인 증거에 관심을 가졌는데,

---

114) Ibid., 8:77. [Section V 2].

115) Ibid., 8:13. [Section 32]. 잉글리시(John English)는 웨슬리의 인식론에 미친 노리스의 영향을 추적했다. John English, "John Wesley's Indebtedness to John Norris," *Church History* 60 (March 1991): 55~69. 쉬미추(Mitsuo Shimizu)도 이 문제를 광범위하게 다뤘다. Mitsuo Shimizu, "Epistemology in the Thought of John Wesley" (dissertation, Drew University, 1980).

116) Jackson, *Wesley's Works*, 9:103.

117) Rex D. Matthews, "Religion and Reason Joined: A Study in the Theology of John Wesley" (thesis, Harvard University, 1986).

118) Outler, *Sermons*, 1:282.

이러한 관심은 성령의 직접적 증거의 요소들이 신비로 남아 있다 하더라도 어떤 면에서 믿는 자들이 성령을 인식하고 있음을 암시한다. "나는 하나님의 증거가 어떻게 마음에 나타나는 지 그 방법을 설명할 생각이 없다. '이 지식은 나에게는 너무 경외하고 탁월하여 나 혼자 힘으로 다다를 수 없다.'"[119] 또한 웨슬리는 성령의 직접적 증거를 가진 한 인격적 실재가 다른 인격적 실재들에게 소통되거나 적절하게 설명될 수 있는지 신중한 입장을 보이고 있다. "그러나 성령의 증거를 가진 사람은 그 증거를 갖지 않은 사람에게 설명할 수 없다. 따라서 성령의 증거를 설명할 수 있다고 기대해서는 안 된다."[120] 왜냐하면 성령의 증거는 영적으로 분별되기 때문이다.

더 나아가, 웨슬리는 인간의 마음에 성령이 임재한다는 것은 지속적인 영감을 의미한다고 보았다. "하나님께서는 우리 영혼에 숨을 불어넣으시고, 또 역으로 우리 영혼은 우리에게 임한 하나님의 숨으로 숨을 쉰다."[121] 달리 말하면, 인간의 영혼에서 행하는 하나님의 계속적인 활동이 인간 영혼을 깨워 하나님을 향해 반응하게 한다.[122] 이러한 역동적인 이해는 진지한 기독교인의 삶에 기본적인 주기를 만들어 낸다. 따라서 다양한 은총이 수여될 때, 인간의 마음은 (하나님께서 주도권을 갖는) 하나님의 선행은총의 활동을 받아들이고, 하나님의 주도와 목적에 마음을 개방함으로써 반응할 수 있다. 그러나 웨슬리는 먼저 은총을 받는 일이 없이는 응답할 수 없다고 보았다. 영혼은 수여자에 대해서 은사에 대해서 유연하게 수용적이어야 한다.

---

119) Ibid., 1:276. Don Marselle Moore, "Immediate Perceptual Knowledge of God: A Study in the Epistemology of John Wesley" (thesis, Syracuse University, 1993). 앞선 연구로는 Yoshio Noro, "Wesley's Theological Epistemology," The Iliff Review 28 (1971): 59~67을 참조할 것.

120) Outler, Sermons, 1:283.

121) Ibid., 1:442. 이후정은 은총의 인지 가능성을 협동 혹은 협력하고만 연결시킨다. 그러나 이러한 움직임은 가톨릭의 (실제로는 동방) 거룩의 개념뿐 아니라 은총의 개념을 지지한다. 이렇게 될 경우 신/인 협력이 '접속'의 반쪽에 불과하며, '오직 은총만'이라는 하나님 홀로의 활동을 염두에 두어야 할 필요성을 간과하게 된다. 셀은 개신교의 은총의 개념과 가톨릭의 거룩의 개념을 주장함으로써 웨슬리의 뜻에 보다 가깝게 다가섰다. George Croft Cell, The Rediscovery of John Wesley (New York: Henry Holt, 1934), 359; Hoo-Jung Lee, "Experiencing the Spirit in Wesley and Macarius," in Rethinking Wesley's Theology for Contemporary Methodism, ed. Randy L. Maddox (Nashville: Abingdon Press, 1998, 「웨슬리 신학 다시 보기」, 이후정 옮김[기독교대한감리회 홍보출판국]), 202.

122) Outler, Sermons, 1:442.

삼위일체

웨슬리는 믿는 자의 영혼에 그리스도의 마음을 심는, 성령의 역동적인 역할을 말할 때 미국의 감리교 번안을 위해 참고한 영국 국교회 종교 강령의 "성 삼위일체 신앙에 대하여"를 자연스럽게 참조했다. "성 삼위일체 신앙에 대하여" 영국 국교회 종교 강령 원본은 다음과 같다.

> 하나님은 유일하시며, 참되시고, 살아 계신 실재시며, 영원하시고, 몸도, 지체도, 감정도 없으시며, 무한한 능력과 지혜와 선을 가지시며, 보이는 것과 보이지 않는 것의 창조자이시다. 그리고 신성의 통일성 속에는 세 가지 성품이 있는데, 본질과 능력, 영원성에 있어서 일체이신 성부 성자 성령의 성삼위일체로 존재한다.[123]

웨슬리는 이 원본을 편집 각색하면서 '감정도 없으시며'라는 구절을 빼버렸다. 이렇게 함으로써 하나님은 감정이 없으신 분이 아님을 암시했다. 본래적으로 이해했을 경우, 거룩한 사랑은 그 자체가 하나의 감정이다.[124] 따라서 '감정도 없으시며'라는 구절을 생략함으로써 거룩한 사랑의 기질이나 열정을 가르치고, 인간이 하나님의 형상으로 지음 받은 것을 새롭게 함으로써 자신의 신학 안에 성령의 관대한 역할을 제시한다.

필리오크베 문구

삼위일체의 역동적이며 관계적인 개념에 대한 관심은 서방의 필리오크베 문구를 웨슬리가 인정하는 데서 분명하게 나타난다. 필리오크베 문구는 성령이 아버지로부터 또한 아들로부터도 발현했다는 이중 발현의 의미를 담고 있다. 589년 제3차 톨레도 공의회에서, '그리고 또한 아들도'라는 문구가 니카이아 콘스탄티노플 신경의 '아버지로부터 발현한 … 성령'이라는 문구 바로 뒤에 덧붙여지게 되었다. 때때로 필리오크베 문구는 아들과 성령의 연결

---

123) Philip Schaff, *The Creeds of Christendom*, vol. 3 (Grand Rapids, Mich.: Baker Book House, 1983), 487~88.

124) Paul Freeman Blankenship, "The Significance of John Wesley's Abridgement of the Thirty-nine Articles as Seen from His Deletions," *Methodist History* 2, no. 3 (1964): 35~47.

을 축하하고 한 분 하나님 안에 세 위격들의 신비한 사랑의 관계를 제시한다는 이유로 서방교회의 예배 때 노래로 불려졌다.[125] 이후 후커(Richard Hooker), 브라운(E. H. Browne), 피어슨(John Pearson)과 같은 영국 신학자들은 자신들의 신학에 역사적인 39개 조항의 필리오크베 항을 받아들였다. 사실 아우틀러는 웨슬리의 삼위일체 교리는 "체스터의 피어슨 감독이 구성한 전통적인 영국 국교회의 맥락을 충실히 따르고 있다."[126]고 주장한다.

서방교회가 필리오크베 문구를 삽입하는 것을 두고 동방교회는 오늘까지도 하나의 '쇄신'으로 보고 있지만, 웨슬리는 그 나름으로 서방교회를 지지한다. 아버지로부터뿐 아니라 아들로부터도 성령이 발현한다는 필리오크베 문구는 충분한 성서적 근거가 있다. 웨슬리는 베드로전서 1장 11절에서 성령에 대해 그리스도의 영이라 한 부분을 아버지로부터 그리스도에 의해 보내어진 영으로 주석함으로써 필리오크베 문구 삽입을 지지했다.[127] 진정 아버지와 아들로부터 성령이 발현했음을 보지 못하게 된다면 어쩔 수 없이 아들과 성령은 분리될 것이고, 서방 신학자들의 관심이었던 신성의 일치와 조화도 훼손될 것이다. 그러므로 웨슬리의 입장은 자신이 속한 신학적 전통을 다시 정리할 뿐 아니라 중요하고도 어려운 신학적 문제를 최상으로 정리해 내는 것이었다.

웨슬리의 삼위일체 용어 사용

초기 교부들이 사용했던 '삼위일체'(Trinity)와 '삼위일체의'(triune)[128]라는 전통적 용어가 웨슬리의 글에도 표면상 분명히 나타나고 있다. 그러나 기독교 신성을 표현하는 그의 방식은 기본적으로 조직적이기보다는 묘사적이

---

125) 훨씬 이전의 서방교회 자료를 보려면, J. N. D. Kelly, *Early Christian Doctrines* (New York: Harper & Row, 1960), 269~70을 참조할 것.

126) Outler, *Sermons*, 2:373.

127) Wesley, *NT Notes*, 259. 때때로 인격성을 하나님께 기인하는 것, 예컨대, 인간의 성격과 특성이 신적 존재에 기인되는 것은 신-인동형론의 한 예로 비쳐질 수 있다. 그러나 실제로는 그 과정이 역으로 드러난다. 예컨대, 하나님은 참 인격이며, 피조물인 인간은 하나님의 지식과 사랑을 통해서만 자신의 인격의 존엄성을 이해했다. 웨슬리의 필리오크베 문구 승인을 담은 또 다른 예를 보려면, 1789년 11월 3일 쿡(Mrs. Cook) 여사에게 보낸 편지를 참조할 것. Telford, *Letters*, 8:183.

128) 사실 웨슬리 저술에서 '삼위일체의'라는 표현은 거의 나오지 않는다. "Thoughts Upon Jacob Behmen," in Jackson, *Wesley's Works*, 9:511; and Telford, *Letters*, 6:253을 참조할 것.

어서 성서적 표현에 가깝다고 할 수 있다. 그러므로 "기독교인의 완전"이라는 설교에서는 "하늘에는 아버지와 아들, 성령이라는, 셋이 새겨져 있는데 이 셋은 하나"[129]라고 주장한다. 1777년 리치(Miss Ritchie) 양에게 보내는 편지에서 웨슬리는 이렇게 묻는다. "당신은 셋이면서 한 분이신 하나님(Three-One God)의 임재를 의식하지 못한 적은 없습니까? 당신께서 내적 구원받았음을 증언하는 성령의 증언이 결코 모호한 적은 없었습니까?"[130] 몇 년이 지나, 정확히 말하면 1785년에 행한 "새 창조"(The New Creation)라는 설교에서는 도래하는 종말론적 갱신을 기술했다. 종말이 되면 "성령을 통해 아버지와 아들과 지속적으로 연합하는 때가 도래할 것이며, 셋이면서 한 분이신 하나님과 하나님 안에 있는 모든 피조물이 지속적으로 향유할 것입니다."[131]

웨슬리가 삼위일체를 기술할 때 거칠고 세련되지 않은 성서의 언어를 선호하는 이유는, 거룩한 하나님의 역동적이며 변혁적인 계시로 구원의 과정을 보려는 그의 관심이 반영되었기 때문이다. 말하자면, '아버지'라는 이름은 계시의 기원인 역사적인 중재자 곧 아들을 지칭하며, 성령은 계시의 현재적 실재(present reality)를 지칭한다.[132] 예컨대, 웨슬리는 2차 질서의 구조를 가진 후기 공의회와 신학자들의 용어에 집착하지 않았다. "나는 본문에 있듯이 아직 설명되지 않은 직접적인 말씀에 기초하여 주장할 것입니다. '하늘에는 아버지, 말씀, 성령 이렇게 셋이 기록되어 있습니다. 그리고 이 셋은 하나입니다.'"[133] 이러한 성서적 기독교 용어에 대한 관심 때문에 당시 특정 신경에 동의하기를 원하는 사람들이 구원받은 사람과 잃어버린 사람을 나누는

---

129) Outler, *Sermons*, 2:101, 「웨슬리 설교전집 3」[대한기독교서회].

130) Telford, *Letters*, 6:266.

131) Outler, *Sermons*, 2:510, 「웨슬리 설교전집 6」[대한기독교서회]. Ibid., 2:188; 4:31~32; 4:106; Wesley, *NT Notes*, 16~17 (마 3:17) and 151 (눅 3:18)을 참조할 것.

132) 이것은 에밀 브루너의 관점과 비슷하다. Emil Brunner, *The Christian Doctrine of God*, trans. Olive Wyon (Philadelphia: Westminster Press, 1949), 206~7.

133) Outler, *Sermons*, 2:378.

134) Ibid., 2:377. 괄호 안의 내용은 설교에서 따왔다. 웨슬리는 이 상황에서 '일반적으로 아타나시우스에게 속했다고 알려진' 신경을 언급한다. 퍼민(Mr. Thomas Firmin) 씨의 삶에서 발췌한 내용 서문에서 웨슬리는 이렇게 쓰고 있다. "나는 내 마음에 오래도록 기억되었던 다음의 삶을 읽고 적잖이 충격을 받았습니다. 삼위일체에 대한 잘못된 개념을 갖고 있다고 해서 경건하지 않은 것이 아닙니다. 나는 이 사실에 반대할 수 없습니다. 나는 퍼민 씨가 삼위일체에 대해 잘못된 개념을 갖고 있지만 감히 그가 경건한 사람이 아니라고 말할 수는 없습니다." Jackson, *Wesley's Works*, 14:293.

것을 문제 삼았다. "나는 (아타나시우스 신경)에 동의하지 않는 사람은 '분명코 영원히 멸망을 받으리라' 는 말을 받아들일 수 없다."[134] 그리고 '삼위일체' 나 심지어는 '위격' 이란 말을 사용하는 것을 고집하지 않았다. 이 문제와 관련해, 웨슬리가 셋/하나로 지칭했는데도 삼위일체나 위격이란 말을 고집하지 않은 이유는 이들이 성서적 용어가 아니었기 때문이다. 그럼에도 그는 곧 이렇게 덧붙여 설명했다. "나는 주저 없이 이들 용어를 사용한다. 왜냐하면 이 용어들 말고 더 좋은 용어를 알지 못하기 때문이다. 그러나 누군가가 이 용어들을 사용하기를 주저한다면 이들에게 이 용어들을 사용하라고 누가 강요할 수 있겠는가?"[135] 제네바의 칼빈과는 달리, 1세기 교회에서는 아직 몰랐던 용어를 사용하지 않았다는 이유로 한 사람을 처형하고자 하지 않았다. "나는 (삼위일체와 인격)이 아주 좋은 용어라고 생각한다. 그러나 이런 용어를 사용하지 않았다는 이유 때문에 산 채로 화형에 처하는 것은 아주 어려운 일이라고 생각한다. 특별히 물에 젖은 생나무를 서서히 태우면서 사람을 태우는 것은 생각하기 어려운 일 아닌가!"[136] 이처럼 불경건한 행동의 역설을 세르베투스(Servetus)가 화형에 죽어가는 것을 보았던 칼빈에게는 망각된 일이었지만 웨슬리에게는 망각될 수 없는 일이었다.

'셋/하나 하나님' 이라는 성서적 용어를 사용할 때 웨슬리는 또한 "어떻게 이것이 그러할 수 있는가? 어떻게 실로 하나가 될 수 있는가?"라는 사색적 물음을 하기 싫어했다. 셋/하나의 사실과 방식을 구분하면서 1771년 마치 양(Miss March)에게 보내는 편지에서 이렇게 주장했다. "신비는 '이들 셋이 하나' 라는 사실에 있는 것이 아니라 이들이 어떻게 하나인가를 설명하는 방식에 있습니다. 그러나 나는 설명 방식에 관심이 없습니다. 나는 그 사실 자체를 믿습니다. (전체 신비가 놓여 있는) 방식에 대해, 나는 그것에 대해 아무것도 믿지 않습니다."[137] 몇 년이 지난 후에는 "삼위일체"라는 설교에서 다시

---

135) Outler, *Sermons*, 2:378. 내가 앞서 한 연구("A Reconfiguration of Power: The Basic Trajectory of John Wesley's Practical Theology," *Wesleyan Theological Journal* 33, no. 1 (Spring 1998): 164~84.)는 웨슬리가 성서적 언어와 경세적 삼위일체에 초점을 맞추고 있음을 보여준다.

136) Jackson, *Wesley's Works*, 10:351.

137) Telford, *Letters*, 5:270. 웨슬리는 또한 "삼위일체" 라는 설교에서 스위프트 학장(Dean Swift)이 이 주제와 관련해 논문을 쓰면서 이 신비를 설명하고자 했던 모든 사람은 "완전히 그 길을 잃어버렸다." 고 한 점을 인용했다. Outler, *Sermons*, 2:377.

금 성령을 통해 예수 그리스도 안에 계시된 하나님은 셋이면서 하나라고 주장한다. "그러나 그 방식과 방법을 나는 이해하지 못합니다. 나는 그 방식을 믿는 것이 아닙니다."[138]라고 밝혔다.

사실과 방식을 구분하고 성서적 표현을 선호했던 웨슬리는, 기본적으로 오늘날 신학자들이 '경세적 삼위일체'라고 부르는 것에 관심을 두었다. 예컨대, 기독교 신성 안의 관계들인 '내재적' 삼위일체는 너무 사색적이라고 생각하여 구원의 순서를 따라 구원의 경륜 안에 나타난 하나님 곧 '경세적' 삼위일체에 관심했다. 그러나 교회의 신경적 작업을 '신 중심적'이라고 생각했던 신학자들은 웨슬리의 접근이 쉽게 '인간 중심적'으로 빠질 수 있다고 생각했다. 왜냐하면 명쾌한 설명은 하나님의 자아 안에 있는 하나님이라고 생각한 것의 표현일 뿐이기 때문이다. 그러나 여기서 웨슬리의 실천신학을 진짜 바르게 이해하기 위해서 겪는 진짜 긴장은 '인간 중심적'인 것과 '신 중심적'인 것의 긴장이 아니라 '성서적인 것'과 '전통적인 것' 사이의 긴장이다. 웨슬리는 성서적 기독교의 증진에 지속적으로 관심했다. 그러나 성서적 증거의 진리는 셋/하나 하나님의 사역을 통한 살아 있는 기독교인 경험 안에서 실현되고 확신된다. 달리 말하면, 전통적이라고 분류되는 가상의 '신 중심적' 접근은, 성령의 감독에 기초하고는 있지만, 성서적 용어를 넘어 2차적 질서 활동인 신앙 공동체의 교리적 성찰에 초점을 맞춘다. 그러므로 우리는 웨슬리가 본래적인 것에 지속적으로 주목한다고 생각한다. 예컨대, 실천신학을 전개하면서 셋/하나 하나님의 구원과 활동, 구속의 참 내용에 관심한다는 것이다.

웨슬리는 삼위일체의 구분된 위격들에 대한 진리는 믿는 자들의 삶 속에 일어나는 활동적인 구원의 과정에서 인식된다고 주장한다. 사실, "경험에 기초한 진리와 영원히 찬양을 받으실 삼위일체의 완전한 현존"[139]을 견지했던 마퀴스 랭티(Marquis de Renty)의 주장에 깊은 감명을 받았다. 랭티의 이러한 주장을 하나의 표준으로 사용하여 감리교인들의 경험을 평가했다. 그런데 1786년 브리스톨에서 웨슬리가 설교를 하고 있을 때 랭티와 같은 주장을 하

---

138) Outler, *Sermons*, 2:384, 「웨슬리 설교전집 4」[대한기독교서회].
139) Ibid., 2:385.

는 사람을 만났다. "경험에 기초한 진리와 영원히 찬양을 받으실 삼위일체의 완전한 현존을 견지한다."140) 앞서 1770년대에 웨슬리는 기독교인의 경험을 이러한 특별한 증거로 생각했다. 그러나 웨슬리는 이러한 영적 깊이는 어린 아이가 아니라 "그리스도 안에서 아버지"141)께 속한다고 보았다. 또한 1777년 신뢰하는 친구 찰스 페로닛(Charles Perronet)이 "처음에는 중재자 예수에게로 인도되었고 … 그 후 아버지와 교제했으며, 다음으로 성령과 교제한 후, 전체 삼위일체와 연합함"142)을 보고는 삼위일체의 위격들과 인간의 영적 경험의 성숙의 상관관계를 주장했다.

놀랍게도 한때 웨슬리는 실제로 사랑에 완전한 사람들이 자신들의 영혼 안에서 아버지와 아들과 성령의 구분된 위격들과 신성의 하나 됨을 경험한다고 생각했다. 그러나 결국엔 이 문제에 대한 생각을 바꾸었다. 예를 들면 1787년 맥스웰 양(Lady Maxwell)에게 보낸 편지에서 이렇게 지적한다. "전에는 이것이 사랑 안에 완전한 모든 사람들의 경험이라고 생각했다. 그러나 지금은 그렇지 않다고 분명히 확신한다. 이 사람들 중 몇몇만이 (하나님을 경험하는) 은총을 입는다."143) 그러므로 페로닛의 경우처럼 아버지와 아들, 성령의 구분된 위격들에 대한 경험은 분명 영적 성숙만을 위한 것이었고, 사랑 안에 완전한 사람들 모두가 이러한 은총의 경험을 하지는 않을 것이다. 그런데 어떤 이유에서건 사랑 안에 완전했던 사람들 몇몇은 이런 삼위일체의 경험적 진리를 경험했지만, 다른 사람들은 왜 하지 못하였는지에 대해 설명하지는 않았다. 물론 하나님의 자유와 은총을 암시함으로써 다르게는 표현하고

---

140) Ward and Heitzenrater, *Journals and Diaries*, 23:386.
141) Outler, *Sermons*, 2:385. 어린아이 혹은 자녀, 젊은이와 아버지라는 웨슬리의 구분에 대해 자세히 보고 싶으면, "믿는 자들 안에 있는 죄"(On Sin in Believers)라는 설교와 관련된 아우틀러의 각주 32번을 참조할 것. ibid., 1:321, 「웨슬리 설교전집 3」[대한기독교서회].
142) Telford, *Letters*, 6:263. 페로닛은 빈센트 페로닛(Vincent Perronet)의 둘째 아들이었다. 웨슬리는 빈센트에게 "소위 감리교인들이라고 불리는 사람들에 대한 평이한 설명"(A Plain Account of the People Called Methodists)이란 글을 발송했다. 이런 이유에서 빈센트는 종종 '감리회의 대주교'로 언급되었다. 삼위일체와 영적 경험과 관련한 다른 자료를 보려면, Jackson, *Wesley's Works*, 13:59, 60, 77, 107, 112를 참조할 것.
143) Telford, *Letters*, 7:392. 이 편지에서 웨슬리는 자기가 아는 사람으로는 페로닛과 랭티와 같은 경험을 한 축복받은 처음 사람이었음을 말해 준다. 그리고 두 번째가 리치(Miss Ritchie) 양이었고, 다음 세 번째로는 로 양과 로저스 여사(Miss Roe, Mrs. Rogers)였다.

자 했다.

그러나 사랑 안에 완전했던 몇몇 사람에게 적용되는, 셋/하나이신 하나님의 구분된 위격들의 경험적 증거가 본래적 기독교 신앙을 향상시키는 데 있어서 기독교 신성의 위격들이 갖는 '정상적인' 활동과 혼동되어서는 안 된다. 그러므로 "셋-하나 하나님에 대한 지식은 참된 기독교 신앙과 모든 살아 있는 종교와 얽혀 있다."[144]고 주장한다. 웨슬리는 이 사실을 좀 더 강조해서 이렇게 주장한다.

> 그러나 내가 아는 바, 누군가 기독교 신앙인이 될 수 있는 것은 (사도 요한이 말한 것처럼) "스스로 안에 증거를 가질 때, 하나님의 성령이 그의 영과 더불어 하나님의 자녀임을 증거할 때이다." 말하자면, 결국은 하나님 성령께서, 하나님 아버지께서, 하나님 아들의 공로를 통해 그를 받아들였음을 증거할 때이다. 이 증거를 가짐으로 그는 '아버지를 존귀하게 하듯이' 아들과 찬양을 받으신 성령을 존귀하게 한다. [145]

삼위일체와 거룩한 사랑의 용어

웨슬리는 어떻게 하나님/아버지께서 성령을 통해 예수 그리스도 안에서 믿는 자들에게 계시되었는가를 말하는 경세적 삼위일체에 초점을 두고 이 계시의 역동성을 탐구했다. 따라서 믿음을 가진 마음은 구원의 은총을 받아들이는 과정에서 변화를 경험하고 거룩한 사랑의 흐름에 따라 응답한다. 이렇게 이해할 경우, 양자의 영은 믿는 자들이 아들 안에서 아버지의 '사랑 받는' 자녀가 되게 하는 효자의 영이다. 따라서 이들은 '아바, 아버지'라고 부르게 된다. 그리스도의 몸에 참여하도록 부르신 그분과 관계하는 하나님의 아들들과 딸들은 영광스런 하나님의 영의 현존을 받는다. 그로 인해 이들은 좀 더 깊이 하나님의 사랑의 삶에 참여하도록 초대 받는다. 이 사랑은 그 순결과 아름다움이 뛰어난 사랑이며, 복음의 은총이 넘치는 자유 안에, 곧 죄의

---

144) Outler, *Sermons*, 2:385.
145) Ibid. 좀더 창조적이고 문학적인 차원에서 웨슬리의 삼위일체 교리를 탐구한 자료를 보려면, Seng-Kong Tan, "The Doctrine of the Trinity in John Wesley's Prose and Poetic Works," *Journal for Christian Theological Research* 7 (2002)를 참조할 것.

식과 죄의 존재로부터의 궁극적인 자유 안에 나타나는 사랑이다.

그러므로 웨슬리는 자신의 셋/하나 하나님의 교리가 이해할 수 없는 사색적인 비실천적 가르침이 아니라고 보았다. 또한 그의 교리는 자신을 떠나 삶의 중심으로부터 벗어난 교리적 구성이나 동의도 아니었다. 오히려 성령은 말씀을 통해 지금까지 알지 못했던 삶에 참여하도록 믿는 자들을 부른다. 예컨대, 거룩한 사랑의 삶으로 부른다. 웨슬리는 우리에게 우리를 위해 계시하신 하나님께 흔들리지 않고 주목하라고 말하면서, 지극히 높으신 하나님께서는 단순히 '명사'가 아니라 역동적이며 인격적이고 참여적인 방식으로 행동하는 단어인 '동사'로 이해되어야 한다고 본다. 때문에 "오, 거룩하시고 나누어지지 않은 삼위일체 하나님이시여! 우리 구원의 위대한 사역 안에 연합으로 활동하시고 다시금 우리를 하나님 자녀의 영광스런 자유로 회복시키시니, 당신께 영광이 있을 지어다!"[146]라고 외쳤던 것이다. 예컨대, 아버지는 구원을 계획하시고, 아들은 우리에게 오셔서 죽고 부활하시며, 성령은 타락한 인간 안에 하나님의 형상을 회복시키시고 예수 그리스도의 진리를 증언하고 심어 준다. 그러므로 웨슬리의 역동적인 하나님 이해는 부르심과 계시, 변화와 구속의 은총들 모두가 밀접하게 관계된, 인간 구원의 참여적 과정에 나타난다. 실로 계시 없이 변화가 없으며 변화 없이 계시가 존재하지 않는다고 보았던 것이다. 아버지와 아들, 성령의 역할인 (하나님 존재의 반영으로서) 하나님의 사역과 (점증하는 변화 안에서) 인간의 구원 과정 사이의 상관관계는, 결국 구원받는 자들이 창조의 빛나는 거룩한 사랑을 반영하고 있고, 쓰여진 영광의 상징인 '삼위일체의 표현'(Transcripts of the Trinity)[147]이 될 것임을 암시한다.

오늘과 내일: 오순절 종교의 등장

미 감리교회(the Methodist Episcopal Church)에서 설교 자격증을 가졌던 파햄(Charles Fox Parham)은, 1894년 믿음의 공동체를 떠나 하나님의 치유, 은총의 2차 사역으로서의 온전한 성화, 성령 세례의 3차 축복을 설교했다. 파햄

---

146) Jackson, *Wesley's Works*, 11:203.
147) Franz Hildebrandt and Oliver A. Beckerlegge, *The Works of John Wesley*, vol. 7, *A Collection of Hymns for the Use of the People Called Methodists* (Nashville: Abingdon Press, 1983), 88 (Hymn #7).

의 학생이었던 아그네스 오즈먼(Agnes Ozman)은 20세기 첫 날인 1901년 1월 1일, 성령 세례의 증거로서 방언을 말하기 시작했다. 그 후 몇 년이 지난 1905년, 파햄은 휴스턴에서 성서학교를 열었다. 파햄의 가르침에 영향을 받은 흑인 성결 설교자 윌리엄 시모어(William J. Seymour)는, 로스앤젤레스로 가서 다음 해까지 이어지는 아주사 거리 부흥회를 시작했다. 이 부흥회에서 많은 사람들이 방언(glossolalia)으로 말했다.

오순절 운동의 발흥에 대한 간략한 설명에서 보듯이 웨슬리 전통의 뿌리가 성령 운동에 분명히 나타나고 있다. 그러나 몇몇 학자들은 이 뿌리가 18세기와 19세기 대서양을 낀 양 대륙에서 부흥 운동의 싹을 키웠던 운동과 감리교의 아버지 웨슬리 자신에게 있다고 주장한다. 일례를 든다면, 오순절 계열의 학자인 랜드(Steven Land)는 "18세기 웨슬리의 운동과 19세기 성결운동이 없었다면 20세기 오순절 운동은 존재하지 않았을 것"[148]이라고 주장한다. 이 점에서 오순절 운동가들은 20세기 초 "보다 급진적인 성결 운동에 참여했던 프롤레타리아 대중"과 연대하여 크게 오순절 운동을 확산시켰다.[149]

저명한 성결 신학자 도널드 데이턴(Donald Dayton)도 비슷한 주장을 했다. 동시에 남북전쟁 직후 당시 성결운동이 "온전한 성화의 오순절적 형식"[150]을 받아들였다고 목소리 높여 지적했다. 이 해석에 비춰 보면, 오순절주의의 줄기는 "19세기 성결 전통과 닿아 있고, 간접적으로 감리교의 주제와 연결되어 있으며 더 깊이는 경건주의와 청교도주의에 연결되어 있다."[151] 멜빈 디터(Melvin Dieter)는 자신의 책에서 '오순절적 원초주의 등장'[152]을 지적한다. 오순절적 원초주의는 성령세례와 오순절적 주제들과 용어가 "점차 웨슬리적/고등—삶 초교파적 조직망(Wesleyan/Higher-Life interdenominational network)과 얽히면서"[153] 옮겨 간 미국 부흥운동을 통해 나타났다. 이 같은 영향은 한

---

148) Steven J. Land, *Pentecostal Spirituality: A Passion for the Kingdom* (Sheffield, England: Sheffield Academic Press, 2001), 49.
149) Ibid., 179.
150) Donald W. Dayton, *The Theological Roots of Pentecostalism* (Metuchen, N.J.: Scarecrow Press, 1987, 「오순절 운동의 신학적 뿌리」, 조종남 옮김[대한기독교서회]), 90.
151) Ibid., 143.
152) Melvin E. Dieter, *The Holiness Revival of the Nineteenth Century*(Metuchen, N.J.: Scarecrow Press, 1980), 250.
153) Ibid.

편으로는 신학자로서 웨슬리의 절친한 친구였던 플레처의 글이 널리 퍼져 있었기 때문이었다. 플레처는 오순절적 상상과 성령세례의 관계를 강조했는데, 최근에 이르러서는 우드(Laurence Wood)가 이 점을 강조했다.[154] 같은 맥락에서 빈슨 사이넌(Vincent Synan)은 "미국 오순절주의의 역사적이고 교리적인 뿌리는 웨슬리 전통에서 찾아야 한다."[155]고 주장한다.

웨슬리 전통과 이에 앞서 나타난 부흥운동의 입장에서 볼 때 오순절주의는 개혁적 특성을 갖는다. 따라서 웨슬리와 마찬가지로 미국 오순절주의는 역사기술(historiography)을 발전시켜 생명이 넘치는 성서적 기독교를 강조했다. 오순절주의자들은 (부유한 상류층 사람들이 지켜 온) 종교의 형식에 만족하지 않고 종교의 내적 능력에 목말라 했다. 마찬가지로 랜드(Land)도 콘스탄티누스 대제의 등장과 더불어 교회가 심각하게 쇠퇴했다고 지적했다. 이때 이후로 교만과 허영, 권력이 진정한 기독교 믿음을 밖으로 몰아내기 시작했다. 랜드는 진정한 기독교 믿음은 많은 거절과 고통의 상황에서 언제나 현실화된다고 생각했다.[156] 많은 예언자들은 대중적이고 세속적 기독교의 쇠퇴에 도전했다. "루터(칭의), 웨슬리(성화), 오순절주의(성령 충만)의 출현은 필연적이고도 피할 수 없는 개혁을 불러왔다."[157] '성령의 이른 비'라 불리는 오순절의 생동감 있는 생명과 일치를 회복하고자 했던 오순절주의는 '늦은 비'라는 이름으로 나타나게 되었다. '늦은 비'라 함은 성령의 부으심이 넘쳐나 은사와 은총이 충만하게 됨으로써 교회가 그리스도의 통치라는 추수기를 준비할 수 있게 되는 때를 말한다.[158]

---

154) Wood, *Meaning of Pentecost.*

155) Vinson Synan, *The Holiness-Pentecostal Movement* (Grand Rapids, Mich.: William B. Eerdmans, 1972), 8. 이러한 전체적인 이해에도 불구하고, 정확하고 균형 있게 이해하기 위해 역사를 다르게 읽는 것이 필요하다. 윌리엄 코스트래비(William Kostlevy)가 지적하듯이 하나님의 성회에 속한 많은 오순절주의자들은 "오순절 운동이 감리교회와 성결운동에 직접적으로 관련된다는 입장에 반대한다." 대신 개혁 전통이나 회복주의(restorationism)에 관련된다는 것이 더 적절하다고 생각한다. William Kostlevy, *Holiness Manuscripts: A Guide to Sources Documenting the Wesleyan Holiness Movement in the United States and Canada* (Metuchen, N.J.: Scarecrow Press, 1994), 8.

156) Land, *Pentecostal Spirituality*, 118.

157) Ibid.

158) Donald Dayton, "The Limits of Evangelicalism: The Pentecostal Tradition," in *The Variety of American Evangelicalism*, ed. Donald Dayton and Robert K. Johnston (Downers Grove, Ill.: InterVarsity Press, 1991), 46.

때때로 오순절주의는 미국 종교 세계에서 '제3의 힘'(third force)으로 불렸는데, 그 이유는 오순절주의가 갖는 경건주의의 성향 때문이었다.[159] 그런가 하면 어떤 학자들은 생명력 넘치는 오순절주의를 로마가톨릭, 동방정교회, 심지어는 개신교와 구분하기 위해 "제4의 힘"(fourth force)이라고 불렀다.[160] 그럼에도 불구하고 북미오순절협회(Pentecostal Fellowship of North America)가 미국복음주의협의회(National Association of Evangelicals)의 신앙고백 내용을 약간 확장해서 사용했기 때문에, 갤럽(George Gallup)을 포함한 대부분의 인구 통계학자들은 오순절주의를 복음적 개신교의 한 분파라고 생각했다.[161] 미국 복음주의자들과 마찬가지로 20세기 초 오순절주의자들은 성서의 권위, 그리스도의 구속 사역의 필연성, 회심의 필요, 복음화의 지상명령을 강조했다. 다시 말하자면, 복음주의와 마찬가지로 20세기 초 오순절주의자들은 "프롤레타리아 대중"(proletarian masses of people)[162]에 속해 있었다. 이들은 대체로 영혼의 삶을 간과한 채 자유로운 사회 복음적 활동을 택할 것인가 아니면 살아 있고 성령 충만하며 보수적인 생명의 종교를 택할 것인가라는 선택의 기로에서 언제나 후자를 택했다.[163] 그럼에도 불구하고 오늘날 오순절주의는 초기에 양분됐던 현상을 통합하여 세계에서 가장 사회적으로 활동적이며 성령이 충만한 기독교의 형태를 이루고 있다.

웨슬리의 중생 교리와 성령의 직접적인 증거 교리와 마찬가지로 개인의 삶에 나타난 성령의 활동적인 역할을 강조하는 오순절주의는, 이미 미래에 받을 능력을 믿는 자들이 미리 맛보았다고 강조한다. 이처럼 능력을 주는 은총은 성령의 열매와 다양한 은사 속에서 나타날 뿐 아니라, 가난한 사람과 신분이 낮은 사람들에게 영석으로 매력석인 승리가 선포되는 구원론석 낙관론을 갖게 한다. 위기나 오늘 구원을 가져올 수 있는 하늘의 능력의 침투에 여지를 주지 않는, 점증적이면서도 점차적인 구원론을 거부하는 랜드는 이렇게 주장한다.

159) William C. McLoughlin, *Is There a Third Force in Christendom?*, Daedalus 96, no. 1 (1967): 47.
160) Land, *Pentecostal Spirituality*, 20.
161) Dayton, "Limits of Evangelicalism," 47.
162) Land, *Pentecostal Spirituality*, 179
163) Ibid.

웨슬리 계열의 오순절주의자들은 능력이 임함으로 거룩한 생활이 가능케 된다고 주장한다. 따라서 단순한 성장에 의해 나타나는 중생과 실제 동일한 어떤 것으로 성화를 본다면 웨슬리의 가르침이 갖는 특수성과 역동성, 중요성을 잃는 셈이다. 위기가 없는 성장은 영감을 죽일 뿐 아니라 위험하다. 왜냐하면 이는 실제적이고 분명한 변화의 꿈을 잘라 버리기 때문이다.[164]

바로 가난하고 억압을 받았던 자들이 압제들과 영적인 억압으로부터의 자유, 곧 인간 정신을 타락시키고 억압했던 죄의 세력과 지배로부터의 자유라는 소식을 받아들이게 되었다. 이러한 역동성으로 오순절주의는 아프리카계 미국인들을 매료시켰고 전 세계로 퍼져 나갔다. 그 결과 오순절주의는 "검은 갈색의 피부를 가진 사람들 사이에 다수"[165]의 교인을 얻게 되었다. 웨슬리적 형식으로 등장한 오순절주의는 가난한 노동자 계층의 사람들 사이로 퍼져 나갔지만, 정말 궁핍한 하층 사람들에게는 다가가지 못했고,[166] 복음이 전해지지 않았다.

강력한 선교 열정을 지닌 개신교는 남미와 인도네시아, 아프리카에서 토착 민중 종교가 되어 빠르게 퍼져 나갔다. 하비 콕스가 「하늘로부터 내려온 불」(Fire from Heaven, 「영성 · 음악 · 여성」, 유지황 옮김[동연])이라는 책에서 주장했듯이 남반구를 통해 오순절주의 개신교가 놀랍도록 퍼져 나갔던 바, 가히 새로운 종교개혁이 진행 중이라고 할 수 있었다. 요점을 말한다면, 오늘날 전임으로 일하는 기독교 지도자의 1/4이 오순절주의의/은사주의자들에 속해 있으며,[167] "브라질에서는 매년 50만 명 이상이 가톨릭교회를 떠나 복음주의적(오순절주의의) 교회로 유입되고 있다."[168] 간단히 말해, "라틴아메리카는 17세기 중엽의 중앙 유럽보다도 더 빠른 속도로 개신교화 되고 있다."[169] 한

---

164) Ibid., 109.

165) Ibid., 207, n.1.

166) Myron Magnet, *The Dream and the Nightmare: The Sixties' Legacy to the Underclass* (San Francisco: Encounter Books, 1993), 37~55.

167) Land, *Pentecostal Spirituality*, 22.

168) Andrés Tapia, "Why Is Latin America Turning Protestant?" *Christianity Today* 36 (6 April 1992): 28. 연재 형식으로 편집된 이 책에서 '복음주의적'이란 용어와 '개신교'라는 용어를 사용하고 있지만, 새로운 증보판에서는 주로 '오순절주의의'라는 용어를 사용한다.

169) Ibid., 28.

연구에 따르면, "라틴아메리카에서 복음주의자 5명 가운데 3명은 오순절주의자이다."[170]

　　이토록 오순절주의가 가난한 사람들과 영적으로 갈증을 느끼는 사람들에게 넓은 지지를 받으며 성공을 거두게 되자, 라틴아메리카에서 로마가톨릭의 반대라는 중요한 문제가 나타나게 되었다. 과테말라와 브라질처럼 많은 사람들이 빠져나가는 것을 감지한 로마가톨릭교회는 "광고, 거리 시위, 전도를 비판하는 설교"[171]등으로 복음주의 개신교 그 중에서도 특히 오순절주의를 비난하고 나섰다. 스톨(David Stoll)은 현재 가톨릭 주교들이 "워싱턴의 지원을 받은 소종파의 침투"[172]를 경계하고 있다고 주장했다. 심지어는 선종한 요한 바오로 2세까지도 에큐메니컬에 반하는 방식으로 응대하며 "탐욕스런 늑대들"[173]이라고 표현한 라틴아메리카 주교들의 회의에 경고했다. 그러나 로마의 한 감독은 이런 표현에도 만족하지 못하고 "복음주의자들(그리고 오순절주의자들)이 이 땅에 '기름 오염처럼' 번져가고 있다."[174]고 불평했다. 이 표현은 성령 운동에 적합한 표현이 결코 아니다. 그러나 이런 로마가톨릭의 비난은 상실을 경험한 많은 사람들의 마음과 생각을 사로잡은, 성서적 기독교의 생명력 넘치는 운동을 억압하기에는 무력할 수밖에 없었다. 과테말라에서는 이미 로마가톨릭 교인 수보다 오순절주의자들 수가 더 많아지게 되었다. 앞으로 30년이 지나면, "라틴아메리카 6개 국가에서 오순절주의자들이 다수가 될 것이다."[175] 젠킨스(Jenkins)는 「다음 세대의 기독교 왕국」(The Next Christendom)이란 자신의 책에서 1900년에 오순절주의자들은 얼마 되지 않았고, 오늘날에는 수억 명이지만, "2050년 이전에 오순절 계통의 믿는 자

170) Tito Paredes, "The Many Faces of los Evangélicos," Christianity Today 36 (6 April 1992): 35.

171) Tapia, "Why Is Latin America Turning Protestant?", 29.

172) David Stoll, "A Protestant Reformation in Latin America?" Christian Century 107 (17 January 1990): 44.

173) Philip Jenkins, The Next Christendom: The Coming of Global Christianity (New York: Oxford University Press, 2002), 156.

174) Ibid.

175) Steve Rabey, "Conversation or Competition? Pentecostals, Roman Catholics in Long-Standing Talks to Resolve Conflicts, Discover Some Commonalities," Christianity Today 42, no. 10 (7 September 1998): 22.

들이 십억을 훨씬 넘어서게 될 것"[176]이라고 보았다.

최근 여론 조사자들과 인구 통계원들의 연구에 따르면, 개인의 삶과 공동체의 삶에서 능력을 주는 성령의 활동에 우선권을 주는 새로운 형태의 기독교 신앙이 21세기에 나타나고 있다. 이 자료들을 탐구하다 보면 감리교회, 웨슬리 교회, 성결교회, 오순절 교회들 사이에 중요한 대화가 이루어지고 있음을 알 수 있다. 이 대화를 보면 이들은 존 웨슬리의 유산으로부터 방향을 제시받을 뿐 아니라 영적 생명력을 공급받고 있다. 오순절주의와 마찬가지로 여러 면에서 관습적이지 않은 존 웨슬리는 교구의 경계를 넘어 평신도 설교자들을 세우고 복음을 가난한 사람들에게 전하면서 진정한 희망을 선물했다. 이 때문에 관습에 물들어 있던 '안정된 성직자들'의 비난을 받을 수밖에 없었다. 이런 의미에서 생명력 넘치는 새로운 성령 운동이 된 18세기 감리회 운동과 현대 오순절주의는 종종 '분열적인'(disruptive) 것으로 비쳐진다. 그러나 분열적이라는 부정적 방식의 표현에도 불구하고, 이 표현은 이 운동이 갖는 진정성을 긍정적으로 표현해 내고 있다고 볼 수 있다. 예컨대, 이 운동은 기존 세력에 도전하며 토양을 갈아엎을 뿐 아니라 성령의 은총과 깊이 치유하고 만족을 주는 사랑 안에서 자유를 얻어 누리게 된 마음의 생명, 곧 새로운 생명과 진정한 해방을 열어 간다.

---

176) Jenkins, *Next Christendom*, 8.

제5장
칭의 : 우리를 위한 거룩한 사랑의 하나님

나머지 모든 것을 포함하여 우리의 주된 교리는 세 가지이다.
곧 회개의 교리, 믿음의 교리, 성결(거룩)의 교리이다.
회개의 교리가 말하자면 종교의 현관에 해당한다면,
믿음의 교리는 종교의 문에 해당하고,
성결의 교리는 종교 자체에 해당한다.

Rupert E. Davies, *The Works of John Wesley. The Methodist Societies:*
History, Nature, and Design (Nashville: Abingdon Press, 1989), 9:227.

웨슬리가 수년에 걸쳐 다듬고 수정하여 선명하게 정리한 구원의 순서는 구조나 전문성이 결핍된 무조직의 것이 아니라 두 가지 중심 요점으로 정리된다. 칭의와 온전한 성화라는 두 초점은 하나님께서 우리를 위해 행하신 법률적인 것과 하나님께서 우리 안에 행하신 참여적인 것 사이의 차이를 보여 줄 뿐 아니라, 종교개혁으로부터 받은 유산과 광의의 가톨릭교회로부터 받은 유산에서 비롯된 웨슬리의 다양한 은총 이해를 보여 준다. 구원의 순서와 함께 다양한 은총 개념의 수행은 구속의 흐름을 조명하는 긴 여정으로 이어진다. 웨슬리는 이 여정을 하나님의 사역과 인간의 사역으로 이해했다.

협력은총(가톨릭)

구원의 순서가 도표처럼 구조화되어 잘 정리된 채 설명되는 웨슬리의 은총이해들 가운데 하나가 바로 하나님과 인간의 협력이라는 구조이다. "하나님은 당신 안에 일하시니 당신도 일할 수 있다. …하나님께서 당신 안에 일하시니 당신도 일해야 한다."[1] 이 표현이 반-펠라기우스에 가까운 신-인 협력적 방식으로 해석되지 않게 하려면 바로 넓은 의미의 선행은총이 이 같은 신-인 협력을 넉넉하게 품고 있다는 점을 주목할 필요가 있다. 달리 말하면 웨슬리는 실제로 구속에서 처음 주도권은 언제나 하나님의 몫이라고 본다. 그러므로 언제나 우리를 앞서 오시는 하나님의 은총은 그 은총이 제공하는 능력과 의무뿐 아니라 지극히 높으신 하나님의 사랑과 선하심을 보여 준다.

회개

(죄에 대한 깨달음, 회개, 회개에 합당한 행위들)과 같이 칭의와 연계된 교리들을 생각할 때, 먼저 하나님의 선행적 활동에 기초한 신-인 협력의 은총이 두드러지게 드러난다. 초기 여러 교부들의 작품에서 소개된 신-인 협력은 어

---

1) Albert C. Outler, ed., *The Works of John Wesley*, vols. 1~4, *Sermons* (Nashville: Abingdon Press, 1984~87), 3:206, 208.

떤 의미에서는 죄인들이 시간과 기회가 주어진다면 칭의 은사를 받을 수 있도록 준비시킨다. 앞 장에서 전개했듯이 도덕법을 통해 성령으로 죄를 자각한 죄인들은 더 깊이 새롭게 하시는 하나님의 은총에 초대된다. 칭의에 앞서 이처럼 활동을 강조하게 되면, 회개는 칭의 자체의 결과가 아니라 선행은총과 죄를 깨닫게 하는 은총으로부터 흘러나오는 것처럼 비쳐진다. 바로 이 점이 루터와 개혁교회의 구원의 순서로부터 구분되는 웨슬리의 구원의 순서이다.[2]

웨슬리는 회개에 대한 참된 가르침을 중요하게 생각하여 회개를 "주요 교리들"[3] 가운데 하나로 보았다. 그러나 회개가 가치 있기는 하지만 종교의 문도 아니고 종교 자체도 아니다. 단지 "종교의 현관"[4]에 지나지 않는다. 1741년 "옥스퍼드 안에 있는 위선"(Hypocrisy in Oxford)이라는 초기 설교에서 웨슬리는 칭의에 이르는 초기의 법적인 회개를 구성하는 여러 요소들을 나열하고 있다.

회개는 하나의 일이 아니라 말하자면 여러 요소들로 이루어져 있습니다. 왜냐하면 회개의 범주에서 다음과 같은 것들이 파악되기 때문입니다. 1) 죄로 인한 슬픔 2) 하나님의 손 아래에서 면목 없어 함(humiliation) 3) 죄를 미워함 4) 죄의 고백 5) 치열하게 하나님의 자비를 구함 6) 하나님의 사랑 7) 죄를 멈춤 8) 확실한 목표로서의 새로운 순종 9) 부정한 방법으로 취한 소유를 되돌려줌 10) 우리에게 지은 이웃의 죄를 용서해 줌 11) 자비와 구제의 사역.[5]

이 내용과 5년 뒤에 쓰인 「감리교인의 원리들」(Principles of a Methodist Farther Explained)에 나오는 내용과 비교해 보라. 후에 쓴 글에서 웨슬리는 회개가 죄에 대한 단순한 확신을 넘어서고 있음을 보여 주고 있다.

---

2) 윌리엄스(Williams)는 루터와 칼빈이 "칭의의 믿음 안에 1) 회개와 2) 그리스도를 믿음이라는 두 운동이 있다고" 주장한다고 지적한다. 웨슬리는 '용서 받았음'을 경험한 다음 '그리스도를 받아들임'을 의식하는 두 번째 순간만을 칭의의 믿음으로 본다. 그러므로 초기 종교개혁자들에게 회개란 믿음 이전에 이루어지는 역사가 아니고 믿음의 역사인 셈이다. Colin Williams, John Wesley's Theology Today (Nashville: Abingdon Press, 1960), 64.

3) Rupert E. Davies, ed., The Works of John Wesley, vol. 9, The Methodist Societies: History, Nature, and Design (Nashville: Abingdon Press, 1989), 227.

4) Ibid.

5) Outler, Sermons, 4:397, 「웨슬리 설교전집 4」[대한기독교서회].

첫째, 너희는 회개를 단순히 죄의 확신으로 알고 있다. 그러나 이는 회개에 대한 부분적인 설명일 뿐이다. 요리문답을 배운 어린이라면 누구나 회개 안에 죄의 용서; … 기회가 주어진다면 하나님의 뜻에 순종하며 살기; 기회가 주어지지 않는다 하더라도 하나님의 뜻에 순종하며 살고자 하는 진지한 열망과 목표 … 그리고 예수 그리스도를 통한 하나님의 자비에 대한 믿음을 포함하고 있음을 알 수 있다.[6]

웨슬리는 이전에 기술한 회개의 요소들을 반박하지 않았다. 대신 회개의 세 가지 면에 초점을 맞추고자 했다. 예컨대, 확신 혹은 자기-인식(self-knowledge), 영의 갈급, 그리고 자기-의(self-righteousness)와 자기-정당화(self-justification)의 거부이다.

회개에 합당한 행위들

은총의 깊은 사역으로서 회개는 자연스럽게 마음의 성정과 감성(affections)을 포함한다. 그렇지만 내면의 일뿐 아니라 마음의 변화와 결단도 함께 포함한다. 같은 맥락에서 웨슬리는 회개뿐 아니라 '회개에 합당한 행위들'(works meet [suitable] for repentance)을 말한다. 회개에 합당한 행위들이란 내적인 통회와 은총에 대한 외적인 표현들이다. 1745년에 출판한 "이성과 경건의 사람들에게 던지는 호소"라는 논문에서 웨슬리는 회개에 합당한 행위들을 다음과 같이 정의했다: "'회개에 합당한 열매들'이란 말로 내가 의미하는 바는, 형제를 용서하고, 악을 멈추며, 선을 행하고, 하나님의 규례를 사용하며, 우리가 받은 은총의 정도에 따라 온전히 하나님께 순종하는 것이다."[7]

회개에 합당한 행위들 가운데 첫 번째 되는 "형제를 용서하고"라는 내용은 논리적으로 회개의 행위 안에 수반됨을 알 수 있다. 달리 말하면, 우리가 완고하게 이웃을 용서하지 않으면서 사랑의 하나님의 손으로부터 용서를 기대한다면 합리적이지도 않고 자비롭지도 않다. 그러나 이어서 나오는 "악을 멈추며, 선을 행하고, 하나님의 규례를 사용하며"라는 세 요소들은 웨슬리

6) Davies, *Methodist Societies*, 9:178.
7) Gerald R. Cragg, ed., *The Works of John Wesley*, vol. 11, *The Appeals to Men of Reason and Religion* (New Work: Oxford University Press, 1975), 106.

에게 삼중적 구조를 형성하는 바, 다른 상황과 처지에서 반복적으로 사용되고 있다. 예컨대, 1744년[8] 1차 감리교 연회 설교와 1785년 설교에서 "우리 자신의 구원을 이루라"(to work out our own salvation)[9]라는 의미를 자세하게 설명하다가 삼중적 구조가 등장했다. 또한 1743년 제시한 "연합신도회의 성격과 구조와 총칙"(The Nature, Design, and the General Rules of the United Societies)에서도 웨슬리는 신도회를 이끌어 갈 주요 규칙으로 이 세 요소를 사용했다.[10] 이 같은 사실은 감리교 신도회의 구조와 목적이, 회개함으로써 죄인들이 "도래할 진노로부터 피하게 하는 것"[11]임을 분명하게 보여 준다.

이제 삼중적 요소들 각각을 하나씩 자세하게 살펴보자. 먼저 '악을 멈추라'는 말로 웨슬리가 의미했던 몇 가지를 열거해 보면, 하나님의 이름을 헛되이 사용하는 것, 안식일을 더럽히는 것, 술 취함, 싸움, 무자비하거나 무익한 대화, 부를 세상에 쌓아 둠과 같은 것들이었다.[12] '선을 행함'이란 진지하게 회개한 사람이라면 벗은 자를 입히고, 나그네를 환대하며, 병자와 감옥에 갇힌 자를 돌아보면서 하나님의 성화 은총을 기다리며 사랑의 사역을 감당해야 함을 의미한다. 마지막으로 '하나님의 규례를 사용하라'고 함으로써 기도와 성서읽기, 주의 만찬을 받음과 같은 은총의 수단의 가치를 강조했다.[13] 또한 웨슬리는 은총의 수단을 하나님이 제정한 외적인 징표, 말씀, 혹은 행위로 표현했던 바, 인간에게 선행은총, 칭의은총, 혹은 성화은총을 전달하는 일반적인 통로로 제정되었다고 보았다. 따라서 은총의 수단은 새로이 회개한 죄인들의 영적 진보에 결정적인 것이 된다.

"(우리가) 받은 은총의 정도에 따라"[14] 하나님께 순종하는 마지막 요소는

---

8) Thomas Jackson, ed., The Works of John Wesley, 14 vols. (Grand Rapids, MI: Baker Book House, 1978), 8:275~76.
9) Outler, Sermons, 3:205, 「웨슬리 설교전집 6」[대한기독교서회].
10) Outler, Sermons, 3:511~12; Davies, Methodist Societies, 9:70~73, 256~57.
11) Outler, Sermons, 1:166.
12) Davies, Methodist Societies, 9:70~71. (인식양식, 행동양식, 정서양식, 훈련양식, 회복양식 등) 핸더슨의 유형은 웨슬리가 어떻게 다양한 속회를 형성할 수 있었는지 해명해 주고 있다. D. Michael Henderson, John Wesley's Class Meeting: A Model for Making Disciples (Nappanee, Ind.: Evangel Publishing, 1997).
13) 은총의 제도적 수단과 상황적 수단을 살펴보려면, Jackson, Wesley's Works, 8:322~23을 참조할 것.
14) Outler, Sermons, 1:519.

회개와 그에 합당한 열매가 하나님의 죄를 깨닫게 하는 은총에 대한 진정한 응답인 바, 인간의 공로 개념이 배제된 응답임을 입증해 주고 있다. 신-인 협력에 나타나는 두 면을 주목해 보자. 한편에서는 새롭게 회개한 사람들이 하나님께 순종하듯이 강력한 인간의 활동이 있다. 그러나 다른 한편에서는 "우리가 받은 은총의 정도에 따라" 하나님의 죄를 깨닫게 하는 은총이 인간의 순종과 수고에 앞서 능력을 주어 순종하고 일하게 한다. 이 두 입장은 종종 웨슬리의 신학적 입장을 잘 설명해 준다.

회개의 필연성과 회개에 합당한 행위들

회개의 필연성과 그에 합당한 열매들이 갖는 상대적 중요성에 대한 물음은, 웨슬리의 구원론에서 종교개혁의 중요 가르침을 받아들여 상당한 변화를 겪게 된다. 예를 들면, 1738년 칭의와 중생을 경험한 직후 옥스퍼드대학 내 성 마리아 칼리지에서 행한, 처음 대학 강단 설교인 "믿음으로 말미암은 구원"(Salvation by Faith)에서 웨슬리는 칭의의 믿음(justifying faith) 이전에 모라비안-루터 계열의 행위 개념을 사용하고 있다. 또한 이 행위들은 "완전히 거룩하지 못하고 죄 된 것들이어서 모든 사람은 새로운 속죄를 필요로 한다."[15]고 하였다. 같은 설교에서 젊은 성직자였던 웨슬리는 "믿음 이전의 우리의 모든 행위와 의로움은 하나님께 속한 것이 아니라 저주에 속한다."[16]고 주장했다.

그러나 제1차 메소디스트 연회가 있었던 1744년에 많은 변화가 일어났다. 이 역사적 모임에 모였던 사람들은 "(칭의의) 믿음 이전에 회개와 회개에 합당한 행위가 있어야 하는 것 아니냐?"[17]라는 질문을 제기했다. 이 물음에 대해 웨슬리는 다음과 같이 답변했다.

---

15) Ibid., 1:118.

16) Ibid., 1:126.

17) Jackson, *Wesley's Works*, 8:275. 크랜머(Thomas Cranmer)는 "구원에 대한 설교"(Homily of Salvation)에서 비슷한 주장을 했다. "믿음으로 의롭게 된 사람들 안에 참여하기 위해 회개, 소망, 사랑, 두려움, 하나님에 대한 경외가 배제되지 않는다. 그러나 의롭게 되는 일로부터는 이들이 배제된다." John Edmund Cox, ed., *Miscellaneous Writings and Letters of Thomas Cranmer* (Vancouver, BC: Regent College Publishing, 1846).

분명코 회개가 죄의 확신을 의미한다면, 회개에 합당한 행위란 할 수 있는 한 하나님께 순종하고, 형제를 용서하며, 우리가 받은 능력에 따라 악에서 떠나, 선을 행하고, 하나님의 규례를 사용하는 것을 의미한다.[18]

웨슬리는 1744년 회의록에 나타난 분류를 발전시켜 다음 해 "이성과 경건의 사람들에게 던지는 호소"라는 논문을 완성했다. 이 논문에서는 다음과 같은 논리를 전개한다.

그러나 나는 이렇게 말하고자 한다. 어떤 의미에서 회개와 회개에 합당한 열매가 칭의 이전에 필연적이긴 하지만, 회개든 회개에 합당한 열매든 믿음과 같은 의미에서 혹은 같은 정도로 필연적인 것은 아니다. 같은 정도가 아니라고 한 것은 인간이 믿는 순간 (기독교의 의미에서) 의롭게 되고, 죄가 지워지며, "그의 믿음은 그에게 의로 여겨진다." …그러므로 믿음만이 의롭게 하며, 회개 홀로 의롭게 하지 못하며 외적인 행위로는 더더욱 의롭게 하지 못한다. 따라서 어떤 것도 믿음과 동일한 정도로 칭의에 필연적이지 않다.

같은 의미가 아니라고 한 말은, 이들 중 어떤 것도 믿음만큼 칭의와 직접적이고도 밀접한 관계를 갖지는 않는다는 의미이다. 믿음은 아주 근접적인 차원에서 (proximately) 칭의에 필연적이며, 회개는 믿음이 자라거나 계속되는 데 필연적이듯이 원접적인 차원에서(remotely) 칭의에 필연적이다. 그리고 회개에 합당한 열매는 회개에 필연적이기 때문에 더욱 먼 거리에서 칭의에 필연적이 된다.[19]

위에서 언급된 '같은 의미가 아니다' 는 것과 '같은 정도가 아니다' 의 구분을 통해 웨슬리는 다양한 의미를 설명할 수 있었다. 먼저는 칭의 이전에 회개와 그 열매의 필연성을 설명할 수 있었고, 다음으로는 회개와 그 열매가

---

18) Jackson, *Wesley's Works*, 8:275~76.
19) Cragg, *Appeals*, 11:117. 웨슬리는 회개에 합당한 행위에 대한 거센 반대를 두려워한 나머지, 영국 국교회의 종교 강령을 참조하여 감리회의 25개 종교 강령을 준비하는 과정에서 39개 조항 가운데 ("칭의에 앞선 행위들에 대해서"[of Works before Justification])라는 항목인 13번째 조항을 생략했다. Paul F. Blankenship, "The Significance of John Wesley's Abridgment of the Thirty-nine Articles as Seen from His Deletions," *Methodist History* 2, no. 3 (April 1964): 35~47.

의롭게 하지는 못한다는 것을 설명할 수 있었다. 이렇게 이해했을 경우, 칭의 이전의 회개와 그 열매의 필연성을 강조한 것은 웨슬리가 넓은 의미에서 가톨릭의 협력적 은총 이해를 하고 있음을 보여 주고 있다. 예컨대, 하나님의 선행적인 사랑이 먼저 있고 이로써 회개의 행위가 나타난다. 여기서 '가톨릭'이란 말은 로마가톨릭교회가 아니라 니카이아 공의회 이전 교회 교부들의 글들 속에 나오는 교회의 증언이 갖는 보편성을 의미한다. 그러나 회개와 그 열매가 의롭게 하지는 못한다는 말은 웨슬리가 종교개혁적 은총 이해를 하고 있음을 보여 주고 있다. 종교개혁 전통에서는 하나님의 역할이 중심이 되며 믿음만이 의롭게 한다. 이처럼 웨슬리 신학은 두 결정적인 신학적 강조를 하나로 묶는 것으로 정리되는 바, 결정적이고 계속되는 접속으로 나타나고 있다. 다음 도표가 이를 잘 보여 준다.

회개, 회개에 합당한 행위, 믿음에 따른 구분들

같은 의미가 아니다	같은 정도가 아니다
회개는 원접적으로 필연적임	회개는 의롭게 하지 못함
회개에 합당한 열매는 더 원접적으로 필연적임	회개에 합당한 열매는 의롭게 하지 못함
믿음은 직접적으로(근접적으로) 필연적임	믿음만이 의롭게 함
협력(책임)은총	값없이 주시는 은총
가톨릭 전통	개신교 전통

값없이 주시는 은총(개신교)

웨슬리는 "주권은총"(sovereign grace)[20]이란 용어를 거의 사용하지 않았다. 그 이유는 아마도 이 용어를 사용하게 되면 여러 칼빈주의자들과 논쟁을 할 경우 오해가 있을 수 있다는 생각에서였을 것이다. 그럼에도 주권은총이라는 용어가 담고 있는 여러 기본적인 개념들을 포용했다. 예컨대, 1739년 몇몇 지나친 칼빈주의자들의 도전에 대해 웨슬리는 "값없이 주시는 은총"

---

20) Jackson, *Wesley's Works*, 10:363, 14:193. 웨슬리는 후반 인용구에서 저명한 찬송작사자 톱레이디의 용어를 다시 사용하고 있다.

(Free Grace)이란 설교를 통해 균형을 시도했지만, 구원의 시원인 은총이 '모든 사람 안에 값없이 주어진 것'(free in all)이라는 점에서는 칼빈주의자들과 생각이 같았다. 이 말은 "부분이든 전체든 정도에 있어서 구원이 결코 인간의 능력이나 공로에 의존하지 않는다."[21]는 뜻이다. 간단히 말해, 지극히 높으신 하나님의 은총은 값없이 주어지며 거룩한 사랑의 하나님의 완전한 선물이다.

이처럼 공로를 배제했을 뿐 아니라 어떤 인간의 활동도 값없이 주어지는 은총의 기초가 될 수 없다며 거부했다. 따라서 "하나님께서 값없이 주시는 칭의은총은 어떤 경우든 은총의 수혜자의 선행이나 의로움, 행위나 존재에 결코 기초하지 않는다."[22] 다시 말하지만 "칭의는 믿는 자의 선한 성정이나 선한 욕망 혹은 선한 목적과 의도에 기초하지 않는다." 그 이유는 "이 모든 것들이 하나님의 값없이 주시는 은총으로부터 흘러나오기 때문이다. 성정이나 욕망 혹은 목적과 의도는 물줄기일 뿐 샘이 아니다."[23] 오든(Thomas C. Oden)은 이 진리를 다음과 같이 간결하게 표현했다. "죄는 우리의 행위에 속하지만 값없이 주시는 은총은 하나님의 행위에 속한다."[24] 죄인들은 의롭다 함을 얻을 수 있기 전에 지금 모습과는 다른 어떤 것이 되어야 한다는 생각뿐 아니라 인간의 행위를 배제함으로써 웨슬리는 의롭다 함을 수여하는 은총은 일종의 협력은총이나 책임은총이 아니라 하나님의 값없이 주시는 은총이라고 주장했다. 그 이유는 칭의가 결코 인간의 가능성이 아니며 오직 하나님 홀로의 활동이기 때문이다. 달리 말하면, '오직'(sola)이라는 용어가 여기서 주목되는데, 인간의 무능력 가운데 일하시는 하나님의 활동이 강조된다. 홀로라는 말은 개신교 종교개혁자들의 유산으로 웨슬리는 자신의 논문 "예정론 성찰"에서 다음과 같이 주장한다.

---

21) Outler, *Sermons*, 3:544~45.
22) Ibid., 3:545. 루터가 갈라디아서 강해에서 주장한 내용과 비교해 보라. "그러나 복음은 율법과 행위가 의롭게 하는 것이 아니라 그리스도에 대한 믿음이 의롭게 한다고 가르친다. 따라서 (의롭다 함을 받은 후에야) 모든 삶의 방식과 그 밖의 모든 것에 대한 지식, 확실한 이해, 거리낌 없는 양심, 진정한 판단이 뒤따라온다." J. J. Pelikan, H. C. Oswald, and H. T. Lehmann, eds., *Lectures on Galatians, 1535, Chapters 1~4, Luther's Works*, vol. 26 (St. Louis, Mo.: Concordia Publishing, 1963), 212.
23) Outler, *Sermons*, 3:545.
24) Thomas C. Oden, *The Transforming Power of Grace* (Nashville: Abingdon Press, 1993), 98.

만일 너희가 "우리는 우리의 구원에 대한 모든 영광을 하나님께만 돌립니다."
라고 말한다면, 나는 우리도 역시 그러하다고 대답할 것이다. 만일 너희가 "아니
그런 것이 아니고 우리가 고백하는 것은 하나님만이 홀로 인간의 행위와 전혀 상
관없이 전체 행위를 하신다."라고 덧붙인다면, 어떤 의미에서 우리도 이를 인정
한다. 우리는 하나님만이 의롭게 하고, 거룩하게 하며, 영화롭게 한다고 인정한
다. 칭의, 성화, 영화 이 세 가지는 구원의 전체를 포함한다.[25]

웨슬리는 그가 쓴 글 여러 곳에서 하나님의 값없이 주시는 행위와 주권적
인 활동을 강조했다. 일례를 든다면, 1760년 자신의 영적 진보에 만족하지
못하고 안절부절못하고 있었던 도로시 펄리(Dorothy Furly)에게 보낸 편지에
서, 웨슬리는 이렇게 상담해 주었다. "하나님은 칭의와 성화에서 주권적이
다. 하나님은 자신이 원하시는 방식과 때에 활동하며 누구도 하나님을 향해
서 '당신이 무엇을 행하신 것입니까?' 라고 반박할 수 없다."[26] 말하자면 시
간표는 하나님의 손에 있지 우리 손에 있지 않다. 아르미니우스주의자는 사
람들이 원한다면 구원받을 수 있다고 한 것이지 그들이 원하는 때에 구원받
을 수 있다고 한 것이 아니다. 웨슬리는 1777년에 쓴 편지에서 다음과 같이
설명한다.

모든 사람이 원하는 때에 칭의나 성화에 이르도록 믿을 수 있다고 말하는 것
은 사실과 반대됩니다. ···모든 사람이 원한다면 믿을 수 있다고 한 것에 대해서
는 나는 진지하게 견지합니다. 그러나 원하는 때에 믿을 수 있다는 주장에 대해
서는 나는 전적으로 부인합니다. 그러나 그 문제에 대해서 언제나 우리가 잘 파
악할 수도 없고 설명할 수도 없을 것입니다.[27]

이뿐 아니라 웨슬리는 1771년 마치 양에게 보내는 편지에서 "하나님께서
인간을 다루는 방법은 무한히 다양하여 어떤 일반 규칙에 한정될 수 없습니

---

25) Jackson, *Wesley' s Works*, 10:230.
26) John Telford, ed., *The Letters of John Wesley, A.M.*, 8 vols. (London: Epworth Press, 1931), 4:97.
27) Ibid., 6:287. 이 구절의 마지막 부분은 - "그러나 그 문제에 대해 우리가 잘 파악할 수도 없고 설명
할 수도 없는 것이 언제나 있을 것이다." - 이 은총을 주시는 데 있어 하나님의 자유를 강조할 뿐 아
니라 은총의 초자연적 특성을 강조하고 있다.

다. 칭의와 성화에서 하나님은 종종 우리가 설명할 수 없는 방식으로 활동하십니다."[28]라고 말했다. 이 내용은 거룩하신 하나님께서 칭의은총과 온전한 성화은총을 값없이 주시며, 인간의 공로나 신-인 협력적 패러다임이 제시하는 선험적인 협력이 필요하지 않다는 점을 분명하게 보여 준다. 아래 도표는 웨슬리 실천신학에 나타난, 값없이 주시는 은총의 중심 주제들을 요약하고 있다.

값없이 주시는 은총

· 인간의 공로를 배제함.
· 구속에 있어서 하나님의 역할을 강조함. 구원의 순서(ordo salutis) 가운데 하나님 홀로의 활동 영역들과 (예컨대, 칭의와 온전한 성화) 상응함.
· 웨슬리의 "홀로"와 "오직"이란 용어는 sola 용어 사용과 상응함. ("의롭게 하고, 거룩하게 하며, 영화롭게 하는 것은 하나님 홀로의 활동이다.")
· 값없이 주시는 은총의 열매는 신-인 협력적 모델에서처럼 선험적 협력의 기초에서 주어지는 것이 아니라 거룩하고 자비하며 사랑 많은 하나님에 의해서 자유로이 값없이 주어진다.
· 죄인들이 의롭다 함을 얻기 위해서 혹은 기독교인들이 (8장에 소개한 단계에 까지 이른) 온전한 성화에 이르기 위해서 뭔가가 먼저 되어야 한다든지 혹은 뭔가를 해야 하는 것은 아니다.
· 순전한 은총의 선물을 강조한다.
· 이 은총이 불가항력적인 것은 아니라는 점에서 칼빈주의의 이해와는 다르다. 하나님의 값없이 주시는 은총은 거부될 수 있다.
· 값없이 주시는 은총은 웨슬리의 '개신교의' 은총 이해를 보여 준다.

값없이 주시는 은총의 개념이 웨슬리 실천신학의 중요한 창으로 인식되지 않는 이유 가운데 하나는, 또 칭의은총과 온전한 성화은총을 구별하여 설명하는 이유는, 웨슬리 신학에서 분명하게 나타나는 두 구분된 '사역'의 의미가 광범위하고 포괄적인 신인협력 패러다임에 융합되고 포함되기 때문이다. 일례를 든다면, 먼저 회개에 합당한 행위를 말할 때 하나님의 죄를 깨닫게 하는 은총에 응답하는 것과 같은 사역은, 하나님이 먼저 주도권을 취하고

---

28) Ibid., 5:255.

인간이 응답함으로써 은총 안에 더욱 자라나게 하는 신-인 협력적 상황에서 이해된다. 달리 말하면, 이 사역은 웨슬리 구원의 순서의 두 초점, 곧 칭의와 온전한 성화라는 특별한 은사를 통해 성장과 성숙을 이루는 정상적인 여정을 묘사하고 있다. 그러나 두 번째 의미의 사역은 첫 번째 사역의 의미와는 현저히 다르다. 이는 신인 협력적 사역의 일부가 아니고 하나님 홀로의 활동을 강조한다. 예컨대, 응답하거나 협력하기에 앞서 거의 수동적인 방식으로 먼저 충분히 받아야 한다. 칭의나 온전한 성화의 은사를 받기 위해 손을 뻗는 것과 같은 행위는 결코 행위가 아니며 고백이다. 왜냐하면 이 고백이 인격의 온전함과 자유를 온전하게 지켜 주기 때문이다. 바로 이 개념으로써 웨슬리는 몇몇 칼빈주의자들이 주장하는 결정론적인, 저항할 수 없는 구원은총 개념을 극복한다. 그러므로 두 번째 의미의 사역은 협력은총으로가 아니라 값없이 주시는 은총으로 가장 잘 이해된다. 이때 하나님의 값없이 주시는 은총은 사랑의 하나님의 선한 은사들을 받아들이고 이 은사들에 개방하도록 배려하는 은총이다. 따라서 웨슬리는 하나님의 선물들이 거부될 수도 있다고 주장한다.

웨슬리가 아르미니우스를 읽었다는 명백한 증거는 없다. 그렇지만 "아르미니우스주의자란 무엇인가?"(What Is an Arminian?)라는 글에 나타난 내용을 보면 웨슬리가 아르미니우스를 읽었을 것이라고 생각된다. 이 글에서 그는 이렇게 표현한다. "어떻게 아르미니우스가 쓴 글을 한 쪽도 읽지 않은 우리가 아르미니우스가 주장하는 바를 알 수 있을까?"[29] 하지만 아르미니우스의 영향에도 불구하고 아르미니우스가 내린 결론을 계속해서 견지함으로 구속의 과정에 나타난 신인 협력을 주장하는 것 같지는 않다. 왜냐하면 웨슬리와 아르미니우스 둘 다 하나님의 사랑의 본성과 은총으로 회복된 인간의 자유(아우틀러는 인간의 자유를 말하는 부분에서 웨슬리와 아르미니우스 간에 미묘한 차이가 있다고 지적한다)에 대해 같은 의견을 갖고 있지만, 웨슬리는 교회 역사를 많이 알고 있었던 터라 이 중요한 주제를 다룰 때 (라틴 교부들, 동방의 교부들, 개신교 종교개혁자들, 청교도들, 경건주의자들, 영국성공회 지도자들과 같은) 그리스도의 몸이 지닌 광범위한 전통을 참고했다.

또한 종종 아르미니우스와는 조금 다른 방식으로 단독적(monergistic) 패러

---

29) Jackson, *Wesley's Works*, 10:360.

다임과 협력적(synergistic) 패러다임의 가치를 평가했다.[30] 예컨대, ('동일한 의미는 아니더라도) 믿음과 행위를 설명하면서 아르미니우스와 같은 식으로 구분을 했던 웨슬리는 단독적 사역(하나님 홀로의 사역)으로 읽는 편이 어떤 의미에서 정확하다고 주장했다. 앞서 인용했던 용어를 다시 생각해 보자. "아니, 그런 것이 아니고 우리가 고백하는 것은 하나님만이 홀로 인간의 행위와 전혀 상관없이 전체 행위를 하신다. 우리는 의롭게 하고 거룩하게 하며 영화롭게 하는 것이 하나님 홀로의 사역임을 인정한다. 또한 이 세 가지가 구원의 전체를 파악한다고 인정한다."[31] 달리 말하면 의도적으로 둘을 구분하여 단독적 패러다임과 협력적 패러다임을 동시에 인정하는 모순을 피하고자 했던 것이다. 이것이 바로 '제3의 길'이라는 신학적 형태로, 웨슬리가 주밀하게 생각해 낸 신학적 방법이었다. 이 방법은 어떤 점에서 (웨슬리를 완전히 협력적 방식으로 읽어 간 학자들은 간과할 수밖에 없었던) 단독적 방식을 인정하게 한다. 웨슬리는 이 방식을 통해 복음 선포의 의미를 바르게 전하는 데 관심하였다.

그러나 웨슬리의 구원론을 철저히 협력적 구조로만 읽어 가면서 ('가톨릭' 유형) 순수한 은총의 선물을 강조하는 개신교 종교개혁자들의 통찰을 간과한다면, 하나님의 자유와 그 의미가 잘못 이해되고 퇴색될지도 모른다. 이 점에서 일단 지극히 높으신 하나님의 최초의 혹은 선험적 활동이 일어나게 되면 하나님은 실제 인간의 응답에만 응답하는 것으로 제약된다. 그러나 웨슬리는 루터와 칼빈과 함께 하나님은 놀랍도록 은혜로우시며 때때로 인간이 무력한 상황에서 하나님 홀로 활동하신다고 이해했다. 왜냐하면 칭의란 인간의 사역이 아니며 은총의 선물 또한 선험적인 행위에 기초하여 주어지는 것이 아니기 때문이다.

그러므로 앞서 밝혔듯이 신-인 협력적 모델은 (책임은총의 모델에서와 마찬

---

30) James Arminius, *The Writings of James Arminius*, trans. James Nichols and W. R. Bagnall, 3 vols. (Grand Rapids, Mich.: Baker Book House, 1977), 2:121. 아르미니우스는 웨슬리와는 달리 값없이 주시는 은총의 시간적 차원들을 (완전한 선물로) 보지 않았다. 일례를 든다면, 웨슬리는 값없이 주시는 은총, 믿음과 행위, 하나님 홀로의 활동, 현재적 은총의 타당성 모두가 서로 연결되어 있다고 보았다. 반면 아르미니우스는 성화란 과정이었고 과정으로 남아 있다고 보았다. 다음의 글 속에 그 내용이 분명하게 나타난다. "성화는 한순간에 완성되지 않는다. 십자가와 그리스도의 죽음을 통해 구원을 받은 순간부터 죄가 매일매일 힘을 상실하고 약화되게 된다." (Ibid.)
31) Jackson, *Wesley's Works*, 10:230.

가지로) 하나님의 주도권을 강조한다 하더라도 '가톨릭' 웨슬리를 말할 수 있게 한다. 그러나 이 신인 협력적 모델에서 하나님과 인간의 역할을 소개하고는 있지만 웨슬리 신학의 접속적 유형이 충분하거나 적절하게 표현되지는 않고 있다. 오히려 웨슬리의 자료를 좀 더 정확하게 분석해 보면, 하나님의 활동과 인간의 활동을 포함하는 신인 협력적 패러다임은 보다 큰 접속 안에 속한다. 말하자면 인간의 행위와 상관없이 하나님 홀로의 활동을 강조하는 개신교의 강조는 협력은총 혹은 책임은총의 요인에 포함될 뿐 아니라 동시에 책임은총과 값없이 주시는 은총의 접속이면서 가톨릭과 개신교의 연합이다. 다음 도표는 은총의 다양한 개념들을 보여 준다.

	하나님의 행위	인간의 행위	하나님의 주도권	하나님 홀로의 사역
협력은총	×	×	그렇게 필연적인 것은 아니다	
책임은총	×	×	×	
값없이 주시는 은총	×	실제 의미에서 완전한 선물을 받음; 결코 행위가 아님	×	×

의롭다 칭하는 믿음

1772년 신학적 일지에 웨슬리는 "1738년에 이르기까지 '믿음으로 구원받았다'고 생각하지 않았다."[32] 아우틀러는 1738년을 웨슬리의 기적의 해(annus mirabilus)[33]라고 불렀다. 젊은 모라비안 교도였던 뵐러(Peter Böhler)는

---

32) Ibid., 10:403. 웨슬리는 "(믿음으로 말미암은 칭의)를 종교 강령 11조항과 12조항에서 배웠으며, 교회의 설교들에서 배웠다."고 주장한다. 여러분이 이것을 논박할 수 있다면 논박하라. 그러나 나는 몸과 마음으로 종교 강령의 가르침에 동의한다. Jackson, *Wesley's Works*, 9:49.

33) Albert C. Outler, "The Place of Wesley in the Christian Tradition(기독교 전통에서의 웨슬리의 위치 1·2 「세계의 신학」(1997년 가을·겨울)," in *The Wesleyan Theological Heritage: Essays of Albert C. Outler*, ed. Thomas C. Oden and Leicester R. Longden (Grand Rapids, Mich.: Zondervan Publishing, 1991), 84. 존 웨슬리의 올더스게이트 경험에 대한 다른 두 입장에 대해서는 Randy L. Maddox, "Celebrating Wesley - When?" *Methodist History* 29, no. 2 (January 1991): 63~75; Kenneth J. Collins, "Other Thoughts on Aldersgate: Has the Conversionist Paradigm Collapsed?" *Methodist History* 30, no. 1 (October 1991): 10~25를 참조할 것.

웨슬리가 전체적으로는 종교개혁에, 특별하게는 경건주의의 통찰에 주목하게 하여 자신의 철학에 잠자고 있던 웨슬리를 깨웠다. 그는 구원을 가져오는 믿음의 두 열매를 정확하게 지적했다. 두 열매는 용서받았다는(칭의) 감각에서 오는 **평화**와 중생을 가져오는 성령의 임재(중생)로부터 오는 **능력**이다.

웨슬리가 초기 믿음의 본성에 대해 반복적으로 잘못 이해했기 때문에, 자신의 글에서 의롭다 칭하는 믿음의 본질을 갖고 씨름한 것은 놀랄 일이 아니다. 예를 들면, 올더스게이트 경험 이후 행한 "믿음으로 말미암은 구원"(Salvation by Faith)이란 설교에서 웨슬리는 "우리가 구원받는 믿음은 어떤 믿음인가요?"[34]라는 질문을 즐겨 사용했다. 처음에는 이 물음에 부정의 방식(via negativa)으로 답변했다. 예컨대, 그는 청중들에게 믿음이 무엇인지 부각시키기 위해 먼저 무엇이 믿음이 아닌지를 묻는다. 먼저, 구원을 가져오는 믿음이란 이방인의 믿음이 아니다. 의롭다 칭하는 믿음은 하나님이 존재하며, "하나님을 찾는 이들에게 보상하시는 하나님"[35]이라는 소박한 믿음을 넘어선다. 또한 이 믿음은 하나님의 존재와 속성을 아는 것과 도덕적인 덕을 열정적으로 수행하는 것 이상이다. 더구나 이 믿음은 모든 선한 일에 감사를 드려 하나님을 영화롭게 하는 것조차 넘어선다. 이 모든 것들이 고상하게 보일 수 있겠지만 단지 그리스인이나 로마인의 믿음에 불과할 뿐이며, 이방인의 믿음일 뿐이다.[36] 이방인의 믿음은 의롭다 칭할 수 없다.

그 다음으로, 우리를 구원하는 믿음은 악마의 믿음이 아니다. 웨슬리는 악마도 "지혜롭고 능력이 많은 하나님이 계시다는 것과 후히 주시고 공의로 심판하시는 하나님이심"[37]을 믿는다고 생각한다. 악마는 또한 "모든 성서가 하나님의 감동으로 된 것"[38]이라고 믿는다. 마찬가지로 성서 안에 포함된 모든 것을 단순히 동의했다고 해서 구속을 받는 것이 아니다. 그러나 악마의 믿음

34) Outler, *Sermons*, 1:118.
35) Ibid., 1:119.
36) Ibid. 래씨(Theophilus Lessey)에게 보낸 편지에서, 웨슬리는 '이방인의 믿음'을 선행은총이 회복된 능력 중 하나라고 정의했다. 그의 표현을 보자. "하나님의 존재와 속성을 믿는 것이 이방인의 믿음이다." Jackson, *Wesley's Works*, 13:136.
37) Outler, *Sermons*, 1:119. 웨슬리의 악마론에 대해 알고 싶다면, Outler, *Sermons*, "우리 자신의 영의 증거"(The Witness of Our Own Spirit), 1:306; "사탄의 전략"(Satan's Devices), 2:138~51; "결혼예복에 대하여"(On the Wedding Garment), 4:144~47을 참조할 것.
38) Ibid., 1:120.

은 놀랍게도 예수가 하나님의 아들이며 심지어는 그리스도라는 사실을 고백한다. 그런데 어째서 이 악마의 믿음이 구원을 가져다주지 못하는가? 다시 말하지만, 악마의 믿음이 구원할 수 없는 이유는 냉철하고 사색적일 뿐, 결코 존재의 깊이인 마음과 관계하지 않기 때문이다. 웨슬리의 생각은 다음과 같은 맥락을 따라 전개된 듯싶다. 지극히 높으신 하나님의 큰 적이 되는 이 악령들은 믿음에 떤다. 이들은 하나님의 질서와 어긋난다는 것을 알고 있고 언젠가는 심판을 받게 된다는 것을 안다. 그러므로 악마의 믿음은 완전히 두려움에 싸여 있다. 이들은 자기들이 알고 있는 하나님을 사랑하지도 않고 하나님의 통치에 복종하려 하지도 않으며 생명의 믿음을 특징짓는 거룩한 성정이 없다.

마지막으로, 한 단계 높여 의롭다 칭하는 믿음은 그리스도가 세상에 계셨을 때 사도들이 가졌던 믿음이 아니다. 따라서 웨슬리는 사도들이 모든 것을 버리고 예수를 따르며, 병든 자를 고치고, 악마를 내어 쫓았다 할지라도, 여전히 그리스도께서는 이들을 향해 "믿음이 없는 세대"[39]라고 꾸짖었다고 주장했다. 그러면 이 가르침을 어떻게 이해해야 할까? 실제로 웨슬리는 사도들을 전이 단계의 인물로 이해했다. 이들은 그리스도의 죽음과 부활 이전과 이후를 거치면서 그리스도를 믿은 독특한 경험을 갖고 있었다. 그리스도의 죽음과 부활을 경험하기 전 사도들의 믿음과 경험 이후 사도들의 믿음은 차이가 있었다. 이후의 믿음은 그리스도의 죽음의 필연성과 공로를 인정할 수 있었고 또한 그리스도의 부활 능력을 인정할 수 있었다. 간단히 말해서, 그리스도의 부활 이후의 믿음은 경험 이전의 믿음을 훨씬 능가했다.

그러므로 의롭다 칭하는 믿음이 단순히 하나님의 존재에 대한 믿음이 아니며, 도덕적 덕행의 수행도 아니고, 성서의 가르침에 대한 동의도 아니며, 예수가 하나님의 아들이며 그리스도이심을 아는 것도 아니고 심지어는 예수가 이 땅에 있을 때 함께했던 사도들의 믿음도 아니라면, 도대체 이 믿음은 정확하게 무엇이란 말인가? 이처럼 웨슬리가 열거한 믿음이 아니라는 목록은 청중들이 주의를 기울여 듣기를 바랐던, 잘못된 출발과 죽음에 이르는 결말을 조명해 주고 있다. 이 점에서 웨슬리는 의도를 갖고 믿음에 대해 설교

---

39) Ibid.

했다. 말하자면 실제 살아 있는 믿음은 무엇인지 그 길을 예비한 셈이다.

구원을 받는 믿음은 무엇보다도, "그리스도를 믿는 믿음이다. 그리스도와 그리스도를 통한 하나님이 믿음의 진정한 대상이다."[40] 이 점이 이방인의 믿음과 구분된다. 진실로 웨슬리는 자신의 간략한 영적 자서전인 올더스게이트 경험의 서문에 그 내용을 자세히 기록하고 있다. 올더스게이트 경험 이전에는 자신의 믿음이 믿음의 진정한 대상에 초점이 맞춰지지 않았다고 고백했다. 이때 믿음은 하나님에 대한 믿음일 뿐 그리스도 안에 혹은 그리스도를 통한 믿음이 아니었다.[41] "다시 말하지만, 나는 이 믿음이 전혀 없었다는 것을 알지 못했다. 다만 나는 이 믿음이 충분하지 않다고만 생각했다."[42] 올더스게이트 경험 후 8년이 지난 1746년, 웨슬리는 자신의 부흥운동이 성공을 거두었던 이유를 다음과 같은 새로운 입장으로 설명했다.

> 1738년부터 지금까지 나는 지속적으로 예수 그리스도에 대해 말해 왔습니다. 그를 전체 건물의 기초로 삼았습니다. 예수 그리스도를 모든 것 안에 있는 모든 것이고, 처음과 나중으로 삼았습니다. 그리고 "하나님 나라가 가까웠으니 회개하고 복음을 받으라."는 계획에 기초해 설교했습니다. "하나님의 말씀은 들판에 붙은 불처럼 번져 갔습니다."[43]

또한, 의롭다 칭함을 주는 믿음은 "사색적이고 합리적이며 냉철하고 생명이 없는 동의이며 머리로 하는 생각의 훈련이고 '마음의 기질'"[44]인 악마의

---

40) Ibid.
41) W. Reginald Ward and Richard P. Heitzenrater, eds., *The Works of John Wesley*, vols. 18~23, *Journals and Diaries* I~VI (Nashville: Abingdon Press, 1988~95), 18:247. 다시금 여기서 웨슬리는 올더스게이트 경험의 의미를 중요하게 언급한다. 웨슬리는 올더스게이트 이전에는 믿음의 진정한 대상, 곧 예수 그리스도에 자신의 믿음의 초점을 맞추지 않았다고 회상한다. 그러므로 웨슬리의 올더스게이트 경험은 믿음의 확신을 현실화시켜 주는 성령의 역할을 계시해 주었고, 일반적인 하나님 이해가 아니라 그리스도가 진정한 믿음의 대상이라는 그리스도 중심주의를 예증해 주었다.
42) Ibid. 올더스게이트에서 웨슬리가 가졌던 믿음에 대한 다양한 평가를 살펴보려면 다음 두 연구서에 나타난 글들을 비교해 보라. Randy L. Maddox, ed., *Aldersgate Reconsidered* (Nashville: Kingswood Books, 1990); Kenneth J. Collins and John H. Tyson, eds., *Conversion in the Wesleyan Tradition* (Nashville: Abingdon Press, 2001).
43) Telford, *Letters*, 2:264.
44) Outler, *Sermons*, 1:120. 악마의 믿음과 웨슬리 자신의 초기 믿음관에 대한 자서전적 글을 보려면, Telford, *Letters*, 4:219를 참조할 것.

믿음과는 다르다. 여기서 웨슬리가 믿음에서 지성적인 요소를 배제한 것은 아님을 주목해야 한다. 다만 지성적인 요인만으로는 충분하지 않고, 마음의 기질과도 관계되어야 한다는 지적이다. 예컨대, 생각은 마음을 일깨워야 하고, 마음은 생각에 동참해야 한다. 생각(머리)과 마음(가슴)은 '이것도 저것도 의 문제' 지 '이것이냐 저것이냐' 의 문제가 아니다. 웨슬리는 죄인들이 하나님의 칭의은총을 받게 될 때, 지성인으로뿐 아니라 인격으로 말하자면 전존재로 은총을 받아야 한다고 주장한다.

그리고 마지막으로, 의롭다 칭함을 주는 믿음은 그리스도가 이 땅에 계실 때 함께했던 사도들의 믿음을 넘어선다. 사도들의 믿음은 "그리스도의 죽음의 필연성과 공로를 인정하고 그리스도의 부활의 능력을 인정한다."[45] 그러므로 사도들의 믿음은 그리스도의 죽음을 영원한 죽음으로부터 인류를 구속하는 충분한 수단으로 보며 그리스도의 부활을 인간에게 생명과 불멸을 회복시키는 구제책으로 본다.[46] 웨슬리는 기독교인의 믿음이 다음과 같이 구성된다고 했다.

그리스도의 전체 복음에 동의할 뿐 아니라 그리스도의 피에 온전히 의지하는 것, 그리스도의 삶과 죽음과 부활의 공로를 믿고, 우리를 위해 자신을 주고 우리 안에 살아 계신 우리의 속죄와 생명이신 그리스도를 의존하십시오. 인간이 하나님 안에서 가지는 확실한 확신은 그리스도의 공로를 통해 인간의 죄가 용서 받았고 하나님의 사랑과 화해했다는 사실입니다.[47]

1738년 이후 웨슬리는 여전히 '동의' 와 '신뢰' 라는 개념으로 믿음을 정의한다. 그러므로 한번 이러한 믿음의 개념을 갖게 된 후로는 이러한 믿음에 대한 이해를 다시는 잃어버리지 않았다. 예를 들면, 1743년에 쓴 "이성과 경건의 사람들에게 던지는 진지한 호소" 라는 논문에서 "바르고 진정한 기독교인의 믿음은

---

45) Outler, Sermons, 1:121. 웨슬리에게 칭의은총을 이해할 수 있도록 도왔던 영국 국교회 배경에 대한 연구를 살펴보려면, Alan C. Clifford, Atonement and Justification, English Evangelical Theology, 1640~1790: An Evaluation (Oxford: Clarendon Press, 1990)을 참조할 것.
46) Outler, Sermons, 1:121.
47) Ibid. 이런 종류의 믿음과 비슷하게 기술한 것을 보려면, Outler, Sermons, 1:193 ff., and 2:160 ff를 참조할 것.

성서와 우리 믿음의 조항들이 참이라는 것을 믿을 뿐 아니라 그리스도를 통해 영원한 저주로부터 구원받았음을 … 분명히 신뢰하고 확신하는 것"[48]이라고 했다. 몇 년이 지난 후에는 "하나님 나라에 이르는 길"(Way to the Kingdom)이 라는 설교에서 믿음이란 단순히 성서에 동의하는 데서 그쳐서는 안 된다고 독자들에게 환기시키고 있다.[49] 또한 1785년에 출판된 "교회에 대해서"(Of the Church)라는 설교에서 노년의 웨슬리는 그의 초기 설교 "믿음으로 말미암은 구원"(Salvation by Faith)에서 했던 부정의 방식을 (이방인의 믿음이 아니고 악마의 믿음도 아니며 등등) 사용해서 똑같이 열거한다. 그 연속성이 놀랍다.

그러나 웨슬리의 후기 글에서 나타나는 하나의 특징은 믿음의 본성을 영적인 의미로 그려내고자 노력했다는 점이다. 본유적인 개념의 실재를 부인하고 경험주의적 인식론을 전개하면서 자연감각과 영적 감각의 관계를 연결한다. 예컨대, 봄, 들음, 맛봄, 만짐, 냄새 맡음이 자연감각이듯이 믿음도 하나의 감각인데 곧 영적 감각이다. 1770년 메리(Mary Bishop)에게 보낸 편지에서 웨슬리는 믿음을 주로 '영적인 봄'(spiritual sight)으로 정의한다. "믿음은 어둠이 아니고 빛입니다."[50] 또한 1746년 출판한 「감리교인의 원리들」 (Principles of a Methodist Farther Explained)에서는 믿음에 대해 이렇게 진술했다. "일반적으로 믿음은 그것이 과거의 존재건 미래의 존재건 영적 존재건 우리 몸의 감각에 의해서 보여지거나 발견될 수 없는 것들에 대한 하나님의 초자연적인 죄에 대한 깨달음(elegchos, evidence, or conviction)이다."[51] 이렇게 이해된 믿음은 넓은 의미에서 "보이지 않는 것들의 증거이고, 확신이며, 예증이다. 이 믿음으로 하나님의 빛이 우리의 이해에 부음 바 되어 우리 이해의 눈이 열리게 된다."[52] 또 다른 글 "성서적 구원의 길"(The Scripture Way of Salvation)이란 설교에서 웨슬리는 믿음에 대해 이렇게 설명한다. "믿음은

---

48) Cragg, Appeals, 11:69. 웨슬리에게 이 주장은 정통교리가 중요하긴 하지만 결코 충분하지는 않다는 주장과 유사하다. Outler, Sermons, 1:220; Jackson, Wesley's Works, 13:215.

49) Outler, Sermons, 1:230, 「웨슬리 설교전집 1」[대한기독교서회].

50) Telford, Letters, 5:209~10. 이 믿음의 주제를 '빛'으로 전개한 연구로는, Roderick Thomas Leupp, "The Art of God: Light and Darkness in the Thought of John Wesley" (dissertation, Drew University, 1985)를 참조할 것.

51) Davies, Methodist Societies, 9:177.

52) Outler, Sermons, 1:304. 나는 현대적 정황에 맞도록 'to pour'라는 동사를 과거시제에서 현재시제로 바꿨다.

'하나님께서 그리스도 안에 계셔 세상을 자신과 화해시켰을 뿐 아니라' 그리스도가 '나를 사랑하셔서 나를 위해 자신을 주셨음'에 대한 하나님의 증거이고 확신이다."[53] 그러나 여기서 중요한 사실은 믿음이 자연적 대상이 아니라 영적 대상을 분별한다는 점이다.

요약하면, 의롭다 칭하는 믿음은 여러 중요 요소들을 포함한다. 개념적 차원에서 칭의의 믿음은 하나님께서 그리스도 안에 계셔서 세상과 화해한다는, 성서에 계시된 진리에 동의한다. 인격적 차원에서 믿음은 그리스도의 인격과 사역을 마음으로 신뢰(fiducia)하는 것을 포함한다. 감각적 혹은 경험적 차원에서 믿음은 그리스도가 '나를 사랑하셔서 나를 위해 자신을 내어주셨다'는 '하나님의 증거와 확신' 곧 초자연적 사역임을 신뢰하는 것이다. 결과적으로, 의롭다 칭하는 믿음은 예수 그리스도의 삶과 죽음과 목회의 구속적 성격을 떠나서는, 혹은 성령의 역사를 통해 믿는 자가 은총을 넘치도록 받는 경험적 신뢰와 확신을 떠나서는 온전히 인식할 수 없다. 사실 1787년 래써(Theophilus Lesser)에게 보낸 편지에서 웨슬리는 기독교인의 믿음의 독특성(distinctiveness)을 강조하며 이렇게 쓰고 있다. "하나님의 존재와 속성을 믿는 것은 이방인의 믿음이고, 구약을 믿고 오신 분을 신뢰하는 것은 유대인의 믿음이며, 그리스도가 나를 위해 자신을 주셨음을 믿는 것은 기독교인의 믿음이다."[54] 여기서 사용한 "나를 위해"(for me)라는 표현은 루터에게서 빌려왔다. 웨슬리는 이 점에 대해 루터에게 스스로 빚지고 있다고 표현했다. "누가 믿음으로만 의롭다 함을 얻는다는 칭의를 설명하면서 루터보다 더 적절하게 표현했단 말인가?"[55]

칭의 자체: 웨슬리의 구원의 순서에서 첫 번째 초점

스스로 인정했듯이 웨슬리는 1738년 이전에 의롭다 칭하는 믿음의 본성에 관심하지 않았기 때문에 당연히 칭의의 본성에 대해서도 관심하지 않았다. 칭의의 본성에 대한 웨슬리 자신의 돌파구는 1738년 열렸다. 그는 1765년 뉴턴(John Newton)에게 한 논평에서 이 점을 분명하게 일러주고 있다. "지

---

53) Ibid., 2:161.
54) Telford, Letters, 7:361~62.
55) Outler, Sermons, 3:505.

난 27년 동안 언제나 그래 왔던 것처럼 그리고 칼빈이 그랬던 것처럼 나는 지금도 칭의에 대해 생각합니다. 칭의에 관한 한 나는 칼빈과 머리카락 하나의 차이도 없습니다."[56] 그러나 1738년 이전의 웨슬리는 종종 칭의와 성화를 혼동했다. 예컨대, 종종 거룩한 삶을 칭의의 열매보다는 칭의의 기초인 경건과 사랑의 사역이라고 생각했다. 실제로 웨슬리는 자신이 속했던 영국 국교회의 이해와 수행 때문에 이런 식으로 생각하는 경향이 있었다.[57] 예를 들면, 1730년 웨슬리는 어머니에게 보낸 편지에서 자기가 테일러 감독의 「거룩한 죽음을 위한 규칙들」 (Rules for Holy Dying)이란 책을 좋아하게 된 것은 "'복음에서 죄의 용서가 성화이다.' 라고 하면서 죄의 용서에 대해 가장 명쾌하게 설명했기"[58] 때문이라고 밝혔다. 더 나아가 1789년 윌리엄 그린(William Green)에게 보낸 편지에서는 영국 국교회 성직자는 성화를 칭의 앞에 두는 습관이 있다고 했다. 이 결과 거룩한 삶이 의롭다 함을 얻는 기초가 된다.[59] 웨슬리의 동일한 실수가 "이성과 경건의 사람들에게 던지는 호소"라는 글에서 자서전적인 논평을 하면서 나타난다.

> 나는 부제로 1725년 안수를 받았고 다음 해에 사제가 되었습니다. 그러나 앞서 인용한 위대한 진리들을 확신하기까지는 그 후 여러 해를 거쳤습니다. 이 기간 동안 나는 칭의의 본성과 조건에 대해 전혀 무관심했습니다. 때때로 나는 칭의와 성화를 혼동했습니다. (특별히 내가 조지아 주에 머물 때 그러했습니다.)[60]

---

56) Ibid., 4:298.
57) 셀은 "웨슬리 운동이 갖는 내적 천재성은 현재 영국 교회의 경건을 인본주의로부터 구속한 것이고, 영국 아르미니우스주의가 복음의 원리들을 회상케 한 것이며, 기독교인의 가르침과 설교에서 바르지만 잃어버렸던 처음 종교개혁자들의 믿음의 힘을 회복시킨 것이었다." 고 말한다. George C. Cell, The Rediscovery of John Wesley (Lanham, Md.: University Press of America, 1984), 265.
58) Frank Baker, ed., The Works of John Wesley, vols. 25~26, Letters I~II (New York: Oxford University Press, 1982), 25:245. 1741년에도 웨슬리는 자신의 일지에서 불 감독(Bishop Bull)의 견해에 대해 적고 있다. "그의 출발점은 이렇다. '믿음으로만이 아니라 모든 선한 사역이 칭의에 필요한 이전 조건이다.'" 불 감독은 여기서 멈추지 않고 칭의를 하나가 아니라 둘로 구분한다. 자연스럽게 웨슬리는 감독의 견해 중 마지막 입장과 관련한 내용만 관심을 갖게 된다. Ward and Heitzenrater, Journals and Diaries, 19:202~3; Telford, Letters, 5:264.
59) Telford, Letters, 8:178~79. 적어도 1740년대 중반에 웨슬리는 현재의 칭의와 마지막 날에 일어나게 될 칭의, 곧 칭의가 두 개 있다고 인정했다. 현재의 상황에서는 웨슬리의 관심이 단지 현재의 칭의에 국한되었다. Cragg, Appeals, 11:105.
60) Jackson, Wesley's Works, 8:111.

그러면 성화가 칭의를 앞설 수 없는 이유는 무엇인가? 그 이유 가운데 하나는 본시 죄인들은 칭의의 열매인 선한 행위를 할 수 없기 때문이다. 그래서 노년에 이르러서는 1773년 자신의 초기 입장과 기본적인 연속성을 견지하며 이렇게 주장했다. "나는 여전히 선한 행위가 칭의에 앞서 행해질 수 없다고 생각한다."[61] 엄격하게 말해 선한 행위와 선하지 않은 행위의 구분은 이전과 이후의 차이를 강조함으로써 칭의의 결정적 본성을 강조하는 구원론적 지표이다. 웨슬리는 "용서가 구원의 시작이며 부활이 용서의 완성"[62]이라고 주장한다. 달리 말하면, 점진적 변화를 통해 정도의 차이를 이루는 구원론적 변화뿐 아니라 결정적인 질적 변화가 칭의를 둘러싸고 있다. 본질적으로 말해 칭의는 선한 행위와 선하지 않은 행위의 구분을 가져온다.[63]

이런 배경을 염두에 둔다면, 웨슬리가 1746년에 출판한 설교 "믿음으로 말미암은 칭의"에서 칭의의 본성을 정의하는 데 크게 주의를 기울인 것은 당연하다 하겠다. 분명코 칭의에 대한 가르침에 대해 오해의 여지를 남기고 싶지 않았던 것이다. 웨슬리는 1770년대 초 이중적 칭의 개념을 여전히 견지하고 있다. 그러나 이 시점에서 웨슬리는 로마서 4장 5절을 본문으로 삼아 설교하는 중에 바울이 말하는 칭의는 "하나이지 그 이상이 아니다."라고 주장한다. "칭의란 지금 우리 죄가 사함을 받은 것이거나 하나님과 함께 우리가 처음으로 받아들여진 것이다."[64] 또한 웨슬리가 초기에 믿음을 둘러싼 대부분의 장애와 많은 혼돈을 제거하면서 부정의 방식으로 믿음의 본성을 정의했듯이, 이 설교에서는 무엇이 칭의가 아닌지를 제시하면서 칭의의 본성을

---

61) Ibid., 10:432. 또한 Davies, *Methodist Societies*, 9:50~51; Cragg, *Appeals*, 11:106도 참조할 것.

62) John Wesley, *Explanatory Notes Upon the New Testament* (Salem, Ohio: Schmul Publishing, 1975), 518 (골 1:14). 또한 1765년 녹스(James Knox)에게 보낸 웨슬리의 편지를 참조할 것. 이 편지에서 웨슬리는 이렇게 지적한다. "당신은 마음의 종교가 무엇을 뜻하는지를 보았습니다. 마음의 종교의 문이 바로 칭의입니다." Telford, *Letters*, 4:302.

63) 그럼에도 불구하고 1738년 이후 웨슬리가 칭의 이전에 경건의 행위(은총의 수단)와 사랑(자비의 행위)에 더 많은 여지를 얻게 되었음을 염두에 둘 필요가 있다. 그러므로 웨슬리는 경건의 행위와 사랑을 통해 하나님의 선행은총이 더욱 드러나기 때문에 이들을 온전히 무시하려 하지 않았다. 따라서 웨슬리 신학의 정확한 그림을 위해서는 칭의 이전에 행위의 본성에 대한 이 두 판단이 함께 고려되어야 한다.

64) Ward and Heitzenrater, *Journals and Diaries*, 19:128. 또한 Telford, *Letters*, 2:191; Jackson, *Wesley's Works*, 8:294을 참조할 것.

탐구한다.

무엇보다, 칭의는 "실제로 정의롭고 의롭게 되는 것이 아니다. 이것은 칭의가 아니고 성화다. 정의롭고 의롭게 되는 것이 어느 정도 칭의의 직접적 열매라고는 하지만 이는 하나님의 독특한 선물이다."[65] 웨슬리는 자신의 설교 "신생"(The New Birth)에서 예증했듯이, 하나님께서 '우리를 위해'(for us) 행하신 사역(칭의)과 하나님께서 '우리 안에'(in us) 행하신 사역(성화)을 구분함으로써 실천에서는 아니더라도 개념적으로는 이 두 교리를 구분한다. 웨슬리의 설명을 보자.

> 기독교 영역에서 근본적이라고 할 수 있는 교리가 있다면 의심할 바 없이 칭의의 교리와 신생의 교리 둘입니다. 칭의의 교리는 하나님께서 우리 죄를 용서할 때 우리를 위해 행하신 위대한 사역과 관계하고, 신생은 타락한 우리 본성을 새롭게 할 때 하나님께서 우리 안에 행하신 위대한 사역과 관계합니다.[66]

다른 곳에서 웨슬리는 칭의가 상대적인 변화를 수반하지만 성화는 실제적인 변화를 수반한다고 가르친다. "칭의는 하나님과 우리의 외적인 관계를 변화시킵니다. 그래서 원수였던 우리가 하나님의 자녀가 됩니다. 그러나 성화는 우리 내면의 영혼을 변화시킵니다. 그래서 죄인이었던 우리가 성도가 됩니다."[67] 즉 칭의는 죄의식을 없애고 성화는 죄의 능력을 제거한다.

둘째, 칭의는 "율법이 제기한 고발로부터 우리를 깨끗하게 하는 것이 아

---

65) Outler, *Sermons*, 1:186.

66) Ibid., 2:187. "평이한 사람들을 위한 평이한 진리"(plain truth for plain people)라는 웨슬리 식의 감리교 교리에 대한 현대적 평가는 Ted A. Campbell, *Methodist Doctrine: The Essentials* (Nashville: Abingdon Press, 1999)에서 찾아볼 수 있다. (미 연합감리교회에 초점을 맞추어) 좀 더 자세한 논의를 원한다면, Scott Jones, *United Methodist Doctrine: The Extreme Center* (Nashville: Abingdon Press, 2002)를 참조할 것.

67) Outler, *Sermons*, 1:432. 믿음으로만 칭의를 얻는다는 교리에 반대하는 것에 응답하면서, 웨슬리는 "「기독교 강요」에서 비슷한 논제를 놓고 칼빈이 반대자들에게 응답했던 것과 거의 똑같이 하고 있다." William R. Cannon, *The Theology of John Wesley, with Special Reference to the Doctrine of Justification* (Lanham, Md.: University Press of America, 1984), 89.

68) Outler, *Sermons*, 1:188. 웨슬리는 또한 칭의란 특별히 "사탄의 고발로부터 우리를 깨끗하게 하는 것"이 아니라고 하였다. 왜냐하면 이 생각은 성서의 지지를 받을 수 없기 때문이다. Outler, *Sermons*, 1:187~88.

닙니다."[68] 그 이유는 "우리가 하나님의 법을 어겨 지옥의 저주를 받아 마땅하지만 하나님께서 그들이 받아야 할 벌을 의롭다 칭함을 받은 사람들에게 부과하지 않기 때문입니다."[69] 여기서 웨슬리가 지적하고자 하는 것은 칭의가 형벌을 다룰 때 단순히 현실적인 죄를 고려하지 않는다는 의미가 아니라는 사실이다. 만일 그렇게 한다면 믿음을 통해 도덕법을 무효화하는 율법폐기론을 가져올 수 있기 때문이다. 그렇게 되면 하나님의 의롭다 칭하는 활동은 다소 죄를 허용하는 것으로 비쳐지거나 더 심각하게는 모든 형벌이 제거되었기 때문에 죄에 편안히 머물러 있는 것을 허용하는 셈이 될 수 있다.

셋째, 칭의는 의롭다 함을 받은 사람들이 하나님을 속이는 것을 의미하지 않는다. 말하자면 칭의는 "하나님은 의롭다 함을 받은 사람들을 그들의 사실과는 다른 것으로 생각하고, 이들을 지금 모습과는 다른 모습으로 여겨 주며 … 혹은 이들이 의롭지 못한데 의롭다고 생각하는 것"[70]을 의미하지 않는다. 달리 말하면, 하나님은 의롭다 함을 받은 사람들을 현실적인 존재의 본성과 반대로 판단하지 않으며, 이들을 그리스도와 혼동하지도 않는다. 그러므로 칭의는 그리스도의 의로 옷 입은 채 죄책감에 남겨져 있는 죄인들의 문제가 아니다. 웨슬리는 이렇게 설명한다.

전지한 하나님은 언제나 진리에 따라 판단합니다. 내가 죄가 없다고 생각하고, 내가 의롭거나 거룩하다고 판단하는 것은 하나님의 정확한 판단이 아닐 수 있습니다. 왜냐하면 다른 사람도 그렇기 때문입니다. 하나님은 이 문제와 관련해서 더 이상 나와 다윗이나 아브라함을 혼돈할 수 없으며 더군다나 그리스도와 혼돈할 수 없습니다.[71]

의롭다 함을 입은 자들과 관련하여 하나님이 아마도 속임을 당했거나 칭

---

69) Ibid., 1:188. Kenneth J. Collins, "John Wesley's Theology of Law" (dissertation, Drew University, 1984), 141~52.

70) Outler, Sermons, 1:188.

71) Ibid. 롬 4:5에 대한 주석에서, 웨슬리는 하나님은 죄인을 의롭다 할 수 있지만 "여전히 죄인의 모든 속성에 대해 정의롭고 참된 것"으로 남아 있다고 주장한다. 예컨대, 그리스도는 하나님의 정의를 만족시키고, 죄는 용서받았으며, 내적인 성화의 사역은 시작된다고 주장한다. Wesley, NT Notes, 371 (롬 4:5); Philip Schaff, ed., The Creeds of Christendom, 3 vols. (Grand Rapids, Mich.: Baker Book House, 1983), 2:94에 나오는 칭의에 대한 트렌트 공의회 교령과 비교해 보라.

의 자체가 법적 허구를 대변했다는 주장과 맥을 같이한다는 점에서 웨슬리 신학이 문제가 있다고 지적하는 것은 – 개신교 종교개혁자들과 루터, 칼빈과 마찬가지로 – 거룩하신 하나님께서 의롭다고 칭한 사람들이 성인이나 용서를 받기 전 어느 정도 거룩했던 사람들이 아니라 죄인들이라고 한 웨슬리의 고백에 기초하고 있다. 순전한 칭의의 선물을 값없이 주시는 은총으로 보고, "하나님께서 경건한 사람들이 아니라 불경건한 사람을, 이미 거룩한 사람들이 아니라 거룩하지 않은 사람들을 의롭다 한다."[72]고 주장했던 것이다. 사실 아담과 하와에게 주어진 행위의 언약이 아니라 은총의 언약과 칭의를 그는 강력하게 연결했다. 따라서 칭의보다 앞서 어떤 거룩함을 내세우는 것은 실제로는 은총의 경우를 보여 주는 것이 아니고, 하나님께서 이미 예수 그리스도 안에서 제정한 구원의 길에서 떠난 것임을(a departure from the saving way) 보여 준다. 로마서 4장 5절을 주석하면서 그 이유를 이렇게 설명했다. "만일 인간이 의롭다 칭함을 받기 전에 거룩하게 될 수 있다면, 이는 전적으로 칭의를 파기하는 것이다. 의롭다 칭함을 받은 그 순간 이미 거룩하다면, 그는 본성상 의롭다 칭함을 받았다고 할 수 없다."[73] 이상하게 보일지 모르지만, 이 주석에서 웨슬리는 죄 됨, 불경건함, 어떤 종류건 거룩하지 않은 것이 칭의를 위한 전제가 되고 본래 조건이라고 분명하게 주장한다. 예컨대, 예수 그리스도에 대한 믿음을 가질 때 죄인들은 사랑의 하나님이 주시는 값없고 은총이 넘치는 선물로서 의롭다 칭함을 받는다. 그러므로 노예의 영 아래 두려워 떠는 종들에게 웨슬리는 다음과 같은 격려의 말을 주었다. "눈을 들어 보십시오! 성령께서 여러분의 심령에서 아바, 아버지라고 울부짖고 계십니다. 우리를 의롭게 하시는 분이, 경건치 못하고 경건을 행치 않는 자를 의롭게 하시는 분이 가까이 계십니다."[74]

죄의식으로부터의 자유인 칭의: 복음이 주는 첫 번째 자유

웨슬리는 믿음을 통해 은총으로 주어지는 칭의는, 죄인들의 용서, 이들의 모든 과거의 죄의 용서를 가져온다고 주장한다. "칭의는 하나님 아버지의 행

---

72) Outler, *Sermons*, 1:191.
73) Wesley, *NT Notes*, 371.
74) Telford, *Letters*, 7:95.

위이다. 아들의 피 값으로 주고 산 속죄를 위해, 아버지는 칭의로 말미암아 '과거의 죄를 사면하여 아버지의 의로움(혹은 사랑)'을 보여 준다."[75] 이 정의에 세 가지 중요한 의미가 담겨 있음을 주목해 보라. 첫째, 앞장에서 보았 듯이 칭의는 그리스도의 속죄의 사역, '아들의 피 값으로 주고 산 속죄'에 기초한다. 웨슬리는 1742년에 쓴 "감리교인의 원리들"(*The Principles of a Methodist*)에서 다른 개념과 함께 희생의 개념을 탐구하는데, 이때 사용한 용어는 크랜머의 용어를 복사판처럼 똑같이 사용하고 있다.

> 내가 의미하는 바를 좀 더 광범위하게 표현해 보자. 나는 칭의에 세 가지 요소가 함께 어우러져야 한다고 생각한다. 세 가지 요소는 하나님 편에서 하나님의 자비와 은총이라는 요소, 그리스도 편에서 자신의 몸을 드리고 피를 흘림으로 하나님의 정의를 만족시키는 요소 … 우리 편에서 그리스도의 공로 안에서 참되고 살아 있는 믿음의 요소이다.[76]

둘째, 칭의가 죄의 사면이나 용서를 수반하기 때문에 복음의 처음 자유로서 죄책의 권세로부터 해방을 가져온다. 따라서 우리는 이제 평화 안에서 하나님의 사랑과 선함을 향유할 수 있다. 다시 말한다면, 칭의는 죄인에게 하나님과의 올바른 관계를 회복시킨다. 이 관계는 더 이상 소외와 과도한 두려움에 의해 지배되지 않는 관계이다.[77] 웨슬리 스스로 말했듯이, "죄책으로부터 구원 받은 이들은 자식의 불편한 두려움이 아니라 노예의 두려움으로부터, '고통을 주는 두려움으로부터,' 형벌과 하나님의 진노의 두려움으로부터 구

---

75) Outler, *Sermons*, 1:189. '속죄'(propitiation)란 용어를 탁월하게 해석한 자료를 원한다면, Leon Morris, *The Apostolic Preaching of the Cross* (Grand Rapids, Mich.: William B. Eerdmans, 1955), 125 ff를 참조할 것.

76) Davies, *Methodist Societies*, 9:51. 그러나 한 가지 다른 점은 크랜머는 '완전하고도 철저하게 율법을 완성한' 그리스도에 대해 쓰고 있는데, 웨슬리는 이 부분을 생략하고 있다. 그 이유는 아마도 이 문구가 율법 폐기론적으로 이해될 수 있다는 생각에서였을 것이다. Cox, *Writings of Cranmer*, 129. 1738년 가을에 웨슬리는 "믿음으로 말미암은 칭의라는 아주 논쟁적인 주제에 답하기 위해 좀 더 범위를 축소하여 영국 교회의 교리를 탐구하기 시작했다." Ward and Heitzenrater, *Journals and Diaries*, 19:21.

77) 그러나 칭의는 때로 그리스도 안에서 아직 아기인 이들 안에 의심과 두려움으로 나타난다. 웨슬리의 요일 2:13~14에 대한 주석을 참조하라. Wesley, *NT Notes*, 632~33.

78) Outler, *Sermons*, 1:122.

원받았다."[78] 분명코 이 은총의 단계에서 영적감각이 깨어나기 시작할 뿐 아니라 진정한 영혼의 치유가 일어나기 시작한다. 그로 인해 우리는 이제 진노의 하나님이 아니라 사랑의 하나님을 본다. 예를 들면, 웨슬리는 "믿음으로 말미암은 구원"이라는 설교에서 이렇게 설명한다.

> 이는 현실 세계에서조차 믿음을 통해 주어지는 구원입니다. 종종 '칭의'라는 용어 속에 표현된 죄와 죄의 결과로부터의 구원입니다. 칭의는 광의의 차원에서 보면, 그리스도를 믿음으로 죄인의 영혼에 실제로 임한 그리스도의 속죄로 말미암아 죄책과 벌로부터의 구원을 포함합니다.[79]

셋째, 웨슬리는 죄의 용서를 **과거에 지은 죄**들에 제한한다. "이것이 내게 일러 주는 바, 그리스도는 하나님의 법을 우리가 과거에 범한 것 때문에 주어진 저주나 벌로부터 (믿는) 우리를 구원하셨다."[80] 다시금, "종교 강령과 설교가 전하는 바, 칭의는 '과거에 지은 죄를 사면함으로써 혹은 그 사면으로 인해' '하나님의 의로움'이나 자비를 선포하는 현재적 용서이며 하나님께 받아들여짐이다."[81] 여기서 웨슬리는 칭의를 미래의 죄까지 용서하는 것으로 보는 자유방임적 해석을 두려워했던 것 같다. 그 이유는 그렇게 되면 칭의는 죄의 죄책**으로부터** 자유를 가져오기보다는 죄를 **위한** 보증이 되는 끔찍한 결과를 초래할 것이라고 생각했기 때문이다. 그래서 이런 오류를 피하기 위해 용서는 과거에 지은 죄에만 국한된다고 주장했다. 우리가 칭의 이후에 공개적으로 의지가 담긴 죄를 범했다면, 새롭게 우리의 죄를 고백하고 하나님의 은총을 구해야 하는 것이다.

---

79) Ibid., 1:124. 웨슬리가 '의롭다 칭하는 믿음의 단계'에 대해 말하고는 있지만, 이 구절은 조심스럽게 이해되어야 한다. 먼저 칭의는 초기 성화 혹은 신생과 동시에 일어나기 때문에, 칭의의 단계는 결코 하나님의 자녀들의 특권인 믿음, (죄책과 죄의 권세로부터의 구원) 소망, 사랑 아래로 떨어지지 않는다고 웨슬리가 생각했음을 알아야 한다. 둘째, 칭의가 바로 언급했듯이 성화의 단계와 상관없이 존재할 수 있다는 말은 인간이 죄의 지배 아래 있음에도 불구하고 의롭다 칭함을 받을 수 있다고 할 수 있다는 뜻이다. 그런데 웨슬리는 이것이 명백히 불가능하다고 보았다.
80) Jackson, *Wesley's Works*, 10:278.
81) Davies, *Methodist Societies*, 9:176.

전가

웨슬리는 또한 전가(imputation) 교리를 조심스럽게 언급하면서 의롭다 함을 받는 것은 성인이 아니라 죄인이라고 주장했다. 예를 들면, 1765년에 쓴 "주 우리의 의로움"(The Lord Our Righteousness)이란 설교에서, 능동적이고 수동적인 그리스도의 인간적인 의로움은 믿는 자들이 믿을 때에 전가되어, "믿는 바로 그 순간 그리스도의 의가 믿는 자들의 것이 된다."[82]고 주장한다. 실로 웨슬리에게 믿음과 그리스도의 의는 나누어질 수 있는 것이 아니다. 참된 믿음은 그리스도의 의로움을 그 대상으로 삼는다.[83] 그는 이렇게 적고 있다. "나는 희망이 없습니다. 그러나 … 나는 그리스도를 찾을 것이고, '나 자신의 의로움으로서가 아니라 그리스도의 믿음을 통해서 그리스도 안에서 나를 찾게 될 것입니다.'"[84] 아우틀러는 하나님께서 그리스도 안에서 일하심을 받아들이는 것에 대한 중요성을 강조함으로써 조금 다르게 이 진리를 표현했다. "우리는 그리스도의 공로를 받아들이고 신뢰하는 **수동적인** 행위 말고는 하나님 앞에서 우리 자신의 칭의를 주장할 여지가 없다."[85]

웨슬리는 분명하게 전가의 교리를 주장했다. 그러나 1756년 허비(James Hervey)에게 보낸 조심스런 논평에 표현되어 있듯이, 전가의 가르침의 사용(과 남용 가능성)을 상당히 불편해했다. "'그리스도의 전가된 의'라는 **특정 문구**를 갖고 논쟁을 벌이지 마십시오. 그리스도의 전가된 의는 성서적이 아니며 필연적이지도 않습니다. …그러나 이 표현이 엄청난 상처를 남겼습니다."[86] "어떤 의미에서 그리스도의 의가 모든 사람들에게 전가된 것인가 아니면 믿는 자들에게 전가된 것인가?"라는 물음에 대해 1744년 연회 회의록에서는 이렇게 선언했다. "우리는 '의를 위해' 우리에게 '믿음이 전가되었음'을 발

---

82) Outler, *Sermons*, 1:454. 그러나 여기서 그리스도의 내적인 인간적 의로움이 믿는 자에게 전가되었는가 하는 점은 분명치 않다. 예를 들면, 웨슬리는 전가된 의를 구체적으로 진술하지 않고, 포괄적인 의미로 "그리스도의 인간적인 의로움"이란 문구를 사용하는 것으로 나타난다. 이 문구는 그리스도의 내적이며 외적인 (능동적이고 수동적인) 그리스도의 의를 포함하는 것처럼 보일 수도 있다.

83) Ibid.

84) Ward and Heitzenrater, *Journals and Diaries*, 18:215. 웨슬리는 자신이 속한 영국 교회 중 여러 교회가 "이 문제를 완전히 간과하며 전가된 의에 대해, 혹은 믿음으로만 칭의를 얻는 것에 대해 아무 것도 알지 못하거나 부인한다."고 주장했다. Outler, *Sermons*, 1:461.

85) Albert C. Outler, *Theology in the Wesleyan Spirit* (Nashville: Discipleship Resources, 1975), 58.

86) Telford, *Letters*, 3:372.

견할 수 있지만 성서에는 그리스도의 의를 모든 사람에게 전가했다는 표현이 없다."[87] 또 다른 곳에서는 "'그리스도의 의'는 내가 성서에서 발견하지 못한 표현이지만, '하나님의 의'는 성서에서 발견한 표현"[88]이라고 인정했다. 이러한 조심스런 구분에도 불구하고 다음과 같이 주석을 하면서 그리스도의 의라는 표현이 갖고 있는 숨은 기본적 의미를 인정했다. "그러나 '우리가 그리스도의 공로를 통해 받아들여졌다'고 한다든지 혹은 '그가 우리를 위해 행하시고 고통당하신 것을 위해' 그리스도의 의가 전가되었다고 한다면 우리는 이를 거부할 수 없을 것이다."[89] 다시 말하지만, 웨슬리가 두려웠던 것은 이 교리로부터 율법폐기론의 가능성을 끌어낼 수 있다는 점이었다. 예를 들면, "그리스도의 전가된 의에 대한 생각들"(Thoughts on Christ's Imputed Righteousness)이란 글에서 웨슬리는 다음과 같이 진술했다. "나 자신은 ('그리스도의 전가된 의'라는 문구)를 더 조심스럽게 사용하고 있다. …왜냐하면 율법폐기론자들이 가장 싫어하는 내용을 정당화하기 위해 이 문구를 사용하기 때문이다."[90] 그러므로 웨슬리는 자연스럽게 자신의 글에서 어떤 의미로 그리스도의 의가 믿는 자들에게 전가되었는지를 정확하게 진술하고자 노심초사했다.

간단히 말해서, 웨슬리는 그리스도의 의가 믿는 자들에게 전가된 것은 자비나 사랑과 같은, 믿는 자들의 행위에 의해서가 아니라 믿는 자들을 위해 자신의 삶과 죽음을 통해 이루신 그리스도의 공로에 의해서**만**이라고 보았다.[91] 또한 존 굿윈(John Goodwin)의 「믿음의 전가」(Imputatio Fidei)를 인용하여, "하나님께서는 믿는 자의 의 때문이 아니라 그리스도의 의를 위해서 믿

---

87) Jackson, Wesley's Works, 8:277. 다시 말하지만, 1757년 펄리(Samuel Furly)에게 보낸 편지에서 웨슬리는 동일한 주제를 강조한다. "분명 성서에는 '그리스도의 의가 우리에게 전가되었다.'라는 표현이 없다. 그러나 '우리가 그리스도의 공로를 통해 받아들여졌다'고 한다든지 혹은 '그가 우리를 위해서 행하시고 고통당하신 것을 위해서' 그리스도의 의가 전가된 것이라고 한다면 우리는 이를 거부할 수 없을 것이다." Telford, Letters, 3:230; Jackson, Wesley's Works, 10:314~15.

88) Jackson, Wesley's Works, 10:312.

89) Telford, Letters, 3:230. 웨슬리의 전가 교리에 대해 몇 편의 논문을 썼던 휘든(Whidden)은 그 중 한 논문에서 웨슬리가 칭의와 중생 교리에서 전가(imputation)와 분여(impartation)를 함께 주장하고 있다고 보았다. Woodrow W. Whidden, "Wesley on Imputation: A Truly Reckoned Reality or Antinomian Polemical Wreckage?" The Asbury Theological Journal 52, no. 2 (Fall 1997): 67.

90) Jackson, Wesley's Works, 10:315.

는 자를 의롭다 칭한다."[92]고 선언한다. 앞서 웨슬리는 리처드 백스터(Richard Baxter)의 「칭의의 경구들」(Aphorisms of Justification)을 출판했다. 달리 말하면 웨슬리의 전가 교리는 믿음의 결정적인 본성, 속죄의 효능, 칭의은총, 죄인이 행위를 통해 얻을 수 있는 것이 아니라 수동적으로 받기만 해야 하는 하나님 홀로의 선물임을 강조하는 또 다른 방식이다. 웨슬리는 "우리는 '예수 그리스도 안에 있는 구속을 통해 그분의 은총으로 값없이 의롭다 칭함을 받는다.'"[93]고 기술한다. 그러므로 전가는 지속적인 불의를 덮는 외투가 아니다. 불행하게도 이 개념은 18세기 칼빈주의의 영역에서 나타나고 있다. 그러므로 전가란 죄인을 용서할 때 하나님이 주시는 순전한 은총이며 완전한 사랑에 대한 선언이다. 다른 방식으로 본다면, 웨슬리의 전가 교리 그리고 이 교리와 칭의의 관계는, 앞서 그리스도론을 다룬 장에서 살폈듯이, 그리스도의 의가 "하나님 앞에 선 죄인의 칭의의 전체적이고도 유일한 공로적 원인(meritorious cause)"[94]임을 암시한다. 아우틀러는 그리스도의 행위를 구속의 형식적 원인이 아니라 공로적 원인이라고 강조함으로써, 웨슬리는 복음주의적 입장에 남겨 있으면서도 칼빈주의자들과는 달리 "선행은총, 자유의지, '보편적 구속'"[95]을 포용할 수 있었다고 보았다.

이제 웨슬리는 자신의 글에서 성화가 아니라 칭의, 용서, 받아들임과 관계되는 범위에서 전가라는 용어를 사용했다. 이처럼 전가 교리가 성화에 흘러 들어가는 것을 막아 둘레를 친 까닭은, 특히 1765년 이후 전가라는 말이 잘 못 이해되었을 경우 쉽게 그리스도의 의를 취해 죄인의 불의를 덮는 옷으로

---

91) Outler, *Sermons*, 1:455. 맥그래스(McGrath)에 따르면, "의가 믿는 자에게 전가되지만 동시에 죄는 전가되지 않는다는 주장, 혹은 칭의는 의를 **만드는** 것으로 이해되어야 한다는 주장은 1530년대 말까지 영국 종교개혁의 특징을 이루고 있다." Alister McGrath, *Iustitia Dei: A History of the Christian Doctrine of Justification from 1500 to the Present Day* (Cambridge: Cambridge University Press, 1986, 「하나님의 칭의론」, 한성진 옮김[기독교문서선교회]), 286.

92) Outler, *Sermons*, 1:457.

93) Ibid., 1:455. 모라비안주의와 칼빈주의의 율법폐기론이 갖는 이중적 위험에 대해 가장 광범위하게 연구한 것으로는 Earl P. Crow, "John Wesley's Conflict with Antinomianism in Relation to the Moravians and Calvinists" (dissertation, The University of Manchester, 1964)가 있다.

94) Outler, *Sermons*, 1:460. 웨슬리는 로마 교회, 윌리엄 로, 많은 퀘이커교도들, 재세례파 사람들, 영국 국교회 교인들이 이 교리에 대해 진정한 이해를 하지 못하고 있다고 생각했다.

95) Ibid., 1:445. 그리스도의 행위를 칭의의 공로적 원인으로 보는 자료를 더 보고 싶다면, Outler, *Sermons*, 1:445; 2:342; Wesley, *NT Notes*, 376 (롬 5:21); Jackson, *Wesley's Works*, 10:390, 428을 참조할 것.

사용될 수 있다는 염려와 두려움 때문이었다.

　　아무튼 우리가 염려하는 점은 이것입니다. 누구든 '그리스도의 의' 나 "그리
스도의 의가 '내게 전가되었다.' "라는 문구가 자신의 불의를 덮은 것으로 사용
하지 않도록 … '그리스도를 죄의 앞잡이로' 만들지 않게 조심하십시오. **그리스
도 안에서 거룩하게 되는 것**을 헛되이 상상함으로써 '거룩함이 없이는 누구도
주님을 보지 못할 것' 이라는 하나님의 엄숙한 명령을 헛되이 하지 않도록 조심
하십시오. 경고하는 바, 불의한 채 있다면 그리스도의 의가 저들에게 어떤 유익
도 주지 못할 것입니다![96]

　다시 말하지만, 율법폐기론에 대한 두려움 때문에 웨슬리는 때때로 "그리
스도의 의가 믿는 자들에게 전가된다."라는 선언이 홀로 남겨지기를 원치 않
았다. 대신 이 선언 다음에 바로 "하나님은 하나님께서 의를 **전가한** 모든 사
람에게 의를 불어넣는다."[97]고 덧붙였다. 다음의 인용문에는 웨슬리가 전가
된 의를 본래의 의로부터 조심스럽게 구분한 내용이 나타난다. "'그러면 여
러분은 본래적 의를 믿지 않습니까?' 아니요. 여러분은 본래적 의를 믿고 있
습니다. 본시 본래적 의는 우리가 하나님께 받아들여진 자리에 있는 것이 아
니고 그 열매로서 있습니다. 전가된 의의 자리에 있는 것이 아니고 전가된
의의 결과입니다."[98] 그러므로 이 구절을 신학적으로 성찰해 보면, 본래적
의(성화)는 어떤 의미든 칭의의 근거일 수 없다. 다시 말하지만 칭의는 죄를 용
서할 때에 하나님의 활동이 얼마나 자비롭고 은총이 넘치는지를 보여 준다.

---

96) Outler, *Sermons*, 1:462~63.
97) Ibid., 1:458. 놀랍게도 웨슬리는 전가에 대해 구별된 두 가지 방식으로 기술했다. 먼저, 믿는 자들
에게 전가된 것은 그리스도의 의라고 했고 다음으로는, 믿는 자의 입장에서 의를 위해 믿음이 전가
된다고 가르쳤다. 예를 들면, "믿음으로 말미암은 구원"이란 설교에서 웨슬리는 "믿는 바로 그 순
간 **믿음이** 의를 위해서 믿는 자에게 전가된다."고 선포한다. 또 다른 설교 "주 우리의 의"에서는
"믿음이, 곧 그리스도의 의 안에 있는 믿음이 모든 믿는 자에게 의를 위해 전가된다."고 했다. 그러
나 그리스도의 의가 믿는 자들에게 전가된다는 주장과 마찬가지로 믿음이 의를 위해서 전가된다는
주장은, 인간은 율법의 행위로서가 아니라 믿음으로 의롭다 함을 얻는다는 웨슬리 구원론의 중심
교리 개념을 강조하고 있다. 여기서 믿음이란 율법의 행위를 넘어 그리스도의 의를 지칭한다.
Outler, *Sermons*, 1:196, 1:458.
98) Ibid., 1:458.

'오직 믿음으로만'에 대한 물음

칭의를 의인들이 아니라 죄인들의 것으로 이해했던 웨슬리는, 종종 당시 중요한 로마가톨릭 지도자들과 영국 국교회 지도자들과 불편한 관계를 갖게 되었다.[99] 예를 들면, 웨슬리와 휫필드는 1691년부터 3년간 죽기까지 캔터베리의 대주교를 지내며 성화가 칭의에 앞선다고 가르쳤던 틸롯슨(John Tillotson)을 이단자로 생각했다.[100] 또한 웨슬리는 한때 자신의 영적 스승이었던 부드러운 영혼의 소유자요 신비가인 로(William Law)가 임박한 복음적 회심의 상황에서 자신을 "그리스도의 피로 산 살아 있는 믿음"[101]으로 인도하지 않았다는 이유로 비판했다. 2년 후에는 자신의 일지에서 이렇게 고백했다. "우리는 믿음과 행위로 말미암은 구원이라는 새로운 길에서 수년 동안 방황했다. 그러나 2년 전 믿음에 의해서만 구원을 받는다는 옛길에 들어서서 하나님을 기쁘시게 했다."[102]

웨슬리는 여러 로마가톨릭교회 신학자들이 몇 가지 이유 때문에 "칭의의 본성을 아주 낯설어 한다."[103]고 보았다. 첫째, 저들은 "칭의와 성화를 완전히 혼동했다."[104] 예를 들면, 역사적인 트렌트 공의회의 법규 11은 이렇게 포고한다. "누군가 인간이 **성령으로 인간의 마음에 부은 바** 되고 인간의 마음에 내재된 은총과 **사랑**을 배제한 채 오직 죄의 용서로만 … 의롭다 함을 받는

---

99) 체임벌린(Chamberlain)은 틸롯슨이 칭의와 관련해 전가의 개념을 강조하지 않았다고 지적한다. Jeffrey S. Chamberlain, "Moralism, Justification, and the Controversy over Methodism," *The Journal of Ecclesiastical History* 44 (1993): 661.

100) Ibid., 673. 앞서 웨슬리는 불 주교(Bishop Bull)를 영국 국교회의 기본적인 종교 강령에서 이탈했다고 비판했다. 그러나 나이가 들면서 웨슬리는 불 주교를 달리 이해하게 되었다. Baker, *Letters*, 25:600.

101) Baker, *Letters*, 25:546.

102) Ward and Heitzenrater, *Journals and Diaries*, 19:153. 아우틀러의 말을 인용해 말한다면, 한때 웨슬리는 믿음에 의해서만 칭의를 얻는다는 교리가 '영국 국교회에서 새로운 것'이라고 잘못 생각했다. Albert C. Outler, "The Wesleyan Quadrilateral in John Wesley," in *The Wesleyan Theological Heritage: Essays of Albert C. Outler*, ed. Thomas C. Oden and Leicester R. Longden (Grand Rapids, Mich.: Zondervan Publishing, 1991), 27.

103) Outler, *Sermons*, 3:506.

104) Ibid. 웨슬리는 이 문제와 관련해 로마가톨릭 신학자들과 생각이 달랐다. "어느 로마가톨릭 교도에게 보내는 편지"(*Letter to a Roman Catholic*)에서 웨슬리는 자신과 로마가톨릭의 입장이 여러 면에서 공동 요소가 있다고 강조하며 화해를 촉구했다. "형제여, 우리 진리의 길에서 떨어지지 맙시다. 당신을 하늘나라에서 보기를 희망하오." Jackson, *Wesley's Works*, 10:85.

다고 주장한다면, 그는 저주를 받을 것이다."[105] 둘째, 웨슬리는 공의회 회원들이 같은 법규에서 믿음으로만 의롭다 함을 얻는 칭의 교리를 저주함으로써 "사도 바울을 저주했다"[106]고 생각했다. 달리 말하면, 로마가톨릭은 칭의가 허구적인 것이 되지 않기 위해 믿음만으로가 아니라 성화로 인식되는 자비 혹은 사랑이 영혼에 주입되어야 한다고 여겼던 것이다. 셋째, 법규 9는 칭의는 협력은총으로 봐야 하며 따라서 존재와 행위 둘 다 의롭다 함을 받기 위해 절대적으로 요청된다고 주장했다. 그 내용을 보자.

> 만일 누군가가 믿음으로만 경건치 않은 자가 의롭다 함을 얻으며, 칭의은총을 얻는 것에 다른 어떤 협력도 요구되지 않는다고 말한다면, 또한 스스로의 의지의 활동에 의해 준비되거나 마음이 영향을 받을 필요가 없다고 한다면, 그는 저주를 받을 것이다.[107]

법규 9의 마지막 부분은 웨슬리 신학의 협력은총을 생각나게 한다. 그렇다고 해서 웨슬리의 전체적인 실천신학이 가톨릭 패러다임에 완전히 포함되어야 한다는 의미는 아니다. 그렇게 되면 중요한 개신교 통찰들을 간과하게 되기 때문이다. 앞서 인용된 로마가톨릭의 용어와 웨슬리의 중요한 설교인 "믿음의 의"(The Righteousness of Faith)에서 표현한 웨슬리의 용어를 비교해 보라.

> 그러므로 너희 중에 누구든 하나님의 사랑으로 용서받고 화해하기를 원한다면 마음에 이렇게 생각하지 말라. '나는 **먼저 이것**을 해야 한다. **먼저** 모든 죄를 정복하고 악한 말이나 행동을 끊고, 모든 사람에게 모든 선을 행해야 한다. 혹은 나는 **먼저** 교회에 가서 주의 만찬을 받아야 하고, 더 많은 설교를 들어야 하며, 더 기도를 드려야 한다.' 오호라! 내 형제여 당신은 길에서 온전히 벗어났구려. 당신은 아직도 "하나님의 의를 간과하고" "당신 자신의 의를 세우려 하고 있소."[108]

---

105) Schaff, *Creeds*, 2:112~13.
106) Telford, *Letters*, 4:140.
107) Schaff, *Creeds*, 112.

같은 설교에서 또 이렇게 첨언한다. "마음에 이렇게 생각하지 마십시오. '나는 **충분히 착하지 않기** 때문에 아직 받아들여질 수 없어!' 누가 하나님의 손에 받아들여질 만큼 그 공로가 충분히 착한 사람입니까? 또 누가 충분히 착한 사람이었습니까? 아담의 후손 가운데 이에 합당할 만큼 충분히 착한 사람이 있었습니까?"[109] 이처럼 기본적인 복음의 진리의 빛에서 웨슬리는 그를 따르는 사람들에게 이렇게 권면할 수 있었다. "적절치 않고, 가치도 없으며, 거룩하지도 않은 **당신 모습 이대로** 매일 매시간 단지 믿음으로만 그것을 찾으십시오."[110] 웨슬리가 고백한 진술들은 그의 접속적 신학의 적절한 균형이 제자리를 찾도록 한다.

이러한 자료에도 불구하고, 몇몇 감리교 신학자들은 트렌트 공의회의 법규 9의 내용과 웨슬리의 가르침 사이에 유사성이 있음에 주목했을 뿐 아니라 보증되지도 않는 결론을 내렸다. 예를 들면 캐논(Cannon)은 웨슬리가 "믿음은 오직 진지하게 구하고, 적극적으로 회개를 열망하고 시간이 허락됐을 경우에는 회개에 합당한 행위를 한 사람들에게 주어졌다."[111]고 주장한다고 말했다. 그러나 이 상황에서 '오직'(only)이란 용어를 사용함으로써 믿음과 똑같이 회개와 회개의 열매가 실제로 칭의에 필요한 것이 되게 하였다. 캐논이 웨슬리의 실천신학을 전체적인 협력구조로 풀어 갔다는 사실은 다음 글에서도 분명하게 나타난다.

물론 하나님께서 주도권을 갖고 인간이 응답한다는 일반적인 개념은 웨슬리의 가르침을 기술하고 있다. 그러나 제대로 이해한다면, **인간이** 주도권을 갖고 **하나님이** 응답한다는 개념 또한 웨슬리의 가르침을 기술하고 있으며 웨슬리의 신학에서 낯선 것이 아니다. 왜 그럴까? 그 이유는 단순하게 말해서 일반은총 혹은 '선행은총'을 주심에 있어 하나님의 주도권은 당연한 것으로 여겨지기 때문이다.[112]

---

108) Outler, *Sermons*, 1:214, 「웨슬리 설교전집 1」[대한기독교서회]. 웨슬리의 몇몇 진술들이 과거에 웨슬리의 일반적인 신학적 입장으로 평가되지 않은 이유는, 이 진술들이 간과되었거나 어떤 경우에는 주도적인 협력 패러다임에 포함시켰기 때문이다.

109) Ibid.

110) Ward and Heitzenrater, *Journals and Diaries*, 21:321.

111) Cannon, *Theology of John Wesley*, 248.

112) Ibid., 116.

같은 맥락에서 캅은 "웨슬리가 의롭다 칭하는 믿음은 회개 없이 일어날 수 없다고 생각했다."고 주장했다. "… 만일 이러한 노력들이 필연적으로 칭의에 선행한다면, '믿음만으로' 라는 교리에 조건 하나가 포함되게 된다."[113] 여기 마지막 표현은 문제가 되는 동시에 웨슬리 신학에 나타난 다른 요소들을 설명할 수 없게 한다. 웨슬리가 회개를 강조했다는 점에서 보면, 이내 '믿음만으로' 라는 (값없이 주시는 은총) 이 훼손되고 그 결과 웨슬리의 전체 칭의 교리는 다시 한 번 협력적인 (가톨릭 패러다임) 에 포섭된다. 광의의 '보편성' 이라는 이름으로, 또한 에큐메니컬 목적에서 다른 학자들이 이 움직임을 되풀이하고 있지만, 그럼에도 불구하고 이 입장은 은총의 개념을 주밀하게 다루었던 웨슬리 신학의 결정적인 구분을 놓치게 한다.

제대로 이해한다면, 회개가 웨슬리 실천신학에서 칭의에 필연적인 것처럼 보인다고 말한, 캅과 캐논에게 동의할 수 있다. 왜냐하면 회개가 일어나는데는 매우 짧은 시간과 기회만으로도 충분한데, 이런 것들이 **'만일 시간과 기회가 있다면'** 이라는 웨슬리의 조건절을 형성하기 때문이다. 그럼에도 불구하고, 이 상황에서 어떤 의미에서 필연적인 것은 아니지만 회개와 행위가 의롭게 하지 **못한다**는 것을 입증하기 위해, '동일한 의미에서 아님'(not in the same sense)과 '동일한 정도에서 아님'(not in the same degree)이란 말로 앞서 회개와 회개에 합당한 열매를 구분했던 것에 주목할 필요가 있다. 믿음만이 의롭게 한다. 달리 말하면, 믿음이 칭의에 **절대적으로** 요구되는 유일한 요소이다. 이는 1762년 혼 박사(Dr. Horne)에게 했던 웨슬리의 논평에 분명히 나타나 있다. "'경건치 않은 자들을 의롭게 하는 것은 그분을 믿는 것' 외에 아무것도 **절대적으로** 필요하지 않다."[114]

1738년부터 죽을 때까지 웨슬리는 반복적으로 그의 글 속에서 믿는 자들은 율법의 행위나 공로로 의롭게 되는 것이 아니고 믿음으로만 의롭게 된다고 주장했다. 한 일례를 보면 1738년 5월, 웨슬리는 로에게 "이 율법의 행위

---

113) John B. Cobb, Jr., *Grace and Responsibility: A Wesleyan Theology for Today* (Nashville: Abingdon Press, 1995), 87~88. 브록웰(Charles Brockwell)은 다음 글에서 본래적인 균형을 설명해 주고 있다. "선행은총에 대한 응답인 회개가 칭의에 선행한다." Charles W. Brockwell, "John Wesley's Doctrine of Justification [Bibliog]," *Wesleyan Theological Journal* 18, no. 2 (Fall 1983): 30.
114) Telford, *Letters*, 4:178.

로는 어떤 살아 있는 육체도 의롭게 되어서는 안 된다."[115]고 주장했다. 이 점에서 린드스트룀은 웨슬리의 칭의론이 근본적으로 종교개혁적 입장을 표현한다고 정확하게 지적했다. 율법은 칭의의 자리에서(in loco justificationis) 여지가 없었다. 몇 년이 지나 웨슬리는 초기 설교인 "믿음으로 말미암은 칭의"에서 (아주 루터의 교리와 같은 방식으로) 믿음만이 칭의의 조건이라고 선언한다. "그러므로 믿음은 칭의의 **필연적** 조건이다. 맞다. 믿음만이 칭의의 **유일한 필연적** 조건이다."[116] 달리 말하면, 믿음이 믿음 말고는 다른 어떤 것으로도 의롭다 함을 받을 수 없는 유일한 것이다. 웨슬리의 용어를 빌려 말한다면, 믿음은 "용서 받기 위해 즉시 꼭 절대적으로 요구되는 유일한 것이다."[117] 그러므로 칭의는 믿음이 없이는 일어나지 않는다. 더구나 믿음은 칭의의 필연적인 **유일한** 조건일 뿐 아니라 충분조건이기도 하다. 이 진리를 트렌트 공의회는 결코 받아들일 수 없었다.[118] 1765년 웨슬리는 칭의가 (믿음)만으로 충분하다고 지적했다. "믿는 모든 사람은 그가 무엇을 가졌든 가지지 않았든 의롭다 칭함을 받는다."[119] 다시금 갈라디아서 6장 12절에 대한 주석에서 이렇게 선언한다. "십자가에 달리신 구원자를 믿는 믿음만이 칭의의 유일한 충분조건이다."[120] 그리고 1년 후, "아스파시오 주장에 대한 입장" (Remarks on a Defence of Aspasio Vindicated)에서 전체를 조망하며 이렇게 정리한다.

나는 하나님이 존재하는 것을 믿듯이 믿음만으로 말미암은 칭의를 믿는다. 나는 28년 전 옥스퍼드 대학에서 했던 이 설교에서 이것을 선언했다. 나는 18년 전

---

115) Baker, *Letters*, 25:541. 웨슬리는 중심 구절인 롬 3:20을 인용한다. Outler, *Sermons*, 2:20.
116) Outler, *Sermons*, 1:196.
117) Ibid.
118) 그러나 많은 사람들에게 회개할 시간과 기회가 있을 것이다. 그래서 이것이 정상적인 여정이 된다. 그러나 회개는 절대적으로 요구되는 것이 아니다. 왜냐하면 결국 회개 없이 의롭다 함을 얻을 수 있기 때문이다. 그러므로 웨슬리 신학의 접속적 유형은 믿음에 대한 개신교 이해와 가톨릭 이해를 접목시키는 가운데 나타난다. 한편 "우리는 그리스도를 믿는 믿음만이 칭의의 유일한 조건이라고 고백한다." 그러나 다른 한편에서 "회개가 믿음에 앞서 오지 않던가? 맞다. 회개와 회개에 합당한 행위 혹은 열매를 위한 기회가 주어진다면, 의심 없이 회개가 믿음에 앞서 온다." Jackson, *Wesley's Works*, 7:281~82.
119) Outler, *Sermons*, 2:162.
120) Wesley, *NT Notes*, 487 (갈 6:12).

의도적으로 이 주제를 갖고 썼던 설교에서 온 세상을 향해 이를 선언했다. 나는 1738년부터 오늘에 이르기까지 머리카락 두께만큼도 변하지 않았다. 절대로 결코 변하지 않았다.[121]

더 나아가 1783년 "복음의 보편적 전파"(General Spread of the Gospel)라는 설교에서 노년의 웨슬리는 "우리가 믿음으로**만** 의롭다 함을 얻는다."[122]고 지적했다. 그리고 다음 해 출판된 "믿음의 분요에 대하여"(On Dissipation)라는 설교에서 다시 강조했다. "믿음으로**만** 믿는 자는 '그리스도 예수' 안에서 혹은 그를 통해서 '새롭게 창조된다.'"[123] 놀랍게도 이는 웨슬리가 1738년 "믿음으로 말미암은 구원"[124]이라는 설교에서 했던 동일한 교리이다. 보다 중요한 것은 웨슬리는 이 가르침이 고대 작가들의 글 속에서, 특히 "오리게네스, 성 키프리아누스, 성 크리소스토무스, 힐라리우스, 바실리우스, 성 암브로시우스, 성 아우구스티누스"[125] 등 고대 교부들의 글 속에서 표현되었다고 생각한 점이었다.

앞서 있었던 논쟁의 관점에서 볼 때, 윌리엄스는 '회개의 믿음'을 종의 믿음으로, '칭의의 믿음'을 아들의 믿음으로 분류하여 이 문제와 관련해 진리에 더 가깝게 다가갔다.[126] 이 분류를 통해 그는 웨슬리가 '가톨릭'과 '개신교' 전통을 자신의 신학 안에 견지하면서 은총을 접속적으로 표현했던 바를 잘 이해하고 있다.

웨슬리가 회개에 합당한 열매를 강조했다고 해서 믿음으로만 의롭다 함을 얻

---

121) Jackson, *Wesley's Works*, 10:349. 홍미롭게도 웨슬리는 '믿음으로 말미암은 구원'이라는 설교의 시작을 올더스게이트 경험과 연결시킨다. "1738년 5월 24일부터 내 설교의 유일한 주제는 믿음으로 말미암은 구원이 되었다. …또 하나의 사실은 "내가 믿음으로 말미암은 구원을 설교하지도 않았고 인식하지도 못했던 5월 24일 이전에, 하나님을 사랑하고 사람을 사랑하라는 설교를 했다는 이유로 몇몇 성직자들은 나를 그들의 강단에 세우기를 금했다." Baker, *Letters*, 26:183.
122) Outler, *Sermons*, 2:491.
123) Ibid., 3:119, 「웨슬리 설교전집 5」[대한기독교서회].
124) Ibid., 1:118. 웨슬리 글 중 '오직 믿음으로만'(*sola fide*)이라는 자료를 더 보고 싶으면, Wesley, *NT Notes*, 484 (갈 5:6); Ward and Heitzenrater, *Journals and Diaries*, 19:281; Telford, *Letters*, 3:321; Cragg, *Appeals*, 11:417, 454를 참조할 것.
125) Telford, *Letters*, 4:176.
126) Williams, *John Wesley's Theology Today*, 65~66.

는다는 칭의 교리에 변경된 점은 아무것도 없다. 왜냐하면 회개에 합당한 열매들이란 믿음으로서 회개의 열매이고 하나님의 은총의 선물이기 때문이다. 회개의 열매란 도덕적 의미에서 칭의의 믿음을 받게 하기 위한 것과는 거리가 멀다. 회개의 열매들이란 하나님이 우리 안에 자신의 사역을 계속하도록 허락하는 (은총을 받아들이는 데에 강조를 둔) 준비의 표징이다.[127]

그러므로 웨슬리의 접속적 신학에서 보면 이 영역에 두 개의 중요한 해석적 오류가 발견될 수 있다. 한편에서는, 은총에 대한 웨슬리의 개신교적 이해가 좀 더 넓은 범주의 협력적 패러다임에 쉽게 빠질 수 있다. 그래서 하나님의 역사는 인간의 참여 없이는 일어날 수 없는 것처럼 보일 수 있다. 그러나 웨슬리에게 칭의는 하나님 홀로의 사역이며 때문에 용서가 주어지는 것은 절대로 인간의 선험적인 행위에 의존하지 않는다. 선행은총을 가장 넓은 의미로 해석하면, 하나님은 이미 인간의 죄와 직면하여 활동했고 충분히 그리스도 안에서 전체 세계를 용서했다. 지극히 높으신 하나님은 얼마나 은총이 넘치며, 사랑스럽고 자비가 넘치시는 분인가! 그럼에도 불구하고 값없이 주시는 용서를 받아야 한다. 달리 말하면 웨슬리의 개신교적 강조는 웨슬리가 모든 은총을 협력은총으로 생각하게 하는 초기의 도덕주의를 피하게 할 뿐 아니라, 때로는 아주 미묘한 방식으로 거룩한 하나님의 용서를 받기에 아직 충분히 선하지도 않고 충분히 뭔가를 하지 않았다고 함으로써 죄인의 어깨에 짐을 더 지우게 하는 오류를 피하게 한다.

또 다른 한편에서, 은총에 대한 웨슬리의 가톨릭적 이해는 – **시간과 기회가 주어진다면** – 죄인들이 지극히 높으신 하나님의 비범한 사역을 위해 기다려야 하는, (예를 들면 은총의 수단) 하나님이 제정한 방법을 강조한다. 가톨릭 전통에서 모든 형태의 정적주의를 거부하는 웨슬리는 선행은총과 확신은총을 통해 하나님께 먼저 이끄심에 응답하도록 한다. 이 응답은 구원의 여정과 더불어 중요한 요소를 구성하긴 하지만 의롭다 칭함을 받는 기초가 되지는 않았다. 간단히 말해서 웨슬리는 접속적 신학의 균형을 통해 도덕주의와

---

127) Ibid., 66. 윌리엄스는 칭의에 두 운동이 있다고 주장한다. 예컨대, 하나님의 선행은총에 자유롭게 응답하는 일차적 믿음과 그리스도 안에 참된 신뢰와 확신인 본래적인 칭의의 믿음이 있다. Ibid., 65.

민음지상주의(solafidianism), 행위의 의와 정적주의를 극복했다. 그러므로 아래 표는 믿음만으로 얻는 칭의 교리와 이에 선행하는 교리들을 요약해서 보여 준다.

웨슬리의 구원의 순서

회개와 회개에 합당한 행위들	칭의
협력은총이나 책임은총	값없이 주시는 은총
선행은총에 대한 응답	하나님의 값없이 주시는 선물을 받음
인간의 행위	하나님 홀로의 행위 (Sola Fide)

칭의와 신생은 연결되어 있다

대륙의 종교 개혁자들과 웨슬리 자신이 가르친 죄인의 칭의 개념은 자칫 무법을 암시하는 것처럼 보일 수 있다. 이를 염려했던 아우틀러는 이렇게 주석했다. "로마가톨릭과 영국 국교회가 전통적인 개신교 구원론에 대해 항상 염려한 것은, 하나님께서는 무슨 죄를 짓든 상관없이 죄 가운데 있는 죄인들을 용납하신다는 전통적 개신교 칭의론에 암시된 율법무용론이다."[128] 그러나 실제로 웨슬리는 이 반대를 염려하지 않았다. 왜냐하면 비록 그는 (죄인은 이전에 '진정한 그리스도인의 성결'을 갖지 못했더라도 의롭다 하심을 얻는다는 사실에 기초하여 구원이 은혜임을 강조하면서) 칭의와 성화를 논리적으로는 구분했지만, 그 후에는 율법무용론을 무너뜨리기 위해 칭의나 성화라는 은혜의 선물이 다른 하나 없이 단독으로 일어나는 것은 불가능할 정도로 두 가지가 동시에 일어난다는 점을 지적하였다." 그래서 이렇게 외쳤다. "'우리 주 예수 그리스도를 통해 믿음으로 의롭다 함을 얻고 하나님과 평화하기까지는' 어떤 거룩함도 존재하지 않는다."[130] 그러므로 기독교인들은 "칭의가 성화를 대신한다고 생각하거나 말할 수 없으며, 또 성화가 칭의를 대신한다고 생각하거나 말할 수 없다."[131] 결국 칭의은총과 성화은총이 분리

---

128) Outler, *Theology in the Wesleyan Spirit*, 49.

129) Jackson, *Wesley's Works*, 8:290.

130) Ibid., 9:114. 반회의 회원이 되고자 했던 사람들에게 물은 물음 가운데 하나는 "우리 주 예수 그리스도를 통해 하나님과 평화하느냐?"라는 물음이었다. Jackson, *Wesley's Works*, 8:272.

131) Outler, *Sermons*, 3:507.

된다면, 우리는 중생이나 최초의 성화가 **지속적으로** 부재한 상황에서 의롭다 칭함을 받을 수 있게 되고, 그렇게 될 경우 웨슬리가 맥스필드(Thomas Maxfield)를 비판할 때 인식했던 동일한 문제가 나타나게 될 것이다.

> 나는 당신이 의롭다 칭함을 얻은 사람이 **그리스도 안에 있는 것이 아니며, 하나님으로부터 태어난 것도 아니고,** 새로운 피조물이 아니며 새로운 마음을 가진 것도 아니고, 거룩하게 된 것도 아니며, 성령의 성정을 가진 것도 아니고, 혹은 하나님을 기쁘시게 할 수 없거나 은총으로 자라날 수도 없다고 **말하면서** 직간접적으로 칭의를 경시하는 것을 좋아하지 않는다.[132]

또한 웨슬리는 로마가톨릭과 영국 국교회가 함께 칭의를 반대한다고 생각했다. 갈라디아서 2장 18절을 주석하면서 그 이유를 이렇게 설명한다. "만일 복음서가 죄를 계속 짓고 있는 사람들에게 칭의를 약속했다면, 이들의 반대가 정당하다. 그러나 그런 것이 아니다. 그러므로 복음을 고백한 사람들이 복음의 약속에 따라 살지 않았다면, 이들이 죄인이며 의롭다 함을 받은 것이 아님이 확실하다. 그러므로 복음이 분명한 것이다."[133] 간단히 말해서, 참된 기독교인의 거룩함은 칭의를 앞서지 않는다. 칭의 다음에 바로 거룩함이 뒤따른다. 정확하게 말해 칭의란 중생과 동시에 일어나며, 중생 없이 일어나지 않는다.

받아들임과 칭의의 차이

웨슬리는 칭의와 중생을 밀접하게 연계시키는 바, 의롭다 칭함을 받았다는 것은 "만일 우리가 칭의 안에 계속 머물게 되면 결국 구원을 받게 되리라."[134]는 의미라고 주장한다. (넓은 의미에서) 종의 믿음을 가진 사람들은 이 고백을 할 수 없다. 왜냐하면 이들은 노예의 영에 머물러 있게 될 뿐 아니라 또한 죄의 능력과 지배 아래 놓이게 되기 때문이다. 앞서 인용한 웨슬리의

---

132) Telford, *Letters*, 4:192.
133) Wesley, *NT Notes*, 477 (갈 2:18). 죄인의 칭의가 문제이며 율법적 허구라는 비판에 대해 웨슬리는 주로 칭의와 중생을 연결하여, 죄의 지배의 능력으로부터 자유로운 신생의 표징들과 연결함으로써 대답을 제시했다. 간단히 말해, 우리는 계속 죄를 짓는 상태에서 의롭다 함을 얻었다고 할 수 없다.
134) Jackson, *Wesley's Works*, 8:275~76.

용어를 생각해 보자. "모든 가능한 수단을 다해 그를 권고하고 권고하십시오. 믿음에서 믿음으로, 종의 믿음에서 아들의 믿음으로, 두려움에 잡힌 노예의 영에서 사랑스런 아이의 영으로 자라나도록 권고하십시오."135) 실로 웨슬리는 1768년 로렌스 코글런(Laurence Coughlan)에게 보내는 편지에서 "많은 사람들이 의롭다 칭함을 받았다고 생각하나 실상은 아니다."136)라고 설명했다.

그러나 최근의 몇몇 학자들은 (기독교인이 갖게 되는 빛과 은총을) '받아들임'과 칭의를 혼동함으로써, 곧바로 받아들여진 사람들은 모두가 의롭다 칭함을 받았다고 결론 내렸다.137) 이들은 하나님의 진노나 저주 아래 있지 않는 일반적인 요소를 제시함으로써 이 결론으로 쉽게 향한다. 달리 말하면, 웨슬리는 의롭다 하는 믿음에 대해 "하나님의 진노와 저주 아래 있지 않은 믿음이다."138)라고 하였다. 그러나 그는 다음에 진술한 것과 비슷한 방식으로 (넓은 의미에서) 하나님의 종의 '받아들임'을 정의했다.

> 그러므로 모든 나라에서 지금까지 사도가 선포한 것을 믿는 사람은 '그를 받아들인 것'이다. 믿는 순간이 바로 받아들임의 순간이다. 그러나 그는 현재 본래적으로 하나님의 아들이 아니고 **종일뿐**이다. 하나님의 아들이라면, 그에게 더 이상 '하나님의 진노'가 임하지 않는지 관찰할 일이다.139)

그러나 하나님의 진노 아래 더 이상 있지 않다는 일반적인 요소는, 펠러만(Laura Bartels Felleman)이 지적한 대로,140) 받아들여졌다고 해서 의롭다 칭함을 받은 것은 아니라는 의미이다. 결론을 밀어붙이는 것은 '결과를 주장하는' 논리적 오류에 빠지게 한다. 일례를 들어, 다음의 논증을 생각해 보라.

---

135) Outler, *Sermons*, 4:35.
136) Telford, *Letters*, 5:102. 웨슬리가 '종의 믿음'이라는 표현을 사용하고 이를 칭의, 중생, 진정한 기독교의 동기와 연결한 것에 대해 비판적으로 탐구한 내용을 보려면, Kenneth J. Collins, "Real Christianity as Integrating Theme in Wesley's Soteriology: The Critique of a Modern Myth," *The Asbury Theological Journal* 51, no. 2 (Fall 1996): 15~45를 참조할 것.
137) 예를 들면, 매덕스는 이렇게 주장한다. "웨슬리에 따르면, 하나님의 종들에게 더 이상 '하나님의 진노'가 임하지 않았다고 분명하게 선언했다. 이 말은 이들이 지금 의롭다 칭함을 받았다는 것 외에 다른 의미일 수 없다." Randy L. Maddox, "Continuing the Conversation," *Methodist History* 30, no. 4 (July 1992): 237.
138) Baker, *Letters*, 26: 254~55.
139) Outler, *Sermons*, 3:497.

"저들이 A로서 의롭다 칭함을 받았고, B로서 하나님의 진노나 저주 아래 놓인 것이 아니다." 이 논증이 갖는 하나의 가능한 형식은(*modus ponens*) A 그리고 B라면 'A.∴ B.' 가 될 것이다. 달리 말하면 (이들이 의롭다 칭함을 받는데) A가 주어진 것이라면, 우리는 (하나님의 진노나 저주 아래 놓이지 않은) B를 결론할 수 있다. 지금까지는 모든 것이 괜찮다. 그러나 우리가 다시금 동일한 전제를 갖고 시작하면서 어떤 일이 일어나는지 주목해 보자. A 그리고 B이지만 이번에는 (하나님의 진노나 저주 아래 놓이지 않은) B가 주어진 것이라면, 우리는 (이들이 의롭다 함을 받았다고) A를 결론할 수 있다. 여기 두 번째 움직임은 옳게 **보이기는** 하지만 적절한 논증이 결코 아니다. 아주 단순한 예를 더 들어본다면, 아주 명백하게 결과를 긍정하는 오류를 살펴볼 수 있다. '이 사람은 존 웨슬리이다.' 라는 문장을 A라 하고 '그는 5피트 3인치이다.' 라는 문장을 B라 생각해 보자. 이때 적절한 논증의 형식은 따라서 A 그리고 B라면 'A.∴ B.' 가 될 것이다. 달리 말하면, '이 사람은 존 웨슬리이다.' 라는 문장이 주어진다면, '그는 5피트 3인치이다.' 라는 문장이 논리적으로 따라오게 된다. 그러나 B를 갖고서 시작한다면 어떤 일이 일어나는지 주목해 보자. '그는 5피트 3인치이다.' 그래서 결론은 A, '이 사람은 존 웨슬리이다.' 이다. 이 결과는 적절한 논증이 아니다. 왜냐하면 5피트 3인치의 모든 사람이 존 웨슬리일 수 없기 때문이다. 마찬가지로 사람들은 하나님의 진노와 저주 아래 있지 않으면서 의롭다 칭함을 받지 않을 수도 있다. 왜냐하면 하나님의 진노와 저주 아래 놓이지 않은 모든 사람들이 의롭다 칭함을 받은 것은 아니기 때문이다. 그러므로 결론을 주장하면서 범하게 되는 오류는, (의롭다 칭함을 받았다는) 조건절은 다양한 주절을 동반할 수 있으며 유일하게 결정될 수

---

140) 논증의 결과 펠러만은 기본적인 논리적 오류뿐 아니라 다음과 같은 사실을 이해하지 못한다. 1. 웨슬리의 (과거의 죄에 대한 용서인) 칭의와 중생의 결합된 특성. 2. 그러므로 칭의는 종의 믿음에 의해서 뿐만 아니라 적어도 어떤 의미에서는 중생(과 그 표준들, 특별히 신생의 표징들)에 의해서 이해되어야 한다. 곧 우리는 지속적으로 죄를 짓는다면 의롭다 칭함을 받을 수 없다. 3. (나의 좁은 시각에서) 확신이라는, 하나님의 자녀의 보편적인 특권이라고 한 웨슬리의 초기와 후기의 고백에 비추어 볼 때, 종의 믿음은 드문 경우이거나 예외를 구성해야 할 것이다. Laura Bartels Felleman, "John Wesley and the 'Servant of God,'" *Wesleyan Theological Journal* 41, no. 2 (Fall 2006): 72~86. 또한 Kenneth J. Collins, "Real Christianity as the Integrating Theme in Wesley's Soteriology: A Critique of a Modern Myth," *Wesleyan Theological Journal* 40, no. 2 (Fall 2005): 52~87을 참조힐 것.

없다는 사실을 인식하지 못한다는 점이다. 불행하게도 이렇게 오류를 범하게 됨으로써 우리는 웨슬리의 구속에 대한 표준들과 (전제들)을 폄훼한다. 간단히 말해서, 의롭다 칭함을 받은 사람들은 받아들여진 사람들이다. 그러나 그렇다고 해서 받아들여진 모든 사람들이 의롭다 칭함을 받은 것은 아니다.

'받아들임'이란 웨슬리의 용어 선택을 자세하게 탐구해 보면, 거기에는 웨슬리의 목회적 예민함이 묻어난다. 목회 초기에 웨슬리는 실제로 자신의 죄를 인식하지 못하는 사람들은 용서받은 사람들이 아니라고 주석했다. 그러나 후에 "종과 하나님의 자녀의 차이를 충분히 인정하게 되었을 때"[141] 웨슬리 자신의 말을 빌려, "하나님을 두려워하고 의를 행한 사람은 누구나 하나님께 받아들여진 사람"[142]이라고 표현했다. 하나님을 경외하고 의를 행하는 (먼 거리에서 그리스도에 대해 결코 들어본 적이 없는) 종들을 받아들인다는 것은 말하자면, 이들이 **과정 가운데** 있다는 말이고 **과정의 도상에** 있다는 말이다. 달리 말하면, 이들이 가진 빛과 은총 때문에 받아들여지는 것이고, 본래적으로 말해 구속적 은총을 받아 앞으로 나아가도록 독려 받는다. 웨슬리의 구원론적 낙관론은 다음 주장에서 나타난다. "실로 하나님의 종들이 가던 길을 멈추지 않는다면, 아들의 양자가 될 것이다. 이들은 하나님의 자녀의 **믿음**을 받게 될 것이다."[143] 그러나 우리는 저들이 이제 의롭다 칭함을 받았다고 바로 결론할 수는 없다. 왜냐하면 다시금 이들에게 웨슬리 신학의 칭의와 중생의 연결이 주어진다면, 이들 또한 하나님께로부터 태어나야 할 것이고 죄의 권세와 지배로부터 자유롭게 될 때 신생의 표징을 얻어야 할 것이기 때문이다. 그러나 이 은총은 (넓은 의미의) 하나님의 종이 아니라 하나님의 자녀를 묘사하고 있다. 웨슬리는 이 점에 대해 주의를 당부하고 있다. "당신이 물질주의자, 이방인 혹은 이신론자의 믿음이나 종의 믿음으로 만족할 이유가 없습니다. 양자의 영을 받기까지 밀고 나가십시오. 성령께서 분명하게 당신의 영과 더불어 당신이 하나님의 자녀임을 증언하기까지 멈추지 마십시오."[144]

---

141) Ibid., 3:497. 또한 '종의 믿음에 대해 살펴보려면, Kenneth J. Collins, *The Scripture Way of Salvation: The Heart of John Wesley's Theology* (Nashville: Abingdon Press, 1997), 131~52에 나오는 5장 "기독교인 확신의 교리" (The Doctrine of Christian Assurance)를 참조할 것.

142) Outler, *Sermons,* 3:497.

143) Ibid.

열쇠가 되는 시간적 요소들

다시 한 번 말하지만, (모든 은총의 수단을 사용할 뿐 아니라 자비와 사랑의 행위를 하면서 신-인 협력의 형식을 띠는) 과정이 웨슬리의 구속에 대한 이해의 단면임에도 불구하고, 이것이 웨슬리의 구원의 순서 전부라고 결론짓는다면 실수이다. 웨슬리는 구원을 과정으로 볼 뿐 아니라 그의 생애를 통해 반복적으로 구속의 순간적 요인들을 강조했다. 예를 들면, 1738년 칭의가 순간적인 것인지 아닌지를 결정하려고 성서를 탐구하며, 또한 이후 「감리교인의 원리들」(Principles of a Methodist)에서 생을 회고하며 이렇게 결론 내렸다. "나는 이 문제를 다루면서 성서 가운데 특히 사도행전을 탐구했다. 그러나 정말 놀랍게도 나는 순간적인 회심의 경우를 거의 발견하지 못했다."[145] 그리고 1745년 "이성과 경건의 사람들에게 던지는 호소"라는 논문에서 "이 씨가 처음 뿌려졌을 때 이 씨가 경험이든 하나님의 말씀이든 존재의 본성이든 순간적인 것으로 생각할 수 없다."[146]고 말했다.

그러나 웨슬리는 과정 후 칭의는 그 자체가 순간적이라고 고백할 뿐 아니라 대부분 기독교인들이 이 순간적인 칭의를 경험한다고 주장했다. 예를 들면, 스미스에게 보내는 편지에 "나는 (칭의의 믿음)이 **일반적으로** 순간에 주어진다고 믿는다."[147]고 썼다. 그 후 몇 달이 지난 후 1745년 12월에 웨슬리는 다시 스미스에게 보낸 편지에서 이 개념을 발전시킨다. "순간적인 행위와 점진적인 행위에 대해 나는 여전히 이렇게 고백한다. 예컨대, 수백 명의 사람들의 마음은 한순간 두려움과 슬픔, 아픔이 가득하고 다음에는 믿을 때에 평화

---

144) Ibid., 3:498. '종의 믿음'이라는 용어와 관련해서 웨슬리는 적어도 두 개의 중요 방식, 예컨대, 칭의를 포함하는 방식과 칭의를 포함하지 않는 방식으로, '하나님을 경외하는 것과 의를 행하는 것'이란 표현을 사용한다.

145) Davies, Methodist Societies, 9:58. 또한 Ward and Heitzenrater, Journals and Diaries, 18:234~35를 참조할 것. 또한 좀 더 큰 정황에서 이 구절을 보며 웨슬리는 회개와 칭의를 동일시한다. 더구나 웨슬리의 전체 문헌에서 보면 웨슬리가 '회개'라는 용어를 거의 사용하지 못했다는 현대 학자들의 주장과 웨슬리 자신의 주장이 정확하지 않다. 회개라는 용어의 사용에 대한 문제는, Telford, Letters, 2:202, 3:266, 4:40~41, 7:68과 Ward and Heitzenrater, Journals and Diaries, 18:16, 18:271, 19:158, 21:381 그리고 Jackson, Wesley's Works, 9:92를 참조할 것.

146) Cragg, Appeals, 11:107.

147) Baker, Letters, 26:157. 또한 쿡(Mary Cooke)에게 보낸 편지에서도 웨슬리는 "많은 사람들이 압도하는 구원은총의 능력을 경험하면서 급류처럼 그들에게 임하는 하나님을 발견한다."고 말했다. 그런 다음 웨슬리는 쿡의 경험이 유효하긴 하지만 다수의 경험은 아니라고 언급한다. Telford, Letters, 7:298.

와 기쁨이 가득하게 된다."[148] 또한 1762년 워버턴 박사(Dr. Warburton)와의 서신 왕래에서 그 이유를 덧붙이며 이렇게 외쳤다. "나는 많은 사람들이 한순간 두려움과 공포, 절망의 영으로부터 사랑과 기쁨, 찬양의 영으로 변화되는 것을 보았다."[149] 1785년, "거의 느낄 수 없을 정도로 부드럽게 역사한"[150] 성령을 특별하게 경험했던 쿠크 양과 상담하면서 웨슬리는 언제나 그랬듯이 심리학적인 변화를 구원론적인 다양성과 혼동해서는 안 된다고 말했다. 결국 칭의은총을 받는 방법은 일반 경험과 다를 수 있다. 그러나 구원론적 실재는 똑같다. 말하자면, 칭의은총이 시공간이란 삶에서 구현되어 현관을 지나 문지방을 넘어선 것이라면, 그것은 극적이든 아니든 혹은 심지어 기억되든 기억되지 않든 '한순간'이 될 것이다. 그렇지 않다면 구원의 은총이 **실현된** 것이 아니다.

더 나아가 노년의 웨슬리는 구원의 순서에서 과정과 순간 사이의 섬세한 균형을 이루면서도 동시에 순간을 강조했다. 1784년 웨슬리는 킨(Arthur Keene)에게 보낸 편지에서 "점진적인 은총의 행위는 항구적으로 칭의와 성화의 순간적인 행위에 앞서지만, (칭의와 성화의) 행위 자체는 의심할 바 없이 순간적이다."[151]라고 밝혔다. 이어서 한 해가 지난 다음 조지 기번(George Gibbon)에게 보낸 편지에서도 동일한 주제를 강조했다. "당신이 말한 바는 정확히 옳습니다. 하나님의 행위는 분명 칭의뿐 아니라 성화와 관련해서도 순간적입니다. 그리고 하나님의 행위가 또한 점진적이란 주장에 대해서도 전혀 반대하지 않습니다."[152] (먼저 워버턴 박사에게 보냈고) 이제 마지막으로 기번에게 보낸 편지가 특별히 흥미를 끈다. 왜냐하면 체임벌린에 따르면 주

---

148) Baker, *Letters*, 26:180. 웨슬리는 이렇게 지적한다. "나는 **진정으로 경건하다고 생각되는** 1,200 혹은 1,300명 이상의 사람들을 알고 있다. 이들은 여러 차례 자신들의 입으로 하나님의 사랑이 처음 그들 마음에 비추었던 날을 알고 있으며 하나님의 영이 처음으로 자신들의 영에 저들이 하나님의 자녀라고 증언했던 날을 **알고 있다고** 증언했다." Baker, *Letters*, 26:158.
149) Telford, *Letters*, 4:342. 덧붙여 웨슬리는 칭의가 중생과 동시에 일어난다고 했으며, "신생"이란 설교에서 언급했듯이 중생 자체가 순간적이기 때문에 칭의 또한 순간적으로 일어나야 한다고 주장했다. Outler, *Sermons*, 2:187, 198.
150) Telford, *Letters*, 7:298.
151) Ibid., 7:222.
152) Ibid., 7:267. 1738년 4월 22일 뵐러(Peter Böhler)와의 대화에서 웨슬리는 순간적인 회심에 대한 물음을 제기했다. 웨슬리는 뵐러의 주장이 성서와 경험에 기초한다고 생각했고, 이 두 증거로 확신했다. Ward and Heitzenrater, *Journals and Diaries*, 18:234.

류 영국 국교회 교인들은 "감리교인의 입장을 받아들이지 않았고, 감리교회 이전에 믿음의 절정인 순간을 통해 경건의 경험이 뜨겁게 임한다는 청교도들의 입장도 받아들이지 않았다."[153] 대신 이들은 칭의가 자연스럽게 그리고 점진적으로 세례로부터 나온다고 생각했다.[154] 분명 영국 국교회 교도들은 "칭의가 순간적인지 계속적인 것인지에 대해서는"[155] 그들 안에서도 상당한 의견의 차이가 있었다. 그러나 18세기에 이르렀을 때에 "대부분의 영국 국교회 교도들은 칭의를 계속되는 과정으로 주장했고,"[156] 이런 맥락에서 웨슬리의 신학은 이상하게 비쳐졌다.

동료 성공회 성직자들과 반대 입장임에도 불구하고, 웨슬리는 몇 가지 이유에서 칭의의 순간적인 면을 강조했다. 그 이유는 첫째, 웨슬리는 죄인의 편에서 볼 때, 지금 이 순간 구원의 타당성에 주목하는 것이 구원의 은총을 수용하는 길을 열어 준다고 생각했다. 그렇지 않다면 죄인들은 미묘하지만 치명적인 추론의 죄를 통해 하나님의 넘치는 사랑을 받을 수 없게 될 수도 있다. 예를 들면, 1772년 동생 찰스에게 보낸 편지에서 웨슬리는 이렇게 설명한다.

> 나는 오랜 경험을 통해 정확한 결론에 도달한 바, 사람들은 죽을 때, 일 년 후, 일주일 후, 혹은 미래의 어느 때가 아니라 **바로 지금이** 모든 죄로부터 구원을 받을 때임을 말할 수 있게 되었습니다. **우리가 말하는 동안** 축복이 임하리라는 것을 기대할 수 없다면, 우리의 말은 그것이 칭의건 성화건 아무런 유익이 되지 못합니다.[157]

둘째, 시간적인 순간의 요인은 칭의에 **앞서** 일어나는 신/인 협력이 적어도 지금 끝났음을 보여 준다. 예컨대, 의롭다 칭하는 것은 인간의 행위나 반응이 아니고 믿음(은총)**뿐**이다. 달리 말하면, 지극히 높으신 하나님의 순수한 사랑을 통해서, 인간이 아니라 하나님의 용서를 통해서 우리가 용서를 받는

---

153) Chamberlain, "Moralism," 676.

154) Ibid.

155) Ibid., 671. 체임벌린은 다시 한 번 틸롯슨(Tillotson)의 연구를 인용함으로써 영국 국교회의 입장이 다양했음을 보여 주고 있다.

156) Ibid., 676.

157) Telford, *Letters*, 5:316.

다. 그리고 바로 이 중요한 진리를 견지하는 것은 순간이다. 달리 말하면, 웨슬리가 말한 대로, 구원을 가져다주는 믿음을 갈망하는 사람들이 칭의 이전에 "뭔가 먼저 이루어지기 원하는 것"[158]이 있다면, 이는 분명 "지금까지 행위로써"[159] 칭의를 추구한 셈이다. 그러나 칭의가 하나님의 은총으로 되었다면, 이들은 지금 있는 모습 이대로 칭의를 기대할 수 있다. 여러 면에서 시간적인 요인은 칭의가 인간의 능력이나 통제를 넘어서고 있음을 보여 준다.

그러나 칭의의 순간적인 요인은 믿음과 하나님의 은총을 강조할 뿐 아니라 하나님의 자유를 강조한다. 그래서 웨슬리는 칭의의 믿음과 은총에 대한 자신의 이해가 칼빈의 이해에 아주 가깝다고 생각했다. 사실 웨슬리가 칭의 이전과 이후의 과정과 차별하여 '순간'에 집착할 때는 심지어 불가항력적 은총의 개념까지 마음에 품고 있었다.

> 나는 불가항력적 은총과 … 관련해서 믿음을 가져오는, 그래서 영혼에 구원을 가져오는 은총은 **그 순간에는** 불가항력적인 것이라고 생각한다. 대부분의 믿는 자들은 하나님께서 불가항력적으로 이들의 죄를 확신시켜 준 어떤 순간을 기억할 수 있다. 대부분의 믿는 자들은 또 다른 때에 하나님께서 그들의 영혼에 불가항력적으로 활동하고 있음을 발견할 수도 있다. 그러나 이 순간 이전과 이후 하나님의 은총이 저항을 받을 수 있고, 저항을 받았을 수도 있다.[160]

그러므로 웨슬리의 말대로 은총의 불가항력성은 본시 '그 순간의 이전과 이후 모두 하나님의 은총'[161]에 속한다. 그럼에도 불구하고 웨슬리는 자신의 입장이 (휫필드와의 대화에서) 평화를 위해 칼빈주의와 지나치게 화해한 인상을 주었다는 것을 피하기 위해 이렇게 덧붙여 설명한다. "일반적으로 그것 (은총)은 **불가항력적으로** 활동하는 것이 아니다. 우리가 은총의 불가항력성을 **따를 수도** 있고 **따르지 않을 수도** 있다."[162]

---

158) Outler, *Sermons*, 2:169.
159) Ibid.
160) Ward and Heitzenrater, *Journals and Diaries*, 19:332.
161) Ibid.
162) Ibid.

따라서 웨슬리는 구원 교리의 과정**과** 순간, 신인협력과 하나님 홀로의 사역 중 어느 한 면만을 주장하지 않고 양면을 긴장 가운데 주장했다. 전자는 그의 '가톨릭적' 성향을 보여 주는 것으로, 인간은 하나님의 은총으로 힘입게 될 때 어떤 의미에서 (시간과 기회가 주어진다면) 구원의 결정적인 은사를 위해, 칭의를 위해, 최초의 성화와 온전한 성화를 위해 준비할 때 하나님께 협력하는 것을 보여 주고 있다. 반면 후자는 웨슬리의 '개신교적' 성향을 보여 주는 것으로, 인간의 협력이 아니라 하나님의 자유로운 활동, 곧 은총의 순전한 선물(사랑)에 속한다. 다시 말하자면, 전자는 살아 있는 영적 삶의 정상적인 영역의 지속적 성장과 발전을 기술하고 있는 반면, 후자는 비범한 은총이 현실화되는 과정이 아니라 결정적 요인을 기술하고 있다. 신인 협력에서 얻어진 덕은 쉽게 인간의 덕으로 잘못 받아들여질 수 있다. 그러나 칭의와 중생은 인간의 덕으로 오인될 수 없다. 달리 말하면, 과정이란 결정적인 실현에서 나타나는 것으로, 실현되지 않은 구원론적 목표를 향해, 심지어는 온전한 성화를 향해 나아가는 과정이 뒤따른다.[163]

이러한 맥락에서 사유를 계속하여 웨슬리의 구원론적 긴장(과정)의 첫 번째 면에만 집중하고 두 번째 면(순간)을 실제로 간과하여 웨슬리 신학을 인간론 중심으로 해석하게 되면, 나머지 인간의 노력이 하나님의 은총의 광채를 소멸시킬 것이다. 인간과 하나님이 동일한 동반자인 것처럼 신/인 협력을 구원의 순서의 전체 혹은 가장 결정적인 면을 특징짓는다고 주장하는 것은 더 이상 정확한 주장이 아니다. 왜냐하면 인간이 무능에 직면할 때 하나님께서 홀로 활동하는 결정적인 '순간들'이 존재하기 때문이다.[164] 다시 말하지만, 웨슬리의 구원의 순서에서 과정을 지나치게 강조함으로써 (중심 은총들의 실현을 간과하게 되는) 위험은 구원이 점진적 과정으로 비쳐져 한순간의 '구원론적 순간'이 다음 순간의 구원론적 순간과 구별될 수 없게 된다는 점이다. 이렇게 되면 정도의 변화만 있을 뿐 질적인 변화는 존재하지 않는다. 실로

---

163) Clarence Bence, *John Wesley's Theological Hermeneutic* (Ann Arbor, Mich.: University Microfilms International, 1982).

164) 매덕스는 두 사람이 짝이 되어 함께 춤추는 형상을 사용하여 존 웨슬리의 구원론을 탐구한다. 그러나 이 형상은 인간의 활동이 전혀 존재하지 않는 하나님의 활동의 자유를 설명할 수 없다. Maddox, *Responsible Grace: John Wesley's Practical Theology* (Nashville: Kingswood Books, 1994), 151~52.

교육적이거나 심리학적인 이론에서 빌려 온 유형들이 구원론적 상황의 표면에 나타나게 될 때, 지나치게 인간중심적이 될 수 있다. 적어도 은총 안에서 자라 간다는 말은 인간 발달과는 다르다. 예컨대, 이는 기본적으로 인간의 통제 아래 자라 간다는 의미가 아니라 지극히 높으신 하나님의 사랑에 의존한다는 말이다.

더 나아가 두 번째 측면인 과정을 실제로 간과하고 순간적인 요소에 배타적으로 주목하게 되면 이 또한 오류에 빠지게 될 것이다. 그리되면 인간이 가장 풍요로운 은총의 점유를 받을 수 있는 시간과 기회가 주어졌음에도 불구하고 인간이 무엇을 준비해야 할지 인식할 수 없게 된다. 때문에 웨슬리는 인간이 스스로 의롭다 할 수 없음에도 불구하고 (실현, 믿음, 홀로 의롭게 함, 하나님의 자유, 인간의 무능 등을 강조함), 어떤 점에서 의롭다 칭함을 받거나 받지 못하거나 하는 데 (과정, 협력, 협동, 은총의 수단 등을 강조함) 책임이 있다고 보았다.

또한 특히 1770년대 칼빈주의에 빠진 감리교인들을 발끈하게 하면서까지 과정의 요소들을 허용하고 인정했음에도 불구하고, 웨슬리가 그렇게 한 것은 결국 전체 교리의 한 면만을 강조한 셈이었다. 웨슬리는 자신이 결코 반대하지 않았던 나름의 신학적인 용어가 있었다. 1780년대 자신의 저술에서 '오직 믿음만으로' 란 고백에 첨가하여 능력이 아니라 사랑으로 하나님의 은총을 강조했다. 이 사실은 은총으로 말미암은 칭의와 믿음만으로 말미암은 칭의는 웨슬리가 자신의 신학을 전개하는 데 한 번도 빠뜨린 적이 없는 개념이었다. 다시 말하자면, 행위, 도덕법에 순종, 신실성, 은총의 수단, 심지어는 선한 의도가 아니라 믿음만이 의롭게 한다고 반복해서 주장했다. 결국 1765년 뉴턴(John Newton)에게 했던 웨슬리의 말대로 1738년 이후 웨슬리는 칭의에 대한 자신의 생각을 바꾸지 않았다. 중요한 것은 노년의 웨슬리가 믿음에 의해서만 칭의 교리를 가르쳤다는 점이다.

오늘과 내일: 용서의 실재들

헤밍웨이(Ernest Hemingway)는 엘 리베랄(*El Liberal*) 신문에 광고를 실었던 스페인 한 아버지의 이야기를 소개한다. 그는 젊어서 자기를 버리고 마드리드로 도망간 아들과 화해하고 싶어 했다. 광고 내용은 아주 단순했다. "파코!

화요일 점심에 몬타나 호텔에서 만나자. 모든 것이 용서되었다. 아빠."165) 잭 (Jack)이 미국에서 일반 이름이듯이, 지금 파코는 스페인에서 아주 일반적인 이름이다. 회한에 잠긴 아버지가 호텔 광장에 도착했을 때 파코라는 이름을 가진 800명의 남자가 아버지를 기다리고 있었다.166)

용서에 대해 말하면 많은 경우 우리는 귀를 세우게 된다. 사실 과거 십 년 동안만 하더라도 200여 권 이상의 책들이 용서를 주제로 쏟아져 나왔다.167) 남아프리카의 지도자 데즈먼드 투투 대주교(Archbishop Desmond Tutu)는 인간관계에서 용서가 얼마가 중요한지 간파했다. 뼈저리게 과장치 않고 투투는 이렇게 선언했다. "용서가 없이는 미래도 없습니다."168)

모든 종교는 일반적으로 용서를 설교한다. 왜냐하면 옛말에 있듯이 "인간은 실수하고 하나님은 용서하기 때문이다." 그러나 사실은 분명 그렇지 않다. 샌디지(Sandage)에 따르면, 동양 종교들은 "하나님의 용서를 인정하지 않는다."169) 대신 변할 수 없는 정의의 법인 업(karma)의 교리는 "죄는 피할 수 없는 결과를 동반한다. 따라서 용서란 적합한 것이 아님"170)을 보여 준다. "당시 율법 교사는 최대한 세 번까지는 용서를 할 수 있다고 가르쳤다는 것"171)을 기억하면서 일곱 번 용서는 분명 관대한 수라고 생각한 베드로는 몇 번이나 형제를 용서해야 하는지 예수께 물었다. 하지만 예수는 용서에 아주 관대했다. 베드로가 제시했던 일곱 번뿐 아니라 일곱 번을 일흔 번까지라도 용서해야 한다고 대답했다. 샌더스(E. P. Sanders)가 말했듯이, 그리스도는 정말 관대하여 "유대교에서 이해된 방식의 회개를 요구하지 않은 채, 예컨대, 배상과 희생, 율법에 복종을 요구하지 않은 채 백성들을 하나님의 나라로 초

---

165) Philip Yancey, *What's So Amazing about Grace!* (Grand Rapids, Mich.: Zondervan Publishing, 1997), 「어메이징 그레이스」, 정성묵 옮김[가치창조]), 38.

166) Ibid.

167) Robert Wuthnow, "How Religious Groups Promote Forgiving: A National Study," *Journal for the Scientific Study of Religion* 39, no, no. 2 (June 2000): 125.

168) Matthew Lundberg, "From Conflict to Communion: An Examination of Christian Forgiveness," *Word and World: Theology for Christian Ministry* 22, no. 3 (Summer 2002): 295.

169) Steven Sandage, Everett L. Worthington, Terry L. Hight, and Jack W. Berry, "Seeking Forgiveness: Theoretical Context and an Initial Empirical Study," *Journal of Psychology and Theology* 28, no. 1 (Spring 2000): 21~35.

170) Ibid.

171) Yancey, *What's So Amazing*, 63.

대하는 것처럼 보인다."[172] 이러한 사상의 맥락을 따랐던 존스(Jones)는 이렇게 주장했다. "예수의 하나님 나라 선포는 은총이 넘치는 용서의 우선성을 강조함으로써 회개와 용서의 관계를 바꾸어 놓은 것처럼 보인다."[173] 이렇게 이해하게 될 때, "용서는 정말 강력한 것이 된다."[174]

세계 종교들 가운데 기독교만이 용서를 믿음의 중심에 놓으며, 그리스도가 전 세계의 죄를 용서하기 위해 죽으셨다고 선포한다. 그럼에도 불구하고 – 그리스도의 삶과 죽음에서 성취한 것을 받아들이는 – 용서는 다른 방식으로 예컨대, "우리 아버지시여," "우리가 우리에게 죄 지은 자를 용서한 것과 같이/ 우리 죄를 용서하여 주옵소서."(마 6:12)라는 주의 기도에 묘사된 것처럼, 특별히 주님의 가르침에 비춰 보면 하나의 요구로 보일 수 있다. 달리 말하면, 그리스도의 속죄 사역을 받아들이는 것은 어떤 의미에서 죄인이 다른 사람들을 용서하는 것과 연결된다. 좀 더 나아간다면, 지속적으로 용서하지 않는다면 실제로 하나님의 은총이 멈출 수도 있다. 우리가 이웃을 용서하지 않으면서 어떻게 우리가 하나님께 용서 받기를 기대할 수 있겠는가? 이러한 역동성은 와이드너(Weidner)가 사용한 "악의 이중적 부담"(double burden of evil)[175]이라는 표현 속에 잘 나타난다. 예컨대, "우리는 우리에게 행해진 악을 견딜 수 있지만, 악을 용서하는 시도에 대해서는 견딜 수 없다."[176] 좋아하든 그렇지 않든 우리는 가해자들이 이웃에 대해 물리적, 도덕적, 심리학적, 영적인 악을 행한 것임을 인정해야 할 뿐 아니라, 이들에게 희생을 당한 영혼들을 (어떤 힘이 있다면) 돌볼 수 있는 일을 시도해야 한다. 테일러는 "기독교는 죄인들이 모든 혜택을 입는 종교입니다. 이들은 당신이 방을 나갈 때마다 당신에게 욕을 할 수 있습니다. 당신이 할 일은 대가(代價)를 바라지 않고 용서하는 일입니다. 모든 책임은 당신에게 있습니다."[177]라고 외쳤다. 따라서

---

172) L. Gregory Jones, *Embodying Forgiveness: A Theological Analysis* (Grand Rapids, Mich.: William B. Eerdmans, 1995), 110.

173) Ibid.

174) Ibid., 111.

175) Halbert D. Weidner, "The Double Binds of Forgiveness," in *Reflections on Forgiveness and Spiritual Growth*, ed. Andrew J. Weaver and Monica Furlong (Nashville: Abingdon Press, 2000), 74.

176) Ibid.

177) Barbara Brown Taylor, "Arthritis of the Spirit," in *Reflections on Forgiveness and Spiritual Growth*, ed. Andrew J. Weaver and Monica Furlong (Nashville: Abingdon Press, 2000), 87.

사막 교부들의 지혜 전통에서 성인들이 "구원받기를 원하는지를 물으면서 던진 가장 끔찍한 영적 도전은 용서할 수 있는 가?"[178]였다.

용서란 누군가가 저지른 잘못에 대해 은총으로 응답하는 것이라고 정의 한다. 용서는 그 용서가 없었더라면 조종되고, 남용되고 희생되었을 사람들 이 갖는 '마지막 자유'를 표상한다. 용서는 화해나 어떤 접촉으로 이어지지 않을 수도 있다. 왜냐하면 가해자들은 화해를 원치 않을 수도 있기 때문이다. 여러 연구가 보여 주듯이,[179] 용서는 용서하는 사람에게 물리적이며 정서적 이고 영적인 치유를 줄 수 있다. 몇몇 연구가들에 의하면, 용서는 "가해자에 게 향했던 자신의 부정적인 생각과 감정, 행동을 뿌리째 뽑아버리고 긍정적 인 생각과 감정, 행동을 갖는 것"[180]을 포함한다. 스메디스(Smedes)는 이 과 정을 세 가지 기본 단계로 설명한다.

첫째, 우리는 우리의 권리를 뭔가 얻기 위해 포기한다. …둘째, 우리는 잘못한 사람의 인간성을 재발견한다. 누군가 우리에게 심한 상처를 주었고 분명히 잘못 했을 때, 우리는 우리에게 그 일을 한 사람에 대해 잠깐 희화화한다. …셋째, 우 리는 우리에게 잘못을 저지른 사람이 잘되기를 원한다. 그 사람에게 복수할 수 있는 우리의 권리를 포기할 뿐 아니라 좋은 일이 그에게 일어나기를 열망한다. 우리는 그를 축복한다.[181]

용서에 대한 최근 글의 공통된 주제는 잘못된 행위에 대해 평화의 마음을 갖게 된 사람들이 가해자와 악 자체를 새로운 각도에서 바라보면서 태도의

---

178) Weidner, "The Double Binds," 75.

179) Lisa M. Edwards, Regina H. Lapp-Rincker, Jeana L. Magyar-Moe, Jason D. Rehfeldt, Jamie A. Ryder, Jill C. Brown, and Shane J. Lopez, "A Positive Relationship between Religious Faith and Forgiveness: Faith in the Absence of Data?" *Pastoral Psychology* 50, no. 3 (January 2002): 14, and Neal Krause and Christopher Ellison, "Forgiveness by God, Forgiveness of Others, and Psychological Well-Being in Late Life," *Journal for the Scientific Study of Religion* 42, no. 1 (2003): 77~79.

180) Elizabeth Gassin, "Are Christians Obliged Not to Forgive? A Response to Martin," *Journal of Psychology and Theology* 28, no. 1 (Spring 2000): 36.

181) Lewis B. Smedes, "Keys to Forgiving: How Do You Know That You Have Truly Forgiven Someone?" *Christianity Today* 45, no. 15 (3 December 2001): 73.

변화를 경험했음을 보여 준다. 보다 넓은 시각에서 악을 행한 사람의 인간성을 고려하기까지 하는 새로운 해석은 종종 큰 도움으로 입증될 수 있다. 예를 들면, 셸비(Shelby)는 용서란 "우리에게 무슨 일이 일어났고, 우리에게 그 일어난 사건이 무슨 의미인지 느낌의 방식을 바꿀 수 있는 의도적 결단을 수반한다."[182]고 주장한다. 옛날의 아픈 사건들과 이 사건들에 대한 우리의 평가에 새로운 의미들이 주어진다. 콜린스(Michael H. Collins)는 "우리는 용서 속에서 우리의 삶이 더 이상 우리가 받은 상처로 정의되지 않는다."[183]고 선언했다. 우리가 견뎌 온 악 그 자체가 우리 삶을 규정하는 요인이어서도, 우리의 이야기(와 정체성)의 주된 대본이어서도 안 된다. 왜냐하면 우리 삶을 정의하는 것은 다른 곳에 있기 때문이다.

역설적으로 보이겠지만, 용서에 이르는 길은 종종 어떤 고상한 열정 예컨대, 예민한 정의감 같은 것에게 방해를 받는다. 사태가 아주 불공정하다는 생각은, 마음에 상처와 자기-연민이, 영적이고도 감정적인 아픔의 불이 되어, 상처 받은 이의 마음을 크게 지배한다. 그리고 영혼의 강렬한 힘(예를 들면, 유혹과 악에 대한 강력한 저항)이 방향을 잘못 택해 진노의 목표로 사람을 택하거나 심지어는 하나님을 택하게 된다.[184] 더구나 상처가 반복적으로 건드려지게 되면 아물지 않고 분노와 판단이 마음에 자리하게 되어 초대 교부들이 "감추어진 분노"(secret anger)나 "잘못을 기억함"(remembrance of wrongs)[185] 이라고 표현한 단계에 이르게 되면 (도덕적 삶에 매우 중요한) 정의감이 원한으로 왜곡되고 누군가 말한 대로 "영의 관절염"(the arthritis of the spirit)[186]에 걸리게 된다. 실로 성 이그나티우스 브라이언챠니노프(St. Ignatius Brianchaninov)가 주장한 대로 원한은 상처의 이름으로 사랑을 거부하게 되어 영혼을 파멸하게 된다.[187]

---

182) Donald Shelby, "Forgiveness: The Final Form of Love," in *Reflections on Forgiveness and Spiritual Growth*, 69.

183) Michael H. Collins, "Forgiveness: Removing the Roadblocks," in *Reflections on Forgiveness and Spiritual Growth*, 152.

184) Hieromonk Damascene, "Resentment and Forgiveness," *The Orthodox Word* 38, no. 6 (November~December 2002): 280.

185) Ibid., 283.

186) Taylor, "Arthritis of Spirit," 88.

187) Damascene, "Resentment," 284.

그러나 정의에는 또 다른 측면, 곧 입발림의 용서가 있다. 이 용서가 원한의 비참함을 피해갈 수는 있어도 언제나 '값싸' 보인다. 예컨대, 우리가 거룩함에 비추어서 사랑을 진지하게 다룬다면, 저지른 잘못 역시 진지하게 다루어져야 한다. 그러므로 문제는 용서가 의도적이고 신중한 과정에서 나오지 않는다면, 죄를 묵과하는 것이 되어 실제로는 악을 조장하는 것처럼 보일 수 있다. 한편에서 용서는 무사하게 악을 관통할 수 있다는 인상을 줄 수 있다. 이는 결코 하나님의 뜻이 아니다. 이에 대해서 헤블스웨이트(Hebblethwaite)는 "이제 필요한 것은 '이것은 정말 문제가 돼. 결코 괜찮은 것이 아니야. 그렇지만 여전히 나는 너를 용서할 거야!'"[188]라고 주장한다.

따라서 정의와 용서는 하나님의 은총을 통해 온전히 균형을 이루어야 한다. 한편에서 정의를 둘러싼 문제들에 주목하다 보면 개혁에 대한 끝없는 요구와 보복 때문에 용서를 배제할 수 있다. 최악의 경우에는 원한의 정신을 심화시켜 증오가 극악무도한 악이 되어 무의식 속에 단단히 자리할 수도 있다. 룬드버그(Lundberg)가 진술했듯이, "근본적으로 용서란 정의나 회개에 기반을 가질 수 없다."[189] 사실 초대 교부들로부터 시작해서 지금까지 용서에 대한 저술들은 "회개를 언급하지 않았다."[190] 복음 그 자체와 같이 용서는 값없이 주어져야 한다. 다른 한편, 저질러진 악을 진지하게 고려하지 않고 용서를 하다 보면 아주 감상적인 방법으로 죄의 현실을 간과하게 한다. 이러한 감상은 실제로 사랑이 아니다. 특히 거룩한 사랑이 아니며 대치된 값싼 사랑을 만들어낸다. 그러므로 기독교인의 믿음의 진수는 악을 있는 그대로 보고 다른 종교처럼 하나의 환영으로 보지 않는다는 점이다. 믿음은 이 어둠을 넘어 승리하며 사랑의 용서라는 중심적 사실을 통해 어둠을 초월한다.

영국에서 개최된 비교 종교학회에서 세계 종교에 기여한 기독교의 독특한 공헌은 무엇이었는지 열띤 논쟁이 있었다. 논쟁은 불일 듯 계속되었다. 이때 루이스(C. S. Lewis)가 문제의 심각성을 알고 대답했다. "오! 그것은 아

---

188) Margaret Hebblethwaite, "Forgiveness with Justice," in *Reflections on Forgiveness and Spiritual Growth*, 96.
189) Lundberg, "From Conflict to Communion," 300.
190) Gassin, "Are Christians Obliged Not to Forgive?" 41.

주 쉽습니다. 그것은 은총입니다."[191] 이에 대해 우리가 이렇게 덧붙일 수 있다. "물론 그렇습니다." 그렇지만 죄가 많고 투쟁하는 사람들이 어떻게 그 은총에 도달할 수 있으며 그 은총이 제공하는 용서를 얻을 수 있는가? 행하는 것보다 말로 대답하는 것이 쉬워 보인다. 얀시(Yancey)는 이렇게 주석한다. "본능적으로 나는 받아들여지기 위해 무엇인가를 해야 한다고 생각한다."[192] 웨슬리 당시와 마찬가지로 오늘날도 많은 사람들은 용서 받기 위해서 어떤 존재가 되어야 한다거나 뭔가를 해야 한다는, 은총과 상관없는 생각으로 갈등한다. 이 생각은 실제로는 자신의 삶의 세세한 것까지 관리하고자 하는, 죄 많은 자아의 마지막 열망이며, 구속을 '야기하고자 하는' 헛된 시도이다. 이 과정은 쉽게 부적절함의 감정에 빠지게 하든지 ("교회여! … 내가 왜 거기에 갔던가? 나는 이미 자신에 대해 끔찍함을 경험하고 있었다. 그런데 교회는 나를 더 끔찍하게 느끼도록 했다."[193]) 아니면 루터조차도 당시 양심을 괴롭혔던 "나는 충분히 행했는가?"라는 질문을 하게 할 것이다. 그러나 하나님의 은혜를 통해 죄인들이 자기-정당화의 모든 노력을 버리고, 빈손과 깊이 겸허한 마음으로 하나님 앞에 나아온다면, 루이스가 말한 대로, 저들은 선하신 하나님의 은총과 광대하신 자비와, 풍요로운 하나님의 사랑을 만끽하며 기쁨 (과 우리가 행한 모든 악에 직면하여 하나님이 값없이 주시는 용서)에 감격할 것이다.

---

191) Yancey, *What's So Amazing*, 45.
192) Ibid., 71.
193) Ibid., 11.

제6장

신생 : 우리 안에 계신 거룩한 사랑의 하나님

당신은 경건(religion)이 무엇인지 아십니까?
그것은 하나님의 본성, 하나님의 생명이 인간의 영혼에 참여하는 것입니다.
곧 '마음에 형성된 그리스도,' '그대 안에 있는 영광의 희망 그리스도,'
행복과 거룩함, – 땅 위에 시작된 하늘나라,
'그대 안에 있는 하나님의 나라 …' 가 인간의 영혼에 참여하는 것입니다.

Albert C. Outler, ed., *The Works of Johh Wesley.*
The Sermons (Nashville: Abingdon Press, 1984), 1:149-·50.

웨슬리 신학은 16세기 종교개혁자들의 경우처럼 칭의와 용서의 문제뿐 아니라 신생과 거룩함 같은 문제들에 주목한다. 실로 웨슬리는 위-마카리우스(Pseudo-Macarius)와 에프라임 시루스(Ephraem Syrus)같은 동방 신학자들로부터 통찰을 얻었다. 그러나 놀랍게도 여러 독일 경건주의자들 특별히 아우구스트 프랑케(August Hermann Francke)의 저술뿐 아니라 "카스타니자-스쿠폴리(Castaniza-Scupoli), 랑티(de Renty), 로페즈(Gregory Lopez), (그리고) 심지어는 윌리엄 로"[1]의 저술에서 이미 (구속은 하나님의 생명에 참여를 수반한다는) 참여 동기(participation motif)를 배웠다. (구원론에 대한 가장 웨슬리적인 특징 중 하나인) 개신교와 가톨릭의 통찰에서 얻은 용서와 갱신의 이중적 강조는 은총에 대한 이해 안에 반영되고 있을 뿐 아니라 믿음의 이해 안에도 반영되고 있다. 그러므로 중생이나 신생을 탐구할 때 웨슬리가 은총과 믿음을 어떻게 기술하는지 주목할 필요가 있다. 웨슬리는 칭의와 관련해서 은총과 믿음을 다룰 때 어떤 때는 중생이나 신생을 탐구할 때와 비슷하게, 또 어떤 때는 조금 다르게 기술한다. 유사함과 차이를 주목하고 (이들의 의미를 파악하는 것)은 웨슬리의 탁월한 구원 교리를 푸는 전제 조건이다.

하나님의 선물인 중생은총

우리가 현재 관심하고 있는 신생과 관련해 웨슬리는 하나님의 은총을 획일적인 의미가 아니라, 지극히 높으신 하나님의 **사랑**(favor)과 **능력**(power) 혹은 **능력을 주는 현존**(enabling presence)이란 두 중요 방식으로 이해했다. 그러나 은총에 대한 웨슬리의 다양한 이해를 분석하는 과정에서 몇몇 현대 신

---

1) Albert C. Outler, "The Place of Wesley in the Christian Tradition," in *The Wesleyan Theological Heritage: Essays of Albert C. Outler*, ed. Thomas C. Oden and Leicester R. Longden (Grand Rapids, Mich.: Zondervan Publishing, 1991), 93. '거룩함'의 주제와 관련해서 서방 신학자들의 주장을 더 선호했던 점에 대해 살펴보려면, W. Reginald Ward and Richard P. Heitzenrater, eds., *The Works of John Wesley*, vols. 18~23, *Journals and Diaries* I~VI (Nashville: Abingdon Press, 1988~95), 19:294; John Telford, ed., *The Letters of John Wesley*, A.M., 8 vols. (London: Epworth Press, 1931), 4:293, 8:218, 8:171을 참조할 것.

학자들은, **사랑**으로서의 은총이 칭의의 법적인 주제와 관계하는 반면, **능력** 혹은 **능력을 주는 현존**으로서의 은총은 성화의 참여적인 주제, 곧 최초의 성화(중생)와 온전한 성화(기독교인의 완전)와 관계한다고 주장했다.[2] 나누어서 생각하는 이러한 최근의 시도는 그 내용이 정확하지 않으며 충분한 설명도 뒤따르지 않고 있다. 모라비안 교도들과 할레 경건주의자들은 웨슬리에게 하나님의 **사랑**으로서의 은총이 칭의뿐 아니라 중생과도 관계한다고 전했다. 요점을 말한다면, 1738년 웨슬리가 경험한 돌파구는, 아 켐피스, 테일러, 로와 같은 서방의 위대한 경건주의자들의 글을 읽은 이후 그의 생각을 (처음부터) 지배했던 거룩함이 행위와 결단, 인간의 의지와 노력, 좋은 동기나 신실함에 의해서가 아니라, 단순하고 경이롭게도 하나님의 은총의 충만함과 사랑의 결과에 의해서 자신의 삶에 실현된다는 놀라운 깨달음과 관계한다. 칭의와 중생의 두 행위를 구분했음에도 불구하고, 칭의와 중생이란 두 구분된 은총을 하나님 사랑의 **은혜**(favor)와 풍요로움을 보여 주는 것으로 이해했던 것이다.

웨슬리는 종교개혁의 오직 '믿음으로만'의 구호를 견지함으로써 중생은총이 하나님의 사랑을 나타낸다고 분명하고도 아주 간결하게 강조했다. "우리가 믿음으로 의롭다 칭함을 받는 것처럼 믿음으로 거룩하게 된다. 믿음이 칭의의 조건인 것과 **똑같이** 성화의 조건이며 **유일한** 조건이다."[3] 여기서 (웨슬리 자신이 때때로 그랬던 것처럼) 광의의 포괄적인 방식으로 이해된 '거룩하게 된다.'는 용어는 그 시작부터 중생을 포함하고 완전에 있어서 온전한 성화를 포함한다. 예컨대, 죄인은 오직 믿음을 통해서**만** 은총으로 다시 태어날 뿐 아니라 의롭다 칭함을 얻는다.

또한 "부분적으로는 고전적인 아우구스티누스 계열의 가르침에 (그리스도론, 원죄 등) 기반을 두고"[4] 구원론을 전개했던 웨슬리는, 은총이 칭의와 중생(sola fide) 둘 다와 관계한다고 평가했다. 예컨대, 중생의 믿음을 다룰 때 동일

---

2) Randy L. Maddox, *Responsible Grace: John Wesley's Practical Theology* (Nashville: Kingswood Books, 1994), 151 ff.
3) Albert C. Outler, ed., *The Works of John Wesley*, vols. 1~4, *Sermons* (Nashville: Abingdon Press, 1984~87), 2:163.
4) Outler, "Wesley in the Christian Tradition," 85.

한 관계가 선행하는 행위들과 (예를 들면, 회개에 합당한) 칭의의 믿음 자체 사이의 관계에서 중복되어 나타난다. 다시 한 번 말하지만, 신생에 접근할 때 이러한 행위들은 절대적으로 요청되는 것이 아니라 단지 시간과 기회가 주어질 때만 요청된다. 왜냐하면 인간은 이 행위들과 상관없이 하나님으로부터 탄생되기 때문이다. 어니스트 래턴베리(J. Ernest Rattenbury)의 용어를 빌려 설명한다면, '종교개혁의 영적 아들' [5]이었던 웨슬리가 중생은총을 말할 때 오직 '믿음으로만'(*sola fide*)을 선결 조건으로 내세웠다는 사실은, '믿음으로만' 이란 구절이 죽은 믿음이 아니라 살아 있는 믿음을 강조하는 성화와 참여적 주제와 연결될 수 있을 뿐 아니라, 값없이 주시는 은총 자체가 믿는 자의 삶 속에서 일어나는 신생과 관계하고 있음을 보여 준다. 달리 말하면, 이 상황에서 값없이 주시는 은총은 칭의의 믿음을 특징짓는 동일한 요소들을 포함한다. 예컨대, 값없이 주시는 은총은 모든 인간의 공로를 배제하며, 중생에서 하나님의 역할을 강조하고 (오직 하나님만이 영혼을 다시 나게 할 수 있다), 값없이 주시는 은총의 열매는 (신-인 협력적 모델에서처럼) 선행적인 인간의 협력에 기초하지 않음을 보여 주고 있으며, (절대적으로 말해서) 우리는 다시 태어나기 **위해서** 먼저 뭔가가 **되어야 한다**든지 뭔가를 **할 필요가 없음**을 보여 준다. 그러나 흥미롭게도 여기에서 말하는 값없이 주시는 은총은 불가항력적인 것은 아니라는 점에서 칼빈주의자의 입장과 차이가 있다. 무엇보다, 하나님께서 값없이 신생을 준다는 주장이 거부될 수 있다. 여러 가지 특성에 비추어 볼 때, 웨슬리의 실천신학의 차원에서 칭의은총과 중생은총의 병행 구조가 현저하게 나타난다. 이들 구분된 은총들은 몇 가지 중요한 방식으로 비슷하게 나타난다. 칭의은총과 중생은총은 둘 다 지극히 높으신 하나님의 자유와 은총이 넘침을 보여 준다. 칭의와 마찬가지로 중생도 완전한 **선물**이다.

하나님의 능력인 중생은총

웨슬리는 (다음 장에서 전개될) 온전한 성화뿐 아니라 칭의와 중생의 교리 모두를 하나님의 자비를 강조하는 **사랑**(favor)으로서의 은총 개념과 관계시

---

5) J. Ernest Rattenbury, *The Conversion of the Wesleys: A Critical Study* (London: Epworth Press, 1938), 41.

킨다. 그러나 칭의은총과 중생은총을 구분함으로써 사랑으로서의 은총 개념에서 생겨날 수 있는 (그리스도의 의가 우리를 '덮고' 있으면서 우리는 동시에 죄인으로 남아 있게 되는) 율법 폐기론적 향방을 피해 갔다. 한편으로는, 웨슬리의 칭의은총은 하나님께서 죄인들을 의롭다 칭하기 때문에 전가되고 (전가되어야 한다.) 죄인들은 그리스도의 속죄 행위가 없다면 칭의의 참 의미인 죄를 용서할 수 없다. 다른 한편으로, 웨슬리의 중생은총과 (그 결과는) 공로의 냄새가 전혀 나지 않는 순수한 선물을 표상하지만 전가된 것이 아니라 **분여된** (imparted) 것이다. 예컨대, 믿는 자들은 하나님의 **사랑**과 **능력의 현존**의 결과 **실제로**(actually) 거룩하게 된다. 사랑과 능력으로 은총을 개념화함으로써 웨슬리의 실천신학은 종교개혁의 칭의론이 기본적으로 허구이고 무법이며 율법폐기론이라고 한 트렌트 공의회의 비판을 피해 갔다. 아우틀러에 따르면, 웨슬리는 "개신교 전통과 가톨릭 전통을 포함시켜 전가(imputation)와 분여(impartation)를 융합한 제3의 대안을 제시했다는 이유에서 영국 국교회교도들과 가톨릭교도들로부터 동시에 비판을 받았다."[6] 이 주제와 관련해 웨슬리의 독특한 색조는 트렌트의 반론을 뛰어넘으면서 동시에 17세기 경건주의자들, 특히 필리프 스페너(Philip Spener)와 아우구스트 프랑케(August Francke)의 가르침을 따랐다. 이를 통해 다시금 죄인들이 그리스도의 의의 전가로 의롭다 칭함을 받을 뿐 아니라 본래적으로 말해 중생의 다른 사역, 곧 이전에 결코 이뤄 본 일이 없는 거룩함으로 변화된다고 주장했다.

웨슬리는 자신의 저술 여러 곳에서 중생은총을 하나님의 능력과 능력의 현존으로 표현한다. 예를 들면, 1746년에 쓴 "우리 자신의 영의 증거"(The Witness of Our Own Spirit)라는 설교에서 이렇게 주장한다.

'하나님의 은혜'라고 했을 때 이 말은 때로 값없이 주시는 사랑, 공로에 의지하지 않은 자비로 말미암아, 죄인인 내가 그리스도의 공로를 통해 지금 하나님과 화해되었다는 뜻으로 이해되어야 합니다. 그러나 여기서는 하나님의 능력인 성령께서 "우리 안에 자신의 선한 행복을 주시기로 작정하고 행한다."는 의미입니다. (전자의 의미에서 하나님의 용서하시는 사랑인) 하나님의 은총이 우리 영혼에 나

---

6) Albert C. Outler, *Theology in the Wesleyan Spirit* (Nashville: Discipleship Resources, 1975), 54.

타나자마자, (후자의 의미에서 하나님의 성령의 능력인) 하나님의 은총이 그 안에 일어납니다. 이제 우리는 하나님을 통해서 인간에게 불가능한 일을 할 수 있습니다.[7]

또 다른 설교 "선한 청지기"(The Good Steward)에서는 하나님의 어떤 능력이 뒤따라오는지 구체적으로 제시한다. 그것은 바로 "우리 안에 역사하는 하나님이 보시기에 합당한 성령의 능력입니다."[8] 이 참여적 주제는 또한 사도행전 26장 29절을 주석하는 과정에서도 나타난다. 여기서 웨슬리는 "기독교인이 되는 것은 … 전적으로 **자신의 능력**으로 된 것"[9]이라고 믿었던 아그리파(Agrippa)를 비판하면서 인간이 스스로를 거룩하게 할 수 없다고 주장한다. 아그리파의 잘못된 가르침을 교정하면서 깊고 중요한 변화를 일으키는 비범한 은총은 필연적으로 '하나님의 선물이요 행위'[10]여야 한다고 지적한다. 이뿐 아니라 1759년 다운즈에게 보낸 편지에서 "(우리 안에 자신의 선한 행복을 주시기로 작정하고 행하는 하나님의 능력을 의미하는) 은총은 … '감각적 대상들이 감각에 지각되듯이' '… 마음에 지각된다.'"[11]고 주장한다. 이 주장과 또 이와 유사한 주장을 주목했던 린드스트룀은, "여기서 은총은 주로 인간의 영혼의 실제적이고 본유적인 변화를 가져오는 주입된 은총(gratia infusa)으로 비쳐진다. 웨슬리의 은총 개념을 형성하는 것은 위로의 개념이 아니고 능력의 개념"[12]이라고 하였다.

---

7) Outler, *Sermons*, 1:309, 「웨슬리 설교전집 1」[대한기독교서회].

8) Ibid., 2:286, 「웨슬리 설교전집 3」[대한기독교서회]. 앞서 1767년에 웨슬리는 "믿음으로 우리는 그리스도 안에서 우리 마음을 정결하게 하고 우리 손을 깨끗하게 하는 하나님의 능력을 받는다."고 주석했다. Outler, *Sermons*, 1:349를 참조할 것.

9) John Wesley, *Explanatory Notes Upon the New Testament* (Salem, Ohio: Schmul Publishing, 1975), 351.

10) Ibid., 또한 Outler, *Sermons*, 2:286을 참조할 것. 선행은총 또한 이 상황에서 역시 힘이 없음을 주시하라. 예컨대, 하나님께서 영혼 안에 이루고자 원하는 위대한 일을 수행할 수 없다. "왜냐하면 누구에게나 공통으로 주어진 하나님의 선행은총은 우리가 의롭다 칭함을 얻을 때까지 **좀 더** 우리를 몰고 가는 것은 충분하지 않더라도 우리를 그리스도께 **인도하기에는** 충분하기 때문이다." 또한 현대 몇몇 신학자들이 주장하듯이, 웨슬리가 선행은총의 개념을 넓은 의미가 아니라 한정된 의미(a definite kind of)로 계속 사용하고 있음을 주시하라. Rupert E. Davies, *The Works of John Wesley*, vol. 9, *The Methodist Societies: History, Nature, and Design* (Nashville: Abingdon Press, 1989), 64.

11) Telford, *Letters*, 4:332. 웨슬리는 또한 이 편지에서 은총이 인식하지 못하는 가운데 임할 수도 있다고 지적한다.

12) Harald Lindström, *Wesley and Sanctification* (Wilmore, Ky.: Francis Asbury Press, 1982), 123.

이렇게 이해하고 보면, 중생의 상황에서 은총이란 믿는 모든 이들에게 합당한 하나님의 구원의 힘이며, 그리스도께 복종할 수 있도록 하는 성령의 능력이다. 웨슬리는 감리교인들에게 비관론과 "우리의 의도적인 불복종을 변명하기 위해 우리가 '나는 아무것도 할 수 없어요.'라고 말하게 하고 하나님의 은총이 없다면 거기 멈추게 하는 거짓된 겸손(mock humility)"[13]을 주의하라고 경고했다. 결국 하나님의 힘, 곧 능력으로서의 은총은 신생과 관련하여 웨슬리의 상대적으로 높은 표준을 위한 기초를 형성할 뿐 아니라, 하나님이 **주도하는**(initiating) 은총을 받은 인간적 요소를 강조한다. 간단히 말해서, 여기서 다루는 것은 인간의 무능력이 아니라 하나님의 능력이다.

피터 뵐러(Peter Böhler)의 공헌

1736년부터 1738년까지 웨슬리는 모라비안 교도들과 잘즈부르크 계열의 경건주의자들로부터 영향을 받았지만, 그의 무력한 철학으로부터 깨어나게 해 준 것은 젊은 모라비안 선교사 피터 뵐러였다. 뵐러는 웨슬리에게 "높은 기독교 윤리를 통해 구원을 얻으려는 것은"[14] 오류임을 확신시켜 주었다. 웨슬리는 자신이 만났던 사상의 영향으로 기독교인 삶의 여정을 도표로 그려냈다. 이 삶의 여정은 은총의 수단을 포함하기는 했지만 그 색조와 강조가 주로 도덕주의에 기초하고 있었다. 예컨대, 조지아 시절의 일지와 일기는 규칙과 결단들로 가득 차 있었지만, 이들 중 얼마는 계속 지켜내지 못했다. 특별히 웨슬리는 소피아 홉키(Sophia Hopkey)를 비롯한 여성들과의 관계에서 자신의 규칙과 결단을 지켜내지 못했다.

웨슬리가 영국에 되돌아왔을 때, 뵐러는 '오직 믿음으로만' 교리를 소개하지 않고 (조지아 주에 있을 때 잘츠부르크 경건주의자들이 기초를 놓은 그 길을 제시하면서) 그 길을 더 나아가도록 했다. 선한 영국 국교회 사제였던 웨슬리는 이미 '오직 믿음으로만' 교리를 잘 알고 있었다. 때문에 뵐러는 웨슬리에게 이 교리를 "개인적인 결단으로 받아들이도록"[15] 도전했다. 이 도전은 (칭

---

13) Outler, *Sermons*, 3:208.
14) Martin Schmidt, *John Wesley: A Theological Biography*, 2 vols. (Nashville: Abingdon Press, 1962~1973, 「존 웨슬리」, 김덕순 · 김영선 옮김[은성]), 1:254.
15) Outler, "Wesley in the Christian Tradition," 84.

의와 중생 둘 다를 포함하는) 구원을 가져다주는 믿음은 이에 합당한 두 열매, 곧 **행복**(happiness)과 **거룩함**(holiness), 달리 표현하면, 용서함으로부터 오는 **평화**(peace)와 기운이 넘치게 하는 성령의 현존을 통해 나타나는 **능력**(power)이라는 특별한 가르침이었다. 처음에 웨슬리는 이런 방식으로 구원하는 믿음을 인식하려 하지 않았다. ("나는 정말 놀라 이것을 새로운 복음으로 간주했다."16)) 그러나 성서를 탐구하고 여러 모라비안 증언자들과 대화를 한 후, "그리스도를 믿는 참된 살아 있는 믿음은 모든 과거로부터 용서 받았다는 느낌, 모든 현재의 죄로부터 자유롭다는 느낌과 나누어질 수 없다."17)고 확신했다. 여러 증언들 위에 "이 믿음은 하나님의 선물, 곧 값없이 주시는 선물"18)이라는 또 다른 목소리를 더하게 되었다. 그러므로 모라비안의 주된 공헌은 중생의 믿음을 믿는 자들에게 주신 선물로, 곧 하나님의 사랑으로 보게 할 뿐 아니라 성령으로 말미암아 우리 안에 임한 능력의 현존, 곧 하나님의 능력으로 보게 한 것이다.

놀라운 것은 행복(평화)과 거룩함(능력)을 포함하는 구원을 가져다주는 믿음에 대한 이 같은 이해는 웨슬리가 자신의 복음적 회심이었던 올더스게이트 경험을 설명하는 가운데 담겨 있다. "나는 구원을 위해서 그리스도, 곧 그리스도만을 신뢰했다고 느꼈다. 그리고 그분이 내 죄를 제거했고 죄와 죽음의 법으로부터 나를 구원했다는 확신이 주어졌다."19) 포드모어(Podmore)는 이 사건에 대한 웨슬리의 기록이 모라비안 교도의 영향이 갖는 중요성을 보여 줄 뿐 아리라, "율법 아래"라는 바울의 표현을 빌려 온 마지막 구절은, 모라비안 교도들이 "자신들의 입장을 받아들이지 않았던 사람들을 어떻게 묘사했는지"20) 보여 준다고 주장한다. 달리 말하면 본래적인 기독교 믿음은 행복과 용서를 가져올 뿐 아니라 또한 거룩함을 가져온다. 아우틀러는 "(그해) 1738년은 웨슬리 신학의 기적의 해(annus mirabilis)였고, 올더스게이트는 '믿음으로만'(sola fide)과 '거룩하게 살기' 사이에서 우선권을 바꾼, 그리고 그

---

16) Ward and Heitzenrater, *Journals and Diaries*, 18:248.
17) Ibid.
18) Ibid. 웨슬리가 1738년 2월 처음으로 뵐러를 만난 후 "오늘의 만남은 길이 기억될 일"이라고 자신의 일지에 기록했다. Ibid., 18:223.
19) Ibid., 18:250.
20) Colin Podmore, *The Moravian Church in England 1728~1760* (Oxford: Clarendon Press, 1998).

후에는 그 우선권을 다시 바꾸지 않은 결정적 순간이었다."[21]고 주석했다. 셀은 "루터-칼빈의 믿음의 개념이 웨슬리에게 새로운 능력의 저수지로 열려졌다."[22]고 말했다.

중생에 대한 정의

원죄, 믿음으로 말미암은 칭의, 신생, 마음과 삶의 거룩함과 같은 기독교인의 믿음의 본질적 교리들에 대해서 웨슬리는 특별히 두 가지를 반복해서 강조했다.

> 전체 기독교 안에 있는 모든 교리 가운데 본래적으로 기본적인 것을 말하라면 의심 없이 칭의와 신생 두 교리이다. 칭의 교리는 하나님께서 **우리를 위해**(for us) 행하신 위대한 행위, 곧 우리 죄를 용서한 것과 관계되고, 신생 교리는 하나님께서 **우리 안에**(in us) 행하신 위대한 행위, 곧 우리의 타락한 본성을 새롭게 한 것과 관계된다.[23]

예컨대, 영국 종교개혁의 열매인 39개 조항을 따라 웨슬리는 칭의가 하나님과의 **달라진**(different) 관계를 수반하는 상대적 변화였다면, 중생은 "(하나님)께서 **우리 안에** 행함으로 다시 우리를 탄생시킨"[24] 실제적인 변화였다고 주장했다. 또한 영국 대 복음 부흥운동에서 중요한 역할을 담당했던 웨슬리와 휫필드, 센닉(Cennick)을 비롯한 설교가들은 '신생'의 문제를 놓고 아주 예민하게 공방을 펼쳤다. 아우틀러가 말한 대로, "부흥 기간 동안 (유아세례 이후 신생이란 있을 수 없다는)[배타적인] 세례의 중생을 말하는, 이름뿐인 기독교인들의 주장과 '회심'을 말하는 복음주의 기독교인들의 주장 사이에 긴장이 극에 달했을 때,"[25] 웨슬리는 조심스럽게 이 문제와 관련해 자신의 입장을 밝힐 수밖에 없었다.

---

21) Outler, "Wesley in the Christian Tradition," 84.
22) George C. Cell, *The Rediscovery of John Wesley* (Lanham, Md.: University Press of America, 1984), 170.
23) Outler, *Sermons*, 2:187.
24) Ibid., 1:431~32.
25) Ibid., 2:186. 이 용어는 아우틀러의 서론적인 논평에 해당한다.

칭의	중생
상대적 변화를 포함함	실제적인 변화를 포함함
하나님께서 "우리를 위해" 뭔가를 행하심	하나님께서 "우리 안에" 뭔가를 행하심
하나님과 우리의 외적 관계를 변화시킴	우리가 성도가 되도록 우리의 가장 깊은 영혼을 변화시킴
우리에게 하나님의 사랑(the favor of God)을 회복시킴	우리에게 하나님의 형상(the image of God)을 회복시킴
죄책을 없앰	죄의 능력을 없앰[26]

'다시 태어남'(being born again) 혹은 '위로부터 태어남'(being born from above)[27]이라는 구절은 예수께서 한밤중에 니고네모와 대화한 내용(요 3)을 종종 연상시키지만, 그 표현 자체는 성서 중간기에 이미 유대인들 사이에 통용되던 표현으로, 유대교로 개종했던 이방인들을 지칭했다.[28] 그러므로 남자 어른이 유대교 믿음에 확신을 갖게 되면 할례를 받기 전 세례를 받았다. 세례에서 그가 다시 태어났음이 선포되고 이로써 유대 공동체는 "이전에는 악마의 자식이었던 자가 이제 하나님의 가족으로 받아들여졌다."[29]고 보았다. 따라서 세례 요한의 세례를 (그리고 유대인에게 기독교인 세례) 그토록 철저히 함으로써 '이방인'이 아니라 계약 공동체의 일원인 종교적인 민족 유대인들은 회개와 회심(metanoia)으로 초청되었다. 그러므로 세례 요한이 전통적인 유대 예전을 택하여 (의로운 자들에게 회개하라고 요청함으로써) 거기에 새로운 의미로 해석했듯이, 초기 기독교회는 이전의 보다 형식적인 종교로부터 (유대인들이 경험했듯이) 성령 안에서 새로운 삶으로의 부름으로 이해했다.

이 의미들과 더불어 웨슬리는 자신의 저술 안에 자연스런 탄생과 영적인 탄생 사이의 유비를 기술했다. 신생은 "하나님께서 영혼에 생명을 주고 영혼

---

26) 이 자료는 "하나님께로부터 난 자들의 위대한 특권"(The Great Privilege of Those That are Born of God)이란 설교에서 발췌했다. Outler, Sermons, 1:431~32, 「웨슬리 설교전집 3」[대한기독교서회].

27) '다시'(again)로 번역된 그리스어 용어는 '위에'(above)로도 번역될 수 있다. 그러나 요한복음 3장의 정황은 '다시'라고 번역해야 옳다. 왜냐하면 니고데모가 어머니의 자궁으로 다시 되돌아가면 어떤 일이 일어날 것인가를 실제 생각하고 있기 때문이다.

28) Thomas C. Oden, John Wesley's Scriptural Christianity: A Plain Exposition of His Teaching on Christian Doctrine (Grand Rapids, Mich.: Zondervan Publishing, 1994), 299.

29) Outler, Sermons, 2:191.

을 죄의 죽음으로부터 의의 생명으로 일으키는 위대한 변화이다."[30] 영혼을 깨울 때 하나님은 영혼에 생명을 느끼게 하기 때문에, 일반적으로는 영적 영역을 지각하고 특별하게는 하나님의 사랑을 지각한다. 다시 말해 유대인들이 '물로 태어난 것'이라 했던 것을 자연적 탄생과 비교했던 웨슬리는 이렇게 설명한다.

> 아직 태어나지 않은 아이는 모든 생명체가 그렇듯이 숨을 쉼으로 생존합니다. 아이는 숨을 느끼지 못하며 다른 것도 느끼지 못합니다. 느낀다 하더라도 아주 어눌하고 불완전한 방식으로 느낄 뿐입니다. 아이는 듣는 기관이 아직 닫혀 있어서 거의 듣지 못합니다. 눈을 가졌지만 쉬이 감기고 완전한 어둠으로 싸여 있어서 아무것도 볼 수 없습니다. 탄생의 순간이 가까워오면 뭔가 움직임이 생겨나고 물질 덩어리로부터 구별되면서 뭔가 생명의 희미한 시작이 존재합니다. 그러나 그 생명이 아직 감각을 갖고 있는 것은 아닙니다.[31]

이 역동성에 비추어 볼 때, 러년(Runyon)은 웨슬리에게 다른 모든 것에 더해 신생이란 "새로운 인식 방식을 여는 인식론적 사건이었다."[32]고 적절하게 주석한다. 물론 이처럼 영을 분별하는 지식의 길은 보는 눈과 듣는 귀에 의한 영적 감각인 믿음이었다. 이 사실에 대한 웨슬리의 입장은 완전히 경험론적 방식인 로크의 방식으로 이해되었다. 그렇다고 완전히 배타적으로 로크의 방식이었다고는 볼 수 없다. 왜냐하면 웨슬리와 로크 사이에 중요한 차이들이 있기 때문이다. 첫째, 경험주의는 지식에 대해 '객관적인' 접근을 취

---

30) Ibid., 2:193~94.
31) Ibid., 1:432~33.
32) Theodore H. Runyon, *The New Creation: John Wesley's Theology Today* (Nashville: Abingdon Press, 1998), 「새로운 창조」, 김고광 옮김(기독교대한감리회 홍보출판국), 80.
33) 흥미롭게도 아들러(Mortimer Adler)는 로크의 지식에 대한 표상 이론을 견주어 볼 때, 로크가 인식론적 주관주의에 빠져 있다고 비판한다. 이 이론에 따르면 개념들은 세상에 존재하는 사물들을 "표상한다." 결국 생각이 인식하는 것은 단지 생각 자체의 개념들이다. 더구나 도덕법에 대한 더 깊은 이해에 대한 웨슬리의 관점은 중세 신학자들이 '지성'(*intellectus*)이라고 불렀던 것과 유사하다. 믿음이 영적 감각으로 정확하게 이해된 때일지라도, 여기서 지성은 일종의 경험론에 입각하기보다는 생각의 직관력으로 작용한다. Mortimer J. Adler, *Ten Philosophical Mistakes: Basic Errors in Modern Thought-How They Came About, Their Consequences, and How to Avoid Them* (New York: MacMillian, 1985), 「열 가지 철학적 오류」, 장건익 옮김(서광사), 30 ff.

한다. 이때 정신이 인식하는 과정의 중심에 위치한다. 그러나 웨슬리의 방식은 어떤 차원에서 주관적이고 참여적이다. 이때 신생의 자각은 **변화의 경험**(transformation) 없이는 인식될 수 없다.[33]

어쨌든 중생하기 전에는 잠자고 있었던 영적 감각이 깨어남과 더불어 웨슬리는 이 회심이 외적이면서도 동시에 내적이라고 주장한다. 예컨대, 거룩하지 않은 성정이나 기질로부터 거룩한 성정이나 기질로, 교만으로부터 겸손으로, 정열로부터 온유함으로, 투정과 불만으로부터 인내와 인종(忍從)으로의 변화이다. 그리고 **모든** 거룩한 성정의 씨들이 영혼 안에 심겨진다. 웨슬리가 칭의와 관련하여 차용한 중생은[34] 그 자체가 성화의 전체가 아니고 성화의 시작일 뿐이다. 그러나 로는 자신의 책 「기독교인 완전의 근거와 이유」(The Grounds and Reasons of Christian Perfection)에서 신생과 보다 큰 성화 과정을 혼동했다. 이 책에서 로는 중생을 점진적이고 과정적인 행위로 보았기 때문에 '전체적이고 점진적인 성화의 진보'[35]와 동일시했다. 이에 대해 웨슬리는 한때 자신의 영적 지도자였던 로에게 "아닙니다. 중생이란 성화의 문지방일 뿐이죠. 성화에 이르는 처음 입구입니다."[36]라고 답했다. 그리고 신생이란 구별된 사건으로 "성화의 전체가 아니라 성화의 일부이다. 신생이란 성화에 이르는 문이며 입구"[37]라고 거듭 주장했다. 이 구별을 하지 않는다면, 신생이나 전체 성화가 제대로 이해될 수 없을지도 모른다고 염려했던 것이다. 그러므로 거룩함의 시작을 신생의 형식으로 잘못 이해한다면, 전체 성화의 높이와 깊이를 바르게 이해할 수 있는 길을 희망할 수 없다.

실제적인 의미에서 하나님 홀로의 사역인 (값없이 주시는 은총) 신생의 선

---

34) 웨슬리는 넓은 의미와 좁은 의미에서 '신생'과 '중생'이란 용어들을 사용했다. 웨슬리는 중생이 원죄에 대해 구원을 가져오는 응답이라고 봄으로써 아주 넓은 포용적 의미에서 변화 전체에 주목했다. 예를 들면, 원죄론에 대한 논문에서 "그러므로 중생의 본성과 필요성으로부터 배우라."고 말했다. "본성은 부분적인 변화가 아니고 전체적인 변화이다. 당신의 전체 본성이 타락했기 때문에 전체 본성이 새로워져야 한다." Thomas Jackson, ed., *The Works of John Wesley*, 14 vols. (Grand Rapids, Mich.: Baker Book House, 1978), 10:310. 그러나 칭의와 관련해 좀 더 좁은 의미의 신생을 생각했던 웨슬리는 "신생"(The New Birth)과 "신생의 흔적들"(The Marks of the New Birth)이란 설교에서 신생을 성화의 보다 큰 과정에 이르는 문으로 보았다.

35) Outler, *Sermons*, 3:507.

36) Ibid.

37) Ibid., 2:198.

물을 먼저 받은, 믿는 자들은 성령의 임재로 능력을 받아 신/인 협력에 참여하게 되며, 그러함으로써 기독교인의 삶에 계속해서 "하나님이 영혼을 향해 숨을 쉬고, 영혼은 다시금 하나님께로부터 처음 받은 것을 숨으로 돌려준다. 곧 하나님께서 영혼에게 임하고, 영혼은 하나님께 반응하는 활동이 계속된다."[38] 또한 웨슬리는 믿는 자들이 선행적인 하나님의 주도적 활동에 (넓은 의미로 이해된 선행은총) 반응하게 되면서 나타나는 기독교인 삶의 역동적인 흐름은 명령의 차원을 수반한다. 달리 말하면, 하나님의 선행은총의 선물을 받은 믿는 자들은 이제 지극히 높으신 하나님의 풍요로운 은총에 따라 행동하고 응답할 의무가 있다. 따라서 "하나님의 생명을 지속하기 위해서는 하나님의 은총에 영혼은 반드시 반응해야 한다."[39] 만일 믿는 자들이 응답할 수 없다면, 이들은 이미 받은 **선물을** 빼앗길 위험에 처하게 된다. 이런 맥락에서 웨슬리는 달란트 비유를 사용하여 조심스럽게 자기주장을 전개한다.

> 이미 받은 은총을 증진시키고 하나님의 사랑 안에 그 은총을 키워 가는 자는 분명 그 은총을 간직하게 될 것입니다. 물론 하나님은 계속해서 은총을 베풀며 그 은총을 보다 풍성하게 베풀 것입니다. 그러나 이 재능을 증진시키지 않는 자는 은총을 간직할 수 없을 것입니다. 그가 모든 것을 할 수 있음에도 불구하고, 그는 그것을 빼앗기게 될 것입니다.[40]

이 중요한 복음의 진리를 알아듣게 설명하기 위해 웨슬리는 "우리 없이 우리를 만드신 분께서 우리 없이 우리를 구원하시지 않을 것이다."[41]라는 성 아우구스티누스의 말을 즐겨 인용했다.

구원의 순서의 여정에서 협력은총 혹은 책임은총은 앞을 향하는 기독교인의 삶에 멈춤이란 없음을 보여 준다. 그러므로 클레런스 벤스(Clarence Bence)의 말을 사용한다면, 웨슬리의 실천신학은 "전체 구원의 순서를 통해

38) Ibid., 1:442. 웨슬리 신학의 신-인 협력 구조를 탐구하려면, Manfred Marquardt, "John Wesley's 'Synergismus,'" in *Die Einheit Der Kirche: Dimensionen Ihrer Heiligkeit Katholizitat Und Apostolizitat: Festgabe Peter Hein* (Weisbaden: Steiner Verlag, 1977), 96~102을 참조할 것.

39) Outler, *Sermons*, 1:442.

40) Ibid., 3:284.

41) Ibid., 2:490.

현재적 성취와 미래의 기대 사이의"[42] "변증적 긴장"(dialectical tension)이 있음을 보여 준다. 예컨대, 은총 각각의 실현은 또 다른 은총으로의 가능성을 열어 준다. 신생(혹은 신생을 위한 회심)이 구원 여정에서 중요한 자리이긴 하지만 '쉼'의 자리는 아니다. 오히려 신생은 마음과 믿음의 공동체에서 은총 가운데 거룩한 사랑의 성정을 키워 가게 하는 현재의 성장과 미래 성장으로의 초대이다.

바로 칭의와 신생, 그리고 뒤따라오는 기독교인의 삶이 만나는 자리에서 값없이 주시는 은총(하나님 홀로의 행위)과 책임은총(하나님과 인간의 행위)의 접속이 나타난다. 한편으론, 쉽게 오해될 수도 있는 웨슬리의 정교한 균형이 종교개혁 이후의 몇몇 신학자들에게는 나타나지 않았다. 이들은 구속에서 공로를 인간에게 돌리지 않으려 했고, 기본적으로 하나님의 형상(imago Dei) 그 자체의 반영인 인격의 온전함을 부분적으로 구성하는 주관적 요인들을 지나칠 정도로 제거했다. (여기서 주관적 요인들이란 '행위'로 간주되지는 않는다 하더라도 자신의 손을 펴서 구원하는 은총을 받을 수 있는 자유를 말한다.) 다른 한편으론, 반-펠라기우스적 접근 역시 값없이 주시는 은총에 여지를 주지 않으면서 전체적으로 신-인 협력적 패러다임 속에 구속의 전체를 포함시킴으로써, 웨슬리의 중요한 접속을 제대로 견지할 수 없었다. 몇몇 접근들은 하나님의 활동의 우선성이나 선행성에 기초했음에도 불구하고, 하나님의 값없이 주시는 은총의 내용 중 하나인 '하나님 홀로 행위'한 것이 아니라고 주장했다. (이들은 하나님의 활동의 우선성이나 선행성으로 모든 관련된 문제를 해결한 것처럼 생각했다.) 그러나 웨슬리의 접속적 입장은 가톨릭 전통(협력은총)과 종교개혁 전통(값없이 주시는 은총)을 받아들여 '하나님 홀로'로부터 은총을 받고, 지극히 높으신 하나님의 지속적인 주도권에 받은 은사들로 응답하는 구속의 입장을 제시했다.

또한 웨슬리 신학의 접속은 믿음과 거룩한 사랑으로 표현될 수 있는 바, 용서가 참여를 끌어내고 믿음만으로 거룩한 삶의 완성과 완전을 지향하게 한다. 분명 (모라비안 경건주의자들과 할레 경건주의자들을 통해) 루터와 (설교,

---

42) Clarence Bence, *John Wesley's Theological Hermeneutic* (Ann Arbor, Mich.: University Microfilms International, 1982), 19.

예전과 논문 등을 통해) 크랜머 같은 종교개혁 지도자들의 통찰을 하나로 묶고, 또 이 종교개혁자들의 통찰을 아 켐피스와 테일러, 로와 카스타니자-스쿠폴리(Castaniza-Scupoli), 랭티와 로페즈(Gregory Lopez), 아빌라(Don Juan d'Avila)와 대주교 페넬론(Archbishop Fenelon)으로 대변되는, 거룩한 삶의 전통에 속한 이들의 통찰을 접목시킴으로써, 웨슬리는 기독교인의 삶이 은총과 자유 안에서 시작되었고, 사랑으로 행위하는 능력이라고 이해했다. 아우틀러는 웨슬리 안에 있는 다양한 전통을 "오직 믿음, 사랑에 의한 행위, 거룩한 삶으로의 지향"[43]으로 집약했다.

필연적 변화인 신생

웨슬리가 칭의 교리와 중생 교리를 연결시켰듯이, 중생을 원죄 교리와도 연결시켰다. 달리 말하면, 칭의와 신생이 기독교인 삶의 기반이듯, 원죄 교리 역시 신생의 기반이 된다. 1760년 출판된 자신의 설교 "신생"에서 웨슬리는 이렇게 주장한다. "그러므로 우리 본성의 온전한 타락 … 이것이 신생의 기반입니다. 따라서 '죄 안에서 태어난 존재'인 우리는 '다시 태어나야 합니다.' … 여자로 태어난 사람마다 하나님의 영으로 태어나야 합니다."[44] 그리고 이보다 몇 년 앞서 같은 내용을 주장했는데, 이때 '신생'과 '중생'을 서로 바꾸어 사용하면서 특별히 중생이란 용어를 사용했다. "그러므로 우리 본성의 타락이 **중생**의 절대적 필요성을 입증하듯이, **중생**의 필요성은 또한 우리 본성이 타락했음을 입증합니다."[45] 또 다른 곳에서 이렇게 덧붙인다. "당신의 병을 아십시오! 당신의 치유를 아십시오! 여러분은 죄에서 태어났습니다. 그러므로 '여러분은 하나님으로부터 다시 태어나야 합니다.'"[46] 이 특별한 관계를 제대로 파악한 다음에야 우리는 비로소 왜 웨슬리가 원죄 교리를 설명하는 데 그렇게 애를 써서 가장 긴 신학 논문으로 내놓았는지 정확하게 이해할 수 있다. 예컨대, 원죄의 문제가 경시된다든지 혹은 딱 잘라 거절된다

---

43) Outler, "Wesley in the Christian Tradition," 93~94.

44) Outler, *Sermons*, 2:190. 칼빈주의자와 감리교회의 신생 이해에 대해 비교하려면, Timothy L. Smith, *Whitefield and Wesley on the New Birth* (Grand Rapids, Mich.: Francis Asbury Press, 1986)를 참조할 것.

45) Jackson, *Wesley's Works*, 9:438.

46) Outler, *Sermons*, 2:185.

면, 신생에 대한 해법 또한 경시될 것이다.

그러나 거룩함과 구원을 위한 신생의 필연성을 강조할 때, 웨슬리는 즐겨 요한복음 3장 3절을 인용했고, 또 주석을 참고했다. "내가 너희에게 분명히 말하지만, 누구든지 다시 나지 않으면 하나님의 나라를 볼 수 없다." 1781년 웨슬리는 조카 찰스에게 이런 글을 보냈다. "너는 좋은 유머와 온후하고 선한 마음을 가졌다. 그러나 다시 나지 않는다면 하나님 나라를 볼 수 없다. 하나님 나라가 가까웠다. 그러니 구하라! 그러면 얻을 것이다."[47] 몇 해가 지나 1784년에는 여러 면에서 경건한 가정에서 모범적으로 자란 다른 조카 사무엘 웨슬리에게 편지를 보냈다. "나는 네가 다시 태어나지 않았을까 두려웠다. '하나님의 아들 한 사람을 제외하고는 모두가 다시 태어나야 한다.' 이 땅의 감각적인 마음을 가진 사람이 그리스도 예수 안에 있는 마음으로 내적 변화를 경험하지 않는다면 '그는 하나님 나라를 볼 수 없을 것이다.'"[48]

또한 마치 뒤따라오는 갱신 없이 죄를 용서 받을 수 있는 것처럼 칭의가 중생과 분리됐다고 할 경우,[49] "당신의 모든 죄가 이제 용서받았다고 한다 할지라도 마음이 깨끗케 되지 않았다면, 마음이 새롭게 창조되지 않았다면, 당신은 이내 죄를 다시 짓게 될 것"[50]이라고 주장함으로써 웨슬리는 거룩함을 위해 신생이 반드시 필요하다고 강조했다. 그러고 나서 1764년 볼턴(John Valton)에게 이 입장을 반복했다. **"내면의 변화**가 당신에게 필요한 한 가지입니다. (여기서 강조는 웨슬리 자신이 한 것임) 당신은 다시 태어나야 합니다. 그렇지 않으면 **당신은 결코 한결같이 지속되는 자유를 얻지 못할 것입니다.**

---

47) Telford, *Letters*, 7:77~78.
48) Ibid., 7:230. 이 편지를 보낼 때 웨슬리는 다소 실망스러운 상태였다. 왜냐하면 조카 사무엘이 나중에는 다시 마음을 바꿔 먹긴 했지만 당시 로마 가톨릭 교회로 옮겨갔기 때문이었다. 웨슬리가 요 3:3을 사용한 것에 대한 다른 자료를 원한다면, Jackson, *Wesley's Works*, 9:452, 459, 11:268을 참조할 것. Outler, *Sermons*, 3:391; Telford, *Letters*, 7:231; Wesley, *NT Notes*, 218을 참조할 것.
49) 매덕스는 "최초의 칭의와 중생 자체의 연합된 경험을 주장하는 것은 웨슬리가 종의 믿음으로 이해했던 기본 입장을 위반하는 것"이라고 말했다. Randy L. Maddox, "Continuing the Conversation," *Methodist History* 30, no. 4 (July 1992): 241. 그러나 이 추론은 웨슬리가 종의 믿음을 이중적 방식이 아니라 단선적 방식으로 이해했음을 보여 준다. '종의 믿음'이 이중적 방식으로 이해되면, 왜 웨슬리가 지속적인 자유 안에 나타나게 될 칭의와 중생의 결합된 경험을 반복해서 주장했는지 분명해진다.
50) Jackson, *Wesley's Works*, 11:180.
51) Telford, *Letters*, 4:229~30.

(여기서 강조는 내가 한 것임)"[51] 루터 자신도 이 변화의 필연성을 보고 죽기 바로 전에 "내 이름으로 부름을 받은 사람들은 … 그들의 의견과 예배 양식에 따라 개혁됐지만, 이들의 성정과 삶은 이전과 동일했다."[52]고 불만을 표했다. 이 점에 대해서 웨슬리는 믿음(이나 믿음과 관련한 죄의 용서)이 거룩함을 대치한다는 생각은 바로 '율법 폐기론의 핵심'(marrow of antinomianism)"[53] 이라고 주장했다.

조금 다른 방식으로 웨슬리는 거룩함뿐 아니라 행복을 위해서도 신생이 필연적이라고 강조했다. 거룩한 사랑의 하나님께서 적절한 관계로써 창조 안에 질서를 세웠다면, "사물의 본성상 거룩하지 않은 인간은 행복할 수 없다."[54]고 주석했다. 심지어는 저 불쌍한 세속 시인 유베날리스(Juvenal)조차 자신의 「풍자시집」(Satires)에서 "악한 사람은 누구도 행복하지 않다.(Nemo malus felix)고 표현했다. 그 이유는 간단하다. 거룩하지 않은 모든 성정들은 성정이 편안하지 않기 때문이다."[55] 말하자면, 교만과 자기-의지, 우상숭배와 같은 일반적인 불행의 뿌리들이 마음을 **지배**하면 행복의 자리가 존재할 수 없다. 그러나 웨슬리는 "우리의 굽은 본성이 변화되어 다시 태어날 때까지"[56] 이들 경건치 않은 성정이 우리를 지배할 수밖에 없다고 주장했다. 여기서 좀 다른 억양으로 표현한다면, 불행하게 태어난 우리는 다시 태어나야 한다고 할 수 있다.

거대한 변화인 신생

1745년에 쓴 "이성과 경건의 사람들에게 던지는 호소"라는 논문에서 웨슬

---

52) Outler, *Sermons*, 3:449.
53) Outler, *Sermons*, 4:148.
54) Ibid., 2:195. 행복과 거룩함의 관계에 대한 현대적 해석으로는 Douglas W. Ruffle, "Holiness and Happiness Shall Cover the Earth," *Quarterly Review* 19 (Spring 1999): 73~82을 참조할 것.
55) Outler, *Sermons*, 2:195.
56) Ibid., 2:196. 이 상황에서 웨슬리가 신생과 상관없이 인간의 마음에 **죄의 능력이나 지배**를 강조하고 있음을 주목하라. 그러나 이처럼 중생의 영광스런 변화에도 불구하고, 경건치 않은 성정은 온전한 성화의 은총을 받기까지 마음에 남겨져 있음을 보게 될 것이다. 그러나 중요한 것은 이 성정들이 더 이상 지배하지는 않을 것이라는 사실이다. 이 구분과 관련해 다른 자료를 참고하고자 한다면, "믿는 자들 안에 있는 죄"(On Sin in Believers)와 "믿는 자들의 회개"(On the Repentance of Believers)라는 설교들을 참조할 것. Outler, *Sermons*, 1:314~53.

리는 신생을 '거대한 내적 변화'(vast, inward change)[57]라 기술했고, 다음 해에는 "'사탄의 권세로부터 하나님의 권세로의 변화' 뿐 아니라 거대하고 권능이 넘치는 변화, '어둠에서 빛으로의 변화'"[58]라고 표현했다. 다시금 요한복음 3장 3절을 주석하면서 마찬가지로 신생을 "삶뿐 아니라 마음의 온전한 변화"[59]라고 기술했다. 그러나 신생과 그 전체에 수반된 변화의 광대함은 역시 1760년에 쓴 "신생"에서 가장 잘 표현된다.

> 여기서부터 신생의 본성이 명확하게 나타납니다. 하나님께서 영혼 안에 생명을 가져올 때, 영혼을 죄의 죽음에서 일으켜 의의 생명으로 일으킬 때, 거대한 변화가 일어납니다. 전능한 하나님의 성령께서 "그리스도 예수 안에서 영혼을 새롭게 창조시킬 때," 전체 영혼 안에 변화가 일어납니다.[60]

그러므로 이 정황에서 신생의 전체 변화는 (웨슬리의 다른 용례에서처럼) 성화의 전체 과정이 아니라 그 시작의 온전함과 철저함을 의미한다. 자연스럽게 말해, 아이의 탄생의 온전함과 탄생 이후 뒤따라오는 성장과 성숙을 혼동할 수 없듯이, 영적으로 말해 신생은 그 본성과 온전함의 의미에서 완전한 행위이지만, 그럼에도 불구하고 은총 안에서 계속적인 성장을 인정하는 행위이다. 사실 웨슬리는 자연적 탄생과 영적 탄생의 유비를 끌어낼 뿐 아니라,[61] 중생의 철저한 변화에 대한 자신의 가르침을 정확하게 조명하기 위해 이 유비를 강조했다. 그러나 우리가 기대할 수 있는 바, 웨슬리는 자연적 탄생으로 유비를 시작하지 않고, 영적 탄생으로 유비를 시작한다. 그리고는 영적 탄생의 철저함을 거듭 강조하기 위해 자연적 탄생과의 관계를 제기한다. 웨슬리의 글을 보자. "중생한다는 것은 또한 태어나거나 출생한다는 것이다. 그러

---

57) Gerald R. Cragg, ed., The Works of John Wesley, vol. 11, The Appeals to Men of Reason and Religion (New York: Oxford University Press, 1975), 107.

58) Outler, Sermons, 1:279.

59) John Wesley, Notes Upon the Old Testament, ed. William M. Arnett, 3 vols. (Salem, Ohio: Schmul Publishing, 1975), 218.

60) Outler, Sermons, 2:193~94. 또한 웨슬리가 글로체스터의 주교에게 보낸 편지를 참조할 것. Telford, Letters, 4:382~83.

61) Outler, Sermons, 2:198~99.

나 온전한 인간은 중생한다. 그러므로 온전한 인간은 태어난다."[62] 그러므로 신생은 부분적인 변화가 아니라 온전한, 전체적인 보편적 변화이다. 이 변화로써 영혼은 죄의 죽음으로부터 하나님 안의 생명으로 옮겨 간다.

이 논리에 비추어 볼 때, 웨슬리는 당시 스스로를 언제나 기독교인이라고 하면서 이 변화를 경험하지 못한 사람들에 대해 언제나 회의적이었다. 웨슬리는 조심스럽게 다음과 같이 언급했다. "이로써 누군가 스스로 생각하는 것에 그치고 만다면 영으로 난 것이 아님을 알아야 합니다. 그는 하나님을 알지 못하면서 자연의 목소리와 하나님의 목소리를 혼동하고 있는 것입니다."[63]

독일 경건주의의 영향

할레 경건주의, 헤른후트 경건주의, 그리고 감리교회는 거룩함을 위한 개인의 진정한 갱신의 중요성을 함께 강조한다. 하워드 스나이더(Howard Snyder)에 따르면, 이 세 운동은 공히 공통적으로 중생과 개인의 종교적 경험, 경건과 거룩함, 훈련을 다른 어떤 것보다 강조한다.[64] 마찬가지로 슈미트(Martin Schmidt)는 신생(Widdergeburt)이 경건주의 신학의 중심 동기이며, 이 줄기가 옥스퍼드 대학과 조지아 선교에 있을 당시 독서를 통해 웨슬리 신학에 흘러 들어갔다고 보았다.[65] 데일 브라운(Dale Brown) 역시 자신의 입장에서 17세기 경건주의의 성장은 "칭의에서 중생으로"[66], 곧 법적 주제에서 참여적 주제로 옮겨 간 경우라고 주장했다. 물론 웨슬리 신학에서는 칭의와 중생, 법적인 주제와 참여적 주제 둘이 어떤 의미에서 중첩되어 나타나는 바, 죄의 용서가 삶의 갱신과 결합되는 경우이다. 사실 경건주의자들이 선호했던 성서 본문은 고린도후서 5장 17절("그러므로 누구든지 그리스도 안에 있으면 새로운 존재입니다. 옛 사람은 없어지고 새사람이 된 것입니다.")이었는데, 웨슬리도 설교에서 여러 차례 언급했고, "믿는 자들 안에 있는 죄"라는 설교를 위해

---

62) Ward and Heitzenrater, *Journals and Diaries*, 21:436. 또한 설교 "하나님 없이 사는 삶"(On Living Without God)에서 웨슬리는 다시 한 번 신생은 부분적인 변화가 아니며 부분적인 변화일 수 없다고 주장했다. Outler, *Sermons*, 4:173~74, 「웨슬리 설교전집 7」[대한기독교서회].

63) Outler, *Sermons*, 1:279.

64) Howard Albert Snyder, "Pietism, Moravianism, and Methodism as Renewal Movements: A Comparative and Thematic Study" (Ph. D. dissertation, University of Notre Dame, 1983), 4~5.

65) Schmidt, *John Wesley*, 1:246.

66) Dale W. Brown, *Understanding Pietism* (Grand Rapids, Mich.: William B. Eerdmans, 1978), 36.

제6장 신생 : 우리 안에 계신 거룩한 사랑의 하나님   **299**

서는 중심 본문으로 사용하기도 했다.[67]

독일 경건주의 특히 할레 경건주의와 이전의 경건주의 운동이 웨슬리의 주목을 끈 가장 큰 이유는 이들이 신생과 교회 개혁과 강력하게 연관되어 있었기 때문이었다. 달리 말하면, 갱신은 거룩함의 육화와 더불어 시작되어야 한다는 가르침이 있었기 때문이었다. 예를 들면, 독일 경건주의의 아버지 스페너(Philip Jacob Spener)에게 엄청난 영향을 미쳤던 아른트(Johann Arndt)는 이름뿐인 기독교를 중생의 은총 곧 본래적 기독교 신앙의 빛에서[68] 설명함으로써 당시 교회에 생명을 불어넣고자 했다. 아른트는 "사람들이 스스로를 기독교인들이라 부르지만 기독교인들처럼 행동하지 않는다. 그리스도가 거부되고 조롱받으며 경멸을 받고 모욕을 받으며, 얻어맞고, 십자가를 지며, 버림 받고, 죽임을 당했다. 히브리서 6장 6절 말씀대로 어떤 사람들은 그리스도를, 하나님의 아들을 다시 십자가를 지우고 조롱한다."[69]고 말했다. 다시금 이 독일 영적 지도자는 "진정한 기독교는 순수한 믿음과 거룩한 삶에 있다."[70]고 주장했다. 후기 경건주의자들이 강조했던 개인적 개혁, 이름뿐인 기독교에 대한 반박, 교리적 지역주의에 대한 비판, 중생에 대한 강조는 이미 1610년 아른트가 쓴 「진정한 기독교」(Wahres Christenthum)에 나오는 내용이었다.[71] 이 책 서론에 쓴 '기독교인의 삶의 수행에 대한 강조'를 주목해 보라.

친애하는 기독교인 독자여, 이 시대에 거룩한 복음이 불경건한 사람들의 완고한 삶으로 인해서 크게 부끄러움을 당하고 있습니다. 이들은 입술로는 그리스도와 그리스도의 말씀을 찬양하지만 삶으로는 기독교인 세계가 아니라 이방인 왕

---

67) Schmidt, *John Wesley*, 2:13.

68) Johann Arndt, *True Christianity*, trans. Peter Erb (New York: Paulist Press, 1979), 「진정한 기독교」, 노진준 옮김(은성), 145.

69) Ibid., 60.

70) Ibid., 104. 이후 독일 경건주의자들의 경우와 마찬가지로 여기서도 거룩한 삶에 대한 강조는 아무리 순간적이라 하더라도 단순한 과거의 사건이 아니다.

71) 「진정한 기독교」 1권은 실제 1605년에 나왔고 다른 세 권이 1610년 출판되어 총 4권으로 완성되었다. 1권은 성서, 2권은 그리스도의 모범, 3권은 인간, 4권은 자연으로 이루어졌다. 그러나 그의 생애 말년에 아른트는 자신의 입장을 견지하고 비평가들의 물음에 답하는 형식으로 두 권의 책을 더 출판했다. Johan Arndt, *True Christianity*, trans. Peter Erb (New York: Paulist Press, 1979), 5. Johan Arndt, *Sechs Bucher vom Wahren Christenthum* (Philadelphia: W. G. Mentz, 1834)를 참조할 것.

국에서 비-기독교인다운 삶을 살아가고 있습니다.[72]

의심할 바 없이, 아른트의 책은 17세기와 18세기에 대단한 인기를 끌었고 영국 경건운동의 중심 서적이 되었다. 사실 이 시기 많은 독일 가정에서는 「진정한 기독교」가 성서와 나란히 비치되어 있었다. 대륙 전역을 거쳐 1648년에는[73] 「진정한 기독교」가 영국에도 알려지게 되었다. 그러나 당시 할레의 경건주의자 뵈메 야코프(Jakob Boehme, 1575~1624)가 아니라 앤서니 보엠(Anthony William Boehm, 1673~1722)이 이 책을 영어로 번역하여 서문이 달린 복사본을 여왕에게 바로 증정했다.[74] 웨슬리의 일기를 살펴보면 그가 조지아 주에 도착한 직후 「진정한 기독교」를 읽었다는 것을 짐작할 수 있다. 예를 들면, 1736년 3월 24일 일기에는 아른트의 책을 읽기 시작했고, 1736년 3월 31일 일기에는 이 책을 다 읽었다고 기록되어 있다.[75] 게다가 1738년 여름 모라비안 교도들을 만날 때 이 책을 잘 알고 있었다. 아른트의 책에 깊은 인상을 받았던 웨슬리는 자신이 편집한 「기독교 총서」 1권에 아른트 책의 요약을 포함시켰다.[76]

스페너도 아른트의 「진정한 기독교」를 읽었는데, 요아킴 스톨(Joachim Stoll)이 소개해 줬던 것 같다.[77] 이 책은 스페너의 생애 동안 그의 사상을 형성하는 데 많은 영향을 미쳤다. 왜냐하면 아른트의 책은 시민의 삶과 교회의

---

72) Arndt, *True Christianity*, 21.

73) Arthur Nagler, *Pietism and Methodism* (Nashville: Publishing House M. E. Church, South, 1918), 143.

74) Johann Arndt, *True Christianity*, in *A Christian Library*, ed. John Wesley, 30 vols. (London: T. Blanshard, 1819), 1:137~39.

75) Ward and Heitzenrater, *Journals and Diaries*, 18:371, 373. 물론 여기서 웨슬리의 일기에 기록된 대로 "아른트의 책을 읽기 시작했다."는 것이 뵈메 번역한 「진정한 기독교」를 읽었다고 생각할 수 있는가라는 물음이 일어난다. 사실 아른트는 「주석」(*Postils*) 같은 다른 책을 쓰기는 했지만, 웨슬리가 3월 24일에 읽기 시작한 책이 무엇인지 확신할 수는 없지만, 책의 출판 시기와 시간의 길이로 보았을 때 「진정한 기독교」를 읽었던 것이 확실해 보인다.

76) 스퇴플러(Stoeffler)는 웨슬리가 「기독교 총서」 1권 안에 「진정한 기독교」 요약을 포함시켰다는 사실이 웨슬리에게 이 책이 얼마나 중요한 지를 반증해 준다고 보았다. E. Ernest Stoeffler, *Continental Pietism and Early American Christianity* (Grand Rapids, Mich.: William B. Eerdmans, 1976), 203~4.

77) K. James Stein, *Philip Jacob Spener* (Chicago: Covenant Press, 1986), 39. 스페너에게 끼친 스톨의 영향을 자세히 다룬 자료를 보려면, Martin Schmidt, *Pietismus* (Stuttgart: W. Kohlhammer Verlag, 1972, 「경건주의」, 구영철 옮김[성광문화사]), 43~44을 참조할 것.

삶에 개혁을 강조하였는데, 이는 스페너가 이루고자 했던 과제와 너무나 유사했기 때문이다. 아른트와 마찬가지로 스페너도 형식주의와 성례의 사효적 입장(an *ex opere operato* view)이 기독교인의 삶에 이미 뿌리를 내린 국가 교회의 탄생과 더불어 기독교가 이름뿐인 종교로 전락하고 있는 상황에 직면해 있었다. 따라서 스페너도 이 도전에 맞서 '진정한' 기독교와 형식적 기독교를 분별하고,[78] 기독교의 본질이 하나님과의 인격적 관계에 있음을 강조하며,[79] 법적인 칭의의 문제보다는 중생과 거룩한 삶의 참여적 문제에 신학적으로 관심했다. 타퍼트(Tappert)가 스페너의 책 「경건의 열망」(*Pia Desideria, Pious Desires*) 서문에서 밝혔듯이, "경건 전통의 특성은 칭의(법적인 형상, a forensic image)보다는 중생(생물학적인 형상, a biological image)을 중심에 놓았다."[80] 그런가 하면 브라운은 "중생이 스페너와 관계한다면 칭의는 루터와 관계한다고 주장하면서, 베를린에서 시작한 스페너의 목회가운데 중생에 대한 설교가 62개였다"[81]고 언급했다. 더 나아가 내글러(Nagler)는 스스로 아른트의 후계자라고 자처한 스페너가 웨슬리의 저술 속에 나타나는 "우리를 위한 그리스도뿐 아니라 우리 안에 계신 그리스도라는 신비적 문구"[82]를 사용했다고 주장했다.

재능 있고 통찰이 가득했던 스페너는, 종교개혁의 기운이 완전히 끝났고 생명이 넘치는 기독교에 가장 큰 위협은 더 이상 교리적인 와해가 아니라 교회 밖에 있는 이들에게 걸림돌이 되어 버린 타협과 죄로 가득한 '기독교인의' 삶이라는 사실을 깨달았다고 했다. 간단히 말해서, 스페너의 과제는 이미 잘 알려진 아른트식의 경건운동을 계속해서 발전시키는 일이었다.[83] 웨

---

78) F. Ernest Stoeffler, *The Rise of Evangelical Pietism* (Leiden: E. J. Brill, 1965), 238.

79) Ibid., 235. 아른트가 스페너에게 끼친 영향을 좀 더 탐구하고자 한다면, Albrecht Ritschl, *Geschichte des Pietismus*, 3 vols. (Bonn: Adolph Marcus, 1880), 2:97~98을 참조할 것.

80) Philip Jacob Spener, *Pia Desideria*, trans and ed. Theodore Tappert (Philadelphia: Fortress Press, 1964), 27. 흥미롭게도 아른트의 「주석」 서문으로 스페너의 「거룩한 욕망」이 등장했다. 그러나 스페너의 책이 인기를 끌면서 1675년 독립된 판으로 나오게 되었다. 「거룩한 욕망」에 나오는 논쟁은 대부분 직설적인 내용으로, 스페너는 시대의 징조로서 교회의 타락을 평가한 다음, 더 나은 교회의 이상을 제시하고, 마지막으로는 현재 교회가 지닌 문제를 바로잡을 수 있는 실천적이며 구체적인 제안을 제시했다.

81) Brown, *Understanding Pietism*, 99.

82) Nagler, *Pietism and Methodism*, 39.

슬리가 스페너의 책 「경건한 욕망」을 읽었다는 분명한 증거는 없지만, (이 책은 1964년 타퍼트가 번역하기까지 영어 번역판이 없었다.[84]), (스페너에게 영향을 주었던) 아른트의 글과 (스페너의 피후견인이었던) 프랑케(August Hermann Francke)의 글을 읽음으로써 웨슬리는 스페너의 몇몇 중심 주제를 이어가게 되었다.

웨슬리는 조지아 주에 머무는 동안 잘츠부르크 경건주의자 볼지우스(Johann Martian Bolzius)와 그로나우(Israel Christian Gronau)와 여러 차례 대화를 하면서 중생을 깊이 이해하는 데 영향을 받았다. 볼지우스와 그로나우는 할레의 고아원에서 프랑케 밑에서 교사로 일한 적이 있었고, 미국 선교를 위해 독일에서 목사 안수를 받았다. '살아 있는 경건'(vital piety)이라는 문구가 이들의 생각과 삶에 나타난 기독교인 증언을 가장 잘 기술해 주고 있다. 뿐만 아니라 벵겔(Johann Albrecht Bengel)로 대변되는 뷔템베르크 경건주의(Württemberger Pietism)의 흐름도 웨슬리의 신학적 성찰에 영향을 미쳤던 바, 그의 「신약성서 주석」에서 중생의 중요성과 진정한 기독교의 주제가 벵겔의 여러 통찰과 통합해서 나타나고 있다.[85]

이러한 전통의 증거의 빛에서 웨슬리는 16세기 종교 개혁자들의 영향으로, 마음과 삶의 지속적인 개혁이 진정한 기독교인의 믿음의 육화이고 시작이라고 생각했던 독일 개신교회의 신생 개념, 곧 갱신이 갖는 참여적 주제의 중요성을 배웠다.

결정적 변화인 신생

웨슬리는 먼저 무엇이 믿음을 가져오는 믿음이 아닌지를 제시함으로써

83) Spener, *Pia Desideria*, 230. 슈미트도 루터와 종교개혁의 관계를 스페너와 경건주의의 관계로 비교했다. "*Ahnlich wie die erste Phase der Reformation mit der Lebensgeschichte Martin Luthers zusammenfallt, bildet der Lebensgang Philipp Jakob Speners (1635~1705) fur die Fruhgeschichte des Pietismus den Rahmen und bestimmt weitgehend den Inhalt*," Schmidt, *Pietismus*, 42쪽을 참조할 것.

84) Spener, *Pia Desideria*, 17.

85) Wesley, *NT Notes*, 417 (롬 14:17); 382 (롬 8:15); 275 (행 1:5); 40 (마 11:11); 65 (마 19:21); 169 (눅 11:1); 408 (고전 1:7); 547 (딤전 6:6); 127 (막 12:34); 351 (행 26:28); 49 (마 13:28). 웨슬리가 그의 생애를 통해 전개했던 '진정한 기독교'에 대해 더 자세히 탐구하고 싶다면, Kenneth J. Collins, "Real Christianity as Integrating Theme in Wesley's Soteriology: The Critique of a Modern Myth," *The Asbury Theological Journal* 51, no. 2 (Fall 1996): 15~45를 참조할 것.

믿음을 가져오는 믿음을 정의했다. 마찬가지로 살아 있는 기독교인의 믿음으로 잘못 이해되는 여러 요인들을 제시함으로써 신생의 결정적인 특성이 무엇인지 탐구했다. 무엇보다, 신생은 믿음의 저장이나 **하나의 의견으로서의**(as an opinion) 사도적 증언이 아니다. 웨슬리가 말했듯이 "정통 혹은 바른 의견은 기껏해야 종교의 부분으로서 종교의 아주 작은 부분에 불과하다."[86] 이 부분을 오해하지 않도록 웨슬리는 건전한 교리의 유익에 대해 첨언했다. "종교의 잘못된 의견들은 자연스럽게 잘못된 성정이나 잘못된 수행으로 이끌어 가게 된다. 때문에 모든 일을 바르게 판단하게 해 달라고 기도하는 것이 우리의 책무이다."[87] 실로 아주 넓고 느슨한 방식에 기초한 교리자유주의(Latitudinarianism)는 축복이 아니라 저주다. 그렇다고 우리가 소박한 정통의 차원에 머물러 있을 필요는 없다. 그래서 살아 있는 믿음의 본질로서 신생때 심겨진 모든 거룩한 성정의 씨의 육화를 강조했다. "이것만이 진정한 기독교인 경건이다. 이런저런 의견이나 의견의 체계는 진정한 것도 성서적인 것도 아니다."[88] 좀 더 경험에 비추어, 웨슬리는 정통을 종교의 내용인 경건의 마음으로 삼는 사람들은 "강력한 허상에 팔아 넘겨진" 사람들이라고 주장했다.[89] 이러한 주장은 한 세기 전 경건주의자들이 내렸던 판단과 비슷했다.

둘째, 웨슬리는 사람이 다시 태어나지 않으면 하나님 나라에 들어갈 수 없다고 한 예수님의 소박한 가르침을 마음에 새기고 좁은 길과 넓은 길을 구분했다. 여기서 넓은 길은 그 당시 교회 안에 제시된 존경받는 덕과 사회적으로 용납되는 도덕성으로서, 이러한 것들이 묘한 방식으로 중생을 대신하고 있었다. 웨슬리는 "수천 명의 사람들이 '파멸'로 인도하지 않는 '넓은 길'을 발견했다고 진정으로 믿는 것"을 보았다. 이들은 말했다. "그토록 **남에게 해를 끼치지 않고 그토록 덕이 넘치는** 여성이 있다면 그에게 무슨 위험이 있겠는가? 그토록 엄격하게 도덕성을 지킨 한 남성이 하늘나라를 놓쳤다고 해서

---

86) Davies, *Methodist Societies*, 9:254~55.

87) Outler, *Sermons*, 4:146.

88) Ibid., 4:57.

89) Ibid. 쿠쉬먼(Robert E. Cushman)은 웨슬리가 교리와 실천적 기독교인의 삶의 관계를 어떻게 이해했는지 보여 준다. Cushman, "Orthodoxy and Wesley's Experimental Divinity," *Quarterly Review* 8 (Summer 1988): 71~89.

무슨 두려움이 있겠는가?"90) 그러나 웨슬리가 말한 대로, "자유로운 교육으로 인해"91) 얻는 자연 능력을 성령의 능력 있는 임재와 혼동하는 잘못된 길이 있었다.

저들로 하여금 다른 존경받을 만한 일들을 성취하게 하십시오. 저들로 하여금 학습하게 하고 품위 있는 문학의 영역에 정통하게 하십시오. 참으로 예의바르고 인간적이게 하십시오. 그러나 이들의 눈이 하나님께 맞추어지지 않는다면, 성서적 거룩함을 알 수 없습니다. 심지어 이들은 모든 상황에서 기독교인의 경건이 무슨 의미인지, 경건의 입구가 무엇인지, '신생은 무엇인지' 알 수 없습니다.92)

풍자적 분위기를 풍기는 주석에서 웨슬리는 "이들이 마음의 변화를 인식하지 않고 들의 짐승을 인식하고 있다."93)고 덧붙였다. 그러므로 신생은 "정직과 정의 등 '도덕성'이라고 불리는 것(그것이 아무리 탁월하다 하더라도)을 크게 뛰어 넘는다."94)고 평가했다. 실제로 노년의 웨슬리는 젊은 시절을 회상하면서, "여러 해 동안 국교회 사제로 일한 적이 있었는데" 그때조차 "신생 교리를 분명하게 알지 못했다."95)라고 증언했다.

셋째, 영국교회의 많은 이들은 18세기 야외 설교와 성서적 기독교를 주창했던 감리회 운동을 광신적이라고 간주하여, 은총의 수단인 교회에 정규적으로 출석하고 특히 성만찬에 정규적으로 참석하는 데에 만족하고 있었다. 그러나 웨슬리는 놀랍게도 이러한 국교회의 입장에 대해 다음과 같은 태도로 강력하게 대응했다. 만일 교회가 경건의 마음을 간과한다면, "모든 기회에 모든 은총의 수단을 사용하며, 모든 사람에 가능한 한 모든 선을 행한다 할지라도, 여전히 이방인으로 남게 될 것이다."96) 영국 국교회의 성직자가

---

90) Outler, *Sermons*, 2:195.
91) Ibid., 4:124.
92) Ibid., 124~125. E. Byron Anderson, "Day of New Beginnings: Wesleyan Theologies of the New Birth," *Wesleyan Theological Journal* 38, no. 2 (Fall 2003): 230~50.
93) Outler, *Sermons*, 4:124.
94) Ibid., 2:483.
95) Telford, *Letters*, 8:12.
96) Jackson, *Wesley's Works*, 10:365.

이해할 수 없었던 것은, 어떻게 교인들이 수년 동안 은총의 수단을 사용할 수 있었음에도 불구하고 여전히 구원을 가져다주는 은총인 중생은총을 간과할 수 있는 가였다. 그러나 바로 이 생각 때문에 감리회 운동은 개혁의 이름으로 문제를 제기했고, 영국 전역에 성서적 거룩함을 전파하는 데 관심했다. 웨슬리의 설명을 들어보자.

> 일주일에 두 번 교회에 가고, 매주일 주의 식탁에 나아가며, 여러 차례 개인 기도를 드리고, 수차례 탁월하고 좋은 최상의 설교를 들으며, 좋은 책들을 읽는다 하더라도, 여전히 당신은 다시 태어나야 합니다. 이런 일들이 신생의 자리에 있게 하지는 못할 것입니다. 하늘 아래 어떤 것도 신생의 자리에 있게 하지 못할 것입니다. 그러므로 당신이 아직 하나님의 내적인 역사를 경험하지 못했다면, "주님, 당신의 온전한 축복을 여기에 더해 주소서. 저로 하여금 '새로 태어나게' 하소서!"라고 계속해서 기도하십시오.[97]

웨슬리는 다시 태어나지 않은 채, 그 안에 영광의 희망인 그리스도를 모시지 않은 채, 형식과 개념, 외적인 것에 머무르게 하는, "다른 어떤 것을 (살아 있는 경건)의 자리에 놓지 않도록 조심하라."[98]고 거듭 당부했다.

그러므로 신생의 독특한 성격을 전개하고, 신생과 바른 의견을 고집하는 것을 구별하며, 일반적이고 합당한 덕을 행하고, 심지어는 모든 은총의 수단을 사용했던 웨슬리는 그 필요를 아는 사람들이 기쁘게 받아들인 복음의 기본 진리를 강조했다. 신생을 인간의 행위와 의지, 기획으로 일어날 수 있는 자연적 변화가 아니라 언제나 종교 주변의 습관과 익숙함 속에서 살아 온 안정된 성직자들이 환영하지 않는 진리, 곧 초자연적 변화라고 보았다. 일례를 든다면, 포터(Reverend Potter) 목사는 감리교인들의 지나치다 싶은 몇 가지 문제를 경멸하듯이 지적하면서 이들이 '기적적인 회심의 은총'을 가장하는 것 같다고 비판했다. 이 비판에 대해 웨슬리는 "기적적이지 않은 회심이 어디 있는가? 회심이 자연적인 행위인가, 초자연적인 행위인가? 내 생각에는 이

---

97) Outler, *Sermons*, 2:200~201.
98) Telford, *Letters*, 7:217.

기적을 인정하는 사람들은 회심을 초자연적인 것으로 믿는다."[99]고 대꾸했다. 더구나 성 미카엘 교회 교구 목사였던 다운즈(Reverend John Downes)에게 보낸 편지에서 신생이 "1700년 전과 마찬가지로 지금도 기적적이며 초자연적인 일"[100]이라고 주장했다. 또 이보다 앞서 요한복음 3장 3절을 주석하면서 신생을 "하나님의 내적인 혹은 영광스런 나라"[101]를 경험하고 향유하는 것이라고 하였다.

그러므로 초기 성화라고 불릴 수 있는 중생은 정도의 한 단계로서 점진적 변화의 시작일 뿐 아니라 인간이 스스로 가져올 수 없는 구별된 삶에서 일어나는 질적인 변화이다. 사실 웨슬리는 이러한 초자연적 변화를 강조하면서 우리가 다시 태어날 때 영적 삶 자체가 시작된다고 자신의 저술 속에서 반복해 말하고 있다.[102]

어거스트 헤르만 프랑케(August Hermann Francke)의 공헌

웨슬리의 신생과 회심에 대한 입장은 뤼벡(Lübeck) 출신의 독일 경건주의자인 프랑케의 저술에서 배운 것이었다. 웨슬리와 아주 비슷하게 프랑케는 "자신이 이미 기독교인이라는 잘못된 자부심보다 인간의 구원에 치명적인 방해거리는 없다."[103]고 주장했다. 사실 프랑케는 개종된 기독교인과 개종되지 않은 기독교인으로 구분했는데, 이는 웨슬리에게서 이름뿐인 기독교인과 진정한 기독교인의 구분으로 재현되었다.[104] 다시 말하지만, 웨슬리와 마찬

---

99) Jackson, *Wesley's Works*, 10:92. 워버턴(Warburton) 주교는 감리교인들이 폭풍과 폭풍우, 울부짖음과 황홀경, 소동과 혼동 속에서 반란을 일으켰다고 주장하며 신생을 조롱거리로 만들었다. Telford, *Letters*, 4:382.

100) Telford, *Letters*, 4:332.

101) Wesley, *NT Notes*, 218 (요 3:3)

102) Telford, *Letters*, 4:332. 이 편지와 웨슬리의 설교 "우리 자신의 구원을 이룸"(On Working Out Our Own Salvation)을 비교해 보라. 이 설교에서 웨슬리는 "구원이 우리가 보통 선행은총이라 부르는 것으로부터 시작된다."고 주석한다. 그러나 이 둘은 모순되지 않는다. 웨슬리는 언제나 중생으로 거룩함을 포함하는 구원을 언급하고 있고, 선행은총으로 죄인이 적어도 거룩함의 도상에 서 있는 구원의 '정도'를 강조하고 있다. 간단히 말해, 아무런 의미 없이 이 설교에서 "선행은총을 받은 이들은 실제 거룩하며 때문에 본래적으로 말해 구속을 받았다."고 주장했다. Outler, *Sermons*, 3:203.

103) John Wesley, *A Christian Library, Consisting of Extracts from and Abridgements of the Choicest Pieces of Practical Divinity Which Have Been Published in the English Tongue*, 30 vols. (London: T. Blanshard, 1819~1827), 29: 482. 웨슬리의 저술 속에 나타난 '진정한 기독교' 란 주제로 더 많이 탐구하기 원한다면, Collins, "Real Christianity," 15~45를 참조할 것.

가지로 프랑케도 그 자신이 설교하고 있었던 믿음을 갖고 있지 않다는 사실을 깨달았을 뿐 아니라,[105] 형식적이고 외향적인 경건 혹은 교회의 인습을 뛰어넘는 순간적인 회심과 믿음을 갖게 되었다. 예를 들면, 프랑케가 자신의 회심에 대한 개인적 증언과 웨슬리의 잘 알려진 올더스게이트 경험에 대한 증언을 비교해 보라.

> 그때 내가 아직 무릎을 꿇고 있을 때 주 살아 계신 하나님께서 보좌에서 내 기도를 들으셨다. 하나님 아버지의 사랑은 너무도 커서 내 마음의 의심과 소란을 점차적으로 내게서 거두시지 않고, 내가 보다 완전하게 확신하도록 … 갑자기 나의 기도를 들으셨다. …나는 마음으로 예수 그리스도 안에서 하나님의 은총을 확신했다.[106]

이런저런 유사점들을 비교하면서 이성덕은 웨슬리의 구원의 순서 흐름의 내용이 헤른후트(Herrnhut)보다는 할레로부터 건너왔다고 주장했다. 특히 이성덕은 웨슬리의 실천신학에서 발견되는, 과정과 순간의 균형은 단일한 사건이나 위기에 초점을 둔 친첸도르프(Zinzendorf)의 「용서의 순간들」(Minuten Begnadigung)과 연결된다고 보기는 어렵다고 생각했다. 오히려 넓은 의미에서 선행은총을 강조하는 웨슬리의 구원의 순서는 프랑케와 유사하다고 보았다. 프랑케는 어떤 방식으로든 구도자들이 시간과 기회가 있다면 신생에서 수반되는 것과 같이 선행은총은 뒤따라오게 되는 은총의 결정적 실현들의 준비를 암시하고 있다고 보았다. 이성덕은 프랑케의 '하나님의 순서'(Ordnung Gottes)가 "선행은총, 죄를 깨닫게 하는 은총, 회개의 투쟁(penitential struggle), 칭의, 성화"[107]로 전개되면서 이전이나 지금이나 감리교인들에게 익숙한 구원론의 흔적을 보여 준다고 주장한다. 그렇다고 프랑케나 웨슬리가 구원의 순서의 결정적인 순간들에 의미를 부여했던 것을 부인하지는 않았다. 단지 이 순간들이 역동적인 방식으로 선행했고, 그 후 과정이 뒤따라온

---

104) Nagler, *Pietism and Methodism*, 61~62.
105) Snyder, "Pietism, Moravianism and Methodism," 75.
106) F. Ernest Stoeffler, *German Pietism in the Eighteenth Century* (Leiden: E. J. Brill, 1973), 12.
107) Sung-Duk Lee, *Der Deutsche Pietismus Und John Wesley* (Giessen: Brunnen Verlag, 2003), 160.

다고 이해해야 한다고 주장한다.[108]

이뿐 아니라 아주 분명하게 프랑케로 대변되는 할레 경건주의가 회심 이후 계속되는 성장을 수반하기 때문에, 거룩함의 발전적 차원들을 포함하는 기독교인의 삶의 관점을 향상시켰음을 주지했다. 달리 말하면, 프랑케(와 웨슬리)는 회심을 기독교인 존재에서 결정적인 돌아섬으로 인식했지만, 여전히 믿는 자들은 거룩함 **속에서** 자라나야 한다.[109] 그러므로 이 연구를 보면, 은총 안에서 거룩함의 한 단계에서 다음 단계로 계속 성장해 가는 것을 담고 있는 웨슬리의 참여적 주제는, 가톨릭의 근거, 예를 들면 페넬론(Fenelon)과 몰리노스(Molinos)와 동방의 교부들로부터 배웠을 뿐 아니라 개신교 전통에서는 특히 독일 경건주의자들의 저술에서 배운 것이었다.

이 유사점을 제대로 살펴보면, 웨슬리가 세밀한 물음을 갖고서 프랑케의 여러 저술들을 읽었고, 「할레의 경건주의」(Pietas Hallensis)에 대해서는 적어도 여러 차례 읽었던 것 같다. 따라서 웨슬리의 옥스퍼드 시절 일기와 회계 장부들은 그가 상대적으로 단기간 안에 프랑케의 저술들을 탐구했음을 보여준다. "모든 성서의 결정체인 그리스도」(Christus sacrae scripturae nucleus, 1732년 9월); 「성서읽기 안내서」(Manductio ad Lectionen scripturae sacrae, 1733년 7월); 「니고데모: 인간에 대한 두려움에 대하여」(Nicodemus: or, a Treatise Against the Fear of Man, 이성덕 옮김[생명의 말씀새, 1733년 11월); 「할레의 경건주의」(Pietas Hallensis, 1734년 5월)."[110] 스나이더가 지적한 대로, 신성구락부에서 신성에 이르는 지침으로서 위에 소개된 책 가운데 처음 두 권의 책을 공부했다.[111] 그리고 조지아 선교를 갔을 때, 「니고데모: 인간에 대한 두려움에 대하여」와 「할레의 경건주의」를 공부했다. 이 책들은 웨슬리가 아직 도래하지 않은 중요한 시간을 준비하게 이끌었다. 프랑케는 「니고데모: 인간에

---

108) Ibid., 160. 이성덕은 또한 뵐러(Böhler)의 구원론적 사유가 기본적으로는 친첸도르프의 사유였다고 주장한다. 그 근거로 친첸도르프의 '지배적인 인격성'과 이 두 사람의 중요한 만남을 증거로 제시한다. 나는 이런 주장이 확실하다고 생각하지는 않는다. 왜냐하면 뵐러의 신학적 판단은 어떤 의미에서 그레이스 인 웍스(Gray's Inn Walks)에서의 친첸도르프의 판단과 달랐다. 특히 하나님의 자녀 안에 남아 있는 육체적 본성의 물음에 대해 생각이 달랐다. Lee, Der Deutsche Pietismus, 188 ff.

109) Lee, Der Deutsche Pietismus, 164.

110) Richard Paul Heitzenrater, "John Wesley and the Oxford Methodists" (dissertation, Duke University, 1972), 504 ff.

111) Snyder, "Pietism, Moravianism and Methodism," 111.

대한 두려움에 대하여」에서 말했듯이, "아무도 자신을 속이지 말라. 마음과 삶의 거룩함이 없다면 진정한 믿음도 없다."[112]고 주장했다.

열쇠가 되는 시간적 요소들

웨슬리는 성화의 보다 큰 과정으로부터 성화를 구분해 낸 다음 신생의 시간적 요인들이 갖는 의미를 설명함으로써 신생의 결정적인 특성을 강조할 수 있었다. 예를 들면, 1756년 출판된 "원죄 이론"에 대한 자신의 논문에서 이렇게 주석한다.

> 그러나 중생이란 "습득해 가는 거룩함의 습관이 아니다." 중생이란 아주 다른 어떤 것이다. 중생은 자연적 변화가 아니고 초자연적 변화이다. 이는 세상에 태어난 아이가 장성한 사람으로 성장해 가듯이 그렇게 점차 '습득해 가는 습관' 과는 완전히 다르다. 신생이란 당신이 생각하듯이 성화의 진보나 전체가 아니고 시작이다.[113]

이제 웨슬리가 신생을 성화의 과정과 구분했다는 것이 분명해졌다면, 그 결과 신생 그 자체는 결정적이고 순간적인 사건으로 생각되어야 한다. 이 점이 바로 웨슬리의 저술 속에 면면히 나타나고 있다. 그러므로 1759년에 다운즈에게 보낸 편지에서, 웨슬리는 지금은 일반화되어 있는 신생의 초자연적 특성을 강조했을 뿐 아니라 거기에 연루된 시간적 요인들의 면면을 지적했다.

> 우리는 1700년 전과 마찬가지로 지금도 중생(혹은 일반 영어로는 신생)은 기적적이거나 초자연적인 일이라고 생각한다. 마찬가지로 우리가 중생과 더불어 시작하는 영적 삶은 사건의 본성상 자연적 탄생과 마찬가지로 처음 순간이 있어야 한다고 생각한다.[114]

---

112) Wesley, *A Christian Library*, 29:492에서 인용된 것임.
113) Jackson, *Wesley's Works*, 9:310. 또한 Outler, *Sermons*, 3:507도 참조할 것.
114) Telford, *Letters*, 4:332. 웨슬리는 이에 덧붙여 다음과 같이 논평했다. "그 일이 일어나게 하라. 그러면 우리는 그 일이 점진적으로 일어나든 순간적으로 일어나든 만족하지 않을 것이다." 이 논평의 기본 입장은 신생이 순간적임을 강조한 것이 아니라 웨슬리 신학의 중심 주제인 진정한 변화의 중요성을 강조한 것이다.

이듬 해 "신생"이란 설교에서는 성화의 과정을 배경으로 하는 것과 대비해서 중생의 순간을 기술했다. 중생은 성화의 순간적인 측면이다. 지금은 일반적으로 받아들이게 된 자연적 탄생과 영적 탄생의 유비를 사용해서 아이가 "한순간 혹은 아주 짧은 시간에"[115] 여자에게서 탄생한다고 지적한다. 그 후 아이는 성숙할 때까지 계속 자라난다. 마찬가지로, "순간은 아닐지라도 아이가 짧은 시간에 하나님께로부터 태어난다. 그러나 이 아이는 이후 느리게 그리스도의 장성한 분량에 이르기까지 자라간다."[116] 같은 해 웨슬리는 마치 양에게 보낸 편지에서 주밀한 접속적 긴장 안에 순간과 과정을 함께 주장했다. "순간 하나님께로 태어나고 또 순간 거룩하게 되지만, 모든 사람은 하나님께로부터 태어나고 거룩하게 된 이후 느리게 성장해 간다."[117]

그러므로 자연적 탄생과 성숙의 관계는 신생과 성화의 관계와 유사하다. 예컨대, 웨슬리는 순간적이고 기적적인 요소인 신생의 위기에 주목한 **다음**(and) 점진적 요소인 성화의 과정에 주목했다. 신생과 성화는 둘 다 인정되어야지 어느 하나도 간과되어서는 안 된다. 더구나 중년의 웨슬리뿐 아니라 노년의 웨슬리도 여전히 순간에 대해 관심했다. 예를 들면, 1765년에 출판된 "성서적 구원의 길"(The Scripture Way of Salvation)이란 설교에서 웨슬리는 결코 신생의 순간과 불연속성을 반박하지 않았다. "우리가 의롭다 칭함을 받은 동시에, 바로 그 **찰나**(moment)에 **성화**가 시작된다. 그 **순간**(instant)에 우리는 '다시 태어나고' '위로부터 태어난 것'이며, '성령으로 태어난 것'이다."[118] 여기서 웨슬리 사유의 큰 밑그림은 웨슬리가 순간적 요소와 내적 종교, 곧 은총의 순간과 하나님의 활동을 동일시한 데서 찾을 수 있다. 그러므로 1775년에 보즌켓(Mary Bosanquet)에게 쓴 중요한 편지에서 웨슬리는 "내면의 거룩함은 대체로 순간적인데 반해 … 외면의 거룩함은 대체로 점진적이다."[119]라고 주장했다. 내면의 거룩함은 은총과 거룩함이라는 하나님의 활동을 의미

---

115) Outler, *Sermons*, 2:198, 「웨슬리 설교전집 3」[대한기독교서회]. 린드스트룀은 점진적인 것과 순간적인 것의 결합이 웨슬리의 구원의 과정에 대한 개념을 특징짓는다고 주석한다. Lindström, *Wesley and Sanctification*, 121.

116) Outler, *Sermons*, 2:198.

117) Telford, *Letters*, 4:100.

118) Outler, *Sermons*, 2:158, 「웨슬리 설교전집 3」[대한기독교서회]. 나는 '찰나'(moment)와 '순간'(instant) 두 용어를 강조했고 다른 강조는 웨슬리 자신이 한 것이다.

하고, 외면의 거룩함이란 시간과 기회가 있다면 이들 은총의 선물을 수용하여 생겨나는 인간의 협력적 활동, 경건과 자비와 같은 행위들을 지칭한다.

그러므로 이 사안과 관련해서 최근 웨슬리 사상에 대한 많은 해석들이 갖는 문제는, '찰나'와 '순간' 같은 용어들을 단순히 연대기적 의미로 이해한다는 점이다. 이에 반해 웨슬리가 이 용어들을 사용할 때는 구원론적 의미에서 사용했다는 점을 유념해야 한다. 달리 말하면, 이 용어는 시간을 두고 인간의 반응을 강조한 것이 아니라, 인간의 어떤 적절한 응답이 있기 전에 먼저 하나님으로부터 받아야 하는 하나님의 주도권의 충만한 은총과 효능을 강조한 것이다. 예컨대, 웨슬리의 구원의 순서에서 순간적인 요소들은 죄를 용서하고 거룩하게 하시는 분은 인간이 아니고 하나님이라는 결정적 진리를 강조하기 위한 그의 중심 틀이다. 달리 말하면, **시간적 요소들은 구원론적 역할들을 지칭한다.**

해방을 가져오는 변화인 신생: 복음이 주는 두 번째 자유

웨슬리는 신생의 의미를 좀 더 자세하게 이해하기 위해 '믿음과 소망과 사랑'이라는 은총의 세 표징 혹은 특성을 사용했다. 믿음은 하나님의 진리에 대한 동의일 뿐 아니라 예수 그리스도를 통한 하나님의 자비를 확신하는 것이라고 거듭 주장했다. 그러나 자신의 논평 속에서 믿음을 통해 우리가 다시 태어나며, 그 믿음과 분리될 수 없는 믿음의 열매가 바로 죄의 권세로부터의 자유라는 내용을 새롭게 강조했다. 곧 믿음의 열매로서 자유는 "모든 종류의 **외적 죄**를 뛰어넘는 권세이며; 모든 악한 말과 행위를 뛰어넘는 권세이고 … **내적 죄**를 넘어서는 권세이다."[120] 이것이 바로 복음의 두 번째 위대한 자유이며 웨슬리가 자신의 생애를 통해 자주 가르치고 설교했던 내용이다. 웨슬

---

119) Telford, *Letters*, 6:189. 웨슬리의 구원의 길(*via salutis*)의 점진적 차원이 웨슬리 사유의 다른 차원을 탐구하는 데 중요한 것처럼 보이는 실제적 패러다임이라고 할 수 있는 두 연구로는 다음을 참조할 것. Michael E. Lodahl, "The Cosmological Basis for John Wesley's 'Gradualism,'" *Wesleyan Theological Journal* 32, no. 1 (Spring 1997): 17~32; Hoo-Jung Lee, "Experiencing the Spirit in Wesley and Macarius," in *Rethinking Wesley's Theology for Contemporary Methodism*, ed. Randy L. Maddox (Nashville: Abingdon Press, 1998), 197~212.

120) Outler, *Sermons*, 1:419. 후에 웨슬리는 여기 제시한 자신의 가르침을 분명히 하면서, 특별히 그의 설교 "믿는 자들 안에 있는 죄"와 "믿는 자들의 회개"에서 죄의 가책과 권세, 존재로부터 자유를 분별했다. Outler, *Sermons*, 1:327.

리의 일지를 통해 보건데 이러한 가르침은 제일 먼저 뷜러에게서 왔다. 뷜러는 구원을 가져오는 믿음의 현저한 열매 가운데 하나가 '죄에 대한 지배' [121]라고 주장했고, 웨슬리도 때때로 이 가르침을 받아들였다. [122] 사실 올더스게이트 경험을 한 후 얼마 있다가 형 사무엘 주니어에게 보낸 편지에서 이렇게 감탄하듯 썼다. "내가 말하는 기독교인은 그리스도를 믿음으로 더 이상 죄가 지배하지 못하는 사람입니다. 이 말의 분명한 의미로 본다면 나는 과거 5월 24일 이전에는 기독교인이 아니었습니다." [123]

그러나 이처럼 결정적인 웨슬리의 죄와 은총 교리를 정확하게 해석하기 위해, 우리는 무엇보다도, 좀 더 정확하고도 자세하게 죄가 무엇인지 본래 어떻게 정의되는지를 기술해야 한다. 웨슬리는 1772년 벤니스 여사(Mrs. Bennis)에게 보낸 편지에서 초기 죄의 개념들을 자세하게 설명하면서 죄에 대한 실제적 정의를 내리고 있다.

엄격하게 말해 죄란 인식된 하나님의 법을 의지적으로 범하는 것 외에 다른 것이 아닙니다. 그러므로 본래적으로 말한다면 사랑의 법을 의지적으로 범하는 것이 죄이며 다른 것이 아닙니다. 이 문제를 지나치게 해석하다 보면 칼빈주의의 길을 열어 놓게 됩니다. 우리는 사랑을 범하지 않으면서도 만 가지 방황하는 사유와 불복종에 대한 망각의 시간을 가질 수 있습니다. 그러나 우리가 아담의 법을 범하여 이런 일은 불가능하게 되었습니다. 그런데 칼빈주의자들은 어쩔 수 없이 이 둘을 혼동하곤 했습니다. [124]

---

121) Ward and Heitzenrater, *Journals and Diaries*, 18:248. 하이젠레이터는 웨슬리가 1745년까지는 죄책으로부터 구원받는 것과 죄의 권세로부터 구원받는 것을 분별하지 않았다고 주석한다. 또한 웨슬리가 1738년 5월 이전에는 죄의 권세로부터 자유하지 못했다고 자신의 일지에 기록하고 있다는 데에 주목한다. Richard P. Heitzenrater, "Great Expectations: Aldersgate and the Evidence of Genuine Christianity," in *Aldersgate Reconsidered*, ed. Randy L. Maddox (Nashville: Kingswood Books, 1990), 86; Frank Baker, ed., *The Works of John Wesley*, vol. 25, *Letters I* (New York: Oxford University Press, 1982), 575.

122) Ward and Heitzenrater, *Journals and Diaries*, 247~48.

123) Baker, *Letters*, 25:575.

124) Telford, *Letters*, 5:322. 또한 1748년에 출판된 웨슬리의 설교 "하나님께로 난 사람들의 위대한 특권"(The Great Privilege of those who are Born of God)을 참조할 것. Outler, *Sermons*, 1:436. 또한 Telford, *Letters*, 4:155, 5:322에 나오는 부가적인 논평도 참조할 것.

이 정의에서 특별히 두 가지 요소에 관심이 간다. 첫째, 웨슬리는 죄를 **의지적으로** 율법을 범하는 것이라고 정의한다. 예컨대, 의지가 개입되어야 한다. 의지는 죄가 일어나도록 의지적 동의를 해 주어야 한다. 그러므로 모든 무의식적으로 행한 실수와 오류는 하나님의 법을 어긴 것이라 해도 엄밀히 말해 의지가 담긴 의도가 결핍되어 있다면 죄가 아니다.

두 번째로, 웨슬리는 죄를 계시되고 쓰여진 하나님의 법으로 정의하고 있다는 데에 주목해야 한다. 앞장에서 이미 살펴봤듯이 칭의와 관련해 웨슬리의 구원론에 '율법 정지'(law pause)가 나타나지만, 곧이어 중생과 관련해 도덕법이 등장한다. 그러므로 도덕법은 웨슬리가 (칼빈이 말하는 도덕법의 예방적 사용(tertius usus)과 유사한) 기독교인의 삶을 판단하는 표준일 뿐 아니라 도덕법을 통해 하나님께 복종하는 것은 또한 중생하는 믿음의 항구적인 **열매**이다. 실로 도덕법이 기독교인의 삶에 규범적인 역할이 된다는 입장은, 도덕법이 '지고의 변화할 수 없는 이유'이며, 변화할 수 없는 정직이고, 창조되고 창조되었던 만물의 항구적인 적성이라고 보았던[125] 웨슬리의 생각 속에서 탄생되었다. 또한 "이성과 경건의 사람들에게 던지는 진지한 호소"에서 보여준 것처럼, 도덕법은 이성과 경건에 관련시키는 가운데 탄생되었다. "이것이 우리가 설교하는 바로 그 경건이다. 예컨대, 사물의 본질적인 성격이 영원한 이성에 기초하고 그 이성에 모든 방식으로 동의 가능한 것이 경건이다. 경건의 기반은 하나님의 본성과 인간의 본성에 있으며, 이들의 상호 관계와 연합되어 있다."[126] 그러나 여기서 웨슬리가 도덕법의 상당한 역할을 강조했다고 해서 하나님과 이웃의 거룩한 사랑을 관계적으로 이해하지 않은 것은 아니라는 점을 주목할 필요가 있다. 도덕법을 강조한 것은 단순히 도덕법이 사랑

---

125) Outler, *Sermons*, 2:10.

126) Cragg, *Appeals*, 11:55.

127) 윌리엄스(Colin Williams)는 인식된 하나님의 율법을 의지적으로 범하는 것을 죄로 정의할 때 따라오게 되는 '커다란 위험'을 간과하고 있다. 그는 죄를 관계적 용어로 보고자 한다. 예컨대, 죄를 '그리스도로부터의 의식적인 분리'로 이해한다. 더구나 규범이나 표준으로서의 도덕법은 웨슬리의 완전 교리에 대한 윌리엄스의 평가에서 배제되는 것으로 나타난다. 그러나 웨슬리는 기독교인의 여정의 모든 단계에서 지속적으로 율법이 중요하다고 강조했다. 율법은 그리스도로 안내하며, 그리스도는 다시금 율법으로 안내한다. 율법과 그리스도 어느 하나도 배제될 수 없다. Colin Williams, "The Law Established by Faith Discourse I & II," in Outler, *Sermons*, 2:20~43. 또한 Colin Williams, *John Wesley's Theology Today* (Nashville: Abingdon Press, 1960), 178~181을 참조할 것.

의 관계의 건전성을 따지는 지표가 된다는 의미이다.127)

웨슬리의 몇몇 동료들이 하나님의 자녀가 갖는 위대한 자유에 대해 웨슬리가 설교하는 것을 들었을 때, 특별히 죄의 권세로부터 자유해지는 것에 대해 들었을 때, 이들은 그 가르침에 대해 난색을 보이면서 여러 조항을 제시했다. 그 중 하나는 하나님께로부터 난 사람, 곧 그리스도를 믿는 자는 죄를 범치 않는 자가 아니라 죄를 **습관적으로** 범치 않는 자라는 조항이었다. 그러나 웨슬리는 '습관적으로'라는 용어를 덧붙이는 것은 하나의 도피라 판단하여 이에 대해 강한 이의를 제기했다. "신생의 흔적들"(Marks of the New Birth)이란 설교에서 반대자들에게 좀 과장해서 이렇게 물었다. "그러나 어떤 이들은 말할 것이다. '진정 하나님께로부터 난 자마다 습관적으로 죄를 범치 않는다.' 습관적으로! 도대체 이 말이 어디서 왔는가? 나는 이 말을 읽어 본 적이 없다. 이 말은 성서에 쓰여 있지도 않다. 하나님은 아주 평이하게 말씀하셨다. 그는 '죄를 짓지 않았다.' 그런데 너희가 거기에 '습관적으로!' 라고 덧붙였다."128) 더 나아가, 이 주제와 관련해 다음과 같은 맥락을 따라 그 이유를 설명했다. "그러나 너희가 그렇기 때문에 모든 기독교인들이 살아 있는 한, 죄를 행하고 범해야 한다고 생각하려 한다면, 이 주장에 대해 우리는 철저히 부인한다. 이런 전제들로부터 어떤 주장도 펼 수 없을 것이다."129)

몇 년이 지난 후 1756년, 웨슬리는 **지속적으로** 술을 마시지 않았기 때문에 자신의 영혼 상태가 좋다고 주장했던 어떤 술주정뱅이 예를 들어가며 자신의 비평가들에게 대답했다. 윌리엄 도드(William Dodd)에게 보낸 편지에서 이렇게 주장한다.

나는 여기 나의 이웃에 대해 말하겠소. "윌리엄 씨, 당신은 악마의 자녀입니다. 왜냐하면 당신이 죄를 지었기 때문입니다. 당신은 어제 술에 취했었죠?" 그러자 그 남자가 말한다. "아닙니다. 선생님. 저는 **죄 안에 살거나 죄를 계속 짓지** 않았습니다." (여기 표현은 다드가 말한 바, 본문의 참 의미이다.) "나는 지속적으로

---

128) Outler, *Sermons*, 1:420, 「웨슬리 설교전집 2」[대한기독교서회].
129) Ibid., 2:107. 같은 설교에서 웨슬리는 다음과 같이 지적한다. "그러므로 너희가 '하나님으로 난 자는 죄를 짓지 않는다.'는 사도의 말씀을 자의적으로 이해해서는 안 된다는 것을 입증하려 한다면, 신약성서에 기초해서 입증해야 한다. 그렇지 않으면 너희는 (육체로) 숨 쉬는 자로서 싸우는 것이다." Outler, *Sermons*, 2:111. (육체로)는 의미를 이해하기 위해 역자가 삽입해 넣은 것임.

술을 마시지 않았소. 단지 지금 그리고 그때 두 주나 한 달에 한 차례 술을 마실 뿐이오." … 내가 내 이웃에게 당신은 천국의 도상에 있다고 해야 할까요? 지옥의 도상에 있다고 해야 할까요? 내 생각에 그는 파멸의 언덕에 있습니다. 만일 내가 그에게 다른 말을 한다면, 그의 피가 내 머리 위로 흐르게 될 것입니다.[130]

이 상황에서 '습관적으로' 혹은 '지속적으로'라는 용어를 삭제함으로써, 웨슬리는 복음의 소중한 전제들 중 하나와 그 2차적인 위대한 자유를 지켜내고 있다고 생각했다. 예컨대, 하나님의 자녀들이 하나님의 사랑 안에 거하면서 계속 "'이 씨가 (그들에) 거하는' 한"[131], 이들은 죄를 짓지 않게 될 것이다. 달리 말하면, 중생의 믿음과 의지가 담긴 죄는 웨슬리 사상에서 상호 배타적이다. 말하자면 중생의 믿음이 나타나면 죄가 사라지고 죄가 나타나면 중생의 믿음이 사라진다. 사실 웨슬리는 믿음을 상실하고 죄에 빠져드는 미묘하면서도 느린 과정을 상세하게 기술한다. 누군가 이것을 일러 구원의 순서의 역전이라 부를 수 있을 것이다. 이 역전의 과정이 "하나님께로부터 난 사람들의 위대한 특권"(The Great Privilege of Those That Are Born of God)[132]이란 설교에 나타나 있다. 그럼에도 불구하고, 웨슬리의 강조는 인간의 죄와 약함에 있는 것이 아니라 하나님의 은총의 충분함에 있다. 그러므로 본성의 비관론이 아니라 은총의 낙관론이 강조의 초점이다. 죄를 용서할 만큼 충분히 선하신 하나님은 또한 죄인을 변화시킬 만큼 능력과 사랑이 충분히 넘치시는 분이다.

그러면 웨슬리의 죄론에 따르면 하나님께로부터 난 사람은 결코 죄를 지을 수 없다는 의미인가? 더 나아가 신생 이후에도 의지를 담은 죄를 짓는다면 결코 하나님께로부터 난 사람이 아니라는 의미인가? 이 물음에 대해 웨

---

130) Telford, *Letters*, 3:169.
131) Outler, *Sermons*, 1:436.
132) Ibid., 1:439 ff. 웨슬리는 다음과 같이 세밀하게 설명한다. "그는 한 발자국 한 발자국 무너져 갑니다. 처음에는 소극적인 내면의 죄로 시작합니다. 자기 안에 있는 '하나님의 은총을 자극하지 않고,' '기도에 깨어 있지 않으며,' '하나님이 위로부터 부르시는 부름의 상을 향해' 나아가지 않습니다. 그러고는 적극적인 내면의 죄로 돌아섭니다. 마음으로 악을 기획하고, 악한 욕망이나 성정에 마음을 내어줍니다. 다음으로는 믿음을 잃고, 용서하는 하나님을 바라보지 않고 결국은 하나님의 사랑을 잃습니다. 그리고 약해져서 심지어는 외면의 죄를 지을 수 있는 다른 사람이 되어 버립니다." Outler, *Sermons*, 1:439.

슬리는 이렇게 답한다.

> 사실 분명한 것은 우리가 진정 하나님께로부터 난 사람임을 부인할 수 없는 사람들 ⋯ 그럼에도 그들이 죄를 범하고 심지어는 엄청난 외적 죄를 범할 수 있다는 것입니다. 이들은 말이나 행동을 할 때 해서는 안 된다고 알고 있는, 명백하게 인식된 하나님의 법을 어겼습니다. ⋯ 나의 답변은 내가 오랫동안 관찰해 온 결론입니다. "하나님께로부터 난 사람이"(하나님의 은혜로 그가 할 수 있는 바를) 스스로 지키는 한, "악한 사람들이 그를 건드리지 않습니다." 그러나 그가 자신을 지키지 않고 믿음에 거하지 않는다면, 그는 심지어는 다른 사람처럼 죄를 범할 수 있습니다.[133]

신생이 죄의 권세로부터 자유를 수반한다는 웨슬리 가르침의 두 번째 조항은 보다 최근에 캅의 연구에서 나왔다.[134] 예를 들면, 과정신학자인 캅은 "믿는 자들의 회개"라는 설교에서 웨슬리는 죄가 우리의 말과 행동에 붙어 있다고 주장했다고 해석한다.[135] 당면한 과제를 위해 중요한 문제는, 캅이 죄가 이런 식으로 말과 행동에 붙어 있기 때문에 중생한 믿는 자들은 죄의 권세나 지배 아래 놓여 있게 된다고 주장한다는 점이다. 어쨌든 이 해석은 미국 감리교회에서 점차 인기를 끌고 있지만 몇 가지 이유 때문에 받아들일 수 없다. 첫째, 1763년 "믿는 자들의 회개"보다 먼저 출판되었으면서 짝을 이루는 설교 "믿는 자들 안에 있는 죄들"에서 웨슬리는 캅과 다른 사람들이 하지 않았던 방식으로 죄책과 죄의 권세, 죄의 존재를 분석하여 구분하고 있을 뿐 아니라, 하나님의 자녀는 죄의 권세로부터 자유롭다고 말했다. "죄책은 하나이며, 죄의 권세는 다른 것이며, 죄의 존재는 또 다른 것입니다." 웨슬리는 선언한다. "우리는 믿는 자들이 죄책과 죄의 권세로부터 구원받은 것을 인정합니다. 그러나 이들이 죄의 존재로부터 구원받은 것은 부인합니다."[136]

---

133) Ibid., 1:436, 438.

134) John Cobb, *Grace and Responsibility* (Nashville: Abingdon Press, 1995)를 참조할 것.

135) Outler, *Sermons*, 1:341.

136) Ibid., 1:328. 또한 히 7:25에 대한 웨슬리 주석을 참조할 것. 이 주석에서 웨슬리는 '죄책, 권세, 뿌리' 라는 조금 다른 용어를 사용한다. Wesley, *NT Notes*, 578.

둘째, 웨슬리의 저술에서 신생의 표징을 죄의 권세로부터의 자유라고 언급한 것은 셀 수 없이 많아서 캅의 입장을 신뢰할 수 없다. 하나만 인용해 본다면 (다른 목록들은 아래에 정리했다), 노년의 웨슬리는 1762년 신랄한 어조로 쓴 「뿌리째 날린 한 방: 친구의 집에서 칼에 찔린 그리스도」(A Blow at the Root: or Christ Stabbed in the House of His Friends)에서 좀 상세하게 이 구체적인 문제를 다루었다. 용어 선택에 주밀하면서 다음과 같은 이유를 열거했다. "나는 당신들에게 증언합니다. 만일 여러분이 아직도 죄 안에 있다면, 그리스도가 여러분에게 아무 유익이 되지 못할 것입니다. 그리스도가 여러분을 죄로부터 구원하지 않는다면 여러분에게 구원자가 아닙니다."[137]

웨슬리가 우리의 말과 행동에 죄가 붙어 있다고 한 것은, 죄가 아직 마음에 남아 있다는 의미일 수 있기 때문에 우리의 말과 행동에 무의식적으로 (따라서 대체로 의도하지 않은) 영향을 미칠 수 있다는 해석이 가능하다. 웨슬리는 "믿는 자들의 회개"라는 설교에서 죄의 존재가 제거되기 전까지는 죄가 여전히 우리의 자비와 경건의 행위에 붙어 있다고 주장하면서, 적어도 부분적으로는 우리의 가장 고상한 행위마저도 하나님의 자녀 안에 남아 있는 육체적 본성에 의해 영향을 받을 수 있다고 본 것이다. 그러므로 우리가 희미하게 인식하고 있는 이기심(self-interest)이 여전히 우리의 말과 행동에 영향을 준다. (우리가 그저 단순히 선을 행하고 있다고 생각하는 것과 같은) 인식과 의식적인 의도가 줄어들 때, 우리의 말과 행동에 붙어 있는 타고난 죄는 인식된 하나님의 법의 **의지가 담긴** 위반을 하지 않게 되며, 본래적으로 말해, 결국은 현실적인 죄에 빠지지 않게 된다.[138]

세 번째 조항은 하나님의 아들과 딸은 내적인 죄가 아니라 외적인 죄를 범한 것으로부터만 구원을 받을 수 있다는 주장으로 나타난다. 이 주장 또한 상당한 증거가 있음에도 불구하고 사라져 버린다. 예를 들면, 1738년 반회의

---

137) Jackson, Wesley's Works, 10:367. 웨슬리의 저술 가운데 '하나님의 자녀가 죄의 권세로부터 자유를 얻었다.' 라는 내용을 담은 다른 자료를 보려면, Wesley, NT Notes, 38, 42, 258, 281, 369, 377, 454, 489, 500, 559, 613, 631 그리고 Telford, Letters, 3:169, 171, 217을 참조할 것.

138) 흥미롭게도 다른 사람에 대해 한담하는 사람들조차, 다른 사람들의 잘못에 대해 한담을 반복하면서도 진짜 자기들이 선을 행하고 있다고 믿는다. 이들은 자신들이 말하는 것이 참이며, 문제를 해결하고 집단의 정직성을 견지하기 위해서 문제를 제기해야만 한다고 생각한다. "The Cure of Evil Speaking," in Outler, Sermons, 2:251~62.

회원이 되고자 하는 사람들에게 물었던 「반회의 규칙들」(Rules of the Band Societies)에 나오는 질문 중 하나는, "내적이든 외적이든 죄가 당신을 지배하지 않았느냐?"[139]였다. 또한 몇 년 후 1744년 연회록은, 모든 참석자들이 "평화와 기쁨, 사랑과 권세가 모든 외적인 죄 위에 임하고, 내적인 죄를 진압할 권세"[140]가 의롭다 칭하는 (그리고 중생을 가져오는) 믿음의 순간적인 열매라고 고백했다고 기록한다. 1748년 출판된 「신생의 표징들」이란 설교에서는 아주 분명하게 (중생을 가져오는) 믿음의 순간적이고도 항구적인 열매는, "모든 종류의 외적인 죄와 … 내적인 죄를 지배하는 권세"[141]라고 설파했다.

또한 웨슬리가 중생이 외적인 죄의 권세로부터만 자유하게 하기 때문에 '믿는 자'가 내적인 죄에 빠지고 실제 지배될 수 있지만 여전히 거룩할 수 있다고 주장했다는 것은 말이 맞지 않는다. 거듭 요점을 말한다면, 내적인 죄가 하나님의 자녀들의 마음에 남아 있지만 **지배**하지는 않는다. 웨슬리는 "믿는 자가 마음에 분을 품을 수 있습니다. 분을 **포기**하지 않고 격노의 강렬한 성향을 가질 수 있습니다. …그러므로 만 가지 경우에서 보듯이 죄책이나 죄의 권세는 없지만 죄는 존재합니다."[142]라고 언급했다. 달리 말하면, "누군가 죄를 **느끼면서도** 하나님의 사랑 안에 거할 수 있습니다. 그러나 그가 죄에 **굴복한다면** 하나님의 사랑 안에 거할 수 없습니다. **죄를 가졌다고 해서** 하나님의 사랑을 상실하지 않습니다. 그러나 **죄에 내어주게 되면** 하나님의 사랑을 상실합니다."[143]

그러므로 죄와 은총에 대한 웨슬리의 입장은 순간순간 믿는 자들이 하나님께 의지해야 할 뿐 아니라 하나님의 생명을 유지시키는 은총이 필요하다

---

139) Davies, *Methodist Societies*, 9:77. 또한 Ward and Heitzenrater, *Journals and Diaries*, 19:136쪽을 참조할 것.
140) Jackson, *Wesley's Works*, 8:276.
141) Outler, *Sermons*, 1:419, 「웨슬리 설교전집 2」[대한기독교서회].
142) Ibid., 1:330~31. 매덕스는 웨슬리가 사용한 죄의 '가책, 권세, 존재'라는 말 대신 '형벌(penalty), 저주(plague), 현존(presence)'이란 용어를 사용했다. 불행하게도 바꿔 사용한 용어는 죄의 통치로부터의 구원이라는 웨슬리의 기본적인 이해를 담아낼 수 없었다. 매덕스의 관점에서 보면 인간은 죄의 권세로부터 해방되지 않는다. 대신에 인간이 '죄의 저주로부터 점차적으로 구원받고' 있는 동안 여전히 죄의 지배 아래 놓여 있다. 그러므로 여기 점진적 발전의 구원론에서 하나님의 자녀의 분명한 표징을 상실한다. Outler, *Sermons*, 1:327; Maddox, *Responsible Grace*, 143.
143) Outler, *Sermons*, 1:332.

는 사실을 강조하고 있다. 이 상황에서 지극히 높으신 하나님이 능력으로 임하는 것을 긍정적인 방식으로 표현하고 있다. 캐넌은 "성령으로 걷는 사람은 회심이 온전한 거룩함으로 안내된다."[144]고 말한다. 따라서 기독교인은 죄의 권세로부터 자유로울 수 있을 뿐 아니라 자유로워야 한다. 그럼에도 불구하고, 기독교인은 믿음의 상실을 통해 다른 사람처럼 죄에 빠질 수 있다. 웨슬리는 이 둘을 함께 견지하고 있다.

웨슬리는 신생의 기준을 지켰는가?

성령론을 다루는 장에서, 우리는 웨슬리가 실제 '종의 믿음'을 하나가 아니라 두 가지 중요 방식으로 이해했다가 이를 인정하는 것을 어떻게 포기하게 되었는지 살펴보았다. 그리고 결국 웨슬리 스스로 고유한 기독교인의 믿음 혹은 진정한 기독교라 불렀던 것의 표준을 어쩔 수 없이 낮추어 버렸다. 그러므로 오류가 있음에도 불구하고 각각의 모든 경우에 존재하는, 종의 믿음이 필연적으로 구원을 가져오는 믿음이라는 대중적인 주장은 웨슬리의 저술에서 그 증거를 찾기가 어렵다. 앞서 살펴보았듯이, 웨슬리는 구체적으로 종의 믿음('넓은 의미'에서)과 노예의 영을 동일시함으로써 죄의 지속적인 지배와 동일시했다. 이러한 웨슬리의 생각은 1788년 노년에 쓴 "믿음의 발견들"(On the Discoveries of Faith)[145]이라는 설교에도 등장한다. 그러므로 계속 죄를 지으면서도 우리가 의롭다 칭함을 받을 수 있고 그렇게 남아 있을 수 있는 것인 양, 이(종의) 믿음을 칭의의(혹은 중생의) 믿음으로 생각한다면 정말 큰 문제가 된다.

마찬가지로, 최근 감리교 신학은 신생과 관련해서 자유의 표준을 (이 경우는 죄의 권세나 지배로부터의 자유를 말함) 후기 웨슬리가 아니라 중기 웨슬리의 생각에 맞추고 있다. 매덕스가 전형적인 경우인데, 그는 1748년에 나온 웨슬리의 두 주요 설교들, 예컨대, "신생의 표징들"과 "하나님께로부터 난 자들의

---

144) William R. Cannon, *The Theology of John Wesley, with Special Reference to the Doctrine of Justification* (Lanham, Md.: University Press of America, 1984), 132. 캐넌은 웨슬리의 신생에 대한 표준을 다음과 같은 방식으로 주장한다. "웨슬리의 사유에서 악한 행실은 심각한 의미를 지니기에 끔찍하게 생각된다. 왜냐하면 실제로 악한 행실을 범할 수 있는 사람은 그 안에 있는 믿음을 질식시켜 그의 가슴으로부터 하나님의 사랑을 몰아내기 때문이다"(139).
145) Outler, *Sermons*, 4:35.

위대한 특권"에 반영된 가르침의 표준이 나중에 수정되었다고 주장한다. 매덕스는 이렇게 웨슬리가 수정한 까닭은 '그의 확신의 변화' 때문이라고 주장한다.146) 그러나 "이후에" 혹은 반박된 "전체"라는 표현에서 보듯이, 웨슬리는 종의 믿음에 대한 이해와 하나님 자녀의 자유의 표준에 대해서도 문제를 제기했다. 단순히 말해, 표준이 흔들리면 약속도 흔들리는 것이다. 이 둘은 불가분의 관계로 연결되어 있다.

여기 다양한 해석적 패러다임 때문에 생겨난 논쟁의 문제를 풀어 가거나 적어도 해명하려 할 때, 우리의 접근은 그 불연속성을 해명하기 위해 노년의 웨슬리에게 단순히 의존할 것이 아니라, 수십 년을 거쳐 상당한 연속성과 균형을 보여 주는 전체 웨슬리에게 의존해야 할 것이다. 웨슬리는 신생과 관련해 단순히 초기나 중기뿐 아니라 그의 생애를 통해 죄의 권세나 지배로부터의 자유의 표준을 견지해 왔다는 분명한 증거가 있다. 따라서 우리는 십 년 단위로 주기를 요약하여 아래와 같이 표준을 체계화할 필요가 있다.

1750년대

"내가 네게 쉼을 주리라. 나 홀로 (나 외에 누구도 할 수 없기 때문에) 칭의로써 너희에게 값없이 **죄책**(guilt of sin)으로부터, 성화로써 죄의 **권세**로부터 (너희가 값으로 살 수 없는) 쉼을 너희에게 주리라."147) (여기서 웨슬리는 "성화"라는 용어를 신생을 지칭하는 넓은 의미로 사용하고 있다.) [Wesley, *NT Notes* (마 11:28)]

"만일 복음이 계속 죄를 짓는 사람에게 칭의를 약속했다고 그가 말했다면, 그의 말을 반대하는 것이 옳다. 하나님은 그렇게 약속하지 않는다. 그러므로 복음을 고백한 사람이 복음에 따라 살지 않았다면, 이들이 죄인인 것이 확실하다. 이들은 의롭다 칭함을 받은 것이 아니다. 그렇게 복음은 분명하다."148) [Wesley, *NT Notes* (갈 2:18)]

---

146) Randy L. Maddox, "Continuing the Conversation," *Methodist History* 30, no. 4 (July 1992): 237.
147) Wesley, *NT Notes*, 107 (마 11:28). 이 상황에서 웨슬리는 온전한 성화가 아니라 최초의 성화를 생각하고 있다.
148) Ibid., 477 (갈 2:18).

1760년대

"뭐라고요? 그리스도가 자신의 왕국을 부순다고요? 그리스도가 사탄의 원인이 되었다고요? 그리스도가 거룩함에 반대한다고요? 죄 가운데 있는 자기 백성을 구원하는 분으로 그리스도를 말한다고요? 이것은 마치 그리스도가 **죄책**으로부터 자기 백성을 구원하지만 죄의 **권세**로부터는 구원하지 않는다고 말하는 것과 같습니다. 여러분이 그리스도의 의를 갖고서 인간의 불의함을 덮으려 하십니까? … 오, 참되고 순수한 이전의 복음으로 돌아오십시오! 여러분이 처음에 받았던 복음으로 돌아오십시오."149) [Jackson, *Wesley's Works*, 10:368 ("뿌리째 날린 한 방: 친구의 집에서 칼에 찔린 그리스도")]

"여러분은 실제 변화됩니다. 여러분은 의롭게 되었다고 들었을 뿐 아니라 실제로 '의롭게 되었습니다.' '그리스도 예수 안에 있는 생명의 성령의 법' 곧 내적인 **권세**가 당신을 '죄와 죽음의 법' 혹은 **권세**로부터 실제로 현실적으로 '자유롭게' 하였습니다. 이것이 모든 믿는 자들이 경험하는 자유요 참 복음의 자유입니다."150) [Jackson, *Wesley's Works*, 10:367 ("뿌리째 날린 한 방: 친구의 집에서 칼에 찔린 그리스도")]

"그러나 믿는 자들은 성령을 따라 걷고 (롬 8:1) 하나님의 영은 그들 안에 거합니다. 그 결과 이들은 **죄책**과 죄의 권세로부터 혹은 한마디로 죄의 **존재**로부터 구원받습니다. 이 셋은 동일한 것인 양 함께 한 쌍을 이룹니다. 그러나 이 셋은 동일한 것이 아닙니다. **죄책**이 하나이며, 죄의 **권세**는 다른 것이며, 죄의 **존재**는 또 다른 것입니다. 우리는 믿는 자들이 **죄책**과 죄의 **권세**로부터 구원받은 것을 인정합니다. 그러나 이들이 죄의 **존재**로부터 구원받은 것은 부인합니다."151) [죄의 '존재'로부터의 구원은 온전한 성화의 행위를 기다립니다. (Outler, *Sermons*, 5:152 "믿는 자들 안에 있는 죄")]

"**죄책**과 죄의 **권세**로부터 일반적인 구원이 존재합니다. 이것은 당신이 원

---

149) Jackson, *Wesley's Works*, 10:368.

150) Ibid., 10:367.

151) Outler, *Sermons*, 5:152.

하는 바요 계속해서 추구해야 하는 바입니다. 당신은 예수 그리스도 안에 있는 구속을 통해 모든 것으로부터 값없이 **의롭다 칭함을** 받기를 원합니다. 당신이 진지하게 기도하면서 「설교집」 첫 권을 읽는다면 유익할 것입니다."[152]
[Telford, *Letters*, 4:230 (To John Valton, January 31, 1764)]

1770년대

"플레처(Mr. Fletcher) 씨는 「기독교인의 완전에 대한 평이한 해설」(the Plain Account of Christian Perfection)에서 그런 것처럼 성화가 성서에 분명히 나와 있음을 보여 줍니다. 그러나 죄의 뿌리가 뽑히기 전에 믿는 자들은 죄의 **권세** 위에 살 수 있습니다."[153] [Telford, *Letters*, 6:217 (To Hester Ann Roe, May 3, 1776)]

1780년대

"'주께서 날마다 교회에 구원받은 사람들을 더하셨습니다.' 첫째, 이들은 **죄책**과 죄의 **권세**로부터 구원받았습니다. (강조는 내가 한 것임) 그리고 이들은 믿는 자들의 회중에 더하여졌습니다."[154] [Outler, *Sermons*, 2:454 ("사악함의 신비" The Mystery of Iniquity)]

"'하나님께서 여러분의 죄를 속죄하기 위해 보내신 주 예수 그리스도를 믿으십시오. 그리하면 여러분이 구원을 받을 것입니다.' 먼저는 죄책으로부터(칭의) 그의 피를 통해 구속을 받고, 다음은 죄의 권세로부터(중생) 구원을 받으십시오. 죄의 권세가 더 이상 여러분을 지배하지 못할 것입니다. 그리고는 죄의 뿌리로부터(성화) 하나님의 온전한 형상으로 구원을 받으십시오."
[155] [Outler, *Sermons*, 4:26 ("인간이란 무엇인가?")]

---

152) Telford, *Letters*, 4:230.
153) Ibid., 6:217. Kenneth J. Collins, "A Reply to Randy Maddox," *Methodist History* 31, no. 1 (October 1992): 51~54를 참조할 것. 이 글은 앞서 인용했던 매덕스의 글, "Continuing the Conversation"과 관련해서 대화의 다른 반쪽을 구성하고 있다.
154) Outler, *Sermons*, 2:454.
155) Ibid., 4:26.

1790년대

"다만 의롭다 칭함을 받을 때 믿는 자조차도 그 마음이 온전히 순결해지는 것은 아님을 기억하십시오. 이때 죄는 극복이 되지만 죄가 뿌리째 뽑히는 것은 아닙니다. 죄가 정복되지만 파괴되는 것은 아닙니다. 먼저 경험은 죄와 자기-의지, 교만과 우상의 뿌리(들)이 여전히 그의 마음에 남아 있음을 보여줍니다. 그러나 그가 쉬지 않고 깨어 기도한다면, 이것들 중 어떤 것도 그를 압도하지는 못할 것입니다."156) [Outler, *Sermons*, 4:157 ("인간의 마음의 기만")]

잘 끝내기 위해서는 잘 시작해야 한다. 성화의 **과정**을 바로 이해하려면 먼저 그 시작을 잘해야 한다. 웨슬리가 이해했던 것처럼 온전한 성화를 이해하기 위해서는 먼저 신생이 주는 복음의 자유를 파악해야 한다. 왜냐하면 죄의 권세나 지배로부터의 자유가 하나님의 자녀들의 독특한 조건이 아니라면, 죄가 반복적으로, 심지어는 두 주일이나 한 달에 한 번 죄가 일어나는 이런 삶이란 습관화된 성화의 깊은 단계가 아니라 죄와 회개의 순환 단계임을 보여 주기 때문이다. 예컨대, 값없이 주시고 능력을 가져오는 은총의 낙관론보다는 죄의 비관론에 빠진, 로마서 8장보다는 역동적인 로마서 7장의 전형을 보여 주는 삶이기 때문이다.

더 나아가 만일 거룩하신 하나님께서 하나님의 자녀들의 죄가 용서받았을 때 (이들이 하나님의 사랑과 받아들여졌음에 확신할 때) 이들의 본성을 변화시키지 않는다면, 이들은 곧 이들이 용서를 구했던 그 동일한 죄를 다시 범하게 될 것이다.157) 이러한 삶은 자유보다는 반복된 실패와 믿음의 깨어짐으로 특징된다. 믿음이 깨어지게 되면 '아바 아버지'라고 울부짖을 수 있는 사람들에게 임하는 평화와 위로가 이들의 양심에서 사라지게 될 것이다. 이처럼 계속적인 죄를 지닌 이런 상황에서, 기독교인의 삶의 '기획'은 일상에서 하나님과 이웃 사랑에 대한 완전함이 아니라, 이미 하나님의 자녀이기 때문에 그

---

156) Ibid., 4:157. 원래는 괄호로 되어 있음.
157) 예를 들면, 매덕스는 웨슬리가 죄의 권세나 지배로부터 자유로운 믿는 자들이 죄를 범하게 될 때 구속을 받지 못하며 거룩하기를 중단한다고 주장했다는 이유에서 도나투스주의와 가깝다고 비판했다. Maddox, Responsible Grace, 164.

안에 자리해야 할 죄의 권세나 지배로부터의 자유함을 먼저 실현해야 할 것이다. 웨슬리는 1766년 주석에서 이렇게 선언한다. "그러나 그리스도 안에서는 어린아이조차도 죄를 범하지 않을 만큼 그렇게 완전하다."158)

하나님과 이웃을 사랑하는 자유로서의 신생

신생이 온전한 선물이란 것은 두 가지 중요 방식으로 표현될 수 있다. 신생에 대한 첫 번째 표현은, 우리가 앞서 살폈던 것처럼, 하나님의 계명을 진실하게 지켜 의지가 담긴 죄를 피하는 믿음의 복종으로 나타나는 죄의 권세로부터의 자유이다. "여러분은 하나님을 사랑하고 그의 계명을 지킬 수 있습니다. …그러므로 계명을 지키고 흠 없는 그의 명령 안으로 걸어감으로써 당신의 사랑을 그리스도께 보이십시오."159) 정말로 웨슬리는 "하나님에 대한 사랑', 우리가 이 첫째 되는 위대한 계명을 지키는 '징표와 증거'가 계명의 나머지를 지키는 것"160)이라고 보았다.

신생에 대한 보다 적극적인 두 번째 표현은, 죄의 권세로**부터의 자유**(freedom from)뿐 아니라 하나님과 이웃을 사랑**하는 자유**(freedom to)를 수반한다. 비록 몇몇 감리교 신학자들은 거의 배타적으로 사랑하는 자유인 두 번째 자유에 주목하지만, 웨슬리에게는 (하나님의 계명을 지키는) 죄로부터의 자유와 거룩한 사랑이란 주제로 변용되어 나타나는 하나님과 이웃을 사랑하는 자유가 강하게 연결되어 존재한다. 실제로 이 두 자유는, 예컨대, 하나님의 풍성한 은총으로 주조된 동전의 양면을 보여 준다. 예컨대, 웨슬리는 거룩함이 없이는 이웃을 바르게 사랑할 수 없다고 본다. 능력 주시는 성령의 임재로 인해 중재되는 신생의 초기 성화은총이 없다면 이웃을 사랑할 수 없다. 예를 들면, 믿는 자들이 구원의 믿음 가운데 걸어감으로써 새로운 창조의 풍성한 은혜를 고백하는 방식으로 하나님과 이웃을 사랑하는 자유에 거한다면, 질시와 미움, 원한의 죄들이 저들을 지배할 수 없다. 단순히 말해서, 그리스도와 함께 죽은 믿는 자들은 이제 그리스도와 함께 일어날 수 있다. 그러므로 세례는 거룩함과 사랑이 연합하는 죽음과 갱신, '부정적'인 행위와 '긍정

---

158) Jackson, *Wesley's Works*, 11:375.
159) Ibid, 10:369.
160) Outler, *Sermons*, 1:427.

적'인 행위의 상징이다.

게다가 하나님께서 그리스도의 삶과 죽음 안에서 이루신 역사에 비추어 볼 때, 가장 심각한 죄는 때로 아주 미묘한 방식으로 하나님과 이웃의 사랑을 거부하는 것뿐 아니라 이 사랑을 되돌려 주지 않으려는, 의지가 담긴 완고함이다. 다시 말하지만, 비록 여러 종류의 사랑이 있다 할지라도, 신생의 갱신이 없다면, 죄의 권세와 지배로부터 자유가 없다면, 하나님과 이웃의 거룩한 사랑은 존재할 수 없다. 결국, 칭의와 신생 안에 구현된 거룩한 하나님의 사랑을 받을 때, 쇠사슬이 끊기고 족쇄가 풀어져 나가며 영혼이 경건하고 능력을 입어 사랑할 자유를 얻게 된다. 웨슬리는 이 모든 요소들을 사랑이란 이름으로 묶는다.

그러므로 구원을 가져오는 믿음이 크긴 하지만, 경건의 목적이나 목표가 아니다. 웨슬리의 실천신학에서 소중한 것은 다른 것을 위해 남겨 놓는다. 예컨대, 하나님의 자녀의 표징인 사랑은 "모든 것 중에 가장 위대한 것"[161]이다. 구원을 가져오는 믿음은 그 자체를 넘어 하나님과 이웃에 대한 사랑을 가리킨다. 곧 믿음은 사랑의 도구가 되면서 언제나 사랑 안에 활동한다. 실로 웨슬리는 '사랑으로 역사하는 믿음'이란 표현을 즐겨 사용했는데, 이는 죽거나 이름뿐인 믿음이 아니고 구원을 가져오는 믿음과 관계된, 살아 있는 믿음이다. 다시 말하면, 신생에서 시작된 거룩한 사랑을 마음에 새기는 것은, 본질적으로 능력과 변화의 현존으로 성령께서 많은 선물과 은총을 가져다주기 때문에, 하나님의 형상을 회복하는 중요한 자리이다. 실로 이전에 죄의 속임수에 넘겨졌던 몸과 영혼이 이제는 거룩한 능력의 현존으로 상호 침투된, 살아 계신 하나님의 성막이 되었다.

그러나 인간의 마음에 임한 하나님의 사랑과 그 효과가 갖는 영광은 아마도 1781년에 쓴 "열정"(On Zeal)이란 설교에서 가장 잘, 그리고 명쾌하게 표현되었다고 할 수 있다. 웨슬리의 선언을 보자.

그리스도를 믿는 자에게 사랑은 내면의 영혼 안에 서 있는 보좌에 자리합니

---

161) Ibid., 1:425. 하나님의 자녀의 두 번째 표징, 곧 소망은 이미 '확신'이란 제목 하에 '성령'을 다룬 장에서 언급했다.

다. 예컨대, 하나님과 인간의 사랑이 전체 심장을 가득 채우고 아무런 방해도 없이 통치합니다. 보좌 가까이에 오래 참음, 온유, 양순, 양선, 충성, 절제 등 모든 거룩한 성정들이 원을 그리며 서 있습니다. '다른 성정들은 예수 그리스도의 생각 안에' 포섭되어 있습니다. 바깥으로 난 원에는 인간의 영혼을 위한 것이건 몸을 위한 것이건 **사랑의 모든 행위들이** 둘러 서 있습니다. 이 사랑의 행위들로 인해 우리는 모든 거룩한 성정들을 훈련하고 계속해서 증진시킵니다. 따라서 자주 언급되지는 않지만 이 모든 사랑의 행위들은 진정한 **은총의 수단들**입니다. 이 사랑의 행위들 원 옆에 말씀을 읽고 듣고, 공중기도와 가족기도, 개인기도를 드리고, 성만찬에 참여하고, 금식하거나 절제하는 경건의 행위들이 위치합니다. 마지막으로, 그를 따르는 자들이 더욱더 효과적으로 사랑과 거룩한 성정과 선한 행위를 서로 독려할수록, 우리의 찬양을 받으실 주님은 온 땅에 흩어져 있는 사람들을 하나로 묶어 교회 안에 연합합니다. 이것이 모든 특수한 기독교인 회중 속에서 우리가 갖는 보편적 교회의 상징입니다.[162]

이 설교에서 우리는 웨슬리의 신학적이며 도덕적인 전체 활동의 보좌를 들여다볼 수 있다.[163] 아무리 고상하고 가치 있다 하더라도 보좌 위에는 교리나 사랑의 행위를 올려놓지 않는다. 그런데 바로 사랑 자체가 보좌 위에 놓인다. 그 보좌 옆으로 앞서 묘사된 대로 거룩한 성정들이 있다. 바로 존재하는 것들의 심장에 동기를 부여하는 요인들로서 이 성정들이 제자리를 잡게 될 때만 사랑과 경건의 행위 등을 고려한다. 웨슬리는 "외적인 행위들이 거룩한 성정들로부터 나오지 않는다면, 어떤 내적인 행위들도 하나님께 받아들여질 수 없다."[164]고 조심스럽게 언급한다. 다시 말하지만, "선한 행위를 지키고자 하는 사람들은 선한 행위를 제자리에 놓고자 할 것입니다. 이들은

---

162) Ibid., 3:313~4, 「웨슬리 설교전집 5」[대한기독교서회].
163) 웨슬리가 아빌라의 성 테레사의 「내면의 성」(Interior Castle)을 읽었다는 증거는 없다. 그러나 웨슬리와 테레사 두 영적 지도자들이 기독교인의 삶을 기술하기 위해 사용하는 중심 이미지들은 아주 비슷하다. 예를 들면, 이 둘은 암묵적 가치 판단들을 포함할 뿐 아니라 결정적인 사랑의 본성을 강조하는 패러다임적 유비들을 사용한다. 테레사의 7층 호화건물과 성 중앙에 이 건물을 위치시킨 것은 웨슬리가 모든 기독교인의 삶이 이에서 흘러가도록 보좌에 사랑을 위치시킨 것과 유비된다. Teresa of Avila, Interior Castle, trans. E. Allison Peers (New York: Doubleday, 1989), 「영혼의 성」, 최민순 옮김[바오로딸]), 206 ff와 Outler, Sermons, 3:313~14를 비교해 보라.
164) Outler, Sermons, 3:320.

제6장 신생 : 우리 안에 계신 거룩한 사랑의 하나님   **327**

선한 행위들이 거룩한 성정들의 부족함을 채울 수 있다고 생각하지 말고 선한 행위들이 거룩한 성정들로부터 나오도록 돌보아야 할 것입니다."[165] 그러므로 양순과 온유, 오래 참음과 같은 '모든 생각의 성향들'은 신생 안에 심겨진 씨들로서 경건한 사치나 탐닉처럼 요점에서 벗어난 것이 아니라 "현재나 미래의 행복을 향유하기 위해 … 절대적으로 필요한 것입니다."[166] 분명 거룩한 성정은 도덕적이며 영적인 삶의 지표이고 웨슬리의 실천신학의 열쇠가 된다.

그러므로 믿음이 큰 것이긴 하지만 보좌에 놓이지는 않는다. 어떤 의미에서 믿음은 도래하는 세계에서 사라질 것이다. 우리가 지금은 거울을 보는 것 같이 희미하게 보지만 그때에는 얼굴과 얼굴을 맞대고 볼 것이다(고전 13:12). 그럼에도 불구하고 겸비한 신뢰로 이해된 믿음은 영원히 하나님과 순종하는 하나님의 백성과의 관계로 남겨질 것이다. 그러나 웨슬리의 실천신학에서 그렇게 축하된 신생의 가장 큰 표징인 사랑은 결코 지나가거나 사라지지 않을 것이다.

그러므로 믿음과 사랑의 관계는 본질적으로 도구적이다. 곧 믿음은 언제나 사랑을 가리키고, 사랑은 언제나 믿음을 가리킨다. 예컨대, 믿음은 사랑하기 위해 존재한다. 선택된 도구로서 사랑의 종은 거룩한 성정의 대형에서 하나님의 사랑을 받을 뿐 아니라 사랑으로 일하며 하나님과 이웃에게 열정적이고 효과적인 봉사를 감당한다. 결국, 예수 그리스도 안에 풍성하게 나타난 거룩한 하나님의 사랑은 진정한 경건의 요점이자 본성이며 기독교 믿음의 진정한 내용이다.

오늘과 내일: 다시 찾아온 회심

오늘날 회심에 대한 문학을 탐구하다 보면 흥미진진하면서도 때로 뒤죽

---

165) Ibid., 3:305.
166) Ibid., 4:223. 사랑과 거룩한 성정들로 시작하지 않고 정치적이며 경제적인 관심들로 시작된다면, 그렇게 인식된 '정의'는 대체로 개혁을 가져올 수 없고 분노와 계급 적대, 중산층이나 부유층에 대한 직접적인 증오로 얼룩지게 될 위험이 있다. 달리 말하면, 정치적이며 경제적인 관심에서 가난한 사람들에게 관심하는 것은 웨슬리가 통렬히 비난했던 거룩치 못한 성정들로 표현될 것이다. 다시 한 번 말하지만, 사랑과 거룩함이 본질적인 출발점이다. 이럴 때에만 가난한 사람들은 제대로 섬김을 받을 것이고, 그들이 받아야 마땅한 정의를 받게 될 것이다.

박죽된 회심의 현상을 연구하기 위해 사용된 여러 구조들과 직면하게 된다. 새라 새비지(Sara Savage)는, 이는 마치 "여러 '장님'의 관점에서 묘사했던 걷잡을 수 없이 뒤죽박죽된 피조물 곧 소문난 코끼리 이야기"[167]와 같다고 말했다. 혹은 스웬슨(Kristin Menendez-Swenson)이 지적하듯이, "영화배우들에 대한 소문만큼이나 '경건'과 '회심'에 대한 정의도 그렇게 다양하다."[168] 다양성의 관점에서, 많은 학자들은 정확한 그림을 제시하기 위해 신학과 인간학, 역사와 심리학, 사회학과 같은 다양한 학문으로부터 자료를 사용한다.

그러나 꼼꼼하게 분석한 연구가라면 다양한 저술들 안에 어느 정도의 공통된 요소들과 주제들을 뽑아낼 수 있다. 예를 들면, 회심의 시간적 차원들이 현저하게 나타날 뿐더러 논쟁이 되기도 한다. 웨슬리 저술에서 변화의 순간을 강조하는 입장과 평생을 두고 계속되는 과정으로 가장 잘 이해된다는 입장이 축을 이루어 나타난다. 그러나 회심의 자리에 관심하는 '공간적'인 축은 시간적 차원을 중심으로 실제 여러 논쟁이 가능하고 때로는 과열된 논쟁으로 발전되기도 한다. 예를 들면, 스미스는 자신의 연구에서 여러 세기를 거쳐 등장하는 용어가 "'순환', '반전', 그리고 '방향의 변화'라는 장소적 의미가 기본을 이루고 있다."[169]고 주장한다. 달리 말하면, 방향의 변화란 다른 어떤 것을 직면하기 위해 당연히 따라와야 하는 방향과는 반대 현상이기 때문에, 여기서 장소의 축은 시간적인 해석에 대해 침묵한다든지 혹은 거부하는 방식으로 회심의 결정적인 돌아섬을 강조한다.

여기에 신학적 렌즈를 사용하게 되면 하나님에 대한 물음이 일어나면서 회심에 그 깊이와 실존적 의미를 더하게 된다. 왜냐하면 이때 회심은 (보스턴 레드 삭스의 팬에서 뉴욕 양키즈의 팬이 된) 준-궁극적 변화를 뜻하는 것이 아니라, 궁극적이며 가장 높이 주목해서 보아야 할 가치 있는 관심이기 때문이다. 이것이 바로 루터와 웨슬리, 키에르케고르와 브루너가 잘 이해했던 진리이다. 예컨대, 회심의 실재는 작인이 변화하는 환경의 일부가 되도록 요청될 때

---

167) Sara Savage, "A Psychology of Conversion from All Angels," in *Previous Convictions: Conversion in the Present Day*, ed. Martyn Percy (London: SPCK, 2000), 1.

168) Kristin Swenson-Mendez, "Religious Conversion: A Filmic Representation," *Religious Studies and Theology* 19, no. 2 (December 2000): 54.

169) John E. Smith, "The Concept of Conversion," in *Conversion-Perspectives on Personal and Social Transformation*, ed. Walter E. Conn (New York: Alba House, 1978), 51. 따옴표는 내가 한 것임.

크게 영향을 받는다. 예를 들면, 「철학적 단편」(Philosophical Fragments, 「철학의 부스러기」, 표재명 옮김[프리칭아카데미])에서 키에르케고르는 클리마쿠스(Climacus)의 입을 빌려, 소유나 행위의 변화가 아니라 존재의 변화에 주목했다. 이 변화는 관계의 뿌리에 영향을 주는 근본적인 것으로서 하나님에 의해서 일어난다. 위대한 감리교 전도자였던 스탠리 존스(E. Stanley Jones)는 신학적 회심의 실재를 다음 몇 가지 요소로 기술했다.

> 회심은 '새로이 지배하는 감성의 탄생'이다. 이는 믿음 체계의 변화이지만 이를 넘어서고, 태도의 변화이지만 이 또한 넘어서며, 방향의 변화이지만 이 또한 넘어선다. 근본적으로 회심은 '감성'의 변화이다. 회심은 우리의 사랑의 회심이다. 우리는 자아와 성, 혹은 민중을 최고로 사랑해 왔다. 이제 우리는 하나님을 최고로 사랑한다.[170]

같은 맥락에서 로마가톨릭 신학자 버나드 로너건(Bernard Lonergan)은 종교적 회심의 역동성을 '궁극적 관심에 잡히는 것, 이 세상과는 다른 세상의 사랑에 빠지는 것'[171]이라고 불렀다. 다시 말하지만, 이런 변화는 "온전한 자기 초월의 효과적인 근거로서 온전히 사랑-안에 있는-존재"[172]로의 변화이다. 이 환경에서 변화의 주된 주체가 하나님임을 보았던 로너건은, 자연적 변화와 인간적 가능성이 아니라 하나님의 은총으로만 가능한 것을 구분함으로써, 단독자의 근거를 넘어 초월의 요소를 강조했다. 흥미롭게도 존스는 당시 자기-초월을 표현하면서 '자아에서 나와 그리스도와 타자 속으로'[173]라는 자기만의 표현을 사용했다.

종종 비평가들은 신학적 회심을 '개인주의적인' 것으로 채색해 버린다. 해서 우리가 상상할 수 있는 것보다 그 외연에 있어서 훨씬 개인적이고 반문화적인 것이다. 일례를 든다면, 예수께서 니고데모에게 "다시 태어나야 한

---

170) E. Stanley Jones, *Conversion* (New York: Abingdon Press, 1959), 46.

171) Bernard Lonergan, "Theology in Its New Context, the Dimensions of Conversion," in *Conversion-Perspectives on Personal and Social Transformation*, 18.

172) Ibid., 18.

173) Jones, *Conversion*, 42.

다."고 했을 때, 1세기 유대인이었던 니고데모는 유대교 공동체 안에서 그의 고매한 지위에도 불구하고 자신의 영적인 필요에 대해 고백했다.[174] 다른 쪽으로 바라본다면, 사람이 다시 태어나지 않는다면 하나님 나라에 들어갈 수 없다는 예수의 선언은, 근본부터 이스라엘의 종교적 입지와 대립되고 있었고, 변화에 개방하는 것과 관련해 겸손과 필요에 대한 아픈 인식을 지닌 정직을 요청하고 있었던 셈이다. 그러나 이 모든 것은 지금처럼 '개인주의로의 초청'이 아니었다. 반대로, 다시 태어나야 한다는 예수의 선언은 거대한 인격적 깊이로의 초청이며 때로는 중요한 사회적 변화로의 초청이다. 그러나 신학적 회심이 갖는 이 마지막 의미는, '기독교인 됨'의 비용이 정치적 정당을 바꾸는 정도로 되어 버린, 문화 순응적이고 이름뿐인 기독교인이 되어 버린, 나라에서는 그 힘을 상실했다. 그러나 오늘날 인도에서 '기독교인 됨'을 위해 치러야 할 비용은 밤에 예수를 방문했던 니고데모가 직면했던 도전에 훨씬 가깝다. 아대륙 인도에서 기독교인으로의 개종은 오늘날까지도 "특별히 재산 상속과 관련하여 여러 법적 권한을 몰수당할 뿐 아니라"[175] 사회적 환경과 관습, 풍습과 관례에서의 변화를 감수해야 한다.

그러나 예수 그리스도가 선포한 중생의 요청은 호러스 부쉬넬(Horace Bushnell)로 인해, 예를 들면 그의 책 「기독교적 양육」[Christian Nurture, 김도일 옮김(장로회신학대학교출판부)]과 이후 하버드 대학 교수이자 저명한 철학자요 심리학자인 제임스(William James)로 인해 19세기 미국 사회에서는 크게 부각되지 않았다. (단지 한 번 태어날 필요가 있는) '건강한 영혼들'(healthy souls)과 (다시 태어날 필요가 있는) '병든 영혼들'(sick souls)을 구분한 제임스는, 의도했건 의도하지 않았건, '좀 더 좋은' 보다 체계화된 사회 계층 가운데서 그들이 얻어야 하는 종교적 정서 안으로 사회화되기를 원했던 당시 사람들의 편견에 빠지게 되었다. 그러나 병든 영혼들은 슬픔과 아픔, 죽음의

---

174) Arthur Canales, "A Rebirth of Being 'Being-Again' : Theological, Sacramental and Pastoral Reflections from a Roman Catholic Perspective," *Journal of Pentecostal Theology* 11, no. 1 (October 2002): 113. '다시'(again)라고 번역된 그리스어는 '위에'(above)로 번역될 수 있지만, 이 상황에서 니고데모는 어머니의 배에 다시 들어가는 것을 생각하고 있었기 때문에 '다시 태어난'이 란 말로 알아들었다.

175) J. Jayakiran Sebastian, "Conversion and Its Discontents," *Bangalore Theological Forum* 32, no. 1 (June 2000): 170.

'병적인'(실제 너무 인간적인) 힘과 대면하고 있었기 때문에 평화와 행복의 기회를 잃지 않기 위해 다시 태어나야 했다. 제임스는 때로 다른 세계관 때문에 서로가 갈등이 되기도 하는 이 두 그룹 사이의 긴장을 강조했다. "병적인 마음의 길에서 보면, 순수하고 소박하고 건강한 마음은 형언하기 어려울 정도로 맹목적이고 얇아 보인다. 반면 건강한 마음의 길에서 보면, 병든 영혼의 길은 나약하고 병들어 보인다."[176]

제임스는 건강한 마음의 영혼을 '감리교인'과 대비시킴으로써 이 구분을 예증한다. 예컨대, "감리교로 개종한 사람은 소박한 푸른 하늘의 건강한 마음을 지닌 도덕주의자에 불과하다. 따라서 당신은 감리교인이 병든 주관주의에 빠진 도덕주의자라고 여겨 혐오한다."[177] 19세기에 왕성한 활동을 했던 제임스는 감리교회의 부흥 운동 전통이 회심을 자주 요청한다고 생각했다. 그러나 이 전통은 감리교회의 달라진 사회적 위상 때문에 많이 사라지게 되었다. 본래 교회 안에서 개혁**운동**이었던 미국 감리교회는 20세기 동안 결국 정체성과 선교를 둘러싼 문제로 어려움을 겪은 또 하나의 주요 종교체계로서의 교회가 되었다. 존스는 그리스도 교회의 타당성을 재는 시금석은 "교회가 밖으로부터 온 사람들을 교인으로 개종시킬 수 있을 뿐만 아니라 교인들의 회심을 이끌어 낼 수 있는가"에 있다고 하였다. "교회가 이 둘을 할 수 없다면, 교회가 교회의 본질을 벗어나고 있는 것이다."[178]

그러나 사실 여기서 문제는 제임스가 아니라 제임스 이후의 해석가들에게 있다. 왜냐하면 하버드 교수인 제임스조차 "슬픔과 아픔, 죽음에 어떤 긍정적이고 적극적인 돌봄을 주지 못하는 체계는 적어도 이 요소들을 자기의 범주에 포함시키려고 노력하는 체계보다 그 구성이 완전하지 않다."[179]고 생각했기 때문이다. 오히려 제임스는 삶의 염세적 요소들을 양탄자 아래 쓸어

176) William James, *The Varieties of Religious Experience* (Harmondsworth, Middlesex UK: Penguin Books, Ltd., 1982, 「종교 체험의 여러 모습들」, 김성민 · 정지련 옮김[대한기독교서회]), 162.

177) Ibid., 167.

178) Jones, *Conversion*, 27. 웨슬리 전통에서 회심의 주제를 탐구하고자 한다면, Kenneth J. Collins and John H. Tyson, eds., *Conversion in the Wesleyan Tradition* (Nashville: Abingdon Press, 2001)을 참조할 것.

179) James, *Varieties of Religious Experience*, 165.

넣어 간과할 뿐 아니라 현실적으로 보다 포용적인 전체 안에 이들을 넣어 통합시키는 기독교를 현실적이며 완전한 종교라고 칭송했다.[180]

　더 나아가 18세기 후반부터 19세기 중엽까지 있었던 신학적 회심에 대해 매력적인 연구를 했던 베빙턴(David Bebbington)은, 제임스가 죽음과 병과 같이 자신의 연구에서 주목했던 여러 부정적 요소들이 실제 변화로 안내된 것은 화해의 요인들이었다고 주장했다.[181] 다른 연구에서는 특별히 젊은이들이 이 부정적 요소들에 쉽게 노출되어 평균 15.2세에 많은 변화를 경험하지만,[182] 40세가 넘으면 변화가 거의 없다고 보았다. 그러나 우리가 신학적 회심에만 초점을 맞추지 않는다면, 중년의 위기와 같은 다른 종류의 변화들이 인생 후반에 발생함을 알 수 있다. 어떤 저자가 말했듯이, "대부분의 사람들은 일반적으로 40대에 갱신을 필요로 한다."[183] 어쨌든 새비지(Savage)가 정리한 회심에 대한 최근의 잘못된 논의는 다음과 같다.

- 갑작스런 회심과 점진적 회심
- 사춘기 회심과 중년의 회심
- 수동적 회심과 능동적 회심
- 부정적 정신 건강 결과와 긍정적 정신 건강 결과
- 사회적으로 구성된 회심과 영적 영감으로 된 회심
- 개인적 자아 목표와 관계 안에 있는 자아 목표[184]

　장소의 제약 때문에, 우리는 이 긴장들 하나하나를 분명하게 탐구할 수 없다. 대신 부정석이든 긍정적이든 감리교 문학에서 반복적으로 표면에 떠오르는, 첫 번째 항과 세 번째 항을 주목해서 다루고자 한다. 이 주제는 감리교

---

180) Ibid.
181) David Bebbington, "Evangelical Conversion, C. 1740~1850," *Scottish Bulletin of Evangelical Theology* 18, no 2 (Autumn 2000): 118.
182) Savage, "Psychology of Conversion," 5. 그러나 신학적 회심들을 다룬 많은 연구가들과 이에 대해 저술한 많은 저술가들은 40대이다. 이 사실만으로 볼 때는 주제를 얼마나 확실한 것으로 받아들일지 모호해진다. 이뿐 아니라 어떻게 이 자료들이 읽혀지고 해석되어야 하는지도 관심사이다.
183) Jones, *Conversion*, 31.
184) Ibid., 2.

공동체 안에서 경쟁적인 해석의 구도를 제시하며 너무도 잘 논의되고 있기 때문에, 균형과 관점을 얻기 위해 이 문제를 다른 전통, 곧 이 경우는 로마가 톨릭의 렌즈를 통해 조명함으로써 도움을 얻고자 한다.

아서 캐널스(Arthur Canales)의 "'다시 태어남'의 재생"(A Rebirth of Being 'Born Again')이란 연구는 이 영역에 가치 있는 안내서이다. 이 연구는 교회 전통에 기울어 있어 '다시 태어남'이란 구절을 만나게 되면 "불편하고 불만족스럽게 느끼는"[185] 로마 가톨릭 교도들이, 어떻게 복음주의적 개신교 아류 문화의 언어와 신학적 실재를 인식했는지 다루고 있다. 캐널스의 분석은 자신의 공동체 안에 순간적인 중생(과 자연적 탄생에 수반된 시간적 요인들과 비슷한 신생)을 강조한다는 점에서, 웨슬리의 전통적인 개신교 회심 이해로부터 과정과 반응, 점진적 발전이 주요인이 되는 가톨릭적인 이해로의 패러다임 변이가 일어났음을 보여 주기 때문에 감리교인들에게 큰 도움이 될 수 있다.

캐널스가 지적하듯이, 가톨릭은 회심을 '일상의 반응과 **자신의 삶을 바꾸고자 하는** 열망을 요구하는'[186] 평생의 여정으로 이해한다. 이 점에서 중생은 (우리가 유아 세례의 '중생'을 고려하지 않는다면) 시간적으로 구분된 구원론적 사건이 아니다. 대신 성령이 시간을 두고 인격을 새롭게 하는 과정이다.[187] 가톨릭교도들은 회심을 영적 발전을 가져오는 일련의 사건들로 말하고 싶어 한다.[188] 따라서 개신교 패러다임은 신생의 표징들 중 하나로 죄의 권세나 지배가 하나님의 자녀 안에서 실제로 무너진다고 본다. 이 개신교 패러다임의 결정적인 단절의 자리로부터 가톨릭교도들은 훈련된 삶과 은총이 넘치는 덕의 육화를 위해 교회의 성만찬의 삶으로 향한다. 실로 고해성사는 믿는 자들 앞에서 반복적으로 계속 죄를 짓는다는 추측을 담고 있으며, 결정적이거나 궁극적인 것은 없음을 보여 준다. 이처럼 고해성사의 계속적이고 과정적인 특성은 이제까지 일어났고, 앞으로 일어날 것이다. 그러나 웨슬리는 1738년부터 평생 동안 하나님의 자녀는 죄의 권세나 지배로부터 자유롭

---

185) Canales, "Rebirth," 99.
186) Ibid., 104.
187) Ibid., 107.
188) Ibid., 115.

다고 주장했다. 죄로부터의 자유를 말하는 웨슬리의 주장은 불신앙과 부딪힐 수도 있고, 몇몇 엘리트만을 위해서 담보된 은총의 상태라고 주장하는 이들과 부딪힐 수도 있다. 간단히 말해서, 결정적인 실현이란 입장은 점진적 과정의 입장 속에서 씻겨 없어져 버렸다.

그러나 캐널스는 개신교 공동체 안에서 그토록 소중한 '다시 태어남' 이란 용어를 사용하고자 한다. 왜냐하면 그가 참여했던 10년간의 청소년 목회에서 요한복음 3장 3절은 "고등학교 학생들을 예수 그리스도 안에서 보다 온전하고 풍요로운 신앙생활로 안내하는 데 다른 어떤 성서 구절보다도 효과적이었기"[189] 때문이었다. 그러므로 성령 안에 삶으로 표징되는 중생을 강조하는 것이 적극적인 목회전략이라고 생각했다.[190]

이처럼 가톨릭 신학자 캐널스는 개신교 신학자처럼 '다시 태어남' 이란 용어를 다시 사용했다. 그러나 중요한 차이가 있다. 첫째, 이 상황에서 다시 태어남과 관계된 변화는 개신교의 개념처럼 결정적이지 않다. 그가 말하는 다시 태어남 개념은 점진적인 변화, 정도의 변화, **일련의** (계속되는) 변화나 회심을 뜻한다. 간단히 말해서, 하나의 회심만 있는 것이 아니라 여러 회심들이 존재한다. 그러나 여기서 말하는 많은 회심은 기독교인의 삶에서 신생의 표징을 가짐으로써 순간적으로 드러나는 질적인 차이와 동등하다 할 수 있겠는가? 아니면 이들 계속되는 회심들이란 모든 하나님의 자녀를 위해 이미 있어야 할 자리를 향해 은총들이 점진적으로 접근하는 것을 말하는가?

둘째, 캐널스는 많은 개신교 신학자들이 말한 중생을 단순히 유아세례의 은총으로 분류하면서, "세례 받은 기독교인들의 '다시 태어남' 사건은 비성서적"이라고 지적한다. "왜냐하면 진짜 '다시 태어남' 의 경험은 세례를 받지 않은 이들의 삶에서 일어나기 때문이다."[191] 그러나 이러한 주장은 (웨슬리 자신도 생각한 것처럼 보이듯이) 유아세례에서 정말 다시 태어난 사람들조차 이 최초의 죄 씻음을 '유실해 버렸을 수' 도 있기에 중요하고도 삶을 변화시

---

189) Ibid., 113. 한스 큉 신부는 로마가톨릭의 입장을 민감하게 견지하면서도, 보다 에큐메니컬한 상황의 통찰들을 고려한다. Hans Küng, "Christian Conversion," in *Conversion-Perspectives on Personal and Social Transformation*, 273~77.

190) Canales, "Rebirth," 115.

191) Ibid., 118.

키는 갱신, 계속 향유하는 자유가 필요함을 깨닫지 못한 것이다. 웨슬리는 이렇게 정리한다. "그러므로 너희 마음에 내가 **일단** 세례를 받았으니 **이제** 나는 하나님의 자녀라고 말하지 말라. 슬프도다! 그 결과가 결코 지속되지는 않을 것이다."[192]

그러나 앞의 주장들은 개신교의 입장들을 아무런 어려움 없이 주장할 수 있다는 의미가 아니다. 분명 개신교 신앙 공동체는 로마가톨릭의 여러 통찰로부터 많은 혜택을 얻을 수 있다. 19세기 미국에서 개신교 부흥운동이 여러 차원에서 성공을 거두었지만, (조건적으로 말해서, 거기에 시간과 기회가 있다면) 신생과 그 이후에 진정한 변화로 안내하는 과정의 중요성을 간과하고 말았다. 이 난제를 대응하는 본질적 태도는 목욕물을 버린다고 아이까지 버리는 식의 또 다른 극단을 택하는 것이 아니다. 말하자면 질적으로 구분된 은총의 실현을 폐기하면서까지 과정이나 점진적인 변화를 강조할 수는 없다. 왜냐하면 과정이 (극적이건 극적이지 않건, 기억되건 기억되지 않건) 심리학적으로 다양한 회심을 의미하고, 정말 중생을 가져오고 구원을 가져오는 은총의 순간화(instantiation)와 조화를 이루는 한, 그 과정은 중생을 가져오는 은총이 결코 실현한 적이 없는 2차적인 보다 개방된 방식의 가능성으로 이해될 수 있기 때문이다.

지금까지의 논쟁들을 비추어 볼 때, 우리는 기술적이고 잘 전개된 긴장 속에 가톨릭 전통과 개신교 전통을, 예컨대, (시간과 기회가 허락한다면) 변화를 위한 **준비**와 결정적이면서도 계속적인 차이를 만드는 결정적인 은총의 **실현들**을 한데 묶어야 한다. 여기 우리가 말하는 접속과 균형은 당시 웨슬리 신학을 특징지었을 뿐 아니라, 오늘날도 그의 사상이 적합성을 갖는 이유이다. 우리 시대는 중생을 가져오는 은총과 이 은총의 표징이 기독교 여정이 시작되는 지점에서 효과적이라고 싫증이 나도록 들어 왔다. 그러나 이 진리는 웨슬리와 다른 이들이 살아 있는 기독교 신앙의 이름으로 줄기차게 고백했던 진리이다.

---

192) Outler, *Sermons*, 1:428~29.

제7장
교회와 은총의 수단 : 거룩한 사랑의 공동체

죄밖에는 두려울 것이 없고
하나님밖에는 바랄 것이 없는
백 명의 설교자를 내게 주십시오.
이들이 성직자이든 평신도이든 상관하지 않겠습니다.
이 사실 하나만으로 지옥의 문들이 흔들릴 것이고
이 땅에 하늘나라가 세워질 것입니다. [존 웨슬리]

John Telford, ed., *The Letters of John Wesley* (London: Epworth Press, 1931), 6:272.

칭의와 신생과 같이 활력을 주고 삶에 변화를 주는 은총의 실현은, 역사 안에 복음의 이야기를 꽃피우고 새롭게 변화된 사람들 안에 예시된 거룩한 사랑의 시원적 배경이 되는 성도들의 공동체를 제시한다. 실로 웨슬리의 사상에서 본래의 기독교인 삶을 특징짓는 칭의와 신생은, 관계와 존재를 통한 거룩한 사랑의 자유가 하나님과 이웃을 향해 일어나게 한다. 따라서 관계와 존재 속에서 일어나는 변화는 이 변화가 일어나는 신앙 공동체의 배경에서 이해되어야 한다. 이 변화가 충분히 인식되든 그렇지 않든 모든 기독교인은 교회와 관계되며 관계되어야 한다. 예컨대, 믿는 자는 누구도 홀로 신앙을 가질 수 없다. 달리 말하면 믿고 포용하는 복음의 참 좋은 소식은, 개체 인간의 이야기가 아니라 한 개인의 이야기가 은총 가운데 보다 큰 구원 역사의 이야기 속에 내포되는 그리스도의 몸, 곧 교회의 이야기다. 실로 웨슬리에게 교회란 구원의 방주로서 공동체가 낙원에 안전하게 이르도록 삶의 풍랑과 시련을 넘어 나아갈 수 있도록 택함 받은 그릇이다.

교회

최근에 어떤 감독이 "미 연합감리교회의 교리 가운데 가장 발전하지 않은 영역은 바로 교회론이다."[1]라는 말을 했다. 그러나 이러한 주장은 존 웨슬리의 사상을 적합하게 표현해내지 못했다. 분명 메소디스트의 아버지인 웨슬리는 온 땅에 성서적 거룩함을 전하고자 했던 자신의 독특한 소명, 곧 자신의 목회를 생각하면서 교회의 본성과 그 본래의 지표를 생각하곤 했다. 특히 놀랍게도 웨슬리는 "영어 표현 가운데 '교회'보다 더 모호한 용어는 없다."[2]는 사실을 깨달은 후에 교회론을 성찰했다. 따라서 상황에 따라 '교회'는 건물이나 회중을 뜻하고, 혹은 "하나님의 현존 안에 함께 연합한 백성들의 몸"[3]

1) Scott Jones, *United Methodist Doctrine: The Extreme Center* (Nashville: Abingdon Press, 2002), 246.
2) Albert C. Outler, ed., *The Works of John Wesley*, vols. 1~4. *Sermons* (Nashville: Abingdon Press, 1984~87), 3:46.
3) Ibid.

을 의미하기도 한다. 웨슬리는 연합한 백성들의 몸이란 표현을 선호하는데, 여기서 말하는 몸은 그리스도의 이름으로 두세 사람이 모인 작은 몸을 의미할 수도 있고, "하나님의 부르심에 응답하는 이 땅의 모든 사람들"[4]을 포함하는 보편적 개념의 몸을 의미할 수도 있다. 다시 말하지만 교회는 승리한 교회뿐 아니라 전투하는 교회를 포함하며 "지상이든 낙원이든 참으로 전체 믿는 자들의 몸"[5]을 뜻한다. 그러나 모든 믿는 자들이 거하는 우주적인 보편적 교회를 어떻게 정의할 것인가? 보편적 교회란 "'한 영'으로 연합된 '한 몸'이어야 하고, '한 믿음과 소망과 세례를 갖고, 한 분 하나님과 아버지'"[6]를 모셔야 한다. 모든 지엽적인 영역을 넘어 교회의 보편성을 견지하는 바, 당파적이고 분파적인 영을 넘어선 본질상 구원받은 공동체인 셈이다. 그 핵심은 바울이나 아볼로가 아니라 그리스도다.

웨슬리는 영국 종교개혁의 유산인 교회의 보편성을 분명하게 주장했다. 그러나 동시에 역사적인 39개 종교 강령 19번째 조항에 나타나는 '종교개혁'의 입장을 견지했다. "그리스도의 보이는 교회는 마땅히 요구되는 모든 상황에서 순수한 하나님의 말씀을 설교하고, 그리스도로부터 위임받은 대로 성만찬을 적절하게 수행하는 신앙인들의 회합이다."[7] 이 같은 종교개혁의 교회 정의는 국가 교회, 특히 영국 교회의 탄생을 가능케 했으며, 수행이나 가르침이 오류에 빠지지 않도록 하는 표준이 되었다. 웨슬리는 종교 강령의 가르침을 따름으로써 종교개혁의 가르침을 받아들였을 뿐 아니라 외부로부터 압력을 받았을 때에도 교회에 대한 정의를 수정하려 하지 않았다. 달리 말하면, 그는 보편적 정신이 강했기에 "때때로 …비성서적인 교리의 설교를 들은 회중들과 부적절하게 수행한 성만찬을 받은 모든 회중들을 보편적 교

---

4) Ibid., 3:48.

5) John Wesley, *Explanatory Notes Upon the New Testament* (Salem, Ohio: Schmul Publishing, 1975), 592 (히 12:22).

6) Outler, *Sermons*, 3:50.

7) Philip Schaff, *The Creeds of Christendom*, vol. 3 (Grand Rapids, Mich.: Baker Book House, 1983), 499. 덜레스(Avery Dulles)가 지적하듯이 "협의회와 교회"(On the Councils and Churches, 1539)라는 논문에서 루터는 교회에 대한 정의를 일곱 항목으로 확장시켰다. "1. 참된 하나님의 말씀의 설교 2. 진정한 세례의 집행 3. 주의 만찬의 바른 형식 4. 열쇠의 능력 5. 목회자의 합법적인 소명과 안수 6. 자국어로 드리는 기도와 시편 찬양 7. 종교적 박해들" Avery Dulles, *Models of the Church* (New York: Image Books, 1978, 「교회의 모델」, 김기철 옮김[한국기독교연구소]), 125.

회로부터 배제하려 하지 않았다."[8] 좀 더 핵심을 말한다면, 편협하거나 파당을 조장하는 영이 아니라 성화된 삶을 살았던 로마가톨릭교회의 교우들 모두를 참된 기독교인이라고 생각했던 것이다. 이러한 배경에서 아우틀러는 웨슬리가 종교 강령 19번째 조항을 해석할 때 "원래 의도했던 것보다 포괄적으로"[9] 해석했다고 주장한다.

웨슬리의 보편적이며 관대한 정신은 그가 내세운 종교의 목적이나 목표에서 구체적으로 나타난다. 그는 때로 그리스도의 몸을 이룬 사람들 가운데 혼돈이나 교리적인 오류에 빠진 사람에게조차 거룩한 사랑을 가르칠 수 있다고 보았다. 예컨대, 한때 자신의 영적 스승이었던 로가 신앙에 의한 칭의 교리와 관련하여 오류에 빠져 있었지만, 이런 교리적 오류 때문에 로가 실제로 의롭다 함을 받지 못한다고 생각하지는 않았다. 정말로 지금까지 탐구된 교회에 대한 그 어떤 정의에서도 거룩함이 그리스도의 몸을 특징짓는다고 웨슬리처럼 독특한 방식으로 강조한 예를 찾을 수 없다는 사실이 다소 이상하게 보이기도 한다. 이러한 허점을 바로잡기 위해 웨슬리는 '거룩한 보편적 교회'의 실상을 고백하는 사도신경을 자신의 여러 글에서 재차 강조했다. 아래 글은 이러한 거룩함의 근거를 드러내고 있다.

> "교회가 거룩하다고 불리는 것은 머리되신 그리스도가 거룩하기 때문이다." … 교회가 거룩하다고 불리는 가장 단호하고도 분명한 이유는, 또한 유일하게 참된 이유는 이렇습니다. 교회가 '거룩하다'고 불리는 것은 교회가 거룩하기 때문이고, 정도의 차이는 있을지 모르지만 교회를 구성하는 모든 일원들이 거룩하며, 교회의 일원들을 부르신 그분이 거룩하기 때문입니다.[10]

그 외에 웨슬리는 믿는 자를 "그리스도 예수 안에서 거룩함을 입은 이들

---

8) Outler, *Sermons*, 3:52.

9) Ibid., 3:45.

10) Ibid., 3:55~56. 웨슬리는 행 15:23을 주석하다가 교황이 베드로로부터 시작됐다고 하는, 베드로의 '시원성'(primacy)을 거부하였다. "초대 교회의 대표들을 뽑아 결정한 내용을 보건대, 초대 교회는 사도 베드로를 처음 교황으로 혹은 논쟁을 잠재울 수 있는 인물로 생각하지 않았다." Wesley, *NT Notes*, 318 (행 15:23).

에게"[11]라고 한 고린도전서의 표현에 나타나듯이 사도 바울이 교회를 '거룩함' 혹은 '성화'라는 용어로 정의했다고 지적한다. 세상으로부터 부름 받아 에클레시아의 일원이 된 사람들, 혹은 처음부터 그렇게 거룩하게 된 사람들을 성도라 불렀다. 웨슬리가 교회를 바르게 이해했던 다른 요인들은, 사도행전 5장 10절의 의미를 성찰하며 교회에 대해 정곡을 찌르는 요약된 정의를 내렸던 데에서 나타난다. "이것이 신약성서 교회의 표본입니다. 교회는 복음으로 부름을 받아, 세례에 의해 그리스도와 하나가 되었고, 사랑으로 생명이 넘쳐나며, 모든 교제로 연합한 가운데, 아나니아와 삽비라의 죽음으로 훈련된 공동체입니다."[12]

교회에 대한 웨슬리의 다양한 정의는 보다 큰 긴장이나 접속의 구조에서 표현될 수 있다. 웨슬리는 교회를 하나님의 말씀이 바르게 선포되고 성만찬이 바르게 집행되는 제도로 생각한다. 이처럼 제도적이거나 '객관적인' 정의를 통해 웨슬리와 메소디스트 운동은 가톨릭교회와 교회 개혁을 위한 대화를 할 수 있었다. 그러나 웨슬리는 다른 한편으론, 교회를 제도적이고 객관적인 각도에서 정의할 뿐 아니라 혈육을 가진 사람들, 특히 구주가 거룩하기에 그 백성들도 거룩한, 그리스도의 몸의 구성원들로 정의했다. 이처럼 정의했을 경우, 교회는 그 자체가 그리스도의 몸으로서, 성령으로 살아난 성도의 거룩함으로, 부름 받은 살아 있는 하나의 유기체가 된다. 아우틀러는 이러한 변증법적인 긴장이 웨슬리의 전체적인 입장에 채색되어 나타나는데, "영국 국교회의 교회론과 재세례파의 교회론이 종합된 것"[13]이라고 보았다. 스나이더(Snyder)는 "영국 국교회를 통해 전달된 가톨릭 전통과 모라비안 형제단을 통해 전달된 믿는 자들의 교회 전통(the Believer's Church tradition, 자유교회전통)"[14]이란 말로 웨슬리의 교회론을 고찰했다.

그러나 이 접속을 표현하는 또 다른 방식은 제도적이며 기능적인 면을 강조하는 가운데 나타난다. 예컨대, 공교회는 때때로 하나님 사랑과 이웃 사랑

---

11) Outler, *Sermons*, 3:47.

12) Wesley, *NT Notes*, 287 (행 5:10).

13) Outler, *Sermons*, 3:46. 딜레스는 교회론의 여러 모델을 제시한다. 1) 제도 2) 신비적 연합 3) 성만찬 4) 복음 선포 5) 종. Dulles, *Models of the Church*, 34~102.

14) Howard Albert Snyder, "Pietism, Moravianism, and Methodism as Renewal Movements: A Comparative and Thematic Study" (Ph. D. dissertation, The University of Notre Dame, 1983), 238.

으로 거룩한 백성들이 살아나도록 불러 세우는 과제를 위해 개혁으로 부름받는다. 교회가 구성원들의 삶 속에 거룩한 사랑을 훈련하지 못한다면, 지역적인 관심에 몰입한 나머지 거룩한 사랑의 보편성을 보여 주지 못한다면, 제도적이거나 객관적인 요인과는 상관없이 웨슬리는 교회가 그 정도를 상실한 것이라고 생각했다. 이 경우 기능적인 교회의 이해에 따라 개혁이 필연적으로 요청된다. 웨슬리는 메소디스트 운동의 시작을 정당화하기 위해 개혁이 필연적이라고 종종 강조했다.

쇠퇴하는 교회

물론 웨슬리의 교회론은 학자들이 '역사기술'이라 불렀던 교회 역사 읽기를 웨슬리가 선호했던 배경에서 이해해야 한다. 이내 밝혀지겠지만, 웨슬리의 교회 이야기는 대체로 개신교적인 해석이다. 이 해석에 따르면 종교개혁기의 제도적 교회는 쇠퇴기를 맞고 있었다. 그러나 교회의 쇠퇴기는 중세 훨씬 이전에 시작되었다. 웨슬리에 따르면, 다른 언어와 전통조차 용납되는 보편적이고 순수한 교회가 오순절 날에 시작되었다. 그러나 "곧이어 아나니아와 삽비라의 탐욕과 거짓을 통해 초대교회 공동체 안에 죄의 세력이 자리를 잡기 시작했다. 사도 시대가 끝나기도 전에 죄의 힘이 백성들뿐 아니라 목회자들 안에 '작용하기' 시작했다."[15] "만일 처음 1세기부터 교회의 상태가 그렇게 좋지 않았다면, 다음 세기에 더 좋아졌다고 상상할 수 없다."[16] 간단히 말해, 기독교인들의 마음의 기질과 성향은 불행히도 "이방인들의 그것과 다를 바가 없었다."[17]

웨슬리는 교회를 쇠퇴하게 한 데에는 세 가지 주요 요인들이 있다고 생각했다. 첫째는, 거룩한 사랑 안에 '타자'를 이웃으로 품는 복음의 보편성이 편파성(partiality)과 초기의 부족주의로 인해 크게 상처를 입었고, 그로 말미암아 특정 집단들이 자기들에게 속한 이들만을 챙기고 다른 집단의 사람들을 경홀히 여기며 전체 공동체를 간과했기 때문이다. 이처럼 편파성과 분당이 그리스도의 몸에 침투하여 모든 사람들이 평등함에도 불구하고 "자기편 사

15) Outler, *Sermons*, 3:469.
16) Ibid., 2:461.
17) Ibid.

람들은 지나치게 챙기고 다른 이들은 경홀히 여기는 일이 일어나게 되었다." [18] 웨슬리는 (우리 같은 사람들에게 상처를 주는) 이러한 편파성은 언제나 교묘한 우상숭배를 수반한다고 보았다. 교묘한 우상숭배는 (계급, 인종, 경제적 상태, 문화, 언어, 혹은 교파와 같은) 준 궁극적인 가치를 궁극적인 것으로 만들었다. 간단히 말해서 분파성은 복음의 심장을 강타하고 하나님과 이웃의 보편적 사랑 안에 나타난 보편성의 근본 내용을 강타했다.

둘째, 웨슬리의 역사 기술은 여러 면에서 재세례파와 자유교회의 모델과 비슷하다. 웨슬리는 이들과 마찬가지로 4세기부터 로마 황제였던 콘스탄티누스를 비중 있게 분석했다. 비록 교회 역사의 아버지라 불리는 카이사레아의 에우세비우스(Eusebius of Caesarea)가 여러 가지로 교회에 특혜를 주었던 황제 콘스탄티누스를 좋게 평가했지만, 웨슬리는 콘스탄티누스가 불러온 역설을 심도 있게 다루었다. "콘스탄티누스가 스스로를 기독교인이라 부르고 기독교 교회와 성직자의 세계에 부와 권력이 흘러넘치게 함으로써, 이전에 있었던 수십 번의 박해가 가져온 것보다도 더 악한 일들을 교회에 불러들였다." [19]라고 기술했던 것이다. 달리 말하면, 콘스탄티누스가 교회에 가져다준 권력과 부와 명예는 누군가 예견한 것처럼 교회의 온전함과 소명과 목적을 훼손함으로써 교회의 번영이 아니라 쇠퇴를 이끌었다. 이뿐 아니라 4세기 교회와 국가는 "너무 이상하고도 부자연스런 모습으로 융합되어 기독교와 이교도가 서로 철저하게 통합되었다." [20] 여기서 우리는 왜 웨슬리와 동료들이 니카이아 이전을 좋아했는지를 알 수 있다.

또한 웨슬리는 콘스탄티누스가 가져온 교회의 쇠퇴는 16세기 이전까지 결코 역전되지 않았다고 보았다. 16세기 종교개혁에 이르러서 하나님은 여러 예언자들을 세워 보편적 교회가 처음 사랑을 회복하라고 촉구했다. 웨슬리는 "콘스탄티누스 이후 종교개혁까지 이런 상태는 실로 한탄할 만한 것이었습니다." [21]라고 기술했다. '인간이 만들어낸' 불의한 죄의 신비가 '말씀에

---

18) Ibid., 2:457.
19) Ibid., 3:450. 웨슬리는 "불의한 죄의 신비"라는 자신의 설교에서 "박해는 결코 순수한 기독교에 상처를 주지도 않았고 줄 수도 없다."고 지적한다. Outler, *Sermons*, 2:462~63.
20) Ibid., 3:450.
21) Ibid., 2:464.

덧붙여지고, 외부의 수행이 신앙과 사랑의 방에 놓이게 되었으나, 16세기와 그 이후로 예수 그리스도 외에 다른 중재자들, 예컨대, 구원의 방주에 덕지덕지 붙었던 모든 종류의 패류들이 은혜 가운데 떨어져 나가기 시작했다."[22] 실로 웨슬리는 도덕적 삶이 고양되었다는 점에서 종교 개혁자들의 사역을 아주 긍정적으로 평가했다. 따라서 어떤 글에서 "종교개혁 이후 특별히 18세기에 이르러 일반적으로 성직자의 행위가 이전보다 훨씬 좋은 방향으로 바뀌었습니다."[23]라고 평가했다.

셋째, 국가교회가 되어 교회가 부유하게 되고, 그리스도와 문화, 거룩한 삶과 세속적 삶이 융합된 것이 교회의 증언을 붕괴시킨 가장 중요한 요인이 되었다. 그러나 국가가 부여한 명예와 권력이라는 외부 요인뿐 아니라 훈련과 은총이 없이는 쉽게 쇠퇴될 수 있는 기독교 신앙의 내면적 요인도 교회를 쇠퇴시킨 요인으로 보아야 한다. 사실 웨슬리에 따르면 "참된 기독교는 사람들을 부지런하고 검소하게 하여 자연히 부를 가져오게 한다."[24] 그러므로 "돈의 사용"이란 설교에서 밝혔듯이 할 수 있는 한 벌어서 모두 저축하라고 한 내용은 부가 가져오는 귀신을 막기 위해 저축한 모든 것을 주라는 말씀으로 균형을 찾아야 했다. 웨슬리는 분명하게 지적했다. "은총의 기적이 없이는 언제나 '부가 늘어갈수록, 돈에 대한 사랑도 늘어갈 것입니다.'"[25]

비록 몇몇 감리교인들은 부자에 대한 웨슬리의 정의를 환호하며 받아들였지만[26] 또 다른 사람들은 그렇게 확신하지 않았다. 기초 생활의 여건 그 이상을 가진 사람을 부자라고 하는 것은 과거든 현재든 바람직한 경제 이론에 기초한 정의가 아니다. 현실적 의미에서 겸비와 교만의 시각으로 이해한 '교회론적' 정의는 1776년 아담 스미스가 펴낸 「국부론」(Wealth of Nations, 김수행 옮김(동아출판사))이 유럽과 다른 나라에 알려지기 이전의 정의이다.[27]

---

22) Wesley, NT Notes, 535 (살전 2:7). 계몽주의 역사가들과 웨슬리가 역사를 다르게 읽었던 점을 이해하려면, Ken MacMillan, "John Wesley and the Enlightened Historians," Methodist History 38, no. 2 (January 2000): 121~32를 참조할 것.

23) Outler, Sermons, 3:470.

24) Ibid., 4:95.

25) Ibid., 2:468.

26) Theodore W. Jennings, Jr., Good News to the Poor: John Wesley's Evangelical Economics (Nashville: Abingdon Press, 1990).

27) J. C. D. Clark, English Society 1660~1832 (Cambridge: Cambridge University Press, 2000), 123.

'진정한 청지기'라는 보다 폭넓은 주제를 이리저리 논하면서 웨슬리는 '부자들이 너무 많이 가졌기 때문에 가난한 사람들이 너무 적게 가진 것'이라는 생각이 대체로 풍미하고 있던 당시의 상황을 제로섬(zero-sum) 세계라고 단정했다. 실제로 그는 성장하는 경제 안에서 심지어는 상술의 세계에서조차 어떻게 자본이 작용하는지 인식하지 못했고, 청지기직에 대한 관심은 여자 모자의 크기와 모양과 같은 (웨슬리는 종종 가난한 사람들도 이런 치장을 한다는 것을 몰랐다.) 사소한 문제나 그가 자주 지적했던 도덕적 결함과 술 소비 등에 초점이 맞추어졌다.[28]

웨슬리의 엄격하고도 공격적인 경제관은 이후 참된 청지기 정신을 말하면서 다소 완화되었다. 근로자들이 병이 들거나 나이가 들어 더 이상 수입이 없는 부양가족을 위해 '이 땅에 보물을 쌓아 두는 것'을 허용했던 것이다. 마찬가지로 사람들은 생활에 필요한 그 이상의 돈을 가질 수 있으나 빚이 있다면 부요하다고 할 수 없다고 생각했다.[29] 또한 오늘날과는 달리 경제 상태와 구원의 문제를 동일시하지 않았다. 심지어 어떤 곳에서는 이렇게까지 말했다. "부자가 되는 것이 가난하게 되는 것보다 더 죄 된 것은 아닙니다."[30] 그러고는 바로 "이 말에는 오해가 따를 수 있습니다."[31]라고 부연 설명함으로써 표현에 위험이 있음을 지적했다. 부가 가진 위험은 무엇보다, 참되고 살아 있는 종교의 내용을 구성하는 거룩한 성정의 타락이다. "부가 여러분에게 '의를 향한 배고픔과 갈증'을 완전히 무너뜨리지는 않았다 할지라도, 게을러서 자비와 경건의 영성인 겸손과 온유와 인내를 저버리게 함으로써[32] 가장 세밀한 영역에서 상처를 주지 않았나요?"[33] 더 나아가 부가 교회 자체를 타락하게 하는 이유는 먼저, "신앙의 처음 열매인 하나님 사랑과 이웃사랑에 방해가 되기 때문이고"[34] "다음으로는 부가 하나님이 우주 안에 계시지 않은

---

28) Thomas Jackson, ed., *The Works of John Wesley*, 14 vols. (Grand Rapids, Mich.: Baker Book House, 1978), 11:53.
29) Outler, *Sermons*, 4:179.
30) Ibid., 4:11.
31) Ibid.
32) Ibid. '웨슬리의 경제관을 막스의 관점에서 읽고 개인 소유권에 의문을 제기한 것'을 살펴보려면, Jennings, *Good News to the Poor*, 98을 참조할 것.
33) Ibid., 3:241
34) Outler, *Semrons*, 3:521~22.

것처럼 하나님을 완전히 잊게 하는 … 무신론"[35]의 유혹을 주기 때문이다.

간단히 말해서, 웨슬리는 기본적인 삶의 목표가 채워진 사람들을 '부자'라 칭했던 것처럼 부자가 되는 기준을 너무 낮게 잡았다. 그러나 참된 청지기 정신과 가난한 사람에 대한 웨슬리의 관심, 그리고 부가 쉽게 우상숭배로 인도하여 교회에 타락을 가져올 수 있다는 그의 자각은 그때나 지금이나 새겨들을 교훈이다.

교회 개혁으로서의 메소디스트

메소디스트는 1729년 옥스퍼드에서 거룩함이 없이는 구원받을 수 없음을 깨달았던 두 젊은이에 의해서 시작되었다.[36] 이때 이들이 가졌던 생각은 새로운 교회를 세우려는 것이 아니라 이전의 교회를 개혁하려는 것이었다. 그런데 "하나님께서는 이들의 생각과는 전혀 다른 길로 인도하여 거룩한 백성을 일으켰다."[37] 웨슬리의 사역과 선교는 큰 교회 안에서 일어난 개혁 운동이었다. 이는 웨슬리가 1745년 메소디스트를 평가했던 내용에 분명히 나타난다. "내가 말하는 것은 종교개혁이 아니라 콘스탄티누스 대제 이후로 언제 종교가 그렇게 작은 공간 안에 국가적으로 그렇게 큰 진보를 이룬 적이 있는가이다."[38] 달리 말하면, 콘스탄티누스 대제 이후 모든 부와 권력과 특권이 허락된 이름뿐인 형식적인 기독교는 적어도 '런던 인근에 뿌려진 … 겨자씨'[39]로 인해 이제 그 상황이 역전되었다. 엡워스의 사제관에서 초대 교부들, 특히 처음 3세기 작가들의 중요성에 대해 교육을 받은 웨슬리는, 영국 교회가 어려운 상황 가운데서도 다시 한 번 개혁의 필요성뿐 아니라 개신교 역사를 분명하게 드러낸 탁월한 교회라고 평가했다.[40]

젊은 웨슬리는 영국 국교회와 같은 거대한 국가교회들이 탁월한 신앙고백을 지켜냈지만 종종 게으름에 빠져 이름뿐인 기독교로 전락했다고 보았

---

35) Ibid., 3:523.

36) Jackson, *Wesley's Works*, 8:300.

37) Ibid.

38) Gerald R. Cragg, ed., *The Works of John Wesley*, vol. 11, *The Appeals to Men of Reason and Religion* (Nashville: Abingdon Press, 1989), 276.

39) Outler, *Sermons*, 3:452~53.

40) Rupert E. Davies, ed., *The Works of John Wesley*, vol. 9, *The Methodist Societies I: History, Nature, and Design* (Nashville: Abingdon Press, 1989) 538.

다. 예컨대, 경건의 능력이 언제나 경건의 모양을 뛰어넘지 못했다. 실로 18세기 영국의 많은 사람들은 영국인이 되는 것이 곧 기독교인이 된다고 생각하여 국가와 신앙의 차원을 혼합했다. 그러나 경건의 목적과 이유가 '거룩함' 임을 분명하게 보았던 웨슬리는, 1725년 그의 동료들 사이에 통용되고 있었던 그럴싸한 주장에 도전했다. 그러고는 존 그리피스(John Griffiths)에게 "내가 그를 온전한 기독교인으로 안내하는 기쁨을 누리게 하소서. 내가 알기로는 그는 이미 반은 설득된 기독교인입니다."[41]라고 간청했다. 그 후 몇 년이 지난 1734년, 아버지 사무엘에게 보낸 편지에서는 "선하다고 하는 사람들이 '미지근한 기독교인' 이 되어 경건에 관심은 있으나 경건의 감각은 죽어버렸다."[42]고 불평했다.

역사적으로 말해 진정한 기독교에 관심했던 존 웨슬리는 요한 아른트(Johann Arndt)와 초기 독일 경건주의자 스페너(Spener)와 프랑케(Francke)를 생각나게 한다. 대륙의 경건주의에 영향을 받았던 중년의 웨슬리는 진정한 기독교의 동기가 내적 경건과 개혁, 곧 중생한 신앙인의 표징과 본래의 기독교 신앙의 내용인 마음의 기질과 성정에 있다고 보았다.[43] 예를 들면, "산상수훈 강론 6"에서 웨슬리는 그리스도가 "진정한 기독교를 구성하는 영혼의 기질, 곧 '이 기질이 없다면 누구도 주님을 볼 수 없는' 거룩함 안에 담겨진 내적 성정을 우리 앞에 보여 주었다."[44]고 강조한다.

---

41) Frank Baker, ed., *The Works of John Wesley*, vols. 25~26, *Letters I~II* (New York: Oxford University Press, 1982), 25:209.

42) Ibid., 25:400. 콘스탄티누스에 대한 또 다른 비평 자료를 살펴보려면, Jackson, *Wesley's Works*, 6:261; 7:26, 164, and 276을 참조할 것.

43) 웨슬리의 중생(regeneration) 교리에 대한 현대의 평가에서 문제는, 웨슬리의 은총의 단계 차원에서 볼 때 중생이 신생(new birth)과 연결되지 않고 선행은총과 연결된다는 점이다. 여기서 중생의 개념이 너무 넓어 은총의 최초 회복의 활동, '회개하지 않은 죄인의 깨어남' 을 포함하기까지 한다. 이를 예증하기 위해 이 분야에 전문가인 매덕스는 웨슬리가 신생에 앞서 중생의 결정적인 차원이 존재했음을 강조했다고 보았다. 존 웨슬리는 중생의 단계를 열거하다가 그 가장 낮은 단계를 우리가 생각하듯이 선행은총과 연관시키지 않고 신생과 아직 깨어나지 않은 죄인에게는 적용되지 않는, 죄를 이기는 능력과 연관시켰다. Randy L. Maddox, *Responsible Grace: John Wesley's Practical Theology* (Nashville: Kingswood Books, 1994), 159. 중생의 단계에 대한 웨슬리의 생각을 살펴보려면, Davies, *Methodist Societies*, 9:64; Jackson, *Wesley's Works*, 11:421; W. Reginald Ward and Richard P. Heitzenrater, *The Works of John Wesley*, vols. 18~23, *Journals and Diaries I~VI* (Nashville: Abingdon Press, 1988~95), 19:32; and Albert C. Outler, ed., *John Wesley, The Library of Protestant Thought* (New York: Oxford University Press, 1964), 140을 참조할 것.

노년의 웨슬리는 여전히 이름뿐인 기독교인(nominal Christian)과 진정한 기독교인(real Christian)을 구분했고, 그의 설교 "새 창조"(The New Creation)에서 이름뿐인 기독교인은 "능력은 없고 경건의 모양만 갖습니다."[45]라고 지적했다. 어쨌든 웨슬리가 언제 스스로 진정한 기독교인이 되고자 마음먹었는지는 그가 인생 후반에 행한 "어떤 의미에서 우리는 세상을 떠나야 한다"(In What Sense We are to Leave the World)라는 설교에 잘 나타나 있다. 그는 이 설교에서 다시금 1725년이 얼마나 중요한지를 상기한다. "(22세쯤 된 존재로서) 이름뿐인 기독교인이 아니라 진정한 기독교인이 되고자 나 자신의 결단을 드려 하나님을 기쁘게 하였을 때, 나는 나 자신뿐 아니라 하나님에 대해서도 무지했습니다."[46] 1786년, 브룩(Henry Brooke)에게 보낸 편지에서는 옥스퍼드 시절 감리교인들에 대해 다시 한 번 언급하면서, 당시 이들의 유일한 생각은 "성서적 기독교인"[47]이 되는 것이라고 회상했다. 그리고 다음 해 "지나간 시절들"(Of Former Times)이라는 설교에서 신성클럽의 목적이 우선 "진정한 기독교인"[48]이 되도록 서로를 돕는 것이었다고 밝혔다. 달리 말하면 메소디스트의 목적은 "새로운 소 종파를 만드는 것이 아니라 나라를, 특히 교회를 개혁하는 것이었고, 성서적 거룩함을 나라 전체에 퍼뜨리는 것이었다."[49]

18세기 영국 국교회 교인들은 교리적으로 (때때로 칭의와 성화를 섞어 버리는) 혼동된 상태에 있거나 그리스도가 몸을 주고 사신 은총에 훨씬 미치지 못하는 삶을 살았다. 그렇다고 해서 개혁을 일으킨 메소디스트의 밝은 면을 부각시키고자 영국 국교회를 어두운 색으로 칠하는 것은 또한 바람직하지 않

44) Outler, *Sermons*, 1:572~73. 내적 경건과 내적 경건이 진정한 기독교와 어떻게 관계하는지에 대한 웨슬리의 평가와 "올더스게이트에 반하는 존 웨슬리"(John Wesley Against Aldersgate)라는 글에서 이 관계를 폐기하고 있는 제닝스(Jennings)의 입장을 비교해 보라. Theodore W. Jennings, Jr., "John Wesley against Aldersgate," *Quarterly Review* 8 (Fall 1988): 3~22.
45) Outler, *Sermons*, 2:501; 3:152, 「웨슬리 설교전집 6」[대한기독교서회].
46) Ibid., 3:152. 이보다 몇 년 앞선 1780년, 웨슬리는 진정한 기독교인과 행복을 강력하게 인정했다. "영적 예배"(Spiritual Worship)라는 설교에서 웨슬리는 "기독교인만이, 곧 진정한 내적 기독교인만이 행복합니다."라고 설교했다. Outler, *Sermons*, 3:99, 「웨슬리 설교전집 6」[대한기독교서회].
47) John Telford, ed., *The Letters of John Wesley, A.M.*, 8 vols. (London: Epworth Press, 1931), 7:331.
48) Outler, *Sermons*, 3:453. 또한 웨슬리의 "최근 현상에 대한 생각들"(Thoughts on a Late Phenomenon)이란 글에서 옥스퍼드 감리교인들의 목적은 '성서적 기독교인'이 되는 것이었다고 회고했다. Davies, *Methodist Societies*, 9:535.
49) Jackson, *Wesley's Works*, 8:299.

다. 실제로 깁슨 주교(Bishop Gibson) 같은 영국 국교회의 여러 성직자들은 경건하고 훈련되었으며 도덕적 기품이 살아 있었다. 이들은 '은총과 선의 점진적인 진보가' … 감리교인들의 "광신과 열광"(Madness and Enthusiasm)보다 영적 각성에 더 좋은 길이라고 생각했다."[50] 달리 말하면, 웨슬리가 교회의 역사를 읽어 갔던 독특한 방법뿐 아니라 개혁의 열정이 가져온 긴장 역시 우리가 생각할 수 있는 것보다 훨씬 복잡했다. 이것은 바로 어떤 면에서는 메소디스트가 여러 세기 동안 타락할 대로 타락해 온 교회의 '보편적' 형식에 도전하고 있었음을 보여 준다. 그러므로 1750년, "예언에 대한 기독교인들의 일반적인 미혹"(The General Delusion of Christians with regard to Prophecy)을 읽고 난 후, 웨슬리는 오랫동안 의구심을 가졌던 부분에 대해 완전히 확신하게 되었다. 예컨대, "고대의 가톨릭교회가 몬타누스주의자들을 이단으로 정죄했지만 실상은 그들은 진정한 성서적 기독교인들이었다."[51]고 확신했다. 웨슬리는 다음과 같은 진술로 교회의 정죄가 갖는 역동적인 동기와 배경에 대해 몇몇 단서를 제시했다.

> 기적의 은사가 그렇게 빨리 사라진 큰 이유는 신앙과 거룩함이 거의 사라졌기 때문이고, 건조하고 형식적인 정통주의자들이 자신들이 갖지 못한 은사에 대해서는 무조건 웃음거리로 만들려 했을 뿐 아니라, 이를 두고 광신이나 사기라고 비난했기 때문이다.[52]

같은 맥락에서 웨슬리는 이렇게 진술한다. "나는 도나투스주의자들이 무엇인지 모른다. 하지만 이들이 당시 진정한 기독교인들이 아니었나 싶다. 그래서 오늘날 질투어린 반대자들이 감리교인들을 문제 삼듯이 성 아우구스티누스와 그의 열광적인 추종자들은 도나투스주의자들을 문제 삼았던 것이다."[53] 예컨대, 도나투스주의자들과 고대 가톨릭교회의 관계는 어떤 의미에

---

50) David Hempton, *Methodism: Empire of the Spirit* (New Haven: Yale University Press, 2005, 「성령의 제국 감리교」, 이은재 옮김[기독교문서선교회]), 33.
51) Ward and Heitzenrater, *Journals and Diaries*, 20:356.
52) Ibid.
53) Jackson, *Wesley's Works*, 11:453.

서 18세기 메소디스트와 영국 국교회의 관계와 같다. 비록 다른 자료에서는 도나투스 논쟁을 다루는 과정에서 가톨릭의 신학적 입장을 편들어 주고 있고, 성만찬 집례자의 도덕적이거나 영적인 상태에 따라 성만찬의 적법성을 의심하지 않았음에도 불구하고, 이런 판단은 형식주의와 성례의 사효적 입장(an *ex opere operato* view)을 공고히 하는, 의도하지 않은 결과를 가져올 뿐 아니라, (성례전의 상황에서 목회자들의 거룩은 중요한 것이 아니라는) 이름뿐인 기독교로 쉽게 인도하는 요인을 낳을 수 있다고 보았다. 간단히 말하면, 교회가 타락과 남용으로 분명하게 잘못되었을 때에 개혁을 필요로 하지만, 교회가 제 길을 가고 있을 때라도 적절하고도 필연적인 판단을 떠나 의도되지 않은 결과로 나아가게 된다면 개혁이 요청된다. 웨슬리는 본래의 기독교 신앙에 관심하면서 이러한 긴장을 분명하게 이해하고 있었다. "영국 국교회와 같은 거대한 국가 연합은 웨슬리와 감리교인들이 처방한 규범을 따르기 원치 않았다. 그럼에도 영국 교회는 환자를 열심히 치유하고자 했던 장래의 의사에게 무심코 외투와 모자를 건네줬던 것이다."[54]

독일 경건주의와 모라비안주의의 중요성

어머니 교회의 개혁을 위해 노력했던 웨슬리와 감리교인들은 경건주의와 모라비안들로부터 개혁의 통찰을 얻었다. 이들은 생각과 수행에 있어서 어떻게 뜻을 갖고 헌신한 기독교 집단이 교회 안에서 분열을 일으키지 않은 채 은혜와 거룩한 목적을 갖고 존재할 수 있는지 보여 주었다. 웨슬리의 교회론은 이들의 영향을 배제하고 설명될 수 없다.

플라티네이트(Palatinate) 출신의 독일 개혁파 경건주의자 안토니 호르넥(Anthony Horneck, 1641~1697)은 1661년, 영국에 도착한 즉시 경건한 신도회 운동(Religious Society Movement)의 씨앗을 뿌렸다. 사보이(Savoy)의 목사로서 마음으로 훈련된 호르넥은 신도

> **호르넥의 간추린 생애**
> - 하이델베르크에서 신학을 공부함.
> - 옥스퍼드 퀸즈 칼리지 일원이 됨.
> - 엑세터 대성당 명예 참사 위원
> - 윌리엄 3세 담당 사제
> - 웨스트민스터 주교좌성당 명예 참사 위원(1693)

---

54) Frank Baker, *John Wesley and the Church of England* (Nashville: Abingdon Press, 1970), 52.

회 개념이 분열의 방식이 아니라 '초대 교회의 신앙을 교회가 규칙적으로 훈련하고 따를 수 있는' 55) 수단이 된다고 주장했다. 여러 글을 썼지만 그 중에서도 「행복한 금욕적 수행자」(The Happy Ascetik), 「시레네스」(The Sirenes), 「환희와 심판」(Delight and Judgement)이라는 책에서, 열정적인 목회자였던 호르넥은 초대 교회를 현대 교회가 따라야 할 모델로 제시했다. 웨슬리는 호르넥이 제시한 원초적 신앙을 공유했다. 초대 교회로 돌아가자는 호르넥의 호소는 영국 교회의 여러 곳으로부터 지지를 받았다. 특별히 초대 교회 교부들의 자료를 소중하게 여겼던 사람들로부터 큰 지지를 받았다. 그 결과 경건한 신도회 운동이 탄생되었다.56) 이 운동으로부터 "'행동개혁 신도회'(the Society for the Reformation of Manners, 1691), '기독교 지식 증진 신도회'(the Society for Prompting Christian Knowledge, SPCK, 1698) 그리고 그 자매인 '복음전파 신도회'(Society for the Propagation of the Gospel in Foreign Parts, SPG, 1701)"57)가 나오게 되었다. 존 웨슬리의 아버지 사무엘 웨슬리는 경건한 신도회 운동의 주창자로서 열정적으로 참여했다. 그리고 그의 이런 관심은 아들인 존에게로 이어졌다. 존은 1732년 옥스퍼드에 머무는 동안 기독교 지식 증진 신도회의 회원이 되었다.58)

알사스(Alsace) 출신의 스페너(Philipp Jakob Spener, 1635~1705)는 기독교 신앙을 활성화하기 위해 작은 셀 모임들인 콜리기아(collegia)를 사용하기 위해 할레(Halle)와 관계했던 경건주의자들 중 첫 번째 인물이었다. 그렇다고 비밀 집회나 교회 안의 교회(ecclesiola in eccelsia) 개념이 그로부터 시작된 것은 아니었다.59) 1670년, 스페너는 "전체 교회의 건강을 위해 공동체의 친밀감과 훈련'을 목적으로 마인의 프랑크푸르트에서 경건회(collegia pietatis)를 조직

55) Kelly D. Carter, "The High Church Roots of Wesley's Appeal to Primitive Christianity," Restoration Quarterly 37, no. 2 (June 23, 2005): 8.

56) Ibid., 9.

57) Snyder, "Pietism, Moravianism, and Methodism," 120.

58) Ibid., 121.

59) Ibid., 72. 슈나이더는 교회 안의 교회에서부터 가톨릭/재세례파 유형에 이르기까지 7개의 갱신 운동 구조를 제공한다. 11 ff.

60) Ibid., 15. 그러나 브라운은 콜리기아(회, collegia)가 나온 것은 "스페너의 교리문답 공부의 결과로 파생된 것"으로 본다. Dale W. Brown, Understanding Pietism (Grand Rapids, Mich.: William B. Eerdmans, 1978), 61.

했다."[60] 신도회들의 밑그림은 부분적으로는 1669년 스페너의 중요하고도 예언적인 설교에 나타난다. 이 설교에서 그는 이렇게 묻고 있다.

　　선한 친구들이 함께 주일에 나온다면 얼마나 좋겠습니까! 잔을 들어 건배를 하고 카드나 주사위 놀이를 하는 대신 교육을 위해 어떤 책을 읽는 데 참여하거나 설교에서 들은 것을 반복하여 배우고 그 안에서 서로 도움이 될 만한 내용을 기억한다면 얼마나 유익할까요!![61]

　　스페너의 경건회 성격은 대체로 보수적이었고, 기존 교회 제도를 전복시키기보다는 개혁하는 데 관심했다. 따라서 스페너는 라바디에(Labadie) 같은 혁명가나 급진주의자가 아니었다. 이름뿐인 기독교를 증진시키는 비상한 능력을 지녔던 '국가' 교회에 대해 마음이 편치 않았지만, 경건회에서 성례전을 금함으로써 국가교회에 무언의 지지를 보냈다. 이 전통은 웨슬리에게 이어져 평신도 설교자들이 성례전을 베풀지 못하게 했다.[62] 그러나 스페너가 경건회를 만든 것은 모든 믿는 자들이 제사장이라고 주장했던 루터의 사상에 기초했음을 우리는 명심해야 한다. 웨슬리도 스페너와 같이 평신도 설교자들을 세우는 정당성을 제시하면서도 일반 메신저와 특별 메신저를 구분했다.
　　곧이어 프랑크푸르트 경건회에 반대 움직임이 나타나게 되었다. 반세기가 지나 등장한 웨슬리의 신도회와 같이 콜리기아도 평신도의 역할 증대와 힘과 특권, 관리 능력을 가진 평신도의 상대적인 독립으로 인해 제도 교회에 위협으로 비쳐졌다. 그러나 스페너는 끝까지 자기 입장을 견지했다. 1675년, 그는 콜레지움(collegium)이 "기독교인 교제를 위해 세워진 사적인 모임"[63]으로부터 "교회다운 제도"[64]로 발전해 가기를 열망했다. 스페너는 웨슬리와 마

61) K. James Stein, *Philip Jakob Spener* (Chicago: Covenant Press, 1986), 87; Albrecht Ritschl, *Geschichte des Pietismus*, 3 vols. (Bonn: Adolph Marcus, 1880), 2:135.

62) Wilda Morris, "Philipp Jakob Spener: Continuing the Reformation," *The Covenant Quarterly* 38 (February 1980): 15.

63) Stein, *Spener*, 90.

64) Ibid. 스페너는 스페너의 콜리기아가 위협으로 인식된 세 가지 이유를 제시한다. 첫째, 평신도의 역할을 확대한 것. 둘째, 지역 교회의 구조를 변경한 것(장로회, *collegium presbyterorum*), 셋째, 모임의 성격을 고백적인 것으로 만든 것. Snyder, "Pietism, Moravianism, and Methodism," 71.

찬가지로 모교회로부터 분열이나 분리를 생각하지 않았다. 사실 1670년, 분리의 유령이 두려워 자기 제자들에게 이렇게 선포했다. "하나님께서 허락하는 한 목회가 타락한 상황이라 할지라도 존귀한 직임에서 우리는 분리해 나갈 수 없다."[65]

마찬가지로 메소디스트의 공동체 생활에 끼친 모라비안 운동의 영향은 반회(band)의 구성에서 가장 쉽게 찾아볼 수 있다. 반회는 메소디스트의 속회보다 더 작은 수로 구성되었을 뿐 아니라 제자도에 있어서 더 엄격한 기준을 적용했다. 이 엄격함은 반회의 규칙과 정식 회원이 되기 위해 묻는 질문에서 나타난다. 핸더슨(Henderson)은 반회가 "정서적인 양식"(affective mode)[66]에 속한다고 보았다. 반회의 목적은 회원들이 가장 깊은 차원에서 마음의 성정이 변화되는 것이었다. 몇몇 메소디스트 회원들은 지나친 심문에 화를 내기도 했다. 결국 이 훈련의 구조는 영국과 미국의 메소디스트에서 주변으로 밀려나게 되었다.

경건주의의 교회 안의 교회와 모라비안 운동의 작고 훈련된 모임이 성공하자 감명을 받은 웨슬리는 속회, 반회. 선발 신도회(select society)등과 같은 메소디스트의 내적 구조를 발전시켰다.[67] 이들 셀 모임들은 속회 인도자들뿐 아니라 모든 회원이 서로 영적 건강을 위해 견지해 주는, 믿는 자들의 만인 제사장에 대한 실천적 표현이 되었다. 애찬식에 참여하기 위해선 언제나 표를 발급하여 제한된 허용을 했으며, 감독함으로써 훈련이 이루어졌다. 웨슬리는 "영혼과 몸이 한 사람을 만든다면, 영과 훈련이 기독교인을 만든다."[68]고 되뇌었다. 사실 그는 18세기 영국 국교회의 쇠퇴는 진정한 목회적 돌봄과 감독이 부족했기 때문이리고 보았다. "영국 어디에서 기독교 교리에 기독교 훈련을 더한 적이 있는가? 이제 훈련 없이 설교된 교리는 그것이 무엇이든 청

---

65) Stein, *Spener*, 92. Ritschl, *"Philipp Jakob Spener: Seine theologische und kirchliche Stellung,"* in *Geschichte der Pietismus*, 2:97~124. 경건주의 목회의 이상에 대한 자료를 보려면, Martin Schmidt, *Der Pietismus Als Theologische Erscheinung* (Gottingen: Vandenhoeck & Ruprecht, 1984), 122 ff, *"Das pietistische Pfarrerideal und seine altkirchen Wurzeln."* 를 참조할 것.

66) D. Michael Henderson, *John Wesley's Class Meeting: A Model for Making Disciples* (Nappanee, Ind.: Evangel Publishing, 1997), 112.

67) 슈나이더가 정확하게 지적했듯이, 웨슬리는 경건주의의 작은 교회 모델에 주목하지 않았지만, 메소디스트를 교회 안의 작은 교회로 생각했다. Snyder, "Pietism, Moravianism, and Methodism," 261.

68) Outler, *Sermons*, 4:90.

중에게 온전한 영향을 줄 수 없다."[69] 웨슬리는 이 점을 좀 더 분명하게 지적하며 이렇게 말했다. "깨어 하나님의 방법으로 훈련하는 일에 참여하지 않고 사도와 같이 설교하는 것은 살인자를 위한 자녀들을 낳는 것과 같다."[70]

메소디스트의 내적 구조

1739년 말, 자신들의 죄에 대해 깊이 확신했던 10여 명의 사람들이 런던에 머물고 있던 웨슬리에게 와서, 자기들과 함께 머물면서 기도해 줄 것과 "어떻게 해야 다가올 진노에서 자유로울 수 있는지"[71] 안내해 달라고 요청했다. 이것이 바로 런던에서 처음으로 등장한 '연합신도회'(the United Society)의 시작이었다. 그 후 연합신도회는 여러 지역으로 번져 나갔다. 웨슬리는 "이 신도회는 형식을 갖춘 공동체였고 경건의 능력을 추구하는 공동체였다."[72]고 술회했다.

이제 연합신도회 회원들이 자신의 구원을 이루고 있는지 분명히 하기 위해 신도회는 작은 수의 모임으로 나뉘어져 속회를 이루었다. 속회는 12명 정도로 구성되었는데 그 중 한 사람을 지도자로 세웠다. 연합 신도회에 가입하는 유일한 조건은 앞서 언급했듯이 '장차 임할 진노에서 자유롭고 싶은 열망' 뿐이었지만, 속회에 남기를 원하는 사람들은 연합신도회의 일반 규칙을 지킴으로써 구원에 대한 자신들의 열망을 확신해야 했다. 연합신도회의 일반 규칙은 악을 피하고, 선을 행하며, 은총의 수단을 활용하는 것이었다. 이 중 처음 두 규칙은 자연법의 기본적인 교훈을 이루고 있었으며, 이 세 가지 일반 규칙은 회개를 촉구하는 웨슬리의 다른 글 속에서도 자주 등장했다. 이 같은 사실은 속회 모임의 가장 큰 목적이 이전의 삶의 방식에서 죄를 용서받고 거룩한 사랑의 은혜로운 성정이 공동체와 그 회원들의 심령에 일어나는, 새로운 방식으로 나아가도록 회개를 독려하기 위해서였음을 보여 준다.

그러므로 메소디스트 제도의 탁월함은 그 시작부터 분명하게 나타나는데, 영국 국교회 사람들뿐 아니라 모든 사람들을 향해 개방적이지만, 일단 입단

---

69) Ibid.
70) Ward and Heitzenrater, *Journals and Diaries*, 21:424.
71) Davies, *Methodist Societies*, 9:69.
72) Ibid.

한 사람들에게는 진정하고도 참되며 본래적인 성서적 기독교를 훈련하는 것이었다. 이처럼 전체 공동체가 타락하지 않도록 메소디스트 속회는 공개적으로, 자신의 뜻에 따라 회개하기를 거부하고 경건치 못한 삶을 버리려 하지 않은 사람들을 용납하지 않았다. 웨슬리는 이렇게 외쳤다. "악한 사람들은 찾아내어 견책을 받았다. 그들은 한때 편협했지만, 죄를 버리게 되면 우리는 이들을 반갑게 받아들였다. 만일 저들이 고집스럽게 죄 된 삶을 고집한다면, 우리는 공개적으로 이들이 우리에게 속하지 않는다고 선언했다."[73] 회원을 배제시키는 방법은 자기-의의 방식으로 행하지 않고 보다 큰 신도회의 유익을 위해 행해졌다. 웨슬리는 그 상황을 이렇게 전한다. "남은 자들은 떠난 사람들을 위해 울며 기도했다. 그러면서도 기뻐했다. 그 이유는 문제의 갈등이 신도회에서 사라졌기 때문이었다."[74] 불행히도 18세기 영국 메소디스트에서 잘 수행됐던 경건주의적 구조의 속회 훈련이 영국이든 미국이든 지금은 적절하게 시행되지 않고 있다.[75]

메소디스트 속회 제도는 "영국 사회의 계급 구조의 층을 반영하고 있었던"[76] 영국 국교회의 교회 제도와 첨예한 대립을 이루었다. 예컨대, 핸더슨은 "(영국 국교회) 성전 의자들까지도 변할 수 없는 사회 계층에 따라 놓여졌다."[77]는 점에 주목했다. 웨슬리는 정치에서 민주주의적 방법에 대해 잘 모르고 있었지만, 계급과 경제 지위, 혹은 교육이 속회에서 고려될 수 없다고 보았다. 따라서 그 뿌리에서부터 계층에 대한 편견을 제거했다. 대신 메소디스트 속회에서 지도력과 더 책임 있는 지위가 부여되는 것은 계층과 상관없이 신앙과 영적 성장이 기준이었다. 이런 이유 때문에 가난한 사람들이 종종

---

73) Ibid., 9:261.
74) Ibid. 노후에 웨슬리는 이렇게 지적했다. "나는 존 셀라스(John Sellars)를 더 이상 지도자로 인정할 수 없다. 그렇지만 그가 속회를 인도하고자 한다면 나는 당신에게 그를 신도회로부터 제명할 것을 요청한다. 만일 그가 지도했던 20여 명 정도의 속회 회원이 떠난다 해도 그는 신도회에서 제명되어야 한다. 제명은 빨리 할수록 좋다. 우리가 훈련할 수 없는 상황보다 40명의 회원이 제명되는 편이 낫다. 규정을 받아들이지 않는다면 더 이상 감리교인이 아니다. 이 점을 전체 신도회에 설명하라." Telford, Letters, 7:101.
75) 어떻게 웨슬리가 속회의 잔가지들을 쳐냈는지 살펴보려면, Charles E. White, "John Wesley's Use of Church Discipline," Methodist History 29 (1991): 112~18을 참조할 것.
76) Henderson, Wesley's Class Meeting, 47.
77) Ibid.

환영 받고 있다고 생각했다.

연합 신도회 일원이라면 속회 회원이 되어야 했지만, 속회원이 되었다고 해서 자발성에 기초하여, 보다 엄격한 훈련이 요청되는 반회에 참여할 필요는 없었다. 반회는 특정 지도자가 세워지지 않았다는 점에서 메소디스트 속회와 구별되었다. 반회에 속한 회원들은 적어도 어느 정도의 죄의 용서, 상호 책임과 돌봄에 대한 확신이 있었기 때문에 지도력과 방향이 필연적으로 갖추어진 사람들이었다. 그럼에도 불구하고 웨슬리는 직접 1744년 "반회 신도회 지침"(Directions given to the Band Societies)을 만들어 방향을 제시해 줬다. 이 지침은 악을 피하고, 선행을 행하며, 은총의 수단을 사용하라는 연합신도회의 세 가지 일반 규칙을 포함하고 있어서 회개의 요소를 제안하고 있지만,[78] 그 내용은 은총에 있어서 괄목할 만한 성장을 기대한다는 점에서 다소 차이가 있다. 예를 들면, '싸움' '술 취함' '헛되이 하나님의 이름을 사용하는 것'과 같은 일반 규칙 항들은 반회 신도회 지침에서는 삭제됐다. 웨슬리에 따르면, 반회 회원들의 신앙이 이미 "이 정도의 세상적인 것을 극복하고 있었기 때문이었다."[79] 속회와 반회는 각기 다른 시간대에 모임을 가졌지만, 적어도 일 년에 네 차례는 애찬식의 이름으로 연합모임을 가졌다. 애찬식은 모라비안이 웨슬리의 메소디스트 운동에 기여한 또 다른 영역이었다.[80] "하나님의 빛 안으로 계속해서 걸으며 형제단에 앞서 나가고 있는"[81] 탁월한 회원들을 위해 웨슬리는 선발신도회(select society)를 조직했다. 웨슬리는 선발신도회에 대해 한편으로는, "언제든 자신의 속마음을 털어놓을 수 있는 진지하고 성숙한 모임"[82]을 열망했고 다른 한편으로는, 사랑과 거룩함과 선행으로 모인 이 집단의 예를 다른 모임에 모범으로 제시하고자 했다. 선발신도

---

78) 이 상황에서 회개는 법적인 회개가 아니라 복음적인 회개를 뜻한다. 달리 말하면, 반회에 속한 사람들은 육적인 본성에 대해 회개하고 있었다.

79) Davies, *Methodist Societies*, 9:79.

80) Snyder, "Pietism, Moravianism, and Methodism," 145. 영국 메소디스트의 예전에서 애찬식이 갖는 중요한 위치를 살펴보려면, Frank Baker, *Methodism and the Love Feast* (London: Epworth Press, 1957)을 참조할 것. 미국의 경우를 보려면, Richard O. Johnson, "The Development of the Love Feast in Early American Methodism," *Methodist History* 19, no. 2. (January 1981): 67~83과 Lester Ruth, "A Little Heaven Below: The Love Feast and Lord's Supper in Early American Methodism," *Wesleyan Theological Journal* 32, no. 2 (Fall 1997): 59~79를 참조할 것.

81) Jackson, *Wesley's Works*, 8:260.

82) Ibid.

회 회원들 가운데 많은 사람들이 기독교인의 완전의 문지방에 있었고 속회와 반회에 모범이 되었기 때문에, 웨슬리는 여러 가지 규칙으로 이들을 번거롭게 할 필요가 없으며, 특정 지도자가 필요하지도 않다고 생각했다. 대신 다음과 같은 몇 가지 지침을 마련했다. 첫째, 비밀 준수("반회에서 얘기된 것은 어떤 내용도 다시 얘기되어서는 안 된다."[83]) 둘째, 순종("모든 회원은 사소한 일까지도 그의 목회자에게 복종할 것을 약속한다."[84]) 셋째, 기여("모든 회원은 일주일에 한 번은 공동체를 위해 할 수 있는 만큼 절약하여 절약한 것을 가져온다."[85]) 그러므로 메소디스트의 내적 구조가 갖는 최고의 차원은 은총이 자라면서 '책임지는 자유'도 자란다는 것을 보여 준다.

만일 속회, 반회, 선발신도회가 18세기 영국 메소디스트의 전체적인 구조를 구성했더라면, 메소디스트 운동이 영국 국교회와 그렇게 상충하지 않았을 것이다. 그러나 웨슬리는 설교자들을 감독하는 데 도움을 주었던 부지도자들(assistants)뿐 아니라 종종 '도움자들'(helpers)이라 불렸던 평신도 설교자들을 대거 기용하여 경건주의와 모리비안 동료들과 결별을 했다. 앞서 밝힌 대로 '일반적인 부름'(ordinary call)과 '특별한 부름'(extraordinary call)을 구별하여 평신도 설교자들을 세우는 것을 정당화했던 것이다. 실제로 1771년 크로스비 여사(Mrs. Crosby)에게 보내는 편지에서 "메소디스트를 향한 하나님의 전체 사역을 하나님의 뜻이 담긴 특별한 선물"[86]로 표현했다. 그러나 영국 국교회는 이 문제를 이렇게 생각하지 않았다. 여러 사제와 심지어 몇몇 감독까지 나서서 평신도 설교자들은 교육이 모자라고 교구의 경계선을 침범한다고 계속 비난했다. 1744년 웨슬리는 이 설교자들을 모아 연회(conference)[87]를 조직했다. 그러다가 이후에는 메소디스트 강단에서 설교한 것과 관련하여 '감리회 조직 독립선언'(Deep of Declaration)을 했는데, "설교자는 웨슬리의 신약성서 주석과 네 권으로 정리된 '설교들'에 담긴 교리를

---

83) Ibid., 8:261.
84) Ibid. 이 교훈에 따라 웨슬리는 순종의 수행을 통해 인간의 기질을 훈련시키고자 했다. 이러한 영적 지도와 돌봄의 방식은 성 베네딕트의 규칙(the Rule of St. Benedict)과 비슷하다. Anthony C. Meisel and M. L. Del Mastro, *The Rule of St. Benedict* (New York: Doubleday, 1975)를 참조할 것.
85) Jackson, *Wesley's Works*, 8:26.
86) Ibid., 12:356.
87) 1744년 모인 최초의 연회는 웨슬리와 설교자들이 함께 모였다. 그러나 점차 그 모이는 자격을 선발신도회 회원으로 제한했다. Jackson, *Wesley's Works*, 13:255.

설교해야 한다."[88]는 내용이었다.

아우틀러의 용어를 사용하자면, 경건주의와 모라비안 모델로부터 배운 메소디스트는 "영국 국교회 안에 복음적 집단"[89]을 이루고 있었다. 달리 말하면, "종(bell)과 책과 촛불로 완전히 무장한"[90] 메소디스트는 결코 교회가 아니라 보다 큰 신앙의 연합 안에 개혁을 가져오는 신도회가 되고자 했다. 데이비스(Davies)에 따르면, "신도회는 보편적 교회가 선포한 진리를 인정하지만 성례전과 친교를 통해 교회가 지속적으로 수행해야 할 … 내적 거룩함을 발전시켜야 한다고 주장한다."[91] 그야말로 메소디스트는 그 정체성으로 보편성을 필요로 하였고 이 점을 웨슬리는 잘 이해하고 있었다. 실로 교회의 선교와 기능적 이해가 없이는 메소디스트는 그 방향과 정체성과 목표를 상실하게 될 것이다. 이런 이유로 웨슬리는 영국 국교회로부터의 분리를 강력하게 반대했으며, "(그러나) 감리교도들이 교회를 떠나게 될 때 하나님을 떠나는 것이 되어 경건의 모양은 있으나 경건의 능력을 상실하게 된다."[92]고 경고했다.

모교회로부터의 분리의 문제를 하나님의 성령을 힘입어 메소디스트를 살리려는 것으로 풀어 갔던 웨슬리는, 어떤 의미에서 교회론과 구속론을 연결했다. 웨슬리가 이 문제와 관련해 영국 국교회를 지칭했는지, 로마 교회를 지칭했는지 알 수 없지만, '보편적이고' '전통적이며' '제도적인' 교회가 역사를 통해 정확한 교리를 자랑하고 정책과 교회 훈련과 은총의 수단으로 위안을 삼지만, 그럼에도 불구하고 여전히 경건의 능력을 얻기 위해서는 그 안에 복음적인 모임을 필요로 한다고 생각했다. 이 복음적인 모임을 웨슬리는 종종 진정하고 참되며 본래적인 성서적 기독교라 불렀다. 다시 말해, 보다 광의의 교회는 계속해서 개혁을 필요로 했기 때문에, 웨슬리는 교회 안에 변화를

---

88) Ibid., 8:331.
89) Albert C. Outler, "Do Methodists Have a Doctrine of the Church?" in *The Wesleyan Theological Heritage: Essays of Albert C. Outler*, ed. Thomas C. Oden and Leicester R. Longden (Grand Rapids, Mich.: Zondervan Publishing, 1991), 223~24.
90) Ibid., 224.
91) Davies, *Methodist Societies*, 9:3.
92) Outler, *Sermons*, 3:589. 또한 A. H. Harrison, *The Separation of Methodism from the Church of England* (London: Epworth Press, 1945)와 N. S. Richardson, "John Wesley on Separation from the Church," *American Quarterly Church Review* 14 (1861): 63~74를 참조할 것.

가져오는 예언자적인 모임을 필요로 한다고 생각했다. 신앙을 다음 세대로 이어 주는 데 필요한 형식적인 '객관적' 전통의 요소들을 강조한 나머지 결정적인 구속의 능력을 지닌, 치유하는 성령의 '열정적' '초자연적' '주관적' 요인들을 저버리지 않기 위해 이 예언자적 모임이 결성된 것이다. 이는 교회는 역동적이며 영적이어야 하고 지속적으로 개혁되어야 한다는 이해를 담고 있다. 메소디스트가 그 배경에 영국 국교회를 필요로 하듯이 영국 국교회는 교회의 증언자로 메소디스트 신도회를 필요로 했다.

실천적 기독교인의 삶

살아 있는 유기체로서의 그리스도의 몸이 자라나 다른 이들에게 축복이 되기 위해서는 기운이 넘쳐야 하고 모든 선한 일에 참여해야 한다. 그러므로 교회는 '밖으로 드러난 경계'(outward bound)여야 한다. 그러나 웨슬리 당시까지도 개신교의 몇몇 흐름은 '오직 은총으로만'(sola gratia)이란 가르침으로부터 잘못된 결론을 끌어내어 행함을 거부하는 피동성 혹은 정적주의를 주장했다. 예를 들면 몇몇 웨슬리 비평가들은 이렇게 외쳤다. "더 많은 사람들이 도둑질보다는 '기도함'으로 지옥에 갔다."[93] 그런가 하면 또 다른 사람들은 이렇게 불평했다. "여러분의 행위에서 떠나시오. 여러분의 행위와 단절하시오. 그렇지 않으면 그리스도께 나아올 수 없습니다."[94] 뿐만 아니라 피터 래인(Fetter Lane)에서 몰더(Molther)와 브래이(Bray)의 모호하고 훈련되지 않은 신학을 경험한 웨슬리는 이들이 속한 경건회를 떠나 1740년 파운데리(Foundery)로 자리를 옮겼다. 피터 래인에서는 칭의에 앞선 행위의 문제로 논쟁이 있었다. 성석주의사들의 주장은 종종 기독교인 삶의 다른 영역에도 어느 정도는 영향을 미치고 있었다. 그러나 웨슬리는 행함이 없는 신앙은 "기독교의 거대한 역병"[95]이라고 주장했다.

시간이 지나 1770년 메소디스트 연회는 1744년에 모였던 첫 번째 연회를 회상하며, 처음 감리교인들(Methodists)은 "생업"(working for life)[96]과 관련하

---

93) Outler, *Sermons*, 3:403.

94) Ibid.

95) Ibid., 2:459.

96) Jackson, *Wesley's Works*, 8:337.

여 "칼빈주의로 너무 기울어 있었다."[97]는 점을 상기시켰다. 예컨대, 웨슬리와 메소디스트 설교자들은 예수 그리스도가 제자들에게 노동을 하라고 촉구했음을 선언했다. 노동하라는 말은 "말 그대로 영생에 이르도록 고기를 위해 수고하라"[98]는 의미이다. 따라서 한편으로, 웨슬리는 하나님의 은총이 충분하다고 고백했으며 이 은총을 순전한 선물로 받아들였다. 다른 한편으로는 흥미롭게도, 이 충분성이란 일단 은총을 받게 되면 하나님과 협력하고 하나님께 응답하게 되는 것이라고 보았다. 값없이 주시는 은총과 협력 (혹은 책임)은총의 균형은 개신교 요소와 가톨릭 요소의 종합으로 "우리 자신의 구원을 이룸에 대해서"(On Working Out Our Own Salvation)라는 그의 설교를 이해할 수 있게 하는 배경이다. 이 설교를 보면 웨슬리를 반-펠라기우스 주의의 영역으로 평가할 수 없게 된다. 예컨대, 인간의 행위가 아니라 하나님의 행위인 칭의와 신생은총을 받은 공동체는 이제 하나님의 계속되는 은총에 응답할 수 있는 능력을 힘입게 된 셈이다.

값없이 주시는 하나님의 은총은 우선적으로 주어지는 은총으로, 책임은총의 전제이며 해석의 배경이 되기 때문에, 웨슬리와 감리교인들은 진지한 기독교인 제자도와 관련한 가르침에서, 삶의 노력과 전진과 수고를 아끼지 말라고 강조했다. "이미 받은 은총을 증진시키고 하나님의 사랑 안에서 자라가는 자는 분명코 그 은총을 지키게 될 것이다."[99] 이러한 신-인 협력은 기독교인 삶을 특징지으며 진정한 치유의 과정을 가지게 됨으로써, 영혼이 은총과 사랑으로 자라 가며 마음의 기질이 거룩한 사랑 안에서 크게 변화한다. 그러나 하나님의 본래적이고 값없이 주시는 은총이 협력적이거나 책임적인 은총을 이해하는 배경이 되지 않는다면 예컨대, 모든 은총이 (하나님이 주도권을 갖는다 해도) 광의의 종합적인 패러다임 하에서만 본다면, 웨슬리 신학을 결정적으로 잘못 보게 될 수 있다. 이와 관련해 최근의 한 역사가는 다음과 같이 메소디스트가 강조했던 점을 기술했다.

---

97) Jackson, *Wesley's Works*, 8:337. 1770년대 웨슬리와 칼빈주의자들과의 복잡한 관계를 다룬 것으로는 Herbert McGonigle, *Sufficient Saving Grace: John Wesley's Evangelical Arminianism* (Carlisle, Cumbria UK: Paternoster Publishing, 2001)을 참조할 것.

98) Ibid.

99) Outler, *Sermons*, 3:284.

그러나 메소디스트 영성의 특징은 성서적 거룩함과 하나님의 견고한 의지에 대해 수동적으로 응답하는 것이 아니라 '자신의 구원을 이루는 일'에 능동적인 작인으로서, 혹은 어떤 학자가 적절하게 표현했듯이 '책임은총'으로써 인간 자신의 영적 운명을 조정할 필요가 있다는 점을 강조한 것이다.[100]

다시 말해, 웨슬리 신학의 종합적이며 협력적인 면을 지나치게 강조하고, 웨슬리가 자신이 속해 있었던 영국 국교회 유산뿐 아니라 경건주의와 모라비안에게서 배운 것들을 충분히 설명하지 않는다면, 전통 밖에 있는 사람들은 웨슬리의 아르미니우스주의를 문제가 있다고 보게 될 것이다. 일례를 든다면, 개혁주의 복음주의자인 마크 놀(Mark Noll)은 믿음을 통해 은총에 의한 구원의 문제에 대해 현재 로마가톨릭 신학이, 축의 한 극점인 웨슬리의 아르미니우스주의와 또 다른 극점인 주류 종교개혁자들을 중재하고 있다고 생각한다. 그는 이렇게 진술한다.

> 앞의 장들에서 밝혔듯이, 특별히 「요리문답」(Catechism)과 "칭의론에 대한 연합 선언"(The Joint Declaration on the Doctrine of Justification)에서 나타난 공식적인 가톨릭의 가르침은 이제 존 웨슬리의 아르미니우스주의와 루터와 칼빈이 주장한 아우구스티누스의 입장 사이 어딘가에 있는 것처럼 보인다.[101]

웨슬리의 탁월한 은총 이해에 대한 적절하고도 정확한 평가들은 배타적인 종합적 패러다임을 깨는 보겐(Ole Borgen)의 연구 속에서 찾을 수 있다. "(칭의와 신생)은 하나님의 선물이요 사역이다. 웨슬리는 칭의와 신생에 나타난 하나님의 구원 사역에는 다른 영역에서는 나타나고 있는 인간의 능동적인 협력이 없다고 보았다."[102] 달리 말하면, 우리가 참된 선행들로 응답할 수 있기 위해서는 먼저 본래의 기독교인 삶을 위한 기초로서 하나님의 값없이

---

100) Hempton, *Empire of the Spirit*, 58. 헴튼(Hempton)의 평가가 문제가 있기는 하지만 그의 책은 메소디스트의 본성을 이해하는 데 역사적으로 아주 유용하다.

101) Mark Noll and Carolyn Nystrom, *Is the Reformation Over? An Evangelical Assessment of Contemporary Roman Catholicism* (Grand Rapids, Mich.: Baker Academic, 2005), 232.

102) Ole E. Borgen, *John Wesley on the Sacraments* (Grand Rapids, Mich.: Francis Asbury Press, 1985), 150.

주시는 선물을 받아야 한다. 다시 한 번 강조해서 말한다면, 이것이 바로 신생에서 시작한 거룩한 사랑이며 이 거룩한 사랑이 선한 사역을 생각나게 하고 이 사역에 하늘의 맛을 제공한다.

웨슬리는 초기 교부들과 개혁파 경건주의로부터 계속되는 기독교인의 삶 속에 믿음과 행위의 진정한 균형이 있어야 함을 배웠던 것이다. 어릴 적 웨슬리는 성서를 존중하고, "처음 3세기 작가들이었던 원시 교부들의 가치"를 존중하도록[103] 훈련받았다. 어느 순간, 그는 자신의 글 속에 처음 4세기 혹은 5세기의 기독교 문헌을 사용했던 캔터베리 대 주교 윌리엄 로드(William Laud)[104]의 뒤를 따라 고전의 사용을 "4세기 중엽 혹은 말까지" 확대하여 사용했다.[105] 그러나 웨슬리는 노년에 벤슨(Joseph Benson)과 대화하면서 생각을 수정했다. "틴달(Mr. Tyndall) 씨가 누구인지 나는 알지 못하나 마단(Madan) 씨처럼 아주 건전한 사람임에 틀림없습니다. 나는 니카이아 이전 교부들 외에는 권위를 주지 않습니다. 이들 중 누구도 성서를 거스른 사람이 없습니다."[106]

니카이아 이전의 기독교와 (위) 마카리우스(Macarius) 그리고 시루스(Ephrem Syrus)를 좋아했던 웨슬리는, 이를 근거로 믿음과 행위의 진정한 균형을 이해할 수 있었고, 이를 확장하여 크게는 나라를 개혁하고 작게는 영국 교회를 개혁하는 일을 생각했다. 예컨대, 이렇게 교부 신학자들을 높이 평가한 까닭은 이들이 "참되고 진정한 기독교를 기술했고, 기독교 교리의 가장 강력한 증거를 후대에 남겨 주었기"[107] 때문이었다. 다시 말해, 웨슬리는 자기가 처한 상황에서 실천적 기독교 신앙의 참된 모델을 그리스와 라틴 교부들의 세계에서 찾았다. "작금의 나는 참된 기독교인을 만나지 못하고 있습니다. 후대에 나온 기독교 문서에서도 나는 참된 기독교의 자료를 찾지 못했고 진정한 기독교에 대해서도 들은 바가 없습니다."[108] 달리 말해 웨슬리는 본

---

103) Davis, *Methodist Societies*, 9:538.

104) Ted A. Campbell, *John Wesley and Christian Antiquity: Religious Vision and Cultural Changes* (Nashville: Kingswood Books, 1991), 12~13.

105) Outler, *John Wesley*, 46.

106) Telford, *Letters*, 7:106.

107) Jackson, *Wesley's Works*, 10:79.

108) Ibid.

래의 기독교 신앙의 표준, 특히 신생의 표징을 현실적으로 주장하기 위해 「기독교 총서」를 사용했다. 사실 이런 맥락에서 캠벨(Campbell)은 교부들에 대한 "보수적인 사용"과 "실용적인 사용"을 구분하였다.[109] 영국 국교회 목회자들, 그 중에서도 사무엘 웨슬리는 고대 교회의 삶이 영국 교회 안에 실현되었음을 보여 주기 위해 보수적인 사용을 따랐다. 반면 웨슬리는 믿음과 행위, 칭의와 성화, 과정과 실현의 진정한 균형을 새롭게 하고 강화시키는 진정한 기독교로 영국 교회를 개혁하고자 실용적인 사용을 채택했다. 따라서 캠벨이 지적한 대로 "「기독교 총서」에 대한 웨슬리의 입장은 가톨릭과 영국 교회의 저술가들을 통해 내려온 고대 교회의 심상과는 중요한 차이를 갖고 있다."[110]

초기 교부들을 넘어 웨슬리는 사랑으로 역사하는 기독교인 믿음의 삶은 독일 경건주의자 테르스테겐(Gerhard Tersteegen)의 저술에 나타난 대로, 결정적인 순간을 시작으로 은혜 위에 은혜를 더하는 발전의 과정을 수반한다. 경건주의자들의 내적 경건을 인정하면서 조지아에 머물렀을 때에는 "구원의 순서의 내적 점유"[111]를 증언하고 있다는 이유에서 테르스테겐이 쓴 찬송가 몇 개를 번역했다. 테르스테겐에게서 자신의 목적에 부합하는 신학을 만났던 것이다. 친첸도르프(Zinzendorf)와는 달리 테르스테겐은 칭의와 성화를 융합시키지 않고 "기독교인 삶이란 구원을 주는 은총의 실천 속에서 일관되게 매일 성장"[112]을 가져온다고 보았다. 따라서 "의란 내주하는 하나님의 성령을 통해 점차 자라 간다."[113]

은총의 수단
웨슬리에게 하나님의 은총은 종종 다양한 수단을 통해 영혼에게 전달된

---

109) Campbell, *Christian Antiquity*, 16.

110) Ibid., 104.

111) J. Steven O'Malley, "Pietistic Influence on John Wesley: Wesley and Gerhard Tersteegen," *Wesleyan Theological Journal* 31, no. 2 (Fall 1996): 64.

112) Ibid., 61.

113) Ibid., 65. Gerhard Tersteegen, "Gerhard Tersteegen (Selections)," in *Pietists: Selected Writings*, ed. Peter C. Erb (New York: Paulist Press, 1983), 241~52; Gerhard Tersteegen, *Sermons and Hymns of Tersteegen*, 2nd ed. (Hampton, Tenn.: Harvey Christian Publishers, 1999); and Gerhard Tersteegen, *Life and Letters* (Hampton, Tenn.: Harvey Christian Publishers, 1990).

다. 물론 모든 축복의 담당자인 성령과 더불어 하나님의 말씀이 이런저런 형식으로 은총의 모든 여정에 담겨 있다. 웨슬리의 정의를 빌려 간단히 말하면, 은총의 수단은 "선행은총, 칭의은총, 혹은 성화은총을 사람들에게 베풀기 위해 일반적인 통로로 하나님이 제정한 외적인 표징, 말씀 혹은 행동이다."[114] 이렇게 이해하고 보면 은총이란 형식이 없는 무정형이 아니라 말씀과 표징, 행동 그리고 하나님의 은총과 능력의 실체를 전달하는 그 밖의 수단을 통해 나타난다. 다시 말해, 여기서 중요한 것은 중재의 개념(universalia in re)으로 토마스 아퀴나스의 성례전적 신학과 병행을 이룬다. 예컨대, '사물'은 하나님을 드러내는 힘, 심지어는 하나님의 현존을 전달할 수 있다.

어떤 의미에서는, 나이트(Henry Knight)가 제시한 패러다임을 빌려 우리는 일반적 은총의 수단(general means of grace)과 특별한 은총의 수단(particular means of grace)을 구분할 수 있다. 특별한 은총의 수단은 상황적 은총의 수단(prudential means of grace)뿐 아니라 제도적 은총의 수단(instituted means of grace)을 포함한다. 웨슬리가 생각한 일반적 은총의 수단은 모든 계명을 지키고, 자신을 매 순간 돌아보아 부정하며, 매일 자신의 십자가를 지고, 점차 하나님의 현존을 알아 가는 보편적 순종이었다.[115] 일반적 수단이란 기독교인 삶에서 이미 전제되었다는 의미였다. 달리 말해, 일반적 은총의 수단은 기독교인 경험의 근본적인 뜻을 알려 주는 기반이다. 따라서 웨슬리가 말한 바, '신실함'을 뜻하는 것으로, 믿는 자들이 정직하고 겸손한 방법으로 은총 안에서 더욱 자라 가게 하는 다양한 방식을 의미한다.

제도적 은총의 수단

특별한 은총의 수단 중 첫 번째인 제도적 은총은 대부분의 사람들이 '은총의 수단'이라 했을 때 생각할 수 있는 은총이다. 사람들은 종종 특별한 수단을 '경건한 행위들'로 생각한다. 예컨대, 신앙 공동체의 도움이 없이는 "우리의 대화를 바르게 하는 것이"[116] 몹시 어렵기 때문에 "애원(deprecation), 탄

---

114) Outler, *Sermons,* 1:381.
115) Henry H. Knight, *The Presence of God in the Christian Life: John Wesley and the Means of Grace* (Metuchen, N.J.: Scarecrow Press, 1992), 5.
116) Jackson, *Wesley's Works,* 8:323.

원(petition), 중재(intercession), 감사(thanksgiving)로 구성된 개인기도, 가족기도, 공중기도와 같이 기도하는 일,"117) "읽고 ⋯ 묵상하고 ⋯ 들음으로써 성서를 탐구하는 일,"118) 모든 믿는 자들이 언제나 해야 할 일로 주의 만찬을 받는 일, 금식하는 일, 특히 고대 교회가 지켰던 수요일과 금요일에 금식하는 일, 기독교인 집회에 참석하는 일을 특별 수단으로 여겨 반드시 해야 한다고 생각했다. 또한 여기에 제시된 제도적 은총의 수단의 목록은 은총의 수단이 성례전을 언급하는 것을 넘어 중요한 방식으로 말씀(기도, 성서 탐구, 기독교인 집회 참석)을 포함하는 데까지 나아감을 보여 준다. 이처럼 보다 넓게 은총의 수단을 사용하는 것은 본래 루터의 전통이었는데, 이후 1662년 판 「공동 기도서」에서 반영되었다. 이는 주로 노르위치(Norwich)의 감독 레이놀즈(Bishop Edward Reynolds)의 기여에 의해서였다.119)

자신의 글에서 제도적 은총의 수단의 목록을 일일이 열거한 웨슬리는 이내 "은총의 수단이 갖는 가치는 경건의 목적에 실질적으로 기여하고 기초하는 데 있으며, 그 결과 이 모든 수단들은 목적과 결별될 때는 아무것도 아닌 공허한 것"120)이라고 지적했다. 다른 말로 하면, 은총의 수단은 보다 큰 웨슬리의 전체 신학적 기획의 주제인 하나님과 이웃 사랑, 곧 기독교 신앙의 전부이자 참 내용이 되는 거룩한 사랑에 기여해야 한다. 즉 이러한 은총의 통로들은 수단을 넘어 보다 결정적인 것을 지칭해야 한다. 외적인 수단들이 여러 방식으로 하나님의 성령과 분리되어 수단 그 자체가 목적이 된다면, 이 수단들은 "함정에 빠지게 되어 어떤 경우에도 하나님의 지식이나 사랑에 기여할 수 없다."121) 웨슬리는 실제로 은총의 수단들이 "사랑의 여러 수단에 지나지 않거나 사랑의 진정한 열매인 특별한 덕목의 수행일 뿐"122)이라고 주상했다.

---

117) Ibid., 8:322.
118) Ibid., 8:323.
119) 설교 "은총의 수단"에 대한 아우틀러의 소개를 참조할 것. Outler, *Sermons*, 1:377. 또한 Ole E. Borgen, "No End without the Means: John Wesley and the Sacraments," *The Asbury Theological Journal* 46, no. 1 (Spring 1991): 63~85; and Gerald O. McCulloh, "The Discipline of Life in Early Methodism through Preaching and Other Means of Grace," in *The Doctrine of the Church*, ed. Dow Kirkpatrick (New York: Abingdon, 1964), 161~81을 참조할 것.
120) Outler, *Sermons*, 1:381.
121) Ibid., 1:382.
122) Ibid., 4:332. 이것은 웨슬리가 써 놓은 설교인데 무슨 이유인지 몰라도 출판하지 않기로 결정한 설교이다.

또한 은총의 수단이 종교의 목적이 아니라 수단임을 강조하는 것이 웨슬리에게는 매우 중요한 과제이기에 경건의 '모양'은 있으나 경건의 '능력'이 부족한 것과 진정한 기독교의 참된 동기의 긴장을 통해 이를 전개했다. 래빙턴(Lavington) 주교와 같은 몇몇 영국 국교회 사제들은 이처럼 웨슬리의 저술에 나타난 은총의 수단에 대한 설명을 열광주의의 대표적 사례로 여겼다. 그들의 실천신학에서 영국 국교회 사제들은 은총의 수단이 결국 본래적인 힘을 갖는다고 주장했다. 영적 진보가 은총의 수단을 전제하는 것처럼, 하나님과 이웃의 사랑으로의 필연적 진보를 가져오도록 은총의 수단을 사용할 수 있다고 평가했던 것이다.

웨슬리는 자신의 생각에 사효적(*ex opere operato*) 방향으로 흘러가는 입에 발린 주장을 반박했다. "우리가 아는 대로 경험상 인간은 (해를 끼치지 않거나, 선한 일을 하거나, 혹은 하나님의 규례를 사용하기 위해서) 수년간 노력할 수 있지만 결국 처음에 비추어 진전도 이루지 못한 채 어떤 경건도 가지지 못할 수 있다."[123] 웨슬리는 정직하게 말해 이러한 현실이 자신의 목회적 상담을 더욱 모호하게 한다는 것을 직접 겪었다. 실제로 "무슨 큰 실수를 하였건 은총의 모든 수단 안에 본질적인 힘이 존재한다고 상상하는 자들이 있다."[124]고 주장했을 뿐 아니라 "이들은 어리석게도 그리스도가 그 마음에 있지도 않으면서 자신들이 이런저런 일을 했다는 이유로 이미 기독교인들이라고 생각한다."[125]고 주장했다. 다시 말하면, 무엇을 행함으로, 혹은 '남에게 해를 끼치지 않고 자신이 해야 할 일을 함으로써, 또한 기도를 드리고 교회와 성례전에 참여함으로써, 그들이 어떻게 협력했는지에 따라' 구원을 받을 것이라고 희망했던 사람들에게, 웨슬리는 "이제야 너희가 가면을 벗었구나. 이것이 바로 드러난 가톨릭의 정체다."[126]라고 경고했다. 이 문제와 관련해 웨슬리의 개혁의 진지함이 담긴 증언에서, 그는 이렇게 주장했다. "'아니, 나는 하나님의 모든 명령을 계속해서 따르고 있습니다. 예컨대, 나는 계속해서 교회 집회와

---

123) Davis, *Methodist Societies*, 9:35.
124) Outler, *Sermons*, 1:382.
125) Ibid., 1:383. 블레빈스(Dean G. Blevins)는 나이트(Henry Knight)의 기여를 아주 진지하게 따르고 있다. Dean G. Blevins, "Means of Grace: Towards a Wesleyan Praxis of Spiritual Formation," *Wesleyan Theological Journal* 32, no. 1 (Spring 1997): 69~84.
126) Jackson, *Wesley's Works*, 11:190.

모든 성례전에 참여하고 있습니다.' 여러분도 이 일을 잘하고 있습니다. 그러나 여러분이 다시 태어나지 않는다면 이 모든 일이 여러분을 지옥에 떨어지는 것으로부터 지켜주지 못할 것입니다."[127] 여러 가르침에 비추어 볼 때, 웨슬리는 값없이 주시는 은총의 본성을 마음에 새기는 것은 잘하는 일이라고 생각했다. 이런 생각을 자신의 말로 이렇게 표현했다. "하나님은 모든 수단 위에 존재합니다. 그러므로 전능자를 제한하지 않도록 조심하십시오. 하나님은 적절한 때에 자신이 원하는 것을 행하십니다."[128]

그러므로 피터 래인에서 그랬듯이 웨슬리는 수단의 가치를 하찮게 여기면 위험하며, 생명력 있는 종교를 대신해 수단의 가치를 지나치게 중히 여기면 또한 똑같이 위험하다고 주장했던 것이다. 따라서 여러 긴장과 주제를 다루면서 웨슬리가 보였던 균형적 입장은 한편으로는 열광주의의 함정을 피해 가면서 다른 한편으로는 형식주의의 함정을 피해 간다.

성만찬 성례전

영국 국교회의 요리문답으로부터 빌려 온 웨슬리의 성례전에 대한 기본 정의는 외적인 표징과 내적인 효력(signum and res)[129]이라는 아우구스티누스의 구분을 따랐다. 앞서 밝힌 은총의 수단에 대한 정의 또한 이 구분에 근거했다. 이렇게 인식된 성례전은 "내적인 은총에 대한 외적인 징표이고 이로써 우리가 내적인 은총을 받는 수단이다."[130] 1784년에 출판된 「메소디스트 강령」(Methodist Articles)에서 웨슬리는 그리스도가 제정한 성례전은 "기독교인의 고백의 표지나 표일 뿐 아니라 은총의 분명한 징표이고 우리를 향한 하나님의 선한 의지이며 … 더 나아가 그분 안에서 우리 믿음을 강화시키고 분명하게 한다."[131]고 주장했다. 그러므로 루터가 하나님의 약속을 강조했던 것과 마찬가지로 하나님의 은택이나 선한 의지를 드러내는 것 또한 성례전의 일부가 된다.

---

127) Outler, *Sermons*, 2:200.
128) Ibid., 1:395. 웨슬리는 또한 이렇게 첨언한다. "하나님은 그가 제정한 수단에서 혹은 수단으로부터 자신의 은총을 베푸실 수 있습니다." Outler, *Sermons*, 1:395.
129) Borgen, *Wesley on the Sacraments*, 49.
130) Ibid., 1:381.
131) Schaff, *Creeds*, 3:810.

특히 주의 만찬에 대한 설명은, 웨슬리가 부분적으로는 대니얼 브레빈트(Daniel Brevint)가 쓴 「기독교 성례전과 희생」(*On the Christian Sacrament and Sacrifice*)이란 책을 참조했다. 이 책은 편집 형식을 띤 것으로 1745년 존과 찰스가 펴낸 「주의 만찬에 대한 찬송들」(*Hymns on the Lord's Supper*, 「성만찬 찬송」, 나형석 옮김[kmc])의 서론 격인 책이다. 비록 브레빈트는 크롬웰의 공위기간 동안 추방되어 고교회 학교에 속해 있었지만 예전의 고전에 속하는 그의 책 첫머리에 "그리스도의 고난과 죽음을 기념하는 성례전에 대해서"(Concerning the Sacrament, as It Is a Memorial of the Sufferings and Death of Christ)[132]라는 제목을 붙였다. 로슨(Lawson)은 웨슬리의 주의 만찬을 기념으로 이해할 경우 츠빙글리의 시각으로 읽지 않도록 조심해야 한다면서, "'기념'이란 성서의 용어는 과거 회상이라는 의미보다는 훨씬 풍요로운 의미를 담고 있다."고 지적한다. "기념이란 과거에 있었던 하나님의 역사적인 구원 행위의 힘이 현재의 경험에서도 살아나는 수단을 의미한다."[133] 이처럼 골고다의 과거 희생과 로슨이 말한 성례전적 공동체 안에 나타난 현재적 받아들임의 관계는 웨슬리의 글 속에 분명하게 나타난다. "성례전의 의도는 내적 은총의 외적 징표인 그리스도의 몸인 떡을 떼고 그리스도의 피인 잔을 마심으로써 그리스도의 죽음을 지속적으로 기억하는 것이다."[134] 웨슬리는 또한 성례전과 관련해 중요한 구절이 되는 고린도전서 11장 20절을 주석하면서 주의 만찬을 "그리스도의 죽음에 대한 엄숙한 기념"[135]이라고 불렀다. 한 마디로 말해, 기억이 현존을 수반하며, 롭 스테이플스(Rob L. Staples)가 말한 대로, "실재적인 현존은 몸의 현존이 아니라 영적 현존이다."[136]

게다가 골고다에서 보여 준 희생적 사랑은 그 일을 축하하며 소중한 은총이 주어진 것에 대한 넘치는 감사 속에서 현재의 신앙 공동체 일부가 된다.

---

132) John Lawson, *The Wesley Hymns as a Guide to Scriptural Teaching* (Grand Rapids, Mich.: Francis Asbury Press, 1987), 165.

133) Ibid.

134) Outler, *Sermons*, 3:430. 스테이플스(Staples)는 웨슬리가 말하는, 주의 만찬 안의 실재적 현존은 "몸의 현존이 아니라 영적 현존을 말한다."고 이해했다.

135) Wesley, *NT Notes*, 432 (고전 11:20).

136) Rob L. Staples, *Outward Sign and Inward Grace: The Place of Sacraments in Wesleyan Spirituality* (Kansas City, Mo.: Beacon Hill Press, 1991), 227.

따라서 메소디스트 종교 강령은 "주의 만찬은 기독교인들 서로가 스스로 안에 지녀야 할 사랑의 징표일 뿐 아니라 그리스도의 죽음에 따른 우리의 구원의 성례전"[137]이라고 진술한다. 달리 말하면, 골고다에서 찬연히 빛났던 하나님의 사랑은 성례전을 통해 받은 칭의와 성화의 현재적 구원 은총 안에서 다시금 나타난다. 예를 들어 설명한다면, 1787년에 쓴 "계속되는 성만찬의 의무"(The Duty of Constant Communion)라는 설교에서 웨슬리는 "성만찬 안에 나타난 하나님의 은총은 우리가 죄를 떠나게 함으로써 우리에게 죄의 용서를 확신해 준다."[138]고 밝혔다. 다시 말해, 주의 만찬에서 우리는 '무한한 자비' 뿐 아니라 '우리가 이 땅에서 거룩함을 얻도록' 여러 축복을 받는다.[139] 그러므로 복음의 표상인 주의 만찬은 그리스도가 선행은총뿐 아니라 칭의은총이나 성화은총도 수여하는 수단으로 제정한 셈이다.[140]

이러한 주의 만찬은 그리스도의 죽음의 의미를 아주 구체적이고 감각적이며 중재 가능한 방식으로 현재의 신앙 공동체 안으로 끌어온다. 이때 떡과 포도주는 구원을 가져오는 은총의 통로가 된다. 웨슬리가 어떤 의미에서는 만찬을 희생의 의미로 이해했다고해서 제사장 역할을 강화하거나 골고다의 온전한 희생을 간과하지는 않았다. 메소디스트 종교 강령 20항은 영국 국교회의 전통을 따르고 있다.

한 번 드려진 그리스도의 제물은 원죄든 자범죄든 전 세계의 모든 죄에 대해 온전한 구원이며 속죄이고 만족이다. 이것 말고는 죄에 대해 어떤 만족도 없다. 그러므로 사제가 산 자와 죽은 자의 아픔이나 죄책을 사면하기 위해 그리스도를 제물로 드리는 희생제는 신성모독적인 신화이며 위험한 속임수이다.[141]

말하자면 웨슬리는 성례전에 담겨 있는 중세적인 제사장 개념을 받아들이려 하지 않았다. 그는 인류를 위해 그리스도를 성부 하나님께 희생 제물로

137) Schaff, Creeds, 3:811.
138) Outler, Sermons, 3:429, 「웨슬리 설교전집 6」[대한기독교서회].
139) Ibid., 3:432.
140) Ward and Heitzenrater, Journals and Diaries, 19:159.
141) Schaff, Creeds, 3:811~12.

드린 제사장의 역할을 강조하지 않았다. 오히려 성부 하나님께서 지금 삼위일체 하나님이 살아 역사하는 축하의 공동체 안에서 성령으로 말미암아 자신의 아들이 기억되고 받아들여지도록 선물로 주었음을 강조하는 것처럼 보인다. 존과 찰스가 쓴 찬송가 두 절이 이 의미를 전해 준다.

너 주께로 가까이 나아가
주님의 피로 정결케 되어
주님의 허락하심을 따라
그리스도가 친히 제정하신
내적인 은총의 외적인 징표를 받으라.
징표는 징표된 것을 전하나니,
은총은 수단으로 전달되나니.[142]

주님의 죽음의 증언자인 너희여
하나님의 일을 기억하며 나아오라!
주께 나아와 주님의 능력을 힘입어
모든 영혼에게 그리스도를 전하자![143]

웨슬리는 제사장이 하나님과 인간의 중재자라는 생각뿐 아니라 떡과 포도주가 실제로 예수님의 몸과 피로 변화한다는 로마가톨릭의 화체설에 문제를 제기했다. 사실 이 문제와 관련해 중심 구절이 되는 요한복음 6장을 주석하면서 그리스도의 몸과 피를 성만찬의 떡과 포도주와 연결하지 않고 십자가에서 당하신 수난과 연결했다. 달리 말해 준 궁극적인 것이 궁극적인 것이 되어서는 안 되며 상징은 그 상징이 지칭하는 실재와 혼동되어서는 안 된다고 보았다. 초기 교부들과 마찬가지로 주의 만찬에서 '진정한 현존'을 주장했지만, 그 현존을 떡과 포도주의 요소 안에 한정시키는 생각에는 반대했다.

---

142) Lawson, *Wesley Hymns*, 171. 로슨과는 다른 주장을 하는 윌리엄스(Colin Williams)는 이렇게 주장한다. "참 봉헌으로서 한번 드린 이 희생은 경건과 감사의 기념으로 매일 드려야 한다." Colin Williams, *John Wesley's Theology Today* (Nashville: Abingdon Press, 1960), 161.
143) Lawson, *Wesley Hymns*, 168.

예컨대, 그리스도의 몸과 피는 하늘나라의 영적 방식으로서만 주의 만찬에 주어진다.[144] 칼빈과 마찬가지로 웨슬리에게도 성만찬의 능력과 힘, 효능은 성령을 통해 중재된다. 그러나 칼빈과는 달리 성령께서 믿는 자들을 높여서 하늘에 계신 그리스도의 몸을 먹이는 것이 아니라, 런연(Runyon)의 지적대로 "우리를 향한 하나님의 은총과 사랑이 떡과 포도주를 통해 표현되듯이 성령께서 그리스도를 우리에게 보낸다."[145]고 주장했다. 성령을 통해 그리스도를 받는다는 이 입장은 신수주의(信受主義, receptionism)라 하며 이는 리처드 후커(Richard Hooker)가 가르치고 발전시킨 영국 종교개혁 사상을 반영한다.[146]

주의 만찬은 성령으로 말미암아 그리스도의 현존을 전하는 은총의 수단이며 위로이기 때문에, "참으로 진지하게 죄를 회개하는 자들은"[147] 계속해서 이 성만찬에 참여해야 한다. 진정한 의미에서 주의 만찬은 영적 여정을 위한 음식이며, 우리 앞에 놓인 과제와 도전을 감당하기 위한 힘이다. 웨슬리는 "계속되는 성만찬의 의무"라는 설교에서 계속적인 의무와 관련해 두 가지를 강조했다. 첫째, "나를 기념하여 이를 행하라."[148]는 그리스도의 명령과 관계되고 둘째, 주의 만찬은 하나님께서 인간에게 베푼 자비와 관계된다. 때문에 은총의 수단을 통해 "우리는 그리스도가 우리를 위해 준비한 축복을 성취하도록 도움을 받을 수 있고, 이 땅에서 거룩함과 하늘에서 영원한 영광을 얻을 수 있다.[149] 웨슬리는 적어도 매 주일 한 번은 성만찬에 참여했고 5일에 한 번 꼴로 자주 성만찬에 참여했다.

세례 성례전
웨슬리는 세례를 계속되는 은총의 수단으로 생각하지 않았다. 그 이유는

---

144) Schaff, *Creeds*, 3:811.
145) Theodore H. Runyon, *The New Creation: John Wesley's Theology Today* (Nashville: Abingdon Press, 1998), 130.
146) Maddox, *Responsible Grace*, 204.
147) John Wesley, *John Wesley's Sunday Service of the Methodists in North America* (Nashville: Quarterly Review, 1984), 131.
148) Outler, *Sermons*, 3:431. "나를 기념하여 이를 행하라."는 예수의 명령은 사도 바울이 고전 11:25에 말한 대로, 먹고 마시는 때를 가리킬 수 있다. "식후에 또한 그와 같이 잔을 가지시고 이르시되 이 잔은 내 피로 세운 새 언약이니 이것을 행하여 마실 때마다 나를 기념하라 하였으니."
149) Ibid., 3:432.

아마도 한 번 행해지는 성례전이었기 때문일 것이다. 그럼에도 그리스도가 제정한 두 성례전 중 하나로서 이 또한 실천적인 기독교인의 삶의 본성을 보여 주는 중요한 창으로 세례를 생각했다. 그래서 나는 여기서 세례를 다루어 보려고 한다.

1738년 5월 24일 일지에서 웨슬리는 이렇게 적고 있다. "내 생각으로는 열 살 때쯤 비로소 나는 '세례 받을 때 허락된 성령의 씻음'으로 내 죄가 씻겨졌다."[150] 여기서 그는 "성령의 씻음"이란 구절을 중생은총과 관계시키고 있으며, 세례와 관련하여 복음적 회심 이후에도 여전히 신생의 성례전적 관점을 담지하고 있는 듯 보인다. 그러나 다른 곳에서는 세례가 신생이 아니라고 기술하고 있다.[151] 그렇다면 겉으로 보기에 첨예하게 대립되는 것으로 보이는 이 두 선언이 어떻게 화해할 수 있을까?

무엇보다, 웨슬리는 세례와 신생을 서로 완전하게 다른 것으로 생각했다. 따라서 세례와 신생은 동일하지 않으며 상호 교환될 수 없다. 예컨대, 세례가 외적인 사역의 징표인 반면 신생은 내적인 사역의 기의(記意 the thing signified)이다. "징표인 세례는 중생과 구별된다. …영국 국교회에 따르면 이보다 분명한 것은 없다. 세례는 신생이 아니다."[152] 그러므로 세례를 내적인 사역으로 보지 않았고 신생을 외적인 사역으로 보지 않았다.

둘째, 웨슬리는 분명하게 세례와 중생을 구별했는데도 불구하고 또 이 둘을 밀접하게 연관시켰다. 때문에 신생은 종종 성인세례와 관련됐고, 유아세례의 경우는 더 강하게 관련된 것으로 나타났다. 영국 국교회의 선한 사제였던 웨슬리는 자신이 속한 교회의 가르침을 반박하지 않았다. 따라서 신생은 언제나 세례를 수반하지 않는다고 주장하고는 이내 다음과 같이 덧붙였다. "내가 말하는 것은 유아세례가 아니다. 우리 교회는 유아세례를 받은 사람은 세례와 더불어 중생이 되었다고 믿는다."[153] 달리 말하면, 유아세례가 신생과 동일하지는 않지만, 언제나 분명한 관련을 맺고 있다. 바로 여기가 중생

---

150) Ward and Heitzenrater, *Journals and Diaries*, 18:242~43.

151) Outler, *Sermons*, 2:196.

152) Ibid., , 2:196~97. 이 문제와 관련해 원 자료를 분석하는 적절한 방법을 찾으려면, Gayle Carlton Felton, *This Gift of Water* (Nashville: Abingdon Press, 1992), 26~48을 참조할 것.

153) Outler, *Sermons*, 2:197.

에 대한 웨슬리의 '성례전적' 입장이 가장 강력하게 드러나는 영역이다.

하지만 유아세례에 대한 웨슬리의 높은 평가는 성만찬적 입장과 다른 배경에서 좀 더 큰 범주의 구원론적 주제에서 해석되어야 한다. 이렇게 될 때 좀 더 복잡한 구도가 드러나기 시작한다. 먼저, 웨슬리는 주저하기는 했지만 유아세례 안에 회개와 믿음이 부족하다는 결정적인 문제를 제기했다. 예를 들면 1745년에 쓴 "이성과 경건의 사람들에게 던지는 호소"란 논문에서 이렇게 적고 있다.

> 진정 영국 교회는 아이들이 믿거나 회개할 수 없음에도 불구하고 아이들이 세례와 더불어 의롭다 칭함을 받는다고 생각한다. 그러나 교회는 성년이 되어 세례를 받으러 나아오는 사람들에게는 회개와 믿음을 분명하게 요구한다.[154]

또한 웨슬리가 유아세례의 타당성과 가치를 주장했음에도 불구하고, 웨슬리의 선행은총에 대한 이해로 말미암아 그 구원론적 의미는 다소 약화되었음을 염두에 두어야 한다. 달리 말하면, 예수 그리스도가 이루신 속죄로 인해 성부 하나님은 기독교인과 비기독교인, 어린이와 어른 할 것 없이 모든 인류로부터 영원한 죽음인 원죄의 형벌을 없앤다. 그러므로 앞서 지적했듯이 그 누구도 아담의 죄 때문에 영원히 벌을 받지 않는다. 1776년 존 메이슨(John Mason)에게 보낸 편지에서 웨슬리는 그 이유를 설명한다. "그러므로 어린아이는 누구든 아담의 죄로 인해 지옥에 떨어졌거나 떨어지지 않을 것이다. 아담의 죄는 어린아이들이 세상에 보내지는 순간 그리스도의 의로 인해 취소되었다."[155]

그러나 성인세례는 어떠한가? 신생인 기의는 모든 경우에서 언제나 세례

---

154) Cragg, *Appeals*, 11:111, 135. 가톨릭과 영국 교회의 전통을 따르는 중생과 유아세례에 대한 웨슬리의 입장은, 역설적이게도 성직특권주의와 은총의 저항할 수 없음을 말하는 신학의 방향으로 흐르게 한다. 이 어려움을 피해 가기 위해 나이트(Knight)는 저항할 수 없는 은총(irresistible grace)과 은총을 저항할 수 없음(inability to resist grace)을 구분하지만, 이 구분은 지나치게 인위적인 것처럼 보인다. 나이트는 이렇게 설명한다. "유아들이 다시 태어나는 것은 세례의 은총이 아이들을 위해 저항할 수 없는 것이 아니라 어른들과는 달리 아이들은 세례의 은총을 저항할 수 없다는 의미이다." Knight, *Presence of God*, 180.
155) Telford, *Letters*, 6:239~40.

의 징표를 수반하는가? 웨슬리는 "신생"이라는 설교에서 이렇게 설명한다. "사람이 물로 탄생했다고 해도 영으로 탄생될 수 없는 경우가 있다. 때로 내적인 은총은 없고 외적인 징표만 있는 경우가 있다."[156] 아주 흥미롭게도 1746년에 출판한 「감리교인의 원리들」에서 웨슬리는 세례를 하나님의 아들 딸이 되는 것과 연관시키지 않고, 자기가 속한 국가 교회의 사람들과 같이 이름뿐인 기독교와 연관시켰다. "일반적으로 말해 영국 사람들은 기독교화된 세례를 받았다고 볼 수 있다. 그렇다고 해서 이 사람들이 세례를 받았기 때문에 지금 기독교인이라고 생각할 수는 없다."[157]

뿐만 아니라 자신의 글들 속에서 유아세례나 성인세례를 받은 사람들 중에 신생의 표를 아직도 가지지 않은 채 오히려 죄에 빠진 많은 사람들을 알고 있다고 밝힌다. "세례를 받은 사람 가운데 아직도 음식을 탐하고 술 취한 사람들이 얼마나 많은가! 또한 세례를 받은 사람 가운데 여전히 거짓말하고, 상습적으로 욕을 해 대며, 불평하고, 악한 것을 말하며, 호색하고 도적질하며 착취하는 사람이 얼마나 많은가!"[158] "당신은 어찌 생각하는가? 이런 사람들도 여전히 하나님의 자녀라고 생각하는가?"[159] 물론 웨슬리는 이러한 물음들 속에서, 누구나 알 수 있는 명백한 죄인들이 젊었을 때 세례를 받았다는 이유 때문에 여전히 하나님의 아들과 딸이고 하늘나라의 상속자들이라는 느슨한 생각을 거부하고 있다. 그는 이렇게 주장한다. "그러므로 너희 마음에 이전에 세례를 받았음으로 지금 하나님의 자녀라고 말하지 말라. 결코 자기의 죄를 비켜가지 못하리라."[160] 또한 이 문제에 대해, "너희가 이전에 세례

---

156) Outler, *Sermons*, 2:197. 1739년 1월 25일에 쓴 일지에서 웨슬리는 이렇게 쓰고 있다. "최근에 세례를 받은 것으로 내가 알고 있는 어른 가운데, 한 사람만이 온전한 의미에서 거듭났다." Ward and Heitzenrater, *Journals and Diaries*, 19:32. 그럼에도 불구하고 웨슬리는 성례전이 제대로 이루어졌을 때는 "언제나 내적인 은총이 동반된다."고 주장한다. Ward and Heitzenrater, *Journals and Diaries*, 21:240.

157) Davies, *Methodist Societies*, 9:225.

158) Outler, *Sermons*, 1:429.

159) Ibid. 그린(William Green)에게 보낸 편지에서, 웨슬리는 "영국에 있는 사람들 중에 9/10는 경건의 삶보다는 말을 택하며 경건의 삶을 경멸하다가 멸망한다."고 주장한다. Telford, *Letters*, 8:179.

160) Outler, *Sermons*, 1:428~29.

161) Ibid., 1:430. 여기서 웨슬리의 어조가 아주 강력하다. "부러진 막대기를 의지하지 말라." 그럼에도 불구하고, 웨슬리는 진정으로 살아 있는 내적 변화의 중요성을 강조한다. 곧 하나님의 유업으로 받을 수 있는 그런 변화를 강조한다.

속에서 거듭났다는 부러진 막대기를 의지하지 말라."[161]고 거듭 강조한다. 세례가 곧 신생의 자리라는 잘못된 가르침에 대해, 예컨대, 여러 면에서 해가 되는 가르침에 대해 웨슬리는 「이성과 경건의 사람들에게 던지는 호소」에서 다음과 같이 강하게 대답한다.

> 나는 죄인에게 말한다. "너희는 다시 태어나야 한다고." 그러면 너희는 이렇게 대답할 것이다. "아니오! 우리는 세례에서 다시 태어났소! 그러니 지금 와서 다시 태어날 수는 없소." 맙소사! 이 얼마나 경박한 이론인가? 그때는 너희가 하나님의 자녀였다고 하자! 그런데 지금에 와서는 단연코 "악마의 자식이 아닌가!" 하나님의 자녀가 되는 것은 아버지의 일이다. 그러므로 말장난하지 말라. 너희는 온전한 마음의 변화를 받아야 한다.[162]

따라서 신생은 오직 세례에서만 존재하며, 세례를 받은 후 다시 죄에 빠진다면 다시는 새로워지고 깨끗하게 될 수 없다고 말한다면 실로 잔인한 것이다. 이런 사태에 대해 웨슬리는 "모든 죄인들을 저주 아래 봉인하는 것이며 어떤 도움이나 희망도 없이 지옥에 묶어 두는 일"[163]이라고 말했다.

이때 신생과 유아세례를 연관시킴으로써 중생에 대한 웨슬리의 '성만찬적' 입장이 나타나게 된다. 이 입장은 로마가톨릭의 전통이 영국 국교회를 통해 웨슬리에게 이어진 유산이었다. 여러 면에서 종교개혁 전통인 웨슬리의 '복음적' 입장은 신생과 세례를 구분하는 가운데 나타나게 되었다 웨슬리는 성인세례를 말할 때 신생과 세례를 연관시키지 않았고, 하나님으로부터 난 사람은 신생의 표, 예컨대, 믿음과 소망과 사랑을 보여 주어야 한다고 주장했다. 웨슬리의 복음적 강조는 18세기 부흥운동으로 놀랍게 꽃을 피웠고, 목회 중반기 때 행한 설교들 속에서 가장 강력하게 나타난다. 말하자면, 웨슬리에게는 세례 안에 나타난 기의란 "죄에 대해 죽고 의에 대해 새롭게 사는 것"[164]이었다. 이런 맥락에서 언제나 현실적이고도 실제적인, 깊은 인격적 차원의 변화에 주목하고 관심했던 것이다.

---

162) Cragg, *Appeals*, 11:107.
163) Ibid.
164) Outler, *Sermons*, 2:196~97.

상황적 은총의 수단

제도적 은총의 수단을 넘어 웨슬리는 상황적 은총의 가치, 곧 성령의 인도로 은총 안에 자라 가도록 이성과 경험에 기초한 특별한 규칙의 가치를 강조했다.[165] "소위 감리교인들이라고 불리는 사람들에 대한 평이한 설명"(Plain Account of the People Called Methodists)이란 글에서 웨슬리는 이러한 상황적 도움이 일반적인 성서의 규범으로부터 특수한 상황과 적용으로 옮겨 가는 신중한 과정에서 생겨난다고 생각했다[166] 아마도 거룩한 삶의 기술"[167]의 가치를 자신의 어머니 수잔나로부터 배웠던 듯싶다. 1725년 6월 8일 수잔나는 아들에게 보낸 편지에서 이렇게 적고 있다.

> 이 규칙을 받아들여라. 네 생각의 힘을 약하게 하고, 부드러운 양심에 상처를 주며, 하나님에 대한 감각을 모호하게 하고, 영적인 향기를 느끼지 못하게 하는 것이 있다면, 간단히 말해서 정신보다는 몸의 힘과 권위를 키워 가는 것은 아무리 그 자체가 순수할지라도 그것은 너에게 죄가 된다.[168]

수잔나의 진정어린 충고는 상황적 규칙들이 어떤 의미에서는 개인의 양심과 상황에 맞춘 것이었음을 보여 준다. 따라서 모든 사람을 위한 일반 규칙들이 우리에게 꼭 실제적이고 도움이 될 수 있는 것은 아니다. 신앙인 개개인에게 적용할 경우 은총으로 자라 감에 따라 상황적 규칙들은 때때로 변화하기도 한다. 그래서 웨슬리는 "작은 상황적 도움에 의해 우리는 지속적으로 규칙을 바꾼다. 그러나 이러한 규칙의 변경은 생각하는 것처럼 약점이나 오류가 아니고 특별한 혜택"[169]이라고 생각했다.

또한 구속의 보편적 은총인 선행은총을 통해 생겨난 도덕법을 마음에 새

---

165) 1733년 8월 17일, 어머니에게 보낸 편지를 참조할 것. Jackson, *Wesley's Works,* 12:15.

166) Davies, *Methodist Societies,* 9:268.

167) Jackson, *Wesley's Works,* 8:323.

168) Baker, *Letters,* 25:166. 웨슬리 전체 신학에서 이성과 깊은 생각이 차지하는 역할을 다룬 글을 보고 싶다면, Wallace G. Gray, "The Place of Reason in the Theology of John Wesley" (dissertation, Vanderbilt University, 1953)와 Rex D. Matthews, "Religion and Reason Joined: A Study in the Theology of John Wesley" (thesis, Harvard University, 1986)를 참조할 것.

169) Davies, *Methodist Societies,* 9:262~63.

기는 것은, 성서와 이성, 경험에 기초한 상황적 규범을 만들어내는 것과는 다른 과정이다. 예컨대, 도덕법을 마음에 새기는 것이 기본적으로 도덕법에 대한 직관적 인정이라면 상황적 규범을 만들어 내는 것은 그 인식의 주요 도구 중 하나를 사용하여 깊이 생각한다는 점이다. 더구나 상황적 규범과는 달리 도덕법은 그리스도론과 깊이 관계하며 하나님께 기원을 둔다. 상황적 규범에 대해 웨슬리는 이렇게 기록하였다. "상황적 규범이란 하나님이 제정한 것이 아니며 상황적인 것으로 본질적이 아니다."[170]

사랑의 사역

제도적 은총의 수단에 포함된 경건의 사역과 거룩함 안에 자라 가도록 하는 상황적 규칙들에 더하여, 웨슬리는 사랑의 사역의 가치를 순수한 은총의 수단이라고 강조했다. 따라서 가난한 사람들이 더 나은 삶을 누리도록 도움을 받아야 하며 가난한 사람들을 섬기는 사람들 또한 다양한 방식으로 은택을 입어야 한다. 간단히 말해 궁핍한 사람들의 몸을 위한 사랑의 사역을 위해 "배고픈 자를 먹이고, 벗은 자를 입히며, 나그네를 영접하고, 갇힌 자, 병든 자, 여러 모양으로 고통당하는 자를 방문하며," 영혼을 위한 사랑의 사역을 위해서는 "무지한 자들을 교훈하는 데 힘쓰고, 어리석은 죄인들을 깨우치는 데 힘써야 한다."[171]

아주 흥미롭게도 경건의 사역의 가치와 사랑의 사역 가운데 현실적인 면에서 웨슬리는 사랑의 사역을 선호했다. "그러므로 여러분은 경건의 사역보다 사랑의 사역을 더욱 열망해야 합니다."[172] 이러한 비교를 넘어 웨슬리는 다음에 지적하듯이 기독교 제자도의 항구적인 목표를 드러낸다. "여러분은 겸비, 온유, 포기와 같은 거룩한 기질을 더욱 열망해야 합니다. 그러나 무엇보다도 완전하고 온전한 경건인 하나님 사랑과 인간 사랑을 가장 열망해야 합니다."[173] 달리 말하면, 사랑의 사역으로 말미암아 믿는 자들은 "모든 거룩한 기질을 가지고 지속적으로 발전시켜 실재적인 은총의 수단이 되게 할 뿐

---

170) Ibid.
171) Outler, *Sermons*, 2:166.
172) Ibid., 3:319.
173) Ibid.

아니라"174) 하나님과 이웃의 사랑 안에서 자라 가야 한다. 그러므로 경건의 사역과 마찬가지로 사랑의 사역은 섬김을 받는 사람들뿐 아니라 섬기는 사람들에게도 순수한 하나님의 은총의 통로이다. 이처럼 목회의 구원론적 순환은 역동적인 돌봄의 관계를 포함한다. 따라서 거룩한 사랑을 새기고 자라게 하는 마음의 기질의 변화는 이러한 도움과 아주 일상적인 활동의 결과일 수 있다. 그러므로 하나님 나라는 종종 일상의 삶에서 가장 낮은 자들 가운데 임한다.

웨슬리는 영역별로 구성된 속회 조직을 사용하여 궁핍한 메소디스트 회원들에게 음식과 옷, 연료 등을 공급해 주었다. 특히 당시에 영국제도(British Isles)에서 의료 혜택이 모자랐던 터라 스스로 의학강의를 듣고 약사와 의사의 충고에 따라 가난한 사람들에게 간단한 의술을 베풀었다.175) 또한 돈 한 푼 없이 가난한 사람들을 돕기 위해 런던에 처음으로 무료 의료 시술소를 열었고176) 「원시의학」(Primitive Physic)이란 책에 자기 나름의 응급 치료법들을 소개했다.

기독교인의 사랑과 동정으로 시작한 이 목회와 더불어 1746년, 웨슬리는 끼니를 잇지 못하는 여성들을 파운데리에서 무명실을 짜는 일에 고용했고, 자금이 없는 자들에게는 자본금을 빌려 주는 증권 제도를 창시했다. 처음에는 대출 자본이 30파운드를 넘지 못했다. 그러나 "일 년 안에 250명 정도가 혜택을 받을 만큼 성장했다."177) 무엇보다도, 웨슬리의 사랑의 사역은 부유한 친구들로부터 돈을 빌려 20실링씩 가난한 사람들에게 빌려 주고는 주마다 석 달 기한으로 갚도록 했다.178) 도움을 널리 베풀 수 있도록 한 속회 구조와 석 달에 걸쳐 갚게 하는 제도에서 볼 수 있듯이 웨슬리의 목회는 상호 책임의 특성을 갖고 있었다.

웨슬리의 사랑의 사역은 정치 영역에까지 확장되었는데, 처음에는 머뭇거

174) Ibid., 3:313.
175) Manfred Marquardt, *John Wesley's Social Ethics: Praxis and Principles* (Nashville: Abingdon Press, 1992, 「존 웨슬리의 사회윤리」, 조경철 옮김(보문출판사)), 28.
176) Ward and Heitzenrater, *Journals and Diaries*, 20:151, n. 6.
177) Ibid. 20: 125.
178) Ibid. 20: 204.

리다가 인생 후반기에 이루어지게 되었다. "나는 정치가가 아닙니다. 정치는 내 영역과는 거리가 멉니다."[179] 한편으로, 웨슬리는 당시 정치가들의 연설은 좀 주의를 기울여 분석해 보면 가치 없는 것들로 가득하다고 생각했다. "구두 수선공, 땜장이, 운반인, 마부와 같은 평민들은"[180] 그들 나름의 각종 정치적 발언을 자기들끼리 나눌 뿐 정치적 지식을 갖고 있지 않아 정치가들에게 전달되지 않았다. 웨슬리는 자신이 정치적 불평가들만큼 많은 지식을 갖고 있지 못하다고 인정하면서, "정치가들은 모든 일에 확신하지만 나는 어떤 것도 확신하지 않는다."[181]는 입장을 취했다. 그리고는 설교자들에게 왕의 악한 욕망을 지적하는 것 외에는 강단에서 "정치를 설교하지 말라."고 권면했다. 아울러 "설교자의 지속적이고도 주된 과제는 십자가에 달리신 그리스도를 설교하는 일"[182]이라고 그의 설교자들에게 주문했다.

정치 영역에 대해 자신하지 못했지만 결국 웨슬리는 영국 제도와 미국 정부를 상대로 자신의 정치적 의견을 피력한 여러 편의 글을 남겼다. 오렌지 공 윌리엄(William of Orange)과 그의 부인 메리 스튜어트(Mary Stuart)가 1688년 즉위하면서 세워진 헌법적 군주제를 지지했고, 존 로크(John Locke)와 장 자크 루소(Jean-Jacques Rousseau)의 정치사상에 비판적이었다. 특히 권력이 백성들로부터 나온다는 이들의 생각을 반박했다. 하나님이 권력의 기원이며 기원이어야 한다고 생각했기 때문이다. 따라서 자신의 생각과 다르게 주장을 펼치는 정치적 편견들에 대해 풍자적으로 비판했다. 당시 몇몇 '민주적' 선전 책자에서는 백성이 힘의 근거라고 주장했지만, 웨슬리에게는 이 주장이 순수하지 않거나 위선적으로 보였다. 왜냐하면 당시 인구의 반 이상을 차지하고 있었던 여성과 청년은 정치적인 힘을 충분히 행사할 수 없었고 정치권으로부터 배제되어 있었기 때문이었다. 그래서 자연법에 호소하며 이러한 정치적 사유에 대해 비판의 수위를 높였다. 웨슬리가 생각한 자연법은 창조

---

179) Jackson, *Wesley's Works*, 11:14.
180) Ibid., 11:15.
181) Ibid.
182) Ibid., 11:155. 웨버(Weber)는 정치적 책임과 권위에 대한 웨슬리의 입장은 "웨슬리 복음 신학의 요약"이라고 주장한다. 예컨대, 정치 영역에서 웨슬리가 생각하는 하나님 개념은 구원의 순서에서 적용되는 하나님 개념과 달랐다. Theodore R. Weber, *Politics and the Order of Salvation: Transforming Wesleyan Political Ethics* (Nashville: Kingswood Books, 1998), 411을 참조할 것.

와 더불어 창조된 건강한 관계로서의 도덕법뿐 아니라, 하나님의 형상의 반영이었다. 따라서 여자들과 젊은이들이 통치자들을 선택할 만큼 아직 충분한 지혜를 갖고 있지 못하다고 주장하는, 당시 정치권의 주장에 대해 이렇게 대답했다. "이들이 지혜가 있건 없건 인간 모두가 '인간 본성과 분리될 수 없는 권리'를 갖고 있다."[183]

이웃을 위한 사랑의 사역을 위해 자연법에 호소했던 웨슬리는, 노예제도의 악법에 반대하여 자기의 주장을 발전시켜 감으로써 더욱 자신의 입지를 분명히 했다. 노예제도의 사회 제도권에서 기득권을 챙기는 사람들은 국가의 공시법을 자기들 편이 되게 하여 자신들의 행위를 정당화했다. 달리 말해서, 많은 비판에도 불구하고 저들의 행위는 사실상 적법한 것이었다. 웨슬리는 이러한 생각은 잘못이라고 판단했다. 왜냐하면 노예제도라는 악법은 다른 인간을 노예로 삼는 일이 도덕적인지 아닌지에 대해 고려하지 않았기 때문이다. 1774년에 출판한 「노예제도에 대한 생각들」(Thoughts Upon Slavery)라는 글에서 그는 이렇게 답한다. "그러면 인간의 법이 사물의 본성을 바꿀 수 있는가? 인간의 법이 어둠을 빛으로, 악을 선으로 바꿀 수 있겠는가? 결코 그럴 수 없다. 만 개의 법이 있다 할지라도 옳은 것은 옳은 것이고 잘못된 것은 여전히 잘못된 것이다."[184]

그러나 웨슬리가 노예제도와 자연법의 전체 문제에 접근했던 또 다른 방법은, "우리 자신의 선택과 국가법에 따라 자신의 삶과 인격, 행복을 결정할 자유"[185]를 수반하는 시민의 자유와, "우리 자신의 양심에 따라 자신의 종교를 선택하고 하나님을 예배할 자유"[186]를 포함하는 종교적 자유를 모두 지켜내는 것이었다. 웨슬리에게 시민의 자유와 종교의 자유의 근간을 이루고, 노예제도를 폐지시킬 수 있게 하는 근간은 다름 아닌 자연법이었다. 예컨대, 자연법은 모든 인간이 인간되게 하는 법이었다. 웨슬리의 말을 들어보자. "자유는 생명의 숨을 쉬는 순간 모든 인간 피조물의 권리이다. 어떤 인간의 법

---

183) Jackson, Wesley's Works. 11:99.

184) Ibid., 11:70.

185) Ibid., 11:92.

186) Ibid. 인간의 권리로서 양심의 자유를 논하는 신학적 연구를 살펴보려면, Leon O. Hynson, "John Wesley's Concept of Liberty of Conscience," Wesleyan Theological Journal 7, no. 1 (Spring 1972): 36~46을 참조할 것.

도 인간에게서 자연법을 박탈할 수 없다."[187] 그러므로 자연법은 창조 시에 세워진 "존재자들의 본성과 건강함"[188]을 표현하는 도덕법의 반영이다. 따라서 노예제도는 인간의 존엄성뿐 아니라 창조자 하나님에게 반하는 죄이다.

사슬에 매여 있지만 "그리스도의 피로 물든"[189] 자신의 이웃들에게 사랑의 사역을 수행하기 위해 웨슬리는 죽기 얼마 전, 영국 의회 의원이었던 윌리엄 윌버포스(William Wilberforce)에게 편지를 보내 그의 개혁과 노예제도를 폐지하는 노력을 계속해 달라고 당부했다. "잘하고 있는지 염려하지 말고 하나님의 이름과 그분의 능력으로 (하늘 아래 시행되고 있는 일 가운데 가장 악한 일인) 미국의 노예들이 이 땅에서 사라질 때까지 싸움을 계속하십시오."[190] 이 일이 있기 몇 해 전인 1787년에는 노예제도의 폐지를 위해 신도회를 창설했던 샤프(Granville Sharp)와 서신을 교환했다. "내가 끔찍한 노예무역 매매에 대해 들었을 때 역겨워 토할 것만 같았소. …그러나 그 후 이 내용을 토대로 귀하께서 출판한 자료를 읽으면서 위로를 얻었다오."[191] 이후 한 달이 지난 1787년 11월, 퍼넬(Thomas Funnell)에게 비슷한 의견을 토로했다. "혐오스러운 노예매매를 반대하는 사람들에게 나는 어떤 방식으로든 도움을 줄 생각이오. 나는 "노예제도에 대한 단상들"을 큰 글씨로 찍어 소책자를 출판하였소."[192]

웨슬리의 눈에 비친 계속되는 노예제도의 실상은 "기독교뿐 아니라 인류에게 걸림돌이었다."[193] 정의나 본래적인 사람들 사이의 관계를 회복시키는 것은 제도가 아니었다. 오히려 제도는 우상의 방식으로 이득과 자기-욕심을

---

187) Jackson, *Wesley's Works*, 11:79.

188) Outler, *Sermons*, 2:13.

189) Ibid., 3:425.

190) Telford, *Letters*, 8:265.

191) Ibid., 8:17. 하인슨(Leon O. Hynson)은 웨슬리의 "노예제도에 대한 생각들"이란 글 가운데 '인권'이란 말을 주목하면서 다시 한 번 웨슬리의 노예제도에 대한 생각을 정리한다. Leon O. Hynson, "Wesley's 'Thoughts Upon Slavery': A Declaration of Human Rights," *Methodist History* 33, no. 1 (October 1994): 46~57. 또한 Irv A. Brendlinger, "A Study of the Views of Major Eighteenth Century Evangelicals on Slavery and Race, with Special Reference to John Wesley" (dissertation, University of Edinburgh, 1982)를 참조할 것.

192) Telford, *Letters*, 8:23.

193) Ibid., 8: 207. 하인슨은 웨슬리가 본질적인 배경에서 노예제도를 다루고 있음을 보았다. 예컨대, 자연법과 인권의 차원에서 노예제도를 반대한다고 보았다. Hynson, "Wesley's 'Thoughts Upon Slavery,'" 46~57.

조장했고 하나님의 은총과 사랑이 지배하는, 도래하는 하나님 나라의 비전을 모호하게 만들었다. 웨슬리는 이러한 악행에 반대하여 글을 쓰고 강연을 함으로써, 또한 박해받고 목소리가 없는 사람들을 대신해 의미 있는 사랑의 사역을 함으로써, 하나님과 이웃 사랑을 실천했다.

오늘과 내일: 자연법과 정치학을 그들은 어떻게 생각하는가?

클래런스 토마스(Clarence Thomas)에 대한 청문회가 열렸을 때, 상원의원이었던 비든(Joseph Biden)은 재판관을 몰아세우면서 "(개개 인간들에게 주어진 도덕성을 지배한다는 점에서) 나쁘기도 하고 (정부의 간섭을 받지 않고 자유로이 도덕적 영역에서 개인의 권리를 개인적으로 선택하도록 독려한다는 점에서) 좋기도 한 자연법을 신봉하고 있는지"[194] 공격적으로 몰아세웠다. 자신의 정치적 입장을 갖고 있었던 비든은 토마스의 자연법에 대한 설명이 인간의 자유, 특히 낙태할 수 있는 자유를 제한할 수 있을 것이라고 염려했다. 그렇다고는 해도 비든의 질문은 아주 획기적이었다. 예컨대, 그의 질문은 자연법에 대한 이해가 다양할 수 있음을 보여 주었다. 그러므로 정확하게 정의하는 것이 무엇보다도 중요하다.

독일 학자 볼프(Erik Wolf)가 자연법에 대한 정의가 90개 이상[195] 가능하다고 주장했는데, 이토록 다양한 정의에서 반복적으로 나타나는 주제는 크게 셋으로 정리할 수 있다. 첫째, 몇몇 철학자들은 자연법을 생각에 자명하게 나타나는, 예컨대, "실천적 인식에서 가장 처음 나타나는"[196] 일반적 도덕 원리들로 생각했다. 이 원리들은 일반적이면서 동시에 자명하기 때문에 또한 보편적이다. 둘째, 자연법은 기독교 신학에서 창조되었으며 고대 그리스 개념에서 그냥 주어진 것으로 이해될 수 있는 "외적인 질서로부터 파생된 원리들"[197]이라고 생각될 수 있다. 이 주장에서 강조되는 것은 실천적 인식의 형태인 생각의 작용이 아니라 외적인 어떤 면에서 생각이 걸러지는 객관적 질

---

194) Paul J. Lokken, "Review of a Preserving Grace: Protestants, Catholics and Natural Law," *The Journal of Law and Religion* XVI, no. 1 (2001): 701.

195) Ibid., 702.

196) Ibid.

197) Ibid.

서이다. 셋째, 유신론적인 접근은 생각과 자연의 질서를 긍정하는데, 이 질서는 하나님께서 법을 수여한 결과라고 해석한다.[198]

그러므로 다양한 요인들이 자연법이란 특별한 표현을 가능하게 한다. 그리고 이 같은 반성적 사유는 정부와 정치의 차원에서 가치 있는 것으로 나타난다. 왜냐하면 그러함으로써 소수 시민의 권리와 자유를 짓밟는 정부의 힘을 제한할 수 있기 때문이다. 예컨대, 마틴 루터 킹 2세(Martin Luther King Jr.)는 남부의 여러 주 정부 법들이 모든 인간에게 고유하게 주어진 권한을 아프리카계 미국인들에게는 허락하지 않자 이 법이 지닌 도덕성에 도전했다. 달리 말하면 자연법은 이성적이고 명징한 방법으로 그 불의함을 입증해 보임으로써 실정법(주 정부 차원이나 국가 정부 차원의 법)을 제약하거나 뒤집을 수 있다고 보았다. 그러나 몇몇 현직 지도자들은 자연법의 제약을 제약받기보다는 민중의 소리나 시대적인 정치적 역학 관계에 호소함으로써 문제를 가장 잘 해결할 수 있다고 주장하면서, 합법적 차원보다 "상위법"(higher law)에 호소하는 자연법의 제약과 제한의 힘에 분개했다.

킹은 여러 남부의 주 정부 법들을 폐지시키는 데 성공했다. 킹이 이처럼 사태를 바꿔 놓은 것은 토마스 아퀴나스의 자연법 논쟁이 지닌 타당성 때문이 아니고 당시 킹이 가지고 있었던 도덕적 힘 때문이었다. 부도덕한 주 정부의 법을 전복시키려 했던 킹의 경우건, 아직 태어나지 않은 아기의 생명을 보호하고자 하는 낙태 금지를 주장하는 자들의 경우건, 복잡하고 윤리 역사에 대한 지식을 요청한다는 이유에서 자연법 사유는 현재로서는 인기가 없다. 그러나 이러한 자연법 기피 현상은 누군가 상상하듯이 이념적인 성향 때문이 아니다. 왜냐하면 자연법 자체가 당의 색깔이나 정치적인 색깔을 넘어서고 있기 때문이다. 말하자면 자연법을 분명하게 거부하는 것은 보수주의 진영뿐 아니라 자유주의 진영에서도 발견되며, 합법적인 선언뿐 아니라 비합법적인 선언에서도 발견된다. 더 나아가 이 거부가 감리교 신학자들과 윤리학자들에게 주는 문제가 상당하다고 본다. 왜냐하면 웨슬리의 윤리적 사유의 상당 부분이 자연법의 표현에 의존하고 있는 바, 계몽주의 개념에서처럼 하나님과 관계없는 일반 원칙들로 이해된 것이 아니라 토마스 아퀴나스

---

198) Ibid.

의 개념에서와 같이 존재자들의 적성과 관계 속에 표현된 하나님의 생각의 이차적인 투영과 모사로서, 또한 하나님의 형상으로서 이해되기 때문이다.199) 그러나 (존재자들의 보다 큰 구도 안에서) 신학적 의미를 찾는 신학자들은 다음과 같은 질문을 던질 수 있다. 우리가 진정으로 자연법에 대해 더 얘기할 필요가 있겠는가?

여러 면에서 웨슬리는 당시 대표적인 철학자들과 생각을 달리하고 있었다. 첫째, 웨슬리는 그 목표나 목적에 있어서 하나님과 밀접하게 연결된 일종의 도덕법으로 자연법을 이해했다. 이처럼 (초월적 목표에 호소함으로써) '토마스주의적'인 목적론적 접근은 당시 칸트와 다른 철학자들이 염두에 두지 않았던 접근이었다. 이 당시 윤리 용어들이 '자연법'에서 '자연으로부터 부여 받은 권리'로 옮겨 가게 되었는데, 그 이유는 정확하지는 않지만 하나님이나 인간 공동체를 초월하는 보다 높은 어떤 것에 기반을 둔 목적론적 윤리는 결국 이러한 목적을 추구하느라 중요한 인간의 기본권을 부정할 수도 있다고 생각했기 때문이다.200) 19세기 동안 칸트를 뛰어넘었던 벤덤(Jeremy Bentham)과 밀(John Stuart Mill)은 결과론적이고 공리적인 입장에서 자신들의 생각을 전개하면서 목적으로서의 하나님과 선을 구분했다. 이처럼 윤리를 전개하는 데 다른 사유의 도구를 사용함으로써, 초월적 궁극보다는 선을 행복과 공리로 정의하는, 최대 다수의 최대 행복이란 맥락에서 '당위'(ought and should)를 생각했다.

현재의 입장에서 본다면, 최근 수십 년간 포스트모던 사유는 이성이 보편적이기 때문에 일반적인 도덕적 규범은 문화를 넘어 쉽게 적용될 수 있다고 한 근대주의적 주장을 비평해 왔다. 다시 말하지만 계몽주의의 여러 가설들은 근대가 구성된 사회적 위치가 보편적이기보다는 지엽적임을 잘 알고 있었던 니체와 포스트모더니즘의 해석으로 무너지게 되었다. 그러므로 이성의 시대에 반하여 포스트모던은 공통성보다는 다양성을 강조했다.

어느 정도 포스트모던 접근에 영향을 받았던 포터(Jean Porter)는 자신의 책에서 자연법을 보는 두 방식을 논했다. 첫 번째는, 자연법을 "일반적 의미

---

199) Outler, *Sermons,* 2:10.
200) Franklin I. Gamwell, "The Purpose of Human Rights," *Process Studies* 29, no. 2 (Fall-Winter 2000): 326.

의 자연 안에 기반을 두었다고 보건 아니면 보다 구체적으로 실천 이성의 구현 속에서 보건 다소 보편적 도덕성과 등가로 보는 방식이다."[201] 두 번째는, 자연법을 "역사적 발전과 사회적 위치를 설명해 주지 않으면 적절하게 이해될 수 없는, 특별한 전통으로 보는 방식이다."[202] 포터는 두 번째 방식을 택했는데, 그 이유는 "현대에 이르러 도덕성의 보편성에 대한 반대 이론이 누적적으로 팽배하고 있었기 때문이었다."[203] 포터는 ("우리가 독특한 전통에 기반을 둔 순수 기독교 도덕성을 세우든지 아니면 계몽주의의 보편타당한 도덕성으로 돌아가야 한다."[204]고 주장했다.) '이것이냐 저것이냐' 의 선택을 가장 훌륭한 방식으로 생각했지만 다른 학자들은 다른 방식도 탐구되어야 한다고 생각했다. 예를 들면, '독특한 전통 이야기' 접근의 한계는 포터가 중세 기독교 윤리의 전통을 고려하듯이 아주 자명하게 되었다. 마리아가 영원히 동정녀라는 기존의 가르침을 주장했던 많은 중세 윤리학자들은 (상대의 동의에 따른 성관계를 말하는) 데카르트 철학의 결혼 정의를 거부했다. 그 이유는 데카르트의 정의가 성의 결합이 영원히 금지된 하나님의 가족 계보에서 거부되어야 하기 때문이었다. 물론 이것이 뜻하는 바는 특정 신학의 관심과 판단으로 편향된 결혼 정의는 이제 대중 곧 성관계를 갖는 부부들을 위한 도덕적 표준으로 바뀌어야 할 것이다. 다른 경우도 마찬가지이지만 이 경우에도 (전통을 넘어) 이성을 지켜 내는 것이 정말 필요하다.

다른 접근을 시도하면서 포스트모던 논쟁에 비판적이었던 피니스(John Finnis)는 결국 "인간이라면 누구나 추구하고 실현하며 사용해야 할 일련의 기본적인 도덕 원칙들"[205]이 있다고 주장한다. 달리 말하면 인간의 이성은 인간이 추구했다면 인류 공동체의 발전을 가져왔을 선과 너불어 여러 기본적 교훈을 제시할 수 있다. 마찬가지로 유신론자 애들러(Mortimer Adler)는 토마스주의와 아리스토텔레스주의의 사유를 따라 사회적 위치와는 상관없이

---

201) Jean Porter, "A Tradition of Civility: The Natural Law as a Tradition of Moral Inquiry," *Scottish Journal of Theology* 56, no. 1 (2003): 27.

202) Ibid. 또한 Jean Porter, *Natural and Divine Law* (Grand Rapids, Mich.: William B. Eerdmans, 1999)를 참조할 것.

203) Porter, "Tradition of Civility," 29.

204) Ibid., 46.

205) John Finnis, *Natural Law and Natural Rights* (Oxford: Clarendon Press, 1980), 23.

모든 인류가 추구해야 할 몇 가지 선을 제시함으로써 포스트모던의 상대주의에 반박했다.[206] 어쨌든 피니스의 연구가 도그마나 억압적인 해석에 빠지지 않고 포스트모던 난국을 극복할 수 있었다고 해도, 그의 기본적인 접근은 데카르트의 이분법적 윤리의 패러다임으로 옷 입혀진 것이었다. 따라서 그 앞에 많은 근대주의자들과 마찬가지로 피니스는 "하나님의 존재나 본성 혹은 의지에 대한 물음을 언급함 없이"[207] 자연법에 대한 말쑥한 이론을 전개할 수 있었다.

피니스의 접근에 교정을 시도한 것은 감리교 신학자 스티븐 롱(Stephen Long)의 연구에서 나타난다. 롱은 근대 윤리가 기본적으로 하나님과 선을 분리한 나머지 도덕성(자연법)이 인간 본성에 내재한 어떤 것에 뿌리를 두고 있다는 결론에 이르게 되었다고 보았다.[208] 롱에 따르면, 웨슬리는 루소와 흄, 볼테르의 근대 윤리를 반박했는데, 그 이유는 단순히 이 철학자들이 '인간성' '덕성' '도덕성' 혹은 자기들이 원하는 것에 윤리적 근거를 두었기 때문이었다.[209] 웨슬리는 이러한 철학자들의 움직임은 윤리와 자연법의 개념들이 선을 알게 하고 지고의 선으로 표상되는 하나님께 의지하지 않고도 작용하기 때문에 일종의 '무신론'을 가져온다고 보았다.

또한 롱은 "거대한 사회적 실재"[210]와 신학의 관련성을 입증하려는 현재의 신학적 기획들 안에서는 하나님과 선을 연결할 수 없음을 보았다. 롱이 말한 대로 여기서 어려움은 이 같은 접근이 "하나님에 대한 지식을 다른 담론, 예컨대, 윤리학과 정치철학, 혹은 경제학이나 (시장경제를 포함한) 사회과학에 쉽게 종속시킨다."[211]는 점이다. 달리 말하면, 교회의 이야기인 복음 그 자체는 아마도 다른 이야기의 범주에 속하게 될 것이다. 따라서 거룩한 성품을 얻는 것과 하나님의 형상을 회복하는 구체적인 신학적 관심 등은 아주 잊

---

206) Mortimer J. Adler, *Ten Philosophical Mistakes: Basic Errors in Modern Thought - How They Came About, Their Consequences, and How to Avoid Them* (New York: MacMillian, 1985), 108~30.

207) Finnis, *Natural Law*, 49.

208) D. Stephen Long, *John Wesley's Moral Theology: The Quest for God and Goodness* (Nashville: Abingdon Press, 2005), 21.

209) Ibid., 51.

210) Ibid., 210.

211) Ibid.

게 되든지 아니면 좌시되든지 할 것이다. 이 문제를 놓고 오해를 불식시키기 위해서는 먼저 롱이 정적주의자가 아니라는 점 또한 사회적이며 정치적인 차원에서 아무런 행동을 하지 말자고 한 것도 아니라는 점을 주지해야 한다. 오히려 롱은 하나님과 선을 인식하고 인간 실존의 모든 차원, 예컨대, 인격적, 사회적, 정치적 차원과 관계된 도덕 신학을 적극적이면서도 주도면밀하게 요청했다. 신학적으로 인식된 윤리, 예컨대, 교회 현장에서 윤리적 토론을 할 경우 다루어질 수 있는 소위 도덕 신학이란 것을 주장했던 것이다. 그러나 이와 동시에 이 도덕 신학이 어떻게 교회 밖에 있는 사람들에게까지 균형감을 잃지 않은 채 사회적이며 정치적인 영역에 영향을 줄 수 있는가를 실증적으로 자세하게 기획했다.

교회 영역에서 사회적이며 정치적인 활동을 취하기가 쉽지 않음을 인식했던 드리난(Robert Drinan)은 예수회 사제요 의회 의원으로서, 오늘날 많은 국제법 전문가들이 "인권의 신장은 종교의 영향이나 목소리가 없을 때 더 개선될 수 있다."[212]고 생각한다는 데 주목했다. 이것이 어째서 그럴까? 그 이유는 단순하다. 드리난이 지적하듯이, "국제법 전문가들은 자신들의 입지를 논증할 충분한 자료를 갖고 있기 때문이다."[213] 예를 들면, 로마가톨릭교회와 개신교회가 서로 싸웠던 17세기 종교전쟁의 대학살에서는 당시 독일 인구의 1/10인 수백만에 달하는 사람들이 이 땅에서 사라졌다. 그 후 20세기에 들어와서는 인도와 파키스탄의 분쟁을 통한 "종교적 학살의 난장판 속에서"[214] 수백만의 목숨이 신의 이름으로 살해됐다. 물론 사제로서, 드리난은 정치적 차원에서 완전히 세속적인 접근을 주장하고 있는 것이 아니다. 국가와 교회의 임격한 구분이 "교회를 주변화로 내몰 수 있다."[215]는 점을 염려한 것이다. 그러나 전통적인 자연법을 선호하는 가톨릭과 개신교 동료 신학자들과는 달리 드리난은, 인권을 다룬 법들이 세속주의를 고양시키기보다는 "비-신앙인들을 2류 시민이나 더 악화된 상황으로 몰아가지 않도록 한

---

212) Robert S. J. Drinan, *Can God and Caesar Coexist: Balancing Religious Freedom and International Law* (New Haven: Yale University Press, 2004), 42.

213) Ibid.

214) Sam Harris, *The End of Faith: Religion, Terror, and the Future of Reason* (New York: W. W. Norton, 2004, 「종교의 종말」, 김원옥 옮김[한언]), 26.

215) Ibid., 235.

다."[216]고 생각했다. 따라서 정확하게 설명된 공공 윤리가 부재한 상황에서, 예컨대, 자연법에 기초해 신학적으로 전개한 것도 마땅치 않고 교회로서 다른 윤리적 자료가 분명치 않은 상황에서 가톨릭 윤리학자인 드리난은 국제 인권 학술 단체와 운동가들의 단체에 참여하여 정치적 차원에서 여러 도덕적 판단을 시도했다. 그리고 가톨릭교도들이 이러한 접근이 가톨릭의 입장임을 알아야 한다고 생각했다. 왜냐하면 교황 요한 23세가 된 안젤로 론칼리(Monsignor Angelo Roncalli)는 1948년에 발의된 보편적 인권선언에 협력했기 때문이다.

동료 사제 드리난과 마찬가지로 한스 큉(Hans Küng)은 교회가 사회적이고 정치적인 영역에 관여하게 될 때 자유롭지 않다고 주장한다. 실로 사람들이 개혁을 위해 공적인 영역에 참여하게 될 때 전능하신 하나님께서 사람의 도덕적 판단 배후에 존재한다고 믿는 것보다 더 무모한 것은 없다. 하나님을 의지하는 일은 아주 인간적인 기획을 쉽게 날려 버릴 수 있다. 그렇게 되면 18세기 계몽주의 사상가들이 이미 잘 지적했듯이 인간은 지극히 선한 이의 이름으로 희생된다. 따라서 큉은 신학자들과 윤리학자들이 개인과 자기 종족의 관심을 하나님 나라의 실재와 종종 혼동시키는 오류를 예방하기 위해서는 교회건 회당이건 모스크이건 공공사회에서 종교가 주도권을 갖고자 할 경우 세 가지 기본적인 표준을 충족시켜야 한다고 주장한다. 첫째, 긍정적 표준은 종교가 "인간의 덕,"[217] 말하자면 인간의 선과 복리를 위해 일해야 함을 강조한다. 둘째, 부정적 표준은 종교적인 도덕과 예식, 제도가 인간의 자기 정체성과 의미, 가치를 찾는 데 방해가 되어서는 안 됨을 강조한다.[218] 바울의 말을 빌린다면 이렇다. "사랑은 이웃에게 악을 행하지 아니하나니 그러므로 사랑은 율법의 완성이니라"(롬 13:10). 마지막으로, 특정 종교는 그 자신의 규범적 교리나 수행으로 평가되어야 한다.[219] 물론 기독교의 경우에는 산상수훈과 함께 십계명을 포함시켜야 할 것이다.

---

216) Ibid., 115.
217) Hans Küng, *Theology for the Third Millennium: An Ecumenical View* (New York: Doubleday, 1988), 244.
218) Ibid.
219) Ibid., 246.

모든 기독교 신학자들과 윤리학자들이 큉의 제안에 찬성하지는 않을 것이다. 이들은 교회의 행위를 판단하기 위해 이질적인 세속 윤리가 사용되고, 인간 자체가 최고의 가치임을 주장할 수도 있을 것이다. 이것은 대단히 의미 있는 비평이기 때문에 가볍게 받아들여서는 안 된다. 그러나 보편적인 이웃 사랑 안에 나타나지 않는 하나님의 실재하는 사랑이 존재할까? 다시 말하지만, 교회의 역사를 보건대 교회의 권력과 계속되는 권력 암투의 성향은 특별히 교회 밖에 있는 사람들과 교회 이권에 개입하는 데 관심이 없는 사람들을 포함하는, 보다 넓은 인간의 이권을 다루는 정치적인 차원에서 검토되어야 하지 않을까? 이것이 바로 혼합되고 다원화된 사회에서 보편적인 하나님 사랑과 이웃사랑이 비쳐지는 모습 아닐까?

여러 접근에서 발견할 수 있는 어렵고도 문제가 되는 물음들을 비추어 볼 때, 앞서 직면해야 했던 난제는 다음과 같은 것이다. 첫째, 교회는 당대의 중심 문제에 대해 최상의 도덕적이며 영적인 해법을 제시해야 한다. 추상적 원리가 아니라 하나님의 형상과 모양으로 창조된 인간의 반영을 말하는 유신론적인 자연법 사유는, 가난한 사람들과 소수자들, 작은 자들을 보호해야 한다. 바로 이 점에서 큉 박사는 자연법의 제한적이고 제약적인 힘은 폭력적 권력을 가진 집단이 사람들을 상품화하고 수단화하고자 할 때 엄청난 힘으로 작용할 수 있다고 보았다. 둘째, 교회의 사유와 행위는 종종 공공연히 가르쳐 온 하나님과 이웃에 대한 보편적 사랑을 수행하지 않고, 오히려 자기 이익과 지역이기주의에 빠져 역사가 증언하는 대로 많은 적들을 만들어 냈다. 분명 기독교건 유대교건 아니면 이슬람이건 하나님께 의존하는 것은, 사람에 따라서는 지나치게 인간적이고 심지어는 편견에 쌓인 생각을 거룩함으로 포장함으로써 해로운 마약처럼 기능할 수도 있다. 그러면 어떻게 하면 교회가 바른 신앙의 고백을 통해 공공의 차원에서 하나님의 이름으로 활동하고 동시에 포스트모던 사회의 다양성과 다원성을 인식함으로써, '다른 사람들'이 박해를 받는 것이 아니라 실제로 소중하게 받아들여지고 사랑을 받게 할 수 있을까? 이 물음은 우리 시대가 안고 있는 지속적인 도전이다.

1) 옮긴이 주. 우리말 찬송에는 '하나님의 크신 사랑' 으로 번역되어 있고 2절 가사이다. 우리말 찬송 번역
은 너무 많이 의역이 되어 있어, 정확한 내용을 기록하기 위해 우리말 찬송 번역을 따르지 않았다. 참고
로 우리말 찬송가 번역 가사는 다음과 같다. "걱정근심 많은 자를 성령 감화하며 복과 은혜 사랑 받아
평안하게 하소서. 첨과 나중 되신 주여 항상 인도하셔서 마귀 유혹 받는 것을 속히 끊게 하소서."

제8장

온전한 성화 : 순전하고 완전한 거룩한 사랑

걱정 근심 많은 내 심령에 성령 감화하시어
주님 안에 거함으로 쉼을 얻게 하소서.
처음과 나중 되신 주여
죄와 상관없게 하시고
믿음의 처음처럼 믿음의 끝도
우리 마음에 자유를 허락하소서.

Charles Wesley, "Love Divine, All Loves Excelling," *The United Methodist Hymnal*
(Nashville: The United Methodist Publishing House, 1989), Hymn #384.[1]

교회와 관련해서 웨슬리는 높은 기준을 고집했고, 또 기회가 닿는 대로 성서적 기독교를 가르치고자 했다. 그러나 이와 동시에 복음적인 개혁 질서를 향유하면서도 죄인과 성인으로 혼합 구성되어 있는 믿는 자의 교회 모델을 비판했다. 때문에 그리스도의 아름다움, 도덕법의 순수성, 회개라는 부름에 응답하는 것은 중생하지 못한 사람들뿐 아니라 하나님의 아들딸들에게도 아주 적절하다고 보았다. 웨슬리의 '율법적'이며 '복음적인' 이중적 회개는 죄의 행위와 존재라는 이중 특성을 보여 준다.

그러므로 현재 주제인 온전한 성화에 이르는 도상에서 믿는 자들은 현실적인 죄뿐 아니라 타고난 죄를 인정하고 회개한다. 달리 말하면, 웨슬리는 하나님께 의롭다 함을 얻고 다시 태어난 사람들은 "의롭다 함을 얻은 순간부터 외적이고 내적인 죄를 이길 힘을 가진다."[2]고 선포했다. 따라서 "하나님의 자녀가 죄를 범하느냐 아니냐가 문제가 아니라"고 주장했다. "우리 모두는 '죄를 범한 사람은 악마에게 속한 사람'이라고 동의하며 주장합니다."[3] 결국 죄의 권세와 지배로부터 자유하지 못하고 복음이 주는 두 번째 자유를 얻지 못한 사람들은, 복음의 1차 사역을 새롭게 반복해야 하며 지속적으로 지배하는 죄의 노예 상태와 억압으로부터 구원받아야 한다. 잘못하여 계속해서 넘어지고 자범죄를 회개하며 다시금 실천적 기독교인의 삶의 내용인 은총 속에서 회복하는 일을 반복하는 사람들에게는, 두 번째 복음적 회심이 있을 수 없다. 왜냐하면 결정적인 은총의 사역은 분명 첫 번째 회심에 자리하고 있기 때문이다.

복음적 회심

그러나 자신의 삶 속에서 성령의 역사를 통해 칭의와 중생은총을 입은 믿는 자들에게는 다음 단계의 회개가 기다리고 있다. 두 번째 회개인 복음적

---

2) Albert C. Outler, ed., *The Works of John Wesley*, vols. 1~4, *Sermons* (Nashville: Abingdon Press, 1984~87), 1:321.
3) Ibid.

회개는 믿는 자들이 아직 온전하지 않으며 하나님의 은총이 없이는 어떤 것도 지켜낼 수 없는 자신들의 과실과 '완전한 무력감'을 깊이 확신하게 한다.[4] 온전한 성화에 이르는 여정에서, 확신의 능력 안에서 도덕법이 갖는 역할은 다음 설교에서 분명하게 나타난다.

> 우리는 이 법을 온전히 살아내지 못했습니다. 왜냐하면 우리는 다음의 세 가지 면에서 여전히 이 법을 지켰다고 말할 수 없기 때문입니다. 예컨대, 첫째 우리의 마음과 삶에 아직도 남아 있는 죄를 우리에게 확신시켜 주고 있으며, 둘째 우리의 머리로부터 살아 있는 몸의 지체에 이르도록 이 법이 명령하는 바를 행할 수 있는 힘에 대해 회의하게 하고, 셋째 이 법의 명령을 우리가 알지만 이를 이루지 못했다는 것을 확신하기 때문입니다.[5]

달리 말하면, 믿는 자들은 말씀과 성령을 통해 하나님의 자녀가 되었음에도 불구하고 여전히 거룩하지 못한 성정과 마음을 어지럽히는 애욕, 곧 육체의 본성이 남아 있음을 확신한다. 웨슬리는 이것을 다음과 같이 표현한다. "믿는 자는 죄로부터 구원을 받았지만 완전히 구원받은 것은 아닙니다. 죄가 통치하지 않는다 하더라도 남아 있습니다."[6] 이 문제를 더욱 분명하게 예증하기 위해 웨슬리는 믿는 자가 "그 안에 분노(혹은 교만이나 색욕)를 가질 수 있으며, 격분하지 않으면서 격분의 성향을 가질 수 있습니다."[7]라고 지적한다. 달리 말하면 내면에 죄를 갖고 있다는 것과 죄에 복종하는 것은 두 개의 다른 사안이다. "그리스도는 죄가 지배하는 곳을 통치할 수 없으며, 죄가 있는 곳에 거하지 않을 것이지만, 죄가 아직 정화되지 않았을지라도 모든 죄에 대항하여 싸우는 모든 믿는 자들의 마음속에 존재하며 거한다."[8]고 조심스

---

4) Ibid., 1:352.
5) Ibid., 2:17.
6) Ibid., 1:327. 여러 면에서 웨슬리의 원죄 교리는 영국 국교회와 아우구스티누스의 배경에서 볼 때 납득이 된다. 히포의 감독이었던 아우구스티누스의 글 속에서 잘 전개된, '결핍'으로서의 죄 개념을 보려면, Leon O. Hynson, "Original Sin as Privation: An Inquiry into a Theology of Sin and Sanctification," *Wesleyan Theological Journal* 22, no. 2 (Fall 1987): 65~83을 참조할 것.
7) Outler, *Sermons*, 1:330.
8) Ibid., 1:323.

럽게 언급했던 것이다.

그러므로 구속은 단 한 번에 이루어지는 것이 아니며 단절되지 않은 점진적 변화의 과정도 아니다. 오히려 구속에는 두 번째 구분된 은총의 사역이 요청된다. 실제 은총의 '두 번째' 사역을 주창한 것은 미국의 성결운동이 아니라 웨슬리 자신이었다. 다음에 발췌된 웨슬리의 편지 내용들이 이를 잘 뒷받침해 준다.

- "두 번째 축복을 얻었다고 생각하는 사람들을 앞뒤로 나누어서는 안 됩니다."[9] (1757년 토마스 올리버스[Thomas Olivers]에게 보낸 편지)
- "나는 지난 5주 동안 한 속에서 여섯 명이 죄 사함을 얻었고, 한 반회에서 다섯 명이 두 번째 축복을 받았다고 생각합니다."[10] (1761년 크로스비 여사[Mrs. Crosby]에게 보낸 편지)
- "이전의 메소디스트 교리를 결코 부끄럽게 생각하지 마십시오. 모든 믿는 자들에게 완전을 향해 진군하도록 촉구하십시오. 어디서든 한순간 받을 수 있는 것으로, 단순한 믿음으로 지금 받을 수 있는 두 번째 축복을 가르치십시오."[11] (1772년 사무엘 버드슬리[Samuel Bardsley]에게 보낸 편지)
- "두 번째 축복을 받는 일을 서두르고, 지체하지 말도록 믿는 자들에게 권면하십시오. 하나님께서 하나님을 진정으로 경외하는 당신을 위해 행하신 일을 선포하는 데 뒤로 물러서지 마십시오."[12] (1772년 제인 솔켈드[Jane Salkeld]에게 보낸 편지)
- "하나님께서는 분명히 당신에게 두 번째 축복을 주셨습니다. 하나님께서는 자범죄와 태어날 때부터 가진 죄의 쓴 뿌리로부터 당신을 구원하셨습니다."[13]

---

9) John Telford, ed., *The Letters of John Wesley*, A.M., 8 vols. (London: Epworth Press, 1931), 3:212.

10) Ibid., 4:133. 온전한 성화를 2차적 은총의 사역으로 보는 자료를 보려면, Timothy L. Smith, "John Wesley and the Second Blessing," *Wesleyan Theological Journal* 21, nos. 1 and 2 (Spring-Fall 1986): 137~58; Frank G. Carver, "Biblical Foundations for the 'Secondness' of Entire Sanctification," *Wesleyan Theological Journal* 22, no. 2 (Fall 1987): 7~23을 참조할 것.

11) Telford, *Lettters*, 5:315.

12) Ibid., 5:333.

13) Ibid., 6:116. 웨슬리는 여러 가지를 종합하여 여기서 바튼 여사(Mrs. Barton)가 자범죄와 타고난 죄로부터 구원받았음을 주장한다. 달리 말해서 그의 신학에서 일시적으로 별개로 드러난 여러 자유를 함께 주장한다.

(1774년 바튼 여사 [Mrs. Barton]에게 보낸 편지)

- "사람들이 두 번째 각성을 경험할 때, 태어날 때부터 가진 죄를 확신하고 진정으로 이 죄로부터 구원받기 위해 애통하게 될 때, 비로소 현재적 성화를 말해 줄 필요가 있습니다."14) (1775년 앤 볼튼 [Ann Bolton]에게 보낸 편지)

이 '두 번째' 라는 용어는 분명 웨슬리 자신의 용어였다. 웨슬리는 "주님이 우리 심령에 다시 말씀하시면서, '두 번째로 깨끗함을 받으라.'"15)라고 말씀하실 때 영혼의 문둥병이 깨끗함을 얻는다고 보았다. 또한 다른 자료에서는 잠정적인 요인들에 대한 논의를 이렇게 정리한다. "그러나 만일 이러한 두 번째 변화가 없고, 칭의 이후 순간적인 구원이 없으며, 또한 누구도 부인할 수 없는 점진적인 하나님의 사역이 존재하지 않는다면, 우리는 죽을 때까지 죄로 가득하다고 주장할 수밖에 없습니다."16)

회개에 합당한 열매

1766년 출판된 「기독교인의 완전에 대한 평이한 해설」이란 책에서 웨슬리는 "어떻게 우리는 (온전한 성화)의 변화를 기대할 수 있을까?"17)라고 물음을 던지고는 이내 답을 제시한다. "부주의한 무관심이나 잠자는 게으름으로는 불가능하다. 다만 열심을 내어 온전한 순종에 거하고 모든 계명을 지키며, 깨어 아픔을 지닌 채 자신을 부인하고 자기 십자가를 매일매일 지게 될 때 온전한 성화의 변화를 기대할 수 있다."18) 믿는 자들의 삶 안에 있는 도덕법의 역할을 긍정적으로 평가한 린드스트뢰은 "영적인 열정이 있다하더라도 하나님의 계명과 법에 순종하지 않는다면 온전한 성화의 선물이 주어지는 신앙을 얻을 수 없다."19)고 주장했다.

---

14) Ibid., 6:144~45.
15) Outler, *Sermons*, 1:346.
16) Ibid.
17) Thomas Jackson, ed., *The Works of John Wesley*, 14 vols. (Grand Rapids, Mich.: Baker Book House, 1978), 11:402.
18) Ibid.
19) Harald Lindström,, *Wesley and Sanctification: A Study on the Doctrine of Salvation* (Grand Rapids, Mich.: Francis Asbury Press, 1982), 134.

여기와 또 다른 곳에서 그랬듯이 순종과 사역, 도덕법에 대한 웨슬리의 강조는 1744년 연회의 주장과 맥을 같이한다. 웨슬리는 일단 칭의의 믿음과 은총이 있는 다음에는, 기독교인이 되는 것(죄인으로부터 성화의 사람으로의 전이)과 기독교인으로 남겨지는 것(온전한 성화를 향하는 것) 사이에 결정적인 구분이 생긴다고 주장한다. 예를 들어 설명하면, 1771년 칼빈주의자와의 논쟁에서 기독교인의 삶에 나타난 열매의 역할을 비판했던 몇몇 설교자들을 향해 자신은 이미 기독교인의 삶의 열매를 강조했음을 상기시켰다. "그러나 나는 우리가 지금 질문의 의도를 비켜 가고 있다고 생각한다. 우리의 질문은 '어떻게 우리가 하나님의 은총을 얻었는가?'가 아니라 '어떻게 우리가 하나님의 은총을 계속 유지하는가?'"[20]이다. 예컨대, 웨슬리는 중생은총이나 성화은총은 가능하고 효과적이라고 주장한다. 중생은총이나 성화은총은 은혜로운 성령의 현존을 통해 믿는 자들에게 순종하게 하며 열심을 품어 섬기게 한다.

따라서 웨슬리는 기독교인의 완전을 향하고 있는 믿는 자들에게 사랑과 경건의 사역을 함께 추구하도록 촉구했다. 그는 "인내함으로 선을 행하고 이미 당신에게 주어진 모든 은총을 사용하여 하나님의 온전한 선물, 영혼의 완전한 갱신, 죄로부터의 완전한 구원을 추구하라."[21]고 일렀다. 특별히 사랑의 사역에 대해서 믿는 자들은, 열심과 수고를 아끼지 않는 희생으로 가난한 이들의 물질의 궁핍과 영적인 필요를 공급해 주어야 한다고 말했다. 1748년, 웨슬리는 사회로부터 버려진 사람들을 돌보는 사람들에게 "너희는 이들에게 가장 필요한 일, 곧 이들의 몸을 돌보는 일에 최선을 다하라."고 권면한다. 그러고는 전인적인 목회를 강조하면서 "이들의 영혼까지 돌볼 수 있다면 얼마나 더 기쁠까?"[22]라고 하였다. 또한 2년 후에는 같은 주제를 가지고 "산상수훈 강론 13"(Upon Our Lord's Sermon on the Mount, Discourse the Thirteenth)이

---

20) Telford, *Letters*, 5:265.
21) Ibid., 5:112~13.
22) Outler, *Sermons*, 1: 519. 목회의 역할에 관련하여, 병자와 가난한 사람들을 돌아보는 것은 다른 실천 모델에서처럼 가난한 사람과 가난한 사람을 돌보는 사람을 구분하여 일방적으로 이루어지는 목회를 말하는 것이 아니다. 오히려 전체적인 목회의 구조에서 필요와 사랑이 상호적으로 일어나는 목회를 말한다. Outler, *Sermons*, 3: 389, 393.

란 설교에서 이렇게 강조했다.

> 이 모든 것보다 여러분은 선한 사역을 더욱 열망하십니까? 시간이 허락하는 한 여러분은 모든 사람에게 선을 행하십니까? 배고픈 사람을 먹이고 헐벗은 사람에게 옷을 입혀 주고 어려움에 처한 고아와 홀로된 여성을 돌보십니까? 감옥에 갇힌 자들을 돌아보고 있습니까? 나그네를 집에 초대하고 있습니까? 친구여, **여러분은 이것보다 더 한 일을 하십시오.** …하나님께서는 여러분이 죄인들을 불러 어두움에서 빛으로, 사탄의 능력에서 하나님의 능력으로 안내할 수 있는 힘을 주십니다.[23]

웨슬리는 인생 후반에 들어 쓴 "의의 보상"(The Reward of Righteousness)이란 설교에서 같은 주제를 다시금 꺼내어 강조한다. "우리 주님은 우리가 영적인 사랑의 사역에서도 동일하게 풍요로운 삶을 살도록 기획하셨습니다. 주님은 '선한 사역을 열망하는 사람들,' 특히 '죽음으로부터 영혼을 구하며' '허다한 죄를 덮고자' 열망하는 사람들을 깨끗하게 하기 위해 죽으신 것입니다."[24]

이제까지 말한 내용에서 두 가지가 분명하게 드러난다. 첫째, 웨슬리는 네 이웃을 네 몸처럼 사랑하라는 말을 해석할 때, 물질적인 영역과 영적인 영역 모두를 포함하고 있다. 따라서 가난한 사람들의 육적인 안녕과 영적인 성품을 신장시키는 데 관심한다. 둘째, 웨슬리는 이웃의 육체적인 필요가 당장 필요한 것이긴 해도 결국은 영적인 영역이 더 가치가 있다고 강조한다.[25] 왜냐하면 물질석인 노움은 더 중요한 것, 곧 영적인 세계를 예비하기 때문이다. "병든 자들을 돌아보는 일에 대해"(On Visiting the Sick)라는 설교에서 웨슬리는 심방하는 사람들을 이렇게 교훈한다.

> 병든 사람들을 위해 가장 낮은 자리로 내려갈 때 당신의 용모는 고상한 귀부인을 따라갈 수 없을 것입니다. 그러나 스스로 겸비함으로써 당신은 병자를 돌볼

---

23) Ibid., 1:695.
24) Ibid., 3:404, 「웨슬리 설교전집 4」[대한기독교서회].
25) Ibid., 1:695.

수 있습니다. 더 나아가 저들의 영적 필요를 공급하고 종교의 제1원리로 이들을 훈계함으로써 탁월하게 도울 수 있습니다. 진정 사람들을 도울 수 있습니다.[26]

온전한 성화에 앞서 회개에 합당한 사역의 필요성을 탐구했던 웨슬리는, "경건의 사역"(works of piety) 또한 탐구했다. 그는 경건의 사역이란 표현을 은총의 수단과 동일한 의미로 사용했다. 때문에 "성화에 필요한 선한 사역들은 무엇이 있습니까?"라는 물음을 제시하고는 이렇게 답한다. "첫째, 공중기도, 가족기도, 골방기도; 주의 만찬에 참여하기; 성서를 듣고 읽으며 묵상하기; 몸의 건강이 허락하는 한 금식이나 절제하기와 같은 모든 경건의 사역입니다."[27]

위에 열거된 사역들을 관찰해 보면, 은총의 통로가 광범위한 공동체적 배경뿐 아니라 개인적 배경을 갖는다는 사실을 알 수 있다. 그러므로 믿는 자들은 골방기도를 통해 개인적으로 거룩함과 하나님 성령에 집중할 뿐 아니라 공적으로 주의 만찬을 받고, 읽혀지며 선포되는 하나님의 말씀을 듣는 교회생활에 참여해야 한다. 따라서 외적으로 보이는 말씀과 상징과 행위들은 일반적인 은총의 통로로 제정된 것이며, 이 통로를 통해 하나님은 믿는 자들에게 성화은총을 온전하게 전달할 수 있다.[28] 간단히 말해서, 이 사역들은 진정 복음적 회개에 합당한 행위들이다. "그러므로 우리는 우리 죄로부터 완전한 구원을 이루는 온전한 성화를 기다립니다."[29] 이제 웨슬리에게 회개와 회개에 합당한 사역은 어떤 의미에서 온전한 성화를 위해 필연적이라는 점

---

26) Ibid., 3:389, 「웨슬리 설교전집 6」[대한기독교서회]. 가난한 자들, 여인들, 젊은이들, 노인들뿐 아니라 병자를 심방했던 웨슬리는, '부자들'이 이들을 위한 목회에 특별한 소명이 있다고 강조했다. 그 이유는 "여러분(부자들)은 다른 사람들에 비해 삶의 처지에서 특별한 은총을 입었기 때문입니다. 여러분의 그 높은 지위가 더 큰 영향을 발휘하게 할 것입니다. 여러분을 따르는 사람들은 존경을 갖고서 여러분을 바라볼 것입니다. 이때 병들고 낮은 사람들에게 보여 준 여러분의 겸양은 더욱 여러분을 따르게 할 것이고 여러분의 말을 받아들이게 할 것입니다. 이러한 기회를 놓치지 말고 저들의 건강한 몸과 영혼을 위해 최대한 활용하십시오." Outler, Sermons, 3:393.

27) Ibid., 2:166.

28) Ibid., 1:381. 이 주제와 관련해서는 Henry K. Knight, The Presence of God in the Christian Life: John Wesley and the Means of Grace (Metuchen, N. J.: Scarecrow Press, 1922)와 Ole E. Borgen, "No End without the Means: John Wesley and the Sacraments," The Asbury Theological Journal 46, no. 1 (Spring 1991): 63~85를 참조할 것.

29) Outler, Sermons, 2:160.

이 분명해졌다. 달리 말하면, 선행하며 가능케 하는 은총 때문에 웨슬리의 구원의 순서는 필연적이 되었다. 사실 우리가 앞서 칭의를 다루면서 구분했던 구도가 온전한 성화를 다룰 때에도 같은 구도로 그려질 수 있다.

회개, 사역, 믿음에 따른 구분들

동일한 의미에서가 아님	동일한 정도에서가 아님
회개는 필연적인 것이 아님	회개는 완전히 거룩하게 하지 않음
회개의 열매는 더욱 필연적인 것이 아님	회개의 열매는 완전히 거룩하게 하지 않음
믿음이 직접(가장 근사치로) 필연적임	믿음만이 완전히 거룩하게 함
협력은총이나 책임은총	값없이 주시는 은총
가톨릭 주장	개신교 주장

때문에 1765년에 쓴 "성서적 구원의 길"이란 설교에서 웨슬리는 "회개와 회개에 합당한 열매가 완전한 구원에 필연적일 수 있다고 인정할 수는 있어도, 믿음과 동일한 의미나 동일한 정도에서 필연적이라고 할 수는 없다."[30]고 주장한다. 칭의 교리에서처럼, "동일한 의미"와 "동일한 정도"에서 회개와 믿음이 같을 수 없다는 웨슬리의 구분은 여러 면에서 설명이 필요하다. 예컨대, 한편으로는 온전한 성화에 앞서 회개와 회개에 합당한 열매의 필요성을 말하고 있고, 다른 한편으로는 복음적 회개와 그 회개에 합당한 열매가 완전히 거룩하게 하지 못한다는 것을 말하고 있다.

"동일한 의미에서가 아님"이라는 처음 구분과 관련해서, 웨슬리는 복음적 회개와 그 회개에 합당한 열매는, "믿음의 성상뿐 아니라 믿음이 시속되는 질서의 시간과 기회가 주어진다면,"[31] 온전한 성화에 전적으로 필연적인 것은 아니다. 또한 웨슬리가 한두 차례 앞서 언급했듯이 대부분의 기독교인들이 죽음을 앞두기 전까지는 온전히 성화될 수 없다는 사실 때문에, 오히려 믿는 자들은 회개하고 그리스도와 도덕법 안에 명시된 경건과 사랑의 사역을 열심히 수행해야 한다. 그러므로 경건과 사랑의 사역은 어떤 의미에서 온전

---

30) Ibid., 2:167.
31) Ibid.

한 성화를 위해 꼭 필요하다. 많은 경우 경건과 사랑의 사역은 믿는 자들이 은총을 가장 풍요롭게 받아들이게 하며 성령의 정화 능력을 가장 깊이 받아 들이게 한다. 또한 웨슬리의 구원의 순서의 점진적 성격은 이 필연성을 더욱 강화한다. 말하자면, 선행은총으로부터 죄를 깨닫게 하는 은총, 칭의은총, 중 생은총으로 깊어지면서, 하나님의 은총이 풍요로워질수록 인간의 책임도 깊 어진다. 간단히 말해, 웨슬리가 회개와 회개에 합당한 열매가 어떤 의미에서 칭의에 필연적이라고 주장할 수 있다면, 복음적 회개와 그 회개에 합당한 열 매는 더더욱 온전한 성화에 필연적이라고 주장할 수 있다. 왜냐하면 복음적 회개와 그 회개에 합당한 열매에 선행하는 것은 선행은총이 아니라 칭의은 총과 중생은총이기 때문이다.

이제 "동일한 의미에서"라는 구절로 웨슬리가 온전한 성화에 앞서 회개와 그 회개에 합당한 사역의 필요성을 주장한다면, "시간과 기회가 있다면"과 "동일한 정도로"라는 두 번째 구절은 복음적 회개와 그 회개에 합당한 열매 가 이들의 가치만큼 거룩하게 하지는 않는다는 점을 분명하게 한다. 일례를 들어 웨슬리는 "성서적 구원의 길"이라는 설교에서 이 문제를 다시 한 번 설 명한다.

> 회개와 회개에 합당한 열매가 완전한 구원에 필연적이라고 인정한다 해도 이 들이 … 동일한 정도로 필연적인 것은 아닙니다. 왜냐하면 시간과 기회가 있다면 회개와 회개에 합당한 열매는 단지 조건적으로만 필연적이기 때문입니다. 그렇 지 않다면 인간은 회개와 회개에 합당한 열매가 없이도 거룩하게 될 것입니다. 그러나 믿음이 없이는 우리가 거룩하게 될 수 없습니다. 마찬가지로 충분한 회개 와 회개에 합당한 열매를 맺어야 하겠지만 이것이 해결은 아닙니다. 우리는 믿을 때에야 비로소 거룩하게 됩니다. 회개의 열매가 있든 없든 또는 회개의 열매가 작든 크든 상관없이 우리는 믿는 순간 거룩하게 됩니다.[32]

---

32) Ibid. 좀 더 명쾌하게 웨슬리 구원 교리의 구조를 보려면 이 구절과 칭의와 관련된 구절을 비교해 볼 것. Outler, *Sermons*, 2:162~63. 또한 독자들은 웨슬리가 '온전한 성화'를 설명하게 위해 '거룩하게 된' (성화된, sanctified)이란 용어를 종종 사용한다는 것을 인지할 필요가 있다. 물론 웨슬리 스스로 가 온전히 성화된 것(the entirely sanctified)과 처음으로 성화된 것(the initially sanctified)을 구분하 느라 형용사 '온전한' (entire)이란 용어를 중요하게 생각했지만 이 용어를 일관되게 사용하지는 않 았다.

"동일한 정도로 (필연적인 것은) 아니다."라는 구분을 통해 웨슬리는 칭의의 구조와 같은 구조로, 믿는 자들이 복음적 회개의 열매 없이도 온전히 성화될 수 있다고 주장할 수 있었다. 왜냐하면 복음적 회개의 열매를 맺을 기회가 주어지지 않을 수도 있기 때문이다. 그러나 웨슬리는 (율법적 회개라는 말을 사용할 때와 마찬가지로) 복음적 회개라는 말을 아주 조심스럽게 사용하면서 "다소 이 복음적 회개와 함께" 믿는 자들이 완전하게 성화될 수 있다고 언급한다. 그러므로 여기서 회개는 회개할 시간이 필요치 않다는 것 때문에 완전한 구원을 위해 필연적인 것처럼 보인다. 그럼에도 불구하고 회개는 거룩하게 하지 않는다. 바로 인용됐던 웨슬리의 주장을 다시 살펴보자. "마찬가지로 충분한 회개와 회개에 합당한 열매를 맺어야 하겠지만 이것이 해결은 아니다. 우리는 믿을 때에야 비로소 거룩하게 된다." 따라서 웨슬리는 "동일한 정도로 (필연적인 것은) 아니다."라는 신학적 용어를 구분해 사용함으로써, 경건의 사역이나 사랑의 사역과 같은, 회개와 회개에 합당한 열매가 지금은 어떤 의미에서 온전한 성화에 필연적이지만 거룩하게 하지는 않는다는 점을 주장할 수 있었다. 다시 말한다면, 거룩하게 하는 것은 믿음을 통해 얻는 하나님의 값없이 주시는 은총이다. 오직 지극히 높으신 분만이 성도를 완전히 거룩하게 할 수 있다. 실로 거룩하게 하는 것은 하나님 홀로의 사역이다.

믿음

칭의와 중생에 대한 장에서 우리는 어떻게 피터 뵐러가 웨슬리로 하여금 구원을 가져오는 믿음의 주요 두 열매는 (용서의 의미로부터) 평화와 (신생의 능력을 주는 은총인) 능력임을 인식하도록 도왔는지 논증한 바 있다. 이 두 열매는 행복과 거룩으로 달리 표현할 수 있는데, 구속을 가져오는 신앙으로 특징된다. 또한 뵐러의 영향을 받아 성서에 주목했던 웨슬리는, 두 구분된 은총, 곧 법정의 은총(칭의)과 참여적 은총(성화의 시작)이 믿음을 통해서만 은총으로 받게 된다고 확신하게 되었다. 그러나 1741년 자신의 영국 국교회 전통을 살핀 다음부터는 뵐러를 뛰어넘는 결정적인 행보를 했다. 실천신학 영역에 뵐러의 통찰을 적용하여 자신이 그렇게 사랑했던 거룩한 삶의 전통과 온전한 성화는 완전히 하나님으로부터 오는 선물이며, 칭의와 마찬가지로 믿음을 통해서만 받게 된다고 주장함으로써, 값없이 주시는 은총의 선물임을 주장했던 종교개혁 전통을 연결했다.[33] 그 후 한참 시간이 지난 1765년, 자신의 사상의 연속을 입증하며 이 문제를 정리했다. "믿음은 순간적이고도 (immediately) 직접적으로(directly) 성화에 필연적이다. 믿음은 순간적이며 근접적으로(proximately) 성화에 필연적인 유일한 조건이다."[34]

웨슬리는 믿음과 관련하여 완전한 사랑이 어떻게 인간의 마음에 새겨지는지 기술하면서 독특한 수사법을 사용함으로써, 뷜러(와 루터)와 영국 국교회의 전통을 함께 견지할 수 있었다. 때문에 자신의 일지와 편지에서 온전한 성화가 실현되는 방법으로 '단순한 믿음'(simple faith)과 '순전한 믿음'(naked faith)을 소개했다. 이로써 온전한 성화은총이 어떻게 값없이 하나님으로부터 주어지는지를 강조했다. 예를 들면, 처음 강조와 관련하여 1761년에, 자신들의 부족을 깨닫고 거룩을 갈망하는 모든 사람들에게 "주님을 바라며 자신의 모습 그대로 주님께 나아오며 주님께서 하신 모든 약속을 받으라. 그리하면 곧 이들 중 얼마는 단순한 믿음으로 말미암아 완전히 구원을 받게 될 것"[35]이라고 진지하게 권면했다. 또한 1773년 쓴 볼턴에게 보낸 편지에서, 웨슬리는 볼턴에게 "감리회원이 되라고 권하면서 지금 단순한 믿음으로 받게 될 완전한 구원을 주장했다."[36] 또 1786년에는 워커(Peter Walker)에게 편지를 보냈다. "오직 믿음을 가진 모든 사람들에게 완전을 향해 계속 나아가도록 권면하십시오. 그리고 어디서든 지금 단순한 믿음으로 칭의와 완전한 성화를 받을 수 있다고 주장하십시오."[37]

두 번째 강조와 관련하여 웨슬리는 1780년, 브랙켄베리(R. C. Brackenbury)에게 "(온전한 성화)에 이를 때까지 전쟁이 끝나지 않을 것이며 그 약속을 성취함으로써 끝나게 될 것입니다. 만일 당신이 순전한 믿음으로 온전한 성화를 추구한다면 왜 지금 온전한 성화를 받을 수 없겠습니까?"[38]라고 진술했

---

33) L. Tyerman, *The Life and Times of the Rev. John Wesley*, M. A. vols. 1~3 (New York: Burt Franklin, 1872), 2:593.

34) Outler, *Sermons*, 2:167.

35) W. Reginald Ward and Richard P. Heitzenrater, *The Works of John Wesley*, vols. 18~23, *Journals and Diaries* I~VI. (Nashville: Abingdon Press, 1988~95), 21:325.

36) Telford, *Letters*, 6:42.

37) Ibid., 7:317. 또한 파이웰 여사(Mrs. Pywell, 6:59)와 리치(Elizabeth Ritchie, 7:102), 볼(Hannah Ball, 7:217), 그리고 오질비에(Ogilvie, 7:283)에게 보낸 편지들을 참조할 것.

38) Ibid., 7:33.

다. 그 후 5년이 지나 자신이 '두 번째 축복'이라 불렀던 것을 상실한 록스데일(Loxdale) 양에게 목회서신을 보내어 권면했다. "당신은 분명 하나님의 순수하고 완전한 사랑을 향유하였소. 처음에 그 사랑을 순전한 믿음으로 받았듯이 다시금 순전한 믿음으로 그 사랑을 받을 수 있다오. 그러나 얼마나 빨리 그 사랑을 받을지는 아무도 모른다오."[39] 마지막으로 웨슬리는 다음 해에 보만 여사(Mrs. Bowman)에게 펜을 들어 완전을 향해 계속 나아가라고 촉구했다. "지속적으로 믿음의 목표인 영혼의 완전한 구원을 기대하십시오."[40] "명심하십시오. 때가 주어진다면 그때가 언제든 오직 순전한 믿음으로만 완전한 구원을 받게 될 것이오."[41]

웨슬리의 구원론에 대한 가장 기본적이고도 초보적인 단계에 있는 사람조차도, 칭의(와 중생)와 온전한 성화가 웨슬리의 구원의 순서에서 기본적인 두 초점임을 인식한다. 말하자면 칭의와 온전한 성화는 주목을 받게 되는, 구분된 독특한 자리들이다. 좀 더 현학적으로 말해서, 다음 단계는 초보적인 구분을 넘어 이와 병행하는 구조로 옮겨 간다. 따라서 우리는 회개와 그에 합당한 사역과 관련해서 병행 구조를 살폈다. 이를 통해 우리는 칭의와 온전한 성화가 비교될 때(284쪽, 292쪽, 301쪽에 나오는 도표를 참조할 것) 나타나는 유사성과 차이를 빌려 설명했고, 이 같은 구조가 웨슬리의 믿음에 대한 이해에서도 자명하게 나타남을 살펴보았다. 이런 점이 바로 온전한 성화는 믿음으로만 받는다고 강조했던 웨슬리의 탁월한 방법들 중 하나이다. 1765년 출판된 "성서적 구원의 길"이란 설교에서 웨슬리는 이렇게 주장한다. "나는 개인적으로도 공적으로도 우리는 믿음으로 의롭다 함을 얻을 뿐 아니라 거룩하게 된다고 누자 승언했습니다."[42] 그리고 앞서 6장에서 이미 지적했듯이 같은 설교에서 보다 강조하여 말했다. "우리가 믿음으로 의롭다 칭함을 받듯이, 또한 믿음으로 거룩하게 됩니다. 믿음은 칭의에서와 같이 성화의 조건이며 유일한 조건입니다."[43]

---

39) Ibid., 7:295.

40) Ibid., 7:322.

41) Ibid. 그러나 웨슬리는 '순전한 믿음'을 부정의 의미로 사용하기도 했는데, 예를 들면 영적 성장에 대한 정적주의자의 접근을 비판할 때 이 구절을 부정적 의미로 사용했다. Ward and Heitzenrater, Journals and Diaries, 20:143.

42) Outler, Sermons, 2:164.

이와 함께 웨슬리는 의롭게 하는 믿음과 성화를 가져다주는 믿음을 신적인 증거나 확신으로 정의한다. 그러나 여기서 유사성은 끝을 맺는다. 왜냐하면 의롭게 하는 믿음에서 신적인 증거나 확신은 "그리스도가 나의 죄 때문에 죽으셨다는 것을 확실히 신뢰하고 확신하는 것"[44]이기 때문이다. 그러나 완전하게 성화를 가져다주는 믿음에서 신적인 증거나 확신은 "우리가 칭의에 이르는 질서에서 우리가 믿었던 것과는 다른 특별한 의미로 이해된다."[45] 결국, "그러면 어떤 믿음으로 우리가 죄로부터 거룩하게 되고 구원을 받으며 사랑 안에 완전해집니까?"라는 물음에 웨슬리는 이렇게 대답한다.

첫째, 그것은 성서에 하나님께서 약속하신 신적인 증거와 확신입니다. …둘째, 하나님께서 약속하신 것을 수행할 수 있는 신적인 증거와 확신입니다. …셋째, 하나님께서 원하시면 그것을 지금 이룰 수 있는 신적인 증거와 확신입니다. …확신하건대, 하나님은 지금 우리를 거룩하게 하실 수 있고 거룩하게 하고자 하십니다. 그리고 이 사실에 하나를 덧붙인다면 하나님께서 하신다는 신적인 증거와 확신이 필요합니다.[46]

그러므로 은총의 두 사역 사이의 차이는, 다시 말하지만 영적 성장 때문이다. 즉 의롭게 하는 믿음은 기독교인 삶의 목표나 목적이 아니고 단지 시작일 뿐이다. 하나님은 우리 영혼을 죄로부터 깨끗게 할 뿐 아니라 우리 영혼에 이루고자 하는[47] 보다 깊은 사역을 갖고 있다.

균형 잡힌 웨슬리의 은총 개념

---

43) Ibid. 1761년, 웨슬리는 자신의 일지에서 동료 중 몇 사람이 다음과 같이 주장했다고 언급하는데, 이 또한 병행 구조가 아주 분명하게 나타나는 대목이다. "우리는 지금 우리의 사역으로 완전한 구원을 보고 추구합니다. …우리는 칭의에서 그랬던 것처럼 어느 한순간에 믿음으로 그것을 받을 것이라고 기대하지 않았습니다." Ward and Heitzenrater, *Journals and Diaries*, 21:325를 참조할 것.

44) Outler, *Sermons*, 1:194.

45) Ibid., 1:347.

46) Ibid., 2:167~68. 신적인 확신과 확신이 의롭게 하는 믿음과 성화를 가져오는 믿음에서 어떻게 다르게 나타나는지 보기 위해서는, "믿는 자들의 회개," in Outler, *Sermons*, 1:347을 참조할 것.

47) 온전한 성화가 은총을 통해 믿음으로 받게 됨을 강조하기 위해 웨슬리는 그의 글 여러 곳에서 '순전한 믿음'이라는 구절을 사용한다. Telford, *Letters*, 6:238, 7:295, 그리고 7:322를 참조할 것.

완전한 사랑에 이르는 노정에서 회개와 회개에 합당한 사역과, 또한 온전히 성화를 가져오는 믿음을 다룰 때 웨슬리가 사용했던 용어를 주목하면, 실제로 웨슬리의 은총에 대한 이해가 하나가 아니라 두 개의 구분된 이해에 기초해 있음을 알 수 있다.

그러나 이렇게 은총에 대한 다른 두 개념들이 한 구문에 함께 사용되면 독자들은 퍼즐을 맞추는 것 같은 경험을 하게 된다. 예를 들면, 1759년에 웨슬리는 도로시 펄리(Dorothy Furly)에게 편지를 썼다. "거룩하게 되기를 원하는 사람은 온전히 믿음

> "그러므로 나의 사랑하는 자들아 너희가 나 있을 때뿐 아니라 더욱 지금 나 없을 때에도 항상 복종하여 두렵고 떨림으로 너희 구원을 이루라. 너희 안에서 행하시는 이는 하나님이시니 자기의 기쁘신 뜻을 위하여 너희에게 소원을 두고 행하게 하시나니"(빌 2:12, 13).

으로 거룩하게 되기를 기대하십시오. 그러나 믿음은 저절로 주어지는 것이 아니라 순종하는 사람들에게 주어진다는 사실을 알아야 합니다. 그러므로 축복은 아득하게는 우리의 사역에 기초한다고도 할 수 있지만, 순간적으로는 단순한 믿음에 기초합니다."[48] 여기서 웨슬리는 비평가들이 비평했듯이 자기모순에 빠져 있는 것은 아닌가? 웨슬리의 개념은 혼돈에 빠져 궁극적으로는 화해할 수 없이 뒤죽박죽된 것일까? 우리는 그렇게 생각하지 않는다. 왜냐하면 이 상황에서 웨슬리는 두 개의 구분된 은총 개념을 사용하고 있을 뿐 아니라, (다른 두 개의 신학 전통이 말하는) 두 개의 구별된 패러다임에서 시작하여, 본래적인 기독교인의 믿음과 본래적으로 이해된 보편성에 대한 물음 안에서 이 두 은총 개념을 자신의 실천신학 안에 궁극적으로 화해시키고 있기 때문이다.

앞서 언급했듯이 20세기 동안, 셀은 일반화하여 말하기를 웨슬리의 신학이 "개신교의 은총의 윤리와 가톨릭의 거룩함의 윤리를 필연적으로 종합한다."[49]고 주장했다. 그러나 우리의 관점에서 보면, 회개와 사역을 나란히 전개했던 웨슬리의 입장은 그가 이미 은총에 대한 '가톨릭' 이해를 갖고 있었음을 보여 준다. 가톨릭의 은총 이해는 신/인 협력을 포용하고 있기 때문에

---

48) Telford, *Letters*, 4:71.
49) George C. Cell, *The Rediscovery of John Wesley* (Lanham, Md.: University Press of America, 1984), 361.

인간이 하나님의 주도권에 응답할수록 점차 그 정도가 자라 간다. 5장에서 이미 밝혔듯이, 하나님과의 협력은 인간의 주도권에서 자라는 것이 아니고 하나님의 선행적인 활동에 응답함으로써 나온다. 이렇게 이해된 신/인 협력은 웨슬리 신학이 당위의 분위기를 갖게 하며, 구원의 문제에서 관계의 방식으로 변화 과정을 강조하게 한다. 그리고 윤리와 관련해서는, 믿는 자들이 계속 정도를 높여 갈수록 매일 거룩한 성품으로 어떻게 심겨지고 자라는지를 보여 준다.

'가톨릭적'인 은총의 주제는 웨슬리 글에서 충분하게 논증될 수 있다. 예를 든다면, 1765년에 웨슬리는 자신의 일지에서 "누구든 받은 것을 자라 가게 하지 않고 지켜 내는 것은 불가능하다."[50]고 밝힌 바 있다. 그리고 몇 년이 지난 후, "주어진 은총을 사용하는 것은 보다 많은 은총을 얻는 확실한 길이며, 자신의 믿음을 온전히 사용하는 것이 믿음을 자라게 하는 것"[51]이라고 다시 언급하였다. 노년에 작성된 "참 이스라엘 사람"(An Israelite Indeed)이란 설교에서는 "자신이 이미 받은 은총을 향상시키고 하나님의 사랑 가운데 자라나는 사람은 분명 그 은총을 존속하게 할 것"[52]이라고 지적한다. 정확하게 이해했는지는 모르지만 가톨릭의 전통이 묻어나는 대목이다. 마지막으로 1786년, 웨슬리는 이렇게 주장한다. "(하나님의 능력은) 완전한 구원을 가져올 수 있습니다. 예컨대, 하나님의 은총은 우리를 구원하기에 충분합니다. 그러나 우리가 하나님과 함께 일하지 않는다면 구원이 완성될 수 없습니다."[53]

그럼에도 웨슬리 신학의 정취가 나는 접속적 균형을 결핍한 해석적 오류가 생기는 것은, 다른 요소들을 반박하는 과정에서 은총의 가톨릭적인 신/인 협력적 개념을 전개하기 때문이다. 셀(Professor Cell)이 주장했듯이, 이러한 해석학적 편견으로 말미암아 웨슬리의 개신교적 은총 이해를 진지하게 받아들일 수 없었다. 분명 칭의와 성화가 완전히 믿음에 의한 것이라는 웨슬리의

---

50) Ward and Heitzenrater, *Journals and Diaries* IV, 21:499.
51) Telford, *Letters*, 5:200. 바울 신학의 입장을 견지하면서 웨슬리 신학에서 은총과 믿음의 관계를 연구한 것으로는, Walter Z. Klaiber, "Aus Glauben, Damit Aus Gnaden: Der Grundsatz Paulinischer Soteriologie Und Die Gnadenlehre John Wesleys," *Seitschrift fur Theologie und Kirche* 88, no. 3 (1991): 313~38을 참조할 것.
52) Outler, *Sermons*, 3:284.
53) Ibid., 3:136.

주장은 하나님의 값없이 주시는 은총에 기초한 것인 바, 신/인 협력적 패러 다임이 아니라 진정한 의미에서 하나님 홀로의 사역임을 강조하고 있다. 또 한 이 배경에서 순전한 선물로서의 은총은 웨슬리 신학에서 '은총을 입음'을 보여 주고 있는데, (구원의 순서에서 두 초점에 상응하는) 구원의 결정적인 면들 을 강조하고 있다. 이를 윤리의 영역과 관련해서 말한다면, 값없이 넘치도록 주는 하나님의 은총을 열린 마음으로 받아들이는 믿는 자들은 은총 안에서 아주 빠르게 성숙할 수 있는 것이다.

웨슬리는 자신의 글에서 '개신교적'인 은총의 주제를 충분히 나타낸다. "하나님은 홀로 믿음과 구원의 주이며, 모든 선한 은총의 유일한 수여자이 다."[54] 더 나아가 "거룩함이 하나님의 사역"[55]일 뿐 아니라 지극히 높으신 하나님께서는 "스스로 즐거워 거룩함을 행하신다."[56]고 주장한다. 달리 말 하면, 하나님의 자유와 주권이 은총을 결정적으로 받아들이는 시간을 결정 한다. 당시 웨슬리의 동료 칼빈주의자들에게는 놀라운 일이었지만 웨슬리는 이러한 역동성을 충분히 인식하고 있었다. 특히 1766년, 조지 메리웨더 (George Merryweather)에게 보낸 편지에 이러한 웨슬리의 사상이 잘 반영되어 있다. "어떤 경우는 그분(하나님)께서 우리가 알지 못하는 이유로 칭의은총이 나 성화은총을 늦추기도 하십니다. 이처럼 하나님께서 자신의 마음에 품은 채 은총을 늦추는 것은 하나님의 통치가 갖는 비밀입니다."[57]

또한 웨슬리는 온전한 성화은총이 "구하기도 전에 누군가에게"[58] 값없이 주어졌는지를 고심했다. 어떤 사람들은 온전한 성화에 이르기까지 "20년, 30 년, 혹은 40년을 기다려야 했지만, 또 다른 사람들은 하나님께 돌아오는 데 불과 몇 시간 혹은 몇 분밖에 걸리지 않는 사람도 있습니다."[59] 값없이 주시 는 은총에 대해서는 「기독교인의 완전에 대한 평이한 해설」에서 명확하게 나

---

54) Gerald R. Cragg, ed., *The Works of John Wesley*, vol. 11, *The Appeals to Men of Reason and Religion* (Nashville: Abingdon Press, 1989), 107~8.
55) Outler, *Sermons*, 2:490.
56) Ibid.
57) Telford, *Letters*, 4:321.
58) Outler, *Sermons*, 2:584. 마스(Robin Mass)는 자신의 책 「십자가에 달리신 사랑: 기독교인의 완전의 수행」(*Crucified Love: The Practice of Christian Perfection*) [Nashville: Abingdon Press, 1989]에서 그리스도의 구속 사역과 온전한 성화의 예비적 주제를 연관시킨다.
59) Ibid.

타난다. 이 책에서 웨슬리는 때로 하나님께서 "몇 년에 걸쳐 이루어질 사역을 몇 주, 혹은 한 주 안에 하루 안에 한 시간 안에 이루신다."고 주장한다. "하나님은 무슨 일을 하지도 않고 고통을 경험하지 않은 사람들을 의롭게 하며 거룩하게 한다. 또한 빛이나 은총 안에서 점진적인 성장을 할 시간을 갖지 못한 사람들도 의롭게 하며 거룩하게 한다."[60] 이 자료에 기초해서 윌리엄스는 다음과 같이 주장한다. "믿음으로 받은 완전한 사랑의 은사를 강조하게 되면 믿음으로만 주어지는 성화 교리와 로마가톨릭의 공로에 의한 완전의 사다리 교리가 구분된다."[61] 아우틀러가 말한 대로, "웨슬리의 완전 교리는 은총의 주권성을 표현하는 또 다른 방법이다."[62]

이처럼 개신교 전통을 강조함으로써, 실상 웨슬리는 온전한 성화은총이 온전히 하나님의 선물일 뿐 그 선행 요건으로 행위에 기초한 것이 절대 아니기 때문에, 그 은총을 지금 받을 수 있다고 주장했던 것이다. 달리 말하면, 하나님에 의해 의롭다 칭함을 받고 하나님께로부터 난 사람들은 온전한 성화에 이르기 위해 뭔가 되어야 한다든지 뭔가를 해야 할 필요가 없다. 만일 뭔가를 해야 하고 뭔가 되어야 한다면, 이는 가톨릭이 추구했던 진리이다. 따라서 웨슬리는 이 점에 대해 분명하게 다음과 같이 주장했다.

이로써 여러분은 온전한 성화를 믿음으로 구하는지 아니면 행위로 구하는지가 분명해질 것입니다. 만일 행위에 기초하여 여러분이 거룩하기 전에 뭔가를 하고자 한다면 여러분은 이렇게 생각할 것입니다. '나는 먼저 이렇게 되거나 행동해야 한다.' 그렇다면 여러분은 지금까지 공로로 성화를 추구하고 있습니다. 만일 여러분이 믿음으로 성화를 구한다면 지금 있는 모습 그대로 성화를 기대할 수 있습니다. 지금 여러분의 모습 이대로 성화은총을 기대하십시오.[63]

---

60) Jackson, *Wesley's Works*, 11:423.

61) Colin Williams, *John Wesley's Theology Today* (Nashville: Abingdon Press, 1960), 187. 물론 이 상황에서 요점은 웨슬리가 두세 가지 방식으로 '공로'라는 용어를 사용했다는 점을 주목하는 것이다. 그 중 하나는 개신교의 은총 이해와 완전히 일치한다.

62) Albert C. Outler, *John Wesley, The Library of Protestant Thought* (New York: Oxford University Press, 1964), 253.

63) Outler, *Sermons*, 2:169.

요약해서 말한다면, 개신교 전통과 가톨릭 전통을 종합하는 웨슬리의 균형 있는, 은총을 이해하는 두 가지 초점은 웨슬리 실천신학이 색깔도 없는 반-펠라기우스주의적 해설로 끝나거나 복음적 회개의 합당한 수단을 간과함으로써 열광주의나 정적주의로 흘러가지 않도록 조심해야 한다. 복음적 회개에 기초한 풍요로운 은총은 종종 시간과 기회가 주어진다면 경건과 사랑의 사역으로 발전된다. 그러므로 웨슬리의 실천신학은 가톨릭이나 개신교 전통의 맥락에서만 해석되어서는 안 되고, 적절한 긴장 가운데 이 둘의 변증법적 관계를 통해 해석해야 한다. 아래 도표는 좀 더 큰 구도에서 접속이 갖는 두 면을 잘 보여 준다.

온전한 성화은총에 대한 웨슬리의 이해

	하나님 홀로의 사역	온전한 성화에 앞선 신-인 협력 (신-인협력)	하나님에 의한 주도권 (넓은 의미의 선행은총)	순간을 강조 믿음으로만 받음 ('순간적인' '순간'의 언어)	하나님과 인간의 사역 과정 (어떤 의미에서 성화를 준비함)
개신교의 강조점	×		× (독일 경건주의자들)	×	
가톨릭의 강조점		×	×		×

　위 도표가 선명하게 보여 주듯이, 웨슬리가 받아들인 가톨릭의 강조점(협력 혹은 책임은총)과 개신교의 강조점(값없이 주시는 은총)을 구분하는 것은 하나님의 활동의 우선성이 아니다. 분명한 것은 가톨릭 전통과 개신교 전통에서 주도권은 죄로 물든 피조물이 아니라 창조자가 갖는다. 그러나 이 둘 사이의 진짜 차이는 어떻게 하나님의 주도권과 활동을 이해하는가에 있다. 가톨릭 신학에서는 신-인 협력적인 배경에서 하나님의 활동을 이해하고 설명한다. 반면 개신교 신학에서는 하나님의 존재가 실재적인 의미에서 하나님의 홀로의 사역을 구성하기에, 하나님의 활동은 하나님의 존재의 자유와 풍성한 은혜로 비쳐진다. 하나님의 사역은 먼저 어떤 응답의 가능성도 전제하지 않는다. 쉽게 간과되기는 하지만 웨슬리의 은총에 대한 이중적 이해를 위

해서는 앞서 말한 구원론의 단계가 결정적이다.

또한 가톨릭 전통이 웨슬리 실천신학의 배타적 해석 모델로 받아들여지게 될 때, 어떤 사람들은 가톨릭 전통이 웨슬리 신학의 기초가 되는 양 잘못 생각할 수 있다. 예를 들면, 하나님의 주도권과 인간의 응답은 둘 다 하나님의 주도권을 강조함으로써 받아들여질 수 있다. 그러나 여기서 간과하고 있는 점은 웨슬리가 모라비안 교도들과 경건주의자들 그리고 영국 국교회의 전통에서 배웠다는 사실이다. 지극히 높으신 하나님은 선하고 은혜로우며 자비하셔서 인간의 공로에 기초해서 은혜를 베푸는 것이 아니라 풍요롭고 넘치는 하나님의 사랑으로 홀로 일한다. 달리 말하면, 웨슬리의 이중적 은총 이해를 서술하고 있는 본래적 접속은 (나는 하나님의 사역을 강조하고 있지만) 단순히 하나님의 사역과 인간의 사역이 아니다. 웨슬리는 신-인 협력 그 자체가 보다 크고 관대한 접속의 반을 구성한다고 주장한다. 은총이란 협력은 총일 뿐 아니라 협력은총과 값없이 주시는 은총의 접속이다.

온전한 성화의 시간적 차원들

은총에 대한 이중적 이해는 온전한 성화의 시간적 차원들을 분명히 한다. 그러므로 웨슬리는 기독교인의 완전과 관련한 시간의 주제는 연대기적 방식이 아니라 구속론적 방식으로 인식되어야 한다고 주장한다. 달리 말하면, 과정과 순간에 대한 물음은 믿음과 행위의 보다 큰 주제를 고찰하게 할 뿐 아니라, 다시금 웨슬리의 은총에 대한 가톨릭적 개념과 개신교적 개념을 다루게 한다.

그러므로 웨슬리가 (넓게 이해했을 경우) 성화를 점진적이면서 순간적이라고 가르친 것은 놀랄 일이 아니다. 따라서 칭의와 신생을 접근할 때 썼던 내용을 병행 구조로 놓으면서 웨슬리는 다음과 같이 말한다.

> 은총의 점진적인 사역은 계속해서 칭의와 성화의 순간적인 사역에 앞섭니다. 그러나 (칭의뿐 아니라 성화도) 사역 그 자체는 의심할 바 없이 순간적입니다. 죄책감과 죄의 권세를 점진적으로 확신한 후 어느 한순간에 이르러 우리가 의롭다 함을 얻듯이, 타고난 죄를 점차적으로 인식한 후 우리는 어느 한순간에 이르러 거룩하게 될 것입니다.[64]

웨슬리의 기본 가르침을 알기 위해서는 이 배경에서 더 분명하게 탐구해야 한다. 먼저, 우리는 온전한 성화에 이르는 과정(가톨릭 전통)으로서의 성화와, 은총의 즉각적인 실현(개신교 전통)인 온전한 성화 그 자체를 구분해야 한다. 둘째, 신생을 다루는 장에서 이미 언급했듯이 우리는 (형태도 없이 와해되고 심지어는 혼돈된) 심리학적 시간과 (은총의 순간성과 구속에서 하나님의 역할을 강조하는) 구속론적 시간의 차이를 인식해야 한다. 이러한 구분을 분명하게 할 때 바로 위에서 언급했듯이, 왜 웨슬리가 은총의 2차 사역으로서 온전한 성화가 '의심할 바 없이 순간'이라고 했는지를 더 잘 이해할 수 있게 된다. 사실 1789년 웨슬리는 사라 루터(Sarah Rutter)에게 "점진적인 성화는 당신이 의롭다 함을 받은 순간부터 증가할 수 있습니다. 그러나 내 생각에 죄로부터 완전히 구원을 받는 것은 언제나 순간적입니다. 적어도 나는 그 외의 다른 예를 아직 모릅니다."[65]라고 편지를 썼다.

그러나 우리가 그 정도가 커지면서 점점 거룩하게 되는 성화의 과정과, 지금 마음으로 순수해지고 질적인 변화를 경험하는 온전한 성화 그 자체를 구분할 수 없다면, 또 우리가 가톨릭의 신-인 협력적인 구도에서만 보게 된다면, 온전한 성화 자체가 하나의 과정이라는 잘못된 결론에 도달할 수 있다. 웨슬리 연구의 학장이라 할 수 있는 아우틀러 자신조차도 웨슬리가 에큐메니컬 정신과 동방 정교회의 전통을 사랑했다고 주장함으로써, 후세대가 오해와 잘못된 해석을 하게 하는 용어를 사용한 적이 있다. 아우틀러의 글을 보자.

> 그러나 저 멀리 날아가 버리는 목표를 향한 역동적 과정으로서의 완전 개념은, 결국 웨슬리가 알렉산드리아의 클레멘스(Clement of Alexandria), 니사의 그레고리우스(Gregory of Nyssa), 이집트의 마카리우스(Macarius of Egypt)와 같은 동방 정교회의 위대한 신앙의 전통들과 만나면서 성숙하게 발전되었다.[66]

그러나 아우틀러가 말한 역동적 과정으로서의 완전(온전한 성화)의 개념은

---

64) Telford, *Letters*, 7:222.
65) Ibid., 8:190.
66) Albert C. Outler, *Theology in the Wesleyan Spirit* (Nashville: Discipleship Resources, 1975), 70.

실제로는 두 가지 방법으로 이해할 수 있다. 첫째, 과정은 마음의 질적인 변화(예를 들면 순결하지 않은 것으로부터 순결한 것으로의 변화)를 의미하는 것이 아니라 다양한 은사와 은총과 재능으로 믿는 자의 정체성을 뜻하는 은총 안에서의 성장을 의미할 수 있다. 예를 들면, 예수 그리스도는 생애를 통해 마음이 순결했다지만 참 인간이었던 그는 다른 인간과 마찬가지로 지혜와 은총과 나이가 자라 갔다. 달리 말하면, 그리스도는 성장과 발전의 과정을 거쳤고, 어떤 의미에서 매 순간 언제나 순수하였지만, '더욱'(more) 그리하였다. 마찬가지로 정확하지 않을지는 모르지만, 웨슬리는 "인간이 얼마나 많이 이루었는지, 얼마나 높게 완전한지 모르지만 여전히 '은총 안에서 자라날' 필요가 있으며, 매일 구원자 하나님에 대한 지식과 사랑이 자라날 필요가 있다."[67]고 말했다. 이제 아우틀러가 완전 자체를 과정으로 보았다는 데에는 우리가 완전히 동의한다. 첫 번째 의미에서 완전은 성장을 허용한다. 웨슬리는 "사랑 안에서 완전해진 사람은 이전보다 더욱 빠르게 은총 안에서 자라갈 수 있다."[68]고 주장한다.

그러나 과정으로서의 완전 개념이 '가톨릭' 구도인 두 번째 의미로 이해되는 것에 대해서는, 예컨대, 기독교인의 완전에서 순수성 자체의 질적인 변화가 과정을 통해 나타나며 때문에 점진적인 방식으로 이해되는 것에 대해서는, 웨슬리 문헌에 비추어 볼 때 동의할 수 없다. 달리 말하면, 웨슬리가 과정(완전에 이르는 길)과 순간(온전한 성화 자체)을 구분한 것은 가능성과 현실성 사이의 긴장을 들여다보는 중요한 창이다. 그러므로 아우틀러가 말했듯이, 완전 자체가 과정적인 구도 아래 와해되어 언제나 움직여 저 멀리 날아가 버리는 목표라면, 삶의 일상(날실과 씨실)에서 현실화되거나 실현될 수 없다. 이렇게 이해된 완전은 언제나 지평 너머에 존재하며 영원히 잡히지 않는 목표가 된다. 우리는 언제나 순수성의 질적인 차이를 향해 다가가지만 현실적으로는 그것을 이룰 수 없다. 그러므로 개신교 전통의 순간적인 동기가 웨슬리 신학에서 현저하게 나타난다. 따라서 두 번째 의미의 과정은 영원히 실현될 가능성으로 개방되어 있기보다는 질적으로 구분된 은총들, 예컨대, 불순한

---

67) Outler, *Sermons*, 2:104~5. 온전한 성화은총을 실현한 후에도 성장이 있겠지만, 그렇다고 순수함이 증가하지는 않을 것이다. 그렇지 않다면 온전한 성화가 일어난 것이 아니기 때문이다.
68) Jackson, *Wesley's Works*, 11:442.

마음과 순수한 마음 사이의 차이가 시간 안에서 실현된다. 다시 말해, 온전한 성화가 일어나고 현실화된다면, (그 순간이 인식되든 인식되지 않든) 실현되는 순간이 존재할 것이다. 왜냐하면 온전한 성화는 정도의 차이가 아니라 질적인 차이의 변화를 가져올 것이기 때문이다. 이 순간을 적절하게 표현할 용어가 없어서 우리는 이를 '문지방 변혁'(threshold transformation)이란 말로 표현한다.

또한 순간적인 면을 배제하고 구원의 순서의 과정적 성격을 강조하는 사람들은 온전한 성화를 온전한 사역이나 완전한 사역으로 볼 수 없다. 왜냐하면 과정과 기독교인의 양육을 배타적으로 강조하다 보면 온전함과 완전함을 그 안에 매몰시킬 수도 있기 때문이다. 따라서 천재적인 실천신학자였던 웨슬리는 과정과 실현, 점진적 요소와 순간적 요소, 이 둘을 미묘하고도 잘 구성된 긴장 안에 담아낸다. 이렇게 함으로써 기독교인의 완전의 은총이 실현된 후에도 은총 안에서 계속 성장할 수 있다고 주장했다. 순수한 마음은 하나님의 은총 안에서 계속 성장할 것이다. 그러므로 성장의 사역의 완전함이 양육의 이름으로 거부될 필요가 없다.[69]

웨슬리는 칭의와 기독교인의 완전이 점진적인 사역에 선행하는 순간적인 사건이라고 분명하게 주장했다. 그럼에도 각각의 경우에 그가 사용한 예화는 아주 다양하다. 중생에 대해 말할 때에는 순간적인 요소를 효과적으로 강조하기 위해 탄생의 예화를 사용했다. 그러나 온전한 성화를 말할 때는 탄생이 아니라 죽음의 예화를 사용했다.

> 우리가 의롭게 되는 순간부터 점진적인 성화, 은총 안에서 자라 감, 하나님에 대한 지식과 사랑의 진보가 매일 일어날 수 있다. 그러므로 죽기 전에 죄를 멈춘다면 사물의 본성상 순간적인 변화가 있어야 하고 죄가 그 안에 존재하지 않는 마지막 순간과 처음 순간이 존재해야 한다.[70]

---

69) 아우틀러는 웨슬리가 동방의 영성에서, 특히 마카리우스와 시루스(Ephrem Syrus)로부터 크게 영향을 받았다고 주장한다. 이 영향 때문에 웨슬리는 기독교인의 완전을 '완전을 가져오는 완전'(perfecting perfection)이라고 불렀다. Outler, *Sermons*, 1:74. 그러나 웨슬리 신학에서 온전한 성화의 실현 방법과 (성화의 과정과는 구분되는) 온전한 성화의 내용은 서방 자료에서 가져왔다.
70) Jackson, *Wesley's Works*, 8:329.

그러므로 처음 심상은 하나님께로부터 탄생한 성화의 시작을 가지며, 시간의 경과를 반영하는 두 번째 심상은 육체적 본성에 대한 종말과 죄에 대한 죽음을 갖는다.[71] 웨슬리는 소위 심리학적 성찰에 기반을 두면서 온전한 성화의 순간을 인식할 수 없다는 주장에 반대했다. 그의 말을 주목해 보자. "어떤 사람이 죽을 때 그 순간을 인식하는 것은 어렵다. 하지만 삶을 마감하는 순간이 분명 존재한다. 만일 죄가 멈춘다면 죄가 존재하는 마지막 순간과 우리가 죄로부터 구원받는 처음 순간이 존재해야 한다."[72]

그러나 온전한 성화의 시간적 요소와 관련된 또 다른 오류는, 장년 기독교인의 상태나 시간적으로 이룩한 성숙과 완전한 사랑을 온전히 동일화하는 데서 일어난다. 영적으로 민감했던 웨슬리는 최고의 은총들은 경험이 많은 어른들의 몫이라기보다는 어린아이의 몫에 더 가깝다고 분명하게 인식했다. 그러므로 어린이들의 영적 삶을 간과하거나 이들의 사랑을 경시할 수 없다. 기독교인의 완전은 원리상 마음과 마음의 기질에 대한 문제이기 때문에 어린이들은 온 영혼과 존재로 하나님을 사랑할 수 있다. 예를 들면, 1744년 9월 16일, 웨슬리는 자신의 일지에서 이렇게 주장했다. "나는 하나님 안에서 완전한 믿음의 확신을 갖고서 인생을 완성한, 네 살도 안 된 어린아이를 인근 무덤에 묻었다."[73] 이 글에서 "완전한 믿음의 확신"(the full assurance of faith)이란 구절은 기독교인의 완전과 상응하는 말이다. 그 후 1764년에는 열두 살 소녀의 삶에서 은총의 능력이 최고조에 달했던 한 예를 소개한다.

나는 일찍이 맨스필드에 사는 S- H-처럼 헌신된 영혼을 만나 보지 못했다. 그녀는 자신의 죄를 확신하고 난 다음 9일 안에 거룩하게 되었다. 그 후 열두 살이 된 그녀에게서 나는 어떤 부적절한 말을 하는 것을 들어보지 못했고, 부적절한 일을 하는 것을 보지 못했다. 그녀의 용모는 보는 사람들에게 경외감을 준다. 그녀는 지금 아브라함의 품 안에 있다.[74]

---

71) 웨슬리는 우리가 은총의 두 사역 사이에 간격을 두지 않고 동시적으로 하나님께로부터 탄생하는 것과 완전히 거룩하게 될 수 있다는 개념을 거부했다.
72) Jackson, *Wesley's Works*, 11:442.
73) Ward and Heitzenrater, *Journals and Diaries*, 20:39.
74) Jackson, *Wesley's Works*, 12:333.

또한 10년이 지나 마치 양에게 보낸 편지에서 은총의 위대한 사역이 상대적으로 짧은 기간 안에 일어날 수 있다는 개념을 우아하게 강조한다. "(하나님께서는) 젊은 남녀를 노인보다도 더 지혜롭게 하시며, 사람들이 오랜 시간에 걸려서 이룰 수 있는 것보다 더 밀접하고 깊은 하나님과의 연합을 아주 짧은 시간 안에 많은 사람과 이루어 주십니다."[75]

온전한 성화의 본질: 웨슬리의 구원의 순서에서 두 번째 초점

몇 편의 글에서 우리는 웨슬리가 젊은 시절 '거룩함'이 종교의 목적이라고 보았음을 알 수 있다. "내가 처음으로 선언했던 이 말들은 기독교인의 완전에 대한 나의 정서를 반영하는 것으로, 1725년 이후 줄곧 내가 이를 삶의 목적으로 삼았다는 것을 알아보기가 쉽지 않다."[76] 생애 전환점이었던 1725년, 웨슬리는 테일러 감독의 「거룩한 삶의 규칙과 수행」(*Rules and Exercises of Holy Living*)을 만나게 되었는데, 이 책은 웨슬리에게 의도의 순수함이 얼마나 중요한지 확신시켜 주었고, 이로써 웨슬리는 자신의 전 생애를 하나님께 드리기로 헌신했다. 다음 해 1726년, 링컨 칼리지의 젊은 강사였던 웨슬리는 토마스 아 켐피스(Thomas à Kempis)의 「그리스도를 본받아」(*Imitation of Christ*)를 읽었고 이 책에서 "마음의 종교 곧 내적 종교의 본성과 범위"[77]를 만나게 되었다. 그 후 몇 년이 지난 1728년 혹은 1729년에, 로의 「기독교인의 완전」(*Christian Perfection*)을 정독했다. 이를 통해 이전보다 더욱 확신 있게 "반쪽 기독교인은 절대 불가능함"[78]을 스스로에게 다짐했다. 웨슬리가 접한 이 모든 자료들을 볼 때, 웨슬리의 기독교인의 완전에 대한 이해는 서방 전통에 속한 자료들임을 알 수 있다. 예컨대, 웨슬리에게 온전한 성화의 본성을 통찰하게 한 사람들 중 두 명은 영국 국교회에 속해 있었고, 한 명은 로마 가톨릭에

---

75) Telford, *Letters*, 6:132. 물론 이 내용은 웨슬리가 의롭다 함을 입고 하나님으로부터 탄생한 모든 사람들에게 온전한 성화가 현재적으로 가능하다고 생각했지만, 목회적인 차원에서 대부분의 사람들이 죽음에 임박해서야 이러한 해방을 주는 은총을 향유하게 될 것이라고 생각했음을 입증해 주고 있다. Jackson, *Wesley's Works*, 11:388과 Telford, *Letters*, 5:39를 참조할 것.
76) Jackson, *Wesley's Works*, 11:373.
77) Ibid., 11:366. 웨슬리는 아 켐피스가 너무 엄격한 것에 화가 났다. 웨슬리는 이 고전들을 통해 오히려 황량함과 고통을 수용하는 겸비를 배웠다. Ward and Heitzenrater, *Journals and Diaries*, 18:243.
78) Jackson, *Wesley's Works*, 11:367.

속해 있었다. 아우틀러가 말했듯이, "웨슬리 신학의 뿌리는 영국 종교개혁의 풍요로운 지층에 깊이 뿌리를 두고 있다."[79] 그러나 동방(가톨릭) 교부들은 웨슬리에게 주로 기독교인의 완전에 이르는 성화의 과정에 대한 관점을 갖도록 영향을 주었다.[80] 다시 한 번 말하지만 여기서 서방과 동방의 차이는 아주 중요하다.

웨슬리의 영적 물음이 갖는 중요성을 강조한, 초기 자서전적 자료에 비추어 보면, '기독교인의 완전'을 주제로 한 설교는 몇 년의 시간이 흐른 후 성 마리아 옥스퍼드(St. Mary's Oxford)에서 했다는 것은 그렇게 놀랄 일이 아니다. 1765년, 웨슬리는 이 사실을 뉴턴(John Newton)에게 이렇게 회고했다. "이때 (나의 설교는) 지금 내가 모든 죄로부터의 구원과 온전한 마음으로 사랑하는 하나님에 대해 가르치고 있는 내용을 다 담고 있었습니다."[81] 분명 '마음의 할례'는 온전한 성화에 대한 웨슬리의 이해를 예증해 준다. 웨슬리는 은총의 사역을 주로 거룩한 기질, 특히 믿음과 소망과 사랑이라는 신학적 덕목으로서 뿐 아니라 겸비로서 보았다. "우리 자신에 대한 올바른 판단인 겸비는 스스로가 완전하다고 하는 자만으로부터 우리의 생각을 정결하게 한다."[82]고 지적한다. 이렇게 이해하면 할례란 "영혼의 습관적 기질"[83]이며 "그리스도 예수 안에 있는 덕목들로 덧입게 된다."[84] 달리 말하면 온전한 성화나 기독교인의 완전은 인간의 마음을 지배하는 거룩한 사랑, 곧 하나님 사랑과 이웃 사랑뿐 아니라 모든 죄를 배제하는 사랑의 특징을 설명하고 있다.

온전한 성화가 아닌 것

웨슬리의 온전한 성화에 대한 개념을 볼 수 있는 최고의 자료는, 1766년에

---

79) Outler, *John Wesley*, 122.
80) 아우틀러조차도 동방 교부들이 웨슬리의 기독교인의 완전에 대한 이해에 영향을 주었다는 점에 대해서는 아주 조심스럽다. 아우틀러는 이들의 영향이 직접적이기보다는 간접적이라고 주장했다. Outler, *John Wesley*, 252.
81) Telford, *Letters*, 4:299.
82) Outler, *Sermons*, 1:403.
83) Ibid., 1:402. 거룩한 습관이나 기질을 말하는 것은 성화의 과정을 표현하는 또 다른 방식이다. 웨슬리의 실천신학에서 거룩한 사랑의 특징을 논의한 자료를 보려면, Gregory S. Clapper, *John Wesley on Religious Affections: His Views on Experience and Emotion and Their Role in the Christian Life and Theology* (Metuchen, N. J.: Scarecrow Press, 1989)를 참조할 것.

출판된 「기독교인의 완전에 대한 평이한 해설」일 것이다. 사실 모라비안 교도들과 칼빈주의자들 그리고 다른 사람들이 온전한 성화 교리를 쉽게 오해했기 때문에, 이 책에서 웨슬리는 어떤 의미에서 기독교인들이 완전하지 않는지, 또 완전하기를 희망할 수 없는지를 세심한 주의를 기울여 진술한다. 이 주제에 대해 웨슬리는 1741년 쓴 "기독교인의 완전"이란 설교에서 이미 진술했던 여러 내용을 다시 주장한다. 예를 들면, 믿는 자들은 무엇보다도, 그 지식이 완전하지 않다. 하나님의 사랑을 완전하게 받고 하나님의 은총을 거부하지 않은 사람도 무지로부터의 자유를 약속받지 않았다. 마음이 정결한 사람들도 계속 공부하고 학습해야 하며 생각을 갈고 닦아 열광주의나 광신주의를 피해야 한다. 이렇게 노력을 해도 삼위일체와 수육 교리와 같은 믿음의 신비들은 여전히 우리의 명석한 생각을 뛰어넘게 될 것이다.[85]

둘째, 노년의 웨슬리는 우리가 죄에 빠질 수 없도록 하는 그렇게 고매한 은총의 상태란 없다고 보았다.[86] "성서 어디에서도 인간이 죄로 되돌아갈 수 없다고 기록한 일반적인 선언을 찾을 수 없다."[87]고 주석하고 있다. 사실 1766년, 웨슬리는 이전에 기독교인의 완전을 경험했던 50명의 고백자들을 조사한 결과 이들 중 2/3 가량이 기독교인의 완전에서 떠났다는 것을 발견했다.[88] 그러나 그리스도와 함께 걷고 하나님의 은총을 당연하게 여기지 않기 위해서는 지속적으로 마음의 청결을 지키라고 강조했다. 그리고 어린양의 피로 마음이 깨끗하게 씻김을 받은 사람들도 여전히 예언자와 제사장과 왕으로서 일하시는 그리스도가 필요하다고 가르쳤다.[89] "포도나무와 연합한 가지가 열매를 맺을 수 있고 가지에서 떨어져 나온 가지는 시들고 말라 열매

---

84) Outler, *Sermons*, 1:403.

85) Jackson, *Wesley's Works*, 11:374. 또한 Outler, *Sermons*, 2:101을 참조할 것.

86) 웨슬리는 희망에 대한 완전한 확신은 "모든 의심과 염려를 몰아내고 하나님의 영광을 향유하게 될 것이라는 분명한 확신"이라고 주장한다. 그럼에도 불구하고 웨슬리는 이렇게 부연 설명한다. "그렇지만 이는 '어떤 성도도 은총에서 떨어져 나갈 수 없다.'는 의견과는 확연히 구분되는 확신이다. 예컨대, 이런 의견과는 아무런 관계가 없는 확신이다." Telford, *Letters*, 7:58.

87) Jackson, *Wesley's Works*, 11:422. 1757년 이전에 웨슬리는 "죄로 구원받은 사람은 다시 타락할 수 없었다." 그러나 "이제 우리는 죄로부터 구원받은 사람도 다시 타락할 수 있음을 알게 되었다."고 말하면서 이전 생각이 잘못되었다고 시인하고 있다. Jackson, *Wesley's Works*, 11:426.

88) Ward and Heitzenrater, *Journals and Diaries*, 22:35.

89) Jackson, *Wesley's Works*, 11:417.

를 맺을 수 없다."90)는 비유를 사용하여, 믿는 자가 그리스도께 지속적으로 의존해야 하는 것을 시각적인 방법을 이용해 보여 주기도 했다.

또한 「기독교인의 완전에 대한 평이한 해설」에서, 믿는 자들은 태어나면서 가진 죄와 자범죄가 다시 일어나지 않게 하기 위해서가 아니라, "태만, 결점, 판단과 수행에서의 실수, 다양한 결점으로부터 구원받기 위해서"91) 여전히 그리스도께 의존해야 함을 보여 준다. 다른 편지들에서도 같은 주제를 다루고 있다. "온전한 성화에 이른 자들이라도 육체를 입고 있는 한 실수하기 쉽고 잘못된 판단에 따라 말하고 행동하기 쉽습니다."92) 따라서 "이들은 정의를 엄격하게 지킬 수 없고 여전히 자비와 용서가 필요합니다."93) 달리 말하면, 온전한 성화를 이룬 사람들도 여전히 뜻하지 않게 '완전한 법'에서 탈선하며, 때문에 여전히 구속이 필요하다는 것이다. 같은 주제에 대해 웨슬리는 좀 더 자세하게 설명한다.

> 이 주제에 대해 좀 더 자세하게 설명해 보겠다. 1) 엄밀히 말해서 알려진 법을 의도적으로 범한 죄뿐 아니라 알게 모르게 하나님의 법을 의도하지 않게 지은 죄까지도 구속의 피가 필요하다. 2) 나는 이생에서 인간인 한 자연스럽게 무지와 실수를 할 수밖에 없는, 의도하지 않은 죄까지도 없애는 그런 완전이란 존재하지 않는다고 생각한다.94)

결국 '죄 없는 완전'이란 문구를 웨슬리는 결코 사용한 적이 없다. 이 문구는 믿는 자들이 의도했건 의도하지 않았건 완전한 법을 범하는 것과는 무관함을 의미할 수 있기 때문이었다. 사랑으로 완전한 사람들은 여전히 인간의 유한성과 관계된 무지와 실수에 빠지기 쉽다. 그러므로 사랑의 법의 '의도하지 않은 죄들은' 엄밀히 말해 죄가 아니다. 그러나 이 죄들도 여전히 그

---

90) Ibid., 11:396.
91) Ibid. 온전한 성화에 이른 사람들까지도 이러한 지속적 의존이 완전한 사랑으로서 하나님과 성도 사이의 정화된 관계를 표현한다는 것을 분명히 밝히고 있다.
92) Telford, Letters, 4:13.
93) Ibid.
94) Jackson, Wesley's Works, 11:396. 이 구분에 대해 자세하게 보고 싶으면, Lindström, Wesley and Sanctification, 140~60을 참조할 것.

리스도의 구속의 피가 필요하다. "절대적인 완전은 인간이나 천사에게 속한 것이 아니다. 바로 하나님께만 속한 것이다."[95]

셋째, 기독교인들은 연약함으로부터 자유로울 만큼 완전하지 않다. 예컨대, "이해력이 모자라거나 더디 이해하는 것, 어리석음, 혼돈, 일관성 없는 사유, 성격이 급하거나 지나치게 진지하게 생각함"[96]으로부터 자유하지 않다. 여기서 웨슬리가 깊이 마음에 새긴 것은 몸과 마음의 상호 교류이고 몸의 한계로 생겨날 수 있는 생각의 혼돈이며 인간이 피조물이고 순수한 영이 아니라는 사실이다. "인간이 흙의 집에 거처를 잡고 있는 한, 마음이 몸의 영향을 받아 이해가 더디고 어두우며 때로는 보다 직접적으로 영혼을 숨 막히게 하고 우울하게 한다."[97] 이보다 더 중요한 것은 웨슬리가 "순수한 사랑인 지고의 거룩한 단계에서조차 천 여 개의 약점을 가진다."[98]라고 주장한다는 점이다. 그러므로 인간의 결점은 죄의 인증서도 아니며 죄의 변명으로 사용될 수도 없다. 그래서 웨슬리는 "알려진 죄들을 인간의 결점이라 하지 말라."고 경고한다.[99] 간단히 말해 인간의 결점은 인간의 유한성을 보여 주는 도덕과 상관없는 시간적 한계일 뿐이다.

넷째, 완전한 사랑은 유혹을 제거하지 않는다. 성서 어디에도 믿는 사람들에게 유혹을 없애겠다고 한 약속이 없다. 대신 성서는, 웨슬리가 정확하게 보았듯이, 하나님의 모든 아들들과 딸들에게 많은 유혹에 직면하여 견고히 서라고 지속적으로 권면한다. 사실 웨슬리는 무지 때문에 영혼에 생기는 유혹에 관심을 두고 1760년, 이 주제로 "다양한 유혹이 가져다준 무거운 짐" (Heaviness Through Manifold Temptations)이란 설교를 작성했다. 특히 이 주제와 관련해서 시험으로부터의 사유는 "이생에 속한 것이 아니다."[100]라고 수

---

95) Jackson, *Wesley's Works*, 11:442. 일상의 삶과 관련된 웨슬리의 완전 교리를 현대적으로 해석한 자료를 보려면, William E. Sangster, *The Path to Perfection: An Examination and Restatement of John Wesley's Doctrine of Christian Perfection* (London: Epworth Press, 1984)를 참조할 것. 사랑으로 완전한 사람들이 그리스도께 의존하는 내용의 자료를 보려면, Telford, *Letters*, 4:13, 186, 189, 191, 5:315와 Jackson, *Wesley's Works*, 11:395~96, 417, 419를 참조할 것.

96) Outler, *Sermons*, 2:103.

97) Telford, *Letters*, 5:267.

98) Ibid., 5:6. 인간의 결점과 관련된 주제에 대해서는, Cragg, *Appeals*, 11:66과 Jackson, *Wesley's Works*, 11:374를 참조할 것.

99) Outler, *Sermons*, 2:103.

제8장 온전한 성화 : 순전하고 완전한 거룩한 사랑　**419**

장했다. 때문에 믿는 자들에게 인내와 용기가 필요하다.

마지막으로, 우리가 하나님의 풍요로운 은총이 자라 가기 때문에 지속적인 증가나 진보를 허용하지 않는, 정적인 완전 개념을 거부했다. 그러므로 웨슬리 신학에서는 영적으로 "우리가 이미 도달했다."라는 개념이 존재하지 않는다. 그리스도의 피로 마음이 정결해진 사람들은 지식과 은총과 은사에서 지속적으로 자라나야 한다. 그러나 이들은 그 마음이 이미 정결함을 얻었기 때문에 정결함으로 성장하지는 않을 것이다. 이렇게 이해할 때, 기독교인의 완전은 정적인 완전이 아니라 동적인 완전이며 가장 풍요로운 거룩한 사랑을 말한다.

온전한 성화: 복음이 주는 세 번째 자유

웨슬리는 '어떤 의미에서 기독교인들이 완전한가?' 라는 주제로 글을 쓰면서, 바로 자기가 말하는 기독교인들이란 "그리스도 안에 있는 어린아이들을 말하는 것이 아니고 어른 기독교인을 말하는 것"[101]이라고 언급했다. 그러고는 이내 부연 설명하며 "그리스도 안에 있는 어린아이라 할지라도 죄를 짓지 않을 정도로 완전하다."[102]라고 했다. 결국 아우틀러가 암시하듯이, 우리가 "사랑 안에 완전을 단순히 의지적으로 죄를 짓지 않는 능력"[103]이라고 한다면, 이 능력은 하나님의 자녀들 심지어는 그리스도 안에 있는 어린아이를 포함하는 은총임이 틀림없다고 웨슬리는 주장한다. "하나님께로부터 난 사람은 … 하나님의 어떤 명령도 의지적으로 범할 수 없다."[104] 요점을 좀 더 깊이 있게 말한다면, 기독교인의 완전은 주로 죄의 권세가 아니라 죄

---

100) Ibid., 2:104. "다양한 유혹이 가져다준 무거운 짐"(Heaviness Through Manifold Temptations)은 Outler, *Sermons*, 2:202~21, 「웨슬리 설교전집 3」[대한기독교서회]를 참조할 것.

101) Jackson, *Wesley's Works*, 11:374.

102) Ibid., 11:375.

103) Outler, *Sermons*, 1:65. 웨슬리의 설교 "기독교인의 완전" 서문에 아우틀러가 쓴 논평을 참조할 것. 이 글에서 아우틀러는 "만일 웨슬리가 말하는 구원이 우리 안에 왜곡된 하나님의 형상을 완전히 회복하는 것이라면, 그리고 그 완전함이 죄를 짓지 않을 수 있는, 우리의 부정의 능력과 하나님의 지고로 사랑할 수 있는 긍정의 능력의 회복을 뜻한다면, 이는 은총이 최고조로 달해 이생에서 승리의 삶을 뜻하며 웨슬리는 이를 '기독교인의 완전'이라 불렀다."고 주장한다. Outler, *Sermons*, 2:97.

104) Ibid., 1:436.

의 존재를 다룬다. 사실 「기독교인의 완전에 대한 평이한 해설」과 같은 주제로 한 설교에서 웨슬리는 하나님의 은총으로 초기적 성화를 경험한 그리스도 안에 있는 어린아이들의 특권에 대해 깊이 언급했다. 왜냐하면 당시 영국 사회의 많은 독자들이 하나님의 자녀의 자유와 온전히 성화된 사람들의 자유를 잘못 동일화하여 중생과 온전한 성화의 의미를 과소평가할 수 있다고 생각했기 때문이었다.

따라서 웨슬리는 약하게 만드는 죄의 여러 효능으로부터 자유를 얻는 것과 관련해 복음의 자유를 설명한다. "죄책이 하나이며, 죄의 권세가 또 다른 하나이고, 죄의 존재는 또 다른 하나입니다. 믿는 자들이 죄책과 죄의 권세로부터 구원을 받았다는 것은 우리가 인정하지만, 이들이 죄의 존재로부터 구원을 받았다고 하는 것에 대해서는 우리가 거부합니다."[105] 예컨대, 복음이 주는 세 번째 자유, 곧 죄의 참 존재와 육체의 본성과 원죄로부터의 자유는, 두 번째 복음적 회개의 관심이 될 뿐 아니라 아래 도표가 보여 주는 것처럼 온전한 성화에서 중요한 일부를 구성한다.

세 자유 안에 나타나는 이중적 회개

구원하는 실재	칭의	중생	온전한 성화
~부터의 자유	죄책감	권세 혹은 지배	존재
~에 대한 깨달음	자범죄	자범죄	태어나면서 가진 죄
회개의 유형	율법적	율법적	복음적

그러면 온전한 성화는 무엇인가? 웨슬리는 "주 안에서 강하게 된"[106] 성숙한 기독교인들의 은총은 적어도 두 가지 점에서 그리스도 안에 있는 어린아이들의 은총을 능가한다고 말한다. 첫째, 성숙한 기독교인들은 악한 생각으로부터 자유롭다. 마음이 더 이상 악하지 않으니 악한 의지와 색욕, 시기

---

105) Ibid., 1:328.
106) Ibid., 2:117. 비록 웨슬리가 주 안에서 강한 사람들을 온전히 성화된 사람들로 기술함에도 불구하고, 경험이 많다든지 혹은 연수가 많다는 의미에서 성숙을 말하는 것이 아니다. 웨슬리는 나이가 어린 사람들도 여전히 완전하게 성화될 수 있다고 주장했다. "나는 하나님 안에서 완전한 믿음의 확신을 갖고서 인생을 완성한 네 살도 안 된 어린아이를 인근 무덤에 묻었다." Ward and Heitzenrater, *Journals and Diaries*, 20:39. Jackson, *Wesley's Works*, 12:333.

등을 품은 생각은 더 이상 마음에 자리하지 않을 것이다. 1766년, 웨슬리는 "악한 생각으로부터 자유하고 완전하려면 성숙한 기독교인이어야 한다."[107] 고 주장한다. 그러나 악한 생각과 방황하는 생각은 구별되어야 한다. 1741년, 동생 찰스와 함께 발행한 찬송가 서문에서 존 웨슬리는 "'죄 없는 완전을 모든 자기-의지' 심지어는 '방황하는 생각'과 거의 같은 의미로 사용했다."[108] 그러나 이후 자신의 글에서, 특별히 "방황하는 생각"(Wandering Thoughts)이란 설교에서 이 주장을 수정했다. 예를 들면, 방황하는 생각에 대해 둘로 범주를 나누어 설명했는데, 하나님으로부터 떠나 방황하는 생각과 "우리가 서 있는 입각점으로부터 방황하는 생각"[109]이다. 처음 범주의 방황은 악한 것이고 그 다음 범주의 방황은 악한 것이 아니다. 웨슬리는 처음 범주의 생각이 실천적인 무신론을 구성한다고 보았다. 이는 불신앙의 마음이며, 때문에 믿는 자는 적어도 이 불신앙으로부터의 자유를 기대할 수 있다고 보았다.[110] 그러나 믿는 자들이라 할지라도 그들의 입각점으로부터 방황하는 것에서 결코 자유로울 수 없다. 그리고 이런 방황은 "우리 몸의 혈관에 피가 움직이는 것"[111]과 같다.

둘째, 그리스도 안에 마음을 두고 사랑 안에 완전한 사람들은 악한 기질로부터 자유롭다. 여러 면에서 악한 기질로부터의 구원은 아주 중요하여 긍정적인 차원과 부정적인 차원으로 나누어 평가할 수 있다. 부정적으로 말한다면, 악한 기질로부터의 자유는 교만과 자기-의지, 세상 사랑과 같은 불경한 기질로부터의 자유를 말하며 타락한 마음으로부터의 자유를 뜻한다. 믿는 자는 이제 거룩케 하는 성령의 임재로 말미암아 마음으로부터 타고난 죄가 깨끗하게 되어 마음에 갈등(contrary principle)을 느끼지 않는다. 1766년 웨슬리의 표현을 따르면, 믿는 자는 "죄의 완전한 죽음"[112]을 경험한다.

---

107) Jackson, *Wesley's Works*, 11:376.

108) Outler, *Sermons*, 2:98.

109) Ibid., 2:127, 「웨슬리 설교전집 3」[대한기독교서회].

110) Ibid., 2:132.

111) Ibid., 2:133. 이런 의미에서 방황하는 생각은 아무도 자유로울 수 없는 몸의 질병의 한 예로 이해할 수 있다. 웨슬리의 설교 "기독교인의 완전"을 참조할 것. Outler, *Sermons*, 2:103 ff. 다른 경우에서 웨슬리의 방황하는 생각을 보기 원한다면, Telford, *Letters*, 3:243~44, 4:307을 참조할 것.

112) Jackson, *Wesley's Works*, 11:401.

긍정적으로 말한다면, 온전한 성화는 하나님의 전능한(ever-potent) 은총을 통해 실제적인 갱신, 변화, 정결뿐 아니라 온전한 영혼의 치유(therapeia psuches)를 가져온다. 웨슬리는 "내가 '완전'이라 했을 때 그 의미는 모든 기질과 말, 행동과 온전한 마음, 삶을 지배하는 겸손과 온유, 인내함으로 하나님을 사랑하고 인간을 사랑하는 것을 뜻한다."[113]고 말했다. 다시 말하지만, "이 사랑은 죄를 몰아내며, 마음을 채우고, 영혼의 온전한 능력을 회복하는 사랑이다."[114] 여기서 전가(imputation)와 분여(impartation)의 차이가 분명하게 드러난다. 논의의 중심은 언제나 성화이고 성화의 시작이건 온전한 성화건 분여의 주제가 성격상 지배적으로 나타난다. 기독교인의 완전은 예수께서 말씀한 두 명령에 순종할 수 있도록 은혜 가운데 회복된 자유를 수반한다. "예수께서 이르시되 네 마음을 다하고 목숨을 다하고 뜻을 다하여 주 너의 하나님을 사랑하라 하셨으니 이것이 첫째 되는 계명이요 둘째도 그와 같으니 네 이웃을 네 자신 같이 사랑하라"(마 22:37~39). 이어서 웨슬리는 "(온전한 성화에는) 사랑에 반하는 어떤 잘못된 기질도 영혼에 남지 않는다. …그리고 모든 생각과 말과 행동이 순수한 사랑의 지배를 받는다."[115]고 주장한다.

그러므로 온전한 성화는 죄를 대신한 사랑이고 모든 악한 정욕과 기질을 정복한 거룩한 사랑이다. 온전한 성화는 "하나님께 헌신된 마음과 삶"[116]을 포함할 뿐 아니라 하나님과 인간의 관계를 정결케 함으로써 하나님의 형상, 특히 도덕적 형상을 영광과 광휘 가운데 새롭게 한다. 죄에 빠졌던 피조물은 이제 놀라운 방법으로 창조자의 선함을 드러낸다. 따라서 기독교인의 완전을 다른 말로 표현하면 거룩한 사랑이 된다. 거룩함으로 은총 안에 새롭게 된 믿는 자들이 죄의 불순함과 함정으로부터 자유하게 되고, 사랑함으로 존재의 목적인 하나님을 사랑하고 이웃을 사랑하게 된다. 이 사실을 발견한 웨슬리는 감격으로 이렇게 외쳤다. "하나님을 찬양할 지라. …우리가 아는 바, 땅과 하늘에서 사랑보다 깊고 사랑보다 좋은 것은 없도다. 하나님의 사랑보

113) Telford, *Letters*, 4:187. 몇 년이 지난 후 웨슬리는 록스데일(Ann Loxdale)에게 "고린도전서 13장을 읽고 묵상하라. 이 안에 '기독교인의 완전'이 담겨 있다."고 권면했다. Telford, *Letters*, 7:120.
114) Outler, *Sermons*, 2:160.
115) Jackson, *Wesley's Works*, 11:394.
116) Telford, *Letters*, 5:141.

다 높은 것은 아무것도 없도다."117)

온전한 믿음의 확신

성령을 다룬 장에서 이미 믿음과 소망의 완전한 확신에 대해 탐구했고, 온전한 성화와 관련해서 성령의 증거를 탐구했으니, 이제 자세하게 다루어야 할 영역은 칭의(와 중생)와 온전한 성화에 관련된 확신의 병행 구조를 살피는 일이다. 따라서 '믿는 자들이 온전히 성화되었음을 어떻게 알 수 있는가?' 라는 물음에 대답하면서 웨슬리는 다시 한 번 웨슬리의 구원의 순서가 갖는 두 초점의 관계를 언급한다. 다음 해설에 나타난 병행 구조의 용어를 관찰해 보라. "그러나 당신이 성화된 것과 타고난 타락으로부터 구원받았음을 어떻게 알겠는가? …내가 의롭게 되었음을 아는 것과 같은 방법 외에는 이를 알 수 없다. 그러므로 어떤 경우든 '우리는 하나님께서 주신 성령으로 말미암아 우리가 하나님의 것이 되었음을 안다.' 성령의 증거와 열매로 말미암아 우리가 안다."118) 1767년 데일(Peggy Dale)양에게 보낸 편지에서, 웨슬리는 이렇게 전하고 있다. "칭의와 성화의 증거는 하나님의 자녀가 갖는 특권이지요. 당신도 겸손하면서도 가까이 하나님과 동행한다면 매일 칭의뿐 아니라 성화의 증거를 분명하게 얻게 될 것입니다."119)

앞의 예에서 두 차원의 유사성이 나타난다. 첫째, 칭의와 마찬가지로 온전한 성화는 직접적 증언을 수반한다. 예컨대, 성령께서 믿는 자들에게 증언하고 확신을 주며, 하나님의 은혜로운 사역이 믿는 자들의 영혼에 이루어진다. "그러므로 우리는 칭의만큼이나 분명하게 완전 성화에 대한 성령의 증거가 있을 때에야 그 일이 이루어졌음을 믿어야 한다."120)

예상하듯이, 확신의 시작과 (중간에 일어난 영적 발전 때문에) 뒤따르는 확신

---

117) Ibid., 6:136. 온전한 성화에 관심했던 웨슬리는 스스로 이 은총의 척도를 개인적으로 증언하지 않았다. Frank Baker, *The Works of John Wesley*, vol. 26, *Letters* II (New York: Oxford University Press, 1982), 294; Telford, *Letters*, 5:43; Ward and Heitzenrater, *Journals and Diaries*, 22:72.

118) Jackson, *Wesley's Works*, 11:420.

119) Telford, *Letters*, 5:50. 데일 양에게 계속해서 보낸 다음 편지에서 우리가 온전히 성화된다 해도 (무지나 육체의 무질서로 인해) 완전한 확신의 증거가 모자랄 수 있다고 언급한다. Telford, *Letters*, 5:78.

120) Jackson, *Wesley's Works*, 11:402.

은 직접적 증거와 간접적 증거라는 두 단계로 일어난다. 예를 들면, 직접적 증거에 대해 웨슬리는 이렇게 지적한다. "우리가 의롭다 함을 얻었을 때 성령이 우리 영과 더불어 우리 죄가 용서받았음을 증언하듯이, 우리가 거룩하게 되었을 때, 성령은 우리 죄가 **사라졌음을** 증언한다."[121] 마찬가지로, 웨슬리는 그리스도 안에서 어린아이로부터 젊은이를 거쳐 아버지가 되어 가는 과정에서 성령의 증언이 어떤 차이를 보이는지 탐구한다. "자연인은 두려워하지도 않고 사랑하지도 않는다. 깨어난 사람은 두려워하기만 하고 사랑을 하지 않는다. 그리스도 안에서 어린아이는 사랑하고 두려워한다. 그러나 그리스도 안에서 아버지는 두려움 없이 사랑한다."[122] 이러한 구분은 18세기 감리교인들 사이에서 많은 예증을 보여 주고 있다.

둘째, 간접적인 증언과 관계된 차이들 또한 동일하게 중요하다. 예를 들면, 웨슬리는 온전한 성화를 가져오는 성령의 열매는 "**변하지 않는** 오래 참음과 인내와 기다림으로 또한 모든 화를 이기는 온유함으로 … **항상** 존재하는 사랑과 기쁨과 화평"[123]이라고 주석한다. 그러므로 "'이 안에 중요한 문제가 무엇인가? 우리가 의롭다 함을 얻었으면 이 모든 것을 가진 것 아닌가?'"라는 물음을 던지고는 놀라운 반응을 보이며 대답한다.

> 자기-의지를 조금도 섞지 않고 하나님의 뜻에 온전히 굴복한다고요? 우리가 화를 낼 수밖에 없는 상황에서도 화를 내지 않고 온유하다고요? 피조물을 조금도 사랑하지 않으면서 모든 교만을 버리고 하나님 안에서 하나님을 위해서만 사랑한다고요? 모든 시기와 질투와 성급한 판단을 버리고 인간을 사랑한다고요? 어떤 요동도 없이 온전한 영혼을 지키는 온유함이라고요? 모든 것을 참는다고요? 모든 사람이 이 단계에 이르렀다고 말하지 마십시오. 의롭다 칭함을 얻었다 해서 이 단계에 이르렀다고 말하지 마십시오.[124]

---

121) Ibid., 11:402.
122) Wesley, *NT Notes*, 638 (요일 4:18). Telford, *Letters*, 5:175, 6:146를 참조할 것. 또한 웨슬리가 사랑이 없이 두려워하는, 깨어난 사람과 사랑하고 두려워하는, 그리스도 안에 있는 어린아이를 구분한 것에 주목하라. 전자는 종의 믿음과 관계하며 후자는 하나님 자녀의 믿음과 관계한다.
123) Jackson, *Wesley's Works*, 11:422.
124) Ibid., 11:422~23.

웨슬리는 사역의 완전함과 철저함뿐 아니라 그 항구적인 열매에 호소하면서 하나님께서 온전히 거룩하게 하는, 은총의 능력을 증거하고 있다. 웨슬리의 경고를 들어 보자. "만일 선발 신도회 내에서 누군가가 성화의 증거를 부정하고 반박하는 자가 있으면 그 사람을 선발 신도회 안에 두지 말 것이다."[125]

영원에 이르는 길에 대한 목회적 성찰들

웨슬리는 저술을 통해 하나님의 자녀들이 단순한 믿음으로 온전한 성화 은총을 받을 수 있다고 주장하면서도, 아주 목회적인 방식으로 성화은총은 대체로 죽음에 이르러서야 받게 된다고 주장했다. 이러한 가르침은 1744년과 1747년 연회록[126]뿐 아니라 1766년 출판된 「기독교인의 완전에 대한 평이한 해설」에서도 찾아볼 수 있다. 웨슬리는 마지막 부분에서 이렇게 쓰고 있다. "우리는 믿음으로 죽은 사람들 중에 우리가 알고 있는 한 많은 이들이 죽음에 이르도록 사랑으로 온전하지 못했던 것을 알고 있다."[127] 그리고 나서 바로 다음 해에 찰스에게 "온전한 성화의 시간은 일반적으로 죽음의 순간, 곧 영혼이 몸을 떠나기 직전의 **순간**"[128]이라고 생각된다고 전했다. 그러므로 이 배경에서 웨슬리는 여전히 기독교인의 '완전'이 순간적인 것이며, 그것도 많은 사람들의 경우는 죽기 바로 전에야 경험한다고 주장하고 있다.

웨슬리는 로마가톨릭에서 가르치는 연옥, 곧 죽은 다음에 정결하게 될 가능성을 거부했다. 또한 루터주의자들이 가르치는 것처럼 죽음 자체가 정화시키는 통로라는 것에도 반박했다. 따라서 온전한 성화가 영원의 이편, 곧 살아 있는 동안 일어나야 한다고 반복해서 주장했다. 1758년, 하디(Elizabeth Hardy)여사에게 보내는 편지에는 "그러므로 이생에서 어느 정도의 거룩함을 이루었든, 유대인이나 이방인이나 심지어 기독교인이라 할지라도 영원에 들기 **전에** 모든 죄로부터 깨끗함을 받지 못했다면 새 예루살렘에 들어가지 못할 것"[129]이라고 썼다.

---

125) Telford, *Letters*, 5:112.
126) Jackson, *Wesley's Works*, 11:387, 8:294.
127) Ibid., 11:388.
128) Telford, *Letters*, 5:39.
129) Ibid., 4:11.

웨슬리의 주장이 이렇다면 진정으로 의롭다 함을 얻은, 하나님으로부터 난 하나님의 자녀가 마음이 태어난 죄로부터 온전히 깨끗함을 받지 못한 채 죽게 되었다면 어떻게 될 것인가? 웨슬리는 놀라울 정도로 이런 사색적인 물음을 즐겨 제기하고는 긍정적인 방식과 부정적인 방식으로 대답해 보이곤 했다. 부정적인 방식으로 대답한 예를 들자면, 1758년 포터(Mr. Potter) 씨에게 현재의 깨끗함을 위해 기도하는 일에 불성실하지 않도록 촉구한 내용이다. 웨슬리의 조언을 좀 길게 인용해도 좋을 듯싶다.

> 포터 씨, 당신은 이달 10일 아침 기도문을 읽어 보았나요? 거기에 보면 이런 기도가 있지요. "오 하나님, 내게 정한 마음을 주사 내 안에 바른 영으로 새롭게 하소서!" 이 기도를 드릴 때 의미가 와 닿던가요? 이 기도가 마음에 와 닿지 않았다면 크게 위선의 죄를 지은 것입니다. 만일 이 기도가 마음에 감동이 되었다면, 언제 하나님께서 이 기도를 응답하시리라 기대합니까? 당신의 몸이 무덤에 갇힐 때입니까? 그렇다면 너무 늦지요! 우리가 죽기 전에 마음을 정하게 하지 않는다면, 태어나지 않는 것이 차라리 좋았을 것입니다.[130]

참으로 이상한 것은 포터 씨를 향한 웨슬리의 충고는 신랄하고 심지어 거칠기까지 하다. 그런데 몇 달 전 하디 양에게 보낸 편지에서는, 아주 목회적으로 접근하고 있고 전체 문제를 긍정적인 분위기에서 논하고 있다.

> 그러나 나는 그가 (온전한 성화)를 얻기까지 진노의 상태나 하나님의 저주 아래 놓여 있다고 말하는 것이 아닙니다. 그렇지 않습니다. 그는 믿음에 있는 한 은총의 상태에 있고 하나님의 호의를 받고 있는 것입니다. 내 말은 "(온전한 성화)에 이르지 않고 죽으면 멸망하게 될 것이다."가 아닙니다. 오히려 당신이 거룩하지 않은 기질로부터 구원을 받기까지는 영광에 이를 만큼 성숙하지 않았음을 말씀드리는 것입니다. 그러므로 하나님께서는 당신의 영혼에 보다 많은 약속을 이루게 하신 후에 자신에게로 안내할 것입니다.[131]

---

130) Ibid., 4:44.
131) Ibid., 4:10. 이 편지에서 웨슬리는 "유대인이나 이방인이나 심지어 기독교인이라 할지라도 영원에 들기 **전에** 모든 죄로부터 깨끗함을 받지 못했다면 새 예루살렘에 들어가지 못할 것" 이라고 쓰고 있다.

또한 같은 편지에서 웨슬리는 "믿는 자들은 영광에 이르도록 성숙하기 전에는 죽을 수 없다."[132]는 자신의 확신을 피력한다. 같은 맥락에서 앞서 메소디스트 연회에서 "온전한 성화를 추구하는 사람은 비록 죽음의 문턱에 이를 때까지 그것을 이루지 못할 수도 있다 하더라도, 그것을 이루지 않고는 죽지도 않을 것이고 죽을 수도 없다."[133]고 주장했던 것이다.

그러면 어째서 대부분의 사람들이 영원의 문지방인 죽음 바로 직전까지 완전한 사랑의 은총을 깨닫지 못하는 것일까? 그것은 아마도 하나님께서 놀랍도록 통치하시는 특별한 은총의 성격과 관계가 있을 것이다. 그러나 육체의 본성이 아직도 지배하는, 믿는 자의 관점에서 보면 온전한 성화의 가능성, 곧 마음을 다루시는 성령의 임재는 두려움으로 차 있을 수도 있다. 달리 말하면, 자기(자신의 참 정체성)가 순수함 한가운데 상실된 것으로 비쳐질 수도 있다. 그러나 이 두려움은 죄책과 정죄의 의미에서 느끼는 죽음에 대한 두려움이 아니다. 왜냐하면 로마서 8장 1절을 주석하면서 웨슬리는 이미 그리스도 예수 우리 주 안에 있는 하나님의 자녀들에게는 정죄함이 없다고 지적하기 때문이다. 따라서 성령의 임재 가운데 느끼는 두려움은 하나님의 은총의 그늘 아래 나타나는 두려움이다. 곧 정죄의 두려움이 아니라 자기-소멸의 두려움이다.

교회의 위대한 몇몇 성인들은 죽음의 문턱에서 이러한 영적이며 실존적인 두려움을 경험했다. 일례를 들면, 로마가톨릭 성인이면서 19세기 프랑스 카르멜회 수녀였던 테레세(Therese of Lisieux)는 결핵으로 인한 고통스런 죽음의 과정을 거치는 동안 두려움이 몰려올 때마다 이렇게 외쳤다. "희망을 갖자! 희망을 갖자! 죽음을 기다리자! 그러나 죽음은 나의 희망을 주기보다 어두운 소멸의 밤을 가져다줄 것이다."[134] 웨슬리 자신도 죽음과 정죄의 두려움(조지아로 가는 도중 대서양의 폭풍을 기억해 보라!)을 경험한 적이 있지만, 나이가 들어서는 이 두려움을 극복했다. 그러나 1766년, 동생 찰스에게 보낸 편지에서 자신의 두려움은 테레세의 두려움과 비슷하다는 다른 의견을 피력

---

132) Ibid., 4:13.

133) Jackson, *Wesley's Works*, 8:285.

134) John Beevers, *The Autobiography of Saint Therese of Lisieux: The Story of a Soul* (New York: Image Books, 1957, 「소화 성녀 데레사 자서전」, 이응렬 옮김[가톨릭출판사]), 118.

하고 있다. "나는 사랑 외에 다른 두려움은 없네! 혹시 내게 두려움이 있다면 지옥에 빠질 것을 두려워하는 것이 아니라 무에 빠질 것에 대한 두려움이라네."[135]

온전한 성화는 죽음 직전이 되기 전에는 잘 일어나지 않는다. 그 이유는 하나님의 자녀들이 은총의 최고 단계에 있는 온전한 성화를 이해하지 못해서가 아니라, 바로 온전한 성화를 은총의 최고 단계로 이해하기 때문이다. 간단히 말해서, 중생한 영혼 안에 여전히 남아 있는 (종종 '자기'의 본질과 잘못 동일시되는) 육체적 본성에 대해, 완전한 사랑은 소멸과 무로 비쳐질 수 있다. 어떤 의미에서 완전한 사랑은 소멸이며 무이다. 왜냐하면 하나님은 경쟁도 없이 마음을 다스리는 모든 것 안에 존재하는 모든 것이기 때문이다. 웨슬리는 한편으로는 영혼의 어두운 밤을 신비주의의 오류라고 거부하지만, 다른 한편으로는 신비주의의 논리에 빠져 있다.[136] 두려움과 무의 망령은 정확하게 이해하면 완전에 이르는 데 장애가 된다. 그러나 결국 완전한 사랑이 승리할 것이고, 성서가 증언하듯이 완전한 사랑은 두려움을 내어 쫓을 것이다. 예컨대, 어두움 한가운데에서 혹은 육체적 본성의 어두움에 직면하여서, 머튼(Thomas Merton)의 말대로 표현한다면,[137] 거짓 자아를 버리고 하나님을 경배하고 완전한 영광을 돌릴 때에 하나님의 거룩한 사랑의 빛이 빛나게 될 것이다.

오늘과 내일: 웨슬리의 구원의 순서 다시 생각하기

앞선 논의를 통해 칭의(중생)와 온전한 성화의 두 초점을 비추어 볼 때, 구원의 순서를 생각하는 웨슬리의 신학 속에 병행 구조가 있음이 드러났다.

구원의 순서에 대한 논의들

그러나 몇몇 학자들은 웨슬리의 구원론에 순서나 구조를 찾을 수 없다고 반박한다. 이들은 때로 아우틀러가 말하는 '구원의 순서'라는 말 대신 구원

---

135) Telford, *Letters*, 5:16.

136) 기독교 신비주의에 대한 웨슬리의 이해에 대한 탁월한 연구서로는 Robert G. Tuttle, Jr., *Mysticism in the Wesleyan Tradition* (Grand Rapids, Mich.: Francis Asbury Press, 1989, 「웨슬레와 신비주의」, 권태형 옮김[세북])을 참조할 것.

137) Thomas Merton, *New Seeds of Contemplation* (New York: New Directions Publishing, 1961, 「새 명상의 씨」, 오지영 옮김[가톨릭출판사]), 34~35.

의 길(*via salutis*)이라는 말을 선호한다. 웨슬리의 구원론은 "지위의 갑작스런 변화"138)를 말하는 것이 아니라 하나의 과정을 말한다. 그러나 아우틀러가 구원의 순서라는 용어를 사용할 때 그 의미하는 바가 지위의 갑작스런 변화라고 보는 것이 과연 정확한 해석일까? 실제로 구원의 순서라는 용어는 "죄로부터 구원되는 과정에서 어떻게 하나님이 역사 하는가"139)를 신학적으로 표현하고자 했던, 17세기 루터주의자들과 경건주의자들로부터 비롯되었다. 이들이 말한 구원의 과정에는 "소명, 조명, 회심, 중생, 칭의, 성화, 갱신"140)과 같은 여러 단계의 여정을 포함하고 있다.

또한 "웨슬리가 사용한 용어에 비추어 볼 때 인간의 구원이 기본적으로 점진적인 과정"141)이라는 주장은 불필요하게 웨슬리의 실천신학을 처음부터 점진적인 것으로 읽어 가게 한다. 이는 배타적이지는 않을지라도 웨슬리의 신학을 주로 가톨릭의 구조에서 읽어 가게 한다. 그 결과 구원론적인 칭의 사건이나 온전한 성화가 시간 안에 전개되는 가능성/실현의 긴장 구조 속에 하나의 과정으로 실현된 것이 아니란 점을 인식할 수 없게 한다. 오히려 웨슬리는 그의 글 속에서 접속적 방식을 통해 과정은 은총의 결정적인 실현들로 안내한다고 진술했다. 구원론적으로 말해 이 실현들은 (심리학적 다양성이 있을 수 있지만) 결코 순간이 아니다. 웨슬리는 은총의 첫 번째 사역을 탄생에 비유했고, 두 번째 사역을 죽음에 비유했다. 이를 통해 볼 때 과정과 순간성 모두를 인정하고 있으며 이 둘의 균형을 지닌 심상을 제시하고 있다. 이러한 사유에 비추어 볼 때, '인간의 구원은 기본적으로 점진적인 과정'이라는 주장은 웨슬리 신학의 두 초점인 '칭의와 온전한 성화'라는 비-과정적 요인들을 어쩔 수 없이 처음부터 배제하게 한다.

최근 연구에서 '구원의 순서'에 대한 두 번째 비판은 스콜라주의적인 입장으로 되돌려 놓은 것처럼 보인다. 매덕스는 이들 입장이 갖는 근거를 이렇게 설명한다.

---

138) Randy L. Maddox, *Responsible Grace: John Wesley's Practical Theology* (Nashville: Kingswood Books, 1994), 157.
139) Eric W. Gritsch, *A History of Lutheranism* (Minneapolis: Fortress Press, 2002), 116.
140) Ibid.
141) Maddox, *Responsible Grace*, 152.

최근 몇몇 학자들은 구원의 순서를 사용하는 신학적 작업에 크게 비평하고 나섰다. 비평가들은 구원의 순서를 사용하는 학자들이 웨슬리의 상황과 관계된 목회적 구분을 마치 전문적인 학문적 구분인양 잘못 읽어내고 있다고 주장한다. 이들 비평은 상당한 설득력이 있다. 웨슬리는 인간의 구원에 대해 아주 구체적으로 구분을 한 바 있다. 그런데 이 구분의 대부분은 자신의 부흥 운동의 목회적 필요에 의한 것이었지 학문적 방법을 전개하고자 한 것이 아니었다. 그런데 웨슬리의 구원의 순서에 대한 담론은 그 반대로 움직여 간 것이다.[142]

그러나 꼼꼼하게 살펴보면, 이 주장에 몇 가지 문제가 드러난다. 첫째, 웨슬리의 구원론에 나타난 구분이 규범적인 성찰과는 상관없이 그가 섬겼던 사람들의 경험에 근거를 갖는다는 주장은, 웨슬리의 기본 신학 방법과는 달리 경험에 지나친 무게를 준다. 구원의 순서는 오직 '스콜라주의적 방법의 기대'에서만 등장할 수 있다고 주장하는 것 또한 더 정확하지 않은 주장이다. 분명 웨슬리의 기본적인 신학적 입지를 지지하는 우리는 웨슬리 구원론의 형식적인 요소들, 예컨대, 성서의 규범적인 사용, 기독교 전통이 주는 통찰들, 이성의 합법적인 사용 등을 다양한 목회적 상황과 접목하여 웨슬리의 구체적인 구원론을 구성한다. 그러므로 웨슬리의 구원론에 나타나는 질서는 목회적 상황에 선행하는 초기 스콜라주의에서 온 것이 아니라 목회적 상황에 규범적인 신학적 요인들(성서, 특히 도덕법, 이성, 전통)을 적용한 결과로서 나타난 것이다.

구원의 순서에 대한 여러 비평을 조명해 보면, 메소디스트 학자와 평신도들은 웨슬리의 사유가 한정적 형식을 지닌 인간의 산물일 뿐 아니라 아주 방법론적이라고 생각한다. 웨슬리의 지적 성향은 논리와 질서와 연관성을 선호한다. 따라서 웨슬리의 구원에 대한 사유가 특별한 형식을 갖는 것은 자연스러운 일이다. 웨슬리에게 구원의 흐름은 시간과 상황에 따라 변화하는 무정형의 것이 아니라, 반복되는 규범적 요소들로 구성되고 루터와 칼빈 등의 개념과는 다른 독특한 성격과 기질의 특별한 형식을 갖는다. 따라서 웨슬리의 구원론에서 질서를 인정하지 않는 것은 구원의 과정에 대한 자신의 사유

---

142) Ibid., 158.

와 모순된다. 예를 들면, 아주 목회적인 방식으로 하나님 은총의 실현의 다른 차원을 드러내는 구원의 순서에 따라 자신의 찬송가를 배열했을 뿐 아니라, 같은 방식으로 메소디스트 신도회(속회, 반회, 선발 신도회)를 조직화했다. 또한 요약설교를 펴내면서 독특한 그만의 구원의 순서를 보여 주는 구원의 과정을 설명했다.[143]

이뿐 아니라 '구원의 순서'라는 용어를 반박하는 것과 같이 웨슬리의 구원론 구조를 실제로 간과하게 되면 몇 가지 어려움에 직면하게 된다. 일례를 들면, 모든 구원론적 구분은 그 정도의 차이로 이해되어 웨슬리의 선행은총과 성화의 최초은총 사이의 질적 구분은 최소화된다. 이 입장은 다양한 기질과 성향을 지닌 믿는 자의 마음이 하나님의 은총에 의해 실제로 변화한다는 점을 설명할 수 없다. 달리 말하면, 은총이 실현되어 따라오는 존재의 변화는 특정한 형식을 갖는다. 실제로 믿는 자들은 영적 여정에서 자신들이 도달한 영적 상태에 따라 다른 사람이 된다. 예를 들면, 죄를 깨닫게 하는 은총은 확신으로 안내하고, 중생은총은 신생으로 안내하며, 온전한 성화은총은 온전한 성화를 실현한다. 따라서 어떤 은총의 상태는 다른 은총의 상태와 혼동되지 않는다. 사실 웨슬리는 존재의 양태를 자연의 상태, 율법의 상태, 복음의 상태를 구분하여 동적인 방식으로 표현했다. 웨슬리에게 하나님의 은총은 실제적인 결과를 가질 뿐 아니라 믿는 자의 삶에서 한정된 형식을 갖는다. 그리고 구원의 순서가 바로 이 형식을 설명해 준다.

'구원의 순서'가 구조 한가운데서 다양한 은총의 실현을 인식하며 과정을 강조하게 할 수 있듯이, '구원의 길'이란 용어는 계속되는 과정 한가운데서 구조를 강조할 수 있어야 한다. 예컨대, 구원의 순서와 마찬가지로 구원의 길이란 용어는 "성서적 구원의 길"[144]이란 설교에 나타나듯이 실제로 어떤 질서, 곧 어떤 분명한 구조를 내포하고 있다. 사실 누구나 이 설교를 통해 구원에는 질서와 구조가 있음을 읽어낼 수 있다. 해석자의 선호에 따라 택하게 되는 각각의 용어를 통해, 우리는 과정과 순간, 그리고 가톨릭 요소와 개신교 요소 둘 다 작용하는 웨슬리의 구원 여정의 접속적 성격을 인식하게 된다.

---

143) Outler, *Sermons*, 2:153 ff.
144) Ibid.

웨슬리의 구원론에 나타난 질서

그러므로 웨슬리의 구원의 순서는 구분할 수 없는 은총의 무정형적 과정으로 특징되기보다는, 은총이 실현되는 과정마다 독특한 위치를 갖는 순간적인 성격을 갖는다. 그러므로 이러한 통찰을 통해 우리는 죄인들이 은총에 힘입어 발전해 가는 여정의 모델, 선행은총에서 시작하여 (율법적 회개의) 확신은총, 칭의은총, 중생은총, (최초의) 죄를 깨닫게 하는 은총, (복음적 회개의) 죄를 깨닫게 하는 은총, 온전한 성화은총, 궁극적으로 (완전한) 죄를 깨닫게 하는 은총으로 발전해 가는 모델을 제시할 수 있다. 또한 이 여정은 칭의 요소들과 성화 요소들로 이루어진, 두 구분된 초점을 갖는다. 그러므로 (율법적 회개의) 죄를 깨닫게 하는 은총, 중생, (최초의) 확신은 칭의와 밀접하게 관계하며 (복음적 회개)의 죄를 깨닫게 하는 은총과 (완전한) 확신은 다음 도표가

칭의	온전한 성화
율법	율법
유사점 → 고발	고발
차이점 → 자범죄(Actual Sin)	타고난 죄(Inbred Sin)
회개	회개
유사점 → 자기-인식	자기-인식
차이점 → 율법적 회개	복음적 회개
회개에 합당한 사역	회개에 합당한 사역
유사점 → 조건적으로 필연적임	조건적으로 필연적임
차이점 → (엄격히 말해) 선한 것이 아님	(최초 성화은총) 선한 것임
믿음	믿음
유사점 → 무조건적으로 필연적임	무조건적으로 필연적임(정확하게)
차이점 → "그리스도가 나의 죄를 위해 죽었다."는 확실한 신뢰	그리스도가 "남아 있는 모든 죄로부터 구원할 수 있다."는 확실한 신뢰
시간적 차원들	시간적 차원들
유사점 → 점진적/순간적	점진적/순간적
차이점 → 탄생의 이미지	죽음의 이미지
성령의 증거	성령의 증거
유사점 → 직접 증거	직접증거(분명하게)
차이점 → 용서받은 죄들	'없어진' (치워진) 죄

보여 주듯 온전한 성화와 관계한다.

궁극적으로 우리는, 위에 정리된 질서는 웨슬리가 여러 글 속에서 주의를 기울여 선택한 용어와 수사학을 통해 이루어진 것임을 주목해야 한다. 간단히 말하면, 웨슬리의 구원의 순서는 여러 설교뿐 아니라 편지나 신학적 논문과 일지에서 나타난다. 여러 해를 두고 작성되고 수정된 기본 구조는 웨슬리와 메소디스트들이라고 불리는 사람들에게 자기-성찰과 안내로 인도한다. 또한 이 기본 구조는 저들이 공동체 안에서 거룩한 사랑의 하나님의 손길로 은혜 위에 은혜를 더하며 자라 왔듯이, 앞으로 도래할 놀랍고도 초자연적인 은총을 제시한다.

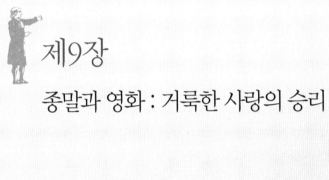

제9장
종말과 영화 : 거룩한 사랑의 승리

우리로 순결하고 흠이 없게 하사
주님의 새 창조를 완성하게 하소서.
주님 안에 완전히 회복함으로
주님의 위대한 구원을 보게 하소서.
영광에서 영광으로 변화를 받아
하늘나라에 이르게 하시고
주님 앞에 면류관 내려놓고
경외와 사랑과 찬양을 드리게 하소서.

Franz Hildebrandt and Oliver A. Beckerlegge, *The Works of John Wesley.*
A Collection of Hymns for the Use of the People Called Methodists
(Nashville: Abingdon Press, 1983), Hymn #374, 7:547.

시간과 영원의 접점에 놓인 온전한 성화는 믿는 자들에게 이 세상뿐 아니라 도래할 세상에서 봉사하도록 준비시킨다. 자신의 죽음이 임박해 오자 웨슬리는 인간의 유일한 목적은 유동적인 시간에 관심하는 것이 아니고 영원을 준비하는 일이라고 말했다. "우리는 이 유일한 목적을 위해서만 삽니다. 왜냐하면 다른 목적 말고 이 목적만이 우리에게 주어진 삶이고 계속된 삶이기 때문입니다."[1] 좀 더 요점을 말하자면, 인간은 모름지기 거룩한 하나님에 의해 창조되었으니, 자신들의 감각을 충족시키기 위해서가 아니며, "자신의 상상력을 만족시키거나 돈을 벌려고 하는 것이나 인간의 칭찬을 얻으려고 하는 것이 아닙니다. 혹은 어떤 선한 피조물이나 해 아래 존재하는 어느 것에서 행복을 추구하는 것이 아닙니다."[2] 이 모든 것들은 "헛된 허영의 삶을 사는 것이며 쉼도 없는 비참한 삶으로 안내하여 결국은 영원히 비참한 삶으로 빠지게 됩니다."[3] 그러나 거룩한 사랑의 가르침과 기독교인 완전에서 일어나는 마음의 순결함과 존재의 변화, 하나님의 형상의 빛나는 완전한 회복과 모든 두려움을 내어 쫓는 완전한 사랑, 이 모든 것은 혈육으로는 불가능한 하나님 나라를 유업으로 받게 하는 준비이다.

그러나 이생과 내세는 연속성이 있다. 따라서 웨슬리는 "영원한 세계는 죽음과 더불어 시작할 뿐 아니라,"[4] 신생에서 "우리 심령에 자신의 아들을 계시하는 아버지를 기쁘게 할 때 시작한다."[5]고 보았다. 그러므로 실제적인 의미에서 두 초점을 지닌 전체 웨슬리의 구원의 순서는 얼굴과 얼굴로 하나님을 볼 수 있도록 하는 성령의 충만하고 구별된 준비의 여정이다. 지고의

1) Albert C. Outler, ed., *The Works of John Wesley*, vols. 1~4, *Sermons* (Nashville: Abingdon Press, 1984~87), 4:25.

2) Ibid., 4:26.

3) Ibid. 웨슬리 신학에서 시간과 영원 사이의 구분을 분석한 연구서로는 David I. Naglee, *From Everlasting to Everlasting: John Wesley on Eternity and Time*, 2 vols. (New York: Peter Lang, 1991~1992)를 참조할 것.

4) Outler, *Sermons*, 4:32.

5) Ibid. 3:96.

영광이 빛나는 가운데 그렇게 준비된 믿는 자들은 부끄럽게 버림받는 것이 아니라 자신들의 완전한 구원을 얻어 누리게 될 것이다.

이러한 입장에서 아우틀러는 구원론과 종말론이 웨슬리 사상에서 밀접하게 관계가 있다고 정확하게 해석했다. "구원론과 종말론은 실제로 하나님께서 인간에게 베푼 은총의 신비의 양면일 뿐입니다."[6] 믿는 자들이 질적으로 다른 삶을 살기 위해 은총 안에서 새롭게 되었을 때 영원한 삶의 향유는 지금뿐 아니라 도래할 내세에도 적용된다. 정말 구원의 순서는 온전한 성화에서, 혹은 죄인들의 때가 찾을 때 갑자기 끝나는 것이 아니다. 오히려 구원의 순서는 구원받은 이들을 영원으로 안내하는 다리요 길이다.

부흥운동과 천년왕국설

또한 구원론과 종말론이 연결되어 있다고 웨슬리가 생각했던 또 다른 길은, 18세기 대각성 복음주의 부흥운동과 도래하는 천년왕국 통치의 관계이다. 비록 루터가 신앙 부흥의 기간이 고작 30년 정도 지속된다고 생각했었지만, 웨슬리는 당시 영국제도 안에 일고 있었던 각성 운동이 이미 50년 넘게 지속되고 있었다고 보았다.[7] 더 나아가 하나님께서 그렇게 영광스럽게 시작한 복음 운동이 "쉽게 가라앉아 수년 내에 사라질 것"[8]이라고 생각할 수 없었다. 복음주의 부흥이란 "더 큰 역사의 시작일 뿐이며 '종말의 영광'의 여명에 불과하다."[9]고 생각했던 것이다. 흥미로운 점은 진정한 성서적 기독교는 "'열띤 주장에 의해서'가 아니라,"[10] 개신교와 가톨릭, 부자와 가난한 자, 지혜로운 자와 무지한 자 모두가 마음에서 마음으로, 집에서 집으로, 도시에서 도시로, 나라에서 나라로, 조용히 성서적 기독교를 받아들이는 수가 증가하면서 확산된다고 보았다.[11] 과거에 성서적 기독교가 확산되지 못하도록 방해를 받았던 것은 이름뿐인 기독교인들의 삶 때문이었다. 이 이름뿐인 기

---

6) Ibid., 3:181.

7) Ibid., 2:492.

8) Ibid., 2:493.

9) Ibid.

10) Ibid. 이는 성서적 진리뿐 아니라 웨슬리가 전반적인 경건주의의 입장과 내적 경험에 대한 강조에서 받아들였던 진리이다.

11) Ibid., 2:493~94.

독교인들의 삶에 대해 웨슬리는 "거대한 걸림돌"(the grand stumbling-block)[12]이라고 불렀다. 그러나 이 거대한 걸림돌이 제거되고 나면 이슬람교도들조차 "기독교인들을 다른 눈으로 보고 이들의 말에 귀를 기울이기 시작할 것입니다."[13]라고 설교했다.

생동감 있는 기독교의 전파는 성령의 능력으로 힘을 받아 크게 확장되어 "온 땅의 모든 백성들에게 미치게 될 것입니다."[14] 이 점에 대해 웨슬리는 이렇게 설명한다. "하나님께서 저들의 자유를 해치지 않고 많은 사람들을 하나님께로 돌아오게 했듯이, 이제 하나님은 분명코 모든 나라 혹은 전체 세계를 하나님께 돌아오게 할 수 있습니다. 하나님께서 세계를 돌아오게 하는 것은 한 영혼을 돌이키는 일만큼이나 쉬운 일입니다."[15] 이런 내용 때문에 어떤 사람들은 암묵적 보편주의가 웨슬리의 사상 가운데 흐르고 있다고 주장했다. 그러나 하나님께서 미래 언젠가 온 세상이 하나님께 돌아오게 할 수 있다하더라도 이미 그리스도와 상관없이 죽은 과거의 사람들까지 돌아오게 할 수 있는 것은 아니다. 달리 말하면, "하나님께서 미래 언젠가 전체 세계가 하나님께 돌아오게 할 수 있다면, 이 말은 이미 살았던 모든 사람들도 마찬가지로 하나님께 돌아오게 할 수 있을 것처럼 주장한다면"[16] 지나친 주장이다. 이 주장은 과거의 고정된 실재들과 미래에 일어날 가능성들을 혼돈하게 할 뿐 아니라, 지극히 높으신 분조차 할 수 없는 행동, 곧 과거(와 과거를 형성했던 이들의 죽음 의지에 반대하는 것)를 변화시키라고 요구한다.

그러나 만일 하나님께서 "이전에 살았던 모든 사람들을 돌아오게 할 수 있다."는 구절이 과거의 실재를 바꾸는 것을 의미하지 않고 은총의 가능성들이 사람들이 살았던 이전의 그 자리에 있었다는 것을 의미한다면, 또 다른 문제가 발생하게 된다. "자신들의 영역을 넘어서는 상황이나 조건 때문에 저들은 구원에 대한 최상의 조건을 경험하게 될 미래 세대의 사람들만큼 구원받

---

12) Ibid., 2:495.

13) Ibid.

14) Ibid., 2:498.

15) Ibid., 2:490.

16) Jerry L. Walls, "As the Waters Cover the Sea: John Wesley on the Problem of Evil," *Faith and Philosophy* 13 (October 1996): 555. 이 '회심'은 죽음 이후 연옥에서 정화의 과정을 거칠 때 일어날 수 있다. 저자는 연옥교리로 정평 나 있는 사람이다.

을 좋은 기회를 가지지 못한다."[17] 그러나 웨슬리가 누군가 받은 은총은 다른 사람들이 받은 은총과 다르다는 것을 알고 있다고 해서 (또한 아이들이 이 땅에서 그리스도의 평화로운 천년왕국 통치 안에 태어난다고 주장했다고 해서), 즉시 여기에 보편주의가 작동하고 있으며 그렇지 않으면 하나님이 불의하다고 결론 내려서는 안 된다. 우리는 이러한 성급한 결론이 다른 중요한 가능성들을 무시하는 거짓이라고 생각한다. 예컨대, 미래뿐 아니라 과거에서 구원 역사에 이르는 매 단계마다 아담과 하와의 자녀들은 다르긴 하지만, 이미 그들에게 필요한 충분한 은총을 받았다. 간단히 말해서, 누군가 더 많이 가졌다는 것은 모두가 다 충분히 가졌다는 것을 의미하지 않는다.

하여튼 웨슬리는 시간을 두고 생각에 변화가 있긴 했지만 천년왕국 통치의 실재를 인정했다. 초기에는 영국 종교개혁 전통의 맥락에서 교회 활동에 관심하면서 그리스도의 천년왕국 통치를 문자적으로 받아들이지 않았다.[18] 하틀리(Thomas Hartley)의 전 천년설(천년왕국 전에 그리스도가 오셔서 천년을 통치한다는 설)의 영향을 받았던 것 같다.[19] 그러나 결국 웨슬리의 입장은 벵겔 이후 두 개의 구분된 천년설들을 주장했음에도 불구하고 후 천년설이라고 보는 것이 가장 적절하다. "요한계시록 10장 7절의 약속처럼, 전 천년 동안 교회가 번창하리라는 약속이 이루어질 것이며, 후 천년 동안 하늘에서는 성도들이 그리스도와 통치를 하고 땅에서는 인간들이 근심도 없는 태평하고 안락한 삶을 누릴 것이다."[20]

웨슬리는 후기에 내 놓은 몇몇 설교에서 대 각성 복음주의 부흥운동과 전 천년의 통치를 연결시킴으로써, 전 천년의 통치는 발전적인 진보를 가져올 뿐 아니라 그리스도가 재림하기 이전에 일어날 것이라고 주장했다. 천년왕국의 통치가 마음에서 마음으로, 도시에서 도시로, 국가에서 국가로 증가해 가면서 신-인 협력은총을 보여 줄 것이라고 보았다. 그러나 새 창조와 새 예

---

17) Ibid.

18) Randy L. Maddox, *Responsible Grace: John Wesley's Practical Theology* (Nashville: Kingswood Books, 1994), 236. 또한 Kenneth D. Brown, "John Wesley: Post or Premillennialist?" *Methodist History* 28, no. 1 (October 1989): 33~41을 참조할 것.

19) Maddox, *Responsible Grace*, 238.

20) John Wesley, *Explanatory Notes Upon the New Testament* (Salem, Ohio: Schmul Publishing, 1975), 724. (계 20:4).

루살렘의 도래는 신-인 협력이 아니라 성도들에게 값없이 주시는 하나님의 선물로 나타난다. 달리 말하면, 웨슬리의 종말론조차 그의 접속적 은총 이해에 기초하고 있다.

종말과 하나님의 통치

지금까지 살았던 몇몇 선발된 성인만이 이 땅에서 천년왕국 통치에 참여할 것이지만, 성도와 죄인을 포함한 모든 사람들은 죽음과 관련한 종말론적 사건들, 중간 상태와 도래하는 심판, 새 창조와 거룩한 사랑의 최후 승리 이전에 일어나게 될 사건들을 경험할 것이다.

죽음

웨슬리의 생애와 사상은 19세기와 20세기 풍미했던 실존주의보다 시기적으로 앞선다. 그러나 특별히 죽음의 심각성을 인식한다는 면에서 이 둘 사이에는 몇몇 유사점들이 있음을 볼 수 있다. 예를 들면, 몇몇 실존주의자들 특히 키르케고르와 마찬가지로 웨슬리는 죽음의 과정과 순간을 위기로 보았다. 죽음의 궁극성은 인간 실존의 한계를 생각하게 한다. 웨슬리는 죽음을 우리의 시간적 현존을 사라지게 할 뿐 아니라 그 존재 방식에 심각한 도전을 주는 실제적인 끝, 유한한 한계로 이해했다. 간단히 말해서, 죽음은 문자 그대로 시간을 다 써 버린 것으로, 정결을 향한 변화의 과정이 이제 끝났음을 의미한다. 웨슬리는 한때 죽음이 영혼을 정결하게 한다는 잘못된 생각을 한 적이 있었다.[21] 그러나 죽음 자체가 영혼을 정결하게 하지는 않는다. 그래도 구원론적 시각으로 보면 죽음은 우리 삶의 목적과 활동을 질문하게 한다.[22] "현재적 죽음에 대한 사유는 모든 감각을 깨어나게 합니다."[23] 그러므로 죽음은 좀 더 진지하고 거룩한 삶을 불러오는 자극제이다. 테일러의 「거룩한

---

21) 웨슬리는 초기에 쓴 설교 원고(발행된 적이 없었음) "선한 사람들의 고뇌와 쉼"(The Trouble and Rest of Good Men)에서 죽음이 우리를 "아픔과 병으로부터뿐 아니라 … 죄로부터도 구원할 것이다."라고 주장한다. 비슷한 주장이 "죽음과 구원"(Death and Deliverance)이라는 또 다른 설교 원고에서 발견된다. Outler, *Sermons*, 3:539, 4:212, 「웨슬리 설교전집 4」[대한기독교서회].

22) 웨슬리의 설교 "영원성에 대해서"(On Eternity)를 참조할 것. 이 설교에서 죽음이 주는 구원론적 의미가 탐구된다. Outler, *Sermons*, 2:363, 「웨슬리 설교전집 6」[대한기독교서회].

23) Ibid., 4:207.

삶과 거룩한 죽음의 규칙과 수행」(Rules and Exercises of Holy Living and Holy Dying)을 읽었던 웨슬리는, (하나님의 시각에서 볼 때 소중한) 성인들의 죽음은 하나님의 선하심과 은혜로움으로 남겨진 사람들에게 선물로 주신 증거라고 보았다. "죽음을 앞에 둔 믿는 자가 보여 주는 삶의 마지막 순간은 남겨진 성도들에게 큰 교훈이 됩니다." 웨슬리는 "여기서 우리는 신앙의 실재와 외적인 존재자들의 실재를 봅니다. 죽음보다 영혼을 엄숙하게 하는 것은 아무것도 없습니다."[24]라고 주장한다.

그러나 죽음의 준엄함은 웨슬리의 주장에서 사라지게 되는데, 웨슬리는 본래 죽음이란 영혼과 몸의 분리를 수반하며 죽음을 통해 영혼은 죽지 않으며 죽을 수 없다고 보았다.[25] "인간의 몸은 죽음과 더불어 좀이 먹어 무너져 내립니다. 그러나 영혼은 결코 죽지 않을 것입니다."[26] "영혼이 시간으로부터 나와 영원으로 탄생되는 이 사건, 세상의 모든 쾌락과 일을 벗어 던지고 육체를 떠나 자유로운 영으로 탄생되는 것은 얼마나 놀라운 변화인가!"[27] 사실 2장에서 보았듯이 영혼의 불멸성을 주장함으로써 인간의 본질인 영혼은 내세에서도 계속 살아 있을 것이기 때문에 인간이 죽지 않는다고 보았다. 연장된 존재(res extensa)와 사유하는 존재(res cogitans)를 구분하는, 데카르트의 분류를 따랐던 웨슬리는, 1788년 출판된 설교 "인간이란 무엇인가?"(What Is Man?)에서 이렇게 주장한다.

나? 그래 나는 무엇입니까? 의심할 바 없이 나는 내 몸과는 구별된 무엇입니다. 내 몸은 필연적으로 내 안에 포함될 필요는 없다고 보입니다. 왜냐하면 내 몸이 죽을 때에도 나는 죽지 않을 것이기 때문입니다. 나는 이전에 그랬던 것처럼 실제로 존재할 것입니다. 나는 모든 열정과 사랑을 지니고 스스로 움직이며 생각

---

24) John Telford, ed., The Letters of the Rev. John Wesley, A.M., 8 vols. (London: Epworth Press, 1931), 5:96. 테일러의 거룩한 삶의 전통으로부터 영향을 받은 초기 메소디스트의 '죽음과 죽어 감'에 대한 입장은 현대의 임상적 이해와는 큰 대조를 이룬다. Richard J. Bell, "Our People Die Well: Deathbed Scenes in John Wesley's Arminian Magazine," Mortality 10, no. 3 (August 2005): 210~23; and Robert Cecil, "Holy Dying: Evangelical Attitudes to Death," History Today 32 (August 1982): 30~34.
25) Outler, Sermons, 4:25.
26) Ibid., 2:361.
27) Telford, Letters, 8:54.

하는 원리가 몸이 재로 변한다 할지라도 지속적으로 존재할 것이라고 믿을 수밖에 없습니다.[28]

또한 같은 해 펴낸 "보고 걷는 것과 믿음으로 걷는 것"(Walking by Sight and Walking by Faith)이란 설교에서는 "죽음이 우리의 존재에 일정 기간을 주었다고 생각할 수 없습니다. 실로 몸은 흙으로 돌아가지만 고상한 본성의 존재인 영혼은 죽음으로 영향을 받지 않습니다."[29]라고 쓰고 있다. 그러므로 끝없이 계속되는 존속은 "위대한 창조자의 소통 불가능한 속성이 아니다. 오히려 하나님은 수많은 피조물들이 존속에 참여하도록 은혜를 베푸신다."[30]

중간 상태

죽음과 함께 불멸의 영혼은 황천(Hades)에 들어간다. 황천은 분리된 영들이 모여 있는 곳으로[31], 지옥과는 구분되는 존재의 자리 혹은 존재의 상태이다. 황천이 지옥과 구분되어야 하는 이유는 의로운 자들과 불의한 자들 모두가 개체 영들로 모여 있는 곳이기 때문이다. 죽기 2년 전에 쓴 설교 "믿음에 대하여"에서 웨슬리는 "영국 번역가들"[32]이 '황천'이란 용어와 지옥이란 용어를 혼돈하여 번역하는 바람에 많은 신학적 어려움을 만들어 내고 있다고 지적한다. 예를 들면, 아타나시우스 신경에 나오는 "*descendit ad inferos*"라는 라틴어 구절은 영어로 "지옥에 내려가사"(descended into hell)[33]라고 번역된다. 그러나 영어 구절은 그리스도가 죽어 고통의 자리로 내려가셨다는, 아주 불경건한 개념을 담고 있기 때문에, 웨슬리는 '황천'과 '지옥'의 구분을

---

28) Outler, *Sermons*, 4:23, 「웨슬리 설교전집 6」[대한기독교서회]. 이 주제와 관련해 웨슬리의 견해를 더 살펴려면, 내가 앞서 쓴 책 *A Faithful Witness: John Wesley's Homiletical Theology* (Wilmore, Ky.: Wesley Heritage Press, 1993), 192 ff를 참조할 것.

29) Outler, *Sermons*, 4:51, 「웨슬리 설교전집 7」[대한기독교서회]. Outler, *Sermons*, 2:290~91을 또한 참조할 것. 그러나 웨슬리는 역설적인 방식으로 죽음은 몸에도 역시 종말을 가져오지 않을 것이라고 주장했다. 여기서 그가 염두에 둔 것은 아마도 마지막 날에 있을 몸의 부활로 인한 연속성이다. Outler, *Sermons*, 2:367.

30) Ibid., 2:361.

31) Ibid., 4:8.

32) Ibid., 4:189.

33) Philip Schaff, ed., *The Creeds of Christendom*, 3 vols. (Grand Rapids, Mich.: Baker Book House, 1983), 2:69.

고집했다. 황천은 일반적인 용어로 단순히 개체 영들의 거처를 뜻한다.[34] 반면 지옥은 저주받은 이들만이 모여 있는 곳이다. 때문에 데쉬너는 웨슬리가 메소디스트 25개 조항에서 지옥으로 내려가신 그리스도를 의미하는 내용을 삭제했다고 주장한다.[35] 이 주제와 관련되어 있는 사도행전 2장 27절을 주석하면서 웨슬리는 "우리 주님이 지옥에 내려갔다는 내용은 보이지 않는다."[36]고 강하게 주장했다.

그러므로 깊이 이해하고 보면 황천은 지옥과 하늘나라에 이르는 대기실이다. 지옥과 관련해서 웨슬리는 악한 인간의 영들을 위해 가능한 역할을 제시하기도 하지만[37] 믿음에서 떠난 자들이 죽게 되면 곧 "악마와 악귀"[38]에 의해 고통의 장소로 안내된다고 주장한다. 어쨌든 미래의 심판이 예약되어 있는 '황천의 음침한 구역'은 "아직 지옥 바닥이 아니다."[39] 그럼에도 불구하고 구원에 대한 아무런 희망이 없는 상태이다. 간단히 말해 하나님으로부터 버림을 받은 상황이다. 예컨대, 지옥의 대기실에서 고문을 받은 이들은 그 고문으로 정결하게 되는 것이 아니라 오히려 교만과 탐심, 색욕과 미움, 신성모독이라는 지옥의 개들로 오염이 된다. 그러므로 연옥의 개념은 십자가 위에서 그리스도의 죽음이 갖는 탁월함과 충분함을 받아들이지 못하게 하는 잘못된 가르침이다. "그리스도가 당하신 고통 외에 어떤 고통도 죄를 근절할 수 있는 힘을 가지지 못한다. 그러므로 사랑의 불 외에 다른 불은 이생과 내세에 영혼을 정결하게 할 수 없다."[40] 웨슬리는 "고대 교회의 전통을 따라 우리는 죽음 이후에는 영원히 고통을 받는 사람들 말고는 누구도 고통을 받지 않는다는 것을 믿는다."[41]고 거듭 밝혔다.

---

34) Outler, *Sermons*, 4:8.
35) John Deschner, *Wesley's Christology* (Dallas: Southern Methodist University Press, 1960), 50~51.
36) Wesley, *NT Notes*, 279 (행 2:27).
37) Outler, *Sermons*, 4:193.
38) Ibid., 3:187.
39) Ibid., 4:190, 33. 옥스퍼드 영어사전은 신약성서에서는 황천(Hades)이란 용어를 죽은 자의 상태나 거처를 의미할 때 사용하고 있으며, 또 히브리어의 쇠올(Sheol)과 관련지어 사용하고 있음을 보여주고 있지만, 사실은 이미 오래 전에 그리스 신화에서 사용된 적이 있다. 이 경우 하데스는 플루토(Pluto)라 불리기도 하는, 죽은 자들의 신의 가장 오래된 이름을 뜻한다.
40) Ibid., 4:9.
41) Telford, *Letters*, 7:168.

믿음에서 떠난 자들의 영혼이 바로 지옥 밑바닥으로 떨어지지 않듯이, 의로운 자들의 영혼도 바로 하늘나라에 들어가지 않는다. 이들도 역시 죽은 자들이 거하는 황천에 들어간다. 그렇지만 두 가지 중요한 차이가 있다. 첫째, 이들은 악한 자들과 분리되어 있어서 더 이상 악한 자들이 의로운 영혼을 해롭게 하거나 박해할 수 없다. 둘째, 이들에게는 아픔과 고통이 없다.[42] 웨슬리는 하늘나라의 대기실인 황천을 '낙원'이라 불렀던 바, 고대 유대인들도 낙원이란 말을 즐겨 사용했다. 바로 예수의 십자가 오른쪽에 달렸던, 회개한 강도가 이르렀던 곳이다. 이곳은 선한 영혼들이 도래할 심판을 기다리는 곳이며 바로 여기에 예수께서 내려갔던 것이다. 비록 웨슬리는 지옥의 대기실에 해당하는 용어를 사용하지 않았지만 다른 사람들은 "타르투르스" (*Tarturus*)[43]라는 전통적인 이름을 사용했다. 중간 상태의 구분은 아래 도표로 요약할 수 있다.

	황천(Hades)	황천(Hades)	하늘나라(Heaven)	지옥(Hell)
하늘나라의 대기실(잠시)	낙원(Paradise)			
지옥의 대기실 (잠시)		타르투르스?		
구원 받은 자들의 영원한 조건			영광 가운데 있는 성도들 (마 25:34~40)	
믿음에서 떠난 자들의 영원한 조건				고통 가운데 저주를 받은 자들 (마 25:41~46)

온전히 거룩하게 된 자들은 낙원에 있는 동안 은총과 지식이 날로 자랄 것이다. 예를 들면, 저들은 놀랍도록 하나님의 본성과 (창조와 구원인) 하나님의

---

42) Outler, *Sermons*, 3:186. '악한 자들로부터의 자유와 쉼'은 웨슬리의 첫 출판된 설교인 "선한 사람들의 고뇌와 쉼"의 중심 개념이다. 이 설교에서 웨슬리는 죽음 자체가 인간을 죄로부터 구원함으로써 정화시킬 수 있다고 주장했다. 그러나 이 내용은 후에 문제가 되어 수정을 하였다. "의로운 자들이 육체를 떠나는 순간, 이들은 악한 자들의 괴롭힘으로부터, 아픔과 병으로부터, 어리석음과 병약함으로부터 또한 죄로부터 구원을 받는다." Outler, *Sermons*, 3:539.

43) Maddox, *Responsible Grace*, 250.

사역을 이해할 것이다. 웨슬리는 "이때에 우리는 몸을 입고 있을 때 일 년에 걸쳐 할 수 있는 것보다 더 많은 것을 한 시간 안에 배우게 될 것"[44]이라고 주장한다. 사실 웨슬리는 아주 목가적인 그림을 상상한다. 그때에 성도들은 "세상이 시작되던 때부터 모든 세대와 열방에 살았던 지혜롭고 거룩한 모든 영혼들과 대화할 것이며," 아름답게 빛나는 천사들과 대화할 것이고, "심지어는 영원하신 하나님의 아들"[45]과 대화할 것이다. 이처럼 지식과 지혜가 자라 가면서 행복과 거룩함이 자라나고 성도들은 "하늘나라를 향해 지속적으로 성숙해 갈 것이다."[46]

부활과 심판

물론 웨슬리는 로마가톨릭교회가 죽음 시에 일어나는 특수 심판과 만물의 완성 시에 일어나는 일반 심판을 구별한다는 것을 잘 알고 있었다. 그러나 자세히 살펴보고는 가톨릭의 두 심판 교리가 성서에 충분히 나와 있지 않는다는 이유로 거부했다.[47] 웨슬리는 "영혼이 몸을 떠나 하나님 앞에 발가벗겨진 채 서는 순간 그 상태로 영원에 들어가게 될 것"[48]이라고 주장했다. 황천으로 빠져나온 순간 영원으로 이어지지만 그 자체가 아직 심판은 아니며, 도래하게 될 놀랍고도 불변하는 심판이 있음을 암시한다.

인간이 그리스도의 심판대 앞에 서기 전 이 땅에서 미리 그 징조가 나타난다.[49] "그때가 되면 '도처에' 지진이 있을 것이며, '바다와 파도'가 (흉흉하고), '하늘이 흔들릴 것이다.' 또한 우주의 '소리가' 들릴 것이며, 하나님과 인간의 아들이 오심을 선포하는 '천사장의 소리'를 듣게 될 것이다."[50] 이때가 바로 부활의 시간으로 죽은 자들이 일어설 것이다. 하나님의 아들이 천사들에게 자신이 선택한 자들을 불러 모으게 할 것이며 영광의 보좌에 앉아 양

---

44) Thomas Jackson, ed., *The Works of John Wesley*, 14 vols. (Grand Rapids: Mich.: Baker Book House, 1978), 13:31.
45) Outler, *Sermons*, 4:192.
46) Ibid., 4:191.
47) Ibid., 2: 292.
48) Ibid.
49) Ibid., 1: 357.
50) Ibid., 1: 357~58.

과 염소를 나눌 것이다.[51] 이 격변의 사건은 종종 "주님의 날"[52]로 언급된다. 간단히 말해서, 인간이 노력하고 변화를 가져올 수 있는 시간은 결국 지금이다. 의와 정의와 거룩함이 통치하는 주님의 날은 이미 도달했다.

웨슬리는 심판의 거대한 흰 보좌가 "땅 위로 높이 올릴 것"[53]이라고 생각한다. "세계가 시작된 이래 아담으로부터 나온 모든 사람들"[54]이 심판을 받게 될 것이다. 흥미롭게도 "이들은 이 땅에서 완성했건 미완성했건 자신들이 행한 일에 따라 심판을 받게 될 것이다. 따라서 이들의 모든 활동이 완전하게 공개될 것이며 하찮은 말까지도 그들이 말했던 바를 심판의 날에 모두 설명해야 할 것이다."[55] 또한 "인간의 영혼에 담겨 둔 모든 내면의 활동도 공개될 것이다. 예컨대, 모든 식욕과 정욕, 의도와 감성"[56]이 공개되어 누가 의로운 사람이며 누가 불의한 사람인지가 분명하게 드러날 것이다. 그러므로 심판은 계시적이며 철저하게 이루어질 것이다.

앞서 보았듯이 웨슬리는 도덕법과 예수 그리스도를 특징짓는 여러 속성을 동일시했기 때문에 자연스럽게 도래하는 심판에서 도덕법이 중요한 역할을 하는 것으로 나타난다. 실제 웨슬리는 은총의 이름으로 율법을 다루고자 하는 복음 설교자들을 비판했다. 이들은 하나님의 보좌에서 율법의 역할을 찾지 못했다. 웨슬리는 이들 율법폐기론자들이 "자신들을 판단하라고 준 율법에 대해 심판자"[57]가 되었다고 지적하면서 이렇게 견책했다. "너희가 스스

---

51) Ibid., 1: 358. 천년왕국에 대한 웨슬리의 입장은 복잡하고 이해하기도 어렵다. 예를 들면, 자신이 쓴 「신약성서 주석」에서 이렇게 주석한다. "두 구분된 천년들이 (계 20) 전체에 걸쳐 언급된다. 각각 세 번씩 언급되는데, 2, 3, 7절은 사탄이 지배하는 천년으로, 4, 5, 6절은 성도들이 지배하는 천년으로 언급된다. 두 구분된 천년들을 주장함으로써 여러 가지 어려운 문제를 피해 간다. 모든 예언이 실현될 충분한 여지가 있으며, 이전에는 상충되는 것처럼 보였던 것들도 화해가 된다. 특별히 도래하게 될 교회의 발전된 상태를 말하는 사람들과 세상 끝 날에 사람들의 운명적인 안전을 말하는 사람들 사이에 화해가 이루어진다." Wesley, NT Notes, 723~24.

52) Outler, Sermons, 1: 359.

53) Ibid., 1: 361.

54) Ibid. 이 주제와 관련해서 그레이트하우스(William M. Greathouse)의 글이 도움이 된다. William M. Greathouse, "John Wesley's View of the Last Things," in The Second Coming: A Wesleyan Approach to the Doctrine of the Last Thing, ed., H. Ray Dunning (Kansas City, Mo.: Beacon Hill Press, 1995), 139~60.

55) Outler, Sermons, 1:362~63.

56) Ibid., 1: 363.

57) Ibid., 2:18.

로 그리스도의 심판의 자리에 앉아 세상을 심판하시는 그리스도의 통치를 버렸도다."[58] 그러므로 율법과 은총은 웨슬리 실천신학에서 거룩함(거룩한 사랑)과 은총의 새로운 관심을 상징하는, 잘 발전된 주제일 뿐 아니라 이생과 내생을 특징짓는 주제이기도 하다.

최종적 칭의

앞선 연구에 기초하여 이제 웨슬리가 어떻게 믿음으로 말미암은, 칭의의 개념과 행위에 따른 심판의 개념을 화해시켰는지 따져 보자. 1790년 출판된 "결혼예복에 대하여"(On the Wedding Garment)라는 설교에서 웨슬리는 믿음으로 말미암은 칭의가 처음 칭의이고 행위에 따른 심판이 최종적 칭의를 뜻한다면, 이 두 개념이 모순될 필요가 없다고 설명한다. 전자는 믿음이 신생에 들어가기 위해 절대적으로 유일한 조건인 현재적 구원을 의미하고, 후자는 어떤 의미에서 행위의 기회가 충분하기 때문에 죽은 믿음이 아니라 살아 있는 믿음을 보여 주어야 하는 행위가 요청되는 최종적 구원을 의미한다.[59] 웨슬리는 그 이유를 이렇게 설명한다.

분명 영광에 들어가는 모든 영혼에게는 그리스도의 의가 필요하다. 그러나 인간의 모든 자녀에게도 개인의 거룩함이 필요하다. 그러나 이들에게 그리스도의 의와 개인의 거룩함이 다른 측면에서 필요한지 살펴볼 필요가 있다. 그리스도의 의는 우리를 하늘나라 시민이라 부르는 데 필요하지만, 개인의 거룩함은 하늘나라 시민이 되는 자격 요건이다. 그리스도의 의가 없다면 우리는 영광에 이르렀다고 할 수 없을 것이고, 거룩함이 없다면 영광에 적합하지 않다고 할 수 있을 것이다.[60]

1741년, 웨슬리는 불 감독이 쓴 「사도성의 조화」(Harmonia Apostolica)에 나오는 2차 칭의 혹은 최종적 칭의 개념에 문제를 제기했다. 그러나 1740년대,

---

58) Ibid.
59) Harald Lindström, *Wesley and Sanctification* (Wilmore, Ky.: Francis Asbury Press, 1996), 208.
60) Outler, *Sermons*, 4:144. 이 설교는 웨슬리의 구원론을 상징한다. 왜냐하면 이 설교에서 웨슬리는 1738년까지는 이해하지 못했다고 스스로 인정하는, '믿음으로 말미암은 칭의 개념'과 1725년에 이미 갖고 있었던, '마음과 삶의 거룩함 사이의 긴장'을 어떻게 유지했는지를 보여 주기 때문이다.

최종적 칭의 개념이 갖는 중요성을 인식하기 시작했다. (린드스트룀은 웨슬리가 이보다 훨씬 이전에 이를 인식했다고 주장한다.)[61] 일례를 든다면, 웨슬리는 1745년 처치에게 편지를 보내 2차 칭의를 주장했을 뿐 아니라 ("그러나 마지막 날에 온전한 성화는 우리의 칭의 이전에 이뤄진다.")[62] "내적이고 외적인 거룩함 모두가 최종 칭의의 공인된 조건임을 주장했다.[63] 1746년에는 로마서 2장 13절("하나님 앞에서는 율법을 듣는 자가 의인이 아니요 오직 율법을 행하는 자라야 의롭다 하심을 얻으리니")의 의미를 설명하면서 "믿음으로 말미암은 칭의"라는 자신의 설교에서 사도 바울이 "우리의 칭의를 큰 날의 심판과 연결하고 있는 것처럼 보인다."[64]고 말했다. 이 증거 외에도 1770년대 들어, 2차 칭의에 대한 강조의 도를 높였다. 아마도 2차 칭의가 그가 좋아했던 거룩함의 주제와 연결됐기 때문일 것이다. 이런 이유에서 이전에 비평하기 위해 읽었던 불 주교의 글을 이제는 뭔가 참고하려는 시각으로 읽기 시작했다.[65] 사실 웨슬리는 목회 후기에 영국 국교회 전통의 거룩함을 "기독교 교회의 큰 빛"[66]이라고 생각했다. 어떤 의미에서 불 주교에 대한 새로운 인식은 당시 칼빈주의적 율법폐기론자였던 셜리(Walter Shirley)와 힐(Rowland Hill) 등을 만나면서 1770년부터 10년 동안 거룩함에 대한 웨슬리의 관심이 증폭되었기 때문일 것이다.[67]

공로에 대한 물음
분명 몇몇 칼빈주의자들은 전체적으로는 웨슬리의 구원론에 대해, 특별하

---

61) Lindström, *Wesley and Sanctification*, 207.
62) Telford, *Letters*, 2:186.
63) Rupert E. Davies, ed. *The Works of John Wesley*, vol. 9, *The Methodist Societies, I: History, Nature and Design* (Nashville: Abingdon Press, 1989), 95.
64) Outler, *Sermons*, 1: 190. 이중 칭의와 관련한 다른 자료를 보려면, Jackson, *Wesley's Works*, 10:431, 444를 참조할 것.
65) Telford, *Letters*, 5:264.
66) Ibid.
67) 그렇다고 해서 불의 신학과 웨슬리 신학 사이에 차이가 없다는 의미는 아니다. 칼빈주의적 율법폐기론과 관련해서 쓴 두 편의 탁월한 논문으로는 Earl P. Crow, "John Wesley's Conflict with Antinomianism in Relation to the Moravians and Calvinists" (Ph. D. dissertation, The University of Manchester, Manchester, England, 1964); and Allan Coppedge, *John Wesley in Theological Debate* (Wilmore, Ky.: Wesley Heritage Press, 1988)을 참조할 것.

게는 웨슬리의 최종적 칭의에 대해 잘못된 결론을 내렸다. 그 이유는 이들이 '공로'의 의미를 이해하지 못했기 때문이다. 여기서 문제는 웨슬리의 용어 사용이 분명하지 않았기 때문이다. 예를 들면, 1770년 연회 회의록에 보면 헌팅돈의 백작부인 셜리와 다른 이들에 반대하여 '공로'를 이렇게 정의했다.

> 우리가 깊이 생각해 온 공로와 관련해서 논해 보자. 우리는 우리가 행한 바에 따라 우리가 행한 것 때문에 상을 받는다. 이 주장은 '우리의 행위를 위해서'라는 것과 어떻게 다른가? 예컨대, 이 주장은 '우리의 행위에 합당한 보상'(as our works deserve)이란 뜻을 가진 *secundum merita operum?*'이란 말과 무슨 차이가 있는가?[68]

웨슬리 비평가들은 다른 구분이 없이 사용된 "행위에 합당한 보상을 받게 될 것"(to be rewarded as our works deserve)이란 웨슬리의 표현이 트렌트 공의회의 흐름을 따르고 있다고 쉽게 비판했다. 예를 들면, 16세기 트렌트 공의회는 이 문제에 대해 다음과 같이 표현했다.

> 누군가 의롭다 함을 받은 이의 선행이 이처럼 공로가 아니라 하나님의 선물이라고 한다거나, 의롭다 함을 받았다고 해서 … 은총을 더해 감, 영생, 영생에 이르는 것이 공로로 얻는 것이 아니라고 한다면, 그는 저주를 받아야 할 것이다.[69]

그러나 웨슬리는 "공로"라는 용어를 로마가톨릭과는 다른 차원으로 사용했다. 예컨대, '엄격한'(본질적인) 의미로 사용하기도 하고 '느슨한' 의미로 사용하기도 했다. 엄격한 의미로는, 1771년 동생 찰스에서 보내는 편지에서 이렇게 언급하고 있다. "나는 의롭다 함을 받기까지 아무도 선함이 없다고 선언했다. 의롭다 함을 받기 전이나 의롭다 함을 받은 후에나 인간에게는 아무런 공로도 존재하지 않는다."[70] 1773년에 쓴 "Remarks on Mr. Hill's Farrago Double-Distilled"라는 글에서 웨슬리는 "나는 아직도 … 엄격하게

---

68) Jackson, *Welsey's Works*, 8:337~38.
69) Schaff, *Creeds*, 2:117~18
70) Telford, *Letters*, 5:270.

말해서 그리스도의 보혈밖에는 다른 곳에서 공로를 찾을 수 없다. 구원은 행위의 공로에 의한 것이 아니다. 우리의 존재나 소유나 행위는 아무것도 아니다. 엄격하게 말해, 우리는 하나님의 손에서 가장 작은 것이라도 받을 가치가 없다."[71]고 주장한다. 또한 기본적인 자신의 입장을 강조하며 이렇게 덧붙인다. "공로라는 용어를 엄격한 의미로 사용한다면 나는 그것을 완전히 폐기해 버리겠다."[72] 따라서 웨슬리가 1770년 연회회의록에 기록한 공로라는 용어는 '엄격한 의미'로 사용한 것이 아니었다. 그런데 불행히도 웨슬리 비평가들은 이 점을 놓치고 있다. 웨슬리는 이렇게 한탄한다. "우리 중 누구도 우리의 행위가 받아들일 만한 것이라고 말하지 않는다. 그렇게 우리를 몰고 가는 것은 칼빈주의자들의 중상모략이다."[73]

그러나 동생 찰스에게 보내는 편지에서는 '공로'라는 표현을 느슨한 의미로 사용하는데, 이 경우에 우리의 행위란 "보상을 받을 만한"[74]보다는 좀 더 깊은 의미다. 그러나 보상의 요소는 구원받은 이들이 하나님의 은총에 대해 독립적인 주장을 갖는다는 의미가 아니다. 대신 보상을 받을 만하다는 말은 전능하신 하나님의 은총이 이미 역사하고 있음을 의미하며, 순전한 하나님의 은총으로 말미암아 행위가 열매를 맺게 되고 그 열매로 사랑과 보상을 받게 된다는 의미이다. 달리 말하면, 하나님의 은혜가 넘침으로 능력을 주시는 은총이 기독교인의 삶에 열매를 가져올 뿐 아니라 믿는 자들이 맺은 열매에 대해 하나님께서 상을 주실 것이다. 이 열매는 결코 이들 스스로가 맺을 수 없다. 따라서 느슨한 의미에서 보더라도 웨슬리의 공로 사상은 결코 인간의 자율적인 성취를 강조하지 않는다. 오히려 하나님의 은총의 이중적 활동을

---

71) Jackson, *Wesley's Works*, 10:433. 당시 웨슬리의 신학적 입장과 칼빈주의자들의 입장의 차이를 분석한 자료로는, Herbert McGonigle, *Sufficient Saving Grace: John Wesley's Evangelical Arminianism* (Carlisle, Cumbria, UK: Paternoster Publishing, 2001); and Coppedge, *Wesley in Theological Debate*를 참조할 것.

72) Jackson, *Wesley Works*, 10:433. 또한 웨슬리가 쓴 "힐 씨의 논평에 대한 입장,"(Remarks on Mr. Hill's Review) in ibid., 10:393을 참조할 것.

73) Telford, *Letters*, 6:76.

74) Ibid., 5:270. 사상과 수행에 대한 로마가톨릭과 웨슬리의 차이를 비교한 연구로는, John M. Todd, *John Wesley and the Catholic Church* (London: Hodder and Stoughton, 1958); J. Augustin Legger, "Wesley's Place in Catholic Thought," *Constructive Quarterly* 2 (1914): 329~60; and R. Newton Flew, "Methodism and the Catholic Tradition," in *Northern Catholicism*, ed. N. Williams (New York: Macmillan, 1933), 515~30을 참조할 것.

강조한다. 첫째는 '은총을 주심'이고, 둘째는 '은총의 열매에 대해 상을 주심'이다. 그러므로 성화가 (처음) 칭의의 기초는 아니라고 해도 최종적 칭의의 기초가 된다. 그 이유는 행위가 하나님의 선함을 주장하는 독립적 기초가 되기 때문이 아니라 행위가 살아 있고 은총이 넘치는 믿음의 증거이기 때문이다. 웨슬리는 "우리 교회가 믿음으로만 칭의를 얻을 수 있다고 가르치지만 (개신교회의 강조점), 그럼에도 불구하고 최종적 칭의에 앞서 보편적 거룩함을 가르친다."75)(가톨릭의 강조점)고 주장한다. 또한 린드스트룀은 "이미 믿음으로 구원을 얻은 기독교인들은 여전히 성화의 능력이 성숙을 갖추게 할 최종적 구원을 기다린다."76)고 주장한다. 다시 말하지만, 웨슬리에게 처음 칭의와 최종적 칭의의 공로의 근거는 그 행위가 아무리 고상하고 다양하다 할지라도 행위가 아니라 예수 그리스도에 의해 이루어진 구속이다.

새 창조

새로운 창조에 대한 웨슬리의 글은 상당 부분 현재의 투쟁적인 교회보다는 하나님께서 이 땅을 심판한 직후 나타나게 될 승리의 교회에 관심한다. 지극히 높으신 하나님의 심판은 세대로 이어지는 연속성을 타파하고 창조된 질서를 부수며 무너뜨릴 것이다. 웨슬리는 "우리는 옛것의 재로부터 일어나게 되는 새 하늘과 새 땅을 기다린다."77)고 적고 있다. 예컨대, 심판이 있은 다음 하늘이 지나갈 것이고 땅과 땅에서 지은 모든 죄 된 행위는 계시록에 약속한 대로 새 창조를 준비하기 위해 태워질 것이다. 그러나 웨슬리 당시에도 어떻게 전체 지구가 이런 식으로 없어질 수 있는지, 이 같은 종류의 심판을 의심했던 여러 비판가들이 있었다. 이런 비판에 대응하여 웨슬리는 아마도 혜성이나 "'세상을 비추는' 빛들"78) 혹은 애트나(Aetna), 헤클라(Hecla), 베수비우스(Vedsuvius)와 같은 화산에서 흘러내린 용암이 이 같은 순간적인 불의 종말을 만들어 낼 수 있을 것이라고 생각했다.79) 어쨌든 이 순간적인 사

---

75) Gerald Cragg, ed., *The Works of John Wesley*, vol. 11, *The Appeals to Men of Reason and Religion* (Nashville: Abingdon Press, 1989), 111.

76) Lindstrom,, *Wesley and Sanctification*, 216.

77) Wesley, *NT Notes*, 627 (벧후 3:13)

78) Outler, *Sermons*, 1:369.

79) Ibid.

태가 어떻게 구체적으로 이루어질 것인지는 확신하지 않았지만 이러한 일이 결국은 일어날 것이라고 확신했다.

이 주제와 관련한 자료의 양으로 보건대, 웨슬리는 옛 세계의 파괴보다는 새 세계의 창조에 더 많이 관심한 것처럼 보인다. 예를 들면, "새 창조"란 자신의 설교에서 먼저 어떻게 별이 빛나는 하늘과 보다 낮은 층의 하늘이 새롭게 창조될 것인지 보여 준다. 별이 빛나는 하늘에는 더 이상 빛을 발하는 별이나 혜성이 존재하지 않을 것이며, 낮은 층의 하늘에는 허리케인이나 끔찍한 유성들이 존재하지 않을 것이다.[80] 더구나 자연 세계를 구성하는 요소들은 모두가 좋은 모양으로 변화될 것이다. 예컨대, 불은 "생명을 불어 넣는 힘"[81]은 남겨 둔 채 파괴하는 힘이 상실될 것이다. 또한 공기는 폭풍이나 폭우에 사용되지 않을 것이며, 한때 하나님의 진노의 도구로 사용됐던 땅의 물은 그 경계가 정해져 더 이상 홍수로 범람치 않을 것이다. 사실 지구 자체가 더 이상 파괴적인 지진이나 화산이 존재하지 않도록 새롭게 변화될 것이며, 땅의 소산을 막는 가시나 엉겅퀴를 내지 않을 것이고, 어떤 피조물도 "다른 피조물에게 해나 고통을 주지 않을 것이다."[82] 그러나 가장 바람직한 변화는 어떤 요인이나 무생물의 세계와 관계된 내용이 아니고 하나님의 자녀들과 관계된 내용이다. 웨슬리는 이에 대해 다음과 같이 설교한다.

'하나님은 저들의 눈에서 모든 눈물을 닦아 줄 것입니다. 죽음이나 슬픔이나 애곡이 없을 것이며 어떤 아픔도 없을 것입니다. 왜냐하면 이전 것이 지나갔기 때문입니다.' 더 이상 죽음이 없고 죽음의 예비 단계인 아픔이나 병도 없을 것입니다. 또한 슬픔도 없고 친구와 헤어지는 아픔도 없을 것입니다. 그러므로 더 이상 슬픔이나 애곡하는 일이 없을 것입니다. 결코 이런 일은 없을 것입니다. 오히

---

80) Ibid., 2:503, 「웨슬리 설교전집 6」[대한기독교서회]. 웨슬리의 종말론이 후 천년설인지 아니면 전 천년설인지에 대한 연구로는, Kenneth D. Brown, "John Wesley: Post or Premillennialist?" *Methodist History* 28, no. 1 (October 1989): 33~41; and J. Steven O'Malley, "Pietist Influences in the Eschatological Thought of John Wesley and Jürgen Moltmann," *Wesleyan Theological Journal* 29, no. 1 (Spring-Fall 1994): 127~39를 참조할 것.

81) Outler, *Sermons*, 2:504.

82) Ibid., 2:509. 또한 Theodore H. Runyon, "The New Creation: The Wesleyan Distinctive," *Wesleyan Theological Journal* 31, no. 2 (Fall 1996): 5~19를 참조할 것.

려 이 모든 것보다 뛰어난 구원이 있을 것입니다. 왜냐하면 더 이상 죄가 존재하지 않을 것이기 때문입니다.[83]

이 특별한 시간에 온유한 사람들은 이 땅의 기초를 놓기 전 이들을 위해 예비 된 하나님 나라를 유업으로 받게 될 것이다. 웨슬리는 "이들이 생명과 경건에 실제로 필요한 모든 것을 갖게 될 것"[84]이라고 주장한다. 거기는 부족함도 없을 것이다. 더구나 하나님의 아들들과 딸들은 "하나님께 허락한 지분을 이 땅에서 누리게 될 것이며 이 후에도 의로움이 넘쳐나는 새 땅을 차지하게 될 것이다."[85] 최고로 투명한 방식으로 하나님의 형상에 맞게 살아갈 이들은 두루두루 하나님의 영광을 드러낼 것이다.

그러므로 진정한 의미에서 웨슬리의 새 창조 교리는 의로운 사람들이 거하게 될, 새롭게 구성된 물리적 세계로서 신정론의 문제를 야기한다. 달리 말하면 홍수와 지진과 같은 형태로 나타나는 자연 악의 전체적인 문제는 도래하는 새 창조에서만 분명한 대답을 갖게 된다. 여기서 자연 악은 궁극적으로 슬픔과 아픔과 죽음이 그렇듯이 과거 일이 될 것이다. 그러므로 은총은 과거를 지배해 온 죄를 극복할 것이며, 생명은 한때 지배해 온 죽음을 이길 것이다. 구원받은 자들은 "하늘로부터 큰 소리'를 듣게 될 것입니다." 웨슬리는 이렇게 쓰고 있다. "보라. 하나님의 성막이 사람들과 함께하며 저들과 함께 거할 것입니다."[86] 또한 자신의 입장을 강조하며 "그러므로 아담과 낙원에서 즐겼던 거룩함과 행복보다 훨씬 더 순수한 상태가 나타날 것"[87]이라고 덧붙였다. 이러한 축복과 영광의 상태는 여러 차원에서 현저한데, 하나님의 삼위일체의 사랑에 기초한다. "무엇보다도 그날에는 깊고 친밀하며 거리낌이

---

83) Outler, *Sermons*, 2:510. 아르미니우스주의자 웨슬리는 인간이 자유의지에 따라 완고하게 죄를 범하여 은총으로부터 떠나갈 수 있다고 주장했지만, 죽음 이후에는 이들의 조건이 분명 변화할 수 없는 상태로 바뀌어져서 더 이상 죄를 범하지도 않을 것이고 죄를 범할 수도 없다고 보았다. Barry Edward Bryant, "John Wesley's Doctrine of Sin" (dissertation, King's College, University of London, 1992).

84) Wesley, *NT Notes*, 19 (마 5:5).

85) Ibid.

86) Outler, *Sermons*, 2:510.

87) Ibid. 웨슬리의 설교에 나타난 행복과 거룩함의 밀접한 관계를 살펴보려면, Outler, *Sermons*, 2:600; 3:37; 3:100; 3:194, 197; 4:67; 4:121을 참조할 것.

없는 하나님과의 연합이 있을 것이고, 성령을 통한 아버지와 그의 아들 예수 그리스도와 항구적인 연합이 있을 것이며, 삼위가 하나이신 하나님(Three-One God)이 지속적으로 향유를 누리며 하나님 안에서 모든 피조물들이 향유를 누릴 것입니다."[88]

그러나 새 창조는 전체 창조 된 질서에 영향을 미칠 뿐 아니라 인간과 동물계 안에 선과 보상을 준다. 따라서 여기서 웨슬리가 주장하는 바는 다소 사색적이긴 하지만, 독자들에게 자신의 기본적인 신학적 입장에 대한 여러 단서를 제공하기 때문에 고려할 가치가 있다. 예를 들면, 웨슬리는 어느 시점에서 이렇게 반문한다. "아무리 잔인한 피조물이라 하더라도 창조성이 언제나 이처럼 한탄스런 상태로만 머물러 있겠습니까?" 그리고는 자신의 질문에 힘주어 대답한다. "하나님은 우리가 이렇게 주장하도록 하시지는 않았습니다."[89] 오히려 동물들도 또한 타락의 멍에로부터, 불규칙한 식탐과 열망으로부터 영화로운 자유로 구원을 받을 것이다. "심지어는 이들도 하기에 따라서는 '하나님의 자녀들이 누리는 자유'까지 누리게 될 것이다."[90] 비록 "일반적 구원"(General Deliverance)이라는 자신의 설교에서 하나님께서 인간과 짐승을 동일하게 관심한다는 데에는 부인했지만, 다음과 같은 맥락에서는 이 둘을 이렇게 관계시키고 있다. "하나님께서 우리를 '천사들과 동일하게' 하시고, 천사들을 현재 우리 모습이 되게 하시듯이, 만일 짐승이 하나님을 기쁘시게 한다면 어떻게 될까요? 그러면 이 피조물들은 하나님의 능력을 힘입은 것이 아닐까요? 자신들의 존재의 주인을 인식하고 사랑하고 향유할 수 있는 것이 아닐까요?"[91]

다른 관점에서 보면, 여기 마지막 가르침의 의미가 중요하다. 웨슬리에 따

---

88) Ibid., 2:510.

89) Ibid., 2:445.

90) Ibid. 웨슬리는 모든 동물을 향한 창조자의 사랑과 섭리가 가득한 돌봄을 분명하게 주장한다. 이 사상은 그의 설교 "하나님의 섭리"(On Divine Providence)에 잘 표현되어 있다. "하나님께서는 존재의 낮은 단계에 있는 모든 동물들, 예컨대, 짐승, 새, 물고기, 파충류, 곤충 등 모든 동물들을 알고 계십니다. 또한 하나님은 가장 높은 단계의 생명으로부터 가장 낮은 단계의 생명에 이르기까지 이들에게 부여한 성질과 능력을 다 알고 계십니다." Outler, Sermons, 2:539, 「웨슬리 설교전집 6」[대한기독교서회].

91) Ibid., 2:448, 「웨슬리 설교전집 5」[대한기독교서회]. 그러나 그런다고 해서 동물들이 처음으로 합리적이 될 것이란 뜻은 아니다. 웨슬리는 동물들이 이생에서 이성을 공유할 수 있을 것이라고 주장했다. Outler, Sermons, 2:450.

르면, 하나님에 대한 인식과 사랑은 인간의 특권이면서 독특한 특성이기 때문에 이 영광스런 사랑을 간과하며 사는 사람들은 어떻게 될 것인가? 몇몇 신학은 하나님의 사랑을 간과하며 살기로 한 사람들은 결국 짐승의 단계로 떨어지게 될 것이라고 주장한다. 그러나 웨슬리는 이보다 더 끔찍한 주장을 한다. 예컨대, 하나님을 사랑하고 섬기기를 완고하게 거부하는 악한 사람들은 동물보다도 못한 단계로 가라앉게 될 것이라고 주장한다. 왜냐하면 동물의 세계는 그 자체가 그렇게 낮은 단계가 아니며 오히려 죄 된 인간이 거부해 온 것을 향유하도록 초대될 것이기 때문이다. 말하자면 동물의 세계도 영원히 하나님을 인식하고 사랑하며 향유하도록 초대될 것이기 때문이다.[92] 그러니 저주받은 자들을 그냥 저주받도록 놔둔다면 얼마나 마음이 아프고 괴롭겠는가! 모든 피조물이 풍요롭고 사랑이 넘치는 하나님을 섬기는 데 있어서 저주받은 인간보다 더 잘 섬기게 되는 일이 일어난다면 얼마나 끔찍한 일인가! 웨슬리는 "보다 관대한 정신을 가진 사람들로 하여금 저주를 받은 자들이 어떤 존재의 단계에 있는지 인식하고 깨닫게 하십시오."라고 권고한다. "너희는 안식하며 인간의 특권을 향유할지어다. 하나님의 지식과 사랑을 향유할지어다!"[93]

따라서 동물권과 인간권의 변화뿐 아니라 새롭게 구성된 창조 질서를 지배하는 새 창조에서는 하나님의 거룩한 사랑이 지고로 넘쳐난다. 인간 홀로 자신의 노력을 통해 이룰 수 없는 것을 거룩한 사랑의 하나님께서 풍성하도록 선물로 주신다. 하나님의 인도하심을 따르는 하나님의 아들들과 딸들은 놀라운 기쁨과 행복 가운데 지극히 높으신 이의 사랑을 받는다. 살아 있는 성서적 종교의 목표는 이제 속박을 벗은 신뢰와 풍요로운 사랑 안에서 완성된다. 하나님의 지식과 완전히 거룩한 사랑이 하늘로부터 내려온 새 예루살렘을 감싸며 우리는 신부로 받아들여진다. 웨슬리는 이렇게 주석한다. "이

---

92) Ibid., 2:449. 동물을 존중하고 동물에 대해 친절을 표하는 웨슬리의 입장은 그의 설교 "자녀들의 교육에 대해서"(On the Education of Children)에 잘 나타나 있다. 이 설교에서 웨슬리는 이렇게 선언한다. "부모들은 자녀들에게 생명을 아프게 하거나 해치지 말도록 가르치십시오. 새의 둥지를 망가트려서는 안 되며 더더욱 재미삼아 살아 있는 것을 죽여서는 안 됩니다. 심지어는 파리처럼 징그럽지만 해가 되지 않는, 뱀이나 지렁이나 두꺼비 등을 해쳐서는 안 됩니다. 어떤 동물이든지 그들이 향유할 수 있는 삶을 연장해서 살도록 해야 합니다." Outler, Sermons, 3:360, 「웨슬리 설교전집 6」[대한기독교서회].

93) Ibid., 2:450.

도시는 이 세상이나 천년왕국이 아니라 영원에 속한, 전혀 새로운 도시이다."[94] 이 도시는 새 땅이 생기기 전 죽임을 당한 어린양의 통치를 통해 이전 인간의 죄가 가져온 분열을 넘어 하나님의 보편적 사랑의 지배를 받게 될 것이다. 거룩한 사랑에 대한 하나님의 궁극적 의지는 죄나 죽음이나 악에게 지배당하지 않고 하나님의 영광의 빛 안에서 놀랍도록 세워질 것이다. "세상 나라가 우리 주와 그의 그리스도의 나라가 되어 그가 세세토록 왕 노릇 하시리로다"(계 11:15).

오늘과 내일: 제자도와 섬김의 자료가 되는 존 웨슬리의 실천신학

웨슬리 신학의 현대적 적용과 사회적 위치를 탐구하면서 우리는 원 자료들을 주목하며 살펴보았다. 문헌비평과 만찬가지로 주제와 동기, 표현 유형과 병행 구조를 살피면서 본문의 의미를 파악하는 일에 충실했다. 웨슬리 사상에 들어와 있는 많은 전통적 자료들이 웨슬리의 상황신학을 조명하는 데 도움이 되지만, 반대로 웨슬리 자신의 진술은 어떻게 전통을 사용했는지, 또 어떤 범위까지 전통을 적용했는지를 보여 줌으로써 아주 교묘한 신학의 왜곡을 피해 가게 해 준다. 달리 말하면, 웨슬리의 접속적 신학을 잘못 읽게 되면, 그 본래적 해석을 위한 단초들을 웨슬리의 글과 그가 활동했던 역사적 상황에서 찾지 않고, 실제적인 의미에서 지금은 거대 담론이 되어 버린 몇몇 선호하는 신학적 전통에서 찾는 일이 일어나게 된다. 그러므로 아우틀러가 일정한 유형의 '신학 군'이라 불렀던 유령으로부터 깨어 나오기 위해서는,[95] 웨슬리의 글에서 침묵하고 있는 것에 주목해야 할 뿐 아니라, 웨슬리의 글을 인위적이고 조심스럽게 균형을 맞춘 신학으로 흘러들어간 (영국성공회, 독일 경건주의, 청교도, 초기 교부 등과 같은) 전통 자료들의 배열과 풍부한 사용에 기초하여 해석해야 한다.

이렇게 접근할 때 거룩함과 은총의 요소들이 웨슬리 신학에서 통합 주제로 떠오른다. 웨슬리의 신학적 성찰의 스타일에 주목하면서, 우리는 웨슬리

---

94) Wesley, *NT Notes*, 726 (계 21:2).

95) Albert C. Outler, "A New Future for Wesley Studies: An Agenda for 'Phase III,'" in *The Wesleyan Theological Heritage: Essays of Albert* C. Outler, ed. Thomas C. Oden and Leicester R. Longden (Grand Rapids, Mich.: Zondervan Publishing, 1991), 131.

신학의 목적과 그의 항구적인 관심을 나타내는 "거룩한 사랑"의 접속이란 말로 거룩함을 분석해 보았다. 1725년 테일러의 글을 읽은 때부터 1733년 "마음의 할례"(The Circumcision of the Heart)를 쓰기까지, 1741년 「찬송 모음집」(Collection of Hymns)에서 다음 해 "감리교인의 특성"(The Character of a Methodist)까지, 그리고 1744년 연회 회의록에서부터 1766년 「기독교인 완전에 대한 평이한 해설」에 이르기까지, 웨슬리는 자신의 생애뿐 아니라 그가 섬겼던 신앙 공동체 안에서 거룩한 사랑의 높이와 깊이와 넓이를 실현코자 했다. 한때 담임자요 선생이요 복음전도자로서의 무거운 짐이, 이제는 18세기 대각성 부흥 운동을 통해 그리스도의 몸에 참여한 사람들을 상대로 새로운 생명과 거룩한 사랑이 탄생하도록 도울 수 있게 되었다.

'구원'이라는 좋은 소식을 나누는, 이 거대한 목적을 가진 웨슬리는 자연스럽게 기독교 신학에 대한 추상적이며 철학적이고 사색적인 설명을 피하고 대신 '실천신학'에 주목했다. 그러므로 웨슬리의 신학적 관심은 종교의 형식을 피하고 그 능력을 맛보고자 했던 예수 그리스도의 참된 제자들을 세우는 일을 희망했고 그 일에 몰두했다. 당시를 풍미했던 민속 신앙에 만족하지 않았던 웨슬리는 "내가 어떻게 기독교인이 되는가?"라는 물음과, 아르미니우스주의자로서 또한 "내가 어떻게 기독교인으로 남아 있는가?(번창하는가?)"라는 종교개혁 전통의 물음을 던졌다. 이 물음들은 은총과 거룩한 사랑을 배경으로 그의 전체적인 신학이 진지하긴 하지만 아주 실천적인 맛을 갖게 했다. 단순히 말해, 시간을 두고 노력을 기울여 구성된 웨슬리의 실천신학은 사람들이 하나님의 은총을 통해 그리스도의 피로 씻김을 받고 성령으로 능력을 힘입어 하나님의 형상을 새롭게 간직하도록 하는, 거룩한 사랑의 역사임을 보여 준다.

그러나 이웃에게 좀 더 큰 목회적 섬김을 주고자 웨슬리는 제자도의 멍에를 지려는 사람들에게 크게 교훈이 되도록 구원의 순서 안에 구체성과 방향을 제시하는 실천신학을 표현했다. 오랜 시간을 통해 완성된 신학적 모델인 웨슬리의 구원의 순서는 질서와 연속성(병행), 방법에 관심하는 웨슬리의 성향을 보여 줄 뿐 아니라, 신학적으로는 칭의/신생과 온전한 성화라는 그의 목회의 두 초점을 내포하고 있다. 또한 웨슬리의 구원의 순서는 매 단계마다 구원을 열망하는 자들에게 방향감각을 주고 적절한 목회적 권고를 제시했다.

전체적으로 그의 실천신학과 구체적으로는 그의 구원의 순서에 반영된 웨슬리의 구원론적 의도는, 거룩한 사랑의 은총이 모든 사람들에게, 그러나 특별하게는 가난하고 가장 보잘것없는 사람들에게 다가갈 수 있게 하기 위해서였다. 속회에 참여하도록 초청받은 학대받은 사람들은, 18세기 영국 사회에서 어떤 힘도 주지 못하는 문서들이 아니라 복음의 말씀을 통해 스스로를 인식했다. 이들은 말씀을 통해 가장 풍요로운 사랑과 가장 심오한 은총을 받도록 초대되었다. 감리회의 생명의 목회를 통해 가난한 사람들이 더 이상 소외되지 않고 받아들여지며, 강탈당하지 않고 능력을 덧입고, 잊히지 않고 소중하게 여겨졌다. 그리스도 안에서 하나님으로 인해 용서를 받고 새롭게 되어 주님의 사랑받는 성령의 증인이 된 가난한 사람들은, 여러 가지 면에서 이제까지 상상할 수도 없었던 선물을 받았던 셈이다. 이러한 은총은 계급과 미움이 가득한 교만으로 인해 나누어진 분파를 초월하여 '친교와 돌봄'의 공동체를 만들어 냈다. 그러므로 감리회의 삶은 가난한 사람들에게 새로운 이야기를 제공해 주었고 이를 통해 이들은 새로운 방식으로 스스로를 인식하게 되었다. 말하자면 자신을 주님의 사랑받은 이로, 지극히 높으신 하나님의 자녀로 인식하게 되었다.

때문에 웨슬리의 실천신학에 반영된 그의 목회적 관심에 비추어 보면, 인식론에 빠진 사람들에게, 복음의 진리를 거대한 사색적 구조에 따라 정리하려는 사람들에게, 개념을 따라가느라 가난한 사람들을 돌보는 일에 무관심한 사람들에게, 그리고 예수 그리스도 안에서 모든 지식을 통일시키고자 하는 사람들에게, 웨슬리의 실천신학은 실망거리일 수밖에 없었다. 결국 웨슬리는 신학적 거장도 아니었고 체계를 세운 사람도 아니었다. 아우틀러는 "기독교 지성인들은 웨슬리를 사랑하지 않았고, 웨슬리 또한 우리의 비위를 맞추지 않았다."[96]고 지적했다. 분명 웨슬리가 교회 지도자로서 계속 자문했던 기본 물음은 "내가 무엇을 알 수 있을까?"가 아니고 "내가 어떻게 사랑할 수 있을까?"였다.

전통에 기초하여 선택한 신학적 전통의 맥락에서 웨슬리의 절충적인 천

---

96) Albert C. Outler, "Towards a Re-Appraisal of John Wesley as a Theologian," in *Wesleyan Theological Heritage*, 43.

재성을 찾아보며, 웨슬리의 실천적 목회가 어떤 근거에 기초했는지를 찾아내려는 사람들은 폭넓은 웨슬리의 신학적 판별에 당황스러움과 놀라움을 감추지 못한다. 그러므로 웨슬리 실천신학은 영국 국교회라는 예외가 있기는 하지만 어떤 특정 신학적 전통에 대해 올곧은 성찰이라기보다 성서라는 규범적 가치와 다양한 전통의 참여적 상황에 기초하여 여러 목회적 과제와 씨름함으로써 탄생된 의도와 교회일치적인 방향을 갖고 잘 구성된 적절한 종합으로 보는 쪽이 가장 타당할 것이다. 분명 우리는 웨슬리 실천신학을 '개신교적'이거나 '가톨릭적'으로 해석하면 한 전통을 강조하기 위해 다른 전통을 폄훼하는 유혹에 빠질 수도 있다. 그러나 이러한 인위적이고 구조화된 시도에 앞서 웨슬리의 다양한 신학적 관점을 즐기면서 면밀하게 구성된 신학의 색조를 즐기는 편이 좋을 것이다.

　개인적이건 사회적이건 구원 중심의 신학을 펼치는 사람들에게, 고통하며 비통한 죄 짐을 진 사람들에게, 분열된 의지로 고뇌하며 거의 절망에 빠진 사람들에게, 그래서 마음으로는 선을 알지만 그 선을 따르지 못하는 사람들에게, 하나님과 이웃의 사랑이 주는 자유를 추구하지만 개인 차원에서 자기-의지의 노예가 되고 공동체 차원에서는 무자비한 종족주의의 노예가 된 사람들에게, 소비주의와 경쟁이 나눌 수 없는, 은총이 넘치는 교제가 있는 선한 공동체를 원하는 사람들에게, 피곤하고 늙고 외로운 사람들에게, 무관심과 물질주의가 지배하여 사람을 무가치하게 생각하는 사회 속에 버려진 사람들에게, 죄의 침울한 지배에 사람을 던져 버리는 허울 좋은 세상의 자유가 아니라 은총이 넘치는 진정한 자유를 열망하는 사람들에게, 이처럼 상처 받은 모든 사람들에게, 웨슬리의 실천신학은 진정 복음이었다. 주님의 은혜의 해의 선포였고, 포로 된 자들에게는 자유의 선포였다. 무관심한 곳에 구원을, 절망이 있는 곳에 희망을, 사랑이 없는 곳에 사랑을 제공했다. 목회적으로 복음의 부름에 민감했던 웨슬리는 역사적인 감리회의 상징인, 영속하는 거룩한 사랑을 증거하는 지혜로운 균형을 이루었던 것이다.

존 웨슬리와 찰스 웨슬리의 1차 자료

책

Albin, Thomas A., and Oliver A. Beckerlegge, eds. *Charles Wesley's Earliest Sermons.* London: Wesley Historical Society, 1987. Six unpublished manuscript sermons.

Baker, Frank. *A Union Catalogue of the Publications of John and Charles Wesley.* Stone Mountain, Ga.: George Zimmerman, 1991. Reprint of the 1966 edition.

_____, ed. *The Works of John Wesley.* Bicentennial ed. Vols. 25~26, *Letters* I~II. Nashville: Abingdon Press, 1980~82.

Burwash, Rev. N., *Wesley's Fifty-Two Standard Sermons.* Salem, Ohio: Schmul Publishing, 1967.

Cragg, Gerald R., ed. *The Works of John Wesley.* Bicentennial ed. Vol. 11, *The Appeals to Men of Reason and Religion and Certain Related Open Letters.* Nashville: Abingdon Press, 1975.

Curnock, Nehemiah, ed. *The Journal of Rev. John Wesley.* 8 vols. London: Epworth Press, 1909~16.

Davies, Rupert E., ed. *The Works of John Wesley.* Bicentennial ed. Vol. 9, *The Methodist Societies, I: History, Nature, and Design.* Nashville: Abingdon Press, 1989.

Hildebrandt, Franz, and Oliver A. Beckerlegge, eds. *The Works of John Wesley.* Bicentennial ed. Vol. 7, *A Collection of Hymns for the Use of the People Called Methodists.* Nashville: Abingdon Press, 1983(「웨슬리 찬송시선집」, 나형석 옮김, kmc).

Jackson, Thomas, ed. *The Journals of Rev. Charles Wesley.* 2 vols. London: John Mason, 1949. Reprinted Grand Rapids, Mich.: Baker Book House, 1980.

_____, ed. *The Works of Rev. John Wesley.* 14 vols. London: Wesleyan Methodist Book Room, 1829~31. Reprinted Grand Rapids, Mich.: Baker Book House, 1978.

Kimbrough, ST, Jr. *A Song for the Poor: Hymns by Charles Wesley*. New York: Board of Global Ministry, 1993.

_____. *The Unpublished Poetical Writings of Charles Wesley*. 3 vols. Nashville: Kingswood Books, 1988~92.

Kimbrough, ST, and Oliver A. Beckerlegge, eds. *The Unpublished Poetry of Charles Wesley*. Nashville: Abingdon Press, 1993.

Osborn, George, ed. *Poetical Works of John and Charles Wesley*. 13 vols. Salem, Ohio: Schmul Publishing, 1992. Forthcoming reprint of 1872 edition.

Outler, Albert C., ed. *John Wesley. The Library of Protestant Thought*. New York: Oxford University Press, 1964.

_____, ed. *The Works of John Wesley*. Bicentennial ed. Vol. 1~4, Sermons. Nashville: Abingdon Press, 1984~87.

Outler, Albert C., and Richard P. Heitzenrater, eds. *John Wesley's Sermons: An Anthology*. Nashville: Abingdon Press, 1991.

Sugden, Edward H., ed. *Wesley's Standard Sermons*. London: Epworth Press, 1951.

Telford, John, ed. *The Letters of the Rev. John Wesley*. 8 vols. London: Epworth Press, 1931.

_____, ed. *Sayings and Portraits of John Wesley*. Salem, Ohio: Schmul Publishing, 1995.

Wainwright, Geoffrey, ed. *Hymns on the Lord's Supper*. Madison, N.J.: Charles Wesley Society, 1995.

Ward, W. Reginald, and Richard P. Heitzenrater, eds. *The Works of John Wesley*. Bicentennial ed. Vols. 18~24, *Journals and Diaries* I~VII. Nashville: Abingdon Press, 1988~97.

Wesley, Charles. *The Journal of the Rev. Charles Wesley*, M. A. Taylors, S.C.: Methodist Reprint Society, 1977.

Wesley, John. *A Christian Library, Consisting of Extracts from and Abridgements of the Choicest Pieces of Practical Divinity which have been published in the English Tongue*. 30 vols. London: T. Blanshard, 1819~27.

_____. *A Collection of Forms of Prayers for Every Day in the Week*. 3rd ed. Library of Methodist Classics. Nashville: United Methodist Publishing House, 1992.

_____. *The Desideratum; or, Electricity Made Plain and Useful*. 1st ed. Library of Methodist Classics. Nashville: United Methodist Publishing House, 1992.

_____. *Devotions and Prayers of John Wesley*. Grand Rapids, Mich.: Baker Book House, 1977.

_____. *The Dignity of Human Nature.* 1st ed. Nashville: United Methodist Publishing House, 1992.

_____. *Explanatory Notes upon the New Testament.* London: William Bowyer, 1755. Most recent reprint, Grand Rapids, Mich.: Baker Book House, 1987.

_____. *Explanatory Notes upon the Old Testament.* 3 vols. Bristol: William Pine, 1765. Facsimile reprint, Salem, Ohio: Schmul Publishing, 1975.

_____. *A Plain Account of Christian Perfection.* London: Epworth Press. Philadelphia: Trinity Press International, 1990.

_____. *A Plain Account of Genuine Christianity.* Library of Methodist Classics. Nashville: United Methodist Publishing House, 1992(「참된 기독교에 대한 평이한 해설」, 이계준 옮김, 전망사).

_____. *The Poetical Works of John and Charles Wesley.* London: Wesleyan Methodist Conference Office, 1868.

_____. *Primitive Physic: An Easy and Natural Method of Curing Most Diseases by John Wesley.* Library of Methodist Classics. Nashville: United Methodist Publishing House, 1992.

_____. *The Sunday Service of the Methodists.* London: William Strahan, 1784.

_____. *A Survey of the Wisdom of God in the Creation: A Compendium of Natural Philosophy.* 2 vols. Lancaster, Pa.: William Hamilton, 1810.

_____. *Wesley's Forms of Prayers.* Library of Methodist Classics. Nashville: United Methodist Publishing House, 1992.

Wesley, John, and Charles Wesley. *Hymns and Sacred Poems.* London: William Strahan, 1739.

Wesley, Samuel. *Advice to a Young Clergyman in a Letter to Him.* London: C. Rivington, 1735.

_____. *Dissertationes in Librum Jobi.* London: William Bowyer, 1736.

_____. *The Young Student's Library.* Grand Rapids, Mich.: Zondervan Publishing, 1984.

Wesley, Susanna. *The Prayers of Susanna Wesley.* London: John Dunton, 1692.

책 안의 장(Chapters in Books)

Wesley, John. "A Collection of Forms of Prayer for Every Day in the Week." in *The Works of John Wesley*, ed. Thomas Jackson, 11:203~259. Grand Rapids,

Mich.: Baker Book House, 1978.

_____. "A Collection of Prayers for Families." In *The Works of John Wesley*, ed. Thomas Jackson, 11:237~259. Grand Rapids, Mich.: Baker Book House, 1978.

_____. "A Plain Account of the People Called Methodists." In *The Works of John Wesley: The Methodist Societies: History, Nature, and Design*, ed. Rupert E. Davies, 253~80. Nashville: Abingdon Press, 1989.

_____. "A Scheme of Self-Examination Used by the First Methodists in Oxford." in *The Works of John Wesley*, ed. Thomas Jackson, 11:521~523. Grand Rapids, Mich.: Baker Book House, 1978.

2차 자료

책

Arminius, James. *The Writings of James Arminius*. Translated by James Nichols and W. R. Bagnall. 3 vols. Grand Rapids, Mich.: Baker Book House, 1977.

Arndt, Johann. *True Christianity*. Translated by Peter Erb. New York: Paulist Press, 1979(「진정한 기독교」, 노진준 옮김, 은성).

Baker, Frank. *John Wesley and the Church of England*. Nashville: Abingdon Press, 1970.

_____. *Methodism and the Love Feast*. London: Epworth Press, 1957.

Bence, Clarence. *John Wesley's Theological Hermeneutic*. Ann Arbor, Mich.: University Microfilms International, 1982.

Bewes, Richard. *John Wesley's England: A Nineteenth Century Pictorial History Based on an 18th Century Journal*. San Francisco: Harper, 1984.

Borgen, Ole E. *John Wesley on the Sacraments*. Grand Rapids, Mich.: Francis Asbury Press, 1985.

Brown, Dale W. *Understanding Pietism*. Grand Rapids, Mich.: William B. Eerdmanns, 1978.

Brown, Robert. *John Wesley's Theology: The Principle of Its Vitality and Its Progressive Stages of Development*. London: E. Stock, 1965.

Bruce, William. *Wesley and Swedenborg: A Review of the Rev. John Wesley's 'Thoughts on the Writings of Baron Swedenborg'*. London: J. Spears, 1877.

Bryant, Barry Edward. *John Wesley on the Origin of Evil*. Derbys, England: Moorley's Bookshop, 1992.

Campbell, Ted A. *John Wesley and Christian Antiquity: Religious Vision and Cultural Changes*. Nashville: Kingswood Books, 1991.

_____. *Methodist Doctrine: The Essentials*. Nashville: Abingdon Press, 1999.

Cannon, William R. *The Theology of John Wesley, with Special Reference to the Doctrine of Justification*. Lanham, Md.: University Press of America, 1984.

Carpenter, William. *Wesleyana: A Selection of the Most Important Passages in the Writings of the Late Rev. John Wesley, A. M. Arranged to Form a Complete Body of Divinity*. London: W. Booth, 1825.

Cell, George C. *John Wesley's New Testament Compared with Authorized Version*. London: Lutterworth, 1938.

_____. *The Rediscovery of the John Wesley*. Lanham, Md.: University Press of America, 1984.

Chiles, Robert E. *Scriptural Christianity: A Call to John Wesley's Disciples*. Grand Rapids, Mich.: Francis Asbury Press, 1984.

Clapper, Gregory S. *John Wesley on Religious Affections: His Views on Experience and Emotion and Their Role in the Christian Life and Theology*. Metuchen, N.J.: Scarecrow Press, 1989.

Clark, J. C. D. *English Society 1660~1832*. Cambridge: Cambridge University Press, 2000.

Cobb, John B. Jr. *Grace and Responsibility: A Wesleyan Theology for Today*. Nashville: Abingdon Press, 1995(「은총과 책임」, 심광섭 옮김, 기독교대한감리회 홍보출판국).

Collins, Kenneth J. *John Wesley: A Theological Journey*. Nashville: Abingdon Press, 2003.

_____. *A Real Christian: The Life of John Wesley*. Nashville: Abingdon Press, 1999(「진정한 그리스도인: 존 웨슬리의 생애」, 박창훈 옮김, 서울신학대학교 출판부).

_____. *The Scripture Way of Salvation: The Heart of John Wesley's Theology*. Nashville: Abingdon Press, 1997.

Coppedge, Allan. *John Wesley in Theological Debate*. Wilmore, Ky.: Wesley Heritage Press, 1988.

Creamer, David. *Methodist Hymnology; Comprehending Notices of the Poetical*

    Works of John and Charles Wesley. New York: Self-published, 1848.

Cushman, Robert E. *John Wesley's Experimental Divinity: Studies in Methodist Doctrinal Standards*. Nashville: Kingswood Books, 1989.

Dayton, Donald W. *The Theological Roots of Pentecostalism*. Metuchen, N.J.: Scarecrow Press, 1987(「오순절 운동의 신학적 뿌리」, 조종남 옮김, 대한기독교 서회).

Deschner, John. *Wesley's Christology: An Interpretation*. Dallas: Southern Methodist University Press, 1985.

Dieter, Melvin. *The Holiness Revival of the Nineteenth Century*. 2nd ed. Lanham, Md.: Scarecrow Press, 1996.

Dunning, H. Ray. *Reflection the Divine Image: Christian Ethics in Wesleyan Perspective*. Downers Grove, Ill.: InterVarsity Press, 1998.

_____. *Grace, Faith, and Holiness: A Wesleyan Systematic Theology*. Kansas City, Mo.: Beacon Hill Press, 1988.

Green, Richard. *The Works of John and Charles Wesley: A Bibliography*. London: C. H. Kelly, 1896.

Gritsch, Eric W. *A History of Lutheranism*. Minneapolis: Fortress Press, 2002.

Harrison, A. H. *The Separation of Methodism from the Church of England*. London: Epworth Press, 1945.

Heitzenrater, Richard P. *The Elusive Mr. Wesley*. 2nd ed. Nashville: Abingdon Press, 2003.

_____. *Mirror and Memory: Reflections on Early Methodism*. Nashville: Kingswood Books, 1989.

Hempton, David. *Methodism: Empire of the Spirit*. New Haven: Yale University Press, 2005(「성령의 제국 감리교」, 이은재 옮김, 기독교문서선교회).

Henderson, D. Michael. *John Wesley's Class Meeting: A Model for Making Disciples*. Nappanee, Ind.: Evangel Publishing, 1997.

Hynson, Leon. *To Reform the Nation: The Theological Foundation of Wesley's Ethics*. Grand Rapids, Mich.: Francis Asbury Press, 1985(「웨슬리의 윤리사상」, 이희숙 옮김, 전망사).

Idle, Christopher. *The Journals of John Wesley*. Elgin, Ill.: Lion Publishing, 1996.

Job, Reuben. *A Wesleyan Spiritual Reader*. Nashville: Abingdon Press, 1997.

Jones, Scott. *United Methodist Doctrine: The Extreme Center*. Nashville: Abingdon Press, 2002.

Jones, Timothy K., and Keith Beasley-Topliffe. *A Longing for Holiness: Selected*

Writing of John Wesley. Nashville: Upper Room Books, 1997.

Knight, Henry H. III. *The Presence of God in the Christian Life: John Wesley and the Means of Grace*. Metuchen, N.J.: Scarecrow Press, 1992.

Kostlevy, William. *Holiness Manuscripts: A Guide to Sources Documenting the Wesleyan Holiness Movement in the United States and Canada*. Metuchen, N.J.: Scarecrow Press, 1994.

Land, Steven J. *Pentecostal Spirituality: A Passion for the Kingdom*. Sheffield, England: Sheffield Academic Press, 2001.

Langford, Thomas A. *Methodist Theology*. Peterborough, England: Epworth Press, 1998.

_____. *Practical Divinity, Volume II: Readings in the Wesleyan Tradition*. Nashville: Abingdon Press, 1998.

Lawson, John. *Notes on Wesley's Forty-Four Sermons*. London: Epworth Press, 1964.

_____. *Selections from John Wesley's Notes on the New Testament: Systematically Arranged with Explanatory Comments*. London: Epworth Press, 1955.

_____. *The Wesley Hymns as a Guide to Scriptural Teaching*. Grand Rapids, Mich.: Francis Asbury Press, 1987.

Lee, Sung-Duk. *Der Deutsche Pietismus Und John Wesley*. Giessen: Brunnen Verlag, 2003.

Lee, Umphrey. *Historical Background of Early Methodist Enthusiasm*. New York: AMS Press, 1931.

_____. *John Wesley and Modern Religion*. Nashville: Cokesbury Press, 1936.

Lindström, Harald. *Wesley and Sanctification: A Study in the Doctrine of Salvation*. Grand Rapids, Mich.: Francis Asbury Press, 1982(「웨슬리와 성화」, 전종옥 옮김, 기독교대한감리회 홍보출판국).

Lodahl, Michael. *God of Nature and of Grace: Reading the World in a Wesleyan Way*. Nashville: Kingswood Books, 2003.

Long, D. Stephen. *John Wesley's Moral Theology: The Quest of God and Goodness*. Nashville: Abingdon Press, 2005.

Mass, Robin. *Crucified Love: The Practice of Christian Perfection*. Nashville: Abingdon Press, 1989.

Maddox, Randy L. *Aldersgate Reconsidered*. Nashville: Kingswood Books, 1990.

_____. *Responsible Grace: John Wesley's Practical Theology*. Nashville: Kingswood Books, 1994.

McGonigle, Herbert. *Sufficient Saving Grace: John Wesley's Evangelical Arminianism*.

Carlisle, Cumbria UK: Paternoster Publishing, 2001.

Mitchell, Frank N. *The Writings of John Wesley: A Man for All Ages*. New York: Vantage Press, 1997.

Mitton, Charles Leslie. *A Clue to Wesley's Sermons*. London: Epworth Press, 1951.

Naglee, David I. *From Everlasting to Everlasting: John Wesley on Eternity and Time*. 2 vols. New York: Peter Lang Publishing, 1991~92.

Nagler, Arthur. *Pietism and Methodism*. Nashville: Publishing House M. E. Church, South, 1918.

Oden, Thomas C. *The Living God: Systematic Theology: Volume One*. San Francisco: Harper & Row, 1987.

_____. *John Wesley's Scriptural Christianity: A Plain Exposition of His Teaching on Christian Doctrine*. Grand Rapids, Michigan: Zondervan Publishing, 1994.

_____. *The Transforming Power of Grace*. Nashville: Abingdon Press, 1993.

Oden, Thomas C., and Leicester R. Longden. *The Wesleyan Theological Heritage: Essays of Albert C. Outler*, ed. Thomas C. Oden and Leicester R. Longden. Grand Rapids, Mich.: Zondervan Publishing, 1991.

Oord, Thomas Jay, and Michael Lodahl. *Relational Holiness: Responding to the Call of Love*. Kansas City, Mo.: Beacon Hill Press, 2005.

Outler, Albert C. *Theology in the Wesleyan Spirit*. Nashville: Discipleship Resources, 1975(「웨슬리 영성 안의 복음주의와 신학」, 전병희 옮김, 한국신학연구소).

Parker, Percy L. *The Journal of John Wesley*. Chicago: Moody Press, 1974.

Podmore, Colin. *The Moravian Church in England 1728~1760*. Oxford: Clarendon Press, 1998.

Rattenbury, J. Ernest. *The Conversation of the Wesleys: A Critical Study*. London: Epworth Press, 1938.

Redwell, Randall. *May I Quote You, John Wesley*. Nashville: Cool Springs Press, 1996.

Rogal, Samuel J. *The Historical, Biographical, and Artistic Background of Extant Portrait Paintings and Engravings of John Wesley, (1742~1951)* Studies in Art and Religious Interpretation; vol. 30. Lewiston, N.Y.: Edwin Mellen Press, 2003.

Rowe, Kenneth E. *The Place of Wesley in the Christian Tradition*. Revised ed. Metuchen, N.J.: Scarecrow Press, 1980.

Runyon, Theodore H. *The New Creation: John Wesley's Theology Today*. Nashville: Abingdon Press, 1998(「새로운 창조」, 김고광 옮김, 기독교대한감리회 홍보출판국).

Schmidt, Martin. *John Wesley: A Theological Biography. 2 vols*. Nashville: Abingdon

Press, 1962~73(「존 웨슬리」, 김덕순 · 김영선 옮김, 은성).

_____. *Pietismus.* Stuttgart: W. Kohlhammer Verlag, 1972(「경건주의」, 구영철 옮김, 성광문화사).

Schoenhals, G. Roger. *Wesley's Notes on the Bible.* Grand Rapids, Mich.: Zondervan Publishing, 1987.

Stanley, Susie C. *Holy Boldness: Women Preachers' Autobiographies and the Sanctified Self.* Knoxville: University of Tennessee Press, 2002.

Staples, Rob L. *Outward Sign and Inward Grace: The Place of Sacraments in Wesleyan Spirituality.* Kansas City, Mo.: Beacon Hill Press, 1991.

Starkey, Lycurgus M. *The Work of the Holy Spirit: A Study in Wesleyan Theology.* Nashville: Abingdon Press, 1962(「웨슬리의 성령신학」, 김덕순 옮김, 은성).

Stein, K. James. *Philip Jakob Spener.* Chicago: Covenant Press, 1986.

Stoeffler, F. Ernest. *Continental Pietism and Early American Christianity.* Grand Rapids, Mich.: William B. Eerdmans, 1976.

_____. *German Pietism during the Eighteenth Century.* Leiden, Netherlands: E. J. Brill, 1973.

Synan, Vinson. *The Holiness-Pentecostal Movement in the United States.* Grand Rapids, Mich.: William B. Eerdmans, 1987.

Taylor, Richard S. *Exploring Christian Holiness: The Theological Formulation.* Kansas City, Mo.: Beacon Hill Press, 1985.

_____. *God's Integrity and the Cross.* Nappanee, Ind.: Francis Asbury Press, 1999.

Todd, John M. *John Wesley and the Catholic Church.* London: Hodder and Stoughton, 1958.

Tuttle, Robert G., Jr. *Mysticism in the Wesleyan Tradition.* Grand Rapids, Mich.: Francis Asbury Press, 1989(「웨슬레와 신비주의」, 권태형 옮김, 세북).

Tyerman, L. *The Life and Times of the Rev. John Wesley, M. A. vols. 1~3,* New York: Burt Franklin, 1872.

Verhalen, Phillipo A. *The Proclamation of the Word in the Writings of John Wesley.* Rome: Pontificia Universitas Gregoriana, 1969.

Wainwright, Geoffrey. *Methodists in Dialog.* Nashville: Kingswood Books, 1995.

Weber, Theodore R. *Politics and the Order of Salvation: Transforming Wesleyan Political Ethics.* Nashville: Kingswood Books, 1998.

Weston, Frank. *The Teaching of John Wesley as Gathered from His Writings.* London: Society for Promoting Christian Knowledge, 1912.

Whaling, Frank. *John and Charles Wesley: Selected Writings and Hymns.* Mahwah,

N.J.: Paulist Press, 1981.

Wiley, H. Orton. *Christian Theology*. 3 vols. Kansas City, Mo.: Beacon Hill Press, 1940.

Williams, Colin. *John Wesley's Theology Today*. Nashville: Abingdon Press, 1960 (「존 웨슬리의 신학」, 이계준 옮김, 전망사).

Wilson, Charles Randall. *The Correlation of Love and Law in the Theology of John Wesley*. Ann Arbor, Mich.: University Microfilms International, 1959.

Wood, Laurence W. *The Meaning of Pentecost in Early Methodism: Rediscovering John Fletcher as John Wesley's Vindicator and Designated Successor*. Lanham, Md.: Scarecrow Press, 2002.

Wynkoop, Mildred Bangs. *A Theology of Love*. Kansas City, Mo.: Beacon Hill Press, 1972.

책 안의 장

Davies, Rupert Eric. "Justification, Sanctification, and the Liberation of the Person." In *Sanctification and Liberation*, edited by Theodore H. Runyon, 64~82. Nashville: Abingdon Press, 1981.

Flew, R. Newton. "Methodism and the Catholic Tradition." In *Northern Catholicism*, edited by N. Williams, 515~30. New York: Macmillan, 1933.

Gill, Frederick Cyril. "Introduction." In *John Wesley's Prayers*, edited by Fredrick Cyril Gill, 9~17. London: Epworth Press, 1951.

Greathouse, William M. "John Wesley's View of the Last Things." In *The Second Coming: A Wesleyan Approach to the Doctrine of the Last Thing*, edited by H. Ray Dunning, 139-60. Kansas City, Mo.: Beacon Hill Press, 1995.

Heitzenrater, Richard P. "Wesley and His Diary." In *John Wesley: Contemporary Perspectives*, edited by John Stacey, 11~22. London: Epworth Press, 1988.

Hurley, Michael. "Introduction." In *John Wesley's Letters to a Roman Catholic*, edited by Michael Hurley, 22~47. Nashville: Abingdon Press, 1968.

Lee, Hoo-Jung. "Experiencing the Spirit in Wesley and Macarius." In *Rethinking Wesley's Theology for Contemporary Methodism*, edited by Randy Maddox, 197~212. Nashville: Abingdon Press, 1998(「웨슬리 신학 다시 보기」, 이후정 옮김, 기독교대한감리회 홍보출판국).

McIntosh, Lawrence D. "The Place of John Wesley in the Christian Tradition: A Selected Bibliography." In *The Place of Wesley in the Christian Tradition*, edited by Kenneth E. Rowe, 134~59. Metuchen, N.J.: Scarecrow Press, 1976.

Orcibal, Jean. "The Theological Originality of John Wesley and Continental Spirituality." In *A History of the Methodist Church in Great Britain,* Vol. I, edited by R. E. Davies and E. G. Rupp, 83~111. London: Epworth Press, 1965.

Outler, Albert C. "A New Future for Wesley Studies: An Agenda for 'Phase III.'" In *The Wesleyan Theological Heritage: Essays of Albert C. Outler,* edited by Thomas C. Oden and Leicester R. Longden, 125~44. Grand Rapids, Mich.: Zondervan Publishing, 1991.

_____. "Do Methodists Have a Doctrine of the Church?" In *The Wesleyan Theological Heritage: Essays of Albert C. Outler,* edited by Thomas C. Oden and Leicester R. Longden, 211~26. Grand Rapids, Mich.: Zondervan Publishing, 1991.

_____. "The Place of Wesley in the Christian Tradition." In *The Wesleyan Theological Heritage: Essays of Albert C. Outler,* edited by Thomas C. Oden and Leicester R. Longden, 75~96. Grand Rapids, Mich.: Zondervan Publishing, 1991("기독교 전통에서의 웨슬리의 위치 1·2," 「세계의 신학」[1997년 가을·겨울]).

_____. "Towards a Re-Appraisal of John Wesley as a Theologian." In *The Wesleyan Theological Heritage: Essays of Albert C. Outler,* edited by Thomas C. Oden and Leicester R. Longden, 39~54. Grand Rapids, Mich.: Zondervan Publishing, 1991.

Rack, Henry D. "Doctors, Demons, and Early Methodist Healing." In *The Church and Healing,* edited by William Sheils, 137~52. Oxford: The Ecclesiastical History Society, 1982.

편집한 책

Collins, Kenneth J., and John H. Tyson, eds. *Conversion in the Wesleyan Tradition.* Nashville: Abingdon Press, 2001.

Jackson, Thomas, ed. *The Journal of the Rev. Charles Wesley, M. A.* Grand Rapids, Mich.: Baker Book House, 1980.

Job, Rueben P., ed. *The United Methodist Hymnal.* Nashville: United Methodist Publishing House, 1989.

논문

Arnett, William M. "The Role of the Holy Spirit in Entire Sanctification in the Writings of John Wesley." *Wesleyan Theological Journal* 14. no. 2 (1979): 15~30.

_____. "Study in John Wesley's Explanatory Notes Upon the Old Testament." *Wesleyan Theological Journal* 8 (1973): 14~32.

Baker, Frank. "Birth of John Wesley's Journal." *Methodist History* 8 (1970): 25~32.

_____. "Eye-Witnesses to Early Methodism" [representative extracts from John Wesley, 1725~1785]. *Methodist History* 28, no. 2 (1990): 92~103.

_____. "John Wesley and Practical Divinity." *Wesleyan Theological Journal* 22, no. 1 (1987): 7~15.

_____. "Oxford Edition of Wesley's Works." *Duke Divinity School Bulletin* 36 (1971): 87~99.

_____. "Oxford Edition of Wesley's Works." Methodist History 8 (1970): 41~48.

_____. "Practical Divinity - John Wesley's Doctrinal Agenda for Methodism." *Wesleyan Theological Journal* 22, no. 1 (1987): 7~16.

Baker, Frank, ed. "Wesley and Miss Mary Clark of Worcester." *Methodist History* 10 (1972): 45~51.

Barton, J. Hamby. "Double Letter John Wesley and Thomas Coke to Freeborn Garrettson." *Methodist History* 17 (1978): 59~63.

_____. "The Two Versions of the First Edition of John Wesley's 'The Sunday Service of the Methodists in North America.'" *Methodist History* 23, no. 3 (1985): 153~62.

Bell, Richard J. "Our People Die Well: Deathbed Scenes in John Wesley's Arminian Magazine." *Mortality* 10, no. 3 (2005): 210·23.

Bible, Ken. "The Wesley's Hymns on Full Redemption and Pentecost: A Brief Comparison." *Wesleyan Theological Journal* 17, no. 2 (1982): 79~87.

Blankenship, Paul Freeman. "The Significance of John Wesley's Abridgement of the Thirty-Nine Articles as Seen from His Deletions." *Methodist History* 2, no. 3 (1964): 35~47.

Blevins, Dean G. "Means of Grace: Towards a Wesleyan Praxis of Spiritual Formation." *Wesleyan Theological Journal* 32, no. 1 (1997): 69~84.

Borgen, Ole E. "No End without the Means: John Wesley and the Sacraments." *The Asbury Theological Journal* 46, no. 1 (1991): 63~85.

Brockwell, Charles W. "John Wesley's Doctrine of Justification." *Wesleyan*

Theological Journal 18, no. 2 (1983): 18~32.

Campbell, Ted A. "John Wesley and Conyers Middleton on Divine Intervention in History." *Church History* 55, no. 1 (1986): 39~49.

Cannon, William R. "Methodism-Our Theology." *Asbury Seminary Journal* 40, no. 2 (1985): 3~9.

Carter, Kelley D. "The High Church Roots of John Wesley's Appeal to Primitive Christianity." *Restoration Quarterly* 37 (1995): 65~79.

Carver, Frank G. "Biblical Foundations for the 'Secondness' of Entire Sanctification." *Wesleyan Theological Journal* 22, no. 2 (1987): 7~23.

Cecil, Robert. "Holy Dying: Evangelical Attitudes to Death." *History Today* 32 (1982): 30~34.

Chamberlain, Jeffrey S. "Moralism, Justification, and the Controversy over Methodism." *The Journal of Ecclesiastical History* 44 (1993): 652~78.

Collins, Kenneth J. "The Continuing Significance of Aldersgate [response to 'John Wesley against Aldersgate' by T. W. Jennings, 8:3~22 1988; rejoinder, 100~105]." *Quarterly Review* 8 (1988): 90~99.

_____. "John Wesley's Assessment of Christian Mysticism." *Lexington Theological Quarterly* 28, no. 4 (1993): 299~318.

_____. "John Wesley's Correspondence with His Father." *Methodist History* 26, no. 1 (1987): 15~26.

_____. "John Wesley's Critical Appropriation of Early German Pietism." *Wesleyan Theological Journal* 27, no. 1 and 2 (1992): 57~92.

_____. "John Wesley and the Means of Grace." *The Drew Gateway* 56, no. 3 (1986): 26~33.

_____. "John Wesley's Relationship with His Wife as Revealed in His Correspondence." *Methodist History* 32, no. 1 (1993): 4~18.

_____. "John Wesley's Topography of the Heart: Dispositions, Tempers and Affections." *Methodist History* 36, no. 3 (1998): 162~75.

_____. "The New Creation as a Multivalent Theme in John Wesley's Theology." *Wesleyan Theological Journal* 37, no. 2 (2002): 77~102.

_____. "Real Christianity as Integrating Theme in Wesley's Soteriology: the Critique of a Modern Myth." *The Asbury Theological Journal* 51, no. 2 (1996): 15~45.

_____. "A Reconfiguration of Power: The Basic Trajectory of John Wesley's Practical Theology." *Wesleyan Theological Journal* 33, no. 1 (1998): 164~84.

_____. "Rethinking the Systematic Nature of John Wesley's Theology." *Bulletin of the*

John Rylands University Library of Manchester 86, no. 2~3 (2004): 309~30.

_____. "The Soteriological Orientation of John Wesley's Ministry to the Poor." The Asbury Theological Journal 50, no. 1 (1995): 75~92.

_____. "Twentieth-Century Interpretations of John Wesley's Aldersgate Experience: Coherence and Confusion?" Wesleyan Theological Journal 24 (1989): 18~31.

Crow, Earl P. "Wesley and Antinomianism." Duke Divinity School Bulletin 31 (1966): 10~19.

Dowdy, Roger. "A Service of Wesley Hymns." Journal of Church Music 30 (1988): 5~7.

English, John C. "John Wesley and His 'Jewish Parishioners': Jewish-Christian Relationships in Savannah, Georgia, 1736~1737." Methodist History 36, no. 4 (1998): 220~27.

Fiddick, Harold G. "The Care of Souls: John Wesley on the Preacher's Work and Ways." Methodist Recorder 73, no. 3 (1932): 9.

Fletcher, John. 1729~1785. "Letters from John Fletcher to John Wesley" [July 4 1774, August 14 1774, August 1 1775]. The Asbury Theological Journal 53, no. 1 (1998): 91~96.

Flowers, Margaret G., and Douglas R. Cullum. "A Sometime Diversion: The Hymn Translations and Original Hymns of John Wesley." Methodist History 41, no. 1 (2002): 295~308.

Graham, Fred Kimball. "John Wesley's Choice of Hymn Tunes." The Hymn: A Journal of Congregational Song 39 (1988): 29~37.

Harmon, Nolan B., and John W. Bardsley. "John Wesley and the Articles of Religion." Religion in Life 22 (1952~53): 280~91.

Harper, Steve. "Wesley's Sermons as Spiritual Formation Documents." Methodist History 26, no. 3 (1988): 131~38.

Hawn, C. Michael. "Hymnody for Children, Pt 1." The Hymn: A Journal of Congregational Song 36, no. 1 (1985): 19~26.

Heitzenrater, Richard P. "Oxford Diaries and the First Rise of Methodism" Methodist History 12 (1974): 110~35.

_____. "An Unpublished Wesley Letter on Health and Ireland." Methodist History 27, no. 2 (1989): 119~23.

_____. "A Wesley Letter on Deeds, Sashes, and Schedules." Methodist History 36, no. 2 (1998): 125~31.

Hendricks, M. Elton. "John Wesley and Natural Theology." Wesleyan Theological Journal 18, no. 2 (1983): 7~17.

Hynson, Leon O. "John Wesley's Concept of Liberty of Conscience." *Wesleyan Theological Journal* 7, no. 1 (1972): 36~46.

_____. "Original Sin as Privation: An Inquiry into a Theology of Sin and Sanctification." *Wesleyan Theological Journal* 22, no. 2 (1987): 65~83.

_____. "Wesley's 'Thoughts Upon Slavery': A Declaration of Human Rights." *Methodist History* 33, no. 1 (1994): 46~57.

Jackson, Marion A. "An Analysis of the Source of John Wesley's 'Directions for Renewing Our Covenant with God.'" *Methodist History* 30, no. 3 (1992): 176~84.

Jennings, Theodore W., Jr. "John Wesley against Aldersgate." *Quarterly Review* 8 (1988): 3~22.

Johnson, Richard O. "The Development of the Love Feast in Early American Methodism." *Methodist History* 19, no. 2 (1981): 67~83.

King, Rob. "Eastern Patristic Spirit-Christology for Contemporary Wesleyan Faith Practice." *Wesleyan Theological Journal* 38, no. 2 (2003): 103~23.

Kisker, Scott. "Justified but Unregenerate? The Relationship of Assurance to Justification and Regeneration in the Thought of John Wesley." *Wesleyan Theological Journal* 28, nos. 1~2 (1993): 44~58.

Klaiber, Walter Z. "Aus Glauben, Damit Aus Gnaden: Der Grundsatz Paulinischer Soteriologie Und Die Gnadenlehre John Wesleys." *Zeitschrift fur Theologie und Kirche* 88, no. 3 (1991): 313~38.

Knapp, Jeffrey H. "Throwing the Baby out with the Font Water: The Development of Baptismal Practice in the Church of the Nazarene." *Worship* 76, no. 3 (2002): 225~44.

Knight, Henry H., III. "Love and Freedom 'by Grace Alone' in Wesley's Soteriology: A Proposal for Evangelicals." *Pneuma* 24, no. 1 (2002): 57~67.

Kurowski, Mark T. "The First Step toward Grace: John Wesley's Use of the Spiritual Homilies of Macarius the Great." *Methodist History* 36, no. 2 (1998): 113~24.

Langford, Thomas Anderson. "John Wesley's Doctrine of Justification by Faith." *Bulletin of the United Church of Canada Committee on Archives & History* 29 (1980~82): 47~62.

Legger, J Augustin. "Wesley's Place in Catholic Thought." *Constructive Quarterly* 2 (1914): 329~60.

Lockyer, Thomas F. "Luther and Wesley." *Wesley Historical Society Proceedings* 8 (1911): 61~66.

Lodahl, Michael E. "The Witness of the Spirit: Questions of Clarification for Wesley's Doctrine of Assurance." *Wesleyan Theological Journal* 23, nos. 1~2 (1988): 188~97.

Lyon, Robert W. "Baptism and Spirit~Baptism in the New Testament." *Wesleyan Theological Journal* 14, no. 1 (1979): 14~26.

MacMillan, Ken. "John Wesley and the Enlightened Historians." *Methodist History* 38, no. 2 (2000): 121~32.

Maddox, Randy L. "Celebrating Wesley-When?" *Methodist History* 29, no. 2 (1991): 63~75.

_____. "Continuing the Conversation." *Methodist History* 30, no. 4 (1992): 235~41.

_____. "Holiness of Heart and Life: Lessons from North American Methodism." *The Asbury Theological Journal* 50, no. 2 (1995): 151~72.

_____. "Kingswood School Library Holdings (Ca. 1775)." *Methodist History* 41, no. 1 (2002): 342~70.

Martin, A. W., Jr. "'Then and Now': Wesley's Notes as a Model for United Methodists Today." *Quarterly Review* 10 (1990): 25~47.

Maser, Frederick E. "Discovery" [J. Wesley's Authorship of the Poem 'Georgia']. *Methodist History* 21, no. 3 (1983): 169~71.

_____. "Discovery" [text of John Wesley's Letter to James Barry, 1778; Methodist Work on the Isle of Man]. *Methodist History* 22, no. 1 (1983): 67~70.

_____. "A Discovery That is Not a Discovery and yet Is a Discovery" [letter of J. Wesley to Penelope Newman, April 22, 1775, with text]. *Methodist History* 31, no. 3 (1993): 177~79.

_____. "New Notes on an Important Wesley Letter" [to Rev. Samuel Walker, September 3, 1756]. *Methodist History* 31, no. 2 (1993): 118~22.

_____. "Researchers Rescue Wesley" [response to excerpt from Hanby letter, 25:256~57 July 1987]. *Methodist History* 26, no. 2 (1988): 127~28.

_____. "Something New and Something Old in a Wesley Letter" [to E. Bennis, February 12, 1773]. *Methodist History* 29, no. 1 (1990): 44~46.

_____. "An Unpublished Letter of John Wesley to Hannah Ball, March 29, 1769" [commentary by C. A. Green]. *Methodist History* 29, no. 3 (1991): 184~86.

Matsumoto, Hiroaki. "John Wesley's Understanding of Man." *Wesleyan Quarterly Review* 4 (1967): 83~102.

McCormack, James T. "The Forgotten Notes of John Wesley." *Irish Biblical Studies* 8 (1986): 22~42.

McDonald, Fredrick W. "John Wesley the Theologian." *Methodist Recorder* 31 (1891): 257.

McGonigle, Herbert. "Pneumatological Nomenclature in Early Methodism." *Wesleyan Theological Journal* 8 (1973): 61~72.

Moore, Mary Elizabeth. "Poverty, Human Depravity, and Prevenient Grace." *Quarterly Review* 16 (1996): 343~60.

Nicholson, Roy S. "The Holiness Emphasis in Wesleys' Hymns." *Wesleyan Theological Journal* 5, no. 1 (1970): 13~22.

Noll, Mark A. "John Wesley and the Doctrine of Assurance." *Bibliotheca Sacra* 132 (1975): 161~77.

Noro, Yoshio. "Wesley's Theological Epistemology." *The Iliff Review* 28 (1971): 59~67.

O'Malley, J. Steven. "Pietistic influence on John Wesley: Wesley and Gerhard Tersteegen." *Wesleyan Theological Journal* 31, no. 2 (1996): 48~70.

Oswalt, John N. "John Wesley and the Old Testament Concept of the Holy Spirit." *Religion in Life* 48 (1979): 283~92.

Outler, Albert C. "John Wesley as a Theologian: Then as Now." *Methodist History* 12 (1974): 63~82.

Rack, Henry D. "John Wesley: Journals and Diaries" [starting with oneself: spiritual confessions, pt 6]. *Expository Times* 101 (1990): 228~31.

Richardson, N. S. "John Wesley on Separation from the Church." *American Quarterly Church Review* 14 (1861): 63~74.

Rogal, Samuel J. "John Wesley's Arminian Magazine." *Andrew University Seminary Studies* 22 (1984): 231~47.

_____. "John Wesley's Journal: Prescriptions for the Social, Spiritual and Intellectual Ills of Britain's Middle Class." *Andrew University Seminary Studies* 26 (1988): 33~42.

_____. "Scripture Quotation in Wesley's Earnest Appeal." *Research Studies* 47 (1979): 181~88.

Ruth, Lester. "A Little Heaven Below: The Love Feast and Lord's Supper in Early American Methodism." *Wesleyan Theological Journal* 32, no. 2 (1997): 59~79.

Simon, John Smith. "Mr. Wesley's Notes Upon the New Testament." *The Proceedings of the Wesley Historical Society* 9 (1914): 97~104.

Smith, H. L. "Wesley's Doctrine of Justification; Beginning and Process." *Duke Divinity School Bulletin* 28 (1963): 88~98.

Smith, Timothy L. "Chronological List of John Wesley's Sermons and Doctrinal Essays." *Wesleyan Theological Journal* 17, no. 2 (1982): 88~110.

_____. "The Holy Spirit in the Hymns of the Wesleys" [reply, T C Mitchell, pp 48~57]. *Wesleyan Theological Journal* 16, no 2 (1981): 20~47.

_____. "John Wesley and the Second Blessing." *Wesleyan Theological Journal* 21, nos. 1~2 (1986): 137~58.

_____. "Whitefield and Wesley on Righteousness by Grace." *TSF Bulletin* 9, no. 4 (1986): 5~8.

Stanley, F. L., ed. "John Wesley, an Unpublished Letter." *Methodist History* 4 (1965): 59~60.

Tan, Seng-Kong. "The Doctrine of the Trinity in John Wesley's Prose and Poetic Works." *Journal for Christian Theological Research* 7 (2002).

Thorsen, Donald A. "Experimental Method in the Practical Theology of John Wesley" [Anglican and British empirical roots]. *Wesleyan Theological Journal* 24 (1989): 117~41.

Tracy, Wesley D. "John Wesley, Spiritual Director: Spiritual Guidance in Wesley's Letters" [letters to Anne Bolton]. *Wesleyan Theological Journal* 23, nos. 1~2 (1988): 148~62.

Tripp, David H. "'Observe the Gradation!' John Wesley's Notes on the New Testament." *Quarterly Review* 10 (1990): 49~64.

_____. "'Standard Sermons': History for History's Sake, Denominational Manifesto, Doctrinal 'Standard.'" *Asbury Theological Journal* 56~57 no. 2-1 (Fall-Spr 2001~2002): 97~116.

Vickers. J. A. "Gibbes Family of Hilton Park; an Unpublished Correspondence of John Wesley." *Methodist History* 6 (1968): 43~61.

Vickers. John A. "Lambeth Palace Library; Some Items of Methodist Interest from the Fullman Papers." *Methodist History* 9 (1971): 22~29.

_____. "A New Whitefield Letter" [to J. Wesley; text]. *The Proceedings of the Wesley Historical Society* 48 (1992): 119~22.

Wainwright, Geoffrey. "The Assurance of Faith: A Methodist Approach to the Question Raised by the Roman Catholic Doctrine of Infallibility." *One In Christ: A Catholic Ecumenical Review* 22, no. 1 (1986): 44~61.

_____. "Rechtfertigung: Lutherisch Oder Katholisch?" *Kerygma und Dogma* 45 (1999): 182~206.

Walls, Jerry L. "As the Waters Cover the Sea: John Wesley on the Problem of Evil."

Faith and Philosophy 13 (1996): 534~62.

Warner, Laceye. "Towards a Wesleyan Evangelism." *Methodist History* 40 no. 4 J (2002): 230~45.

Watson, David Lowes. "The Much-Controverted Point of Justification by Faith and the Shaping of Wesley's Evangelical Message." *Wesleyan Theological Journal* 21, nos. 1~2 (1986): 7~23.

Wesley, John. "John Wesley and Robert Hall Junior" [letter of July 7, 1789]. *Methodist History* 8 (1969): 87.

Whidden, Woodrow W. "Wesley on Imputation: A Truly Reckoned Reality or Antinomian Polemical Wreckage?" *The Asbury Theological Journal* 52, no. 2 (1997): 63~70.

White, Charles E. "John Wesley's Use of Church Discipline." *Methodist History* 29 (1991): 112~18.

Williams, A. H. "John Wesley's Preferment to St Daniel's Church, near Pembroke." *The Proceedings of the Wesley Historical Society* 48 (1992): 155.

소논문(Dissertations)

Blaising, Craig Alan. "John Wesley's Doctrine of Original Sin." Thesis, Dallas Theological Seminary, 1979.

Brendlinger, Irv A. "A Study of the Views of Major Eighteenth Century Evangelicals on Slavery and Race, with Special Reference to John Wesley." Dissertation, University of Edinburgh, 1982.

Crow, Earl P. "John Wesley's Conflict with Antinomianism in Relation to the Moravians and Calvinists." Dissertation, The University of Manchester, Manchester, England, 1964.

Eicken, Erich Von. "Rechtfertigung Und Heiligung Bei Wesley Dargestellt Unter Vergleichung Mit Anschauungen Luthers Und Des Luthertums." Dissertation, Heidelberg, 1934.

Fujimoto, Mitsuru S. "John Wesley's Doctrine of Good Works." Dissertation, Drew University, 1986.

Gray, Wallace G. "The Place of Reason in the Theology of John Wesley." Dissertation, Vanderbilt University, 1953.

Heitzenrater, Richard Paul. "John Wesley and the Oxford Methodists." Dissertation,

Duke University, 1972.

Im, Seung-An. "John Wesley's Theological Anthropology: A Dialectic Tension between the Latin Western Patristic Tradition (Augustine) and the Greek Eastern Patristic Tradition (Gregory of Nyssa)." Dissertation, Drew University, 1994.

Kim, Kwang Yul. "A Tension between the Desire to Follow the example of Jesus' Life and the Desire to Trust in His Redemptive Work: The Theology of John Wesley Reflected in His Christian Library." Dissertation, Westminster Theological Seminary, 1992.

Leupp, Roderick Thomas. "The Art of God: Light and Darkness in the Thought of John Wesley." Dissertation, Drew University, 1985.

Matthews, Rex D. "Religion and Reason Joined: A Study in the Theology of John Wesley." Thesis, Harvard University, 1986.

Mercer, Jerry L. "A Study of the Concept of Man in the Sermons of John Wesley." Dissertation, Claremont University, 1970.

Meredith, Lawrence. "Essential Doctrine in the Theology of John Wesley, with Special Attention to the Methodist Standards of Doctrine." Thesis, Harvard University, 1962.

Moore, Don Marselle. "Immediate Perceptual Knowledge of God: A Study in the Epistemology of John Wesley." Thesis, Syracuse University, 1993.

Rogers, Charles A. "The Concept of Prevenient Grace in the Theology of John Wesley." Dissertation, Duke University, 1967.

Shimizu, Mitsuo. "Epistemology in the Thought of John Wesley." Dissertation, Drew University, 1980.

Snyder, Howard Albert. "Pietism, Moravianism, and Methodism as Renewal Movements: A Comparative and Thematic Study." Ph. D. Dissertation, The University of Notre Dame, 1983.

Thomas, Howe O. "John Wesley's and Rudolf Bultmann's Understanding of Justification by Faith Compared and Contrasted." Dissertation, University of Bristol, 1990.

Townsend, James Arthur. "Feelings Related to Assurance in Charles Wesley's Hymns." Dissertation, Fuller Theological Seminary, 1979.

Walker, G. Clinton III. "John Wesley's Doctrine of Justification in Relation to Two Classical Anglican Theologians: Richard Hooker and Lancelot Andrews." Baylor University, 1993.

ㄱ

　내가 케네스 콜린스 교수를 만난 것은 그가 강연차 한국을 방문했던 2008년 봄 학기였다. 이때 서울신대에서 콜린스는 이 책의 중심 주제인 "거룩한 사랑"의 개념을 갖고 강연하였다. 그 후 나는 콜린스 박사를 협성대학교와 정동제일교회로 초청하여 그의 사상과 신학 방법론을 더 깊이 이해할 수 있는 계기를 마련하였다. 콜린스 교수와의 만남에서 나는 2007년에 쓴 「웨슬리의 신학」을 번역하고 싶다고 하였고, 저자는 쾌히 승낙을 해 주었다. 그 후 나는 2009년과 2010년 2년에 걸쳐 협성 어학당에서 학생들과 매일 아침 함께 강독하였고, 2010년 겨울방학과 2011년 여름방학을 이용해서 번역을 마무리하였다. 그 사이 2011년 봄 학기에는 요한 라이너스(Johan Reiners) 교수와 함께 협성대학교 신학대학원 학생들을 상대로 인간론 부분을 같이 읽으면서 영어로 수업을 하였다. 긴 시간을 걸쳐 번역을 완성하고 마침내 감리회 출판국을 통해 한국의 독자들에게 콜린스 교수의 「존 웨슬리의 신학」을 소개할 수 있게 되었다. 참으로 기쁘다.

　이 책은 서론을 빼고 9장으로 이루어져 있는데 전통적인 조직신학의 전개 순서를 따라간 웨슬리의 조직신학적 실천신학 책이다. 콜린스는 웨슬리의 신학의 중심 내용을 "거룩한 사랑의 하나님"으로 보았고, 거룩한 사랑은 동시성을 지닌 양극성을 지니는 바 양극성은 접속이란 이름으로 통합된다. 바로 이 접속을 콜린스는 웨슬리의 신학적 방법으로 제시한다. 콜린스는 신학적 주제와 접속적 신학 방법론을 엮어 신론을 시작으로 기독교 각론을 전개해 간다. 내용 전개의 방법은 웨슬리의 자료와 이전 자료를 충분히 점검함으로써 웨슬리를 웨슬리 이전의 전통과 웨슬리의 자료의 빛에서 해석하면서, 매 장의 마지막에는 오늘과 내일이라는 항목을 통해 웨슬리 이후 그리고 현대 이후의 웨슬리 신학이 미치는 영향을 제시함으로써 전체적인 역사의 맥락에서 웨슬리를 이해하도록 하였다.

　이 책의 전체 내용은 서론 웨슬리의 실천신학 : 거룩한 사랑의 신학, 1장 신론 : 거룩한 사랑의 하나님, 2장 인간론 : 거룩한 사랑으로 창조되었으나 본성상 타락한 인간, 3장 기독론: 예수 그리스도 – 계시된 거룩한 사랑의 하나님, 4장 성령 : 거룩한 사랑의 하나님의 현존, 5장 칭의 : 우리를 위한 거룩한 사랑의 하나님, 6장 신생 : 우리 안에 계신 거룩한 사랑의 하나님, 7장 교회와 은총의 수단: 거룩한 사랑의 공동체, 8장 온전한 성화 : 순전하고 완전한 거룩한 사랑, 9장 종말과 영화 : 거룩한 사랑의 승리로 이루어져 있다.

콜린스는 웨슬리를 그의 신학과 사상이 지닌 공적이고 개인적인 차원, 가슴과 머리의 차원, 인격적이고 사회적인 차원, 곧 기독교인 전체 삶의 차원을 인식한 탁월한 신학자로 평가한다. 콜린스에게 웨슬리는 '교회의 과제를 방향지우는 신학'을 제시하였고, 성서의 진리를 실현하며 가난한 사람들을 섬기는 일에 주목했던 당시 가장 중요한 영국 국교회 신학자였다. 영국 국교회 신학자인 웨슬리는 제3의 대안을 제시한 신학자였고, 다양한 진리를 긴장 가운데 묶어내는 탁월한 신학자였다. 바로 여러 모순된 진리들이 긴장 가운데 묶여 있는 다양하고도 절충적인 양식이 웨슬리 신학의 독특한 방법인 바, 콜린스는 이를 일러 접속적 방법이라 하였다. 웨슬리 신학의 접속은 거룩함과 은총, 율법과 복음, 은총과 행위, 사랑을 입음으로서의 은총과 능력을 힘입음으로서의 은총, 칭의와 성화, 순간과 과정, 은총의 보편성(선행은총)과 은총의 제한적(구원하는) 실현, 하나님의 주도권과 인간의 응답, 최초의 칭의와 최종적 칭의로 나타난다.

'구원'이라는 좋은 소식을 나누는 데 관심했던 웨슬리는 자연스럽게 기독교 신학에 대한 추상적이며 철학적이고 사색적인 설명 대신 '실천신학'에 주목하였고, 예수 그리스도의 참된 제자들을 세우는 일에 관심하였으며, 종교개혁 전통에서 하나님의 은총을 통해 그리스도의 피로 씻김을 받고 성령으로 능력을 힘입어 하나님의 형상을 새롭게 간직하도록 하는, 거룩한 사랑의 역사를 보여 주고자 하였다. 예컨대 웨슬리의 관심은 "내가 무엇을 알 수 있을까?"가 아니고 "내가 어떻게 사랑할 수 있을까?"였다.

이런 관심에서 웨슬리가 택한 신학은 어떤 특정 신학적 전통에 대한 바른 성찰이라기보다 성서라는 규범적 가치와 다양한 전통의 참여적 상황에 기초하여 여러 목회적 과제와 씨름함으로써 탄생시킨 교회 일치적인 방향의 종합을 이룬 실천신학이었다. 이에 대해 책 말미에 콜린스는 웨슬리의 신학을 이렇게 평가한다.

개인적이건 사회적이건 구원 중심의 신학을 펼치는 사람들에게, 고통하며 비통한 죄짐을 진 사람들에게, 분열된 의지로 고뇌하며 거의 절망에 빠진 사람들에게, 그래서 마음으로는 선을 알지만 그 선을 따르지 못하는 사람들에게, 하나님과 이웃의 사랑이 주는 자유를 추구하지만 개인 차원에서 자기-의지의 노예가 되고 공동체 차원에서는 무자비한 종족주의의 노예가 된 사람들에게, 소비주의와 경쟁이 나눌 수 없는, 은총이 넘치는 교제가 있는 선한 공동체를 원하는 사람들에게, 피곤하고 늙고 외로운 사람들에게, 무관심과 물질주의가 지배하여 사람을 무가치하게 생각하는 사회 속에 버려진 사람들에게, 죄의 침울한 지배에 사람을 던져버리는 허울 좋은 세상의 자유가 아니라 은총이 넘치는 진정한 자유를 열망하는 사람들에게, 이처럼 상처 받은 모든 사람들에게, 웨슬리의 실천신학은 진정 복음이었다. 주님의 은혜의 해의 선포였고, 포로된 자들에게는 자유의 선포였다. 무관심한 곳에 구원을, 절망이 있는 곳에 희망을, 사랑이 없는 곳에 사랑을 제공했다. 목회적으로 복음의 부름에 민감했던 웨슬리는 역사적인 감리회의 상징인, 영속하는 거룩한 사랑을 증거하는 지혜로운 균형을 이루었던 것이다.

이 책의 출판과 함께 감사드려야 할 분들이 있다. 먼저 웨슬리 신학이라는 이유로 선뜻 출판을 결정해 준 감리회 출판국에 진심으로 감사드린다. 그리고 번역의 과정을 지켜봐 주며 늘 격려와 사랑으로 용기를 준 아내 박방초, 신학이란 진리의 도상에 동역자가 된 재두와 재명, 그리고 삶은 대답이 아니고 물음으로 이어져 있음을 가르쳐 주는 재원에게 이 책의 출판의 기쁨을 함께 나누고 싶다.

2012년 4월
와우리 서재에서 이세형